Runzheimer · Operations Research

Moderne Wirtschaftsbücher

Herausgegeben von Prof. Dr. Eduard Mändle

BODO RUNZHEIMER

Operations Research

Lineare Planungsrechnung, Netzplantechnik, Simulation und Warteschlangentheorie

7., aktualisierte und erweiterte Auflage

LEHRBUCH

GABLER

Die Deutsche Bibliothek - CIP-Einheitsaufnahme

Runzheimer, Bodo:
Operations Research : lineare Planungsrechnung, Netzplantechnik,
Simulation und Warteschlangentheorie / Bodo Runzheimer. - 7. Aufl.
- Wiesbaden : Gabler, 1999
ISBN 3-409-30717-6

1. Auflage 1978
2. Auflage 1983
3. Auflage 1986
4. Auflage 1987
5. Auflage 1990
6. Auflage 1995
7. Auflage 1999

Der Gabler Verlag ist ein Unternehmen der Bertelsmann Fachinformation GmbH.

Lektorat: Jutta-Hauser-Fahr, Ulrike Lörcher

http://www. gabler-online.de

Druck und Buchbinder: Hubert & Co., Göttingen
Printed in Germany

ISBN 3-409-30717-6

Vorwort zur 1. Auflage

Die **zweibändige** Darstellung des **„Operations Research“** - Band 1: **„Lineare Planungsrechnung und Netzplantechnik“**, Band 2: **„Methoden der Entscheidungsvorbereitung bei Risiko“** - ist aus Vorlesungen, die ich an der **Fachhochschule für Wirtschaft in Pforzheim**, der **Württembergischen Verwaltungs- und Wirtschafts-Akademie** und der **Verwaltungs- und Wirtschafts-Akademie Baden** gehalten habe sowie aus einer Reihe von Kompaktseminaren mit Wirtschaftspraktikern hervorgegangen. Sie wendet sich vornehmlich an **Studierende** der Betriebswirtschaft sowie an **Praktiker** in den Unternehmen, die sich mit dem Einsatz von **Methoden zur Vorbereitung optimaler Entscheidungen auf quantitativer Basis** beschäftigen oder ein Bedürfnis zur Weiterbildung haben.
Dargestellt sind die Grundlagen, Techniken und betriebswirtschaftlichen Anwendungsmöglichkeiten des Operations Research. Die beiden Bände haben einführenden Charakter. Insbesondere habe ich mich bemüht, der Mathematik - als Hilfsmittel des Operations Research - die ihr zukommende begrenzte Rolle einzuräumen und sie so darzustellen, dass die Bände auch von solchen Lesern leicht gelesen werden können, für die die Mathematik in der Schule nicht gerade Lieblingsfach war oder für die die Schulzeit schon lange zurückliegt. Aus diesem Grunde wurde auch auf die Verwendung der Symbolik der Mengenlehre verzichtet. Das Schwergewicht wurde auf eine Demonstration der Lösungsmethoden an **betriebswirtschaftlichen Problemstellungen** sowie auf deren **ökonomische Interpretation** gelegt. Dazu wird eine Reihe von didaktisch sinnvollen **Beispielen aus der Planungspraxis** verschiedener betriebswirtschaftlicher Funktionsbereiche behandelt. Ein Selbststudium sollte mit den beiden Bänden möglich sein, zumal die notwendigen Grundlagen - die mehr den Charakter von Hilfsmitteln haben - in Form von Exkursen relativ ausführlich erörtert werden (z.B. „Begriffe und Regeln der Matrizenrechnung“ bzw. der „Wahrscheinlichkeitsrechnung“, „Einführung in Stichprobentheorie“, „Grundbegriffe der mehrperiodischen Investitionsrechnung“).
Der hier vorliegende erste Band enthält neben einer Einführung die bekanntesten und wohl auch am meisten in der betriebswirtschaftlichen Praxis angewendeten Gebiete des Operations Research, nämlich die **lineare Planungsrechnung** und die **Netzplantechnik.**

Im zweiten Band **„Methoden der Entscheidungsvorbereitung bei Risiko“** wird ganz gezielt nicht von der Prämisse vollständiger Information ausgegangen, sondern versucht, der Tatsache Rechnung zu tragen, dass sich der Entscheidungsträger bei der Suche nach optimalen Lösungen in einer **Risikosituation** befindet, d.h., dass er nur mangelhafte Kenntnisse über die künftige Entwicklung hat. Dabei kann es nicht darum gehen, das Risiko durch raffinierte Methoden aus dem Wege zu räumen. Das Ziel besteht vielmehr darin, das Risiko sichtbar zu machen und es nach Möglichkeit zu **quantifizie-**

ren. Im Einzelnen umfasst der zweite Band Kapitel über die **Simulation, Warteschlangentheorie, Entscheidungsbaumverfahren** und die Behandlung stochastischer Abläufe als **Markov-Prozesse**. Mancher Leser wird das eine oder andere Thema, wie z.B. die Spieltheorie, vermissen. Bei der Auswahl habe ich mich aber nicht zuletzt von dem fortgeschrittenen Entwicklungsstand der Methoden und ihren praktischen Anwendungsmöglichkeiten leiten lassen.

Bei meinem Freund und Kollegen Professor Dr. Fritz Wegner möchte ich mich sehr herzlich für wertvolle Anregungen und Diskussionen bedanken.

Bodo Runzheimer

Vorwort zur 7. Auflage

Die **siebte Auflage** des Bandes „Operations Research I" wurde verbessert und aktualisiert. Neben der **Einleitung** (1. Kapitel), der **Linearen Planungsrechnung** (2. Kapitel) und der **Netzplantechnik** (3. Kapitel) wurde zusätzlich die **Simulation** (4. Kapitel) und die **Warteschlangentheorie** (5. Kapitel) in den Band aufgenommen. Wegen der zunehmenden Bedeutung der Simulation und der Warteschlangentheorie in Theorie und Praxis habe ich mich zu dieser Erweiterung des 1. Bandes entschlossen; dabei handelt es sich größtenteils um eine Übernahme des 1. und 2. Kapitels aus dem Band Operations Research II.

Für die Anregungen zur Verbesserung darf ich mich bei Lesern, Studenten und Kollegen sehr herzlich bedanken. Auch in Zukunft bin ich für eine solche Unterstützung sehr dankbar.

Bodo Runzheimer

Inhalt

Erstes Kapitel:
Einleitung

I. Einige Bemerkungen zur Entwicklung des Operations Research

Operations Research - kurz **OR** - ist relativ jung, so dass nicht viel zu seiner Geschichte zu sagen ist. In England und in den USA wurden mathematische Methoden zur Analyse von kriegsstrategischen Entscheidungen während des Zweiten Weltkriegs eingesetzt. Dabei ging es z.B. um die Untersuchung des optimalen Einsatzes von Flugzeugen und Flakgeschützen sowie die optimale Zusammenstellung von Geleitzügen. Zu dieser Zeit wurde auch der Begriff **Operations Research** bzw. **Operational Research** geprägt. Als Zeitraum der Entstehung dieser Disziplin gilt die Zeit ab 1940, obwohl es eine Reihe von Vorläufern des Operations Research gibt (*Müller-Merbach, H.*, 1973, S. 10).

Nach dem Zweiten Weltkrieg fanden die mathematischen Planungsmethoden auch auf privatwirtschaftliche Probleme Anwendung. 1952 wurde in den USA die **„Operations Research Society of America“ (ORSA)** gegründet. Es folgten 1954 in England die **„Operational Research Society“ (ORS)**, 1956 in Frankreich die **„Société Francaise de Recherche Opérationelle“ (SOFRO)**, in der BRD 1957 der **“Arbeitskreis Operational Research“ (AKOR)** und 1961 die **„Deutsche Gesellschaft für Unternehmensforschung“ (DGU)**, die sich 1971 vereinigten als **„Deutsche Gesellschaft für Operations Research“ (DGOR)**. Ferner gibt es in den meisten Industrieländern nationale Vereinigungen der an OR interessierten Kreise. 1958 vereinigten sich die nationalen OR-Gesellschaften in der **„International Federation of Operational Research Societies“ (IFORS)**. Von den OR-Gesellschaften und anderen Organisationen wird eine Reihe von Fachzeitschriften herausgegeben (z.B. Zeitschrift für Operations Research (ZOR) seit 1972, Ablauf- und Planungsforschung (1959 - 1971), Unternehmensforschung (1956 - 1971), OR-Spektrum (DGOR seit 1971), Journal of the Operational Research Society (JORS) (United Kingdom), Operations Research (USA seit 1952), RAIRO Operations Research (Frankreich); Annals of OR, Management Science, Simulation News Europe, Mathematical Programming, Queuing Systems, European Journal of OR.

Für den Begriff **Operations Research** sind eine Reihe von deutschen Übersetzungen vorgeschlagen worden, wie z.B. Ablaufforschung, Entscheidungsforschung, Operationsforschung, Optimalplanung, Unternehmensforschung, Verfahrensforschung. Bisher hat jedoch keiner von den deutschen Namen eine hinreichend breite Anerkennung gefunden, so dass immer mehr die angloamerikanische Bezeichnung **Operations Research** beibehalten wird.

II. Begriff Operations Research

Die Vorstellungen darüber, was Operations Research ist, gehen noch immer weit auseinander. Bei einem Wettbewerb der Operational Research Society über eine neue Definition von Operations Research, zu dem rund 60 Vorschläge eingingen (*Müller-Merbach, H.*, 1976, S. 140 f.), wurde mehrheitlich die folgende Definition als besonders charakteristisch ausgewählt (übersetzt):

Unter Operations Research versteht man die Anwendung von wissenschaftlichen Erkenntnissen auf das Problem der Entscheidungsfindung in der Unsicherheits- oder Risikosituation, mit dem Ziel, den Entscheidungsträgern bei der Suche nach optimalen Lösungen eine quantitative Basis zu liefern. Dabei können grundsätzlich Erkenntnisse aus allen wissenschaftlichen Disziplinen herangezogen werden.

Anhand dieser Definition lassen sich folgende wesentliche Begriffsmerkmale des OR ableiten:

(1) Ansatzpunkte für Operations Research bilden **Entscheidungsprobleme**, für die Lösungen gesucht werden. Mit OR sollen Entscheidungen vorbereitet werden **(Entscheidungsvorbereitung)**. OR steht damit im Dienste aller Entscheidungsträger in Wirtschaft und Verwaltung.

(2) Es werden **optimale Lösungen** angestrebt. Die Entscheidungsvorbereitung kann in der Erarbeitung **einer** optimalen Lösung bestehen, wenn eindeutige Ziele (operational formulierte Ziele) vorliegen und die Entscheidungssituation vollständig quantitativ erfassbar ist. Üblicherweise geht es bei der Entscheidungsvorbereitung um die Untersuchung und den Vergleich von **alternativen Entscheidungen**, **alternativen Strategien** oder **alternativen Systementwürfen**.

(Der Begriff **„optimal"** („beste") bedarf in jedem Fall einer genaueren Definition des konkreten Optimierungszieles, das eine Maximierung oder eine Minimierung beinhalten kann. Der Begriff Optimum wird in der Literatur oft falsch gebraucht, wenn z.B. von „optimalen" Kosten die Rede ist, sind die „minimalen" Kosten gemeint. Der Begriff „optimal" setzt eine nicht genannte Größe (Zielfunktion) voraus, die einen **extremen Wert** annimmt. Man spricht von einem optimalen Absatz- oder Produktionsprogramm, wenn z.B. der Deckungsbeitrag maximiert werden soll. Oder man spricht von einem optimalen Transportprogramm, wenn z.B. die Kosten minimiert werden sollen. In Zusammenhang mit dem Begriff „optimal" wird also die zu extremierende Größe nicht genannt, während sie in Zusammenhang mit den Begriffen „maximal" oder „minimal" immer genannt wird.)

(3) Die Entscheidungsvorbereitung soll eine **quantitative** Basis liefern. Dies setzt voraus, dass die **Daten**, die in das OR-Modell eingehen, **quantifizierbar** und hinreichend genau bestimmbar sind. Um das Problem besser verstehen und transparent darstellen zu können, wird im Allgemeinen versucht, das zu lösende Problem als Ausschnitt der Realität in einem (häufig **mathematischen) Modell** abzubilden, d.h. das Problem modellhaft zu strukturieren.

(4) Zur Untersuchung des zur Lösung anstehenden Problems werden grundsätzlich Erkenntnisse aus allen wissenschaftlichen Disziplinen herangezogen, soweit sie zum Verständnis des Problems und zu seiner Lösung beitragen können. OR ist insoweit **interdisziplinär („Teamwork")**.

(5) Der Entscheidungsträger befindet sich bei der Suche nach einer optimalen Lösung in einer **Ungewissheits- oder Risikosituation**, d.h. er hat nur mangelhafte Kenntnisse über die künftige Entwicklung. (OR geht also nicht von der Prämisse der vollständigen Information aus).

III. Typische Vorgehensweise des Operations Research

Die typische Vorgehensweise des Operations Research bei der Lösung realer Probleme ergibt sich aus dem Begriff OR und lässt sich nach *F. Hanssmann* (1974, S. 5 ff.) in neun Schritten beschreiben:

1. Schritt:
Allgemeine Erörterung des Entscheidungsproblems; dabei ist u.a. der Entscheidungsspielraum (der durch entsprechende „Restriktionen" der Variablen gegeben ist) abzustecken (**Vertrautmachen mit dem Entscheidungsproblem**).

2. Schritt:
Sammlung und Auswahl der **Entscheidungskriterien**. Die Entscheidungskriterien ergeben sich aus einer Konkretisierung (Operationalisierung) des angestrebten Zieles. Je nach Sachlage können Gewinn, Kosten, Marktanteile, Fertigungszeiten etc. quantifizierbare Entscheidungskriterien sein.

3. Schritt:
Formulierung der möglichen **Umweltbedingungen** (insbesondere der **charakteristischen Umweltparameter** mit den möglichen Werten, die sie annehmen können). Eine vollständige Formulierung der möglichen Umweltbedingungen ist im Allgemeinen nicht möglich (die notwendige Bewertung und Selektion ist ein schwieriges Problem).

4. Schritt:
Formulierung von Handlungsmöglichkeiten (**Entscheidungsalternativen**).

5. Schritt:
Formulierung eines (mathematischen) **Modells**, d.h. Darstellung der funktionalen Zusammenhänge zwischen Entscheidungsalternativen und Umweltfaktoren einerseits sowie dem Entscheidungsergebnis, gemessen mit Hilfe der Entscheidungskriterien, andererseits.

6. Schritt:
Prognose der **Werte**, die die **Umweltparameter** annehmen können (**Prognose der Entwicklung des Datenrahmens**). Voraussagen können im Allgemeinen **nicht mit Sicherheit** erfolgen.

7. Schritt:
Untersuchungen am Modell. Darstellung der Auswirkungen der verschiedenen Handlungsalternativen auf die Werte der Entscheidungskriterien unter Berücksichtigung der Prognosewerte für die Umweltparameter. Angesichts der bestehenden Unsicherheiten, die sich nicht völlig eliminieren lassen, wird ausdrücklich anerkannt, dass es eine strenge Vorausberechnung von Entscheidungsergebnissen nicht gibt.

8. Schritt:
Berichterstattung gegenüber den Entscheidungsträgern und Diskussion der Ergebnisse als quantitative Basis für die Wahl einer der Entscheidungsalternativen. Gegebenenfalls sind einige der vorhergehenden Schritte zu wiederholen.

9. Schritt:
Da sich die Untersuchungen am Modell auf quantitative Beziehungen beschränken, müssen die **nichtquantifizierbaren relevanten Tatbestände** (sog. Imponderabilien) vom Entscheidungsträger bei der Entscheidung noch angemessen berücksichtigt werden.

Operations Research ist zwar ohne mathematische Modelle und Verfahren nicht denkbar, andererseits spielt die **Mathematik als Hilfsmittel** des Operations Research nur eine begrenzte Rolle in dem für OR charakteristischen Prozess der Entscheidungsvorbereitung. Die **mathematischen Entscheidungsmodelle** weisen Vorzüge auf, die mit der **Klarheit** und **Präzision** der besonderen Sprache der Mathematik (**Formalsprache**) zusammenhängen. Die Entscheidungsvorbereitung mit Hilfe des Operations Research unterstellt, dass **rationale** Entscheidungen angestrebt werden. Die Mathematik, als Teildisziplin der Logik, ist in dieser Beziehung als Hilfsmittel auch prädestiniert, da sie die **Gesetze der Logik** formuliert. Die Formulierung des **ökonomischen Prinzips** verlangt geradezu nach der Anwendung einer Formalsprache wie der Mathematik. Sollen die Untersuchungen am Modell durch Computer unterstützt werden, so sind die genannten Eigenschaften eines Modells: **Klarheit**, **Präzision** und **Rationalität** unabdingbar.

IV. Modelle als Hilfsmittel des Operations Research

Eine detaillierte umfassende Beschreibung der betrieblichen Wirklichkeit (und damit auch des betrieblichen Entscheidungsprozesses) mit all ihren Ursachen und Wirkungszusammenhängen ist nicht möglich. Die betriebliche Wirklichkeit ist - so wie sie uns gegenübertritt - viel zu komplex, als dass wir sie in ihrer Fülle in allen Einzelheiten erfassen könnten. Man muss sich deshalb gewissermaßen eines Kunstgriffs - des Modells - bedienen, um zu einer näherungsweisen Vorstellung von der Wirklichkeit zu kommen. Durch **Abstraktion und Vereinfachung** wird versucht, das Realproblem möglichst weitgehend strukturgleich als Formalproblem in einem **Modell** abzubilden (Ähnlichkeitsbeziehung zwischen Originalsystem und Modell). Unter Struktur wird dabei die Gesamtheit der Eigenschaften und Relationen des Ausschnitts aus der Wirklichkeit verstanden. Das ist nicht gleichbedeutend mit dem Versuch, die volle Realität in dem Modell einfangen zu wollen. Völlig strukturgleich kann die Abbildung der Wirklichkeit nicht sein. Diese Aufgabe könnte kein Modell erfüllen. Das Ziel einer Modellbildung, nämlich die sehr komplexe Wirklichkeit erfassbar und durchschaubar zu machen, müsste untergehen. Die Realitätsnähe (Annäherung an die Wirklichkeit) eines Modells - und damit der Prozess der zunehmenden **Modellverfeinerung** - haben also ihre Grenzen. Sie liegen dort, wo das Modell seine Durchschaubarkeit verliert; das Modell muss also **handhabbar** bleiben. Im Modell müssen mithin die für den jeweiligen Erkenntniszweck wesentlichen Eigenschaften und Relationen des Problems wiedergegeben werden. Modelle sind also gedankliche Hilfsmittel - gewonnen durch Vereinfachung (Abstraktion) - zur übersichtlichen Darstellung von unanschaulichen Objekten und komplexen Vorgängen (*Bonhoeffer, K. F.*, 1948, S. 3 ff.). Das Modell ist lediglich eine **Approximation der Wirklichkeit** bzw. eine **Komplexitätsreduktion**.

Für die Darstellung der Teilzusammenhänge stehen verschiedene Formen und Mittel der Abbildung zur Verfügung:

(1) Die anschaulichste Form stellt das **physische** oder **ikonische** Modell dar. Bei-spiele sind körperliche Nachbildungen - Holz-, Plastik- oder Gipsmodell eines Baukörpers oder Stadtteils - , Landkarten, Konstruktionszeichnungen. Innerhalb der Wirtschaftswissenschaften haben physische Modelle praktisch keine Bedeutung erlangt. (Das spezifisch „Wirtschaftliche“ ist rein **geistiger Natur** und schon deshalb nicht physisch abbildbar.)

(2) Die **symbolischen (sprachlichen) Modelle** sind für die Wirtschaftswissenschaft besonders wichtig. Mit Hilfe einer **Sprache** mit ihrem System symbolischer Zeichen und dem zugehörigen System syntaktischer und semantischer Regeln wird die Struktur des zu untersuchenden Tatbestandes approximiert und in ihrer Problematik untersucht. Dient als Sprache die übliche Alltagssprache (oder eine daraus entwickelte Fachsprache), so handelt es sich um ein **verbales Modell**. Künstliche Sprachen, wie logistische und mathematische Systeme, werden Kalküle genannt; Modelle, in denen sie zur Anwendung gelangen, werden Kalkülmodelle (*Kosiol*) oder auch **symbolische Modelle** genannt. Die Symbolmodelle sind also **mathematische** (oder auch logistische) **Modelle**.

Ein anderer wichtiger Gliederungsgesichtspunkt ist die **Funktion**, die die mathematischen Modelle erfüllen sollen. So kann man in Anlehnung an die Stufenfolge eines wissenschaftlichen Erkenntnis- und Anwendungsprozesses (schlagwortartig: erklären, beweisen, anwenden, kontrollieren) unterscheiden zwischen:

(1) Erklärungsmodellen;
(2) Falsifizierungsmodellen;
(3) Entscheidungsmodellen;
(4) Kontrollmodellen.

Diese vier Modelltypen unterscheiden sich nicht in ihrem strukturellen Aufbau, sondern lediglich durch die Verschiedenartigkeit der bei der Formulierung des Modellansatzes verwendeten Daten (*Angermann, A.*, 1963, S. 15 ff.). Das **Erklärungsmodell** benötigt keine empirischen, sondern angenommene (**hypothetische**) Daten. **Prognosemodelle** werden in der Regel zur Gruppe der Erklärungsmodelle gezählt (*Domschke, W.*, *Drexl, A.*, 1998, S. 3). Im **Falsifizierungsmodell** kommen reale (**empirische**) Daten zum Zuge. Derartige Modellkonstruktionen werden in der Absicht vorgenommen, die in einem Erklärungsmodell gemachten Aussagen durch eine quantitative Auswertung des betrieblichen Geschehens zu erhärten, Gesetzmäßigkeiten aufzusuchen und sie auf die Zukunft zu übertragen. Dem Falsifizierungsmodell ist als Instrument der Überprüfung auch eine revidierende Funktion übertragen. Im **Operations Research** hat man es ganz überwiegend mit **mathematisch formulierten Entscheidungsmodellen** zu tun. Die **Daten**, die in einem **Entscheidungsmodell** verarbeitet werden, sind **geplante und prognostizierte Größen**. Erfahrungsgemäß wird ein Entscheidungsmodell oft aus einem nicht empirisch erhärteten Erklärungsmodell abgeleitet. Die Überprüfung erfolgt dann gewissermaßen nachträglich durch eine Soll-Ist-Abweichungsananlyse. Da Planung ohne Kontrolle sinnlos ist, folgt auf die Entscheidungsphase (Anwendungsphase) eine Kontrollphase, in der ein **Kontrollmodell** (die **geplanten** und **prognostizierten Daten** des Entscheidungsmodells werden mit den erhobenen **Istdaten** des modellmäßig erfassten Betriebsgeschehens verglichen) zur Anwendung gelangen kann.
Unter **Entscheidungsmodellen** (Optimierungsmodellen) versteht *E. Grochla* (1969, S. 382) „auf die Ableitung von Handlungsmaßnahmen gerichtete Satzsysteme“. Charakteristisch für Entscheidungsmodelle ist die Generierung von optimalen Entscheidungen. Komponenten eines **Entscheidungsmodells** sind

(1) Entscheidungsvariablen;
(2) Zielfunktion;
(3) Restriktionen.

Entscheidungsvariablen sind solche Größen, deren Ausprägung beeinflusst werden kann bzw. deren optimale Ausprägung durch das Entscheidungsmodell bestimmt werden soll (z.B. Produktions- oder Absatzmengen einzelner Produkte, Transportmengen zwischen Anbietern und Nachfragern, Werbebudgets für verschiedene Werbeträger). Ein kritischer Schritt bei der Formulierung eines Entscheidungsmodells ist die Erstellung der **Zielfunktion**, die in Abhängigkeit von den Entscheidungsvariablen zu maximieren oder zu minimieren ist. Dazu muss ein **quantitatives Maß** für die Effektivität einer Maßnahme bezüglich der einzelnen Zielsetzung bestimmt werden. Falls für die Problemstellung mehr als ein Ziel formuliert wurde, müssen die jeweiligen Effektivitätskriterien transformiert und zu einem umfassenden Effektivitätsmaß zusammengeführt werden. Bei diesem zusammengesetzten Effektivitätsmaß kann es sich je nachdem um ein direkt quantifizierbares Ziel (z.B. Deckungsbeitrag), das einem „übergeordneten Ziel der Organisation entspricht, oder aber um ein abstraktes Maß (z.B. Nutzen) handeln. Die Definition eines abstrakten Maßes ist im Allgemeinen eine sehr komplizierte Aufgabe, die den sorgfältigen Vergleich aller Ziele und ihrer relativen Bedeutung voraussetzt“ (*Hiller, F.S., Lieberman, G.J.,* 1997, S. 18). (Wegen eines zahlenmäßigen Anwendungsbeispiels aus dem Bereich der Investitionsplanung vgl. *Runzheimer, B.,* 1989, S. 175-179). Ist ein adäquates (ggf. umfassendes) Effektivitätsmaß gefunden, erhält man die Zielfunktion, in dem dieses Maß als mathematische Funktion der Entscheidungsvariablen ausgedrückt wird. Daneben gibt es Methoden, bei denen **explizit mehrfache Zielsetzung** gleichzeitig berücksichtigt werden kann. Hierzu wird auf die Spezialliteratur verwiesen (vgl. z.B. *Dinkelbach, W.*, 1982; *Hillier, F.S., Lieberman, G.J.,* 1997, S. 225 ff.; *Homburg, C.,* 1991, S. 359-381; *Isermann, H.*, 1979, S. 3 ff. und 1982, S. 223 ff. sowie 1986).

Vervollständigt wird das Entscheidungsmodell durch die **Restriktionen** (Nebenbedingungen); diesen unterliegen die Entscheidungsvariablen (z.B. Kapazitätsrestriktionen, Budgetbegrenzungen, Nichtnegativität von Produktions- oder Absatzmengen). Für den Einsatz von Computern zur Behandlung von Entscheidungsmodellen (zur Lösung von Optimierungsproblemen) kommt den **Standardprogrammen** (Bibliotheksprogrammen) eine große Bedeutung zu. Die wichtigsten Algorithmen, für die Standardprogramme vorliegen, sind die Simplexmethode, Methoden zur Lösung linearer Gleichungssysteme und zur Inversion von Matrizen, Methoden zur Lösung des Transport- und Zuordnungsproblems, Entscheidungsbaumverfahren und verschiedene Verfahren der Netzplantechnik.

Wegen der Möglichkeiten, Modelle und Algorithmen des Operations Research als wesentliche Bausteine von „Entscheidungsunterstützungssystemen“ (interaktive Meta-Heuristiken) zu nutzen, wird auf die Spezialliteratur verwiesen (*Lachmann, M.F.,* 1995 und die dort angegebene Literatur).

Auf dem Markt vertretene Softwarepakete sind z.B. SIMSCRIPT II.5; GPSS; IMSL; LINDO; LINGO; Mathcad; Mathlab, Simulink, (vgl. Lutz, M., 1998, S. 11).

Im Internet findet man einiges über OR unter: *http://mat.gsia.cmu.edu/index.html*

Übungsfragen zum 1. Kapitel

1. Welches sind die wesentlichen Begriffsmerkmale des OR?
2. In welche Schritte lässt sich die typische Vorgehensweise des OR bei der Lösung realer Probleme gliedern?
3. Welche Funktion kommt der Mathematik im Rahmen des OR zu?

4. Warum bedient man sich der Modelle als Hilfsmittel des OR?
5. Wie lassen sich die Modelle klassifizieren?
6. Worin unterscheiden sich die Erklärungs-, Falsifizierungs-, Entscheidungs- und Kontrollmodelle?
7. Was ist ein mathematisches Entscheidungsmodell?
8. Warum lässt sich die volle Realität eines Entscheidungsproblems niemals in einem Modell einfangen? Welche Probleme ergeben sich daraus?

Literatur zum 1. Kapitel

Ackoff, R.L., Sasieni, M.W.: Operations Research, Grundzüge der Operationsforschung (deutsche Übersetzung), Stuttgart 1970.

Angermann, A.: Entscheidungsmodelle, Frankfurt/M. 1963.

Bamberg, G., Coenenberg, A.G.: Betriebswirtschaftliche Entscheidungslehre, 9. A., München 1996.

Bitz, M.: Entscheidungstheorie, München 1981.

Bonhoeffer, K.F.: Über physikalisch-chemische Modelle von Lebensvorgängen, Berlin 1948.

Churchman, C. W. u.a.: Operations Research, Eine Einführung in die Unternehmensforschung (deutsche Übersetzung), 5. A., Wien 1971.

Dinkelbach, W.: Entscheidungsmodelle, Berlin 1982.

Diruf, G., Schönbauer, J.: Operations Research Verfahren, Berlin-Heidelberg-New York 1993.

Domschke, W., Drexl, A.: Einführung in Operations Research, 4. A., Berlin-Heidelberg-New York 1998.

Dürr, W., Kleibohm, K.: Operations Research, Lineare Modelle und ihre Anwendungen, 3. A., München-Wien 1992.

Ellinger, T. u.a.: Operations Research - Eine Einführung, 4. A., Berlin-Heidelberg-New York 1998.

Grochla, E.: Modelle als Instrumente der Unternehmensführung, in: ZfbF 1969, S. 382-397.

Hammer, R. M.: Unternehmensplanung, 5. A., München-Wien 1992.

Hanssmann, F.: Einführung in die Systemforschung, 4. A., München-Wien 1993.

Hanssmann, F.: Operations Research Techniques for Capital Investment, 2. A., New York 1974.

Hillier, F. S., Lieberman, G.J.: Operations Research - Einführung, 5. A., München-Wien 1997.

Homburg, C.: Modellgestützte Unternehmensplanung, Wiesbaden 1991.

Isermann, H.: Strukturierung von Entscheidungsprozessen bei mehrfacher Zielsetzung, in: OR-Spektrum 1979, S. 3-26.

Isermann, H.: Linear Lexicographic Optimization, in: OR-Spektrum 1982, S. 223-228.

Isermann, H.: Optimierung bei mehrfacher Zielsetzung, in: *Gal, T.:* (Hrsg.): Grundlagen des Operations Research, Band 1, 3. A., Berlin 1991.

Kahle, E.: Betriebliche Entscheidungen, 3. A., München-Wien 1993.

Korndörfer, W.: Unternehmensführungslehre, 8. A., Wiesbaden 1995.

Kosiol, E.: Modellanalyse als Grundlage unternehmerischer Entscheidungen, in: Zeitschrift für handelswissenschaftliche Forschung, 1961, S. 318 ff.

Lachmann, M.F.: Entscheidungsunterstützungssysteme mit OR-Methoden, Diss., Ludwigsburg - Berlin 1995.

Lutz, M.: Operations Research Verfahren - verstehen und anwenden, Köln 1998.

Müller-Mehrbach, H.: Operations Research in der betrieblichen Bewährung, in: VWI (Zeitschrift des Verbandes deutscher Wirtschaftsingenieure e. V.), H. 1, Berlin 1976, S. 140-166.

Müller-Mehrbach, H.: Operations Research, Methoden und Modelle der Optimalplanung, 3. A., München 1973.

Runzheimer, B.: Operations Research II, Methoden der Entscheidungsvorbereitung bei Risiko, 2. A., Wiesbaden 1989.

Stephan, A., Fischer, E. O.: Betriebswirtschaftliche Optimierung, Einführung in die quantitative Betriebswirtschaftslehre, 4. A., München-Wien 1993.

Zimmermann, H. J.: Methoden und Modelle des Operations Research, 2. A., Braunschweig-Wiesbaden 1992.

Zimmermann, W.: Operations Research, Quantitative Methoden zur Entscheidungsvorbereitung, 8. A., München-Wien 1997.

Zweites Kapitel: Lineare Planungsrechnung

I. Einführung

Die **lineare Programmierung** bzw. **lineare Optimierung** oder **lineare Planungsrechnung** (die Begriffe werden synonym verwendet) ist ein Spezialfall der **mathematischen Optimierung**. Sie beruht auf der Prämisse, dass sich die **Zielsetzung** und alle **Nebenbedingungen** der Optimierung durch **lineare Funktionen** erfassen lassen.
Im Zuge der Entscheidung durch betriebliche Entscheidungsträger fallen auch solche **Planungsprobleme** an, die eine **lineare Struktur** besitzen - oder sich durch unerhebliche Veränderungen in eine lineare Struktur überführen lassen.
Trotz der sehr einschränkenden Annahme kommt den **linearen Entscheidungsmodellen** eine zentrale Bedeutung in der Praxis zu; zeigen sie doch eine Reihe der grundlegenden Probleme auf, denen sich der Entscheidungsträger beim Planungsprozess gegenübergestellt sieht. Darüber hinaus liegt ein großer Vorteil der linearen Optimierung darin, dass sie **exakte Lösungen** ermöglicht.
Die lineare Optimierung ist zusammen mit der Netzplantechnik das bisher bekannteste und wohl auch am meisten angewendete Gebiet des Operations Research. Die lineare Programmierung geht im Wesentlichen auf den Amerikaner *G. B. Dantzig* zurück (1951; weitere Pioniere zählt *Müller-Mehrbach, H.,* 1973, S. 89 auf). Er entwickelte in den Vierzigerjahren den Simplex-Algorithmus (1947), der als Lösungsverfahren bei der Planung der verschiedenen Aufgaben der amerikanischen Luftwaffe verwendet werden sollte. Der **Simplex-Algorithmus** ist auch heute noch das bei weitem wichtigste Verfahren zur Lösung linearer Optimierungsmodelle. So lagen die ersten Anwendungen der linearen Planungsrechnung auf militärischem Gebiet. Es folgten dann die ersten Versuche, die lineare Optimierung für Zwecke der Unternehmensplanung einzusetzen. Man erkannte, dass hier eine ganze Anzahl von Problemen mit Hilfe der linearen Planungsrechnung gelöst werden kann. Ihre praktische Anwendbarkeit erreichte die lineare Planungsrechnung erst durch die Entwicklung wirksamer elektronischer Rechenanlagen.

II. Formulierung der Grundaufgabe der linearen Planungsrechnung

Der mathematische Kern der linearen Optimierung ist einfach zu beschreiben. Es handelt sich um die Aufgabenstellung, eine lineare Zielfunktion (Funktion von Variablen) zu maximieren **(Maximierungsaufgabe)** oder zu minimieren **(Minimierungsaufgabe),** wobei die Variablen einem **System linearer Gleichungen bzw. Ungleichungen**

(lineare Nebenbedingungen) genügen müssen. Außerdem dürfen die Variablen nicht negativ sein **(Nichtnegativitätsbedingung)**. Materiell geht es bei der linearen Optimierung um die optimale Aufteilung knapper Güter auf konkurrierende Verwendungszwekke bzw. um die optimale Zusammenstellung von Güterkombinationen zur Erfüllung vorgegebener Zwecke **(ökonomisches Prinzip)**.

Zwei typische Beispiele mit Standardansatz:
Im Folgenden werden zwei typische - gegenüber der Wirklichkeit jedoch stark vereinfachte - Entscheidungssituationen als Demonstrationsbeispiele behandelt.

A. Maximierungsaufgabe: Optimierung eines Produktionsprogramms

Ein Unternehmen kann in sein Produktionsprogramm n verschiedene Produktarten aufnehmen. Jedes Produkt beansprucht zur Herstellung die m knappen Produktionsfaktoren (Betriebsmittel, Materialien etc.). Die Kapazitäten dieser Produktionsfaktoren b_i (i = 1, 2, ..., m) seien in der Planungsperiode konstant. Es handelt sich um eine **kurzfristige Planung** („short-run"-Betrachtung), da die in der Planung zu betrachtenden Kapazitäten als konstant („gegeben"), d.h. als innerhalb der Planungsperiode nicht beeinflussbar, unterstellt werden.
Der Verbrauch an Produktionsfaktoren für die Fertigung je einer Mengeneinheit der Produktarten wird als **technischer Koeffizient a_{ij}** (i = 1, 2, ..., m und j = 1, 2, ..., n) bezeichnet. Die a_{ij}-Werte geben also die erforderlichen Mengeneinheiten an Produktionsfaktoren der i-ten Gruppe für die Fertigung **einer** Mengeneinheit der Produktart j an.
Das Unternehmen ist für die Planperiode an dem **optimalen Produktionsprogramm** interessiert, d.h. an derjenigen **Auswahl der Art und Mengen** der **zu fertigenden Produkte** x_j (j = 1, 2, ..., n), die den **Periodengewinn G maximiert**. Da die Höhe der fixen Kosten keinen Einfluss auf die Lage des Gewinnmaximums hat, ist das Programm mit dem maximalen **Periodendeckungsbeitrag** identisch mit dem des maximalen Periodengewinns. Der Deckungsbeitrag g_j (j = 1, 2, ..., n) pro Mengeneinheit des j-ten Produktes ist die Differenz zwischen dem Stückerlös (Marktpreis) p_j und den variablen Stückkosten k_j (j = 1, 2, ..., n).
Die gestellte Aufgabe lässt sich leicht lösen, wenn **nur ein Engpass existiert**. In diesem Fall konkurrieren die Produkte um diese Engpasskapazität. Die Reihenfolge der Förderungswürdigkeit der konkurrierenden Produkte ergibt sich dann aus ihren **relativen Deckungsbeiträgen** (*P. Riebel*, 1994), d.h. aus den Deckungsbeiträgen, die sie je Mengeneinheit der Engpasskapazität aufweisen.
Konkurrieren die n verschiedenen Produktarten jedoch **gleichzeitig um mehrere Engpasskapazitäten**, so lässt sich die Aufgabe nur mit Hilfe der **linearen Planungsrechnung** lösen.

1. Beispiel mit linearem Programmansatz

Ein Betrieb produziere zwei Produktarten P_1 und P_2, und zwar x_1 Mengeneinheiten von P_1 und x_2 Mengeneinheiten von P_2. Die Deckungsbeiträge je Mengeneinheit seien $g_1 = 110$ GE (Geldeinheiten) für Produktart P_1 und $g_2 = 160$ GE für Produktart P_2. Die zur Fertigung erforderlichen knappen Produktionsfaktorarten (Kapazitäten) werden in drei Gruppen eingeteilt. Die erste Gruppe umfasse alle in der Planperiode verfügbaren Werkstoffe (Roh-, Hilfsstoffe etc.), die Zweite die verfügbaren Maschinenstunden und die Dritte die verfügbaren Arbeitsstunden. Die Fertigungsingenieure mögen ermittelt haben, dass zur Fertigung von einer Mengeneinheit der Produktart P_1 35 Mengeneinheiten der Produktionsfaktorgruppe 1 ($a_{11} = 35$), 10 Mengeneinheiten der Produktionsfaktorgruppe 2 ($a_{21} = 10$) und 15 Mengeneinheiten der Produktionsfaktorgruppe 3 ($a_{31} = 15$) sowie zur Fertigung von einer Mengeneinheit der Produktart P_2 70 Mengeneinheiten der Produktionsfaktorgruppe 1 ($a_{12} = 70$), 8 Mengeneinheiten der Produktionsfaktorgruppe 2 ($a_{22} = 8$) und 20 Mengeneinheiten der Produktionsfaktorgruppe 3 ($a_{32} = 20$) benötigt werden. Beispielsweise bedeutet $a_{31} = 15$, dass 15 Arbeitsstunden notwendig sind, um eine Mengeneinheit der Produktart P_1 herzustellen.
Die Produktionsfaktoren stehen dem Betrieb in der Planungsperiode nur in beschränktem Umfang zur Verfügung. Wegen fehlender Lagerkapazitäten mögen nur $b_1 = 9.800$ Tonnen Werkstoffe zur Verarbeitung bereitgestellt werden können. Die Maschinenkapazitäten seien fest vorgegeben, so dass in der Planungsperiode höchstens $b_2 = 1.600$ Maschinenstunden einsetzbar seien. Schließlich seien die verfügbaren Arbeitsstunden wegen Vollbeschäftigung auf $b_3 = 3.000$ in der Planperiode begrenzt.
Will der Betrieb seinen Periodenbruttogewinn G (Periodendeckungsbeitrag) maximieren, dann lautet der lineare Programmansatz (das mathematische Modell):

(1) Zielfunktion:
Maximiere $G = 110\,x_1 + 160\,x_2$

Die **Entscheidungsvariablen**, d.h. die Variablen, die wertmäßig festgelegt werden sollen, sind die Mengen x_1 bzw. x_2, die das Unternehmen in der Planperiode von P_1 bzw. P_2 fertigen sollte. (Ist x_1 oder x_2 gleich Null, so handelt es sich auch um die Auswahl einer Produktart). Die Zielfunktion, die zu maximieren ist, stellt den Zusammenhang zwischen Entscheidungskriterium (Gesamtdeckungsbeitrag, kurz: Gewinn) einerseits und Entscheidungsvariablen andererseits dar.

(2) Nebenbedingungen (Restriktionen):

- Kapazitätsrestriktionen:
  a) Werkstoffrestriktion: $35x_1 + 70x_2 \leq 9.800$
  b) Maschinenrestriktion: $10x_1 + 8x_2 \leq 1.600$
  c) Arbeitskräfterestriktion: $15x_1 + 20x_2 \leq 3.000$

- Nichtnegativitätsbedingungen:
  $x_1 \geq 0$ und $x_2 \geq 0$
  Die Nichtnegativitätsbedingungen sind betriebswirtschaftlich sinnvoll und notwendig, da es keine negativen Produktionsmengen geben kann.

2. Grafische Lösung

Da das vorliegende Problem nur zwei Entscheidungsvariablen (Unbekannte) aufweist, kann es **grafisch gelöst** werden. In einem rechtwinkligen Koordinatensystem mit der x_1-Achse als Abszisse und der x_2-Achse als Ordinate repräsentiert jeder Punkt im ersten Quadranten (nur dieser Quadrant kann wegen der Nichtnegativitätsbedingung von Interesse sein) ein bestimmtes Produktionsprogramm. Durch Einzeichnen der linearen Kapazitätsrestriktionen (System linearer Nebenbedingungen) kann der Bereich der **zulässigen Lösungen** (mögliche Produktionsprogramme) abgegrenzt werden. Jede lineare Nebenbedingung lässt sich als Gerade abbilden. Unter der Voraussetzung, dass die einzelnen Kapazitäten voll ausgelastet werden, gilt in den Nebenbedingungen das Gleichheitszeichen. In diesem Fall liegen die zulässigen Lösungen auf der Geraden. Werden die Kapazitäten nicht voll beansprucht, gilt in den Nebenbedingungen das Kleinerzeichen; eine Fläche unterhalb und auf der Begrenzungsgeraden bildet dann den bezüglich der betreffenden Nebenbedingung **zulässigen Lösungsbereich**. Für die Nebenbedingung (2)a) $35x_1 + 70x_2 \leq 9.800$ ergibt sich z.B. folgender zulässiger Lösungsbereich (schraffierte Fläche einschließlich der Begrenzungsgeraden in Abb. 1):

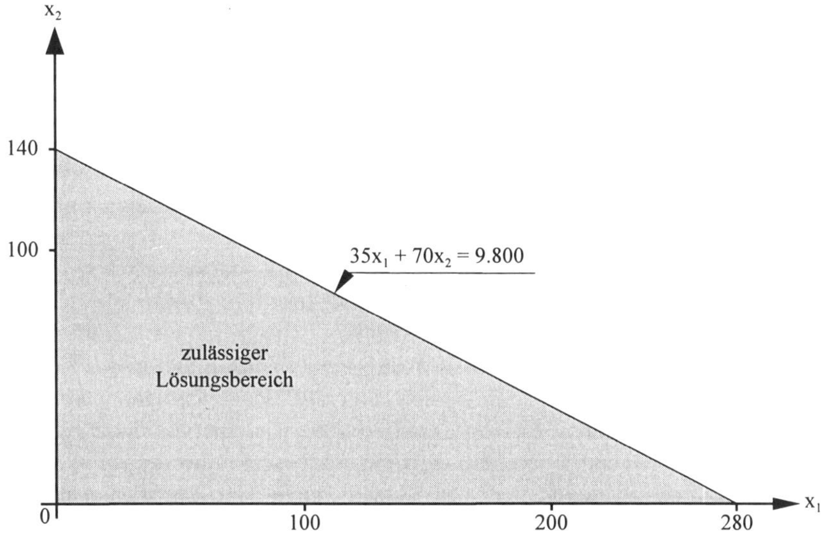

Abb. 1: Zulässige Mengenkombinationen für die Gruppe 1 der Produktionsfaktoren

Überträgt man **alle Nebenbedingungen** in das Koordinatensystem, so ergibt sich für diesen Fall der zulässige Lösungsbereich als das Innere eines geschlossenen Vielecks (vgl. Abb. 2) mit den Eckpunkten 0ABCD (eines sog. konvexen Polyeders) einschließlich Begrenzungsgeraden: Alle Mengenkombinationen von x_1 und x_2, die innerhalb oder auf dem Rand dieser Fläche liegen, sind **zulässige Lösungen** für das gesuchte Produktionsprogramm. Alle anderen Kombinationen verletzen mindestens eine der Nebenbedingungen.

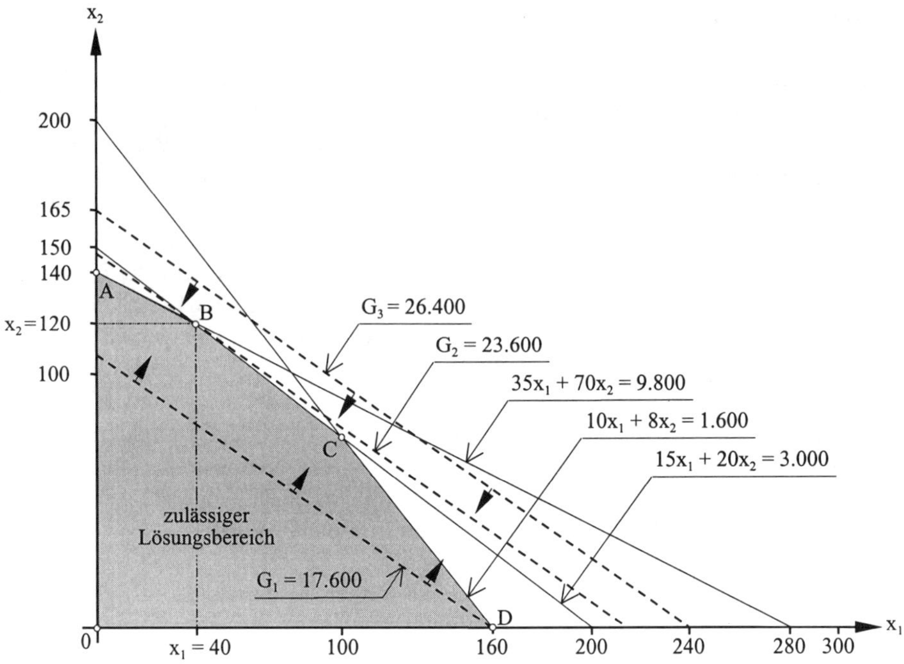

Abb. 2: Grafische Lösung der linearen Maximierungsaufgabe

Aus diesen zulässigen Produktionsprogrammen ist nun dasjenige zu bestimmen, das den **Gewinn G maximiert**. Dazu ist es notwendig, die zulässigen Produktionsprogramme zu bewerten. Setzen wir in der Zielfunktion für G einen festen Wert ein, so erhalten wir die Gleichung für eine Gerade, welche wir ebenfalls in das Koordinatensystem einzeichnen können. Auf dieser Geraden liegen dann alle Produktionsprogramme mit dem gleichen Zielfunktionswert (Iso-Gewinngerade). Wählen wir z.B. als Zielfunktionswert $G_1 = 17.600$ GE und zeichnen die **Iso-Gewinngerade** (Niveaulinie) in das Koordinatensystem ein, so zeigt sich, dass diese Gewinngerade den zulässigen Lösungsbereich schneidet. Ändern wir den Wert von G, so erhalten wir eine zur ursprünglichen Gewinngeraden parallel verschobene Iso-Gewinngerade. Je größer der für G eingesetzte GE-Betrag ist, umso weiter liegt die Iso-Gewinngerade vom Ursprung entfernt. Setzt man als Zielfunktionswert $G_3 = 26.400$ GE, so erhält man eine Iso-Gewinngerade, die den zulässigen Lösungsbereich mit den Eckpunkten 0ABCD weder schneidet noch tangiert; sie liegt außerhalb des zulässigen Bereiches, so dass dieser Gewinn bei den gegebenen Nebenbedingungen nicht realisiert werden kann. Da im **optimalen Lösungspunkt** der **höchstmögliche Gewinn** erzielt wird, muss er auf der **Gewinngeraden** G_k liegen, die **am weitesten** von dem **Koordinatenursprung entfernt** liegt und die mit dem **zulässigen Lösungsbereich mindestens einen Punkt gemeinsam** hat. Durch **Parallelverschiebung der Iso-Gewinngeraden** findet man leicht den **optimalen Lösungspunkt B** mit $x_1 = 40$ und $x_2 = 120$ auf der Gewinngeraden G_2. Der maximale Dekkungsbeitrag beträgt $G_2 = 40 \cdot 110 + 120 \cdot 160 = 23.600$ GE.

Da das Gewinnmaximum ein **Extremwert** ist, können nur **Punkte auf der Peripherie** des zulässigen Lösungsbereiches optimal sein. Auch der Geometrie kann leicht entnommen werden, dass nur **Randpunkte** des zulässigen Bereichs als Optimallösung in Frage kommen. Zu jeder Mengenkombination im Inneren des zulässigen Lösungsbereiches lässt sich immer ein ihr überlegener Randpunkt finden. Die Zahl der zunächst unendlich vielen möglichen Punkte des zulässigen Bereichs verringert sich durch das sog. Eckentheorem auf eine endliche Zahl von Lösungspunkten, nämlich auf die Zahl der **Eckpunkte**. Das **Eckentheorem** besagt: **Eine optimale Lösung eines linearen Programms muss auf einem der Eckpunkte des zulässigen Bereichs liegen**. Der Begriff Eckpunkt ist dabei über die zwei- bzw. dreidimensionale Anschauung hinaus als Schnittpunkt von Begrenzungsgeraden bzw. -ebenen auch auf den allgemeinen n-dimensionalen Raum zu übertragen. Mit Hilfe der Theorie der konvexen Polyeder lässt sich dieser Zusammenhang beweisen (*Hadley, G.*, 1962, S. 58 ff. und S. 100 ff.). Man bräuchte somit nur alle Eckpunkte auszurechnen und den besten auszuwählen, um das Optimum zu finden. Nur im sog. **Entartungs- oder Degenerationsfall** kann das Optimum **entlang einer Begrenzungsgeraden** verlaufen. Ein solcher Fall ist gegeben, wenn eine Begrenzungsgerade auf der Iso-Gewinngeraden liegt. Es sind dann **alle Punkte optimal**, die auf der gemeinsamen Strecke des zulässigen Lösungsbereichs liegen. Man spricht von **mehrdeutigen Lösungen (Mehrfachlösungen, Lösungsmannigfaltigkeit)**. Da die Eckpunkte dieser gemeinsamen Geraden eingeschlossen sind und zu den optimalen Lösungen gehören, verliert die Behauptung, dass das Optimum immer auf Eckpunkten liegen muss, nicht seine Gültigkeit für den entarteten Fall.

B. Minimierungsaufgabe: Optimierung eines Werbeprogramms

Bei der Werbemittelauswahl geht es u.a. um zwei grundsätzliche Fragestellungen: Einmal kann danach gefragt sein, welche Werbemittelart bei gegebenem Gesamtwerbeaufwand (Werbeetat) den höchsten Werbeertrag erwarten lässt. Zum Zweiten geht es um die Frage, mit welcher Werbemittelart ein bestimmter Werbeertrag mit minimalen Kosten erzielt werden kann. Wir betrachten die zweite Fragestellung und gehen dabei von der folgenden relativ einfachen Aufgabenstellung aus.

1. Beispiel mit linearem Programmansatz

Es handle sich um eine Werbekampagne für ein Rasierwasser. Die **Anzahl von Anzeigen** in verschiedenen Zeitschriften sei zu bestimmen. Unserem Ansatz legen wir als **Erfolg der Werbung** die sog. **Aufmerksamkeitswirkung** (Sinneswirkung) zu Grunde (*Behrens, K.C.*, 1976, S. 106). Um den Erfolg einer Werbung beurteilen zu können, ist es zweckmäßig, eine Zweiteilung des Erfolges in eine ökonomische und eine außerökonomische Komponente vorzunehmen (z.B. *Huth, R., Pflaum, D.*, 1996, S. 246 ff.). Der **ökonomische** Erfolg (auch kurz als **Werbeerfolg** bezeichnet) findet z.B. im Auftragseingang und in der Umsatzentwicklung seinen Niederschlag. Nur selten gelingt es jedoch, diesen ökonomischen Erfolg einem bestimmten absatzpolitischen Instrument oder

gar einem Werbemittel direkt zuzurechnen (Problematik der Zurechenbarkeit bei Vorhandensein eines Wirkungsverbundes) (*Runzheimer, B.*, 1966, S. 102 ff.).
Der zweite Ansatzpunkt für die Beurteilung der Werbemittel bietet der **außerökonomische** Erfolg (auch kurz **Werbewirkung** genannt). Dabei wurde bislang zwei Faktoren besondere Bedeutung zugemessen: der **Aufmerksamkeitswirkung** und dem **Gedächtniswert** der Werbung. Die Aufmerksamkeitswirkung lässt sich durch Beobachtung und Experiment (Blickregistrierung bei Schaufenstern, Plakaten und Inseraten) oder durch Befragung der umworbenen Personen (telefonische Sofortbefragung bei Werbefernsehen) registrieren. Durch den Wiedererkennungstest (recognition-test) und den Erinnerungstest (recall-test) lässt sich schließlich der Gedächtniswert der Werbung registrieren. Es wird in unserem Beispiel unterstellt, dass bereits definitive Entscheidungen über Gestaltung, Größe und Platzierung der Anzeigen gefällt wurden, so dass die Anzeigen in dieser Beziehung als qualitativ gleichwertig anzusehen sind. Zur Auswahl der Werbemittel kommen mithin allein **quantitative Kriterien** zum Zuge, nämlich die **Kosten pro Anzeige** und **streutechnische Gesichtspunkte**, d.h. die Reichweite der Zeitschriften. Die Zeitschriften, in denen Anzeigen erfolgen sollen (die Werbeträger), seien bereits bestimmt. (Es handle sich dabei um Zeitschriften, die keine externen Überschneidungen aufweisen). Der Einfachheit halber (wegen der grafischen Darstellbarkeit) sollen nur zwei Zeitschriften 1 und 2 zur Diskussion stehen. Die Kosten für eine **ganzseitige Anzeige** (1/1 Seite vierfarbig) betragen in Zeitschrift 1 GE 70.000 und in Zeitschrift 2 GE 40.000 (je Anzeige und Auflage). Die Anzahl der in Zeitschrift 1 und 2 aufzugebenden (ganzseitigen) Anzeigen x_1 und x_2 ist unter folgenden Bedingungen zu bestimmen:

(1) die Gesamtkosten K sind zu minimieren;

(2) in der Zeitschrift 1 sollen mindestens vier Anzeigen und

(3) in Zeitschrift 2 mindestens sechs Anzeigen erscheinen;

(4) auf Grund von Mediaanalysen sei festgestellt, dass Zeitschrift 1 von 3 Mio. und Zeitschrift 2 von 2 Mio. männlichen Lesern regelmäßig gelesen und die jeweiligen ganzseitigen Anzeigen wahrgenommen werden (Aufmerksamkeitswirkung). Es wird dabei unterstellt, dass eine in den Zeitschriften mehrfach platzierte Anzeige auch entsprechend mehrfach wahrgenommen wird (linearer Zusammenhang zwischen kumulativer Reichweite und mehrfacher Belegung im Zeitablauf). Gefordert wird, dass die Anzeigen von den männlichen Lesern der beiden Zeitschriften insgesamt mindestens 36 Mio. mal wahrgenommen werden (Aufmerksamkeitswirkung).

(5) Von den durch Mediaanalysen ermittelten 2,4 Mio. männlichen Lesern der Zeitschrift 1, die monatlich mindestens GE 4.000 verdienen bzw. von den 1,0 Mio. männlichen Lesern der Zeitschrift 2, die ebenfalls mindestens GE 4.000 pro Monat verdienen, sollen die Anzeigen insgesamt mindestens 24 Mio. mal wahrgenommen werden.

Der **lineare Programmansatz** lautet:

(1) Zielfunktion:

Minimiere $K = 70.000 \cdot x_1 + 40.000 \cdot x_2$

(2) Nebenbedingungen:

a) Mindestanzahl der Anzeigen in Zeitschrift 1: $x_1 \geq 4$
b) Mindestanzahl der Anzeigen in Zeitschrift 2: $x_2 \geq 6$
c) Zielpersonengruppe männliche Leser:
$3.000.000 \cdot x_1 + 2.000.000 \cdot x_2 \geq 36.000.000$
d) Zielpersonengruppe männliche Leser mit Monatseinkommen von mindestens GE 4.000:
$2.400.000 \cdot x_1 + 1.000.000 \cdot x_2 \geq 24.000.000$
e) Ganzzahligkeitsbedingung: da nur **ganzseitige** Anzeigen geschaltet werden sollen, müssen die Entscheidungsvariablen x_j (j = 1, 2) ganzzahlig sein.

Die normalerweise notwendigen Nichtnegativitätsbedingungen entfallen hier, da die Nebenbedingungen unter (2)a) und (2)b) diese umschließen (die Nichtnegativitätsbedingungen sind redundant).

2. Grafische Lösung

Bei der grafischen Behandlung des Problems geht man im Prinzip genauso vor wie bei der Maximierungsaufgabe. Da nur die Zielfunktion zu minimieren ist, ändert sich die Optimierungsrichtung: Gesucht ist der **Punkt des zulässigen Lösungsbereichs**, der auf der **am nächsten beim Koordinatenursprung** verlaufenden **Iso-Kostengeraden** - also auf der ISO-Kostengeraden mit dem niedrigsten Niveau - liegt (vgl. Abb. 3).

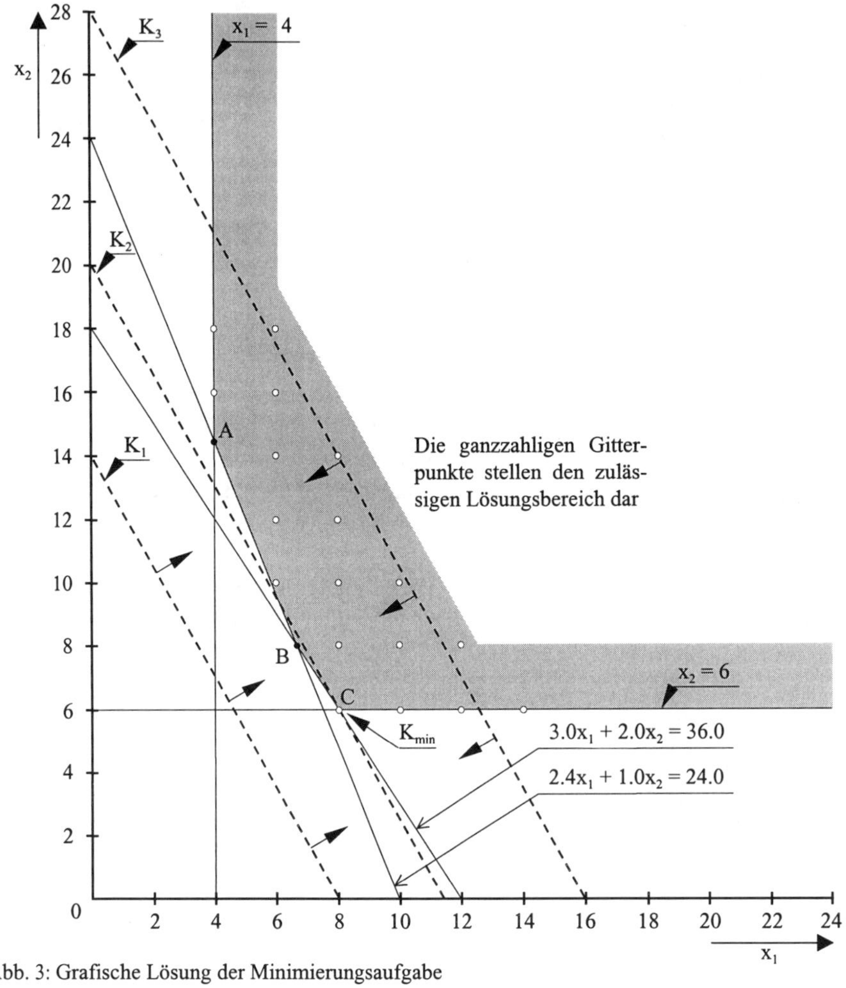

Abb. 3: Grafische Lösung der Minimierungsaufgabe

In dem 1. Quadranten des rechtwinkligen Koordinatensystems mit der x_1-Achse als Abszisse und der x_2-Achse als Ordinate stellt zunächst die Fläche rechts oberhalb der Begrenzungsgeraden mit den Eckpunkten A B C den zulässigen Lösungsbereich dar. Wegen der **Ganzzahligkeitsbedingung** sind jedoch nicht alle Mengenkombinationen von x_1 und x_2 zulässig, sondern nur die mit ganzzahligen x_1- und x_2-Werten (ganzzahlige Gitterpunkte). Man beachte, dass die Eckpunkte A und B nicht zu den ganzzahligen Gitterpunkten gehören.

Setzen wir für den Zielfunktionswert K eine feste Größe ein, so erhalten wir die Gleichung für eine **Iso-Kostengerade**, welche wir ebenfalls in das Koordinatensystem einzeichnen können. Wählen wir z.B. als Zielfunktionswert K_1 = 560.000 GE und zeichnen die Iso-Kostengerade in das Koordinatensystem ein, so zeigt sich, dass diese Kostengerade den zulässigen Lösungsbereich weder tangiert noch schneidet; sie liegt also außerhalb des zulässigen Bereichs, so dass die vorgesehene Werbekampagne nicht mit Kosten

von $K_1 = 560.000$ GE realisiert werden kann. Verschiebt man die Iso-Kostenkurve parallel, so tangiert sie erstmals im Punkt C einen zulässigen ganzzahligen Lösungspunkt. Da dies zugleich die Kostengerade mit dem niedrigsten Niveau ist, stellt der Punkt C die **optimale Lösung** dar, mit $x_1 = 8$, $x_2 = 6$ und $K_2 = 8 \cdot 70.000 + 6 \cdot 40.000 = 800.000$.
Die **minimalen Gesamtkosten** für die Werbekampagne betragen mithin GE 800.000. Dabei sind alle Nebenbedingungen erfüllt. Es werden 8 Anzeigen in Zeitschrift 1 und 6 Anzeigen in Zeitschrift 2 platziert. Erreicht werden dann 8 · 3 Mio. + 6 · 2 Mio. = 36 Mio. Kontakte bei männlichen Lesern, unter denen sich 8 · 2,4 Mio. + 6 · 1,0 Mio. = 25,2 Mio. mit einem Monatseinkommen von mindestens GE 4.000 befinden.

C. Standardansatz der linearen Planungsrechnung

Nach den Demonstrationsbeispielen soll nun die **allgemeine Form eines linearen Programms** angegeben werden. In mathematischer Symbolik lassen sich die linearen Optimierungsaufgaben wie folgt darstellen:

(1) In einer linearen Funktion (**Zielfunktion**)

$$Z = c_1x_1 + c_2x_2 + \ldots + c_jx_j + \ldots + c_nx_n$$

sind reelle Zahlen x_j ($j = 1, 2, \ldots, n$) gesucht, für die Z maximal bzw. minimal wird, und zwar

(2) unter den **Nebenbedingungen**

$$\begin{array}{ccccccccccccc}
a_{11}x_1 & + & a_{12}x_2 & + & \ldots & + & a_{1j}x_j & + & \ldots & + & a_{1n}x_n & \gtreqless & b_1 \\
a_{21}x_1 & + & a_{22}x_2 & + & \ldots & + & a_{2j}x_j & + & \ldots & + & a_{2n}x_n & \gtreqless & b_2 \\
\vdots & & & & & & & & & & & & \vdots \\
a_{i1}x_1 & + & a_{i2}x_2 & + & \cdots & + & a_{ij}x_j & + & \ldots & + & a_{in}x_n & \gtreqless & b_i \\
\vdots & & & & & & & & & & & & \vdots \\
a_{m1}x_1 & + & a_{m2}x_2 & + & \ldots & + & a_{mj}x_j & + & \ldots & + & a_{mn}x_n & \gtreqless & b_m
\end{array}$$

und

$x_j \geq 0$ für $j = 1, 2, \ldots, n$ (Nichtnegativitätsbedingung)

Gekürzte mathematische Schreibweise mit Summenzeichen:

(1) Maximiere bzw. minimiere

$$Z = \sum_{j=1}^{n} c_j x_j$$

(2) unter den Nebenbedingungen

$$\sum_{j=1}^{n} a_{ij} x_j \begin{smallmatrix}\geq\\=\\\leq\end{smallmatrix} b_i \qquad \text{für } i = 1, 2, ..., m$$

$$x_j \geq 0 \quad (j = 1, 2, ..., n)$$

Linearer Programmansatz in Matrizenschreibweise:

(1) Maximiere oder minimiere $Z = c' x$

(2) unter den Nebenbedingungen

$$A \cdot x \begin{smallmatrix}\geq\\=\\\leq\end{smallmatrix} b$$

$$x \geq o$$

Wobei c' ein Zeilenvektor mit n Elementen, x ein Spaltenvektor mit n Elementen, A eine m · n-Matrix, b ein Spaltenvektor mit m Elementen und o ein Spaltenvektor mit n Nullelementen ist.

Dabei repräsentieren die Symbole

- x_j die j = 1, 2, ..., n Entscheidungsvariablen, d.h. die Unbekannten, deren Werte optimal gewählt werden sollen;
- c_j die j = 1, 2, ..., n Zielfunktionskoeffizienten, die den Beitrag der zugehörigen Entscheidungsvariablen zum Entscheidungskriterium Z angeben;
- a_{ij} die Koeffizienten der Nebenbedingungen als Gewichtungsfaktoren der Entscheidungsvariablen x_j (j = 1, 2, ..., n) bezüglich der i-ten Nebenbedingung (i = 1, 2, ..., m);
- b_i die i = 1, 2, ..., m **rechten Seiten** der Nebenbedingungs(un)gleichungen geben den Betrag an, der von der Summe der mit ihren Koeffizienten a_{ij} gewichteten Entscheidungsvariablen x_j nicht überschritten (≤) bzw. nicht unterschritten (≥) werden darf oder aber auch genau erreicht werden muss (=). Bei Maximierungsproblemen steht die „kleiner-gleich"-Bedingung (≤) und bei Minimierungsaufgaben umgekehrt die „größer-gleich"-Bedingung (≥) im Allgemeinen im Vordergrund; für jede Nebenbedingung ist genau eines der angegebenen Relationszeichen zu verwenden.

III. Simplexmethode

Das grafische Verfahren zur Lösung **linearer Programmierungsaufgaben** ist nur sehr begrenzt anwendbar. Praktisch relevante Probleme lassen sich grafisch nicht lösen. Von den verschiedenen **numerischen Lösungsverfahren**, die entwickelt worden sind, ist die von *DANTZIG* entwickelte **Simplexmethode** die wohl bekannteste und am meisten verbreitete Methode. Der Simplex-Algorithmus „ist nach wie vor das leistungsfähigste Verfahren zur Lösung linearer Optimierungsprobleme der Praxis. Die so genannte **Ellipsoid-Methode** von *Khachijan* (1979) und die **projektive Methode** von *Karmarkar* (1984) sind zwar hinsichtlich des Rechenzeitbedarfs im ungünstigsten Fall, nicht aber im durchschnittlichen Laufzeitverhalten dem Simplex-Algorithmus überlegen" (*Domschke, W., Drexl, A.,* 1998, S. 19 ff.). Beide Verfahren werden von *Beisel, E.-P., Mendel, M.*, 1987, S. 146 ff. sowie *Bazaraa, M.S.* u.a., 1990 ausführlich dargestellt. Die Simplexmethode ist ein **allgemeines Lösungsverfahren** für **lineare Programmierungsaufgaben** mit **beliebig vielen Variablen**. Die Simplexmethode wird auf heutigen Computern routinemäßig zur Lösung auch sehr umfangreicher Probleme verwendet, hierfür existieren durchweg ausgereifte Softwarepakete. Abgesehen von einfacheren Problemstellungen wird diese Methode durchweg über Computer bewältigt. Trotzdem ist es wichtig zu erfahren, **wie die Simplexmethode funktioniert**; dies ist schon unabdingbar zum nötigen Verständnis zur Durchführung **postoptimaler Analysen (einschließlich Sensitivitätsanalysen).**

Das grafische Lösungsverfahren zeigt auf sehr einfache Art die Funktionsweise der Simplexmethode. Beide Verfahren basieren auf der wichtigen Erkenntnis: ***optimale Lösungen*** *eines linearen Programms können nur* ***Eckpunkte*** *oder der* ***Rand*** *des* ***zulässigen Lösungsbereichs*** *sein.*

Der Name **„Simplex"** leitet sich von der Form des Bereiches der zulässigen Lösungen ab. Man bezeichnet im n-dimensionalen Raum ein aus n + 1 Eckpunkten bestehendes konvexes Polyeder als einen n-dimensionalen Simplex (zweidimensionaler Simplex: Dreieck, dreidimensionaler Simplex: Tetraeder). Die Simplexmethode macht sich also das **Eckentheorem** zu Nutze. Das Rechenverfahren beschränkt sich deshalb bei der Suche nach dem Optimum auf die Eckpunkte des Restriktionspolyeders - das sind algebraisch die sog. **Basislösungen** des Gleichungssystems.

Ein lineares Programm lässt sich mit Hilfe der Simplexmethode lösen, wenn es in **Normalform** dargestellt ist. Dazu ist Folgendes erforderlich:

(1) $b_i \geq 0$, d.h. alle **rechten Seiten** der Nebenbedingungsgleichungen dürfen nicht negativ sein;

(2) bei Maximierungsproblemen müssen die Nebenbedingungen von der folgenden Art sein:

$$\sum_{j=1}^{n} a_{ij}x_j \leq b_i \qquad (i = 1, 2, ..., m)$$

(3) bei Minimierungsproblemen müssen die Nebenbedingungen von der folgenden Art sein:

$$\sum_{j=1}^{n} a_{ij}x_j \geq b_i \qquad (i = 1, 2, ..., m)$$

Jedes lineare Optimierungsproblem lässt sich in die **Normalform** bringen.

A. Simplex-Algorithmus

Das **Prinzip der Simplexmethode** beruht auf dem bereits erwähnten **Eckentheorem**, danach muss das Optimum auf mindestens einem Eckpunkt des zulässigen Lösungsbereichs liegen. Man braucht nicht alle Ecken zu kennen, um das Optimum bestimmen zu können. Es genügt zunächst ein einziger Eckpunkt des zulässigen Lösungsbereichs, um dann **schrittweise** von **Eckpunkt zu Eckpunkt zu springen**, bis man einen **optimalen Eckpunkt erreicht** hat **(Iterationsverfahren).** Dabei springt man nur auf benachbarte Eckpunkte.

1. Überführung des Ungleichungssystems in ein Gleichungssystem

Der erste Schritt bei der Anwendung der Simplexmethode konzentriert sich auf das System der linearen Nebenbedingungen (Restriktionen). Da die numerische (algebraische) Behandlung von **Ungleichungen** als Restriktionen umständlich ist, werden zunächst die **Ungleichungen in Gleichungen überführt**. Jede Ungleichung wird durch die Einführung einer **Hilfsvariablen** (auch **Schlupf-, Zusatz-, Pseudovariable** genannt) x_{n+i} (i = 1, 2, ..., m) **in eine Gleichung** überführt. Dadurch entsteht ein inhomogenes **lineares Gleichungssystem** für die m Nebenbedingungen mit n + m Variablen, nämlich n eigentliche Variablen **(Hauptvariablen, Strukturvariablen)** und m Schlupfvariablen. Das **lineare Gleichungssystem** ist **unterbestimmt**.

Bei der Maximierungsaufgabe stellen die Schlupfvariablen ökonomisch z.B. **Leerkapazitäten** (von den eigentlichen Variablen **nicht verbrauchte Kapazitäten**) der entsprechenden Nebenbedingung dar. Gilt für den Schlupf der i-ten Gleichung $x_{n+i} = 0$, so ist die i-te Kapazität voll ausgelastet; bei dem gefundenen Programm existiert dann hier keine Leerkapazität.

Die Schlupfvariablen haben in der Zielfunktion die Koeffizienten Null, da leer stehende Kapazitäten keinen Zielbeitrag (z.B. keinen Deckungsbeitrag) leisten.

Für das oben grafisch gelöste Beispiel einer Maximierungsaufgabe - **Optimierung eines Produktionsprogramms** - ist folgendes lineares Programm zu lösen:

Maximiere $G = 110x_1 + 160x_2$

unter den Nebenbedingungen (Restriktionen)

$$35x_1 + 70x_2 \leq 9.800$$
$$10x_1 + 8x_2 \leq 1.600$$
$$15x_1 + 20x_2 \leq 3.000$$
$$x_1 \geq 0, \; x_2 \geq 0$$

Durch **Einführung** von drei **Schlupfvariablen** x_3, x_4 und x_5 **wandeln** sich die ersten drei **Ungleichungen** des Programmansatzes in **Gleichungen** um:

$$\begin{array}{lllllll} 35x_1 & + & 70x_2 & + x_3 & & & = 9.800 \\ 10x_1 & + & 8x_2 & & + x_4 & & = 1.600 \\ 15x_1 & + & 20x_2 & & & + x_5 & = 3.000 \end{array}$$

$$\underbrace{\qquad\qquad\qquad\qquad}_{\text{Schlupfvariablen}}$$

Die Nichtnegativitätsbedingung ist auf alle Variablen - also auch auf die Schlupfvariablen - auszudehnen, da andernfalls die „kleiner-gleich-" Bedingung bei den Restriktionen nicht eingehalten werden würde.

$$x_j \geq 0 \qquad (j = 1, 2, ..., 5).$$

Statt der bisherigen Interpretation der Restriktionen, dass die Inanspruchnahme (Verbrauch) der Produktionsfaktoren nicht größer sein darf als deren verfügbare Kapazität, lassen sich die Gleichungen nunmehr wie folgt erklären: Die Summe aus Leerkapazität (ungenutzte Kapazität) plus genutzte Kapazität ist gleich der Gesamtkapazität eines Faktors.

Materiell hat sich durch die Einführung der Schlupfvariablen nichts geändert. Für $x_3 \geq 0$, $x_4 \geq 0$ und $x_5 \geq 0$ erfüllen alle Variablen $x_1 \geq 0$ und $x_2 \geq 0$, die das obige Ungleichungssystem erfüllen, auch die Bedingungen des Gleichungssystems. Umgekehrt widersprechen die Variablen $x_1 \geq 0$ und $x_2 \geq 0$, die für $x_3 \geq 0$, $x_4 \geq 0$ und $x_5 \geq 0$ dem Gleichungssystem genügen, nicht dem obigen Ungleichungssystem. „Die nichtnegativen Schlupfvariablen beeinflussen also niemals die Lösung eines linearen Programms" (*Münstermann, H.,* 1969, S. 188).

Das Gleichungssystem der Nebenbedingungen besteht jetzt aus drei Gleichungen und fünf Entscheidungsvariablen. Das Gleichungssystem ist also **unterbestimmt** (zwei Freiheitsgrade, d.h. die Werte von zwei Variablen sind frei wählbar). Die Anzahl der Unbekannten (Entscheidungsvariablen) ist größer als die Zahl der linear unabhängigen Gleichungen. Es gibt bei unterbestimmten Gleichungssystemen unendlich viele verschiedene Lösungen, sofern überhaupt zulässige Lösungen existieren. Das konnte bereits an der grafischen Darstellung (vgl. zulässiger Lösungsbereich in Abb. 2) gezeigt werden.

Auf Grund des **Eckentheorems** - auch **Simplex-Theorem** genannt (*Hadley, G.,* 1962, S. 100 ff.) - sind nur **Eckpunktlösungen** von Interesse, da nur **mindestens eine von ihnen die Zielfunktion maximiert** (Hauptsatz der linearen Optimierung). Diese Eckpunktlösungen werden **zulässige Basislösungen** genannt. Hat man ein System von m Gleichungen, so sind von den (m + n) Variablen, d.h. von den **n Hauptvariablen** (Strukturvariablen) und **m Schlupfvariablen**, die Werte von genau m Variablen bestimmbar (gleichviel Unbekannte wie Gleichungen). Dies kann dadurch geschehen, dass die übrigen n Variablen gleich Null gesetzt werden. Diese **n Variablen**, die **gleich Null gesetzt** sind, heißen **Nichtbasisvariablen** im Gegensatz zu den m Variablen, die in der Lösung sind und **Basisvariablen** oder **Lösungsvariablen** genannt werden. Die Werte der m Basisvariablen lassen sich dann aus dem Gleichungssystem auf verschiedene Weise ermitteln.

Auf Grund des **Simplex-Theorems** (Eckentheorems) lässt sich die optimale Lösung berechnen. Das Simplex-Theorem besagt, dass die optimale Lösung eines linearen Programms eine zulässige Basislösung (Eckpunktlösung) sein muss, falls das lineare Programm nur eine optimale Lösung aufweist oder dass sich zur optimalen Lösung mindestens eine optimale Basislösung angeben lässt, falls für das lineare Programm mehrere optimale Lösungen vorliegen (*Hadley, G.*, 1962, S. 100 ff.). Da jedes Gleichungssystem nur endlich viele Basislösungen besitzt, kann entsprechend dem Simplex-Theorem in **endlich vielen Rechenschritten** (Iterationen) aus den zulässigen Basislösungen - die also alle Nebenbedingungen erfüllen - die optimale bestimmt werden. Die Basislösung, bei der die **Zielfunktion ihren Extremwert** (Maximum oder Minimum) erreicht, ist dann die gesuchte **optimale Lösung** des linearen Programms.
Der **Simplex-Algorithmus** ist ein **iteratives Rechenverfahren**. Dabei geht man von einer ersten **zulässigen Basislösung** aus. Man tauscht dann jeweils eine Basisvariable gegen eine Nichtbasisvariable aus, solange dies noch zu einer Verbesserung des jeweils ermittelten Zielfunktionswertes führt.

2. „Nullprogramm“ als erste zulässige Basislösung (Maximierungsproblem)

Die Simplexmethode zeigt einen Weg, das Optimum zu finden, ohne dass alle Eckpunkte des Lösungsraumes durchgeprüft werden. Zunächst wird eine **zulässige Ausgangslösung** bestimmt. Diese stellt eine **zulässige Basislösung** dar. Im vorliegenden Beispiel der **Optimierung eines Produktionsprogramms** mit den Nebenbedingungen

$$\sum_{j=1}^{n} a_{ij}x_j \leq b_i \qquad (i = 1, 2, ..., m)$$

$$x_j \geq 0 \qquad (j = 1, 2, ..., n)$$

ist die **Nulllösung** („Nullprogramm“) eine **zulässige** Lösung mit den Hauptvariablen $x_j = 0$ ($j = 1, 2, ..., n$). Dabei werden die b_i-Werte als nichtnegativ vorausgesetzt ($b_i \geq 0$ für $i = 1, 2, ..., m$). Diese Nulllösung liegt (grafisch betrachtet) im Koordinatenursprung. Bei der Nulllösung behandelt man also die Strukturvariablen (Hauptvariablen) als Nichtbasisvariablen und setzt sie gleich Null. Das ist vorteilhaft, weil die entsprechenden Werte der Schlupfvariablen, die mithin die Basisvariablen sind, aus dem Gleichungssystem ablesbar sind und somit die **erste zulässige Basislösung** sofort bestimmt werden kann. Im Beispiel haben am Koordinatenursprung ($x_1 = 0$ und $x_2 = 0$) die übrigen Variablen die Werte $x_3 = 9.800$, $x_4 = 1.600$ und $x_5 = 3.000$ mit $G = 110 \cdot 0 + 160 \cdot 0 + 0 \cdot 9.800 + 0 \cdot 1.600 + 0 \cdot 3.000 = 0$.
Da in diesem **„Nullprogramm“ nichts** gefertigt wird, ist der Deckungsbeitrag (kurz Gewinn) Null und die vorhandenen Kapazitäten stellen sämtlich Leerkapazitäten dar.

Diese zulässige Basislösung stellt sicherlich nicht die optimale Lösung des linearen Programms dar. Man versucht nun, diese Lösung zu verbessern.

3. Simplexkriterium

Der Übergang von einer zulässigen Basislösung (Eckpunkt des Lösungsbereichs) zu einer anderen geschieht dadurch, dass eine Lösungsvariable (Basisvariable) in der aktuellen Lösung durch eine Variable, die nicht in dieser Lösung enthalten ist (Nichtbasisvariable), ersetzt wird **(Variablentausch)**. Hierbei ist allerdings sicherzustellen, dass die neue Basislösung nicht nur zulässig, sondern auch „besser" ist als die alte; dies bedeutet:

(1) Es ist zu überprüfen, ob die erreichte Lösung die gesuchte Optimallösung bereits darstellt;

(2) falls die gesuchte Optimallösung noch nicht erreicht ist, müssen

- die aufzunehmende und die aus der Basislösung zu eliminierende Variable mit der Maßgabe bestimmt werden, dass
  – eine verbesserte Lösung erreicht wird,
  – die neue (verbesserte) Lösung im zulässigen Lösungsraum liegt;
- die Werte der Basisvariablen der neuen Lösung ermittelt werden.

Ob bereits die Optimallösung vorliegt oder ob eine Lösung verbessert werden kann, wird anhand des **Simplexkriteriums** überprüft. Man **vergleicht für alle Nichtbasisvariablen die Vor- und Nachteile ihrer Aufnahme in die Basislösung**. Dazu werden $(z_j - g_j)$-Differenzen gebildet. z_j zeigt die Zu- oder Abnahme des Zielfunktionswertes (z.B. des Gewinns) durch Veränderungen an den Basisvariablen mit dem Index j. Die Variation des Zielfunktionswertes durch Veränderungen an den Basisvariablen wird also zu dem Symbol z_j zusammengezogen:

$$z_j = g_1a_{1j} + g_2a_{2j} + \ldots + g_ma_{mj}$$

bzw.

$$z_j = \sum_{i=1}^{m} g_ia_{ij}$$

Dabei sind a_{ij} die Koeffizienten der Variablen in den Nebenbedingungen und g_i die Zielfunktionskoeffizienten der Basisvariablen, während g_j die Zielfunktionskoeffizienten der Variablen in der Zielfunktion sind.

Der Austausch der Variablen führt dann zu einer Vergrößerung des Zielfunktionswertes (z.B. zu einer **Gewinnvergrößerung**), wenn für die Differenz gilt:

$$g_j - z_j > 0 \text{ oder}$$

$$\boxed{z_j - g_j < 0} \quad \text{bzw.}$$

$$\sum_{i=1}^{m} g_ia_{ij} - g_j < 0$$

Die Differenz ($z_j - g_j$) zeigt für eine Basislösung, ob die Aufnahme der Nichtbasisvariablen x_j in die Basis zu einer Verbesserung der Lösung führen kann. Die **Differenzen** ($z_j - g_j$) heißen auch **Opportunitätskosten, Schattenpreise oder Vor- und Nachteilewerte**.
Bei Anwendung der Simplexmethode wird nach jeder gefundenen zulässigen Basislösung (Ausgangslösung und nach jeder Iteration) geprüft, ob eine oder mehrere negative Differenzen (für die Nichtbasisvariablen) noch existieren. Nur die Aufnahme von solchen Nichtbasisvariablen in die Basislösung kann sinnvoll sein, die zu einer Verbesserung der Lösung führen. Das Ende der Vornahme von Austauschschritten zeigt das Simplexkriterium an: Sind **alle Opportunitätskosten nichtnegativ**, also alle **($z_j - g_j$) $\geq$ 0**, so ist die **Optimallösung** gefunden.

4. Simplextableau

Um mit möglichst wenig Rechenaufwand die Durchführung der Iterationsschritte zu ermöglichen, hat sich eine bestimmte rationelle Vorgehensweise für die Simplexmethode herausgebildet. Sie ist mit geringen Modifikationen in der Literatur stark verbreitet. Man kann mit dieser **Rechentechnik der Simplexmethode (Simplex-Algorithmus)** lineare Programmierungsaufgaben mit beliebig vielen Variablen lösen. Das **iterative Rechenverfahren**, das von einer **ersten zulässigen Basislösung** (z.B. „Nullprogramm") ausgeht und dann solange jeweils eine **Basisvariable gegen** eine **Nichtbasisvariable austauscht, bis keine Verbesserung des Zielfunktionswertes mehr möglich ist**, erfolgt in einem festen Schema, dem so genannten **Simplextableau**. Dabei wird der Austausch der Variablen so vorgenommen, dass man immer zulässige Basislösungen erhält und mit jeder Iteration eine Verbesserung des Zielfunktionswertes erreicht wird. Die notwendigen **Umformungen** werden in Matrizenform, d.h. in Simplextableaus dargestellt. Dabei kommt als **Lösungsmethode der modifizierte Gaußsche Algorithmus** zur Anwendung (*Münstermann, H.,* 1969, S. 97 und S. 186): das lineare Gleichungssystem wird mit Hilfe sog. **elementarer Zeilenoperationen** umgeformt. (Der Name „modifizierter Gaußscher Algorithmus" weist auf den Unterschied dieser Lösungsmethode gegenüber dem Gaußschen Algorithmus hin, der die Transformation der Koeffizientenmatrix nur in eine Dreiecksmatrix zum Ziel hat. Der modifizierte Gaußsche Algorithmus formt eine Koeffizientenmatrix in eine Diagonalmatrix um).
Wir wollen nun zur Verdeutlichung der Rechentechnik des modifizierten Gaußschen Algorithmus (mit Simplextableaus) unsere oben beschriebene Maximierungsaufgabe - **Optimierung eines Produktionsprogramms** - rechnerisch lösen.

Die Zielfunktion lautet:

Maximiere $G = 110x_1 + 160x_2 + 0x_3 + 0x_4 + 0x_5$

Nebenbedingungen:

$$\begin{aligned} 35x_1 &+ 70x_2 + 1x_3 + 0x_4 + 0x_5 = 9.800 \\ 10x_1 &+ 8x_2 + 0x_3 + 1x_4 + 0x_5 = 1.600 \\ 15x_1 &+ 20x_2 + 0x_3 + 0x_4 + 1x_5 = 3.000 \\ x_1, &x_2, x_3, x_4, x_5 \geq 0 \end{aligned}$$

Diesen **Ansatz** fasst das folgende **Simplextableau** (Tableau I) **zusammen**. Die Reihenfolge der Spalten wird in der Rechnung nie verändert, somit brauchen die Symbole der Variablen nur in die Kopfzeile über die betreffenden Spalten geschrieben zu werden. Das Tableau I stellt gleichzeitig eine **zulässige Ausgangslösung**, die **Nulllösung (Nullprogramm)** dar. Die drei **Schlupfvariablen** x_3, x_4 und x_5 sind **Basisvariablen**. Sie erscheinen in der Vorspalte x_B (Spalte der Variablen, die sich in der Basislösung befinden). Die beiden **Hauptvariablen** (Strukturvariablen) x_1 und x_2 sind **Nichtbasisvariablen**; sie nehmen daher den **Wert Null** an. (Das Gleichungssystem ist unterbestimmt und besitzt zwei Variablen, deren Wert frei gewählt werden kann. Zwei Variablen werden also jeweils gleich Null gesetzt, damit werden die restlichen drei Variablen bestimmbar). Die **Lösungswerte der Basisvariablen** liest man in der b_i-Spalte - die auch **„Rechte Seite" (RS)** genannt wird - mit $x_3 = 9.800$, $x_4 = 1.600$ und $x_5 = 3.000$ ab. Dort ist auch die jeweilige Zielgröße angegeben ($G = 0$). Diese zulässige Basislösung entspricht bei der grafischen Darstellung dem Koordinatenursprung 0 (vgl. Abb. 2). In die zweite Spalte werden die Zielfunktionskoeffizienten der Basisvariablen (g_i) eingetragen. Fortlaufend nach rechts folgen die Spalten der Koeffizientenmatrix mit den a_{ij}-Werten (den Koeffizienten der Nebenbedingungen). Unter diesem sog. Kern des Tableaus werden - zunächst zur Verdeutlichung - die zugehörigen Zielfunktionskoeffizienten g_j in eine Zeile und immer die Schattenpreise der einzelnen Variablen in die unterste Zeile geschrieben. (Für geübte Rechner ist die g_j-Zeile und die g_i-Spalte entbehrlich. In der Literatur wird daher oft nur die Zeile der $(z_j - g_j)$-Werte geführt). Der Schattenpreis der Spalte j ergibt sich als Differenz $z_j - g_j$. Die Koeffizienten der **Entscheidungszeile** **($z_j - g_j$)** - auch Zeile der Indikatoren genannt - geben darüber Aufschluss, ob die gefundene Lösung durch eine weitere Iteration noch verbessert werden kann. Das Simplexkriterium besagt ja: erst wenn in der Entscheidungszeile nur **nichtnegative Schattenpreise** stehen, ist die optimale Lösung erreicht.

Tabelle 1: Tableau I – Simplex-Ausgangstableau – „Nulllösung“

x_B	g_i \ Variablen	x_1	x_2	x_3	x_4	x_5	RS (b_i)	q_i
x_3	0	35	(70)	1	0	0	9.800	$\frac{9.800}{70} = 140$
x_4	0	10	8	0	1	0	1.600	$\frac{1.600}{8} = 200$
x_5	0	15	20	0	0	1	3.000	$\frac{3.000}{20} = 150$
g_j		110	160	0	0	0	–	
$z_j - g_j$		–110	–160	0	0	0	G = 0	

Bei einer wegen $b_i \geq 0$ zulässigen Basislösung eines linearen Programms lautet das **erste Simplex-Tableau** in **allgemeiner Schreibweise**:

Tabelle 2: Tableau Ia - Simplex-Ausgangstableau in **allgemeiner Schreibweise**

x_B	g_i \ Variablen	x_1	x_2	x_3	...	x_n	x_{n+1}	x_{n+2}	...	x_{n+m}	RS (b_i)
x_{n+1}	0	a_{11}	a_{12}	a_{13}	...	a_{1n}	1	0	...	0	b_1
x_{n+2}	0	a_{21}	a_{22}	a_{23}	...	a_{2n}	0	1	...	0	b_2
:	:	:	:	:		:	:	:	...	:	:
x_{n+m}	0	a_{m1}	a_{m2}	a_{m3}	...	a_{mn}	0	0	...	1	b_m
$z_j - g_j$		$-g_1$	$-g_2$	$-g_3$	...	$-g_n$	0	0	...	0	G = 0

5. Iterationen

a) Spaltenauswahl

Gilt $(z_j - g_j) < 0$ für eine Nichtbasisvariable x_j, so wird eine Nichtbasisvariable gegen eine Basisvariable ausgetauscht. Die Auswahl der Nichtbasisvariablen entspricht der **Spaltenwahl**, d.h. es wird die Spalte gewählt, in der sich die in die Basis (Basislösung) aufzunehmende Variable befindet; sie heißt **Pivotspalte**.

Für die zweckmäßige Auswahl der Pivotspalte bei mehr als einem negativen Schattenpreis in der $(z_j - g_j)$- Zeile gibt es zwei Versionen:

(1) „Steepest Unit Ascent“-Version und

(2) „Greatest Change“-Version - diese wird unter b) Zeilenauswahl erläutert -

Nach der einfacheren **„Steepest Unit Ascent"-Version** ist diejenige Nichtbasisvariable in die Lösung einzuführen, die den **größten Zielfunktionsbeitrag pro Mengeneinheit** erbringt, d.h. es wird jene Variable als einzuführende Variable gewählt, die den betragsgrößten negativen Koeffizienten in der Zielfunktionszeile aufweist. Hiernach kommt diejenige Nichtbasisvariable in die Basislösung, die z.B. den größten Gewinnzuwachs pro Mengeneinheit zulässt, bei der mithin der steilste Anstieg pro Einheit zu realisieren ist. Nach der „Steepest Unit Ascent"-Version ist also die Spalte mit der minimalen $(z_j - g_j)$-Differenz die Pivotspalte (k). In unserem Beispiel ist das die Spalte k = 2 mit $z_2 - g_2 = -160$. Die Aufnahme von x_2 in eine neue Basis erhöht den Gewinn G um 160 GE je produzierte und abgesetzte Mengeneinheit der Produktart P_2.

b) Zeilenauswahl

Ist die Frage geklärt, welche Nichtbasisvariable in die neue Basis einzuführen ist (Spaltenauswahl), so muss noch festgelegt werden, welche Basisvariable dafür aus der Basis ausscheiden muss, d.h. im vorliegenden Beispiel gegen die neu einzuführende Basisvariable x_2 ausgetauscht wird. Da die ausscheidende Variable als künftige Nichtbasisvariable den Wert Null annehmen muss, scheidet die mit der engsten Restriktion aus **(Zeilenauswahl)**. Zur Ermittlung der engsten Restriktion (des Engpasses für die einzuführende Variable x_k) werden für die Werte $a_{ik} > 0$ die Quotienten $\frac{b_i}{a_{ik}} = q_i$ gebildet; der **kleinste Quotient** gibt die **engste Restriktion** an. Das Minimum der Quotienten, die durch Division der Werte der RS-Spalte (RS-Spalte, auch Lösungsspalte, Spalte der „Rechten Seite") (b_i) durch die zugehörigen positiven Koeffizienten der aufzunehmenden Variablen (also der positiven Koeffizienten a_{ik} der Pivotspalte k) hervorgehen, bestimmt die ausscheidende Variable. (Nur die positiven Koeffizienten kommen als Divisor in Frage, da eine Null keine Veränderung des Zielfunktionswertes G bringen und ein negativer Koeffizient gar zu einer unzulässigen Lösung - Verletzung der Nichtnegativitäsbedingung - führen würde). Die Division ist im Tableau I in der **Hilfsspalte q_i** vorgenommen. Der kleinste Quotient ist im Beispiel 140; er befindet sich in der ersten Zeile der Matrix. Die **Auswahlzeile** wird - analog zur Auswahlspalte - **Pivotzeile** (Zeilenindex p) genannt.
Im Beispiel ist die erste Zeile die Pivotzeile (p = 1) mit der ausscheidenden Variablen x_3. Die Produktion von 140 Mengeneinheiten von P_2 ($x_2 = 140$) lässt die seitherige Basisvariable x_3 auf Null schrumpfen.
Nachdem über den Austausch der Variablen entschieden ist, können die Umformungen des linearen Gleichungssystems beginnen. Zuvor soll aber noch auf die Möglichkeit der **Spaltenauswahl** nach der „Greatest Change"-Version eingegangen werden.

Die **Spalten- und Zeilenauswahl** nach der **„Greatest Change"-Version** berücksichtigt den Tatbestand, dass die Erhöhung des Zielfunktionswertes (G) nicht nur von den Differenzen $(z_j - g_j) < 0$ pro Mengeneinheit abhängig ist, sondern auch davon, um wie viel die neu in die Basis aufzunehmende Nichtbasisvariable wächst, d.h. welchen Wert sie in der neuen Lösung annehmen wird. Diesen Wert erhält man aus dem kleinsten positiven

Quotienten $q_{ij} = \frac{b_i}{a_{ij}}$ für alle Spalten j mit negativen Schattenpreisen ($z_j - g_j < 0$). Bei der „Greatest Change"-Version der Simplexmethode wird für jede Spalte des Tableaus mit negativer ($z_j - g_j$)-Differenz (Schattenpreis) der kleinste Quotient q_{ij} bestimmt und mit dem entsprechenden Schattenpreis multipliziert. Als **Pivotspalte und Pivotzeile** werden die mit dem minimalen Produkt aus diesen beiden Größen ausgewählt. Dieses Produkt stellt als Absolutwert zugleich die gesamte **Erhöhung des Zielfunktionswertes (G)** dar.

Im Beispiel würden sich für die Spalte j = 1 folgende Quotienten q_{i1} ergeben:

$$q_{11} = \frac{9800}{35} = 280, \quad q_{21} = \frac{1600}{10} = 160, \quad q_{31} = \frac{3000}{15} = 200$$

Der kleinste Quotient für die Spalte j = 1 ist $q_{21} = 160$. Diesen Quotienten multipliziert mit dem zugehörigen Schattenpreis (–110) ergibt –17.600. Der kleinste Quotient für die Spalte j = 2 ist $q_{12} = \frac{9800}{70} = 140$. Multipliziert man diesen mit dem zugehörigen Schattenpreis (–160), so erhält man –22.400. Das minimale Produkt ist also –22.400, so dass im Beispiel auch nach der „Greatest Change"-Version Spalte k = 2 und Zeile p = 1 die Pivotspalte bzw. Pivotzeile bilden würden. Bei umfangreicheren Optimierungsproblemen führt die „Greatest Change"-Version in der Regel (also nicht immer) mit weniger Iterationen zur Optimallösung. Sie erfordert dafür aber mehr Rechenaufwand bei der Spalten- und Zeilenauswahl.

c) Matrizenoperationen des modifizierten Gaußschen Algorithmus

Die **Matrizenoperationen (elementare Zeilenoperationen)** des **modifzierten Gaußschen Algorithmus** zur Bestimmung der verschiedenen Basislösungen eines linearen Gleichungssystems lassen sich ebenfalls übersichtlich in **Tabellenform** wiedergeben. Nachdem im Beispiel die zweite Spalte als **Pivotspalte** (k = 2) und die erste Zeile als **Pivotzeile** (p = 1) bestimmt ist, wird das Element $a_{pk} = a_{12} = 70$ **Pivotelement** genannt. Es liegt im **Kreuzungspunkt der Pivotspalte und Pivotzeile** („pivot"(franz.): Drehpunkt, Angelpunkt) und wird jeweils in den Tableaus durch einen Kreis markiert.

Für die neue Basis wird das Gleichungssystem gelöst. Dabei muss das Gleichungssystem so umgeformt werden, dass die neue Basisvariable x_2 nur noch in einer Nebenbedingung erscheint; d.h. sie muss aus allen übrigen Nebenbedingungsgleichungen eliminiert werden - die klassische Methode zur Lösung von linearen Gleichungssystemen ist die **Eliminationsmethode** (*Müller-Merbach, H.,* 1973, S. 34 ff.). Dazu wird die Pivotzeile (p) durch das Pivotelement (a_{pk}) dividiert, und es wird von jeder anderen Zeile i ($i \neq p$) das $\frac{a_{ik}}{a_{pk}}$-fache der Zeile p (Pivotzeile) subtrahiert. Auch von der Entscheidungszeile (letzte Zeile) wird das $\frac{(z_k - g_k)}{a_{pk}}$-fache der Zeile p abgezogen. Es entsteht das zweite Simplextableau nach der ersten Iteration (ein **Basistausch** bzw. eine **Basistrans-**

formation ist erfolgt: die bisherige Nichtbasisvariable x_2 kommt als Basisvariable in die neue Lösung - vgl. Pfeil - und dafür wird x_3 Nichtbasisvariable):

Tabelle 3: Tableau II - Lösung nach der 1. Iteration

x_B	g_i \ Variablen	x_1	x_2	x_3	x_4	x_5	RS (b_i)	q_i
→ x_2	160	1/2	1	1/70	0	0	140	280
x_4	0	6	0	−8/70	1	0	480	80
x_5	0	(5)	0	−2/7	0	1	200	40
$z_j - g_j$		−30	0	16/7	0	0	G = 22.400	

Das zweite Tableau stellt eine **neue zulässige Basislösung** dar, in der die Basisvariablen $x_2 = 140$, $x_4 = 480$ und $x_5 = 200$ auftreten. Die Variablen x_1 und x_3 sind in dieser Lösung Nichtbasisvariablen (mit dem Wert Null). Dieses Programm, das dem Eckpunkt A der grafischen Darstellung entspricht (vgl. Abb. 2), würde also nur Produktart P_2 mit $x_2 = 140$ Mengeneinheiten realisieren und dabei die Kapazität der ersten Produktionsfaktorgruppe (Roh-, Hilfsstoffe etc.) vollständig verbrauchen. Dies erkennt man daran, dass die Schlupfvariable x_3 (also die ungenutzte Kapazität der Faktorgruppe 1) Nichtbasisvariable ist ($x_3 = 0$). Die ungenutzte Kapazität der Faktorgruppe 2 beträgt - wie aus der Lösungsspalte RS abzulesen ist - hingegen noch $x_4 = 480$ Maschinenstunden ($1600 - 140 \cdot 8 = 480$) und die der Faktorgruppe 3 noch $x_5 = 200$ Arbeitsstunden ($3.000 - 140 \cdot 20 = 200$). Der zugehörige Gewinn beträgt G = 22.400 GE.
Durch den Rechenschritt sind auch die Opportunitätskosten (Schattenpreise) in diejenigen überführt worden, die für diese Basislösung gelten. Diese Opportunitätskosten können auch durch getrennte Berechnung der Werte z_j und die Bildung der Differenzen $(z_j - g_j)$ ermittelt werden:

$$z_1 = \sum_{i=1}^{m} g_i a_{i1} = 160 \cdot 1/2 + 0 \cdot 6 + 0 \cdot 5 = 80$$

$$z_1 - g_1 = 80 - 110 = -30$$

$$z_3 - g_3 = (160 \cdot 1/70 + 0 \cdot (-8/70) + 0 \cdot (-2/7)) - 0 = 16/7$$

Die übrigen Differenzen in der Entscheidungszeile sind alle Null, wie sich leicht nachprüfen lässt. Der letzte Wert der Zielfunktionszeile (untersten Zeile) gibt mit G = 22.400 den Gewinn (Zielfunktionswert) des Programms an. Er wurde gebildet, indem zu dem Wert Null des ersten Tableaus das 160-fache von $b_p = 140$ addiert wurde.
Die Rechnung wird fortgeführt:
Da in der vorliegenden Lösung des Tableaus II $(z_1 - g_1) < 0$ ist, führt die Aufnahme von x_1 in eine neues Programm zu einer Gewinnsteigerung von GE 30 je produzierte und abgesetzte Mengeneinheit des Produktes P_1 (Simplex-Kriterium). Die Iteration wird wie

beschrieben wiederholt. Pivotspalte ist die erste Spalte (k = 1), Pivotzeile ist die dritte Zeile (p = 3) und Pivotelement ist $a_{31} = 5$ (vgl. die Kreismarkierung im Tableau II). Durch Division der Pivotzeile (p = 3) durch das Pivotelement ($a_{31} = 5$) erhält man die dritte Zeile der neuen Lösung (Tableau III). Die neue erste Zeile des Tableaus III erhält man durch Subtraktion des (1/2)-fachen der neuen dritten Zeile von der ersten Zeile des Tableaus II. Analog berechnet sich die zweite Zeile des Tableaus III durch Subtraktion des 6-fachen der neuen dritten Zeile von der zweiten Zeile des Tableaus II. Die vierte Zeile des neuen Tableaus (Tableau III) schließlich ergibt sich, indem man das (–30)-fache der neuen dritten Zeile von der vierten Zeile des Tableaus II subtrahiert. Die Lösung nach der zweiten Iteration lautet:

$$x_1 = 40, \quad x_2 = 120, \quad x_3 = 0, \quad x_4 = 240, \quad x_5 = 0$$

mit G = 23.600; sie ergibt sich aus Tableau III:

Tabelle 4: Tableau III - Lösung nach der 2. Iteration - Optimallösung

x_B \ Variablen	g_i	x_1	x_2	x_3	x_4	x_5	RS (b_i)
x_2	160	0	1	3/70	0	–1/10	120
x_4	0	0	0	8/35	1	–6/5	240
→ x_1	110	1	0	–2/35	0	1/5	40
$z_j - g_j$		0	0	4/7	0	6	G = 23.600

Das dritte Tableau wird anhand des Simplexkriteriums auf Optimalität hin geprüft. Da die Entscheidungszeile keine negativen Schattenpreise (Differenzen $(z_j - g_j) \geq 0$, für alle j) enthält, gibt es keine Verbesserungsmöglichkeit mehr. Das **optimale Produktionsprogramm** ist ermittelt; es entspricht der Lösung für den Eckpunkt B in Abb. 2.

6. Zusammenfassung der Vorgehensweise nach der Simplexmethode

Nachdem alle **Rechenregeln der Simplexmethode** besprochen sind, sollen sie zusammengefasst dargestellt werden. Die Simplexmethode lässt sich in folgende, **für eine Computer-Programmgestaltung relevanten Schritte** zerlegen, wenn keine Sonderfälle (die später behandelt werden) vorliegen:

Schritt 1:
Bilde das Ausgangstableau (Nullprogramm)! Alle Elemente der „Rechten Seite“ (RS), in der die Beschränkungen (b_i) stehen, sind nicht negativ ($b_i \geq 0$). Die Basisvariablen x_B (in der Ausgangslösung sind dies die Schlupfvariablen x_{n+i} (i = 1, 2, ..., m)) haben in der entsprechenden Spalte den Koeffizient „+1“. Alle anderen Koeffizienten der Basisvariablen haben den Wert Null.

Schritt 2:
Sind in der ($z_j - g_j$)-Zeile (Entscheidungszeile) alle Koeffizienten nicht negativ? Wenn ja, ist das Optimalprogramm erreicht (Simplexkriterium). Wenn nein, folgt Schritt 3.

Schritt 3:
Wahl der Pivotspalte k z.B. nach „Steepest Unit Ascent"-Version: das minimale (d.h. das betragsgrößte negative) Element der Entscheidungszeile (($z_j - g_j$)-Werte) ist zu bestimmen. Die zugehörige Spalte ist die Auswahlspalte (Pivotspalte k), die entsprechende Nichtbasisvariable soll in die Basis eingeführt werden.

Schritt 4:
Wahl der Pivotzeile p: bilde aus den Werten der RS-Spalte und den entsprechenden Koeffizienten der Pivotspalte die Quotienten q_i für alle positiven Koeffizienten der Pivotspalte: $q_i = \frac{b_i}{a_{ik}}$ für $a_{ik} > 0$. Die Zeile mit dem minimalen Quotienten q_i ist die Auswahlzeile (Pivotzeile) p. Auswahlspalte k und Pivotzeile p kreuzen sich im **Pivotelement** a_{pk}.

Schritt 5:
Jedes Element der Pivotzeile (also auch b_p) wird durch das Pivotelement a_{pk} dividiert. Das Ergebnis wird an gleicher Stelle in ein neues Simplextableau geschrieben. Diese Zeile erhält in der Vorspalte x_B die Variable aus der Pivotspalte (neue Basisvariable, **Variablenaustausch**).

Schritt 6:
Von allen Zeilen i, die nicht Pivotzeile sind, wird von jedem Element das a_{ik}-fache des neuen Wertes der Pivotzeile p subtrahiert. Die Ergebnisse sind in das neue Tableau einzutragen; das Gleichungssystem ist umgeformt. Die neuen Werte der ($z_j - g_j$)-Zeile werden auf die gleiche Weise ermittelt und eingetragen (eine Simplex-Iteration ist beendet).

Es folgt Schritt 2!

B. Wirtschaftlicher Inhalt der Optimierungsmethode

1. Ökonomische Interpretation der Inhalte des Simplextableaus

Im vorliegenden Problem der **Produktionsplanung** sind folgende Tatbestände von wirtschaftlichem Interesse: Im **Simplex-Ausgangstableau** („Nulllösung") stehen in der **RS-Spalte** die **Kapazitäten der Produktionsfaktorgruppen**, über die in der Planperiode disponiert werden kann. Die Dimensionen der Elemente dieser RS-Spalte sind Tonnen, Maschinenstunden, Arbeitsstunden oder ähnliche.
Die (technischen) **Koeffizienten a_{ij}** der Nichtbasisvariablen im **Simplex-Ausgangstableau** (Hauptvariablen) geben den **Mengen- oder Zeitverbrauch** zur **Herstellung** von **einer** Mengeneinheit der Produktart j an Faktor oder Faktorgruppe i wieder. Die

Koeffizienten der Basisvariablen x_{n+i} (i = 1, 2, ..., m) sind Eins. Die Basisvariablen besitzen die Dimensionen der entsprechenden Kapazitäten. Im **Ausgangstableau** sind die vorhandenen **Kapazitäten sämtlich ungenutzt (Leerkapazitäten).**
Jede Produktion würde Teile der Leerkapazitäten verdrängen. Die technischen Koeffizienten a_{ij} geben an, wie viel Einheiten der Basisvariablen x_{n+i} durch die Einführung einer Mengeneinheit der Nichtbasisvariablen x_j verdrängt würden. In der **Entscheidungszeile** $(z_j - g_j)$ stehen Größen, die auf **Veränderungsmöglichkeiten** der **Zielgröße** G hinweisen. Der Wert z_j entsteht aus der Summe der mit g_i bewerteten Koeffizienten a_{ij} der Spalte j und beschreibt einen Teil der Auswirkung der Aufnahme einer Mengeneinheit der Variablen x_j in die Basis. Der Deckungsbeitrag g_j gibt den anderen Teil der Auswirkung an. **Die Differenz $(z_j - g_j)$** gibt also die **Gesamtveränderung der Zielgröße** G an, die durch die **Aufnahme einer Mengeneinheit** der **Nichtbasisvariablen x_j in die Lösung** entsteht. Die Differenzen $(z_j - g_j)$ sind **Opportunitätskosten** oder **Schattenpreise**. Das negative Vorzeichen für mögliche Zielverbesserungen steht im Einklang mit dem Begriff der Opportunitätskosten (*Bloech, J.*, 1974, S. 85).
Je nach Fortschreiten der Iterationen wechseln die Koeffizienten a_{ij} und b_i ihre Dimensionen. Stets gilt jedoch, dass die Koeffizienten a_{ij} die mengenmäßige Verdrängung der Variablen in der Zeile i durch die Berücksichtigung einer Mengeneinheit der Variablen der Spalte j darstellt. Die Schattenpreise behalten ihre Dimensionen in jedem Tableau.
Zur **Interpretation der Optimallösung** entnehmen wir dem Tableau III die **optimalen Lösungswerte**:

$$x_1 = 40, \quad x_2 = 120, \quad x_3 = 0, \quad x_4 = 240, \quad x_5 = 0 \quad \text{mit}$$

$$G = 40 \cdot 110 + 120 \cdot 160 = 23.600$$

Ökonomisch interpretiert bedeutet dies: der Betrieb kann unter den gegebenen Umständen als **kurzfristigen Plan** folgendes **optimale Produktionsprogramm** realisieren: Er fertigt 40 Mengeneinheiten von Produktart P_1 und 120 Mengeneinheiten von Produktart P_2. Dabei sind die Produktionsfaktorgruppen 1 und 3 voll ausgelastet ($x_3 = 0$ und $x_5 = 0$). Sie stellen die **Engpässe** des Programms dar. Die Produktionsfaktorgruppe 2 weist eine Leerkapazität (ungenutzte Kapazität) von 240 Maschinenstunden auf ($x_4 = 240$). Der größtmögliche Deckungsbeitrag des Programms beträgt GE 23.600. Die fixen Kosten, die in der Planungsperiode anfallen, müssten von G abgezogen werden, um das maximale Perioden-Nettoergebnis zu erhalten. Der Betrag der fixen Kosten hat Einfluss nur auf die Höhe des Nettoergebnisses, nicht aber auf das optimale Produktionsprogramm.

2. Bewertung von Engpässen

Dem Tableau III können auch die **Opportunitätskosten** der Entscheidungszeile ($(z_j - g_j)$-Differenzen) entnommen werden. Sie liefern in den **Spalten** der **Schlupfvariablen** die **Bewertungen für die Engpässe des optimalen Produktionsprogramms**, d.h. für diejenigen Bedingungen (Restriktionen), die voll ausgeschöpft sind. Im Opti-

maltableau sind also einige der Schlupfvariablen mit Null vorbestimmt (Nichtbasisvariablen), wodurch die vollständige Ausnutzung der zugehörigen Kapazitäten zum Ausdruck kommt. Im Allgemeinen treten in den zugehörigen Spalten der Schlupfvariablen, die Nichtbasisvariablen sind, positive $(z_j - g_j)$-Differenzen auf. Diese **Schattenpreise** zeigen die **Gewinnveränderung** der Zielgröße G bei **Veränderung** der **zugehörigen Kapazität** um **eine Mengeneinheit** an. Deswegen kann der Gewinn im Optimum auch als Summe der Produkte aus allen Kapazitäten mit ihren Schattenpreisen bestimmt werden; im Beispiel (vgl. Optimaltableau III):
$G = 9.800 \cdot 4/7 + 1.600 \cdot 0 + 3.000 \cdot 6 = 23.600.$
Der Koeffizient $(z_3 - g_3) = 4/7$, der zur Schlupfvariablen x_3 gehört (vgl. Tableau III), besagt z.B., dass eine Kapazitätserweiterung der Produktionsfaktorgruppe 1 (Roh-, Hilfsstoffe etc.) um **eine** Mengeneinheit zu einer Vergrößerung des Gewinns G um 4/7 GE führen würde (die **zusätzlichen** - also die normalen proportionalen Kosten übersteigenden - Kosten der Bereitstellung einer weiteren Mengeneinheit der Produktionsfaktorgruppe sind dabei nicht berücksichtigt). Umgekehrt würde eine Gewinnverminderung bei Nichtausnutzung dieser Kapazität um 4/7 GE je Mengeneinheit der Kapazität eintreten. Analog bedeutet der Koeffizient $(z_5 - g_5) = 6$, der zur Schlupfvariablen x_5 gehört (vgl. Tableau III), dass eine Zunahme der Kapazität der Faktorgruppe 3 (Arbeitsstunden) um eine Stunde den Gewinn G um GE 6 steigern bzw. umgekehrt eine Abnahme der Kapazität um eine Stunde den Maximalgewinn G um GE 6 verkleinern würde. Da die Schlupfvariable x_4 mit 240 ME in der Basis ist, bedeutet dies, dass die Produktionsfaktorgruppe 2 noch 240 Maschinenstunden Leerzeit (ungenützte Kapazität) hat. Der zugehörige Schattenpreis ist Null, da eine Veränderung der Leerkapazität um eine Stunde keine Veränderung des Gewinnes G der Optimallösung bringen kann.

C. Sonderfälle

1. Mehrfachlösungen

Bei Anwendung des Simplexkriteriums wird die Entscheidungszeile mit den $(z_j - g_j)$-Werten überprüft, da diese Schattenpreise eine Verbesserungsmöglichkeit der vorliegenden Lösung anzeigen. Ergibt sich ein Tableau, das in der $(z_j - g_j)$-Zeile für wenigstens eine Nichtbasisvariable Werte von Null aufweist, so besitzt das lineare Programmierungsproblem **unendlich viele optimale Lösungen** (Mehrfachlösungen). Eine Mehrfachlösung erlaubt den Austausch einer Basisvariablen gegen eine Nichtbasisvariable (mit dem Schattenpreis Null), ohne dass der Zielfunktionswert (G) sich ändert. Diesen von der grafischen Lösung her plausiblen Fall - eine Begrenzungsgerade verläuft in der Isogewinngeraden - erkennt man also daran, dass in einer ersten optimalen Lösung (mit x_1^{opt}) in der $(z_j - g_j)$-Zeile unter mindestens einer Nichtbasisvariablen eine Null auftritt. Durch eine weitere Iteration (Aufnahme einer solchen Nichtbasisvariablen mit Schattenpreis Null in die Basislösung) erreicht man eine zweite optimale Lösung (mit x_2^{opt}). Aus diesen beiden optimalen Lösungen lassen sich dann durch **Linearkombination beliebig viele optimale Lösungen x^{opt}** berechnen:

$$x^{opt} = \lambda x_1^{opt} + (1-\lambda)\, x_2^{opt} \qquad \text{mit } 0 \leq \lambda \leq 1$$

Die Zielfunktion fällt also im Falle der Mehrfachlösung mit der Verbindungskante zweier benachbarter Extremalpunkte mit x_1^{opt} und x_2^{opt} zusammen; alle Punkte dieser gemeinsamen Geraden (oder auch Hyperebene) sind optimale Lösungen (*Hadley, G.*, 1962, S. 99 f.).

2. Degeneration

Auch die **Degeneration oder Entartung** kann als Mehrfachlösung interpretiert werden. Sie liegt vor, wenn in einer Basislösung mindestens eine Basisvariable den Wert Null annimmt. Die Degeneration tritt auf, wenn bei der Auswahl der Pivotzeile mindestens zwei Quotienten (q_i) bei gegebener Spalte minimal sind, z.B. $b_2 : a_{2k} = b_3 : a_{3k}$. Diese Situation führt im folgenden Tableau dazu, dass Basisvariablen den Wert Null annehmen. Das Ausscheiden dieser Basisvariablen mit dem Wert Null kann nicht zu einer Gewinnsteigerung führen. Degenerationen können zur Folge haben, dass man bei den Iterationen in einen **Zyklus** gerät, der immer wieder dieselbe Reihenfolge von Eckpunktlösungen hervorbringt, d.h. die Rechnung wird immer wieder auf das gleiche Simplextableau zurückgeführt **(Kreiseln)** (*Vazsonyi, A.*, 1962, S. 130 ff.). In der Literatur sind einige Beispiele für degenerierte Lösungen konstruiert worden (*Müller-Merbach, H.*, 1973, S. 116; *Niemeyer, G.*, 1968, S. 138; *Dürr; W., Kleinbohm, K.*, 1992, S. 62 ff.). Bei degenerierten Lösungen ist eine Sonderregelung einzuführen, um mit der Simplexmethode den Zyklus durchbrechen zu können. Hier gibt es verschiedene Möglichkeiten, die meist auf eine recht aufwändige Erweiterung der Simplexmethode hinauslaufen. Das trifft insbesondere auch für die sog. **„revidierte“** oder **„modifizierte“ Simplexmethode** zu (*Azpeitia, A. G., Dickinson D. J.*, 1964, S. 329 ff.). „Vom praktischen Standpunkt aus ist die Methode der zufälligen Auswahl am günstigsten“ (*Müller-Merbach, H.*, 1973, S. 116). Hierbei überlässt man die Auswahl der Pivotzeile einem **Zufallsmechanismus** (z.B. mit Hilfe von Zufallszahlen). Durch dieses Vorgehen kann das Kreiseln (unbegrenzt wiederkehrende Tableaufolge) vermieden werden.
Sofern die Degeneration einer Lösung bei den Schlupfvariablen eintritt, deutet das betriebswirtschaftlich auf eine **Harmonisierung der betreffenden Produktionsfaktoren** hin. Die vorhandenen Kapazitäten dieser Produktionsfaktoren (oder Produktionsfaktorgruppen) sind sehr gut aufeinander abgestimmt. Es bleiben hier keine Leerkapazitäten übrig.

3. Unbegrenzte Zielvariable

Es gibt lineare Optimierungsprobleme, für die eine optimale Lösung nicht existiert. Ist das Lösungpolyeder (zulässiger Lösungsraum) bei der Maximierungsaufgabe in Richtung der steigenden Iso-Gewinngeraden nicht begrenzt, gibt es keine optimale Lösung.

Die Zielfunktion ist nach oben unbeschränkt (unbeschränkte Lösung). Der **Zielfunktionswert wächst über alle Grenzen**. Im Simplextableau tritt dieser Fall immer dann auf, wenn in der **Pivotspalte nur nichtpositive Elemente** auftreten. In der Praxis deutet dieser Fall meistens auf eine unvollständige (fehlerhafte) Modellformulierung hin.

Zusammenfassend lässt sich Folgendes feststellen:
Anhand der Simplexmethode kann immer bestimmt werden, ob eine lineare Programmierungsaufgabe eine optimale Lösung besitzt oder ob die optimale Lösung degeneriert ist. Die Simplexmethode erspart eine vorhergehende Prüfung der Voraussetzungen für die Lösbarkeit eines linearen Gleichungssystems. Gleichzeitig kann mit Hilfe der Simplexmethode die optimale Lösung zu jeder lösbaren linearen Programmierungsaufgabe ermittelt werden.

D. Probleme mit unzulässiger Ausgangslösung

Das bisher behandelte Optimierungsproblem entsprach dem **Standardansatz einer Maximierungsaufgabe** - auch **Normalform eines Maximierungsproblems** oder **Spezielles Maximierungsproblem** genannt (*Dinkelbach, W.,* 1969, S. 45 f.). Der Standardansatz ist durch nichtnegative Variablen und ausschließliche „≤"-(kleiner-gleich-) Bedingungen in den Restriktionen gekennzeichnet. Abweichungen von dieser Normalform bedeuten, dass **anfangs** eine **zulässige Ausgangslösung nicht gegeben** ist, d.h. dass der Koordinatenursprung als Lösungsecke, in der alle Hauptvariablen (Strukturvariablen) Null sind, nicht zum zulässigen Lösungsbereich gehört. In diesem Fall muss zunächst eine zulässige Ausgangslösung ermittelt werden.
Zur Verdeutlichung soll das **Beispiel** (S. 22 ff.) zur Bestimmung eines **optimalen Produktionsprogramms** wie folgt **modifiziert** werden:
Außer den drei Kapazitätsrestriktionen seien noch **zwei weitere** Nebenbedingungen zu erfüllen:

(1) Aus Konkurrenzgründen müssen von Produkt P_1 mindestens 60 ME in der Planungsperiode bereitgestellt werden;

(2) Der geplante Umsatz, also die Summe aus Erlös je ME multipliziert mit den Verkaufsmengen der jeweiligen Produkte P_1 und P_2, soll GE 42.000 in der Planungsperiode nicht unterschreiten. Der Erlös sei p_1 = GE 210/ME bei Produkt P_1 und p_2 = GE 400/ME bei Produkt P_2.

Die erste zusätzliche Nebenbedingung lautet:

$$x_1 \geq 60$$

Die zweite zusätzliche Nebenbedingung lautet:

$$210 \cdot x_1 + 400 \cdot x_2 \geq 42.000$$

Multipliziert man diese beiden zusätzlichen Nebenbedingungen mit minus Eins, so verwandeln sich die beiden „≥"-Zeichen in „≤"-Zeichen:

$$-x_1 \leq \quad -60$$

$$-210x_1 - 400x_2 \leq -42.000$$

Damit haben diese beiden Restriktionen die gleiche Form wie die bereits behandelten Kapazitätsrestriktionen. Nach Einführung von zwei weiteren Schlupfvariablen (x_6 und x_7) ergibt sich folgendes **Gleichungssystem**:

Maximiere $G = 110x_1 + 160x_2 + 0x_3 + 0x_4 + 0x_5 + 0x_6 + 0x_7$

unter den Nebenbedingungen:

$$\begin{aligned}
35x_1 + 70x_2 + x_3 + 0x_4 + 0x_5 + 0x_6 + 0x_7 &= 9.800 \\
10x_1 + 8x_2 + 0x_3 + x_4 + 0x_5 + 0x_6 + 0x_7 &= 1.600 \\
15x_1 + 20x_2 + 0x_3 + 0x_4 + x_5 + 0x_6 + 0x_7 &= 3.000 \\
-x_1 + 0x_2 + 0x_3 + 0x_4 + 0x_5 + x_6 + 0x_7 &= -60 \\
-210x_1 - 400x_2 + 0x_3 + 0x_4 + 0x_5 + 0x_6 + x_7 &= -42.000
\end{aligned}$$

Dabei bezeichnet x_6 die Menge von x_1, die über die geforderte Mindestmenge von 60 ME in der Planungsperiode hinaus erzeugt und abgesetzt wird, und x_7 gibt den Umsatz in GE an, der über die Mindestgrenze von GE 42.000 in der Planungsperiode hinaus erreicht wird. Auch für die beiden neuen Schlupfvariablen gilt die Nichtnegativitätsbedingung (x_6, $x_7 \geq 0$). Sind nun in der Ausgangslösung die Hauptvariablen x_1 und x_2 gleich Null, so sind $x_6 = -60$ und $x_7 = -42.000$. Die **Nichtnegativitätsbedingung** ist also für diese beiden Schlupfvariablen **nicht erfüllt**. Die **Ausgangslösung** (Nullprogramm) ist mithin **unzulässig**.

In der Abb. 4 ist das Problem mit den beiden zusätzlichen „≥"-Bedingungen gezeichnet; die Abbildung zeigt, dass der zulässige Lösungsbereich (konvexes Polyeder ABCD einschließlich Begrenzungsgeraden) gegenüber der Abb. 2 stark zusammengeschrumpft ist. Von besonderer Bedeutung ist dabei, dass der zulässige Bereich den Koordinatenursprung ($x_1 = 0$, $x_2 = 0$) nicht mehr einschließt. Im Übrigen ist erkennbar, dass die erste Kapazitätsrestriktion - nämlich die Begrenzung durch die Produktionsfaktorgruppe 1 (Werkstoffe) - mit der Ungleichung $35x_1 + 70x_2 \leq 9.800$ durch die Modellerweiterung redundant (d.h. überflüssig) geworden ist (die entsprechende Begrenzungsgerade tangiert nicht mehr den zulässigen Lösungsbereich).

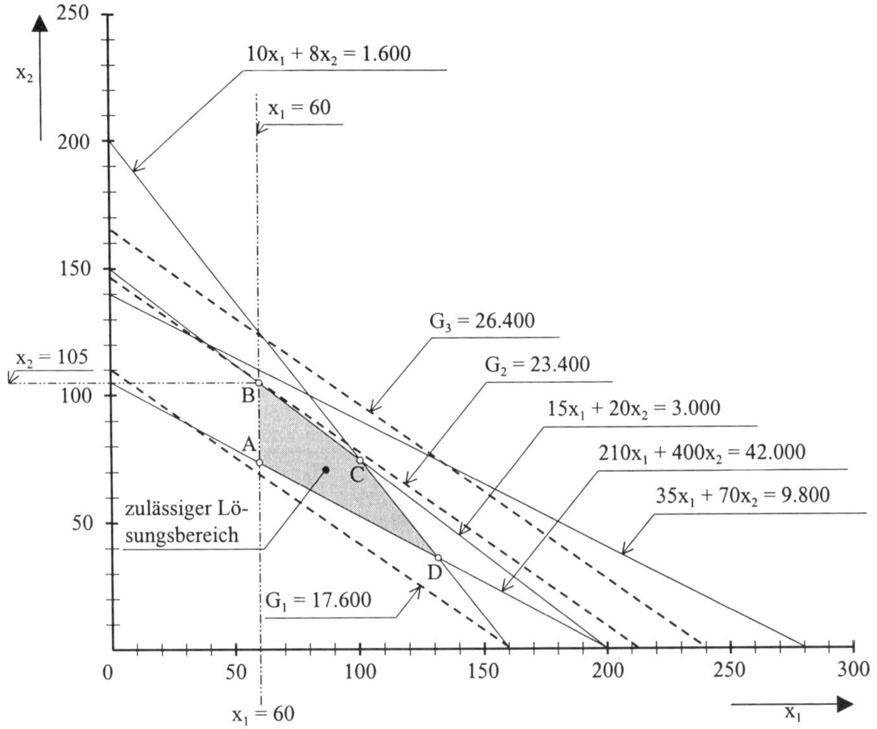

Abb. 4: Grafische Lösung des kombinierten Produktions- und Absatzprogramms - modifizierte lineare Maximierungsaufgabe

1. Zwei-Phasen-Verfahren zur Bestimmung einer zulässigen Ausgangslösung

Das **Zwei-Phasen-Verfahren** (*Krelle, W., Künzi, H.P.,* 1958, S. 64 ff.; *Hadley, G.,* 1962, S. 149 ff.) nimmt in der **Phase 1** eine **Programmierung durch den negativen Bereich** vor. Mit der Simplexmethode ist zunächst eine Lösung im zulässigen Bereich anzustreben, soweit überhaupt eine zulässige Lösung existiert. In der **Lösungsphase 1** wird also eine **unzulässige Ausgangslösung in eine zulässige überführt**. Erst in der **Phase 2 (Optimierungsphase)** versucht man, die **optimale Lösung** zu bestimmen. Phase 1 und Phase 2 unterscheiden sich lediglich in den Auswahlkriterien für die Pivotspalte und Pivotzeile. Die übrigen Rechenregeln (zur Umformung des linearen Gleichungssystems) sind die gleichen.

a) Phase 1: Überführung einer unzulässigen Ausgangslösung in eine zulässige

Für die **Auswahl der Pivotspalte und Pivotzeile** in der **Phase 1** gibt es eine Reihe von verschiedenen Regeln. Wir wollen hier eine **Auswahlregel** erläutern, die zum einen sehr einfach und zum anderen relativ schnell zu einer zulässigen Lösung führt. Die Vorgehensweise soll an dem erweiterten Beispiel (Optimierung eines **kombinierten Produktions- und Absatzprogrammes**) erörtert werden:

Tabelle 5: Tableau I – Unzulässiges Simplex-Ausgangstableau (unzulässige „Nulllösung")

x_B \ Variablen	g_i	x_1	x_2	x_3	x_4	x_5	x_6	x_7	RS (b_i)
x_3	0	35	70	1	0	0	0	0	9.800
x_4	0	10	8	0	1	0	0	0	1.600
x_5	0	15	20	0	0	1	0	0	3.000
x_6	0	(–1)	0	0	0	0	1	0	–60
x_7	0	–210	–400	0	0	0	0	1	–42.000
g_j		110	160	0	0	0	0	0	–
$z_j - g_j$		–110	–160	0	0	0	0	0	G = 0

Die negativen Elemente in der „RS"-Spalte (b_i-Werte) kennzeichnen jeweils eine **Verletzung der Nichtnegativitätsbedingung**. D.h. die Werte der entsprechenden Basisvariablen sind in dieser Lösung negativ, und die zugehörige Restriktion ist nicht erfüllt. In der Ausgangslösung (Tableau I) sind dies die Basisvariablen $x_6 = -60$ **und** $x_7 = -42.000$. Es ist nun durch **Austausch der negativen Basisvariablen** eine zulässige Lösung anzustreben. Pro Iteration kann je eine negative Basisvariable zur Erfüllung der Nichtnegativitätsbedingung gezwungen werden. Dies geschieht dadurch, dass man jeweils eine negative Basisvariable aus der Basis entfernt, und sie somit als **Nichtbasisvariable** dann den Wert **Null** annimmt. Damit ist aber zugleich die Nichtnegativität für die betreffende Variable erreicht.

Man **wählt** in der **Phase 1 zunächst die Pivotzeile**. Sie kann beliebig unter den Zeilen mit einem negativen **Element** in der **„RS"-Spalte** gewählt werden. Dieses unsystematische Rechnen durch den negativen Bereich kann den Rechenaufwand allerdings erhöhen. Beispielsweise kann man die oberste Zeile mit einer negativen Basisvariablen wählen. Das wäre im Beispiel die Zeile p = 4 mit der Basisvariablen $x_6 = -60$. Man könnte nun in der gewählten Auswahlzeile (Pivotzeile p) jedes Element als Pivotelement wählen, das von Null verschieden ist ($a_{pk} \neq 0$). Die aus der Basis verschwindende - zur Nichtbasisvariablen werdende - Variable wird auf jeden Fall Null (also nichtnegativ).

Ist das Pivotelement aber positiv ($a_{pk} > 0$), so wäre die neue Basisvariable wieder negativ und die Nichtnegativitätsbedingung weiterhin verletzt. Damit wäre kein Fortschritt erzielt. Das **Pivotelement muss also in der Phase 1 negativ** sein ($a_{pk} < 0$). Sind mehrere negative Elemente in der Pivotzeile vorhanden, kann wiederum ein beliebiges für die Auswahl der Pivotspalte gewählt werden. Um ein eventuelles **Kreiseln** zu vermeiden, kann mit Hilfe eines Zufallsmechanismus bestimmt werden, welche Spalte als Pivotspalte gewählt wird (vgl. auch Seite 38 f.).

In unserem Beispiel hat nur die Spalte k = 1 ein negatives Element in der Pivotzeile p = 4, so dass $a_{41} = -1$ das Pivotelement ist (durch einen Kreis im Tableau I markiert). Unter Anwendung der beschriebenen Rechenregeln erhält man eine weitere unzulässige Lösung (Austausch der Basisvariablen x_6 gegen die Nichtbasisvariable x_1, die in das Tableau II als Basisvariable eingeführt wird - vgl. Pfeil -), die allerdings nur noch **eine Verletzung** der **Nichtnegativitätsbedingung** aufweist (Tableau II):

Tabelle 6: Tableau II - Lösung nach der 1. Iteration in Phase 1

x_B \ Variablen	g_i	x_1	x_2	x_3	x_4	x_5	x_6	x_7	RS (b_i)
x_3	0	0	70	1	0	0	35	0	7.700
x_4	0	0	8	0	1	0	10	0	1.000
x_5	0	0	20	0	0	1	15	0	2.100
→ x_1	110	1	0	0	0	0	–1	0	60
x_7	0	0	(–400)	0	0	0	–210	1	–29.400
$z_j - g_j$		0	–160	0	0	0	–110	0	G = 6.600

Das zweite Tableau gibt das noch nicht zulässige kombinierte Produktions- und Absatzprogramm mit $x_1 = 60$, $x_2 = 0$ an, dabei sind die Kapazitäts- und die Absatzmengenrestriktionen erfüllt, nicht dagegen die Umsatzrestriktion ($x_7 = -29.400$).
Durch das negative Element in der „RS"-Spalte wird nun in der zweiten Iteration der Phase 1 die **Pivotzeile** p = 5 bestimmt. Als **Pivotspalte** kommen die Spalten zwei oder sechs in Frage, da nur hier negative Koeffizienten vorliegen. Durch eine Zufallsauswahl werde die Spalte k = 2 als Pivotspalte und somit $a_{52} = -400$ als Pivotelement bestimmt (das Pivotelement ist wiederum durch einen Kreis im Tableau II markiert). Mit der gewählten Pivotzeile und Pivotspalte erhält man das nachstehende Tableau III:

Tabelle 7: Tableau III - Lösung nach der 2. Iteration in Phase 1

x_B	g_i	x_1	x_2	x_3	x_4	x_5	x_6	x_7	RS (b_i)	q_i
x_3	0	0	0	1	0	0	–1,75	0,175	2.555	–
x_4	0	0	0	0	1	0	(5,8)	0,02	412	$\frac{412}{5,8} = 71,03$
x_5	0	0	0	0	0	1	4,5	0,05	630	$\frac{630}{4,5} = 140$
x_1	110	1	0	0	0	0	–1	0	60	–
→ x_2	160	0	1	0	0	0	0,525	–0,0025	73,5	$\frac{73,5}{0,525} = 140$
$z_j - g_j$		0	0	0	0	0	–26	–0,4	G = 18.360	

Nach der zweiten Iteration in der Phase 1 ist eine **erste zulässige Ausgangslösung** erreicht. Die Zulässigkeit erkennt man daran, dass die Nichtnegativitätsbedingungen (x_1, x_2, ..., $x_7 \geq 0$) erfüllt sind - d.h. alle Elemente der rechten Seite („RS"-Spalte) sind nichtnegativ - und dass weiterhin die zulässige Ausgangslösung alle übrigen Nebenbedingungen erfüllt; es werden $x_1 = 60$ und $x_2 = 73,5$ ME der beiden Produkte P_1 und P_2 produziert. Der Gewinn dieses Programms beträgt GE 18.360. Diese Lösung entspricht dem Eckpunkt A des zulässigen Lösungsraumes in Abb. 4.
Da nunmehr eine erste zulässige Ausgangslösung für das Problem vorliegt, ist das Ziel der Phase 1 erreicht. Man geht dann in die Optimierungsphase (Phase 2) und versucht, das optimale Programm zu bestimmen.

b) Phase 2: Optimierung des Programms

In der **Optimierungsphase** kommen die Schritte 2 bis 6 (vgl. S. 43) der Vorgehensweise nach der Simplexmethode unverändert zur Anwendung.
Da in der ($z_j - g_j$)-Zeile (Entscheidungszeile) des Tableaus III noch negative Koeffizienten vorhanden sind - vgl. Spalte 6 und 7 -, ist die gefundene zulässige Ausgangslösung - vgl. Schritt 2 - noch nicht optimal (Simplexkriterium). Es folgen die Schritte 3 bis 6.

Man wählt die Pivotspalte z.B. nach der „Steepest Unit Ascent"-Version und anschließend die Pivotzeile. Sobald die Entscheidungszeile keine negativen Elemente mehr enthält, ist die Optimallösung gefunden.
In unserem Beispiel ist ($z_6 - g_6$) = –26 das absolut größte negative Element in der Entscheidungszeile, so dass die Spalte k = 6 die Auswahlspalte (Pivotspalte) ist. Die entsprechende Nichtbasisvariable x_6 soll in der nächsten Iteration in die Basis eingeführt werden.

Als Pivotzeile ist die mit dem kleinsten Quotienten $q_i = \frac{b_i}{a_{ik}}$ (für $a_{ik} > 0$) zu wählen, das ist im Beispiel ($q_2 = 71{,}03$) die Zeile p = 2; Pivotelement ist $a_{26} = 5{,}8$ (vgl. kreisförmige Markierung in Tableau III). In der ersten Iteration der Phase 2 (Optimierungsphase) ist also die Nichtbasisvariable x_6 in die Lösung einzuführen und die Basisvariable x_4 aus der Basis herauszunehmen:

Tabelle 8: Tableau IV - Lösung nach der 1. Iteration in Phase 2

x_B	g_i (Variablen)	x_1	x_2	x_3	x_4	x_5	x_6	x_7	RS (b_i)	q_i
x_3	0	0	0	1	0,3017	0	0	0,18103	2.679,31	14.800
→ x_6	0	0	0	0	0,1724	0	1	0,00345	71,0345	20.600
x_5	0	0	0	0	−0,7759	1	0	0,03448	310,3448	9.000
x_1	110	1	0	0	0,1724	0	0	0,00345	131,0345	38.000
x_2	160	0	1	0	−0,0905	0	0	−0,00431	36,2069	–
$z_j - g_j$		0	0	0	4,4828	0	0	−0,3103	G = 20.206,90	

Nach der ersten Iteration in der Optimierungsphase ist eine Lösung mit $x_1 = 131{,}03$, $x_2 = 36{,}21$ ME und einem Gewinn von G = 20.206,90 GE erreicht (= Lösung für den Eckpunkt D in Abb. 4). Sie ist noch nicht optimal, da noch ein Element in der Entscheidungszeile ($z_7 - g_7 = -0{,}3103$) negativ ist. Das neue Pivotelement ist $a_{37} = 0{,}03448$ (vgl. die Kreismarkierung in Tableau IV). In der zweiten Iteration der Phase 2 wird x_7 in die Lösung aufgenommen und x_5 wird zur Nichtbasisvariablen:

Tabelle 9: Tableau V - Lösung nach der 2. Iteration in Phase 2

x_B	g_i (Variablen)	x_1	x_2	x_3	x_4	x_5	x_6	x_7	RS (b_i)	q_i
x_3	0	0	0	1	4,375	5,25	0	0	1.050	240
x_6	0	0	0	0	0,25	0,1	1	0	40	160
→ x_7	0	0	0	0	−22,5	29	0	1	9.000	–
x_1	110	1	0	0	0,25	0,1	0	0	100	400
x_2	160	0	1	0	−0,1875	0,125	0	0	75	–
$z_j - g_j$		0	0	0	−2,5	9,0	0	0	G = 23.000	

Nach der zweiten Iteration in der Optimierungsphase lautet die Lösung $x_1 = 100$, $x_2 = 75$ ME und G = 23.000 GE. Sie ist die Lösung für den Eckpunkt C in Abb. 4. Diese Lösung ist noch nicht optimal, da noch ein Element der Entscheidungszeile ($z_4 - g_4 = -2{,}5$) negativ ist. Das neue Pivotelement ist $a_{24} = 0{,}25$ (vgl. die Kreismarkierung - Tableau V). In der nächsten Iteration wird x_4 in die Lösung eingeführt und dafür x_6 aus der Lösung herausgenommen:

Tabelle 10 : Tableau VI – Lösung nach der 3. Iteration in Phase 2 – Optimallösung

x_B	g_i \ Variablen	x_1	x_2	x_3	x_4	x_5	x_6	x_7	RS (b_i)
x_3	0	0	0	1	0	–3,5	–17,5	0	350
→ x_4	0	0	0	0	1	–0,4	4	0	160
x_7	0	0	0	0	0	20	90	1	12.600
x_1	110	1	0	0	0	0	–1	0	60
x_2	160	0	1	0	0	0,05	0,75	0	105
$z_j - g_j$		0	0	0	0	8	10	0	G = 23.400

Die Lösung nach der dritten Iteration in der Optimierungsphase (vgl. Tableau VI) wird anhand des Simplexkriteriums auf ihre Optimalität hin geprüft. Da alle Elemente der Entscheidungszeile (Schattenpreise $z_j - g_j \geq 0$ für alle j) nichtnegativ sind, gibt es keine Verbesserungsmöglichkeiten mehr. Das **optimale kombinierte Produktions- und Absatzprogramm** ist ermittelt; es entspricht der Lösung für den Eckpunkt B in Abb. 4.
Die Optimallösung lautet (vgl. Tableau VI):

$$x_1 = 60,\quad x_2 = 105,\quad x_3 = 350,\quad x_4 = 160,\quad x_5 = 0,\quad x_6 = 0,\quad x_7 = 12.600$$

$$\text{mit } G = 110 \cdot 60 + 160 \cdot 105 = 23.400.$$

Ökonomisch interpretiert bedeutet dies, dass der Betrieb unter den gegebenen Umständen als kurzfristigen Plan folgendes **optimale Programm** realisieren könnte:
Die aus Absatzgründen geforderte **Mindestmenge** von P_1 mit 60 ME wird in das Produktionsprogramm übernommen. Der zur Schlupfvariablen x_6 in der Entscheidungszeile gehörende Koeffizient $(z_6 - g_6) = 10$ (= Schattenpreis für die Absatzrestriktion) besagt, dass eine Verringerung der Mindestabsatzmenge für P_1 um eine Mengeneinheit den Gewinn G um GE 10 steigern würde. Die Schlupfvariable x_6 ist als Nichtbasisvariable Null, da die Absatzrestriktion einen Engpass bildet.
Von Produkt P_2 werden 105 ME gefertigt und stehen für den Absatz zur Verfügung. Der Koeffizient $(z_5 - g_5) = 8$, der zur Schlupfvariablen x_5 gehört (vgl. die Entscheidungszeile in Tableau VI), bedeutet analog, dass eine Zunahme der Kapazität der Faktorgruppe 3 (Arbeitsstunden) um eine Stunde den Gewinn G um GE 8 steigern bzw. umgekehrt eine Abnahme der Kapazität um eine Stunde den Maximalgewinn G um GE 8 verkleinern würde. Die Schlupfvariable x_5 ist ebenfalls als Nichtbasisvariable Null, da die vorhandene Kapazität an Arbeitsstunden einen Engpass bildet.

Da die Schlupfvariablen x_3, x_4 und x_7 mit positiven Werten in der Basis sind, bedeutet dies, dass hier noch Leerkapazitäten vorhanden sind ($x_3 = 350$ ME überschüssige Materialkapazität und $x_4 = 160$ Maschinenstunden Leerzeit) bzw. der geforderte Mindestumsatz von GE 42.000 um $x_7 =$ GE 12.600 überschritten wird (der erreichbare Umsatz des Optimalprogramms beträgt GE 54.600 und übersteigt damit den geforderten Mindestumsatz um GE 12.600).
Da der Schattenpreis die Änderung der Zielgröße G bei Veränderung der zugehörigen Restriktion um eine Einheit angibt, kann der Gewinn im Optimum auch als Summe der Produkte aus allen Kapazitäten bzw. Anforderungsgrößen mit ihren Schattenpreisen bestimmt werden; im Beispiel:

$$G = 9.800 \cdot 0 + 1.600 \cdot 0 + 3.000 \cdot 8 + (-60) \cdot 10 + (-42.000) \cdot 0 = 23.400$$

2. Übungsbeispiel zur Ermittlung des optimalen Produktionsprogramms für einen Großbetrieb

– Maximierungsproblem mit unzulässiger Ausgangslösung erörtert unter Verwendung des Zwei-Phasen-Verfahrens –

Ein aus drei Teilbetrieben bestehendes Betriebssystem möge sich wie folgt beschreiben lassen (in Anlehnung an ein Beispiel von *Stahlknecht, P.*, 1970, S. 75ff.):

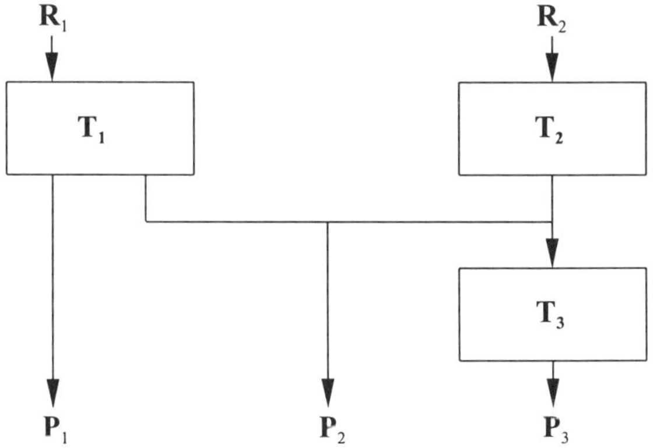

Betriebssystem mit drei Teilbetrieben T_1, T_2 und T_3

Kopplungsmatrix[1] zum Betriebssystem:

	D_1	D_2	D_3	E in GE
P_1	0,5	0	0	900
P_2	0,4	1	–1	650
P_3	0	0	0,8	1.000
K in GE	540/t	678/t	20/t	200/h

Erzeugt werden:

Produkt P_1 in Teilbetrieb 1,
Produkt P_2 in Teilbetrieb 1 und in Teilbetrieb 2,
Produkt P_3 in Teilbetrieb 3.

Verarbeitet werden:

Rohstoff R_1 in Teilbetrieb 1,
Rohstoff R_2 in Teilbetrieb 2.
Teilbetrieb 3 dient nur der Weiterverarbeitung des Produktes P_2 zu P_3.

In einem Betrieb gibt es im Allgemeinen eine(n) oder mehrere Faktor(en) bzw. Einflussgröße(n), von denen der gesamte Produktionsablauf des Betriebes oder eines Teilbetriebes abhängt.
Derartige Faktoren können z.B. die **Einsatzmenge** eines Rohstoffes **oder** die **Ausbringungsmenge** eines der Produkte sein. Die qualitative und quantitative Erfassung von Abhängigkeiten wird nie ohne Schwierigkeiten möglich sein. Zunächst ist der Produktionsfluss im Betrieb genau zu analysieren, d.h. die eingesetzte Technologie ist eingehend zu studieren. Dabei ist festzustellen, ob chemische und/oder physikalische Beziehungen eine Rolle spielen und wie diese - möglicherweise über Wirkungs- oder Ausbeutefaktoren - erfasst werden können.
Versagen die theoretischen Ansätze, wird man mit Hilfe statistischer Methoden nach Abhängigkeiten suchen. Wir bezeichnen diese **charakteristischen Größen** als **Durchsätze**.

[1] Durch eine Kopplungsmatrix wird die quantitative Kopplung zwischen den einzelnen Teilbetrieben zum Ausdruck gebracht. In der Kopplungsmatrix stehen als Elemente keine absoluten Größen, sondern Verhältniszahlen, nämlich technische Koeffizienten. Die Matrix kennzeichnet den Betriebsablauf. Die Kopplungsmatrix gibt an, wie die von dem Betriebssystem nach außen abgegebenen Leistungen und die in ihm anfallenden Kosten von den Durchsätzen der Teilbetriebe abhängen.

Im Beispiel:

in Teilbetrieb 1:	Verbrauchte Menge an Rohstoff R_1	(Durchsatz D_1)
in Teilbetrieb 2:	Erzeugte Menge von Produkt 2	(Durchsatz D_2)
in Teilbetrieb 3:	Verbrauchte Menge von Produkt 2	(Durchsatz D_3)

In Teilbetrieb 1: Pro Mengeneinheit (z.B. Tonne = t) des dort produzierten Produktes 1 (P_1) werden 0,5 ME D_1, d.h. Rohstoff 1 (R_1) verbraucht und pro ME des dort produzierten Produktes P_2 werden 0,4 ME D_1, d.h. R_1 verbraucht. Kosten = 540 GE/t R_1

In Teilbetrieb 2: Pro ME (t) des dort produzierten Produktes P_2 wird eine unbekannte Menge an R_2 verbraucht. Die Mengenrelation ist unbekannt (und unerheblich), da R_2 keinen Engpass bildet. Die entstehenden Kosten sind 678 GE/t P_2. Die Kapazität wird in (Durchsatz) $D_2 = P_2$ (erzeugte Menge an Produkt P_2) gemessen, daher Koeffizient 1

In Teilbetrieb 3: Pro 0,8 ME (t) des dort produzierten Produktes P_3 wird eine t P_2 eingesetzt (Koeffizient –1). D_3 wird in P_2-Einsatz gemessen.
Kosten: GE 20/verarbeitete t P_2

Auch die variablen Kosten in jedem Teilbetrieb können in Abhängigkeit vom Durchsatz darstellbar sein. Die Mengen der Durchsätze werden im Beispiel in Tonnen gemessen. Die proportionalen Kosten, d.h. die auf den jeweiligen Durchsatz bezogenen Kosten sollen betragen:

in Teilbetrieb 1: 540 GE/t, d.h. pro verarbeitete Tonne von Rohstoff R_1 entstehen Kosten in Höhe von GE 540 für Rohstoff und Verarbeitung;

in Teilbetrieb 2: 678 GE/t, d.h. pro erzeugte Tonne von Produkt P_2 entstehen Kosten in Höhe von GE 678 für Rohstoff und Verarbeitung;

in Teilbetrieb 3: 20 GE/t, d.h. pro verarbeitete Tonne von Produkt P_2 entstehen Kosten in Höhe von GE 20 für die Verarbeitung

Pro Stunde sollen außerdem im gesamten Betriebssystem noch fixe Kosten in Höhe von insgesamt GE 200 entstehen. Als Planungsperiode wird ein Monat mit 720 Stunden zu Grunde gelegt.

Die Erlöse (E) sind:	Produkt P_1:	900 GE/t
	Produkt P_2:	650 GE/t
	Produkt P_3:	1.000 GE/t

I. Zielfunktion:

Der Deckungsbeitrag G ist zu maximieren!

Für P_1, P_2 und P_3 sind die durch die Kopplungsmatrix gegebenen Beziehungen

$$\begin{aligned} P_1 &= 0{,}5\, D_1 \\ P_2 &= 0{,}4\, D_1 + 1{,}0\, D_2 - 1{,}0\, D_3 \\ P_3 &= 0{,}8\, D_3 \end{aligned}$$

einzusetzen.

II. Nebenbedingungen:

a) Kapazitätsbeschränkungen:

In jedem Teilbetrieb gibt es Kapazitätsbeschränkungen, die sich durch den jeweiligen Durchsatz ausdrücken lassen. Monatlich können

in Teilbetrieb 1 nicht mehr als 2.500 t von Rohstoff R_1 eingesetzt;
in Teilbetrieb 2 nicht mehr als 900 t von Produkt P_2 erzeugt;
in Teilbetrieb 3 nicht mehr als 1.300 t von P_2 verarbeitet werden, d.h.

$$D_1 \leq 2.500; \qquad D_2 \leq 900; \qquad D_3 \leq 1.300$$

b) Rohstoffbeschränkung:

Von Rohstoff R_1 stehen monatlich nicht mehr als 2.000 t zur Verfügung. $D_1 \leq 2.000$. Wegen dieser Rohstoffbeschränkung kann in Teilbetrieb 1 die volle Kapazität von 2.500 t nie erreicht werden. Die Kapazitätsbeschränkung $D_1 \leq 2.500$ ist überflüssig (**redundant**).

c) Marktbedingung:

Aus Konkurrenzgründen müssen von P_2 monatlich unter allen Umständen mindestens 600 t auf den Markt gebracht werden ($P_2 \geq 600$). Da wir mit Hilfe der Kopplungsmatrix alle Produkte durch die Durchsätze ausgedrückt haben, gilt auch hier:

$$0{,}4\, D_1 + D_2 - D_3 \geq 600$$

Fragestellung:

Wie lautet das LP-Modell und wie das optimale Produktionsprogramm?

Wie lässt sich die Optimallösung auswerten?

Lösungsvorschlag:

Bei den **Nullprogrammen** (als zulässige Ausgangslösung) ist der Koordinatenursprung die Lösung, d.h. hier sind alle Strukturvariablen (Hauptvariablen) gleich Null. Der Koordinatenursprung zählt dann also zum **zulässigen Lösungsbereich**. Im obigen Beispiel ist dies nicht der Fall.
Das in der Restriktion der Marktbedingung auftretende "≥"**-Zeichen** kann in das "≤"-**Zeichen** umgewandelt werden, indem man die Bedingung mit "minus Eins" multipliziert.

$$(0{,}4\ D_1 + D_2 - D_3 \geq 600) \cdot (-1) = -0{,}4\ D_1 - D_2 + D_3 \leq -600 \text{ bzw.}$$

$$-0{,}4\ D_1 - D_2 + D_3 + E_4 = -600$$

Dabei bezeichnet $\mathbf{E_4}$ die Absatzmenge, die über die Mindestmenge von 600 t/Monat hinaus auf den Markt gebracht wird. Für die **Schlupfvariable** $\mathbf{E_4}$ gilt auch die **Nichtnegativitätsbedingung**. Sind anfänglich die Strukturvariablen D_1, D_2 und D_3 gleich **Null**, so ist $E_4 = -600$. Die Nichtnegativitätsbedingung ist bei dieser Schlupfvariablen also nicht erfüllt. Damit ist die Ausgangslösung **unzulässig**.

Zwei-Phasen-Verfahren:

Bei der Anwendung der Simplex-Methode ist nun in **Phase 1** das erste Bestreben, in den zulässigen Bereich zu gelangen, soweit überhaupt einer existiert. Erst anschließend wird versucht, die optimale Lösung zu erhalten. Die **Optimierungsphase** nennt man **Phase 2**. Die Phase 1 unterscheidet sich von der Phase 2 nur durch die Auswahlkriterien für die Pivotspalte und die Pivotzeile. Die übrigen Regeln des Simplexalgorithmus bleiben unverändert.
Jedes **negative Element** der Ausgangslösung (unzulässig) auf der **rechten Seite** (RS) kennzeichnet eine Basisvariable, die die Nichtnegativitätsbedingung verletzt, d.h. sie kennzeichnet eine Restriktion, die von der gegenwärtigen Lösung nicht erfüllt ist. In unserer Ausgangslösung ist es die 4. Restriktion. Man kann pro Iteration je eine von diesen Basisvariablen zur Erfüllung der Nichtnegativitätsbedingung zwingen, indem man sie aus der Basis entfernt, d.h. ihre Zeile als Pivotzeile wählt.
Als Nichtbasisvariable hat sie dann den Wert Null, dadurch ist nun die **Nichtnegativität** erreicht. Man bestimmt also in Phase 1 zuerst die Pivotzeile. Sie kann beliebig unter den Zeilen mit einem negativen Element auf der rechten Seite gewählt werden. Z.B. kann man die Zeile mit dem absolut größten negativen Element wählen. In unserem Beispiel kommt nur die 4. Zeile in Frage.

Man könnte nun in der gewählten Pivotzeile jedes Element, das ungleich Null ist, als Pivotelement wählen. In jedem Fall würde die aus der Basis verschwindende Variable **nichtnegativ** werden. Ist das Pivotelement nun aber positiv, so würde das Element auf der rechten Seite - und damit der Lösungsweg der Basisvariablen - negativ bleiben. Statt der früheren Basisvariablen würde nun die neue Basisvariable die Nichtnegativitätsbedingung verletzen. Damit wäre kein sinnvoller Schritt erzielt. Deshalb nimmt man nur negative Koeffizienten als Pivotelemente. Wenn mehrere negative Elemente in dieser Zeile (Pivotzeile) zur Auswahl stehen, kann man ein beliebiges wählen.

LP-Modell:

Zielfunktion:

$$\text{Maximiere } G = 900\,P_1 + 650\,P_2 + 1000\,P_3 - 540\,D_1 - 678\,D_2 - 20\,D_3$$

Wegen

$$\begin{aligned} P_1 &= 0{,}5\,D_1 \\ P_2 &= 0{,}4\,D_1 + 1{,}0\,D_2 - 1{,}0\,D_3 \\ P_3 &= 0{,}8\,D_3 \end{aligned}$$

ist

$$\begin{aligned} G &= 900\,(0{,}5\,D_1) + 650\,(0{,}4\,D_1 + D_2 - D_3) + 1.000\,(0{,}8\,D_3) \\ &\quad - 540\,D_1 - 678\,D_2 - 20\,D_3 \\ &= 170\,D_1 - 28\,D_2 + 130\,D_3 \end{aligned}$$

Restriktionen:

$$\begin{aligned} D_1 &\leq 2.000 && \text{bzw. } D_1 + E_1 = 2.000 \\ D_2 &\leq 900 && \text{bzw. } D_2 + E_2 = 900 \\ D_3 &\leq 1.300 && \text{bzw. } D_3 + E_3 = 1.300 \\ 0{,}4\,D_1 + D_2 - D_3 &\geq 600 && \text{bzw.} \\ -0{,}4\,D_1 - D_2 + D_3 &\leq -600 && \text{bzw. } -0{,}4\,D_1 - D_2 + D_3 + E_4 = -600 \\ D_1, D_2, D_3, E_1, E_2, E_3, E_4 &\geq 0 \end{aligned}$$

Maximierung nach Zwei-Phasen-Verfahren:

Tabelle 11: Tableau I - Unzulässige Simplex-Ausgangslösung (Nulllösung) - Phase 1-

BV[1] \ Variablen	g_i	D_1	D_2	D_3	E_1	E_2	E_3	E_4	RS (b_i)
E_1	0	1	0	0	1	0	0	0	2.000
E_2	0	0	1	0	0	1	0	0	900
E_3	0	0	0	1	0	0	1	0	1.300
E_4	0	–0,4	–1	1	0	0	0	1	–600
$z_j - g_j$		–170	28	–130	0	0	0	0	G = –144.000 (fixe Kosten)

Tabelle 12: Tableau II - Lösung nach der 1. Iteration in Phase 1 (zulässige Lösung)

BV \ Variablen	g_i	D_1	D_2	D_3	E_1	E_2	E_3	E_4	RS (b_i)
E_1	0	0	–2,5	2,5	1	0	0	2,5	500
E_2	0	0	1	0	0	1	0	0	900
E_3	0	0	0	1	0	0	1	0	1.300
→ D_1	170	1	2,5	–2,5	0	0	0	–2,5	1.500
$z_j - g_j$		0	453	–555	0	0	0	–425	G = 255.000 –144.000

Da in dieser zulässigen Lösung E_4 sich nicht mehr in der Lösung befindet (Nichtbasisvariable), ist diese Schlupfvariable Null, d.h. die Absatzmenge von P_2 entspricht genau der Mindestabsatzmenge von 600 t.

Tabelle 13: Tableau III - Simplex-Tableau nach der 2. Iteration - Phase 2 -

BV \ Variablen	g_i	D_1	D_2	D_3	E_1	E_2	E_3	E_4	RS b_i
→ D_3	130	0	–1	1	0,4	0	0	1	200
E_2	0	0	1	0	0	1	0	0	900
E_3	0	0	1	0	–0,4	0	1	–1	1.100
D_1	170	1	0	0	1	0	0	0	2.000
$z_j - g_j$		0	–102	0	222	0	0	130	G = 366.000 –144.000

[1] BV = Basisvariablen, d.h. Variablen in der Basislösung

Tabelle 14: Tableau IV - Simplex-Tableau nach der 3. Iteration - Phase 2 - (Optimallösung)

BV	g_i \ Variablen	D_1	D_2	D_3	E_1	E_2	E_3	E_4	RS b_i
D_3	130	0	0	1	0,4	1	0	1	1.100
→ D_2	−28	0	1	0	0	1	0	0	900
E_3	0	0	0	0	−0,4	−1	1	−1	200
D_1	170	1	0	0	1	0	0	0	2.000
$z_j - g_j$		0	0	0	222	102	0	130	G = 457.800 −144.000 = 313.800

In der **Optimallösung** sind:

$D_1 = 2.000$; $D_2 = 900$; $D_3 = 1.100$; $E_1 = 0$ (Nichtbasisvariable);
$E_2 = 0$ (Nichtbasisvariable); $E_3 = 200$; $E_4 = 0$ (Nichtbasisvariable)

mit dem maximalen Gewinn von 313.800 GE.

Auswertung der optimalen Lösung (vgl. Tableau IV):

Die der **Optimallösung** entsprechende Produktion - das gesuchte optimale Produktionsprogramm - als **Mengenbilanz**:

Produkt \ Teilbetrieb		T_1	T_2	T_3	Gesamt in t
P_1	t	1.000			1.000
P_2	t	800	900	−1.100	600
P_3	t			880	880

$$P_1 = 0{,}5\,D_1 = 0{,}5 \cdot 2.000 = 1.000$$

$$P_2 = 0{,}4\,D_1 + D_2 - D_3 = \underbrace{0{,}4 \cdot 2.000}_{800} + 900 - 1.100 = 600$$

$$P_3 = 0{,}8\,D_3 = 0{,}8 \cdot 1.000 = 880$$

mit dem Erlös

$$E = 900 \cdot 1.000 + 650 \cdot 600 + 1.000 \cdot 880 = 2.170.000 \text{ GE}$$

und den proportionalen Kosten

$$K = 540 \cdot 2.000 + 678 \cdot 900 + 20 \cdot 1.100 = 1.712.200 \text{ GE}$$

bzw. dem maximalen Deckungsbeitrag (DB)

DB = 2.170.000 – 1.712.200 = 457.800 GE

und dem

Ergebnis (G) = DB – fixe Kosten = 457.800 – 144.000 = 313.800 GE/Monat

Bewertung von Engpässen

Die in der Zielfunktion G stehenden Koeffizienten liefern Bewertungen für die Engpässe, d.h. für diejenigen Bedingungen, die voll oder auch nicht voll ausgeschöpft sind.

a) Koeffizient 130 von E_4

$E_4 = 0$, d.h. von Produkt P_2 werden nicht mehr als die unbedingt verlangten 600 t auf den Markt gebracht. Der Koeffizient 130 (in Entscheidungszeile des Optimaltableaus) von E_4 besagt nun: Gelänge es, diesen Marktanteil um eine Tonne zu verringern, d.h. $E_4 = -1$ zu setzen, so würde der Gewinn um GE 130 steigen. Es könnte nämlich diese Tonne von P_2 in Teilbetrieb T_3 - der noch freie Kapazität besitzt ($E_3 = 200$) - zu 0,8 t von P_3 weiterverarbeitet werden, und zwar mit Verarbeitungskosten von GE 20 und einem Erlös von $0{,}8 \cdot 1.000 = 800$ GE, also gegenüber dem Verkauf einer Tonne von P_2 (GE 650 Erlös) mit einem zusätzlichen Gewinn (Grenzertrag) von 800 – 20 – 650 = 130 GE.

b) Koeffizient 102 von E_2

Dieser Koeffizient in der Entscheidungszeile des Optimaltableaus besagt: Gelänge es, die Kapazität von Teilbetrieb 2 um eine Einheit zu vergrößern, d.h. in Teilbetrieb T_2 die Produktion einer weiteren Tonne von Produkt P_2 zu ermöglichen, so würde der Gewinn um 102 GE steigen. Die Begründung lautet: Diese eine Tonne könnte in Teilbereich T_3 weiterverarbeitet werden, und zwar mit den zusätzlichen Rohstoff- und Verarbeitungskosten von 678 GE in Teilbetrieb T_2 und den zusätzlichen Verarbeitungskosten von GE 20 in Teilbetrieb T_3 und einem Mehrerlös von $0{,}8 \cdot 1.000 = 800$ GE, also insgesamt mit einer Gewinnsteigerung (Grenzgewinn) von 800 – 678 – 20 = 102 GE.

c) Koeffizient 222 von E_1

Dieser Koeffizient in der Entscheidungszeile des Optimaltableaus hat folgende Bedeutung: Könnte eine Tonne von Rohstoff R_1 zusätzlich beschafft und verarbeitet werden, so würde der Gewinn um GE 222 steigen. In diesem Fall könnte nämlich Teilbetrieb T_1 weitere 0,5 t von P_1 und weitere 0,4 t von P_2 erzeugen, von denen sich letztere in Teilbetrieb T_3 - der noch freie Kapazität von $E_3 = 200$ ME hat - zu $0{,}8 \cdot 0{,}4 = 0{,}32$ t von P_3 weiterverarbeiten ließen.

Einem Mehrerlös von $\underbrace{0{,}5 \cdot 900}_{P_1} + \underbrace{0{,}32 \cdot 1.000}_{P_3} = 450 + 320 = 770$ GE stünden zusätzliche Kosten von $540 + 0{,}4 \cdot 20 = 548$ GE gegenüber; per Saldo wäre dies eine Gewinnsteigerung von 222 GE.

3. M-Methode zur Bestimmung einer zulässigen Ausgangslösung bei Gleichungen als Restriktionen

Neben den bereits behandelten Ungleichungen können in einem System von Restriktionen auch **Gleichungen als Nebenbedingungen** auftreten. So könnte z.B. eine ganz bestimmte - vertraglich festgelegte - Menge eines Produkts gefertigt werden müssen. Oder es könnten Produkte nur in einem bestimmten konstanten Verhältnis aus einem Fertigungsprozess hervorgebracht werden können (Kuppelproduktion). Während man **Ungleichungen** durch **Addition** von **Schlupfvariablen** in **Gleichungen** umwandelt, scheint zunächst das Einfügen von Schlupfvariablen bei Gleichungen nicht erforderlich zu sein.
Bei Anwendung der Simplexmethode haben die **Schlupfvariablen** in der Ausgangslösung (Nulllösung) aber auch die Aufgabe, **Basisvariablen** zu sein. Damit die Hauptvariablen (Strukturvariablen) in der Nulllösung den Wert Null annehmen können, müssen die Schlupfvariablen gleich dem Wert der rechten Seite (b_i) sein. Unter diesen Voraussetzungen ist das mit Hilfe der Schlupfvariablen gebildete Gleichungssystem in der Ausgangslösung erfüllt. Dagegen ist eine Gleichung, die nur Hauptvariablen enthält, in der Ausgangslösung (Nulllösung) im Allgemeinen nicht erfüllt; ausgenommen bleibt der Fall, dass der Wert der rechten Seite der Gleichung Null ist ($b_i = 0$). Um nun dennoch zu einer **ersten zulässigen Basislösung** (Ausgangslösung) zu gelangen, ist es empfehlenswert, jeder Gleichung - ebenso wie jeder Ungleichung - eine Schlupfvariable (x_{n+i}) zuzuordnen. Diese **künstlichen Schlupfvariablen** dürfen auf keinen Fall Basisvariablen der Optimallösung sein, da andernfalls die Gleichheitsbedingungen verletzt wären. Eine Lösung ist nur dann zulässig, wenn diese künstlichen Schlupfvariablen den Wert **Null annehmen** (als Nichtbasisvariablen), d.h. nicht mehr Basisvariablen sind. Um dies sicherzustellen, werden diese künstlichen Schlupfvariablen mit einem **Sperrvermerk** versehen (**gesperrte Schlupfvariablen**). Durch den Sperrvermerk sind sie als **unzulässige Basisvariablen** gekennzeichnet.
Zunächst nimmt man diese gesperrten Schlupfvariablen wie jede andere Schlupfvariable in die erweiterte Zielfunktion auf. Sie erhalten aber in der Zielfunktion nicht den Wert Null, wie dies bei jeder anderen Schlupfvariablen der Fall ist, sondern bei **Maximierungsproblemen** einen **sehr hohen**, nicht näher zu konkretisierenden **Wert** mit negativem Vorzeichen (Maximierungsaufgabe). Dieser Zielfunktionskoeffizient wird im Allgemeinen mit „**M**" gekennzeichnet; dies erklärt die Bezeichnung der **M-Methode** bzw. „Big-M-Methode" (*Stepan, A., Fischer, E.O.*, 1998, S. 104 ff).
Es handelt sich hierbei um die sog. „Artifical-Basic-Technique", die von *Krelle* und *Künzi* als „M-Methode" bezeichnet wurde (vgl. *Krelle, W.*, *Künzi, P.*, 1958, S. 63 ff.; *Angermann, A.*, 1963, S. 211 ff.). Im Übrigen bleibt der Simplex-Algorithmus unbe-

rührt. Mit diesem M wird in den Simplextableaus wie mit jeder anderen reellen Zahl gerechnet.

Die Zielfunktionskoeffizienten M der gesperrten Schlupfvariablen gewährleisten, dass die gesperrten (künstlichen) Schlupfvariablen im Verlaufe der Optimierungsrechnung mit Priorität aus der Lösung verdrängt werden. Als Nichtbasisvariablen haben sie den Wert Null und stören die optimale Lösung nicht. Damit ist die Vorgehensweise der M-Methode bereits angedeutet: Die **Auswahlregel** für die **Pivotzeile** p lautet: Solange noch gesperrte Schlupfvariablen als Basisvariablen auftreten, ist als Pivotzeile eine **Zeile mit** einer **gesperrten Schlupfvariablen** zu **wählen**. Als **Pivotspalten** k sind nur solche zu wählen, deren **Nichtbasisvariablen keine gesperrten Schlupfvariablen** sind. Darüber hinaus ist es erforderlich, dass sich die Auswahlspalte mit der Pivotzeile in einem von Null verschiedenen Pivotelement schneiden ($a_{pk} \neq 0$).

An einem **Beispiel** soll die **Rechentechnik** der **M-Methode** dargestellt werden (in Anlehnung an ein Beispiel bei *Angermann, A.*, 1963, S. 213 ff.):
Ein Betrieb kann von den vier Produkten P_1, P_2, P_3 und P_4 in einem Monat die Mengen x_1, x_2, x_3 und x_4 herstellen. Jedes dieser vier Produkte muss alle oder zwei der drei vorhandenen Fertigungsanlagen F_1, F_2 und F_3 durchlaufen. Dabei sind P_3 und P_4 Produkte, die ausschließlich von einem Abnehmer im Verhältnis 2:3 weiterverarbeitet werden. Die Produktion soll so erfolgen, dass der Gewinn maximiert wird. Die Zahlenangaben sind in folgender Tabelle zusammengefasst:

Tabelle 15: Daten zum Optimierungsproblem

Produkte		P_1	P_2	P_3	P_4	
Menge [ME/Monat]		x_1	x_2	x_3	x_4	
Deckungsbeitrag [GE/ME]		200	100	300	800	Monatliche Kapazität [h]
Fertigungszeit in [h/ME] auf der Fertigungsanlage	F_1	3	1	4	5	600
	F_2	0	2	3	4	900
	F_3	1	0	1	2	300

Außer der Zielfunktion und den drei Kapazitätsrestriktionen ist nun noch die Verknüpfung der beiden Produkte P_3 und P_4 zu beachten, da beide nur im Verhältnis $x_3 : x_4 = 2:3$ verkauft werden können. Also kommt die Nebenbedingung $3x_3 = 2x_4$ hinzu, die man zweckmäßig in $3x_3 - 2x_4 = 0$ umwandelt. Durch **Einfügen** einer **gesperrten Schlupfvariablen** x_8 bringt man sie in die für das Simplex-Tableau erforderliche Form, in der jede Zeile durch eine Basisvariable repräsentiert wird, deren Wert durch den entsprechenden Wert der rechten Seite der Gleichung gegeben ist. Die gesperrte Schlupfvariable x_8 darf jedoch in der Optimallösung nicht mehr in der Basis sein.

Das Gleichungssystem lautet:

$$\text{Maximiere } G = 200x_1 + 100x_2 + 300x_3 + 800x_4 + 0x_5 + 0x_6 + 0x_7 + (-M)x_8$$

unter den Nebenbedingungen:

$$3x_1 + 1x_2 + 4x_3 + 5x_4 + x_5 = 600$$

$$0x_1 + 2x_2 + 3x_3 + 4x_4 + x_6 = 900$$

$$1x_1 + 0x_2 + 1x_3 + 2x_4 + x_7 = 300$$

$$3x_3 - 2x_4 + \underset{\text{(gesperrt)}}{x_8} = 0$$

Damit die gesperrte Schlupfvariable möglichst bald aus der Basis verdrängt wird, ist ihr ein sehr großer Deckungsbeitrag $g_8 = -M$ zugeordnet. Da die Differenz $(z_8 - g_8)$ in der Entscheidungszeile immer positiv sein muss, gelangt die gesperrte Schlupfvariable nicht mehr in die Basis, wenn sie erst einmal Nichtbasisvariable ist. Die Koeffizienten zu den Variablen x_3, x_4 und x_8 in der $(z_j - g_j)$-Zeile errechnen sich wie folgt:

$$z_3 - g_3 = 4 \cdot 0 + 3 \cdot 0 + 1 \cdot 0 + 3\,(-M) - 300 = -3M - 300$$

$$z_4 - g_4 = 5 \cdot 0 + 4 \cdot 0 + 2 \cdot 0 + (-2)\,(-M) - 800 = 2M - 800$$

$$z_8 - g_8 = 0 \cdot 0 + 0 \cdot 0 + 0 \cdot 0 + 1\,(-M) - (-M) = 0$$

Tabelle 16: Tableau I - Simplex-Tableau der Ausgangslösung (Nulllösung)

x_B	g_i \ Variablen	x_1	x_2	x_3	x_4	x_5	x_6	x_7	x_8 (gesperrt)	RS (b_i)
x_5	0	3	1	4	5	1	0	0	0	600
x_6	0	0	2	3	4	0	1	0	0	900
x_7	0	1	0	1	2	0	0	1	0	300
x_8 (gesperrt)	−M	0	0	(3)	−2	0	0	0	1	0
$z_j - g_j$		−200	−100	−3M −300	2M −800	0	0	0	0	G = 0

Gemäß Auswahlregel der M-Methode ist als **Pivotzeile** diejenige Zeile zu wählen, in der noch eine **gesperrte Schlupfvariable** als Basisvariable auftritt; das ist die vierte Zeile ($p = 4$). Als **Pivotspalte** ist eine Spalte mit einer **nicht gesperrten Variablen** zu wählen, und das **Pivotelement** darf **nicht Null** sein ($a_{pk} \neq 0$). Da es zunächst nur darauf ankommt, die gesperrte Schlupfvariable als Basisvariable zu eliminieren, ist es prinzipiell gleichgültig, welche Spalte (im Beispiel Spalte 3 oder 4) als Pivotspalte gewählt wird. Die Spalte 3 möge als Pivotspalte ausgewählt sein, so dass $a_{43} = 3$ das Pivotelement ist:

Tabelle 17: Tableau II - Lösung nach der 1. Iteration

x_B	g_i	x_1	x_2	x_3	x_4	x_5	x_6	x_7	x_8 (gesperrt)	RS (b_i)	q_i
x_5	0	3	1	0	23/3	1	0	0	−4/3	600	1800/23=78,26
x_6	0	0	2	0	6	0	1	0	−1	900	150
x_7	0	1	0	0	8/3	0	0	1	−1/3	300	900/8=112,5
x_3	300	0	0	1	−2/3	0	0	0	1/3	0	
$z_j - g_j$		−200	−100	0	−1.000	0	0	0	M + 100	G = 0	

Die zweite Basislösung entspricht der Ersten; die Hauptvariablen x_1, x_2, x_3 und x_4 sind Null, also ist auch der Deckungsbeitrag noch Null (G = 0). Da die **gesperrte Variable** x_8 **jetzt Nichtbasisvariable** ist, hat sie automatisch den Wert **Null** angenommen, was die Bedingung dafür ist, dass die vierte Gleichung erfüllt ist. Da die Spalte der gesperrten Variablen nie wieder als Pivotspalte gewählt werden würde, hat sie für die weitere Lösungsfindung eigentlich keine Bedeutung mehr; sie könnte daher ab jetzt weggelassen werden.

Nach der „Steepest Unit Ascent"-Version (betragsgrößter negativer Koeffizient in der $(z_j - g_j)$-Zeile) wird nun die Spalte 4 als Pivotspalte gewählt. Pivotelement ist $a_{14} = 23/3$. In der zweiten Iteration wird also x_4 zur Basisvariablen und x_5 zur Nichtbasisvariablen:

Tabelle 18: Tableau III - Lösung nach der 2. Iteration - Optimallösung

x_B	g_i	x_1	x_2	x_3	x_4	x_5	x_6	x_7	x_8 (gesperrt)	RS (b_i)
x_4	800	9/23	3/23	0	1	3/23	0	0	−4/23	78,26
x_6	0	−54/2	28/23	0	0	−18/23	1	0	1/23	430,43
x_7	0	−1/23	−8/23	0	0	−8/23	0	1	3/23	91,31
x_3	300	6/23	2/23	1	0	2/23	0	0	5/23	52,17
$z_j - g_j$		191,30	30,43	0	0	130,43	0	0	M −73,91	G = 78.260

Nach der zweiten Iteration befinden sich zwei Hauptvariablen ($x_3 = 52{,}17$ und $x_4 = 78{,}26$) in der Lösung. Da alle Koeffizienten in der Entscheidungszeile nichtnegativ sind ($z_j - g_j \geq 0$), handelt es sich bereits um die **Optimallösung**. Sie lautet (vgl. Tableau III):

$x_1 = 0$ (Nichtbasisvariable), $x_2 = 0$ (Nichtbasisvariable), $x_3 = 52{,}17$,

$x_4 = 78{,}26$, $x_5 = 0$ (Nichtbasisvariable), $x_6 = 430{,}43$,

$x_7 = 91{,}31$, $x_8 = 0$ (Nichtbasisvariable) mit $G = 78.260$

Ökonomisch interpretiert bedeutet dies, dass der Betrieb unter den gegebenen Umständen als Monatsplan folgendes **optimale Programm** realisieren kann:
Er fertigt nur die Produkte P_3 und P_4 mit 52,17 bzw. 78,26 ME. Die Produkte P_1 und P_2 gelangen hingegen nicht in das Programm (x_1 und x_2 sind Nichtbasisvariablen, also gleich Null).
Der **Schattenpreis** von GE 191,30, der zu x_1 gehört ($z_1 - g_1 = 191{,}30$), besagt, dass die Herstellung einer ME von P_1 ($x_1 = 1$) den Gesamtdeckungsbeitrag um GE 191,30 verkleinern würde. Begründung: In dem optimalen Programm stellt nur die Fertigungsanlage F_1 den Engpass dar. Dies erkennt man daran, dass nur die Schlupfvariable x_5, die zur Kapazität F_1 gehört, als Nichtbasisvariable Null ist. Würde nun in dem Produktionsprogramm eine ME von P_1 gefertigt werden, so würde dies die Engpasskapazität F_1 mit 3h belasten (vgl. Tabelle 15). Diese 3 Maschinenstunden müssten der Fertigung von P_3 und P_4 entzogen werden. Bezeichnet man die Abnahme der Fertigungsmenge von P_3 mit Δx_3 und von P_4 mit Δx_4, so ergibt sich auf Grund der technischen Koeffizienten für diese Produkte auf der Fertigungsanlage F_1 (vgl. Tabelle 15) folgende Reduzierung:

(1) $$-3 = 4\,\Delta x_3 + 5\,\Delta x_4$$

Da zwischen P_3 und P_4 eine Verknüpfung im Verhältnis 2:3 besteht, muss die Reduzierung diese Bedingung einhalten:

(2) $$3\,\Delta x_3 = 2\,\Delta x_4 \quad \text{bzw.} \quad \Delta x_3 = 2/3\,\Delta x_4$$

Aus diesen beiden Gleichungen lassen sich Δx_3 und Δx_4 durch Einsetzen bestimmen: zunächst (2) in (1):

$$-3 = 4 \cdot 2/3\,\Delta x_4 + 5\,\Delta x_4$$

(1') $$-3 = 23/3\,\Delta x_4\,; \qquad \underline{\Delta x_4 = -\frac{9}{23}}$$

(2') $$\Delta x_3 = 2/3 \cdot (-9/23); \qquad \underline{\Delta x_3 = -\frac{6}{23}}$$

Die Aufnahme einer ME von P_1 erhöht den Deckungsbeitrag um GE 200. Die dadurch erzwungene Abnahme der Fertigung von P_3 um 6/23 und P_4 um 9/23 ME reduziert hingegen den Deckungsbeitrag um $(6/23 \cdot 300 + 9/23 \cdot 800)$ GE 391,30. Damit ergäbe sich

per Saldo eine Abnahme des Deckungsbeitrages um (200 – 391,30) GE 191,30. Dies entspricht dem Schattenpreis bezüglich x_1.
Der **Schattenpreis** von GE 30,43, der zu x_2 gehört ($z_2 - g_2 = 30{,}43$), besagt entsprechend, dass die Herstellung einer ME von P_2 ($x_2 = 1$) den Gesamtdeckungsbeitrag um GE 30,43 vermindern würde. Die Begründung wäre analog:
Die Aufnahme einer ME von P_2 erhöht den Deckungsbeitrag um GE 100. Die dadurch erzwungene Abnahme der Fertigung von P_3 um 2/23 und P_4 um 3/23 ME (vgl. die Koeffizienten $a_{42} = 2/23$ und $a_{15} = 3/23$ in Tableau III - Optimallösung) reduziert hingegen wieder den Deckungsbeitrag um ($2/23 \cdot 300 - 3/23 \cdot 800$) GE 130,43. Damit ergäbe sich als Saldo eine Verminderung des Deckungsbeitrages um (100 – 130,43) GE 30,43. Dies entspricht dem Schattenpreis bezüglich x_2 im Tableau III.
Da die Schlupfvariable x_5 als Nichtbasisvariable Null ist, stellt - wie bereits festgestellt - die Fertigungsanlage F_1 den **Engpass** dar (vgl. Tableau III). Der zugehörige **Schattenpreis** $z_5 - g_5 = 130{,}43$ GE kann zur **Bewertung des Engpasses** herangezogen werden: Gelänge es dem Betrieb, die Kapazität der Fertigungsanlage F_1 um eine ME (Maschinenstunde) zu vergrößern, so würde der Gesamtdeckungsbeitrag um GE 130,43 steigen. Die Begründung lautet: Man könnte diese zusätzliche Fertigungsstunde der Anlage F_1 zur Herstellung von P_3 und P_4 verwenden. Auf Grund der technischen Koeffizienten (vgl. Tabelle 15) ergibt sich:

(1) $$1 = 4\,\Delta x_3 + 5\,\Delta x_4$$

Wegen der mengenmäßigen Verknüpfung von P_3 und P_4 gilt weiter:

(2) $$3\,\Delta x_3 = 2\,\Delta x_4$$

Aus diesen beiden Gleichungen lässt sich Δx_3 mit 2/23 und Δx_4 mit 3/23 ME bestimmen. Daraus errechnet sich ein zusätzlicher Deckungsbeitrag von ($2/23 \cdot 300 + 3/23 \cdot 800$) GE 130,43. Dies entspricht wiederum den **Opportunitätskosten (Schattenpreis)** bezüglich x_5. Dabei sind die proportionalen Kosten für die Bereitstellung der zusätzlichen Fertigungsstunde auf F_1 als konstant unterstellt.
Die übrigen Kapazitäten F_2 und F_3 sind nicht ausgelastet, und zwar weist F_2 eine **Leerkapazität** von $x_6 = 430{,}43$ h, F_3 eine solche von $x_7 = 91{,}31$ h im Monat (Planungszeitraum) auf (vgl. Tableau III). Entsprechend sind die zugehörigen Schattenpreise Null.
Der maximale Deckungsbeitrag beträgt: $G = 52{,}17 \cdot 300 + 78{,}26 \cdot 800 = 78.259$; gerundet GE 78.260. Oder mit Hilfe der **Schattenpreise**: $G = 30{,}43 \cdot 600 + 0 \cdot 900 + 0 \cdot 300 = 78.258$; gerundet GE 78.260.

4. M-Methode zur Bestimmung zulässiger Lösungen von linearen Planungsrechnungs-Problemen mit Ober- und Untergrenzen einzelner Variablen

Ein lineares Maximierungsmodell in allgemeiner Form lautet (vgl. auch *Stepan, A., Fischer, E.O.*, 1998, S. 99 ff.):

Maximiere $$G = \sum_{j=1}^{n} g_j \cdot x_j$$

unter den Restriktionen

$$\sum_{j=1}^{n} a_{ij}\, x_j \le b_i \qquad (\text{für } i = 1, 2, ..., m_1)$$

$$\sum_{j=1}^{n} a_{ij}\, x_j \ge b_i \qquad (\text{für } i = m_1 + 1, m_1 + 2, ..., m_2)$$

$$\sum_{j=1}^{n} a_{ij}\, x_j = b_i \qquad (\text{für } i = m_2 + 1, m_2 + 2, ..., m)$$

dabei gilt $b_i \ge 0$ (für i = 1, 2, ..., m)
$x_j \ge 0$ (für j = 1, 2, ..., n)

Verstößt die rechte Seite (b_i) einer Restriktion gegen die geforderte **Nichtnegativität**, so wird diese Restriktion mit (−1) multipliziert. Dabei ändert sich bei Ungleichungen das Relationszeichen. Restriktionen in "≥"-Ungleichungsform können durch geforderte Mindestabsatzmengen, Mindestumsatzhöhen, Mindestzahl von Anzeigen in Werbeträgern, Mindestmengen für Transportverbindungen etc. in solchen Modellen notwendig werden.

Bei der **Überführung der Ungleichungen** in Gleichungen ist wie folgt zu verfahren:

"≤" -Ungleichungen werden durch **Addition** einer nichtnegativen Schlupfvariablen x_j ($j = n+1, n + 2, ..., n + m_1$) - bei m_1 "≤" - Ungleichungen

und

"≥" -Ungleichungen werden durch **Subtraktion** einer nichtnegativen Schlupfvariablen (Überschußvariablen) x_j ($j = n + m_1 + 1, n + m_1 + 2, ..., j - n + m_1 + m_2$) - bei m_2 "≥" - Ungleichungen

in Gleichungen überführt. Da bei den in Gleichungen überführten "≥"-Ungleichungen auf Grund der negativen Koeffizienten (infolge der Subtraktion) noch nicht genügend Einheitsvektoren für ein Ausgangs-Simplex-Tableau vorhanden sind, werden sowohl zu den ursprünglichen (Gleichungen als auch zu den) "≥"-Ungleichungen, die durch Überschußvariable in Gleichungen überführt wurden, noch zusätzliche **künstliche Schlupfvariable (gesperrte Variable)** $y_j(g)$ ($j = 1, 2, ..., m - m_1$) addiert. Es muss sichergestellt werden, dass alle Restriktionen mit künstlichen Schlupfvariablen $y_j(g)$ von einer optimalen Lösung erfüllt werden, d.h. die **künstlichen** Schlupfvariablen $y_j(g)$ **dürfen auf keinen Fall Basisvariablen der Optimallösung sein**. Damit dies gelingt, werden diese $y_j(g)$ mit einem **Sperrvermerk** ("g" für gesperrte Variable) versehen. In der optimalen Lösung müssen sämtliche $y_j(g)$ den Wert Null aufweisen; dies wird dadurch erreicht, dass sie als **Nichtbasisvariablen im Optimal-Simplex-Tableau** behandelt werden. Dies wird sichergestellt, indem bei Maximierungsproblemen in der **Zielfunktion alle künstlichen Schlupfvariablen** $y_j(g)$ mit einem **sehr hohen** (nicht betragsmäßig konkretisierten) positiven Koeffizienten, der mit "M" gekennzeichnet wird, subtrahiert **("M-Methode" oder "Big-M-Methode")**.

Damit im Simplex-Ausgangs-Tableau auch die Koeffizienten der Zielfunktion aller Einheitsvektoren "Null" sind, werden alle Restriktionen, die eine künstliche Schlupfvariable $y_j(g)$ enthalten, mit (–M) multipliziert und zur Zielfunktionszeile addiert.

Zur Demonstration ein allgemeines **Anwendungsbeispiel** mit Restriktionen in "≤"- und "≥"-Ungleichungsformen:

Ein Unternehmen will in einem kombinierten **Produktions- und Absatzprogramm** den Deckungsbeitrag (DB) in einer Planungsperiode (ZA) **maximieren**. Es ist ein Modell für den Fall einer zweistufigen (zwei Abteilungen) Produktion mit 3 Produkten in den Mengen (ME/ZA) x_1, x_2 und x_3 zu formulieren.

Die Stück-DB (g_j) der 3 Produkte sind:

$g_1 = 120$ GE, $\quad g_2 = 160$ GE $\quad$ und $\quad g_3 = 40$ GE

Die verfügbaren Kapazitäten in Abteilung I betragen 28.000 Maschinenstunden (h) und in Abteilung II 32.000 h in der Planperiode. Die Kapazitätsbelastung je ME für Produkt 1 in Abteilung I beträgt 20 h/ME und 16 h/ME in Abteilung II ($a_{11} = 20$, $a_{12} = 16$).
Die **übrigen** technischen Koeffizienten lauten:

$a_{21} = 8, \qquad a_{22} = 12, \qquad a_{31} = 16, \qquad a_{32} = 8.$

Von Produkt 1 können maximal 4.000 ME und von Produkt 2 höchstens 8.000 ME in der Planperiode abgesetzt werden. Für Produkt 1 besteht weiterhin eine zusätzliche **Absatzmindestmenge** (aus absatzpolitischen Gründen) von 700 ME/ZA. Für Produkt 3 bestehen keine Absatzrestriktionen.

Das Problem kann wie folgt als **LP-Modell** formuliert werden:

Zielfunktion:

Maximiere $G = 120\ x_1 + 160\ x_2 + 40\ x_3$

Restriktionen:

$$\begin{array}{lll} 20\,x_1 + \ 8\,x_2 + 16\,x_3 & \leq 28.000 & \text{(Kapazitätsbegrenzung Abteilung I)} \\ 16\,x_1 + 12\,x_2 + \ 8\,x_3 & \leq 34.000 & \text{(Kapazitätsbegrenzung Abteilung II)} \\ x_1 & \leq 4.000 & \text{(Absatzobergrenze von Produkt 1)} \\ \quad\quad x_2 & \leq 8.000 & \text{(Absatzobergrenze von Produkt 2)} \\ x_1 & \geq 700 & \text{(Absatzmindestmenge von Produkt 1)} \\ x_j & \geq 0 & \text{(Nichtnegativitätsbedingung für j = 1, 2, 3)} \end{array}$$

Unter Verwendung der **M-Methode** hat die Absatzrestriktion $x_1 \geq 700$ nach **Subtraktion** einer Schlupfvariablen (Überschußvariablen) x_8 und **Addition** einer **künstlichen Schlupfvariablen** (gesperrten Schlupfvariablen) $y_1(g)$ folgende Form:

$$x_1 - x_8 + y_1(g) = 700$$

Die neue Zielfunktion lautet:

Maximiere $G = 120\,x_1 + 160\,x_2 + 40x_3 + 0x_4 + 0x_5 + 0x_6 + 0x_7 + 0x_8 + (-M)y_1(g)$

Die **Nulllösung** ergibt sich aus folgendem Simplex-Ausgangstableau:

Tabelle 19: Tableau I - Simplex-Tableau der Ausgangslösung (Nulllösung)

BV	g_i \ Variablen	x_1	x_2	x_3	x_4	x_5	x_6	x_7	x_8	$y_1(g)$	RS (b_i)
x_4	0	20	8	16	1	0	0	0	0	0	28.000
x_5	0	16	12	8	0	1	0	0	0	0	34.000
x_6	0	1	0	0	0	0	1	0	0	0	4.000
x_7	0	0	1	0	0	0	0	1	0	0	8.000
$y_1(g)$	–M	(1)	0	0	0	0	0	0	–1	1	700
$z_j - g_j$		–120 –M	–160	–40	0	0	0	0	0 M	M –M	G = 0 –700M

Um ein Simplex-Ausgangstableau mit einem Zielfunktionskoeffizienten von Null bei der künstlichen Schlupfvariablen $y_1(g)$ zu erhalten, wurde in Tabelle 19 die fünfte Zeile mit (–M) multipliziert und zur Zielfunktionszeile ($z_j - g_j$) addiert. Gemäß **Auswahlregel der M-Methode** ist als Pivotzeile diejenige Zeile zu wählen, in der noch eine gesperrte (künstliche) Schlupfvariable (unzulässig) als Basisvariable (BV) auftritt; dies ist die fünfte Zeile (p = 5). Als Pivotspalte kommt nur eine Spalte mit einer nicht gesperrten Variablen und einem Pivotelement $a_{pk} \neq 0$ in Frage. $a_{51} = 1$ wird als **Pivotelement** (vgl. Kreismarkierung) gewählt:

Tabelle 20: Tableau II - Simplex-Tableau mit zulässiger Lösung

BV	g_i	x_1	x_2	x_3	x_4	x_5	x_6	x_7	x_8	$y_1(g)$	RS (b_i)	q_i
x_4	0	0	(8)	16	1	0	0	0	20	–20	14.000	1.750
x_5	0	0	12	8	0	1	0	0	16	–16	22.800	1.900
x_6	0	0	0	0	0	0	1	0	1	–1	3.300	–
x_7	0	0	1	0	0	0	0	1	0	0	8.000	8.000
→ x_1	120	1	0	0	0	0	0	0	–1	1	700	–
$z_j - g_j$		0	–160	–40	0	0	0	0	–120	M+120	G = 84.000	

Tabelle 21: Tableau III - Simplex-Tableau nach der 2. Iteration (Optimallösung)

BV	g_i	x_1	x_2	x_3	x_4	x_5	x_6	x_7	x_8	$y_1(g)$	RS (b_i)
→ x_2	160	0	1	2	1/8	0	0	0	5/2	–5/2	1.750
x_5	0	0	0	–16	–3/2	1	0	0	–14	14	1.800
x_6	0	0	0	0	0	0	1	0	1	–1	3.300
x_7	0	0	0	–2	–1/8	0	0	1	–5/2	5/2	6.250
x_1	120	1	0	0	0	0	0	0	–1	1	700
$z_j - g_j$		0	0	280	20	0	0	0	280	M–280	G = 364.000

Die **Optimallösung** lautet:

	Produkte 1	Produkte 2	Produkte 3	Abteilung I	Abteilung II
Optimale Menge	700	1.750	0		
relativer DB			280		
ungenutzter Absatz (ME)	3.300	6.250			
Menge über Mindestabsatz	0				
Schattenpreise der					
- Absatzobergrenze	0		0		
- Absatzmindestgrenze	280				
ungenutzte Produktions-kapazität (Leerkapazität)				0	1.800
Schattenpreis				20	0
Maximaler DB = 364.000 GE					

Der relative Zielfunktionskoeffizient (Schattenpreis von 280) der Schlupfvariablen (Überschussvariablen zur Mindestabsatzmenge von Produkt 1) x_8 gibt an, um wie viele GE sich G verringert, wenn die Absatzmenge von 700 ME/ZA um **eine** ME auf 701 erhöht werden müsste. Dadurch würde nämlich die Menge von Produkt 2 um 5/2 ME (a_{18} = Koeffizient von x_8 in Zeile 1) reduziert werden. Der DB der zusätzlichen ME von Produkt 1 abzüglich des DB von 5/2 ME von Produkt 2 = 120 – 5/2 · 160 = –280.

5. Freie Variablen und ihre Behandlung

Als **„freie Variablen"** werden solche bezeichnet, für die die **Nichtnegativitätsbedingung** nicht gilt. Freie Variablen können also positive und negative Werte annehmen; sie werden auch als **im Vorzeichen unbeschränkte Variablen** bezeichnet. Die Simplex-Methode erzwingt grundsätzlich für alle Variablen die Nichtnegativität. Im Allgemeinen ist diese implizierte Berücksichtigung der Nichtnegativitätsbedingungen erwünscht, weil die Nichtnegativität der Variablen sinnvoll oder notwendig ist. Es gibt jedoch reale Situationen, in denen für alle oder einzelne Variablen keine Vorzeichenbeschränkung besteht. Die unveränderte Anwendung der Simplex-Methode hätte in diesem Fall die gleiche Wirkung wie die Einführung einer Nichtnegativitätsbedingung. Das könnte eine Verfälschung der Lösung bedeuten.

Freie Variablen sind stets in Basisvariablen zu verwandeln. Das bedeutet, dass man in den ersten Iterationen versucht, alle Nichtbasisvariablen, die freie Variablen darstellen, in die Lösung aufzunehmen. Hierbei gelten die beschriebenen Rechenregeln der Simplex-Methode. Lediglich die **Auswahlkriterien** für die **Pivotspalte** und **Pivotzeile** sind anders: Als Pivotspalte wählt man jeweils die Spalte, deren Nichtbasisvariable eine freie Variable ist. Als Pivotzeile kann eine beliebige Zeile gewählt werden, deren zugehörige Basisvariable nicht frei ist und die sich mit der Pivotspalte in einem von Null verschiedenen Pivotelement ($a_{pk} \neq 0$) schneidet. Die Vorgehensweise entspricht methodisch der Phase 1 des beschriebenen **Zwei-Phasen-Verfahrens** zur Bestimmung einer zulässigen Ausgangslösung bei Verletzung der Nichtnegativitätsbedingung.

Ist eine freie Variable nach der Phase 1 in der Lösung, so darf ihre Zeile nicht mehr als Pivotzeile gewählt werden. Es kann sinnvoll sein, schon in der Ausgangslösung die freien Variablen zu Basisvariablen zu verwandeln; diese haben dann keinen Einfluss auf die Lösung. Vielmehr dienen sie meistens gewissen Nebenrechnungen und Interpretationszwecken (*Müller-Merbach, H.*, 1973, S. 128 ff.). Auch die Basisvariable der Zielfunktion ist z.B. formal als freie Variable zu interpretieren. Sie nimmt an allen Iterationen teil, wird aber niemals Piviotzeile. Bei linearen Gleichungssystemen sind alle Entscheidungsvariablen freie, d.h. im Vorzeichen unbegrenzte Variablen. Darüber hinaus sind alle Restriktionen Gleichungen, deren Schlupfvariablen gesperrte Variablen sind.

6. Beispiel zur Lösung eines linearen Gleichungssystems mit Hilfe der Simplexmethode

Zur Lösung eines **linearen Gleichungssystems** mit Hilfe der **Simplexmetho**de wird in jeder Iteration eine freie Variable gegen eine gesperrte Variable ausgetauscht. Die Vorgehensweise sei an folgendem linearen Gleichungssystem demonstriert:

$$
\begin{aligned}
2x_1 - 3x_2 + x_3 &= 10 \\
-x_1 - x_2 + 3x_3 &= 8 \\
6x_1 + 7x_2 - x_3 &= 2
\end{aligned}
$$

Die Variablen x_1, x_2 und x_3 sind **freie Variablen**. Unter Einführung der **gesperrten Schlupfvariablen** x_4 bis x_6 kommt man zu folgendem modifizierten Simplex-Ausgangstableau:

Tabelle 22: Tableau I - Simplex-Ausgangstableau zum Gleichungssystem

Variablen / x_B	x_1 (frei)	x_2 (frei)	x_3 (frei)	x_4 (gesperrt)	x_5 (gesperrt)	x_6 (geperrt)	RS
x_4 (gesperrt)	2	–3	1	1	0	0	10
x_5 (gesperrt)	(–1)	–1	3	0	1	0	8
x_6 (gesperrt)	6	7	–1	0	0	1	2

Die Reihenfolge der zu wählenden Pivotspalten und Pivotzeilen ist beliebig.

Tabelle 23: Tableau II - Simplex-Tableau nach der 1. Iteration

Variablen / x_B	x_1 (frei)	x_2 (frei)	x_3 (frei)	x_4 (gesperrt)	x_5 (gesperrt)	x_6 (geperrt)	RS
x_4 (gesperrt)	0	–5	7	1	2	0	26
→ x_1 (frei)	1	1	–3	0	–1	0	–8
x_6 (gesperrt)	0	(1)	17	0	6	1	50

Tabelle 24: Tableau III - Simplex-Tableau nach der 2. Iteration

Variablen / x_B	x_1 (frei)	x_2 (frei)	x_3 (frei)	x_4 (gesperrt)	x_5 (gesperrt)	x_6 (geperrt)	RS
x_4 (gesperrt)	0	0	(92)	1	32	5	276
x_1 (frei)	1	0	–20	0	–7	–1	–58
→ x_2 (frei)	0	1	17	0	6	1	50

Tabelle 25: Tableau IV - Simplex-Tableau nach der 3. Iteration (Lösung des Gleichungssystems)

Variablen / x_B	x_1 (frei)	x_2 (frei)	x_3 (frei)	x_4 (gesperrt)	x_5 (gesperrt)	x_6 (geperrt)	RS
→ x_3 (frei)	0	0	1	1/92	8/23	5/92	3
x_1 (frei)	1	0	0	5/23	−1/23	2/23	2
x_2 (frei)	0	1	0	−17/92	2/23	7/92	−1

Nach drei Iterationen ist das lineare Gleichungssystem gelöst: $x_1 = 2$, $x_2 = -1$, $x_3 = 3$.

E. Minimierung mit der Simplexmethode

In den vorangegangenen Ausführungen wurde die Simplexmethode zur Lösung von linearen Programmierungsaufgaben mit einer zu maximierenden Zielfunktion behandelt. In gleicher Weise wie das **lineare Maximierungsproblem** kann auch das **lineare Minimierungsproblem** mit Hilfe der **Simplexmethode** gelöst werden. Ein direkter Weg der Minimierung mit der Simplex-Methode liegt in der Umkehrung der Rollen. Einfacher als die Änderung der Rechenregeln für die Simplexmethode ist jedoch die **Umwandlung** eines **Minimierungsproblems** in ein **äquivalentes Maximierungsproblem**:

$$\text{Minimiere } K = \sum_{j=1}^{n} k_j \cdot x_j \quad \text{ist äquivalent mit}$$

$$\text{Maximiere } G = (-K) = \sum_{j=1}^{n} (-k_j) \cdot x_j$$

Beide Formulierungen führen mithin zur gleichen optimalen Lösung. Jedes Minimierungsproblem wird durch **Multiplikation der Zielfunktion mit (–1)** zu einem Maximierungsproblem.

Die Vorgehensweise soll an folgender Aufgabenstellung erläutert werden (**Mischungsproblem**).

1. Beispiel: Kostenminimale Mischung

Ein Betrieb der Nahrungsmittelindustrie stellt einen Süßwarenartikel her. Das Produkt setzt sich aus drei Substanzen (S_1, S_2 und S_3) zusammen, die gemischt werden. Eine Mischung soll von den drei Substanzen jeweils mindestens b_i (i = 1, 2, 3) Mengenanteile enthalten: $b_1 = 480$; $b_2 = 440$; $b_3 = 420$.

Für die Erstellung dieser Mischung sind die Mengen x_j (j = 1, 2) von zwei verschiedenen Einsatzfaktoren (Rohstoffe R_1 und R_2) heranzuziehen. In den Einsatzfaktoren sind die gewünschten drei Substanzen unterschiedlich stark enthalten. Durch die Koeffizienten a_{ij} ist angegeben, wie viel ME der Substanz i in einer ME des Einsatzfaktors j enthalten sind:

Einsatzfaktor 1: $a_{11} = 8$; $a_{21} = 4$; $a_{31} = 2$

Einsatzfaktor 2: $a_{12} = 3$; $a_{22} = 4$; $a_{32} = 6$

Dabei kostet eine ME des Einsatzfaktors R_1 $k_1 = 30$ GE und des Einsatzfaktors R_2 $k_2 = 20$ GE.
Gesucht ist die **kostenminimale Mischung** der beiden Einsatzfaktoren.

Die Zielfunktion lautet:

$$\text{Minimiere } K = k_1 \cdot x_1 + k_2 \cdot x_2 = 30x_1 + 20x_2$$

bzw.

$$\text{Maximiere } (-K) = (-k_1) \cdot x_1 + (-k_2) \cdot x_2 = (-30) \cdot x_1 + (-20) \cdot x_2$$

Restriktionen:

$$a_{11} \cdot x_1 + a_{12} \cdot x_2 \geq b_1; \quad 8x_1 + 3x_2 \geq 480$$

$$a_{21} \cdot x_1 + a_{22} \cdot x_2 \geq b_2; \quad 4x_1 + 4x_2 \geq 440$$

$$a_{31} \cdot x_1 + a_{32} \cdot x_2 \geq b_3; \quad 2x_1 + 6x_2 \geq 420$$

Nichtnegativitätsbedingung:

$$x_1, x_2 \geq 0$$

Um die **Ungleichungen in Gleichungen** zu überführen, werden **Schlupfvariablen** (x_3, x_4, x_5) eingeführt:

$$8x_1 + 3x_2 - x_3 = 480$$

$$4x_1 + 4x_2 - x_4 = 440$$

$$2x_1 + 6x_2 - x_5 = 420$$

Neben die n = 2 Hauptvariablen sind mithin m = 3 Schlupfvariablen getreten. Für alle Variablen - also auch die Schlupfvariablen - gilt die Nichtnegativitätsbedingung:

$$x_j \geq 0; \qquad x_{n+i} \geq 0 \qquad \text{(für alle j und i)}$$

In unserem Beispiel sind alle $b_i \geq 0$. Damit kann aus dem vorliegenden Gleichungssystem keine zulässige Basislösung abgelesen werden. Es ist also zunächst eine **zulässige Basislösung zu bestimmen**. Dazu kann die **M-Methode** oder das **Zwei-Phasen-Verfahren** herangezogen werden.

2. Minimierung mit Hilfe der M-Methode

Unter Verwendung der **M-Methode** (oder auch „Big-M-Methode" genannt) sind **künstliche Schlupfvariablen** (gesperrte Variablen) in die Gleichungen einzuführen (je Gleichung eine künstliche Schlupfvariable):

$$8x_1 + 3x_2 - x_3 \qquad\qquad + x_6 \qquad\qquad = 480$$

$$4x_1 + 4x_2 \qquad - x_4 \qquad\qquad + x_7 \qquad = 440$$

$$2x_1 + 6x_2 \underbrace{\qquad\qquad - x_5}_{\text{Schlupfvariablen}} \underbrace{\qquad\qquad x_8}_{\text{künstliche Schlupfvariablen}} = 420$$

Die neue erweiterte Zielfunktion lautet (die gesperrten Schlupfvariablen sind mit dem sehr hohen Betrag M bewertet):

Minimiere $K = 30x_1 + 20x_2 + 0x_3 + 0x_4 + 0x_5 + Mx_6 + Mx_7 + Mx_8$

bzw.

Maximiere $(-K) = (-30)\, x_1 + (-20)\, x_2 + 0x_3 + 0x_4 + 0x_5 + (-M)\, x_6 + (-M)\, x_7 + (-M)\, x_8$

(Diese beiden Formulierungen sind äquivalent: einem kleinen K entspricht ein größeres (–K) und eine Lösung, die den **kleinsten Wert** von K im gesamten zulässigen Bereich einnimmt, beinhaltet gleichzeitig den größten Wert von (–K) in diesem zulässigen Bereich).

Bei der Aufstellung des 1. Tableaus wird hier die Zeile z_j zur besseren Übersicht zusätzlich eingefügt:

Tabelle 26: Tableau I - Simplex-Tableau der (unzulässigen) Ausgangslösung

x_B \ Variablen	k_i	x_1	x_2	x_3	x_4	x_5	x_6 (gesperrt)	x_7 (gesperrt)	x_8 (gesperrt)	RS (b_i)	q_i
x_6 (gesperrt)	M	(8)	3	–1	0	0	1	0	0	480	60
x_7 (gesperrt)	M	4	4	0	–1	0	0	1	0	440	110
x_8 (gesperrt)	M	2	6	0	0	–1	0	0	1	420	210
	k_j	30	20	0	0	0	M	M	M	0	
	z_j	14M	13M	–M	–M	–M	M	M	M	$1.340 \cdot M$	
	$k_j - z_j$	30 –14M	20 –13M	M	M	M	0	0	0	$-K = -1.340 \cdot M$	

Beim Minimierungsproblem besteht die Entscheidungszeile aus $(k_j - z_j)$-Differenzen. Für alle Nichtbasisvariablen werden die Vor- und Nachteile ihrer Aufnahme in die Basislösung ermittelt. z_j zeigt - wie oben bereits ausgeführt - die Zu- oder Abnahme des Zielfunktionswertes (z.B. der Gesamtkosten K) durch Veränderung an den Basisvariablen mit dem Index j:

$$z_j = \sum_{i=1}^{m} k_i \, a_{ij} \qquad (j = 1, 2, ..., n + m + m)$$

Dabei sind a_{ij} die Koeffizienten der Restriktionen und k_i die **Zielfunktionskoeffizienten der Lösungsvariablen** (Basisvariablen). k_j sind hingegen die **Zielfunktionskoeffizienten der Zielfunktion**.
Der Austausch der Variablen führt dann zu einer Abnahme der Gesamtkosten K, wenn die Differenz $k_j - z_j < 0$. Die Auswahl der Pivotspalte und Pivotzeile kann beliebig erfolgen. Als Pivotelement sei $a_{11} = 8$ ausgewählt (vgl. Tableau I). In der ersten Iteration kommt also x_1 in die Basis, während die gesperrte Schlupfvariable x_6 zur Nichtbasisvariablen wird:

Tabelle 27: Tableau II - Simplex-Tableau nach der 1. Iteration (unzulässige Lösung)

Variablen x_B	k_i	x_1	x_2	x_3	x_4	x_5	x_6 (gesperrt)	x_7 (gesperrt)	x_8 (gesperrt)	RS (b_i)	q_i
→ x_1	30	1	3/8	−1/8	0	0	1/8	0	0	60	160
x_7 (gesperrt)	M	0	5/2	1/2	−1	0	−1/2	1	0	200	80
x_8 (gesperrt)	M	0	(21/4)	1/4	0	−1	−1/4	0	1	300	57,14
$k_j - z_j$		0	35/4 −31M/4	15/4 −3M/4	M	M	−15/4 +7M/4	0	0	−K = −1.800 −500 · M	

Tabelle 28: Tableau III - Simplex-Tableau nach der 2. Iteration (unzulässige Lösung)

Variablen x_B	k_i	x_1	x_2	x_3	x_4	x_5	x_6 (gesperrt)	x_7 (gesperrt)	x_8 (gesperrt)	RS (b_i)	q_i
x_1	30	1	0	−1/7	0	1/14	1/7	0	−1/14	270/7	540
x_7 (gesperrt)	M	0	0	8/21	−1	(10/21)	−8/21	1	−10/21	400/7	120
→ x_2	20	0	1	1/21	0	−4/21	−1/21	0	4/21	400/7	–
$k_j - z_j$		0	0	10/3 −8M/21	M	5/3 −10M/21	−10/3 +29M/21	0	−5/3 +31M/21	−K = −2.300 −400M/7	

Tabelle 29: Tableau IV - Simplex-Tableau nach der 3. Iteration (Optimallösung)

x_B \ Variablen	k_i	x_1	x_2	x_3	x_4	x_5	x_6 (gesperrt)	x_7 (gesperrt)	x_8 (gesperrt)	RS (b_i)
x_1	30	1	0	−1/5	3/20	0	1/5	−3/20	0	30
→ x_5	0	0	0	4/5	−21/1	1	−4/5	21/10	−1	120
x_2	20	0	1	1/5	−2/5	0	−1/5	2/5	0	80
$k_j - z_j$		0	0	2	7/2	0	−2 +M	−7/2 +M	0 +M	−K = −2.500

Im Tableau IV sind keine künstlichen (gesperrten) Schlupfvariablen mehr in der Basis; es handelt sich also um eine **zulässige Lösung**. Die **optimale Lösung** wird hier bereits durch die erste zulässige Lösung erreicht - alle ($k_j - z_j$)-Differenzen sind nichtnegativ -. Die **Optimallösung** lautet:

$$x_1 = 30; \quad x_2 = 80; \quad K = 30 \cdot 30 + 20 \cdot 80 = 2.500$$

An der **optimalen Mischung** sind die beiden Substanzen S_1 und S_2 genau mit den geforderten Mindestmengen beteiligt ($8 \cdot 30 + 3 \cdot 80 = 480$ bzw. $4 \cdot 30 + 4 \cdot 80 = 440$). Die Schattenpreise zu den Schlupfvariablen x_3 und x_4 mit GE 2 bzw. GE 7/2 geben an, um wie viel die Kosten (K) steigen würden, wenn die Substanz S_1 bzw. S_2 um eine ME erhöht werden würde. Müssten von der ersten Sorte (S_1) mindestens 481 ME (anstatt 480 ME) in die Mischung gelangen, betragen die Kosten der optimalen Mischung 2.500 + 2 = 2.502 GE. Die Substanz S_3 gelangt mit 120 ME über die Mindestanforderung hinaus in die Mischung ($x_5 = 120$). Die Mindestanforderung beträgt 420 ME; verbraucht werden jedoch in der Optimalmischung $30 \cdot 2 + 80 \cdot 6 = 540$ ME. Entsprechend ist der Schattenpreis, der zur Schlupfvariablen x_5 gehört, Null (vgl. Tab. 29: Tableau IV).

3. Minimierung mit Hilfe des Zwei-Phasen-Verfahrens

Zur Demonstration des **Zwei-Phasen-Verfahrens** wird das gleiche (oben behandelte) Mischungsproblem gelöst:
Die Zielfunktion und das Ungleichungssystem werden mit (−1) multipliziert:

$$G = -K = -30x_1 - 20x_2 \quad \text{ist zu maximieren!}$$

$$x_j \geq 0 \quad (j = 1, 2)$$

$$-8x_1 - 3x_2 \leq -480$$
$$-4x_1 - 4x_2 \leq -440$$
$$-2x_1 - 6x_2 \leq -420$$

Dadurch wird die **Minimierungsaufgabe zu einer Maximierungsaufgabe**. Nach Einführung der drei Schlupfvariablen x_3, x_4 und x_5 ergibt sich folgende unzulässige (Verletzung der Nichtnegativitätsbedingung) Ausgangslösung:

Tabelle 30: Tableau I - Simplex-Ausgangstableau in der Phase 1

x_B \ Variablen	g_i	x_1	x_2	x_3	x_4	x_5	RS (b_i)
x_3	0	(–8)	–3	1	0	0	–480
x_4	0	–4	–4	0	1	0	–440
x_5	0	–2	–6	0	0	1	–420
$z_j - g_j$		30	20	0	0	0	G = –K = 0

Da alle Basisvariablen der Nulllösung die Nichtnegativitätsbedingung verletzen, ist in Phase 1 die Zeilenauswahl beliebig. Das Pivotelement muss negativ sein; Spalte 1 und 2 erfüllen in Tableau I diese Bedingung für alle Zeilen. Als Pivotelement sei $a_{11} = -8$ gewählt, so dass in der ersten Iteration wieder die Strukturvariable x_3 in die Lösung eingeführt und dafür die Schlupfvariable x_3 zur Nichtbasisvariablen wird:

Tabelle 31: Tableau II - Lösung nach der 1. Iteration in Phase 1 - unzulässige Lösung

x_B \ Variablen	g_i	x_1	x_2	x_3	x_4	x_5	RS (b_i)
→ x_1	–30	1	3/8	–1/8	0	0	60
x_4	0	0	–5/2	–1/2	1	0	–200
x_5	0	0	(–21/4)	–1/4	0	1	–300
$z_j - g_j$		0	35/4	15/4	0	0	–K = –1.800

Tabelle 32: Tableau III - Lösung nach der 2. Iteration in Phase 1 - unzulässige Lösung

x_B \ Variablen	g_i	x_1	x_2	x_3	x_4	x_5	RS (b_i)
x_1	–30	1	0	–1/7	0	1/14	270/7
x_4	0	0	0	–8/21	1	(–10/21)	–400/7
→ x_2	–20	0	1	1/21	0	–4/21	400/7
$z_j - g_j$		0	0	10/3	0	5/3	–K = –2.300

Tabelle 33: Tableau IV - Lösung nach der 3. Iteration in Phase 2 - zulässige und optimale Lösung

x_B	g_i \ Variablen	x_1	x_2	x_3	x_4	x_5	RS (b_i)
x_1	−30	1	0	−1/5	3/20	0	30
→ x_5	0	0	0	4/5	−21/10	1	120
x_2	−20	0	1	1/5	−2/5	0	80
$z_j - g_j$		0	0	2	7/2	0	−K = −2.500

Mit Tableau IV ist die erste Phase beendet; die gefundene Lösung ist eine **zulässige Lösung**; sie ist **zugleich Optimallösung**. Zu beachten ist der Verlauf der Rechenschritte. Sie durchlaufen die gleichen Basislösungen wie bei der M-Methode.

Übungsfragen zu den Abschnitten I bis III

1. Welche Bedeutung kommt den linearen Entscheidungsmodellen in der Praxis zu?
2. Wie lässt sich der mathematische Kern der linearen Optimierung (Programmierung) beschreiben?
3. Aus welchen Teilen besteht ein linearer Programmansatz?
4. Was besagt das Eckentheorem (Simplextheorem) der linearen Planungsrechnung?
5. Warum verliert das Eckentheorem bei mehrdeutigen Lösungen eines linearen Programmansatzes nicht seine Gültigkeit?
6. Wie lässt sich der Standardansatz der linearen Planungsrechnung formulieren?
7. Was sind Basislösungen, Basisvariablen und Nichtbasisvariablen?
8. Wodurch ist die Normalform eines linearen Programms gekennzeichnet?
9. Worin besteht das iterative Rechenverfahren der Simplexmethode?
10. Wie lassen sich Ungleichungssysteme in Gleichungssyteme überführen?
11. Was ist der Unterschied zwischen Hauptvariablen und Schlupfvariablen? Wie lassen sich die Schlupfvariablen ökonomisch interpretieren?
12. Was versteht man unter „Nulllösung“ („Nullprogramm“)?
13. Welche Funktion hat das Simplexkriterium und wie lässt es sich anwenden?
14. Was versteht man unter Opportunitätskosten (Schattenpreisen) und welche Funktion haben sie in der linearen Planungsrechnung?
15. Worin besteht der Unterschied der Spalten- und Zeilenauswahl bei den Simplexiterationen nach der „Steepest Unit Ascent“-Version und der „Greatest Change“-Version?
16. Wie lassen sich die Matrizenoperationen des modifizierten Gaußschen Algorithmus beschreiben?
17. In welche Schritte lässt sich die Vorgehensweise nach der Simplexmethode einteilen?
18. Wie lassen sich die Inhalte der Simplextableaus bei Programmplanungen ökonomisch interpretieren?

19. Woran erkennt man (optimale) Mehrfachlösungen bei der Simplexmethode?
20. Wie lassen sich die Engpässe optimaler Programme bewerten?
21. Was versteht man unter Degeneration (Entartung)? Wie lässt sich der dabei eventuell auftretende Zyklus mit der Simplexmethode durchbrechen?
22. Wie lassen sich lineare Programmierungsprobleme mit unzulässiger Ausgangslösung behandeln?
23. Wie lässt sich das Zwei-Phasen-Verfahren zur Bestimmung einer zulässigen Ausgangslösung beschreiben?
24. Wie lässt sich die M-Methode zur Bestimmung einer zulässigen Ausgangslösung beschreiben, wenn die Nebenbedingungen als Gleichungen formuliert sind?
25. Was versteht man unter „freien Variablen" und wie lassen sie sich mit der Simplexmethode behandeln?
26. Worin besteht der Unterschied zwischen einer Maximierung und einer Minimierung eines linearen Programmierungsproblems mit Hilfe der Simplexmethode?
27. Welche Verfahren können zur Minimierung von linearen Programmierungsproblemen herangezogen werden?

IV. Dualität in der linearen Planungsrechnung

Der Begriff **Dualität** wird auf Objekte oder Probleme angewendet, bei denen eine Polarität (Gegensätzlichkeit) gegeben ist. Dies gilt auch für die bisher behandelten Programmierungsaufgaben.
In der Theorie der linearen Planungsrechnung nimmt das **Dualitätstheorem** eine zentrale Stelle ein. Es besagt, dass zu jeder linearen Optimierungsaufgabe **eine duale lineare Optimierungsaufgabe** existiert. Bei der Dualität handelt es sich um die beweisbare Tatsache (*Dantzig, G. B.*, 1966, S. 163-167), dass jedem vorgelegten linearen Programm ein zweites - genau definiertes - duales Programm zugeordnet werden kann. Das Ausgangsproblem (ursprüngliches Problem) wird als **Primalproblem**, primales Problem oder kurz **Primal** bezeichnet. Das **Dualproblem** wird auch duales Problem oder **Dual** genannt. Zu beachten ist, dass die **Dualitätsbeziehung** symmetrisch ist, d.h., dass die Probleme zueinander dual sind: das Dual des Dualproblems ist wieder das Primalproblem. Wir können also nach Belieben eines der beiden Probleme (Primal- oder Dualproblem) als primal bezeichnen; das jeweils andere heißt dann dual.
Ist das **primale lineare Problem eine Maximierungsaufgabe**, so ist das **dazugehörige duale Problem eine Minimierungsaufgabe** und umgekehrt.

A. Verknüpfung dualer Probleme

Zwischen dem Primal- und dem dazugehörenden Dualproblem besteht folgender Zusammenhang (in Matrizenschreibweise bzw. unter Verwendung des Summenzeichens):

1. Standardproblem

Primalproblem

Lautet das **Maximierungsproblem**:

Maximiere $G = \sum_{j=1}^{n} c_j x_j$

unter den Nebenbedingungen

$\sum_{j=1}^{n} a_{ij} x_j \le b_i \qquad (i = 1, 2, ..., m)$

$x_j \ge 0 \qquad (j = 1, 2, ..., n)$

dazugehöriges Dualproblem

so lautet das dazugehörige **Minimierungsproblem**:

Minimiere $K = \sum_{i=1}^{m} b_i w_i$

unter den Nebenbedingungen

$\sum_{i=1}^{m} a_{ij} w_i \ge c_j \qquad (j = 1, 2, ..., n)$

$w_i \ge 0 \qquad (i = 1, 2, ..., m)$

oder in Matrizenschreibweise:

Maximiere $G = c'x$

unter den Nebenbedingungen

$Ax \le b$
$x \ge 0$

Minimiere $K = b'w$

unter den Nebenbedingungen

$A'w \ge c$
$w \ge 0$

Dabei sind c und x Vektoren mit n Komponenten, b und w Vektoren mit m Komponenten, A ist eine $m \cdot n$ -Matrix und A' ist die transponierte („gestürzte") Matrix A; A' ist also eine $n \cdot m$ -Matrix.

Primalproblem

Lautet das **Minimierungsproblem**:

Minimiere $K = \sum_{j=1}^{n} c_j x_j$

unter den Nebenbedingungen

$\sum_{j=1}^{n} a_{ij} x_j \ge b_i \qquad (i = 1, 2, ..., m)$

$x_j \ge 0 \qquad (j = 1, 2, ..., n)$

dazugehöriges Dualproblem

so lautet das dazugehörige **Maximierungsproblem**:

Maximiere $G = \sum_{i=1}^{m} b_i w_i$

unter den Nebenbedingungen

$\sum_{i=1}^{m} a_{ij} w_i \le c_j \qquad (j = 1, 2, ..., n)$

$w_i \ge 0 \qquad (i = 1, 2, ..., m)$

oder in Matrizenschreibweise:

Minimiere $K = c'x$

unter den Nebenbedingungen

$Ax \ge b$
$x \ge 0$

Maximiere $G = b'w$

unter den Nebenbedingungen

$A'w \le c$
$w \ge 0$

Dabei sind wiederum c und x Vektoren mit n Komponenten, b und w Vektoren mit m Komponenten, A ist eine $m \cdot n$ -Matrix und A' ist die transponierte Matrix A; A' hat n Zeilen und m Spalten.
Die Entscheidungsvariablen (Unbekannten) der dualen Aufgabe sind mit w_i ($i = 1, 2, ..., m$) symbolisiert. Die Dualaufgabe hat so viel Unbekannte, wie die Primalaufgabe Nebenbedingungen hat. Neben dem unterschiedlichen Variablensystem und der entgegengesetzten Zielrichtung kehren sich die Ungleichungszeichen in den Ungleichungen der Restriktionen um. Die Anzahl der Restriktionen des Dualproblems entspricht wiederum der Anzahl der Entscheidungsvariablen im Primalproblem. Die rechte Seite („RS“) bilden in der Dualaufgabe die Zielfunktionskoeffizienten der Primalaufgabe, während umgekehrt die Beschränkungswerte b_i („RS“-Werte) der Primalaufgabe die Zielfunktionskoeffizienten der Dualaufgabe sind.
Die Koeffizienten der Restriktionen bleiben erhalten; ihre Anordnung wird jedoch verändert. Es werden die Zeilen und Spalten miteinander vertauscht.

2. Kanonisches Problem (in Matrizenschreibweise)

Ein lineares Gleichungssystem mit m Gleichungen und n Variablen ($n > m$) wird **kanonisch** genannt, wenn die Koeffizienten der m freien Variablen, der Basisvariablen, die Einheitsmatrix bilden (*Dantzig, G. B.*, 1966, S. 87 ff.).

Primalproblem	**Dualproblem**
Lautet das kanonische **Maximierungsproblem**:	so lautet das dazugehörige kanonische **Minimierungsproblem**:
Maximiere $G = c'x$	Minimiere $K = b'w$
unter den Nebenbedingungen	unter den Nebenbedingungen
$Ax = b$	$A'w \leq c$
$x \geq 0$	$w \gtreqless 0$
Lautet das kanonische **Minimierungsproblem**:	so lautet das dazugehörige kanonische **Maximierungsproblem**:
Minimere $K = c'x$	Maximiere $G = b'w$
$Ax = b$	$A'w \leq c$
$x \geq 0$	$w \gtreqless 0$

Es ist zu erkennen, dass die dualen kanonischen Probleme nicht die charakteristischen Merkmale der primalen kanonischen Probleme tragen. Vielmehr haben sie Ungleichungen statt Gleichungen als Nebenbedingungen und beliebige statt nichtnegative Variablen.

Folgende **Aussagen über die Zusammenhänge von Primal- und Dualproblem** können gemacht werden (*Hadley, G.*, 1962, S. 228 ff.; *Dürr, W., Kleibohm, K.*, 1992, S. 74 ff.; *Schick, K.*, 1975, S. 151 f.; *Bloech, J.*, 1974, S. 113; *Haupt, P., Lohse, D.*, 1975, S. 243 f.; *Stepan, A., Fischer, E.O.*, 1998, S. 123 ff.; *Ellinger, T.*, 1998, S.59 ff.; *Hillier, F.S., Lieberman, G. J.*, 1997, S. 133 ff.; vgl. auch die dort angegebene Beweisführung!):

(1) Zu jedem linearen Optimierungsproblem existiert genau ein lineares Dualproblem.
(2) Die Problemvariablen des Primalproblems sind die Opportunitätskosten (Schattenpreise) der Schlupfvariablen des Dualproblems.
(3) Die Schlupfvariablen des Primalproblems sind die Opportunitätskosten der Problemvariablen im Dualproblem.
(4) Aus einem gegebenen optimalen Simplextableau sind die optimalen Lösungen beider Aufgabentypen, primal und dual, gleichzeitig gelöst und ablesbar (diese Tatsache hat auch erhebliche praktische Bedeutung).
(5) Die optimalen Werte der Zielfunktionen beider Aufgabentypen sind gleich **(Dualitätssatz)**;
$G_{max} = K_{min}$.
(6) Ist die Primallösung gleich der Duallösung, so ist das Optimum erreicht.
(7) Ist die Lösung des Primalproblems unbegrenzt, so existiert keine zulässige Lösung des Dualproblems.
(8) Existiert keine zulässige Lösung des Primalproblems, so ist die Lösung des Dualproblems unbegrenzt und umgekehrt (vgl. 7).
(9) Besitzt ein lineares Programm eine degenerierte optimale Lösung, so liegen für das dazugehörige Programm unendlich viele optimale Lösungen vor.
(10) Zeilen des Primalproblems, deren Basisvariablen gesperrt sind, erscheinen im Dualproblem als Spalten mit freien Variablen als Nichtbasisvariablen und umgekehrt.
(11) Spalten des Primalproblems, deren Nichtbasisvariablen freie Variablen sind, treten im Dualproblem als Zeilen mit gesperrten Basisvariablen auf und umgekehrt.
(12) Das duale Problem eines Dualproblems ist wieder das Primalproblem.

Da im Primalproblem die gleichen Variablen und Koeffizienten auftreten wie im Dualproblem, kann bei der Optimierung das Primal- oder das Dualproblem benutzt werden. Die Zusammenhänge können nochmals folgender Darstellung entnommen werden (*Haupt, P., Lohse, D.*, 1975, S. 244 f.):

Tabelle 34: Primal-Dual-Tabelle

Problem-variablen Dual	Problemvariablen Primal $x_1 \geq 0$	$x_2 \leq 0$	... $x_n \gtreqless 0$	Beziehungen Primal	Beschränkungsvektor Primal	
$w_1 \geq 0$	a_{11}	a_{12}	... a_{1n}	$\leq$	b_1	Zielfunktionskoeffizienten der Problemvariablen Dual
$w_2 \leq 0$	a_{21}	a_{22}	... a_{2n}	$\geq$	b_2	
.	.	.	.	.	.	
.	.	.	.	.	.	
.	.	.	.	.	.	
$w_m \gtreqless 0$	a_{m1}	a_{m2}	... a_{mn}	$=$	b_m	
Beziehungen Dual	$\geq$	$\leq$	$=$		Minimiere K Dual	
Beschränkungsvektor Dual	c_1	c_2	... c_n	Maximiere G Primal		
	Zielfunktionskoeffizienten der Problemvariablen Primal					

In dieser Tabelle ist das Primal als Maximierungsproblem und das Dual als Minimierungsproblem enthalten. Da das duale Dual das Primal ist, können aus der Tabelle auch die Zusammenhänge für das Primal als Minimierungsproblem und das Dual als Maximierungsproblem entnommen werden. Hierfür sind die Begriffe „Primal“ und „Dual“ zu vertauschen. Das dargestellte Problem ist ein sog. **gemischtes Problem** (lineares Mischsystem), das „≤“ -Beziehungen und „≥“ -Beziehungen und „=“ -Beziehungen enthält.

B. Duale Simplexmethode

Die Simplexmethode, die wir zunächst kennen gelernt haben, geht von einer Ausgangslösung aus, die auf der rechten Seite („RS“-Spalte) kein negatives Element enthält. Diese Nichtnegativität in der „RS“-Spalte wird auch bei den Simplextransformationen beibehalten. Gleichzeitig wird angestrebt, aus der Entscheidungszeile jede negative Differenz $(z_j - g_j)$ zu eliminieren. Das Ergebnis ist eine optimale Lösung. Die soeben skizzierte Simplexmethode wird auch die **primale Simplexmethode** genannt.
Es liegt nun nahe, diesen Gedankengang umzukehren. Man gelangt dann zur **dualen Simplexmethode**. Hier wird die Nichtnegativitätsbedingung für die Elemente der „RS“-Spalte fallen gelassen, d.h. für die b_i-Werte bestehen keine Vorzeichenbeschränkungen. Zugleich wird die Optimalitätsbedingung in der Entscheidungszeile $(z_j - g_j \geq 0)$ von Anfang an gesichert. Durch elementare Zeilenoperationen wird versucht, alle b_i-Werte nichtnegativ werden zu lassen. Ist dies erreicht, liegt die Optimallösung vor.

1. Beispiel: Mischungsproblem

Wir wollen die Vorgehensweise nach der dualen Simplexmethode an dem oben behandelten Mischungsproblem (vgl. S. 76 f.) erläutern:
Die Faktorpreise sind $k_1 = 30$ und $k_2 = 20$.
Als Beschränkung sind folgende Mengenrelationen einzuhalten:

$$8x_1 + 3x_2 \geq 480$$
$$4x_1 + 4x_2 \geq 440$$
$$2x_1 + 6x_2 \geq 420$$
$$x_1, x_2 \geq 0$$

Die optimale Mischung ist mit Hilfe der **dualen Simplexmethode** zu berechnen.

Zielfunktion:

$$\text{Minimiere } K = 30x_1 + 20x_2$$

$$\text{Maximiere } -G = -30x_1 - 20x_2$$

Nebenbedingungen

$$-8x_1 - 3x_2 \leq -480$$
$$-4x_1 - 4x_2 \leq -440$$
$$-2x_1 - 6x_2 \leq -420$$
$$x_1, x_2 \geq 0$$

Das Ausgangstableau lautet:

Tabelle 35: Tableau I - Simplex-Ausgangstableau (unzulässige Lösung)

x_B	g_i \ Variablen	x_1	x_2	x_3	x_4	x_5	RS (b_i)
x_3	0	(–8)	–3	1	0	0	–480
x_4	0	–4	–4	0	1	0	–440
x_5	0	–2	–6	0	0	1	–420
$z_j - g_j$		30	20	0	0	0	K = –G = 0

Diese Ausgangslösung erfüllt die Kriterien des Optimums (vgl. Entscheidungszeile: $(z_j - g_j \geq 0)$, jedoch sind die **Zulässigkeitsbedingungen** (Nichtnegativitätsbedingungen) verletzt (vgl. „RS"-Spalte). Pivotzeile ist Zeile 1, wenn man den absolut größten negativen Wert der „RS"-Spalte als Auswahlkriterium heranzieht. Zur Auswahl der Pivot-

spalte sucht man den absolut kleinsten Quotienten aus 30/–8 und 20/–3. Der minimale Absolutwert dieser Quotienten ist |–30/8| = 15/4. Pivotspalte ist die 1. Spalte; Pivotelement ist $a_{pk} = a_{11} = -8$.
Durch elementare Zeilentransformation wird nach 3 Iterationen die optimale Lösung erreicht, die mit der in Tableau IV (vgl. Tab. 33) identisch ist:

$$x_1 = 30,\ x_2 = 80,\ x_3 = 0,\ x_4 = 0,\ x_5 = 120,$$

$$K_{min} = G_{max} = 2.500$$

bzw. die entsprechenden Dualwerte:

$$w_1 = 2,\ w_2 = 7/2,\ w_3 = 0,\ w_4 = 0,\ w_5 = 0$$

Dem Programmansatz entspricht der **duale Ansatz**:

Maximiere $G = 480w_1 + 440w_2 + 420w_3$ unter den Nebenbedingungen:

$$8w_1 + 4w_2 + 2w_3 \leq 30$$
$$3w_1 + 4w_2 + 6w_3 \leq 20$$
$$w_1, w_2, w_3 \geq 0$$

mit folgender Lösung:

Tabelle 36: Tableau I - Zulässige Simplex-Ausgangslösung („Nulllösung“)

w_B	g_i \ Variablen	w_1	w_2	w_3	w_4	w_5	RS (b_i)	q_i
w_4	0	(8)	4	2	1	0	30	15/4
w_5	0	3	4	6	0	1	20	20/3
$z_j - g_j$		–480	–440	–420	0	0	G = 0	

Tabelle 37: Tableau II - Lösung nach der 1. Iteration

w_B	g_i \ Variablen	w_1	w_2	w_3	w_4	w_5	RS (b_i)	q_i
→ w_1	480	1	1/2	1/4	1/8	0	15/4	15
w_5	0	0	5/2	(21/4)	–3/8	1	35/4	5/3
$z_j - g_j$		0	–200	–300	60	0	G = 1.800	

Tabelle 38: Tableau III - Lösung nach der 2. Iteration

w_B	g_i	w_1	w_2	w_3	w_4	w_5	RS (b_i)	q_i
w_1	480	1	8/21	0	1/7	−1/2	10/3	35/4
→ w_3	420	0	(10/21)	1	−1/14	4/21	5/3	7/2
$z_j - g_j$		0	−400/7	0	270/7	400/7	G = 2.300	

Tabelle 39: Tableau IV - Lösung nach der 3. Iteration - Optimallösung

w_B	g_i	w_1	w_2	w_3	w_4	w_5	RS (b_i)
w_1	480	1	0	−4/5	1/5	−1	2
→ w_2	440	0	1	21/10	−3/20	2/5	7/2
$z_j - g_j$		0	0	120	30	80	G = 2.500

Die Optimallösung lautet:

$$w_1 = 2,\ w_2 = 7/2,\ w_3 = 0,\ w_4 = 0,\ w_5 = 0;\ \ G_{max} = K_{min} = 2.500$$

bzw. die entsprechenden Dualwerte

$$x_1 = 30,\ x_2 = 80,\ x_3 = 0,\ x_4 = 0,\ x_5 = 120$$

Zu einem linearen Programmierungsproblem gibt es also **zwei Variablensysteme** (x_j-Werte = Primalwerte und w_i-Werte = Dualwerte), die zum **gleichen optimalen Zielfunktionswert** führen.
Das **Dualitätstheorem** bietet eine **weitere Möglichkeit**, eine **Minimierungsaufgabe** zu lösen.

2. Ökonomische Beziehungen zwischen Primal- und Dualproblem - dargestellt an einem Primal-Dual-Problem

An Hand eines Beispiels sollen die Beziehungen zwischen einem Maximierungsproblem und dessen Dualproblem sowie zwischen einem Minimierungsproblem und dessen Dualproblem ökonomisch interpretiert werden (vgl. auch *Haupt, P., Lohse, D.*, 1975, S. 254 ff.; *Bol, G.*, 1980, S. 148 ff.):
Ein Betrieb A verfügt über 3 Fertigungsanlagen F_1, F_2 und F_3, auf denen zwei Produkte P_1 und P_2 hergestellt werden können. Dabei wird ein maximaler Deckungsbeitrag in der

Planperiode (= 1 Monat) angestrebt. Zur Lösung des **Produktionsplanungssystems**, das ein **Mengenproblem** darstellt, hat man folgendes lineare Programmierungsproblem (einschließlich der Dimensionen der Elemente) formuliert:

$$\text{Maximiere } G\ [GE/Monat] = 120x_1\ [GE/ME_1 \cdot ME_1/Monat] + 160x_2\ [GE/ME_2 \cdot ME_2/Monat]$$

unter den Nebenbedingungen

$$x_1 \left[\frac{Mh_1}{ME_1} \cdot \frac{ME_1}{Monat}\right] + x_2 \left[\frac{Mh_1}{ME_2} \cdot \frac{ME_2}{Monat}\right] \leq 130 \left[\frac{Mh_1}{Monat}\right]$$

$$2x_1 \left[\frac{Mh_2}{ME_1} \cdot \frac{ME_1}{Monat}\right] + 3x_2 \left[\frac{Mh_2}{ME_2} \cdot \frac{ME_2}{Monat}\right] \leq 360 \left[\frac{Mh_2}{Monat}\right]$$

$$0{,}8x_1 \left[\frac{Mh_3}{ME_1} \cdot \frac{ME_1}{Monat}\right] + 0{,}6x_2 \left[\frac{Mh_3}{ME_2} \cdot \frac{ME_2}{Monat}\right] \leq 96 \left[\frac{Mh_3}{Monat}\right]$$

Es bezeichnen:

ME_1 Mengeneinheiten des Produktes P_1

ME_2 Mengeneinheiten des Produktes P_2

Mh_1 Maschinenstunden auf Fertigungsanlage F_1

Mh_2 Maschinenstunden auf Fertigungsanlage F_2

Mh_3 Maschinenstunden auf Fertigungsanlage F_3

In einem anderen Betrieb B ist man davon überzeugt, dass man die drei Fertigungsanlagen besser einsetzen kann. Man bietet dem Betrieb A an, die drei Fertigungsanlagen von ihm zu mieten. Dabei will man allerdings eine möglichst geringe Miete zahlen. Für Betrieb B gilt es, die Preise w_i für je eine Maschinenstunde der Fertigungsanlage i zu bestimmen, zu denen der Betrieb A die Fertigungsanlagen vermietet. Seine Kosten sind die mit den Preisen w_i bewerteten Maschinenstunden für die drei Fertigungsanlagen F_1, F_2 und F_3.

Die Zielfunktion des Betriebes B lautet dann:

$$\text{Minimiere } K\ [GE/Monat] = 130w_1\ [Mh_1/Monat \cdot GE/Mh_1] + 360w_2\ [Mh_2/Monat \cdot GE/Mh_2] + 96w_3\ [Mh_3/Monat \cdot GE/Mh_3]$$

Der Betrieb A vermietet seine Fertigungsanlage nur dann, wenn die Erträge aus der Vermietung der Anlagen mindestens dem Deckungsbeitrag der in der gleichen Zeit herstellbaren Produkte P_1 und P_2 entsprechen.

Das vorliegende Problem ist ein typischer Fall für ein Beispiel aus der **Spieltheorie** („bilaterales Monopol") (zum Thema „Spieltheorie und lineare Optimierung" vgl. z.B. *Domschke, W., Drexl, A.*, 1998, S. 52 ff.):
Beide Partner verhalten sich rational. Die Mengen (hier Mh/Monat) sind gegeben. In einem „Aushandlungsprozess" (Lösung des Problems) werden die Preise gesucht, die dem maximalen Deckungsbeitrag (G_{max}) des einen entsprechen und zugleich die Kosten des anderen minimieren (K_{min}). Die Nebenbedingungen für das **Preisproblem** des Betriebes B lauten:

$$w_1 \cdot \left[\frac{Mh_1}{ME_1} \cdot \frac{GE}{Mh_1}\right] + 2w_2 \cdot \left[\frac{Mh_2}{ME_1} \cdot \frac{GE}{Mh_2}\right] + 0{,}8w_3 \cdot \left[\frac{Mh_3}{ME_1} \cdot \frac{GE}{Mh_3}\right] \geq 120\ [GE/ME_1]$$

$$w_1 \cdot \left[\frac{Mh_1}{ME_2} \cdot \frac{GE}{Mh_1}\right] + 3w_2 \cdot \left[\frac{Mh_2}{ME_2} \cdot \frac{GE}{Mh_2}\right] + 0{,}6w_3 \cdot \left[\frac{Mh_3}{ME_2} \cdot \frac{GE}{Mh_3}\right] \geq 160\ [GE/ME_2]$$

Vergleicht man die beiden linearen Programmierungsprobleme, so lässt sich erkennen, dass ein Primalproblem (Betrieb A: Maximierungsaufgabe) und ein Dualproblem (Betrieb B: Minimierungsaufgabe) vorliegen. Für die Art der Probleme gilt: Ist das Primal ein **Mengenproblem**, so ist das Dual ein **Preisproblem** und umgekehrt.
Die optimale Lösung für beide Probleme kann mit der Simplexmethode ermittelt werden. Verwendet wird hier zunächst das **Primalproblem**:

Tabelle 40: Tableau I - Simplexausgangstableau (Nulllösung)

x_B	g_i \ Variablen	x_1	x_2	x_3	x_4	x_5	RS (b_i)	q_i
x_3	0	1	1	1	0	0	130	130
x_4	0	2	(3)	0	1	0	360	120
x_5	0	0,8	0,6	0	0	1	96	160
$z_j - g_j$		–120	–160	0	0	0	G = 0	

Tabelle 41: Tableau II - Simplextableau nach der 1. Iteration

	x_B	g_i \ Variablen	x_1	x_2	x_3	x_4	x_5	RS (b_i)	q_i
	x_3	0	(1/3)	0	1	–1/3	0	10	30
→	x_2	160	2/3	1	0	1/3	0	120	180
	x_5	0	0,4	0	0	–1/5	1	24	60
	$z_j - g_j$		–40/3	0	0	160/3	0	G = 19.200	

Tabelle 42: Tableau III - Simplextableau nach der 2. Iteration - Optimallösung

x_B	g_i (Variablen)	x_1	x_2	x_3	x_4	x_5	RS (b_i)
→ x_1	120	1	0	3	–1	0	30
x_2	160	0	1	–2	1	0	100
x_5	0	0	0	–6/5	1/5	1	12
$z_j - g_j$		0	0	40	40	0	G = 19.600

Die Lösung für die beiden Probleme kann dem Tableau III (vgl. Tab. 42 und 45) entnommen werden.
Für Betrieb A (Maximierungsproblem) lautet sie:

Menge Produkt P_1 $\quad x_1 = 30 \left[\frac{ME_1}{Monat}\right]$

Menge Produkt P_2 $\quad x_2 = 100 \left[\frac{ME_2}{Monat}\right]$

Deckungsbeitrag $\quad G_{max} = 19.600$ [GE/Monat]

Für Betrieb B (Minimierungsproblem) lautet die optimale Lösung:

Preis für eine Maschinenstunde von F_1 $\quad w_1 = 40$ [GE/Mh_1]
Preis für eine Maschinenstunde von F_2 $\quad w_2 = 40$ [GE/Mh_2]
Preis für eine Maschinenstunde von F_3 $\quad w_3 = 0$ [GE/Mh_3]

Kosten $\quad K_{min} = 19.600$ [GE/Monat]

Zum Vergleich soll nunmehr das **Dualproblem** für die Lösung verwendet werden (Zwei-Phasen-Verfahren):

Tabelle 43: Tableau I - Simplexausgangstableau (Nulllösung)

w_B	g_i (Variablen)	w_1	w_2	w_3	w_4	w_5	RS (b_i)
w_4	0	–1	–2	–0,8	1	0	–120
w_5	0	–1	(–3)	–0,6	0	1	–160
$z_j - g_j$		130	360	96	0	0	–K = 0

Tabelle 44: Tableau II - Simplextableau nach der 1. Iteration in Phase 1

w_B \ Variablen	g_i	w_1	w_2	w_3	w_4	w_5	RS (b_i)
w_4	0	(−1/3)	0	−2/5	1	−2/3	−40/3
→ w_2	−360	1/3	1	1/5	0	−1/3	160/3
$z_j - g_j$		10	0	24	0	120	−K = −19.200

Tabelle 45: Tableau III - Simplextableau nach der 2. Iteration in Phase 1 - zulässige und zugleich optimale Lösung

w_B \ Variablen	g_i	w_1	w_2	w_3	w_4	w_5	RS (b_i)
→ w_1	−130	1	0	6/5	−3	2	40
w_2	−360	0	1	−1/5	1	−1	40
$z_j - g_j$		0	0	12	30	100	−K = −19.600

Für Betrieb A und B entspricht die Optimallösung der bereits oben angeführten.

V. Revidierte Simplexmethode

Die **revidierte Simplexmethode** wurde vor allem für Berechnungen auf Computern entwickelt. Diese Methode nutzt gewisse Vorteile der Matrizenverknüpfungen in der linearen Optimierung bei der Berechnung und Speicherung der Lösungen aus. Ihre wichtigsten Vorteile gegenüber der besprochenen **regulären Simplexmethode** sind:

(1) Bei der revidierten Simplexmethode ergibt sich ein geringerer Bedarf an Speicherkapazität;

(2) die Anzahl der Rechenoperationen ist in der Regel kleiner;

(3) Rundungsfehler wirken sich bei der revidierten Simplexmethode weniger aus, da immer wieder auf die Ausgangswerte zurückgegriffen wird.

Jedoch hat die revidierte Simplexmethode gegenüber der regulären Simplexmethode auch Nachteile. So wird beispielsweise oft erst wesentlich später festgestellt, ob eine Aufgabe lösbar ist.

Bei der revidierten Simplexmethode erfolgt die Bestimmung einer neuen Basislösung nicht - wie bei der regulären Simplexmethode - durch elementare Zeilenoperationen, sondern mit Hilfe der **Matrizenrechnung**. Die revidierte Simplexmethode ist ein Verfahren, das auf alle Varianten der Simplexmethode (M-Methode, Zwei-Phasen-Verfahren etc.) angewendet werden kann.

Die angesprochenen Matrizenverknüpfungen sind Matrizenmultiplikationen:
Die Transformation des s-ten Simplextableaus in das (s+1)-te Simplextableau lässt sich in Form einer **Matrizenmultiplikation** darstellen.
Zur Beschreibung der Vorgehensweise nach der revidierten Simplexmethode gehen wir von der Normalform einer linearen Maximierungsaufgabe aus.

A. Rechenschritte der revidierten Simplexmethode

Schritt 1:

Zunächst ist das Optimierungsproblem in seiner kanonischen Form in das Simplex-Ausgangstableau einzutragen (Basislösung 1):

Tabelle 46: Tableau I - Simplex-Ausgangstableau - Maximierungsproblem

$x_B^{(1)}$	Variablen x_j / $g_i^{(1)}$	$x_1 \quad x_2 \ \dots x_n$ Hauptvariablen	$x_{n+1} \ \dots \ x_{n+m}$ Schlupfvariablen	RS ($b_i^{(1)}$)
x_{n+1}	0			$b_1^{(1)}$
x_{n+2}	0			$b_2^{(1)}$
.	.			.
.	.	$A_{(m,n)}$	$B^{-1(1)}_{(m,m)}$	.
.	.			.
x_{n+m}	0			$b_m^{(1)}$
$z_j^{(1)} - g_j$		$-g_1 \quad -g_2 \ \dots -g_n$	$0 \ \dots \quad 0$	$G^{(1)} = 0$

Bei der revidierten Simplexmethode steht unter den Schlupfvariablen oder künstlichen Schlupfvariablen, die in der Ausgangslösung die Basisvariablen sind, in jedem Tableau die Basisinverse $B^{-1(s)}_{(m,n)}$ der jeweiligen Basislösung s. Diese ist im **Ausgangstableau** eine **Einheitsmatrix**. Der hochgestellte Index in Klammern bezeichnet jedes Element als zu einem bestimmten Tableau einer bestimmten Basislösung gehörend. Jede Basislösung wird mit dem Index s gekennzeichnet. Für die Ausgangslösung ist s = 1.
Genau wie bei den **Inversionsverfahren** zur Lösung linearer Gleichungssysteme (Matrizeninversion) entsteht auch beim Simplexverfahren an Stelle der Einheitsmatrix die Kehrmatrix (inverse Matrix) der jeweiligen **Spaltenbasis** B und es ist $B^{-1}_{(m,m)} \cdot b_{(m,1)} = x_{(m,1)}$ die zugehörige Basislösung.
Jedes mögliche System von m aus den n vorhandenen Spaltenvektoren der Matrix $A_{(m,n)}$ wird als **Spaltenbasis** $B_{(m,m)}$ bezeichnet. Eine Spaltenbasis bildet stets eine quadratische Matrix mit m Zeilen und m Spalten. Aus n > m Spaltenvektoren a_j des Typs (m,1) lassen sich $\binom{n}{m}$ verschiedene Spaltenbasen bilden. (vgl. auch *Niemeyer, G.*, 1968, S. 56 ff.)

Beispiele:

In Tableau II (vgl. Tab. 3, S. 41) des Zahlenbeispiels „Optimierung eines Produktionsprogramms“ ist die Matrix

$$\begin{pmatrix} 1/70 & 0 & 0 \\ -8/70 & 1 & 0 \\ -2/7 & 0 & 1 \end{pmatrix}$$

die Kehrmatrix der Spaltenbasis $B = (a_2, a_4, a_5)$; (vgl. Tabelle 1, S. 38); denn es ist

$$\begin{pmatrix} \frac{1}{70} & 0 & 0 \\ -\frac{8}{70} & 1 & 0 \\ -\frac{2}{7} & 0 & 1 \end{pmatrix} \cdot \begin{pmatrix} 70 & 0 & 0 \\ 8 & 1 & 0 \\ 20 & 0 & 1 \end{pmatrix} = \begin{pmatrix} 1 & 0 & 0 \\ 0 & 1 & 0 \\ 0 & 0 & 1 \end{pmatrix}$$

und es ist

$$\begin{pmatrix} \frac{1}{70} & 0 & 0 \\ -\frac{8}{70} & 1 & 0 \\ -\frac{2}{7} & 0 & 1 \end{pmatrix} \cdot \begin{pmatrix} 9.800 \\ 1.600 \\ 3.000 \end{pmatrix} = \begin{pmatrix} 140 \\ 480 \\ 200 \end{pmatrix} = x_{\mathrm{B}}^{(2)}$$

die dazugehörige Lösung des primalen Problems.

Oder in Tableau III (vgl. Tab. 4 auf S. 42) ist die Matrix

$$\begin{pmatrix} 3/70 & 0 & -1/10 \\ 8/35 & 1 & -6/5 \\ -2/35 & 0 & 1/5 \end{pmatrix}$$

die Kehrmatrix der Spaltenbasis $B = (a_2, a_4, a_1)$ - vgl. S. 38 -

$$\begin{pmatrix} 3/70 & 0 & -1/10 \\ 8/35 & 1 & -6/5 \\ -2/35 & 0 & 1/5 \end{pmatrix} \cdot \begin{pmatrix} 70 & 0 & 35 \\ 8 & 1 & 10 \\ 20 & 0 & 15 \end{pmatrix} = \begin{pmatrix} 1 & 0 & 0 \\ 0 & 1 & 0 \\ 0 & 0 & 1 \end{pmatrix}$$

und es ist

$$\begin{pmatrix} 3/70 & 0 & -1/10 \\ 8/35 & 1 & -6/5 \\ -2/35 & 0 & 1/5 \end{pmatrix} \cdot \begin{pmatrix} 9.800 \\ 1.600 \\ 3.000 \end{pmatrix} = \begin{pmatrix} 120 \\ 240 \\ 40 \end{pmatrix} = x_B^{(3)}$$

die dazugehörige Basislösung des primalen Problems.

Die revidierte Simplexmethode benutzt zur Ermittlung einer neuen Basislösung ausschließlich die Kehrmatrix der Spaltenbasis, aus der alle notwendigen Informationen für den Basistausch gewonnen werden.

Es liege beispielsweise das folgende Tableau mit zulässiger Lösung vor (mit $\overline{A}^{(s)}$ wird das Simplextableau der s-ten Basislösung symbolisiert):

Tabelle 47: Tableau $\overline{A}^{(1)}$

$x_B^{(1)}$	Variablen / $g_i^{(1)}$	x_1	x_2	x_3	x_4	G	RS ($b_i^{(1)}$)
x_3	0	a_{11}	a_{12}	1	0	0	$b_1^{(1)}$
x_4	0	a_{21}	a_{22}	0	1	0	$b_2^{(1)}$
$z_j^{(1)} - g_j$		$-g_1$	$-g_2$	0	0	1	$G^{(1)} = 0$

Die Zielfunktion kann - wie hier geschehen - auch als eine Restriktion in das Tableau eingeführt werden (*Bloech, J.*, 1974, S. 145 f.): $-g_1 \cdot x_1 - g_2 \cdot x_2 + 0x_3 + 0x_4 + G = 0$. Für G ist eine zusätzliche Spalte in das Tableau aufzunehmen. G ist dann immer in der Lösung und soll maximiert werden.

Schritt 2:

Das Optimalitätskriterium ist anzuwenden, d.h. es ist zu prüfen, ob alle Differenzen $(z_j^{(1)} - g_j)$ der Entscheidungszeile größer oder gleich Null sind. Ist dies der Fall, so ist die Ausgangslösung die optimale Lösung. Sind hingegen noch negative Elemente $(z_j^{(1)} - g_j < 0)$ vorhanden, folgt Schritt 3.

Schritt 3:

Z.B. nach der „Steepest Unit Ascent"-Version erfolgt die Auswahl der Pivotspalte k. D.h., die minimale Differenz in der Entscheidungszeile bestimmt die Pivotspalte.

Schritt 4:

Es sind die Elemente $a_{ik}^{(s)}$ der Pivotspalte k für die Basislösung s zu bestimmen:

$$a_k^{(s)} = \begin{pmatrix} a_{1k}^{(s)} \\ a_{2k}^{(s)} \\ \vdots \\ a_{mk}^{(s)} \end{pmatrix} = B^{-1(s)} \cdot a_k^{(1)}$$

Schritt 5:

Es ist zu prüfen, ob alle Elemente $a_{ik}^{(s)}$ der Pivotspalte nichtpositiv sind ($a_{ik}^{(s)} \leq 0$?). Ist dies der Fall, so hat das vorliegende lineare Programmierungsproblem eine unbegrenzte Zielvariable (vgl. S. 46 f.). Die Formulierung der Aufgabe sollte auf ihre Richtigkeit hin überprüft werden.
Existieren positive Elemente $a_{ik}^{(s)}$ der Pivotspalte, folgt Schritt 6.

Schritt 6:

Für alle $a_{ik}^{(s)} > 0$ sind die Quotienten $q_i = \frac{b_i^{(s)}}{a_{ik}^{(s)}}$ zu bestimmen. Die Zeile mit dem kleinsten Quotienten q_i ist die Pivotzeile p. Die entsprechende Variable dieser Zeile ist die neue Nichtbasisvariable (neue Nullvariable).

Schritt 7:

Die neue Basisinverse $B^{-1(s+1)}$ für die (s+1)-te Basislösung ist zu bestimmen:

$$B^{-1(s+1)} = (e_1, \ldots, t_p^{(s)}, \ldots, e_m) \cdot B^{-1(s)}$$

Die Matrix $(e_1, \ldots, t_p^{(s)}, \ldots, e_m)$ - die kurz mit $T^{(s)}$ bezeichnet werden soll - ist eine Einheitsmatrix vom Typ (m, m), in deren p-ter Spalte der Vektor $t_p^{(s)}$ steht.
Die Elemente dieses Spaltenvektors werden wie folgt berechnet:

für i = p $\qquad t_{pk}^{(s)} = \frac{1}{a_{pk}^{(s)}}$

für i ≠ p $\qquad t_{ip}^{(s)} = \frac{-a_{ik}^{(s)}}{a_{pk}^{(s)}}$

Die neue Basisinverse $B^{-1(s+1)}$ ist in das (s+1)-te Tableau einzutragen. Das s-te Tableau wird also in das (s+1)-te Simplextableau überführt, indem es von links mit $(e_1, ..., t_p^{(s)}, ..., e_m)$ multipliziert wird.

Im obigen Beispiel (s = 1) - vgl. Tabelle 47: Tableau $\overline{A}^{(1)}$ - sei k = 2 die Pivotspalte und p = 1 die Pivotzeile, so dass $a_{pk}^{(1)} = a_{12}$ das Pivotelement ist. In der quadratischen Matrix $(e_1, ..., t_p^{(s)}, ..., e_m)$ enthält die Spalte p = 1 die Elemente:

$$t_{11}^{(1)} = \frac{1}{a_{12}^{(s)}}$$

$$t_{21}^{(1)} = \frac{-a_{22}}{a_{12}^{(1)}}$$

$$t_{31}^{(1)} = \frac{-(-g_2)}{a_{12}^{(1)}}$$

und

$$T^{(1)} = \begin{pmatrix} \frac{1}{a_{12}} & 0 & 0 \\ -\frac{a_{22}}{a_{12}} & 1 & 0 \\ \frac{g_2}{a_{12}} & 0 & 1 \end{pmatrix}$$

Die Matrix $T^{(s)}$ ist entsprechend der Matrix $T^{(1)}$ aufgebaut. Lautet das Pivotelement a_{pk}, so werden die Elemente der Matrix $T^{(s)}$ nach den beschriebenen Regeln ermittelt.
Das zweite Tableau $\overline{A}^{(2)}$ ergibt sich entsprechend durch folgende Verknüpfung

$$\overline{A}^{(2)} = T^{(2)} \cdot \overline{A}^{(1)}$$

Werden mehrere Tableaus nacheinander durch Multiplikation mit Transformationsmatrizen $T^{(1)}$, $T^{(2)}$, . . . berechnet, so gilt:

$$\overline{A}^{(3)} = T^{(2)} \cdot \overline{A}^{(2)} = T^{(2)} \cdot T^{(1)} \cdot \overline{A}^{(1)}$$
$$\overline{A}^{(4)} = T^{(3)} \cdot \overline{A}^{(3)} = T^{(3)} \cdot T^{(2)} \cdot T^{(1)} \cdot \overline{A}^{(1)}$$

Wird im obigen Beispiel die Berechnung des Tableaus durchgefüht, so ergibt sich:

$$\overline{A}^{(2)} = \begin{pmatrix} \frac{1}{a_{12}} & 0 & 0 \\ -\frac{a_{22}}{a_{12}} & 1 & 0 \\ \frac{g_2}{a_{12}} & 0 & 1 \end{pmatrix} \cdot \begin{pmatrix} a_{11} & a_{12} & 1 & 0 & 0 & b_1 \\ a_{21} & a_{22} & 0 & 1 & 0 & b_2 \\ -g_1 & -g_2 & 0 & 0 & 1 & 0 \end{pmatrix}$$

$$\overline{A}^{(2)} = \begin{pmatrix} \frac{a_{11}}{a_{12}} & 1 & \frac{1}{a_{12}} & 0 & 0 & \frac{b_1}{a_{12}} \\ a_{21} - \frac{a_{11}a_{22}}{a_{12}} & 0 & -\frac{a_{22}}{a_{12}} & 1 & 0 & b_2 - \frac{a_{22}}{a_{12}} b_1 \\ \frac{a_{11}g_2}{a_{12}} - g_1 & 0 & \frac{g_2}{a_{12}} & 0 & 1 & \frac{g_2}{a_{12}} b_1 \end{pmatrix}$$

Der beschriebene Transformationsvorgang kann auch in Vektorverknüpfungen zerlegt werden (vgl. z.B. die Schritte 7a, 7b und 10):

Schritt 7a:

Der Vektor $b^{(s+1)}$ kann für die (s+1)-te Basislösung auch wie folgt bestimmt werden:

$$b^{(s+1)} = B^{-1(s+1)} \cdot b^{(1)}$$

Der Vektor $b^{(s+1)}$ ist in das (s+1)-te Tableau einzutragen und stellt die neue Basislösung dar.

Schritt 7b:

Die Schattenpreise (Opportunitätswerte) der Variablen der Basislösung lassen sich auch wie folgt bestimmen:
a) für Hauptvariablen (Strukturvariablen) (x_1, ..., x_n):

$$(z_1^{(s+1)} - g_1,\ z_2^{(s+1)} - g_2, \ldots,\ z_n^{(s+1)} - g_n) = \\ = g^{(s+1)} \cdot B^{-1(s+1)} \cdot A - (g_1, g_2, \ldots, g_n)$$

b) für Schlupfvariablen (x_{n+1}, ..., x_{n+m}):

$$(z_{n+1}^{(s+1)} - g_{n+1},\ z_{n+2}^{(s+1)} - g_{n+2}, \ldots,\ z_{n+m}^{(s+1)} - g_{n+m}) = \\ = g^{(s+1)} \cdot B^{-1(s+1)} - (g_{n+1}, g_{n+2}, \ldots, g_{n+m})$$

Die errechneten Schattenpreise sind in das (s+1)-te Tableau einzutragen.

Schritt 8:

Der Vektor $g^{(s+1)}$ der Zielfunktionskoeffizienten $-g_i^{(s+1)}$ - der Basisvariablen für die (s+1)-te Basislösung lässt sich wie folgt formulieren:
Die p-te Komponente des Vektors $g^{(s)}$ ist mit dem Zielfunktionskoeffizienten g_k der neuen Basisvariablen zu vertauschen. Diese steht in der p-ten Zeile des (s+1)-ten Tableaus.

Schritt 9:

Das Optimalitätskriterium ist anzuwenden:
$(z_j^{(s+1)} - g_j) < 0$? (für alle j). Wenn ja, ist s = s+1 zu setzen, und es folgt Schritt 3. Wenn alle Schattenpreise nichtnegativ sind, ist die Optimallösung erreicht. Es folgt Schritt 10.

Schritt 10:

Der Wert der Zielfunktion - der sich auch durch Vektorverknüpfungen ermitteln lässt - ist für die optimale Lösung zu errechnen: $G^{(s+1)} = g^{(s+1)} \cdot b^{(s+1)}$. Die übrigen Werte sind dem Optimaltableau zu entnehmen.

B. Zahlenbeispiel zur revidierten Simplexmethode

Zielfunktion:

Maximiere $G = 7x_1 + 8x_2 + 6x_3 + 3x_4$

Beschränkungen:

$$\begin{aligned} x_1 + x_2 + x_3 + x_4 &\leq 6 \\ x_1 + 2x_2 \qquad + x_4 &\leq 8 \\ 2x_1 + x_2 + x_3 \qquad &\leq 8 \\ x_j \geq 0 \text{ (für alle j)} & \end{aligned}$$

Tabelle 48: Tableau I - Ausgangslösung der revidierten Simplexmethode (Basislösung 1): „Nulllösung“

$x_B^{(1)}$	Variablen / $g_i^{(1)}$	x_1	x_2	x_3	x_4	x_5	x_6	x_7	RS ($b_i^{(1)}$)	q_i
x_5	0	1	1	1	1	1	0	0	6	6
x_6	0	1	(2)	0	1	0	1	0	8	4
x_7	0	2	1	1	0	0	0	1	8	8
$z_j^{(1)} - g_j$		−7	−8	−6	−3	0	0	0	$G^{(1)} = 0$	

Dieses Tableau I weist praktisch keine Unterschiede zum ersten Tableau der regulären Simplexmethode auf. Die in diesem Tableau enthaltenen Daten werden für spätere Rechenschritte immer wieder benötigt. Bei der Berechnung jeder neuen Basislösung erfolgt ein Rückgriff auf die Daten dieses Ausgangstableaus.

Die Hauptvariable x_2 hat den größten negativen Opportunitätswert. Sie wird als neue Basisvariable gewählt. Die zweite Spalte des Tableaus wird zur Pivotspalte (k = 2). Die Elemente der Pivotspalte werden bestimmt:

$$a_2^{(1)} = B^{-1(1)} \cdot a_2^{(1)} = \begin{pmatrix} 1 & 0 & 0 \\ 0 & 1 & 0 \\ 0 & 0 & 1 \end{pmatrix} \cdot \begin{pmatrix} 1 \\ 2 \\ 1 \end{pmatrix} = \begin{pmatrix} 1 \\ 2 \\ 1 \end{pmatrix}$$

Für die Elemente $a_{i2}^{(1)} > 0$ werden die Quotienten q_i ermittelt (vgl. die Hilfsspalte q_i in Tableau I):

$$q_i = \frac{b_i^{(1)}}{a_{i2}^{(1)}}\ ; \quad q_1 = \frac{6}{1} = 6\ ; \quad q_2 = \frac{8}{2} = 4\ ; \quad q_3 = \frac{8}{1} = 8$$

Der kleinste Quotient $q_2 = 4$ bestimmt die Pivotzeile p = 2 mit dem Pivotelement $a_{22} = 2$. x_2 wird also bei der bevorstehenden Iteration in die Basislösung eingeführt.
Nun kann die Basisinverse für die zweite Basislösung, $B^{-1(2)}$, bestimmt werden. Zunächst ist die Transformationsmatrix $T^{(1)} = (e_1, ..., t_p^{(1)}, ..., e_m)$ aufzustellen. Die Elemente $t_{ip}^{(1)}$ des Vektors $t_p^{(1)}$ lauten:

für i = p = 2: $\quad t_{22}^{(1)} = \frac{1}{a_{22}^{(1)}} = \frac{1}{2}$

für i ≠ p: i = 1 $\quad t_{12}^{(1)} = -\frac{a_{12}^{(1)}}{a_{22}^{(1)}} = -\frac{1}{2}$

i = 3 $\quad t_{32}^{(1)} = -\frac{a_{32}^{(1)}}{a_{22}^{(1)}} = -\frac{1}{2}$

Daraus folgt:

$$(e_1, ..., t_p^{(1)}, ..., e_m) = \begin{pmatrix} 1 & -1/2 & 0 \\ 0 & 1/2 & 0 \\ 0 & -1/2 & 1 \end{pmatrix}$$

Die neue Basisinverse $B^{-1(2)}$ ergibt sich durch folgende Matrizenmultiplikation:

$$B^{-1(2)} = (e_1, \ldots, t_p^{(1)}, \ldots, e_m) \cdot B^{-1(1)} = \begin{pmatrix} 1 & -1/2 & 0 \\ 0 & 1/2 & 0 \\ 0 & -1/2 & 1 \end{pmatrix} \cdot \begin{pmatrix} 1 & 0 & 0 \\ 0 & 1 & 0 \\ 0 & 0 & 1 \end{pmatrix} = \begin{pmatrix} 1 & -1/2 & 0 \\ 0 & 1/2 & 0 \\ 0 & -1/2 & 1 \end{pmatrix}$$

Sie wird in das Tableau II als neue Basisinverse eingetragen.

Der Vektor $b^{(2)}$ für die zweite Basislösung ergibt sich aus:

$$b^{(2)} = B^{-1(2)} \cdot b^{(1)} = \begin{pmatrix} 1 & -1/2 & 0 \\ 0 & 1/2 & 0 \\ 0 & -1/2 & 1 \end{pmatrix} \cdot \begin{pmatrix} 6 \\ 8 \\ 8 \end{pmatrix} = \begin{pmatrix} 2 \\ 4 \\ 4 \end{pmatrix}$$

Auch $b^{(2)}$ ist in das Tableau zu übernehmen.
Der Vektor der Zielfunktionskoeffizienten der Basisvariablen für die zweite Basislösung, $g^{(2)}$, wird ermittelt: an Stelle der Null (Variable x_6 in Tableau I) tritt der Wert 8 (Zielfunktionskoeffizient $g_2 = 8$ der neuen Basisvariablen x_2).
Die neue Basisvariable x_2 steht in der zweiten Zeile des Tableaus II. Die Opportunitätskosten der zweiten Basislösung sind wie folgt zu bestimmen:

(1) für die Hauptvariablen

$$(z_1^{(2)} - g_1 \quad z_2^{(2)} - g_2 \quad z_3^{(2)} - g_3 \quad z_4^{(2)} - g_4) =$$

$$= \begin{pmatrix} 0 & 8 & 0 \end{pmatrix} \cdot \begin{pmatrix} 1 & -1/2 & 0 \\ 0 & 1/2 & 0 \\ 0 & -1/2 & 1 \end{pmatrix} \cdot \begin{pmatrix} 1 & 1 & 1 & 1 \\ 1 & 2 & 0 & 1 \\ 2 & 1 & 1 & 0 \end{pmatrix} - \begin{pmatrix} 7 & 8 & 6 & 3 \end{pmatrix} = \begin{pmatrix} -3 & 0 & -6 & 1 \end{pmatrix}$$

(2) für die Schlupfvariablen

$$\begin{pmatrix} z_5^{(2)} - g_5 & z_6^{(2)} - g_6 & z_7^{(2)} - g_7 \end{pmatrix} = \begin{pmatrix} 0 & 8 & 0 \end{pmatrix} \cdot \begin{pmatrix} 1 & -1/2 & 0 \\ 0 & 1/2 & 0 \\ 0 & -1/2 & 1 \end{pmatrix} - \begin{pmatrix} 0 & 0 & 0 \end{pmatrix} = \begin{pmatrix} 0 & 4 & 0 \end{pmatrix}$$

Die Opportunitätswerte werden in das 2. Tableau übertragen:

Tabelle 49: Tableau II - Lösung nach der 1. Iteration mit Hilfe der revidierten Simplexmethode - Basislösung 2

$x_B^{(2)}$	Variablen / $g_i^{(2)}$	x_1	x_2	x_3	x_4	x_5	x_6	x_7	RS ($b_i^{(2)}$)	q_i
x_5	0			①		1	−1/2	0	2	2
→ x_2	8			0		0	1/2	0	4	–
x_7	0			1		0	−1/2	1	4	4
$z_j^{(2)} - g_j$		−3	0	−6	1	0	4	0		

Im Gegensatz zum Tableau I und den Tableaus bei Anwendung der regulären Simplexmethode enthält das vorstehende Tableau II nur diejenigen Elemente, die in jeder Basislösung neu berechnet werden.

Es ist nun zu prüfen, ob die vorliegende Lösung des Tableaus II optimal ist. Da noch negative Elemente in der Entscheidungszeile existieren, kann eine Verbesserung der Lösung erreicht werden, indem x_1 oder x_3 zu Basisvariablen werden. Nach der „Steepest Unit Ascent"-Version wird die Spalte k = 3 als Pivotspalte ausgewählt.

Die Elemente $a_{i3}^{(2)}$ können nicht aus dem zweiten Tableau entnommen werden. Sie sind zu bestimmen:

$$a_3^{(2)} = B^{-1(2)} \cdot a_3^{(1)} = \begin{pmatrix} 1 & -1/2 & 0 \\ 0 & 1/2 & 0 \\ 0 & -1/2 & 1 \end{pmatrix} \cdot \begin{pmatrix} 1 \\ 0 \\ 1 \end{pmatrix} = \begin{pmatrix} 1 \\ 0 \\ 1 \end{pmatrix}$$

Auch diese Elemente werden in das zweite Tableau eingetragen. Von dort können sie für die weiteren Berechnungen entnommen werden.

Da $q_1 = \frac{b_1^{(2)}}{a_{13}^{(2)}} = \frac{2}{1} = 2$ der kleinste Quotient q_i ist, ist die erste Zeile (p = 1) die Pivotzeile und $a_{13}^{(2)} = 1$ das Pivotelement. Durch die Auswahl der ersten Zeile als Pivotzeile wird die seitherige Basisvariable x_5 zur Nichtbasisvariablen (Nullvariablen) und x_3 an deren Stelle in die Basislösung eingeführt.

Unter analoger Anwendung der beschriebenen Rechenschritte ergibt sich das Tableau III. Zunächst ist die Basisinverse $B^{-1(3)}$ für die dritte Basislösung zu bestimmen. Dazu wird die Matrix $T^{(2)} = (e_1, ..., t_p^{(2)}, ..., e_m)$ aufgestellt. Die Elemente $t_{ip}^{(2)}$ des Vektors $t_p^{(2)}$ sind:

für i = p = 1 $\quad t_{11}^{(2)} = \frac{1}{a_{13}^{(2)}} = \frac{1}{1} = 1$

für i ≠ p: i = 2 $\quad t_{21}^{(2)} = -\frac{a_{23}^{(2)}}{a_{13}^{(2)}} = -\frac{0}{1} = 0$

für i = 3 $\quad t_{31}^{(2)} = -\frac{a_{33}^{(2)}}{a_{13}^{(2)}} = -\frac{1}{1} = -1$

Daraus folgt:

$$(e_1, ..., t_p^{(2)}, ..., e_m) = \begin{pmatrix} 1 & 0 & 0 \\ 0 & 1 & 0 \\ -1 & 0 & 1 \end{pmatrix}$$

Die neue Basisinverse

$$B^{-1(3)} = \begin{pmatrix} 1 & 0 & 0 \\ 0 & 1 & 0 \\ -1 & 0 & 1 \end{pmatrix} \cdot \begin{pmatrix} 1 & -1/2 & 0 \\ 0 & 1/2 & 0 \\ 0 & -1/2 & 1 \end{pmatrix} = \begin{pmatrix} 1 & -1/2 & 0 \\ 0 & 1/2 & 0 \\ -1 & 0 & 1 \end{pmatrix}$$

wird in das dritte Tableau eingetragen.

Der Vektor $b^{(3)}$ für die Basislösung 3

$$b^{(3)} = B^{-1(3)} \cdot b^{(1)} = \begin{pmatrix} 1 & -1/2 & 0 \\ 0 & 1/2 & 0 \\ -1 & 0 & 1 \end{pmatrix} \cdot \begin{pmatrix} 6 \\ 8 \\ 8 \end{pmatrix} = \begin{pmatrix} 2 \\ 4 \\ 2 \end{pmatrix}$$

ist ebenfalls in das dritte Tableau zu übertragen.
Im Vektor der Zielfunktionskoeffizienten der Basisvariablen wird die p-te Komponente (p=1) ausgetauscht. An Stelle der Null (Variable x_5) wird der Zielfunktionskoeffizient der neuen Basisvariablen x_3 eingesetzt ($g_3 = 6$).
Die Opportunitätswerte der Variablen in der dritten Basislösung sind:

(1) für die Hauptvariablen

$$(z_1^{(3)} - g_1 \quad z_2^{(3)} - g_2 \quad z_3^{(3)} - g_3 \quad z_4^{(3)} - g_4) =$$

$$= \begin{pmatrix} 6 & 8 & 0 \end{pmatrix} \cdot \begin{pmatrix} 1 & -1/2 & 0 \\ 0 & 1/2 & 0 \\ -1 & 0 & 1 \end{pmatrix} \cdot \begin{pmatrix} 1 & 1 & 1 & 1 \\ 1 & 2 & 0 & 1 \\ 2 & 1 & 1 & 0 \end{pmatrix} - \begin{pmatrix} 7 & 8 & 6 & 3 \end{pmatrix} = \begin{pmatrix} 0 & 0 & 0 & 11 \end{pmatrix}$$

(2) für die Schlupfvariablen

$$(z_5^{(3)} - g_5 \quad z_6^{(3)} - g_6 \quad z_7^{(3)} - g_7) = (6 \quad 8 \quad 0) \cdot \begin{pmatrix} 1 & -1/2 & 0 \\ 0 & 1/2 & 0 \\ -1 & 0 & 1 \end{pmatrix} = (6 \quad 1 \quad 0)$$

Die errechneten Opportunitätswerte werden in das Tableau III übernommen. Da alle Opportunitätswerte größer oder gleich Null sind ($z_j^{(3)} - g_j \geq 0$), ist mit Tableau III die optimale Lösung erreicht.

Für die Optimallösung wird der Zielfunktionswert ermittelt:

$$G^{(3)} = g^{(3)} \cdot b^{(3)} = (6 \quad 8 \quad 0) \cdot \begin{pmatrix} 2 \\ 4 \\ 2 \end{pmatrix} = 44$$

Auch dieser Wert wird schließlich in das dritte Tableau eingetragen:

Tabelle 50: Tableau III - Lösung nach der 2. Iteration mit Hilfe der revidierten Simplexmethode - Basislösung 3 = Optimallösung

	Variablen	x_1	x_2	x_3	x_4	x_5	x_6	x_7	RS
$x_B^{(3)}$	$g_i^{(3)}$								($b_i^{(3)}$)
→ x_3	6					1	−1/2	0	2
x_2	8					0	1/2	0	4
x_7	0					−1	0	1	2
$z_j^{(3)} - g_j$		0	0	0	11	6	1	0	$G^{(3)} = 44$

Die optimale Lösung lautet:

$x_1 = 0$; $x_2 = 4$; $x_3 = 2$; $x_4 = 0$, $x_5 = 0$;
$x_6 = 0$; $x_7 = 2$; $G_{max} = 44$

Eine Variante der revidierten Simplexmethode, die so genannte „symmetrische revidierte Simplexmethode", wird von *Müller-Merbach* beschrieben (*Müller-Merbach, H.*, 1973, S. 230 ff.).

Zur Anwendung der revidierten Simplex-Methode vgl. *Lutz, M.*, 1998, S. 56.

VI. Postoptimale Rechnungen

A. Grundlegung

Bisher haben wir für die Koeffizienten der Zielfunktion und der Nebenbedingungen feste (determinierte) Werte vorgegeben. Daher gelten Lösungen zunächst auch für diese Werte.
Für viele betriebswirtschaftliche Problemstellungen ist es vorteilhaft, die Abhängigkeit der optimalen Lösung eines linearen Programms von den einzelnen Zielfunktionskoeffizienten und/oder von den Koeffizienten der Nebenbedingungen zu untersuchen. Solche Rechnungen, die sich an die Ermittlung der Optimallösung anschließen (**postoptimale Rechnungen**), haben für die Praxis große Bedeutung, da erst eine solche Analyse es häufig ermöglicht, aus linearen Entscheidungsmodellen realitätsrelevante Erkenntnisse abzuleiten. Während die erforderlichen Daten linearer Entscheidungsmodelle determiniert sein müssen, lassen sich mit Hilfe der **parametrischen linearen Planungsrechnung** für einzelne Daten **Streuungsbereiche** ermitteln, in denen die Daten ohne Einfluss auf die optimale Lösung variieren können.
Die parametrische lineare Planungsrechnung berücksichtigt Möglichkeiten, dass Koeffizienten des linearen Planungsproblems variieren. Beispielsweise kann die Frage interessieren, ob sich bei der Planung des Produktionsprogramms geringe Verschiebungen der Verkaufspreise auf die optimale Mengenkombination auswirken. Zielt die Frage auf die **Empfindlichkeit** einer betrachteten Lösung im Hinblick auf **Veränderungen der Parameter** ab, so liegt ein Problem der **Sensitivitätsanalyse** vor. Bei der Sensitivitätsanalyse (oder auch **Sensibilitätsanalyse**) wird also untersucht, wie stark einzelne Ausgangsdaten variieren dürfen, bis sich die Lösung qualitativ ändert. Bei der **parametrischen Programmierung** werden bestimmte Ausgangsdaten schrittweise variiert und dabei die Auswirkungen auf die Lösung verfolgt. Sensitivitätsanalysen und parametrische Programmierung behandeln also verwandte Fragestellungen.
Meistens werden nur **Änderungen der Zielfunktionskoeffizienten** (g_j-Werte, j = 1, 2, ..., n) - die etwa Deckungsbeiträge oder Kosten wiedergeben - und **Änderungen der Elemente der rechten Seite** (b_i-Werte, i = 1, 2, ..., m) - also der verfügbaren oder geforderten Kapazitäten - analysiert. Die a_{ij}-Werte stellen im Allgemeinen „technische Koeffizienten“ dar, die wenig veränderlich sind. Eine Änderung der Koeffizienten a_{ij} führt jedenfalls zu ganz neuen Ungleichungen bzw. Gleichungen (Wegen der Parametrisierung von Koeffizienten der Bedingungsmatrix vgl. *Müller-Merbach, H.*, 1967, S. 341-354).

Im linearen Programm werden daher neue **Variablen** (**Parameter** genannt) für alle Daten eingeführt, deren Werte sich innerhalb eines **Streuungsbereiches** ändern können oder sollen. Sei es, dass die Daten nur unsicher bekannt sind und man den Einfluss von möglichen Fehlern (z.B. Fehlprognosen) auf das Ergebnis kennen will, sei es, dass die tatsächlichen Daten schwanken und man wissen will, bei welchen Änderungen die ermittelte Lösung noch optimal ist.

In einem linearen Programm können n neue Variablen λ_j (j = 1, 2, ..., n) und m neue Variablen μ_i (i = 1, 2, ..., m) eingeführt werden. Der lineare Programmansatz für die Maximierungsaufgabe lautet dann:

Maximiere $G = (g_1 + \lambda_1)\,x_1 + (g_2 + \lambda_2)\,x_2 + \ldots + (g_n + \lambda_n)\,x_n + 0x_{n+1} + \ldots + 0x_{n+m}$

unter den Nebenbedingungen

$$\begin{array}{llll} a_{11}x_1 + a_{12}x_2 + \ldots + a_{1n}x_n + x_{n+1} & & & = b_1 + \mu_1 \\ a_{21}x_1 + a_{22}x_2 + \ldots + a_{2n}x_n & + x_{n+2} & & = b_2 + \mu_2 \\ \vdots & & & \\ a_{m1}x_1 + a_{m2}x_2 + \ldots + a_{mn}x_n & & + x_{n+m} & = b_m + \mu_m \end{array}$$

$x_j \geq 0$ (für j = 1, 2, ..., n+m)

Für solche lineare Programmansätze ergeben sich folgende Fragestellungen:
Wie ändern sich die optimalen Lösungen und der Wert der Zielfunktion in Abhängigkeit von den Parametern λ_j (j = 1, 2, ..., n) und μ_i (i = 1, 2, ..., m) ? Für welche Werte der Parameter λ_j und μ_i erreicht oder übersteigt das Maximum der Zielfunktion einen geforderten Mindestbetrag? (vgl. *Hadley, G.*, 1962, S. 379 ff.; *Dinkelbach, W.*, 1969; *Saaty, T. L.*, 1959, S. 294-302).
Da eine gleichzeitige Untersuchung des Einflusses aller Daten auf die Lösung unübersichtlich wird, beschränkt man sich in den Beispielen zur parametrischen linearen Programmierung aus Vereinfachungsgründen auf wenige Parameter. Für ein oder zwei Parameter kann die Abhängigkeit leicht grafisch dargestellt werden.
Zur Anwendung der parametrischen linearen Programmierung in der Produktions- und Kostentheorie vgl. *Stepan, A., Fischer, E.O.,* 1998, S. 145 f.

B. Parametrische Planungsrechnung und Sensitivitätsanalyse

1. Variation der Zielfunktion

Eine **Änderung der Koeffizienten der Zielfunktion** bei unveränderten Nebenbedingungen bewirkt eine Verlagerung der Gewinnhyperebene, während das Lösungspolyeder unverändert bleibt.
Es sei wiederum folgendes lineare Programm - Optimierung eines Produktionsprogramms - gegeben (vgl. S. 22):

Maximiere $G = 110x_1 + 160x_2 + 0x_3 + 0x_4 + 0x_5$

unter den Nebenbedingungen

$$\begin{aligned} 35x_1 + 70x_2 + x_3 &= 9.800 \\ 10x_1 + 8x_2 + x_4 &= 1.600 \\ 15x_1 + 20x_2 + x_5 &= 3.000 \\ x_1, x_2, \ldots, x_5 &\geq 0 \end{aligned}$$

Die optimale Lösung dieses linearen Programms lautet (vgl. S. 42):

$$x_1 = 40, \quad x_2 = 120, \quad x_3 = 0, \quad x_4 = 240, \quad x_5 = 0 \quad \text{mit } G = 23.600$$

Hält man im vorstehenden Beispiel den **Deckungsbeitrag** des Produktes P_1 ($g_1 = 110$) für unsicher (Zahlenbeispiele mit zwei oder mehr Parametern in der Zielfunktion befinden sich z.B. bei *Joksch, H. C.*, 1965, S. 108 ff. und *Dinkelbach, W.*, 1969, S. 142 ff.), so erhebt sich die Frage, inwieweit Änderungen dieses Deckungsbeitrages die optimale Lösung beeinflussen. Durch Zuordnung eines Parameters λ_1 zum Deckungsbeitrag des Produktes P_1 entsteht folgender linearer Programmansatz:

Maximiere $G = (110 + \lambda_1)\, x_1 + 160x_2 + 0x_3 + 0x_4 + 0x_5$

unter den Nebenbedingungen

$$\begin{aligned} 35x_1 + 70x_2 + x_3 &= 9.800 \\ 10x_1 + 8x_2 + x_4 &= 1.600 \\ 15x_1 + 20x_2 + x_5 &= 3.000 \\ x_1, x_2, x_3, x_4, x_5 &\geq 0 \end{aligned}$$

Das Simplextableau ist um die **Spalte B_o (optimale Basislösung)** zu erweitern. In dieser Spalte ist anzugeben, für welche Parameterwerte λ_1 die jeweilige Basislösung optimal ist. Für die Koeffizienten von λ_1 führt man eine weitere Zeile (unterste Zeile) in das Simplex-Tableau ein. Die „Nulllösung" lautet:

Tabelle 51: Tableau I - Simplex-Ausgangstableau - „Nulllösung"

x_B	g_i \ Variablen	x_1	x_2	x_3	x_4	x_5	RS (b_i)	B_o
x_3	0	35	(70)	1	0	0	9.800	für keinen
x_4	0	10	8	0	1	0	1.600	Parameter-
x_5	0	15	20	0	0	1	3.000	wert
$z_j - g_j$		–110	–160	0	0	0	G = 0	
		–1	0	0	0	0		

Die erste Basislösung mit $x_1 = 0$, $x_2 = 0$, $x_3 = 9.800$, $x_4 = 1.600$, $x_5 = 3.000$ und $G = 0$ bedeutet, dass für keinen Parameterwert λ_1 eine optimale Lösung existiert. Dies ergibt sich bei Anwendung des Simplexkriteriums, da die Differenz $(z_2 - g_2) = -160$ in der Entscheidungszeile unabhängig von λ_1 stets negativ bleibt. Aus der „RS" - Spalte lässt sich ablesen, dass die erste Lösung zulässig ist ($x_i \geq 0$ für alle i).
Für $\lambda_1 \leq 50$ muss nach der „Steepest Unit Ascent" - Version die Variable x_2 in die Basis eingeführt werden.

Von den Quotienten $q_1 = \frac{9.800}{70} = 140$, $q_2 = \frac{1.600}{8} = 200$, $q_3 = \frac{3.000}{20} = 150$ zeigt der kleinste an, dass die erste Zeile p = 1 die Pivotzeile und $a_{12} = 70$ das Pivotelement ist.

Nach der ersten Iteration ergibt sich folgende zulässige Basislösung:

Tabelle 52: Tableau II - Lösung nach der 1. Iteration

x_B	g_i	x_1	x_2	x_3	x_4	x_5	RS (b_i)	B_o
→ x_2	160	1/2	1	1/70	0	0	140	$\lambda_1 \leq -30$
x_4	0	6	0	−8/70	1	0	480	
x_5	0	(5)	0	−2/7	0	1	200	
$z_j - g_j$		−30	0	16/7	0	0	G = 22.400	
		−1	0	0	0	0		

Die zulässige Basislösung nach der ersten Iteration mit $x_1 = 0$, $x_2 = 140$, $x_3 = 0$, $x_4 = 480$, $x_5 = 200$ und G = 22.400 ist wegen $-30 - \lambda_1 \geq 0$ (unter Anwendung des Simplexkriteriums) zugleich die optimale Lösung des linearen Programms (für den Parameterbereich $\lambda_1 \leq -30$; für $\lambda_1 = -30$ existieren unendlich viele Lösungen, die alle den Gewinn G = 22.400 garantieren).

Für $\lambda_1 > -30$ oder $-30 - \lambda_1 < 0$ muss nach dem Simplexkriterium x_1 in die Basislösung aufgenommen werden. Da $q_1 = \frac{140}{0,5} = 280$, $q_2 = \frac{480}{6} = 80$ und $q_3 = \frac{200}{5} = 40$ heißt die neue Nichtbasisvariable (Nullvariable) x_5; Pivotelement ist $a_{31} = 5$. Es folgt nach der nächsten Iteration die zulässige Basislösung:

Tabelle 53: Tableau III - Lösung nach der 2. Iteration

x_B	g_i	x_1	x_2	x_3	x_4	x_5	RS (b_i)	B_o
x_2	160	0	1	3/70	0	−1/10	120	$-30 \leq \lambda_1 \leq 10$
x_4	0	0	0	(8/35)	1	−6/5	240	
→ x_1	110	1	0	−2/35	0	1/5	40	
$z_j - g_j$		0	0	4/7	0	6	G = 23.600	
		0	0	−2/35	0	1/5	$+ 40\,\lambda_1$	

Die Lösung nach der zweiten Iteration hat folgende Lösungswerte:

$x_1 = 40,\quad x_2 = 120,\quad x_3 = 0,\quad x_4 = 240,\quad x_5 = 0\quad$ und $\quad G = 23.600 + 40\lambda_1$

Wegen $\frac{4}{7} - \frac{2}{35}\lambda_1 \geq 0$ (Simplexkriterium) oder $\lambda_1 \leq 10$ und $6 + \frac{1}{5}\lambda_1 \geq 0$ (Simplexkriterium) oder $\lambda_1 \geq -30$ bedeutet diese zulässige Basislösung für den **Parameterbereich** $-30 \leq \lambda_1 \leq 10$ die optimale Lösung des linearen Programms. (Für $\lambda_1 = -30$ oder $\lambda_1 = 10$ existieren wiederum entsprechend dem Simplexkriterium unendlich viele optimale Lösungen mit G = 22.400 bis G = 24.000).
Dieser **Parameterbereich** garantiert weiter, dass sich der Gewinn gegenüber der Basislösung gemäß Tableau II nicht verringert (untere Grenze von G ist 22.400).

Eine Variation von g_1 bei gleich bleibendem g_2 verändert die Steigung der Zielfunktionsgeraden. Mit veränderlichem g_1 schwankt die Zielfunktionsgerade um den Optimalpunkt einer Basislösung. Innerhalb eines gewissen Schwankungsbereichs des Deckungsbeitrags ändert sich das optimale Produktionsprogramm (hier nach der zweiten Iteration) nicht (Abb. 5, die eine Ergänzung der Abb. 2 darstellt - vgl. S. 24):

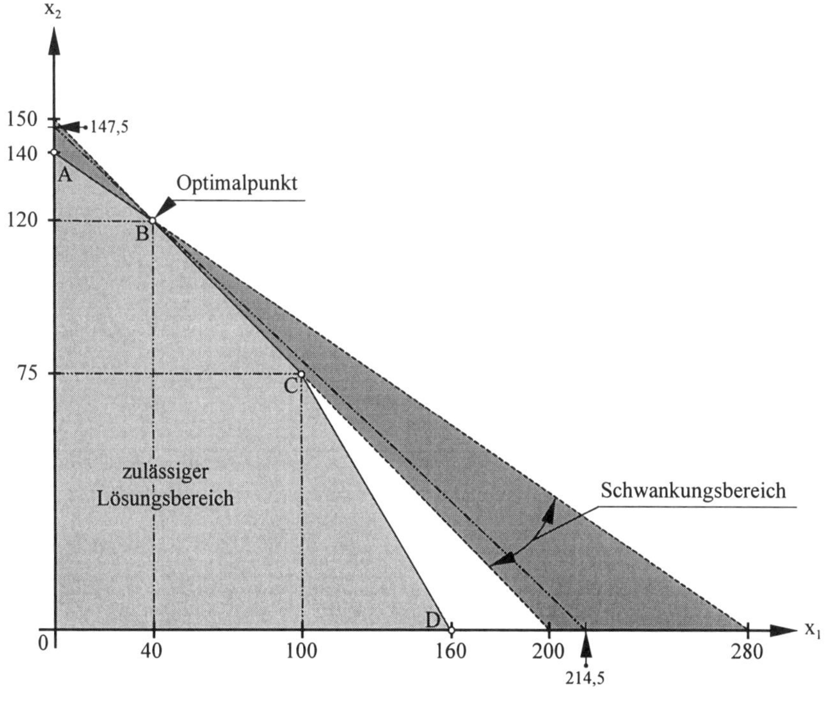

Abb. 5: Variation eines Deckungsbeitrags ohne (qualitative) Auswirkungen auf die Optimallösung

Jede **Änderung der Steigung der Zielfunktionsgeraden** führt zu einer Drehung der Zielfunktionsgeraden gegenüber dem Anfangszustand; dabei ist der Drehpunkt der ursprünglich ermittelte Optimalpunkt (in Abb. 5 der Eckpunkt B). Die Lösung bleibt solange optimal, wie die Zielfunktionsgerade den zulässigen Bereich nur im Optimalpunkt berührt, d.h. solange die Zielfunktion im schraffierten Bereich (vgl. Abb. 5) verläuft.
Wird die Drehung so weit fortgeführt bis die Zielfunktionsgerade genau auf einer Begrenzungsgeraden liegt, so ergeben sich unendlich viele Optimallösungen entlang dieser Strecke (in Abb. 5 die Kante AB bzw. BC des konvexen Polyeders, das den zulässigen Lösungsbereich angibt).
Wird die Zielfunktionsgerade noch weiter gedreht, so dass sie den zulässigen Lösungsbereich schneidet, bleibt die bisherige Basislösung nicht mehr optimal, denn dann kann ein höherer Gesamtdeckungsbeitrag G erzielt werden, indem die Zielfunktionsgerade zu einem der benachbarten Eckpunkte parallel verschoben wird (in Abb. 5 wären dies der Eckpunkt A - Lösung gemäß Tableau II - bzw. der Eckpunkt C - Lösung gemäß Tableau IV).

Für $\lambda_1 > 10$ muss x_3 in die Basislösung eingeführt und x_4 entfernt werden, da $q_2 = \frac{240 \cdot 35}{8} = 1.050$ kleiner ist als $q_1 = \frac{120 \cdot 70}{3} = 2.800$. Pivotelement für die dritte Iteration ist $a_{23} = 8/35$. Nach der dritten Iteration erhält man folgende zulässige Basislösung:

Tabelle 54: Tableau IV - Lösung nach der 3. Iteration

x_B	g_i \ Variablen	x_1	x_2	x_3	x_4	x_5	RS (b_i)	B_o
x_2	160	0	1	0	−3/16	(1/8)	75	$10 \leq \lambda_1 \leq 90$
x_3	0	0	0	1	35/8	−21/4	1.050	
→ x_1	110	1	0	0	1/4	−1/10	100	
$z_j - g_j$		0	0	0	−5/2	9	G = 23.000	
		0	0	0	1/4	−1/10	+ 100 λ_1	

Die Lösung nach der dritten Iteration lautet:

$$x_1 = 100, \quad x_2 = 75, \quad x_3 = 1.050, \quad x_4 = 0, \quad x_5 = 0 \quad \text{mit} \quad G = 23.000 + 100\lambda_1$$

Da $-\frac{5}{2} + \frac{1}{4}\lambda_1 \geq 0$ oder $\lambda_1 \geq 10$ und $9 - \frac{1}{10}\lambda_1 \geq 0$ bzw. $\lambda_1 \leq 90$ ist (Simplexkriterium), stellt diese zulässige Basislösung in dem Parameterbereich $10 \leq \lambda_1 \geq 90$ eine optimale Lösung des linearen Programms dar. Für den **Parameterbereich** $\lambda_1 > 90$ hingegen erfüllt diese Basislösung das Simplexkriterium nicht. Wird in einer vierten Iteration x_5 gegen x_2 ausgetauscht, ergibt sich folgende zulässige Basislösung:

Tabelle 55: Tableau V - Lösung nach der 4. Iteration

x_B	g_i	x_1	x_2	x_3	x_4	x_5	RS (b_i)	B_o
→ x_5	0	0	8	0	−3/2	1	600	$\lambda_1 \geq 90$
x_3	0	0	42	1	−7/2	0	6.200	
x_1	110	1	4/5	0	1/10	0	160	
$z_j - g_j$		0	−72	0	11	0	G = 17.600	
		0	4/5	0	1/10	0	+ 160 λ_1	

Die Lösung nach der vierten Iteration lautet:

$x_1 = 160, \quad x_2 = 0, \quad x_3 = 6.200, \quad x_4 = 0, \quad x_5 = 600 \quad \text{mit} \quad G = 17.600 + 160\,\lambda_1$

Aus $-72 + 4/5\,\lambda_1 \geq 0$ oder $\lambda_1 \geq 90$ und $11 + 1/10\,\lambda_1 \geq 0$ oder $\lambda_1 \geq -110$ (Simplexkriterium) folgt, dass diese zulässige Basislösung für $\lambda_1 \geq 90$ stets optimal ausfällt. Dieser **Parameterbereich** garantiert wiederum, dass sich der Gewinn gegenüber der vorangegangenen Lösung nicht verringert.
Die Ermittlung der Parameterintervalle, für die eine zulässige Basislösung mit m Basisvariablen optimal bleibt, geschieht also unter Anwendung des **Simplexkriteriums**.
Zusammenfassend ergeben sich für das Zahlenbeispiel folgende Resultate für die Produktionsprogramme I bis V, die sich aus den Simplextableaus I bis V (vgl. Tabellen 51 - 55) ablesen lassen:

Tabelle 56: Zusammenstellung der Ergebnisse der parametrischen Programmierung und Sensitivitätsanalyse - Variation der Zielfunktion

Produktionsprogramme \ Variablen	x_1	x_2	x_3	x_4	x_5	G	B_o
I	0	0	9.800	1.600	3.000	0	für keinen Parameterwert
II	0	140	0	480	200	22.400	$-\infty \leq \lambda_1 \leq -30$
III	40	120	0	240	0	23.600 + 40 · λ_1	$-30 \leq \lambda_1 \leq 10$
IV	100	75	1.050	0	0	23.000 + 100 · λ_1	$10 \leq \lambda_1 \leq 90$
V	160	0	6.200	0	600	17.600 + 160 · λ_1	$90 \leq \lambda_1 \leq \infty$

Den verschiedenen Parameterintervallen von λ_1 entsprechen Intervalle des Deckungsbeitrages $g'_1 = 110 + \lambda_1$ von Produkt P_1, die das jeweilige optimale Produktionsprogramm nicht beeinflussen (Sensitivitätsanalyse). Somit sind optimal:

(1) Produktionsprogramm II (vgl. Tabelle 52) mit $x_1 = 0$ und $x_2 = 140$ für die Stückdeckungsbeiträge $g'_1 \leq 80$ $(g_1 + \lambda_1 \leq 80;\ \ g_1 = 110;\ \ \lambda_1 \leq -30)$ bei einem Gewinn von G = 22.400. (Aus ökonomischen Gründen dürfte $\lambda_1 = -110$ die unterste Grenze bereits darstellen, weil ein negativer Deckungsbeitrag im Allgemeinen auch kurzfristig nicht akzeptiert werden kann). Das Produktionsprogramm II entspricht dem Eckpunkt A des konvexen Polyeders (Lösungsraums) gem. Abb. 2. Der angegebene Parameterbereich gibt die zulässige Änderung der Steigung der Gewinngeraden an, für die der Eckpunkt A noch optimal bleibt.

(2) Produktionsprogramm III (vgl. Tabelle 53) mit $x_1 = 40$ und $x_2 = 120$ für die Stückdeckungsbeiträge g'_1 von 80 bis 120 $(80 \leq g_1 + \lambda_1 \leq 110;\ \ g_1 = 110;\ \ -30 \leq \lambda_1 \leq 10)$ bei einer Gewinnspanne von $G = 23.600 + 40 \cdot (-30) = 22.400$ bis $G = 23.600 + 40 \cdot 10 = 24.000$. Für $\lambda_1 = 0$ stimmt das Produktionsprogramm mit dem Endtableau des Ausgangsproblems überein (vgl. Tabelle 4). Es entspricht Eckpunkt B des konvexen Polyeders (Lösungsbereichs) gem. Abb. 2. Der angegebene Parameterbereich gibt wiederum die zulässige Änderung der Steigung der Gewinngeraden an, für die der Eckpunkt B noch optimal bleibt.

(3) Produktionsprogramm IV (vgl. Tabelle 54) mit $x_1 = 100$ und $x_2 = 75$ für die Stückdeckungsbeiträge g'_1 von 120 bis 200 $(120 \leq g_1 + \lambda_1 \leq 200;\ \ g_1 = 110;\ \ 10 \leq \lambda_1 \leq 90)$ bei einer Gewinnspanne von $G = 23.000 + 100 \cdot 10 = 24.000$ bis $G = 23.000 + 100 \cdot 90 = 32.000$. Das Programm entspricht Eckpunkt C des konvexen Polyeders (Lösungsbereichs) gem. Abb. 2. Der angegebene Parameterbereich zeigt wieder die zulässige Änderung der Steigung der Gewinngeraden an, für die der Eckpunkt C noch optimal bleibt.

(4) Produktionsprogramm V (vgl. Tabelle 55) mit $x_1 = 160$ und $x_2 = 0$ für die Stückdeckungsbeiträge $g'_1 \geq 200$ $(200 \leq g_1 + \lambda_1;\ \ g_1 = 110;\ \ \lambda_1 \geq 90)$ bei einem Gewinn $G \geq 17.600 + 160 \cdot 90 = 32.000$. Dieses Programm entspricht Eckpunkt D des zulässigen Lösungsraumes gem. Abb. 2. Der ermittelte Parameterbereich gibt wieder die zulässige Änderung der Steigung der Gewinngeraden an, für die der Eckpunkt D noch optimal bleibt.

Will der Betrieb z.B. einen Gewinn von G = 25.000 GE (Geldeinheiten) in der Planperiode erzielen, so müsste er das Produktionsprogramm IV verwirklichen. Wegen $23.000 + 100 \cdot \lambda_1 = 25.000$ bzw. $\lambda_1 = 20$ wird er den gewünschten Gewinn aber nur bei einem Stückdeckungsbeitrag von $110 + \lambda_1 = 110 + 20 = 130$ GE für Produkt P_1 erzielen.

Das Beispiel zeigt als wesentliche Merkmale eines linearen parametrischen Programms (*Münstermann, H.*, 1969, S. 230):

(1) Die Zahl der verschiedenen Parameterintervalle ist endlich.

(2) Die Parameterintervalle sind zusammenhängend, d.h. lückenlos.

(3) Eine zulässige Basislösung bleibt bis auf die beiden Randintervalle für ein abgeschlossenes Parameterintervall optimal. Die beiden Randintervalle schließen den Parameterbereich gegen $+\infty$ und $-\infty$ ab.
(4) Bis auf die Grenzen $\pm\infty$ geben alle übrigen Grenzen der Parameterbereiche Parameterwerte an, für die unendlich viele optimale Basislösungen existieren können.

2. Variation der Nebenbedingungen

Für Parameter in der Zielfunktion lassen sich mit Hilfe des Simplexkriteriums Parameterintervalle bestimmen, für die die jeweilige zulässige Basislösung optimal bleibt. Werden aber **Parameter in den Nebenbedingungen** für die **Elemente der rechten Seite** (b_i - Werte, i = 1, 2, ..., m), also für die verfügbaren oder geforderten Kapazitäten (**Parameter im Begrenzungsvektor**) eingeführt, so erfolgt die Bestimmung von **Parameterbereichen** anhand der **Nichtnegativitätsbedingung**, d.h. die Nichtnegativitätsbedingung erlaubt die Bestimmumg von Intervallen für die b_i - Werte, in denen eine optimale Basislösung optimal bleibt. Da die Variation von Parametern in den Nebenbedingungen niemals zulässige (nichtoptimale) Basislösungen zu optimalen Basislösungen umgestalten kann, geht man jetzt von **optimalen Basislösungen** aus und analysiert, für welche **Parameterbereiche** sie **optimal** bleiben.
Als Zahlenbeispiel verwenden wir wiederum das obige lineare Programm - Optimierung eines Produktionsprogramms (vgl. S. 22):

Maximiere $G = 110x_1 + 160x_2 + 0x_3 + 0x_4 + 0x_5$

unter den Nebenbedingungen

$$35x_1 + 70x_2 + x_3 = 9.800$$
$$10x_1 + \ \ 8x_2 + x_4 = 1.600$$
$$15x_1 + 20x_2 + x_5 = 3.000$$
$$x_1, x_2, x_3, x_4, x_5 \geq 0$$

Hält man in diesem Beispiel die **Begrenzungskapazität** der Faktorgruppe 1 (Werkstoffkapazität) mit b_1 = 9.800 Tonnen in der Planperiode für unsicher (Zahlenbeispiele mit zwei und mehr Parametern im Begrenzungsvektor befinden sich bei *Joksch, H. C.*, 1965, S 116 ff. und *Dinkelbach, W.*, 1969, S. 146 ff.), so erhebt sich die Frage, inwieweit Änderungen dieser Kapazität die optimale Lösung beeinflussen. Durch Zuordnung eines Parameters μ_1 zur Kapazität b_1 entsteht folgender Ansatz für die erste Nebenbedingung:

$$35x_1 + 70x_2 + x_3 = 9.800 + \mu_1$$

Das Simplextableau ist um eine **Spalte für die Koeffizienten des Parameters** μ_1 sowie um die **Spalte B_z (zulässige Basislösung)** zu erweitern. In dieser Spalte B_z wird angegeben, für welche Parameterwerte von μ_1 die jeweilige Basislösung **zulässig** ist.

Die „Nulllösung" lautet:

Tabelle 57: Tableau I - Simplex-Ausgangstableau - „Nulllösung“

x_B	g_i (Variablen)	x_1	x_2	x_3	x_4	x_5	RS b_i	RS μ_1	B_z
x_3	0	35	(70)	1	0	0	9.800	1	für $\mu_1 \geq -9.800$
x_4	0	10	8	0	1	0	1.600	0	
x_5	0	15	20	0	0	1	3.000	0	
$z_j - g_j$		−110	−160	0	0	0	G = 0		

Die Parameterwerte μ_1 beeinflussen die Entscheidungszeile ($z_j - g_j$) des Simplextableaus nicht. Es können also auch keine μ_1 - Werte existieren, die diese zulässige Basislösung optimal werden lassen. Für $\mu_1 \geq -9.800$ ist die Basisvariable $x_3 = 9.800 + \mu_1$ **nichtnegativ**, die Basislösung mit $x_1 = 0$, $x_2 = 0$, $x_3 = 9.800 + \mu_1$, $x_4 = 1.600$, $x_5 = 3.000$ und $G = 0$ immer **zulässig**.
Da negative Schattenpreise vorhanden sind, ist die Lösung nicht optimal. Nach Einführung von x_2 in die Basislösung an Stelle von x_3 ergibt sich folgende Lösung:

Tabelle 58: Tableau II - Lösung nach der 1. Iteration

	x_B	g_i (Variablen)	x_1	x_2	x_3	x_4	x_5	RS b_i	RS μ_1	B_z
→	x_2	160	1/2	1	1/70	0	0	140	1/70	$-9.800 \leq \mu_1$
	x_4	0	6	0	−8/70	1	0	480	−8/70	$\mu_1 \leq 700$
	x_5	0	(5)	0	−2/7	0	1	200	−2/7	
	$z_j - g_j$		−30	0	16/7	0	0	$G = 22.400 + \frac{16}{7}\mu_1$		

Die Basisvariablen $x_2 = 140 + \frac{1}{70}\mu_1$, $x_4 = 480 - \frac{8}{70}\mu_1$ und $x_5 = 200 - \frac{2}{7}\mu_1$ nehmen für $140 + \frac{1}{70}\mu_1 \geq 0$ oder $\mu_1 \geq -9.800$ bzw. $480 - \frac{8}{70}\mu_1 \geq 0$ oder $\mu_1 \leq 4.200$ bzw. $200 - \frac{2}{7}\mu_1 \geq 0$ oder $\mu_1 \leq 700$ **nichtnegative Werte** an. Im **Parameterbereich** $-9.800 \leq \mu_1 \leq 700$ ist mithin die Basislösung $x_1 = 0$, $x_2 = 140 + \frac{1}{70}\mu_1$, $x_3 = 0$, $x_4 = 480 - \frac{8}{70}\mu_1$, $x_5 = 200 - \frac{2}{7}\mu_1$ mit $G = 22.400 + \frac{16}{7}\mu_1$ stets zulässig, aber wegen $z_1 - g_1 = -30$ (negativer Schattenpreis) nicht optimal.

Die zweite Iteration führt zu folgender Lösung:

Tabelle 59: Tableau III - Lösung nach der 2. Iteration

x_B	g_i	x_1	x_2	x_3	x_4	x_5	RS b_i	RS μ_1	B_z
x_2	160	0	1	3/70	0	−1/10	120	3/70	$-1.050 \leq \mu_1$
x_4	0	0	0	8/35	1	−6/5	240	8/35	$\mu_1 \leq 700$
x_1	110	1	0	−2/35	0	1/5	40	−2/35	
$z_j - g_j$		0	0	4/7	0	6	$G = 23.600 + \frac{4}{7}\mu_1$		

Die zulässige Basislösung mit $x_1 = 40 - \frac{4}{70}\mu_1$, $x_2 = 120 + \frac{3}{70}\mu_1$, $x_3 = 0$, $x_4 = 240 + \frac{16}{70}\mu_1$, $x_5 = 0$ und $G = 23.600 + \frac{4}{7}\mu_1$ stellt zugleich eine optimale Lösung dar. Aus $40 - \frac{4}{70}\mu_1 \geq 0$ oder $\mu_1 \leq 700$, $120 + \frac{3}{70}\mu_1 \geq 0$ oder $\mu_1 \geq -2.800$ und $240 + \frac{16}{70}\mu_1 \geq 0$ oder $\mu_1 \geq -1.050$ läßt sich der **Parameterbereich** für μ_1 ermitteln ($-1.050 \leq \mu_1 \leq 700$), in welchem diese Basislösung zulässig und optimal ist.
Bei $\mu_1 > 700$ erhält x_1 negative Werte. Diese Basislösung wäre dann unzulässig (Nichtnegativitätsbedingung). Die Variable x_1 ist gegen eine Nichtbasisvariable so auszutauschen, dass die neue Basislösung für $\mu_1 > 700$ optimal ist; dies ermöglicht die Nichtbasisvariable x_3:

Tabelle 60: Tableau IV - Lösung nach der 3. Iteration

x_B	g_i	x_1	x_2	x_3	x_4	x_5	RS b_i	RS μ_1	B_z
x_2	160	3/4	1	0	0	1/20	150	0	$\mu_1 \geq 700$
x_4	0	4	0	0	1	−2/5	400	0	
x_3	0	−35/2	0	1	0	−7/2	−700	1	
$z_j - g_j$		10	0	0	0	8	$G = 24.000$		

Die zulässige Lösung mit $x_1 = 0$, $x_2 = 150$, $x_3 = -700 + \mu_1$, $x_4 = 400$, $x_5 = 0$ und $G = 24.000$ ist für $\mu_1 \geq 700$ stets optimal.

Für $\mu_1 < -1.050$ wird entsprechend Simplextableau III (Tabelle 59) die Nichtnegativitätsbedingung von x_4 verletzt. Tauscht man in Tableau III die Basisvariable x_4 gegen die Nichtbasisvariable x_5 aus, so ergibt sich folgende Basislösung (Iteration im Anschluss an Tableau III mit $a_{25} = -6/5$ als Pivotelement):

Tabelle 61: Tableau V - Lösung nach der 4. Iteration

x_B	g_i \ Variablen	x_1	x_2	x_3	x_4	x_5	RS b_i	RS μ_1	B_z
x_2	160	0	1	1/42	−1/12	0	100	1/42	$-4.200 \le \mu_1$
→ x_5	0	0	0	−4/21	−5/6	1	−200	−4/21	$\mu_1 \le -1.050$
x_1	110	1	0	−2/105	1/6	0	80	−2/105	
$z_j - g_j$		0	0	12/7	5	0	$G = 24.800 + \frac{12}{7}\mu_1$		

Diese Basislösung mit $x_1 = 80 - \frac{2}{105}\mu_1$, $x_2 = 100 + \frac{1}{42}\mu_1$, $x_3 = 0$, $x_4 = 0$, $x_5 = -200 - \frac{4}{21}\mu_1$ und $G = 24.800 + \frac{12}{7}\mu_1$ ist (wegen $-200 - \frac{4}{21}\mu_1 \ge 0$) für $\mu_1 \ge -1.050$ und (wegen $100 + \frac{1}{42}\mu_1 \ge 0$) für $\mu_1 \ge -4.200$ zulässig und optimal. Der Gewinn beträgt $G = 24.800 + \frac{12}{7}\mu_1$, d.h. er liegt zwischen 17.600 (für $\mu_1 = -4.200$) und 23.000 (für $\mu_1 = -1.050$) Geldeinheiten (GE).

Für $\mu_1 < -2.800$ wird entsprechend Simplextableau III (Tabelle 59) die Nichtnegativitätsbedingung von x_2 verletzt. Tauscht man in Tableau III die Basisvariable x_2 gegen die Nichtbasisvariable x_5 aus, so bleibt die neue Basislösung für $\mu_1 \le -4.200$ wiederum optimal (Iteration im Anschluss an Tableau III mit $a_{15} = -\frac{1}{10}$ als Pivotelement):

Tabelle 62: Tableau VI - Lösung nach der 4. Iteration

x_B	g_i	x_1	x_2	x_3	x_4	x_5	RS b_i	RS μ_1	B_z
→ x_5	0	0	−10	−3/7	0	1	−1.200	−3/7	$-9.800 \le \mu_1$
x_4	0	0	−12	−10/35	1	0	−1.200	−10/35	$\mu_1 \le -4.200$
x_1	110	1	2	1/35	0	0	280	1/35	
$z_j - g_j$		0	60	22/7	0	0	$G = 30.800 + \frac{22}{7}\mu_1$		

Im **Parameterbereich** $-9.800 \le \mu_1 \le -4.200$ ist die Basislösung $x_1 = 280 + \frac{1}{35}\mu_1$, $x_2 = 0$, $x_3 = 0$, $x_4 = -1.200 - \frac{10}{35}\mu_1$, $x_5 = -1.200 - \frac{3}{7}\mu_1$ mit $G = 30.800 + \frac{22}{7}\mu_1$ optimal. Dies folgt aus $-1.200 - \frac{3}{7}\mu_1 \ge 0$ oder $\mu_1 \le -2.800$ bzw. $-1.200 - \frac{10}{35}\mu_1 \ge 0$ oder $\mu_1 \le -4.200$ und $280 + \frac{1}{35}\mu_1 \ge 0$ oder $\mu_1 \ge -9.800$ sowie aus den nichtnegativen Koeffizienten (Schattenpreisen) der Entscheidungszeile.

Die vier letzten Lösungen (Tableau III bis VI - vgl. Tabelle 59 bis 62 -) sind für die Parameterbereiche

Tableau III: $-1.050 \le \mu_1 \le 700$

Tableau IV: $700 \le \mu_1 \le \infty$

Tableau V: $-4.200 \le \mu_1 \le -1.050$

Tableau VI: $-9.800 \le \mu_1 \le -4.200$

jeweils optimal.

Weitere Iterationen sind möglich. Z.B. könnte noch die Basisvariable x_4 gegen die Nichtbasisvariable x_2 oder x_3 ausgetauscht werden.

Mit Hilfe des **Simplexkriteriums** und der **Nichtnegativitätsbedingung** lassen sich die Rechenregeln des Simplex-Algorithmus mit Erfolg auch zur **parametrischen Programmierung** und **Sensitivitätsanalyse** bei linearen Programmen einsetzen. Der gegenüber linearen Programmen zusätzlich anfallende Rechenaufwand hält sich in Grenzen, solange die Zahl der Parameter nicht zu groß ausfällt. Bei Verwendung von Computern nimmt die Rechenzeit nur unwesentlich zu.

Für das Zahlenbeispiel ergeben sich zusammengefasst folgende Ergebnisse (Tableau I bis VI - vgl. Tabellen 57 bis 62 -):

Tabelle 63: Zusammenstellung der Ergebnisse der parametrischen Programmierung und Sensitivitätsanalyse - Variation der Nebenbedingungen

Variablen / Produktionsprogramm	x_1	x_2	x_3	x_4	x_5	G	B_z	B_o
I	0	0	$9.800 + \mu_1$	1.600	3.000	0	$\mu_1 \geq -9.800$	für keinen Parameterwert
II	0	$140 + \frac{1}{70}\mu_1$	0	$480 - \frac{4}{35}\mu_1$	$200 + \frac{2}{7}\mu_1$	$22.400 + \frac{16}{7}\mu_1$	$-9.800 \leq \mu_1 \leq 700$	für keinen Parameterwert
III	$40 - \frac{2}{35}\mu_1$	$120 + \frac{3}{70}\mu_1$	0	$240 + \frac{8}{35}\mu_1$	0	$23.600 + \frac{4}{7}\mu_1$	$-1.050 \leq \mu_1 \leq 700$	$-1.050 \leq \mu_1 \leq 700$
IV	0	150	$-700 + \mu_1$	400	0	24.000	$700 \leq \mu_1 \leq \infty$	$700 \leq \mu_1 \leq \infty$
V	$80 - \frac{2}{105}\mu_1$	$100 + \frac{1}{42}\mu_1$	0	0	$-200 - \frac{4}{21}\mu_1$	$24.800 + \frac{12}{7}\mu_1$	$-4.200 \leq \mu_1 \leq -1.050$	$-4.200 \leq \mu_1 \leq -1.050$
VI	$280 + \frac{1}{35}\mu_1$	0	0	$-1.200 - \frac{10}{35}\mu_1$	$-1.200 - \frac{3}{7}\mu_1$	$30.800 + \frac{22}{7}\mu_1$	$-9.800 \leq \mu_1 \leq -4.200$	$-9.800 \leq \mu_1 \leq -4.200$

VII. Weiterführende Probleme der linearen Planungsrechnung

A. Ganzzahlige Planungsrechnung

Es gibt eine große Zahl von betrieblichen Planungsproblemen, bei denen die zu berechnenden Mengen nicht beliebig teilbar sind und somit für die Variablen **ganzzahlige Werte** verlangt werden. Dies gilt beispielsweise für die Investitionsplanung (Unteilbarkeit von Projekten und Abhängigkeiten zwischen Projekten), wenn nur **ganze Anzahlen** von Maschinen und Anlagen zur Disposition stehen (vgl. z.B. *Kistner, K. P.*, 1993, S. 147-300; *Burkard, R. E.*, 1992, S. 361-444; *Schneider, D.*, 1992, S. 382 ff.; *Laux, H.*, 1971, S. 51 ff.; *Albach, H.*, 1960, S. 526 ff.; *Hax, H.*, 1964, S. 430 ff.; *Hax, H.*, 1985, S. 72 ff.; *Blohm, H., Lüder, K.*, 1995, S. 296 ff.; *Kilger, W.*, 1973, S. 131 ff.; *Meyer, M., Hansen, K.*, 1996, S. 60 ff.; *Stepan, A., Fischer, E.O.*, 1998 S. 170 ff.; *Zimmermann, W.*, 1997, S. 125 ff.): für die Personal- und Maschineneinsatzplanung, wenn nur **ganze Zahlen** von Bedienungspersonal und Maschinen für bestimmte Aufträge oder Projekte eingesetzt werden können (**Zuordnungsplanung**). Weiterhin gilt dies für die Standortbestimmung und die Planung von Montageproblemen, wenn ganzzahlige Mengenrelationen zwischen den Endpunkten, Baugruppen und Einzelteilen bestehen.
Die Lösungen, die sich z.B. für lineare Probleme mit Hilfe der Simplexmethode ergeben, enthalten im Allgemeinen nichtganzzahlige Variablenwerte und sind damit hinsichtlich der **Ganzzahligkeitsbedingung** nicht zufrieden stellend. Zu den Nebenbedingungen eines linearen Programmansatzes in Form von Ungleichungen und Gleichungen tritt bei der ganzzahligen Programmierung für einige („gemischt ganzzahlig“ genannt) oder alle Hauptvariablen (Strukturvariablen) die Ganzzahligkeitsbedingung (**ganzzahlige oder diskrete Programmierung**). Eine Sondergruppe der ganzzahligen Programmierung bilden die sog. „0 – 1“ - Probleme. Hier dürfen die Variablen mit Ganzzahligkeitsbedingung nur die Werte Null oder Eins annehmen. „So perfekt die Optimierungsmodelle der ganzzahligen Planungsrechnung auch sein mögen, leiden sie doch an einem Handicap, durch das sie den Praktikern verleidet werden. Sie lassen sich nämlich, von wenigen Ausnahmen abgesehen, mit wirtschaftlich vertretbarem Rechenaufwand nicht mehr lösen, sobald sie eine gewisse Größe überschritten haben“ (*Müller-Merbach, H.*, 1973, S. 366).
Für die Bestimmung der optimalen ganzzahligen Lösung eines Problems der linearen Programmierung sind spezielle Lösungsalgorithmen entwickelt worden. Sie lassen sich in drei Gruppen einteilen: Schnitt-Hyperebenen-Verfahren, Branch-and-Bound-Verfahren und heuristische Verfahren.
Auf *Gomory* geht das Schnitthyperebenen-Verfahren zurück. Dabei wird durch die Einführung von Schnittebenen der ursprüngliche Bereich der Restriktionen iterativ eingeengt. Diese Einengung geschieht mit dem Ziel, dass die optimale Lösung des immer enger begrenzten zulässigen Bereichs auf einen ganzzahligen Wert fällt (*Gomory, R. E.*, 1963, I, S. 269 ff. und 1963, II, S. 193 ff.).
Das von *A. H. Land* und *A. G. Doig* veröffentlichte Verfahren versucht ausgehend von der optimalen nichtganzzahligen Lösung durch sukzessive Einführung von einzelnen ganzzahligen Werten für die Variablen die optimale Lösung zu ermitteln (1960, S. 497 ff.).

Dieser Ansatz, wie auch die ähnlichen Ansätze von *Dakin, Balas* u.a. (*Dakin, R. J.*, 1965, S. 250 ff.; *Balas, E.* 1968, S. 517 ff.) können den Branch-and-Bound-Verfahren zugeordnet werden (zu Branch-and-Bound-Verfahren vgl. *Runzheimer, B.*, 1989, S. 205-212). Branch-and-Bound-Verfahren lösen das Problem zunächst auch ohne Berücksichtigung der Ganzzahligkeitsbedingung. Danach wird das Problem in zwei Teilprobleme (Branch-Schritt) zerlegt. Diese Teilprobleme werden dann wiederum ohne Berücksichtigung der Ganzzahligkeitsbedingung gelöst; jedes Teilproblem wird wieder in zwei Teilprobleme zerlegt etc. Die Aufteilung unterbleibt, wenn eine ganzzahlige Lösung gefunden ist bzw. die weitere Aufteilung keine bessere Lösung als die bisher beste ganzzahlige Lösung liefern kann (Bound-Schritt). Das Branch-and-Bound-Verfahren ist beendet, wenn keine Teilprobleme mehr zu lösen sind bzw. die noch vorhandenen Teilprobleme keine besseren Lösungen liefern können (vgl. *Runzheimer, B.*, 1998, S. 124 ff.).
Die heuristischen Verfahren (Näherungsverfahren) führen im Allgemeinen nur zu suboptimalen ganzzahligen Lösungen. Sie haben dafür den Vorteil von meist kürzeren Rechenzeiten.
Die Verfahren und die Anwendung der ganzzahligen Planungsrechnung werden in der Literatur eingehend beschrieben (vgl. *Piehler, J.*, 1970; *Dantzig, G. B.*, 1966, S. 583 ff.; *Burkard, R. E.*, 1972, S. 361-444; *Müller-Merbach, H.*, 1973, S. 366 ff.; *Hadley, G.* 1969, S. 305 ff.; *Lutz, M.*, 1998, S. 91 ff.; *Zimmermann, W.*, 1997, S. 125 ff.; *Schmitz, P., Schönlein, A.*, 1978, S. 86 ff.; *Bol, G.*, 1980; *Meyer, M., Hansen, K.*, 1996, S. 60 ff.; *Lüder, K.*, 1969, S. 405 ff.; *Kistner, H.-P.*, 1993, S. 147-200; *Domschke, W., Drexl, A.*, 1998, S. 113-147; *Zäpfel, G.*, 1989; *Dinkelbach, W.*, 1992, S. 110 ff.; *Stepan, A., Fischer, O.*, 1998, S. 170 ff.).
Die im nächsten Kapitel (VIII) behandelte **Transportmethode** mit ihren Lösungsalgorithmen stellt einen Spezialfall der **ganzzahligen Programmierung** dar.

B. Stochastische lineare Planungsrechnung

Die **stochastische lineare Planungsrechnung** bietet Ansätze für solche Planungsprobleme, in deren Zielfunktion oder Nebenbedingungen Koeffizienten mit stochastischem Charakter auftreten. **Stochastische Koeffizienten in der Zielfunktion** (z.B. bei Preisschwankungen) ermöglichen die Angabe von Wahrscheinlichkeiten dafür, dass einzelne Basislösungen optimal sind. Sind hingegen **stochastische Koeffizienten** in den **Nebenbedingungen** (z.B. bei Unsicherheit der Absatzmarktlage in den Absatzrestriktionen) enthalten, lassen sich für die Zulässigkeit einzelner Basislösungen nur Wahrscheinlichkeiten angeben. Wegen der besonderen Problematik der stochastischen linearen Programmierung wird auf die Spezialliteratur verwiesen (vgl. *Charnes, A., Cooper, W. W.*, 1960, S. 73 ff.; *Müller, O.*, 1967, S. 299 ff.; *Tintner, G.*, 1965, S. 108 ff.; *Zimmermann, H.-J.*, 1992, S. 116 ff.; *Dürr, W., Kleibohm, K.*, 1992, S. 279 ff.; *Faber, M. M.*, 1970; *Kall, P.*, 1968, S. 81 ff.; *Shepard, R. W.*, 1964, S. 68 ff.; *Bühler, W., Dick, R.*, 1972, S. 677-692; *Dinkelbach, W., Lorscheider, U.*, 1994, S. 56 ff.; *Abel, P., Thiel, R.*, 1981).
Über die stochastische Programmierung sind bisher nur selten praktische Anwendungen bekannt geworden.

Übungsfragen zu den Abschnitten IV bis VII

1. Was versteht man unter Dualität in der linearen Planungsrechnung und was besagt das Dualitätstheorem ?
2. Welche formalen Verknüpfungen bestehen zwischen Primalproblem und dazugehörigem Dualproblem ?
3. Worin unterscheidet sich die duale Simplexmethode von der primalen Simplexmethode ?
4. Wie lassen sich die Beziehungen zwischen Primal- und dazugehörigem Dualproblem ökonomisch interpretieren ?
5. Welche Ziele können mit postoptimalen Rechnungen bei der linearen Planungsrechnung verfolgt werden ?
6. Was versteht man unter parametrischer linearer Planungsrechnung und Sensitivitätsanalyse ?
7. Wie lassen sich Sensitivitätsanalysen für Änderungen der Koeffizienten der Zielfunktion mit Hilfe der Simplexmethode durchführen ?
8. Wozu führen Änderungen der Koeffizienten a_{ij} (z.B. der technischen Koeffizienten) der Zielfunktion eines Gleichungs- oder Ungleichungssystems in der linearen Planungsrechnung ?
9. Wie lassen sich Sensitivitätsanalysen für Änderungen in den verfügbaren oder geforderten Kapazitäten (für Änderungen der Elemente der „rechten Seite“) mit Hilfe der Simplexmethode durchführen ?
10. Was versteht man unter Ganzzahligkeitsbedingung und welche Probleme bestehen im Hinblick auf deren Berücksichtigung ?

VIII. Transportmethode

Es gibt Probleme der linearen Planungsrechnung, zu deren Lösung Spezialansätze ohne Einsatz der Simplexmethode verwendet werden. Dazu gehören das **Transportproblem** und das **Zuordnungsproblem.**

A. Formulierung und Darstellung des Transportproblems

Das **Transportproblem** in einfacher Form liegt vor, wenn es einerseits verschiedene Erzeuger, Versandlager oder Angebotsorte als **Anbieter** i (i = 1, 2, ..., m) eines **homogenen Gutes** und auf der anderen Seite verschiedene Verbraucher, Beschaffungslager oder Nachfrageorte als **Nachfrager** j (j = 1, 2, ..., n) nach diesem homogenen Gut auftreten. Beim Transportproblem geht es also um die **optimale Verteilung homogener Güter** von mehreren Anbietern (oder Angebotsorten) an verschiedene Abnehmer (oder Bedarfsorte). Die angebotenen (verfügbaren) Mengen werden mit a_i, die nachgefragten Mengen mit b_j bezeichnet. Gefragt ist nach derjenigen Verteilung der in Betracht kommenden Güter, bei der die **Gesamttransportkosten** oder die Transportzeit **minimiert** oder **die Transportleistung maximiert** wird. Dabei kann jeder Anbieter (Angebotsort)

grundsätzlich an jeden Nachfrager (Bedarfsort) liefern. Bei der **Transportkostenminimierungsaufgabe** sind die Transportstückkosten c_{ij} konstant (lineare Zielfunktion). Mit c_{ij} werden die Transportkosten für die Beförderung einer Mengeneinheit über die Distanz von i nach j bezeichnet. Die Werte c_{ij} sind bekannt. Nach Möglichkeit ist die gesamte Angebotsmenge a_i bzw. die gesamte Nachfragemenge b_j zu befördern. Die Transportplanung soll bestimmen, welche Nachfrageorte von welchen Angebotsorten mit den Mengen x_{ij} zu beliefern sind. x_{ij} sind die (zunächst unbekannten) Transportmengen von i nach j (Entscheidungsvariablen des Problems).
Das **mathematische Modell** weist die gleiche Struktur auf wie die bereits behandelten Modelle der linearen Planungsrechnung. Das Transportproblem kann in seiner mathematischen Struktur als Spezialfall des allgemeinen Problems der linearen Planungsrechnung aufgefasst werden. Es lässt sich daher grundsätzlich auch mit der Simplexmethode lösen. Auf Grund einiger spezifischer, besonders einfacher Eigenarten des Transportproblems (z.B. Verteilung „homogener" Güter, die Koeffizienten der zu bestimmenden Variablen des Gleichungssystems, welches die Gegebenheiten des Transportproblems wiedergibt, sind sämtlich Eins) lässt es sich mit Hilfe eines speziellen **Transportalgorithmus** jedoch rationeller lösen. Wird zunächst unterstellt, dass die Bedarfsmengen b_j den Angebotsmengen a_i entsprechen, ergibt sich folgender Modellansatz (geschlossenes Transportproblem):

Zielfunktion:

$$\begin{aligned}\text{Minimiere } K = \; & c_{11}x_{11} + c_{12}x_{12} + \ldots + c_{1n}x_{1n} + \\ & + c_{21}x_{21} + c_{22}x_{22} + \ldots + c_{2n}x_{2n} + \\ & \vdots \\ & + c_{m1}x_{m1} + c_{m2}x_{m2} + \ldots + c_{mn}x_{mn}\end{aligned}$$

oder mit Summenzeichen

$$\text{Minimiere } K = \sum_{i=1}^{m} \sum_{j=1}^{n} c_{ij}x_{ij}$$

unter den Nebenbedingungen

(1) Angebotsgleichungen:

$$\sum_{j=1}^{n} x_{ij} = a_i \quad \text{(für alle Angebotsorte } i = 1, 2, \ldots, m)$$

(2) Nachfragegleichungen:

$$\sum_{i=1}^{m} x_{ij} = b_j \quad \text{(für alle Nachfrageorte } j = 1, 2, \ldots, n)$$

(3) Gesamtangebot und Gesamtnachfrage gleichen sich aus:

$$\sum_{i=1}^{m} a_i = \sum_{j=1}^{n} b_j$$

Das Transportproblem heißt **geschlossen**, wenn sich Gesamtangebot und Gesamtnachfrage ausgleichen. Bei unausgeglichenem Zustand liegt ein **offenes Transportproblem** vor. Lösungsverfahren werden nur für das geschlossene Problem erarbeitet. Die offenen Probleme lassen sich leicht in geschlossene Modelle umwandeln (s. S. 144 ff.).

(4) Da nur nichtnegative Transportmengen möglich sind, gilt schließlich die Nichtnegativitätsbedingung:

$x_{ij} \geq 0$ (für alle i und j)

Die **Transportmethode** wurde speziell zur Lösung komplizierter Transportprobleme - wie z.B. die optimale Verteilung von Schiffstonnage von Häfen mit Angebot an ungenutzter Tonnage an Häfen mit Bedarf an leerem Schiffsraum - entwickelt. In erster Linie ging es also bei der Entwicklung der Transportmethode um die Lösung praktischer Fragestellungen. Ein berühmtes Anwendungsbeispiel der Transportmethode „stellt beispielsweise die Luftbrückenoperation für die Belieferung der Stadt Berlin zur Zeit der russischen Blockade dar" (*Dorfmann R.,* u.a. 1958, S. 121 f.). Es hat sich gezeigt, dass die „Transport"-methode in ihrer Verwendbarkeit viel universeller ist als ihr Name vermuten lässt.

Die **Transportmethode** ist - wie die Simplexmethode - ein **Iterationsverfahren**, das - von einer zulässigen Ausgangslösung ausgehend - schrittweise die Optimierung des linearen Programmierungsproblems anstrebt. Dabei bedient man sich der Darstellungsform eines **Matrixtableaus**.

Die folgende **Transportmengenmatrix** ist Teil der Darstellung des Transportproblems:

Tabelle 64: Tableau I - Transportmengenmatrix

nach j / von i		Bedarfsorte						Angebotsmengen
		1	2	...	j	...	n	a_i
	1	x_{11}	x_{12}	...	x_{1j}	...	x_{1n}	a_1
	2	x_{21}	x_{22}	...	x_{2j}	...	x_{2n}	a_2
Angebotsorte	.	.						.
	i	x_{i1}	x_{i2}	...	x_{ij}	...	x_{in}	a_i
	.	.						.
	m	x_{m1}	x_{m2}	...	x_{mj}	...	x_{mn}	a_m
Bedarfsmengen		b_1	b_2	...	b_j	...	b_n	

Zeilenweise gelesen, enthält die **Transportmengenmatrix** die **Angebotsgleichungen** der **Nebenbedingungen**: die Lieferungen a_i der Angebotsorte i (i = 1, 2, ..., m), aufgegliedert nach den Transportmengen x_{ij}, an die Bedarfsorte j (j = 1, 2, ..., n):

$$\begin{array}{l} x_{11} + x_{12} + \ldots + x_{1j} + \ldots + x_{1n} = a_1 \\ x_{21} + x_{22} + \ldots + x_{2j} + \ldots + x_{2n} = a_2 \\ \vdots \\ x_{m1} + x_{m2} + \ldots + x_{mj} + \ldots + x_{mn} = a_m \end{array}$$

Spaltenweise gelesen, enthält sie die **Bedarfsgleichungen der Nebenbedingungen**: die Bezüge b_j der Bedarfsorte j (j = 1, 2, ..., n), aufgegliedert nach den Transportmengen x_{ij}, von den Angebotsorten i (i = 1, 2, ..., m):

$$\begin{array}{l} x_{11} + x_{21} + \ldots + x_{i1} + \ldots + x_{m1} = b_1 \\ x_{12} + x_{22} + \ldots + x_{i2} + \ldots + x_{m2} = b_2 \\ \vdots \\ x_{1n} + x_{2n} + \ldots + x_{in} + \ldots + x_{mn} = b_n \end{array}$$

Die **Kosten** c_{ij} je transportierter Mengeneinheit von Angebotsort i an Bedarfsort j werden in der sog. **Einheits-Transportkosten-Matrix** dargestellt:

Tabelle 65: Tableau II - Einheits-Transportkosten-Matrix

nach j / von i		Bedarfsorte 1	2	...	j	...	n
	1	c_{11}	c_{12}	...	c_{1j}	...	c_{1n}
	2	c_{21}	c_{22}	...	c_{2j}	...	c_{2n}
Ange-	.	.	.		.		.
	.	.	.		.		.
bots-	.	.	.		.		.
orte	i	c_{i1}	c_{i2}	...	c_{ij}	...	c_{in}
	.	.	.		.		.
	.	.	.		.		.
	.	.	.		.		.
	m	c_{m1}	c_{m2}	...	c_{mj}	...	c_{mn}

Die rechnerische Behandlung des Transportproblems nach der Transportmethode ist in einem Tableau organisiert, welches beide Matrizen vereinigt:

Tabelle 66: Tableau III - Matrix der Transportmethode

nach j / von i	1	2	...	n	Angebotsmengen a_i
1	c_{11} x_{11}	c_{12} x_{12}	...	c_{1n} x_{1n}	a_1
2	c_{21} x_{21}	c_{22} x_{22}	...	c_{2n} x_{2n}	a_2
⋮	⋮	⋮	...	⋮	⋮
m	c_{m1} x_{m1}	c_{m2} x_{m2}	...	c_{mn} x_{mn}	a_m
Bedarfsmenge b_j	b_1	b_2	...	b_n	$\sum_{i=1}^{m} a_i = \sum_{j=1}^{n} b_j$

Die Größen c_{ij}, a_i und b_j bleiben bei der Tableauberechnung (bei den Rechenschritten nach der Transportmethode) unverändert, während die Lösungselemente x_{ij} (Entscheidungsvariablen) in Iterationen so verändert werden, dass die Zielfunktion

$$K = \sum_{i=1}^{m} \sum_{j=1}^{n} c_{ij} x_{ij}$$

ein Minimum wird (Minimierungsproblem). Dabei sind zulässige Lösungen **Basislösungen des Systems von Nebenbedingungsgleichungen**. Wie man zeigen kann, sind n + m – 1 Nebenbedingungsgleichungen des Transportproblems unabhängig (vgl. z.B. *Krekó, B.,* 1973, S. 18 ff.), so dass die Basislösungen - also auch die optimale Lösung - immer höchstens n + m – 1 von Null verschiedene Variablenwerte umfassen.

B. Rechenprozess (Lösungsverfahren)

Das **Lösungsverfahren der Transportmethode** soll anhand des folgenden **Zahlenbeispiels** erörtert werden:

Der Vertriebsleiter eines Industrieunternehmens, das 3 Fabriken (Angebotsorte i = 1, 2, 3) und 4 Auslieferungslager an geografisch verschiedenen Orten (Bedarfsorte j = 1, 2, 3, 4) besitzt, hat die Aufgabe zu lösen, wie die Fertigungskapazitäten a_i der verschiedenen Fabriken auf die verschiedenen Marktgebiete (Bedarfsorte) verteilt werden sollen. Wir gehen von einer festen Planperiode (Zeitabschnitt ZA) aus und nehmen an, dass der Ausstoß jeder Fabrik und der Bedarf der einzelnen Auslieferungslager dem Vertriebsleiter bekannt sind. Das Problem besteht darin, welche Mengen x_{ij} des homogenen Gutes (z.B. Mineralöl) von welchen Fabriken i an welche Auslieferungslager j transportiert werden sollen, damit die Gesamttransportkosten (während dieser festen Planperiode) minimal sind.

Tabelle 67: Produktionsmengen der 3 Fabriken (in geeigneten Mengeneinheiten (ME) ausgedrückt):

Fabrik 1	$a_1 = 150$ ME/ZA
Fabrik 2	$a_2 = 30$ ME/ZA
Fabrik 3	$a_3 = 120$ ME/ZA
	$\sum_{i=1}^{3} a_i = 300$ ME/ZA

Tabelle 68: Bedarf der 4 Lagerhäuser in ME/ZA:

Auslieferungslager 1	$b_1 = 80$ ME/ZA
Auslieferungslager 2	$b_2 = 30$ ME/ZA
Auslieferungslager 3	$b_3 = 60$ ME/ZA
Auslieferungslager 4	$b_4 = 130$ ME/ZA
	$\sum_{j=1}^{4} b_j = 300$ ME/ZA

Die Transportkosten c_{ij} für den Transport einer ME von Fabrik i an Auslieferungslager j ergeben sich aus nachstehender Einheits-Transportkosten-Matrix in Geldeinheiten (GE) je ME:

Tabelle 69: Einheits-Transportkosten-Matrix

von i \ nach j	1	2	3	4
1	34	23	30	22
2	40	41	47	28
3	28	26	38	21

Das **lineare Programmierungsmodell** zu diesem Beispiel lautet:

Zielfunktion:

$$\begin{aligned} \text{Minimiere } K = \; & 34x_{11} + 23x_{12} + 30x_{13} + 22x_{14} + \\ & + 40x_{21} + 41x_{22} + 47x_{23} + 28x_{24} + \\ & + 28x_{31} + 26x_{32} + 38x_{33} + 21x_{34} \end{aligned}$$

unter den **Nebenbedingungen**:

(1) Angebotsgleichungen

$$\begin{aligned} x_{11} + x_{12} + x_{13} + x_{14} &= 150 \\ x_{21} + x_{22} + x_{23} + x_{24} &= 30 \\ x_{31} + x_{32} + x_{33} + x_{34} &= 120 \end{aligned}$$

(2) Bedarfsgleichungen

$$\begin{aligned} x_{11} + x_{21} + x_{31} &= 80 \\ x_{12} + x_{22} + x_{32} &= 30 \\ x_{13} + x_{23} + x_{33} &= 60 \\ x_{14} + x_{24} + x_{34} &= 130 \end{aligned}$$

(3) Nichtnegativitätsbedingung

$$x_{ij} \geq 0 \quad \text{(für alle i und j)}$$

Die Nebenbedingungen unter **(1)** und **(2)** bilden ein inhomogenes Gleichungssystem mit 7 Gleichungen (3 Angebotsgleichungen und 4 Bedarfsgleichungen) und 12 Unbekannten (5 Freiheitsgrade). Die nichtnegativen Lösungen des Gleichungssystems bilden die Gesamtheit der **zulässigen** Programme (zulässiger Lösungsbereich), aus der eine (oder mehrere gleichwertige) Lösung(en) so ausgewählt werden muss (müssen), dass deren Transportkosten ein Minimum darstellen.
Ein Weg, um die Unbekannten zu bestimmen, wäre das Probieren. Bei einer so einfachen Aufgabe wie der obigen wäre dies sicherlich noch ein gangbarer Weg. Unser Ziel ist es aber, eine allgemein anwendbare Methode zu demonstrieren, die sich auch bei umfangreichen Problemen bewährt. Bei z.B. 20 Fabriken und 40 Lagerhäusern würde das Gleichungssystem bereits aus 60 Gleichungen mit 800 Unbekannten bestehen. Probieren würde hier also kaum noch zum Ziel führen können.

1. Bestimmung einer zulässigen Ausgangslösung

Es gibt verschiedene Verfahren zur **Bestimmung einer ersten zulässigen Ausgangslösung**, die Basislösung des Systems von Nebenbedingungsgleichungen ist. Die mit Hilfe der verschiedenen Verfahren erzielbaren zulässigen Lösungen unterscheiden sich hinsichtlich ihrer Nähe zur Optimallösung und damit hinsichtlich der notwendigen Iterationen bis zur optimalen Lösung.

a) Nord-West-Ecken-Verfahren

Das **„Nord-West-Ecken-Verfahren"** gehört zu den einfachsten Verfahren, eine zulässige Ausgangslösung zu bestimmen. Man beginnt von den Entscheidungsvariablen x_{ij} mit dem Element x_{11} der Transportmatrix und belegt es mit der **maximal zulässigen Menge**. Entweder gilt $x_{11} = b_1$, wenn $b_1 \leq a_1$, oder $x_{11} = a_1$, wenn $a_1 \leq b_1$ ist. In unserem Zahlenbeispiel ist $x_{11} = 80 = b_1$.
Ist $x_{11} = b_1$, wird der Index j um eins erhöht und man geht zur Variablen x_{12}, die mit der maximal zulässigen Menge belegt wird. Ist hingegen $x_{11} = a_1$, wird der Index i um eins erhöht und die Variable x_{21} mit der maximal zulässigen Menge belegt. Diese Vorgehensweise wird fortgesetzt, bis die Summe der den Variablen zugewiesenen Mengen gleich der gesamten Transportmenge ist. Man beginnt also in dem Feld i = 1 und j = 1 mit x_{11} der Transportmengenmatrix (= „Nord-West-Ecke") und führt die Mengenzuweisung fortschreitend bis zum Feld i = m und j = n mit x_{mn} der Transportmengenmatrix (= „Süd-Ost-Ecke") durch.

Für das Zahlenbeispiel ergibt sich folgende erste zulässige Lösung nach dem Nord-West-Ecken-Verfahren:

Tabelle 70: Zulässige Ausgangslösung nach Nord-West-Ecken-Verfahren

nach j / von i	1	2	3	4	Angebotsmengen a_i
1	$80^{(1)}$	$30^{(2)}$	$40^{(3)}$		150
2			$20^{(4)}$	$10^{(5)}$	30
3				$120^{(6)}$	120
Bedarfsmengen b_j	80	30	60	130	300

Die hochgestellten Markierungsziffern in Klammern geben die Reihenfolge bei der Besetzung an. Die zulässige Lösung lautet:

$$x_{11} = 80; \quad x_{12} = 30; \quad x_{13} = 40; \quad x_{14} = 0; \quad x_{21} = 0; \quad x_{22} = 0;$$
$$x_{23} = 20; \quad x_{24} = 10; \quad x_{31} = 0; \quad x_{32} = 0; \quad x_{33} = 0; \quad x_{34} = 120$$

Es sind also m + n – 1 = 3 + 4 – 1 = 6 Felder (Variablen) belegt (besetzt) worden. Die **besetzten Felder** (mit $x_{ij} > 0$) werden „B-Felder" genannt. Die unbesetzten (**leeren**) **Felder** (mit $x_{ij} = 0$) werden „L-Felder" genannt. Die Transportkosten dieser Lösung können mit Hilfe der Einheits-Transportkosten-Matrix ermittelt werden (vgl. Tabelle 69):

$$K = 34 \cdot 80 + 23 \cdot 30 + 30 \cdot 40 + 47 \cdot 20 + 28 \cdot 10 + 21 \cdot 120$$
$$\underline{K = 8.350}$$

Das Nord-West-Ecken-Verfahren führt zu einer **ersten zulässigen Ausgangslösung**. Bei diesem Verfahren geht man allerdings willkürlich vor und lässt die Zielfunktion völlig außer Acht. Das Nord-West-Ecken-Verfahren ist zwar einfach zu handhaben, doch zeigt sich im Vergleich zu anderen Verfahren, dass die Ausgangsposition (in Bezug auf das Optimierungsziel) einer Lösung nach dem Nord-West-Ecken-Verfahren in der Regel sehr ungünstig ist.

b) Heuristische Verfahren zur Bestimmung einer „guten“ zulässigen Ausgangslösung

aa) Matrixminimumverfahren- oder Matrixmaximumverfahren

Das **Matrixminimumverfahren** (bei Minimierungsproblemen) folgt dem **Prinzip des besten Nachfolgers**. Man sucht zunächst das Feld in einer „Matrix der Transportmethode“ mit dem kleinsten Einheits-Transportkosten-Element (= kostengünstigstes Feld der Gesamtmatrix) und belegt es mit der **maximal zulässigen Menge**. Man sucht dann das kostengünstigste Feld der Restmatrix und ordnet diesem Feld die größtmögliche Menge zu usw. bis alle Mengen zugeordnet sind. Das Matrixminimum oder Matrixmaximumverfahren wird auch als „Verfahren der aufsteigenden Indizes“ bezeichnet (*Bloech, J.*, 1974, S. 182). Die zulässige **Ausgangslösung nach dem Matrixminimumverfahren** für das Zahlenbeispiel lautet:

Tabelle 71: Zulässige Ausgangslösung nach Matrixminimumverfahren

von i \ nach j	1	2	3	4	a_i
1	[34] $50^{(5)}$	[23] $30^{(3)}$	[30] $60^{(4)}$	[22] $10^{(2)}$	150
2	[40] $30^{(6)}$	[41]	[47]	[28]	30
3	[28]	[26]	[38]	[21] $120^{(1)}$	120
b_j	80	30	60	130	300

Die hochgestellten Markierungsziffern geben wieder die Reihenfolge bei der Besetzung an. Die Transportkosten dieser Lösung betragen:

$$K = 34 \cdot 50 + 23 \cdot 30 + 30 \cdot 60 + 22 \cdot 10 + 40 \cdot 30 + 21 \cdot 120$$
$$\underline{K = 8.130}$$

bb) Zeilenfolge- oder Spaltenfolgeverfahren

Ähnlich wie das Matrixminimum- oder Martixmaximumverfahren geht das **Zeilen-Spalten-Sukzessionsverfahren** (Zeilenfolge- oder Spaltenfolgeverfahren) vor. Hier beginnt man mit der Mengenzuordnung im kostengünstigsten Feld der ersten Zeile (bzw. Spalte) und ordnet die **maximal zulässige Menge** zu. Das ist im Zahlenbeispiel das Feld i = 1, j = 4 mit $x_{14} = 130$. Da die Zeile (bzw. Spalte) noch eine Restmenge enthält, wird das nächstgünstigste Feld der Zeile (bzw. Spalte) gesucht und wiederum mit der **größtmöglichen** Menge belegt. Das ist im Zahlenbeispiel $x_{12} = 20$. Dann wird in der zweiten Zeile (bzw. Spalte) das kostengünstigste Feld aus den Spalten (bzw. Zeilen), die noch einen Bedarf (bzw. Angebot) aufweisen, ausgesucht und mit der größtmöglichen Menge belegt. Im Beispiel ist das $x_{21} = 30$. Da damit im Beispiel das Angebot der 2. Zeile erfüllt ist, wird aus der dritten Zeile das kostengünstigste Feld aus den Spalten aufgesucht, die noch Bedarf aufweisen und mit der größtmöglichen Menge belegt:

$x_{32} = 10$; $x_{31} = 50$; $x_{33} = 60$.

Es ergibt sich folgende **Ausgangsmatrix:**

Tabelle72 : Zulässige Ausgangslösung nach Zeilenfolgeverfahren

von i \ nach j	1	2	3	4	a_i
1	34	23 $20^{(2)}$	30	22 $130^{(1)}$	150
2	40 $30^{(3)}$	41	47	28	30
3	28 $50^{(5)}$	26 $10^{(4)}$	38 $60^{(6)}$	21	120
b_j	80	30	60	130	300

Die hochgestellten Markierungsziffern geben wieder die Reihenfolge bei der Belegung an. Die Transportkosten dieser Lösung betragen:

$$K = 23 \cdot 20 + 22 \cdot 130 + 40 \cdot 30 + 28 \cdot 50 + 26 \cdot 10 + 38 \cdot 60$$
$$\underline{K = 8.460}$$

Die bisher behandelten Verfahren haben den gleichen Nachteil: der anfänglich hohe Freiheitsgrad wird immer mehr eingeschränkt, so dass trotz guten Beginns am Ende oft sehr ungünstige Zuordnungen hingenommen werden müssen. (Das gleiche gilt übrigens auch für das **Prinzip des besten Nachfolgers** beim „Travelling Salesman Problem“). Dieser Nachteil tritt bei einem von *Vogel* (*Reinfeld, N.V., Vogel, W.R.*, 1958) entwickelten Verfahren nicht oder nur in geringem Maße auf.

cc) Vogel´s Approximations-Methode

Bei **Vogel´s Approximations-Methode (VAM)** werden für jede Zeile und Spalte der Einheits-Transportkostenmatrix die Kostendifferenzen zwischen dem zweitgünstigsten um dem günstigsten Kostenelement gebildet. Dann wird in der Zeile oder Spalte mit der maximalen Differenz dem Feld mit dem günstigsten Kostenelement - das an der maximalen Kostendifferenz beteiligt ist - die größtmögliche Menge zugeordnet. (Die **größtmögliche** Menge ist immer zuzuordnen, da mit jeder Mengenzuweisung - abgesehen vom Fall der „Degeneration“ [s. Abschnitt 2., S. 134 f.] - genau **eine Gleichung** [eine Spalten- oder Zeilengleichung] erfüllt wird). Anschließend wird diese Vorgehensweise für die verbleibenden Zeilen und Spalten wiederholt, bis alle Mengen zugeordnet sind. Nach VAM erhält man für das Zahlenbeispiel folgende zulässige Lösung:

Tabelle 73: Zulässige Ausgangslösung nach VAM

nach j / von i	1	2	3	4	a_i	Kostendifferenzen der Zeilen
1	34	23 $30^{(5)}$	30 $60^{(2)}$	22 $60^{(6)}$	150	23 – 22 = 1
2	40	41	47	28 $30^{(1)}$	30	40 – 28 = 12
3	28 $80^{(3)}$	26	38	21 $40^{(4)}$	120	26 – 21 = 5
b_j	80	30	60	130	300	
Kostendifferenzen der Spalten	34 – 28 = 6	26 – 23 = 3	38 – 30 = 8	22 – 21 = 1		

Die hochgestellten Markierungsziffern geben wieder die Reihenfolge bei der Belegung an. Die gebildeten Kostendifferenzen der Zeilen und Spalten zeigen, dass das Kostenelement $c_{24} = 28$ des Feldes i = 2 und j = 4 an der Bildung der größten Kostendifferenz mit $c_{21} - c_{24} = 40 - 28 = 12$ beteiligt ist. x_{24} ist mithin die **maximal** zulässige Menge ($x_{24} = 30$) zuzuordnen. Für die Restmatrix sind wiederum die Kostendifferenzen für alle Zeilen und Spalten zu bilden. Das Kostenelement c_{13} = 30 ist jetzt an der größten Differenz beteiligt. Entsprechend ist x_{13} die **größtmögliche** Menge zuzuordnen: x_{13} = 60. Von der verbleibenden Restmatrix ist c_{31} = 28 an der größten Differenz beteiligt. x_{31} wird mit 80 belegt usw. Die Transportkosten der Lösung nach VAM betragen:

$$K = 23 \cdot 30 + 30 \cdot 60 + 22 \cdot 60 + 28 \cdot 30 + 28 \cdot 80 + 21 \cdot 40$$
$$\underline{K = 7.730}$$

Dieses Verfahren hat den Vorzug, dass nicht die absoluten Kosten für die Zuteilung maßgebend sind, sondern durch die Differenzenbildung Abhängigkeiten in der Kostenstruktur des Transportproblems berücksichtigt werden. Vogel's Approximationsmethode führt im Allgemeinen zu sehr guten Ausgangslösungen, die nahe an das Optimum herankommen (in diesem Beispiel ist die ermittelte Ausgangslösung bereits die Optimallösung; s. S. 133; dieser Tatbestand ist jedoch nicht zwingend). Allerdings ist der Aufwand zur Ermittlung der Ausgangslösung schon relativ hoch. Es gibt verschiedene andere Ansätze zur Ermittlung einer zulässigen Ausgangslösung - z.B. die Methode der Umformung der Einheits-Transportkosten-Matrix (*Krekó, B.,* 1973, S.16 ff.), die Frequenzmethode von *J. Habr* (1961, S. 1069 ff.) oder voroptimierende Verfahren (*Müller-Merbach, H.,* 1973, S. 312 f.) -.

2. Problem der Degeneration

Bei der Bestimmung einer zulässigen Lösung kann der Fall auftreten, dass die Summe der belegten Mengen zwar gleich der gesamten Transportmenge ist, jedoch die Anzahl der belegten Elemente (Felder) die Zahl m + n – 1 nicht erreicht. In diesem Fall liegt **Degeneration (Entartung)** vor. (Dieser Fall tritt immer dann auf, wenn mit einer Mengenzuweisung zugleich **zwei** Gleichungen erfüllt werden, nämlich eine Spalten- und eine Zeilengleichung). Das noch darzustellende Iterationsverfahren der Transportmethode versagt bei „degenerierten“ (entarteten) Problemen. Es gibt jedoch ein einfaches Mittel, um die Degeneration zu beheben. Dazu sind so viele freie Elemente (L-Felder) mit **Null als Basisvariable** zu belegen, bis die Zahl der belegten Elemente (= Basisvariablen) gleich m + n – 1 ist. Auch diese mit Null belegten Elemente x_{ij} repräsentieren also Basisvariablen.

Zur Belegung mit Null sind solche freien Elemente auszuwählen, die gewährleisten, dass nach erfolgter Belegung kein Element als **einziges** in einer Zeile **und** Spalte belegt ist.

Zahlenbeispiel:

Tabelle 74: Degenerierte Lösung

nach j / von i	1	2	3	4	a_i
1	80	(0)	60	10	150
2		*30*			30
3				120	120
b_j	80	30	60	130	300

$x_{22} = 30$ ist das einzige Element, das in der Zeile 2 und Spalte 2 belegt ist. Das Problem ist degeneriert. In der Mengenmatrix ist z.B. das Mengenelement x_{12} mit Null zu belegen. Zur Auswahl stehen die freien Elemente (L-Felder) x_{12}, x_{21}, x_{23}, x_{24} und x_{32} (nicht hingegen x_{31} und x_{33}). Die Auswahl des Elements, das mit einer Null eine Basisvariable repräsentieren soll, kann durch einen Zufallsmechanismus erfolgen.

3. Iterationsprozess der Transportmethode

Durch den Iterationsprozess der **Transportmethode** wird eine Folge von zulässigen Lösungen erzeugt, bei denen die Gesamttransportkosten stets abnehmen, bis das Kostenminimum (Optimallösung) erreicht ist.
Zur Bestimmung der optimalen Lösung des Transportproblems ist eine Reihe von Methoden entwickelt worden. Weit verbreitet ist die **modifizierte Distributionsmethode** (auch MODI-Methde, UV-Methode oder Methode der Potenziale genannt) und die **Stepping-Stone-Methode**.

Sowohl die **MODI-Methode** als auch die **Stepping-Stone-Methode** bauen auf dem Tatbestand auf, dass die optimale Lösung auch eine Basislösung sein muss.

a) Modifizierte Distributionsmethode (MODI-Methode)

Die MODI-Methode besteht entsprechend der Simplexmethode aus:

(1) der Prüfung einer zulässigen Lösung auf Optimalität,
(2) der Auswahl einer in die Basislösung einzuführenden Nichtbasisvariablen,
(3) dem Variablentausch.

Zur Prüfung auf Optimalität dienen die **Opportunitätskosten**. Für die (von Null verschiedenen) Basisvariablen x_{ij} werden im ersten Schritt die **Potenziale** u_i und v_j berechnet:

$$u_i = c_{ij} - v_j$$

$$v_j = c_{ij} - u_i$$

D.h. die u-Werte für die Zeilen und v-Werte für die Spalten werden so festgelegt, dass für die **besetzten Felder** (B-Felder) der zulässigen Lösung der Bedingung $u_i + v_j = c_{ij}$ genügt wird. Das ist bei nichtdegenerierten Lösungen immer eindeutig erreichbar, wenn ein Potenzial (u- oder v-Wert) frei gewählt wird. In der Regel wird $u_1 = 0$ gesetzt (gemäß Konvention). Aus rechentechnischen Gründen ist es zweckmäßig, die Potenziale als zusätzliche Spalte u_i und Zeile v_j der Transportmatrix hinzuzufügen. An unserem Zahlenbeispiel wird die Bildung der Potenziale demonstriert (zulässige Ausgangslösung nach Matrixminimumverfahren, vgl. Tabelle 71, S. 131):

Tabelle 75: Bildung der Potenziale u_i und v_j

von i \ nach j	u_i \ v_j	1	2	3	4	a_i
		34	23	30	22	
1	0	[34] 50	[23] 30	[30] 60	[22] 10	150
2	6	[40] 30	[41]	[47]	[28]	30
3	-1	[28]	[26]	[38]	[21] 120	120
b_j		80	30	60	130	300

Das System von Gleichungen, in dem die c_{ij} der besetzten Felder (Basisvariablen) durch die u_i- und v_j-Werte ausgedrückt werden, besteht aus sechs Gleichungen mit sieben Unbekannten. Die willkürliche (freie) Festlegung einer Unbekannten (gewöhnlich $u_1 = 0$) führt also zu einem Gleichungssystem, in dem die verbleibenden sechs Unbekannten durch einfache Elimination berechnet werden können.

Nebenberechnung (für die c_{ij} kommen nur die besetzten Felder in Frage):

$u_1 = 0$ (frei gewählt)

$v_1 = c_{11} - u_1 = 34 - 0 = 34$
$v_2 = c_{12} - u_1 = 23 - 0 = 23$
$v_3 = c_{13} - u_1 = 30 - 0 = 30$

$v_4 = c_{14} - u_1 = 22 - 0 = 22$
$u_2 = c_{21} - v_1 = 40 - 34 = 6$
$u_3 = c_{34} - v_4 = 21 - 22 = -1$

Den Zeilen und Spalten der zulässigen - auf Optimalität hin zu prüfenden - Lösungen werden also Potenziale (u_i- bzw. v_j-Werte) zugeordnet. Zu jedem Element der Kostenmatrix gehören also zwei Potenziale, ein Zeilenpotenzial u_i und ein Spaltenpotenzial v_j.

Diese Potenziale werden - wie bereits dargelegt - so bestimmt, dass die Summe der Potenziale, die zu einem **besetzten** Kostenelement c_{ij} gehören, gleich dem betreffenden Kostenelement c_{ij} sind.

Für die nicht besetzten Elemente $x_{ij} = 0$ (Nichtbasisvariablen; L-Felder) werden im zweiten Schritt die **Opportunitätskosten** oc_{ij} ermittelt. Aus den Potenzialen werden zunächst die z_{ij}-Werte gebildet: $z_{ij} = u_i + v_j$. Die Differenzen $c_{ij} - z_{ij}$ sind die **oc-Werte** für die **Nichtbasisvariablen** (Nullvariablen) (L-Felder): $oc_{ij} = c_{ij} - z_{ij}$. Die Opportunitätskosten oc_{ij} der **Nichtbasisvariablen** sind also die Differenzen aus den Einheits-Transportkosten der Nichtbasisvariablen und den z_{ij}-Werten. Diese Differenzen **(Opportunitätskosten**, **Schattenpreise)** geben Auskunft über die **Optimalität der vorliegenden Basislösung.** Sind alle Differenzen $(c_{ij} - z_{ij}) \geq 0$, so liegt die optimale Lösung vor. Existieren noch negative Differenzen $(c_{ij} - z_{ij}) < 0$, so sind noch Verbesserungen möglich, die Optimallösung ist noch nicht erreicht (= **„Transportkriterium"**). Bei der Ermittlung der oc_{ij} (für die L-Felder = Nichtbasisvariablen) werden nämlich die Einheits-Transportkosten z_{ij} der B-Felder (= Basisvariablen) jeweils von den Einheits-Transportkosten der L-Felder subtrahiert; ist diese Differenz negativ, so zeigt dies, dass die Einheits-Transportkosten der konkurrierenden L-Felder niedriger sind als die der entsprechenden B-Felder. In der **Matrix der Transportmethode** werden die Opportunitätskosten oc_{ij} links unten in die entsprechenden Felder der Nichtbasisvariablen („L-Felder") eingetragen. Für das Zahlenbeispiel ergeben sich folgende oc-Werte (ausgehend von der zulässigen Ausgangslösung nach Matrixminimumverfahren, vgl. Tabelle 71, S. 131):

Tabelle 76: Matrix der Transportmethode mit Potenzialen u_i, v_j und Opportunitätskosten oc_{ij}

von i	nach j	1	2	3	4	a_i
	u_i \ v_j	34	23	30	22	
1	0	−Δ 34 50	23 30	30 60	+Δ 22 10	150
2	6	40 30	41 +12	47 +11	28 0	30
3	−1	+Δ 28 −5	26 +4	38 +9	−Δ 21 120	120
b_j		80	30	60	130	300

Die **negativen Werte der Opportunitätskosten** zeigen an, dass das **Optimum noch nicht vorliegt**. Sie geben an, um wie viel sich die Transportkosten vermindern, wenn das zugehörige Mengenelement x_{ij} (Nichtbasisvariable) mit **einer Einheit** belegt wird. Entsprechend der **„Steepest Unit Ascent"- Version** der Simplexmethode wird auch bei der Transportmethode diejenige Nichtbasisvariable für die Aufnahme in die Lösung ausgewählt, die den größten Zielfunktionsbeitrag pro Mengeneinheit erbringt. Von allen negativen Werten der Opportunitätskosten oc_{ij} wird also der minimale ausgewählt. Die zugehörige Nichtbasisvariable wird mit einem noch zu bestimmenden Wert in die Basislösung aufgenommen. Die Aufnahme einer Nichtbasisvariablen in die Basislösung bedeutet die Belegung des zugehörigen freien Feldes (L-Feldes) in der Transportmengenmatrix und zugleich das Ausscheiden einer bisherigen Basisvariablen. Durch die Besetzung eines L-Feldes muss ein bisher besetztes Feld (B-Feld) frei werden (m + n – 1 Basisvariablen). Darüber hinaus hat der Austausch der Variablen zur Lösungsverbesserung so zu erfolgen, dass keine der Beschränkungen a_i bzw. b_j verletzt wird, d.h. die Angebots- und Nachfragegleichungen müssen weiterhin erfüllt bleiben.

Im Zahlenbeispiel ist x_{31} die Nichtbasisvariable mit dem minimalen oc-Wert ($oc_{31} = -5$). Die Nichtbasisvariable x_{31} ist also in die Lösung aufzunehmen, d.h. in der ersten Iteration (Verbesserungsschritt) ist das Feld i = 3 und j = 1 mit Mengeneinheiten zu belegen. Wird das Feld i = 3 und j = 1 mit dem Wert Δ (noch unbekannte Menge in ME) belegt ($x_{31} = \Delta$), so muss in der gleichen Zeile i = 3 ein belegtes Feld um Δ vermindert werden. Im Beispiel ist dies das Feld i = 3 und j = 4 (mit $x_{34} = 120 - \Delta$). Dies ist notwendig, damit die dritte Zeilengleichung wieder erfüllt ist. Diese Verminderung hat eine Vermehrung eines anderen B-Feldes zur Folge und so weiter, bis als Letztes ein B-Feld in der gleichen Spalte, in welcher der **Zyklus** (auch **Kreis** genannt) durch Neubelegung begann, um Δ verringert wird. Der Zyklus kann natürlich auch in umgekehrter Reihenfolge durchlaufen werden. Zu bemerken ist, dass ausgehend von einem L-Feld - also einer Nichtbasisvariablen, die wegen eines negativen oc-Wertes in die Lösung eingeführt werden soll - man bei diesem Zyklus zum selben Element einer „Turmbewegung" (nach der Gangart des Turms beim Schachspiel) zurückkehrt, indem man die Richtung immer bei einem B-Feld wechselt. Bei dem damit gewonnenen **geschlossenen Weg** werden also **nur** - abgesehen von dem Ausgangsfeld (Nichtbasisvariable, die in die Lösung aufgenommen werden soll) - **B-Felder tangiert**.
Dieser Weg der Transportmengenänderungen in der Transportmatrix wird auch **„Polygonzug"** genannt. Es lässt sich zeigen, dass es für jedes L-Feld einen einzigen zusammenhängenden Polygonzug gibt (*Bloech, J.*, 1974 S. 186). Entlang der Ecken des geschlossenen Weges wechselt das Vorzeichen für Δ alternierend.

Im Zahlenbeispiel haben folgende Transportmengenänderungen zu erfolgen (vgl. Tabelle 76);

$$x_{31} = +\Delta; \quad x_{34} = 120 - \Delta; \quad x_{14} = 10 + \Delta; \quad x_{11} = 50 - \Delta$$

Welchen Wert soll nun Δ annehmen?
Da die Opportunitätskosten der in die Basislösung aufzunehmenden Variablen angeben, um wie viel sich die Transportkosten vermindern, wenn die zugehörige Variable mit **einer** Mengeneinheit belegt wird, hat Δ den größtmöglichen Wert anzunehmen. Δ kann so groß wie das kleinste Eckelement des geschlossenen Weges sein, von dem Δ abgezogen wird **(Nichtnegativitätsbedingung)**. An die Stelle dieses kleinsten zu vermindernden Eckelementes des Zyklus tritt ein freies Feld (L-Feld), die entsprechende Variable wird zur Nichtbasisvariablen. Auf diese Weise wird die **Variable bestimmt, die aus der Lösung auszuscheiden hat**, d.h. zur **Nullvariablen** wird.
Im Zahlenbeispiel ist x_{11} die neue Nichtbasisvariable (Nullvariable) und $\Delta = 50$. In der ersten Iteration wird also x_{31} mit 50 ME in die Lösung aufgenommen und x_{11} aus der Basislösung eliminiert (Variablentausch: Austausch von x_{11} gegen x_{31}). Die Verbesserung einer Iteration beträgt jeweils $oc_{ij} \cdot \Delta$ (oc_{ij} = Opportunitätskosten, die zur Nichtbasisvariablen gehören, die in die Lösung eingeführt, d.h. belegt werden soll).
Im Beispiel beläuft sich die Transportkostenminderung der ersten Iteration auf $oc_{31} \cdot \Delta = (-5) \cdot 50 = -250$.

Diese Transportkostenänderung lässt sich auch wie folgt errechnen:

Kostenzunahme:	x_{13} um 50 ME mit 28 GE/ME = 1.400	
	x_{14} um 50 ME mit 22 GE/ME = 1.100	
		+ 2.500
Kostenabnahme:	x_{11} um 50 ME mit 34 GE/ME = 1.700	
	x_{14} um 50 ME mit 21 GE/ME = 1.050	
		–2.750
	Kostenminderung per Saldo	– 250

Nachdem die Transportkosten der zulässigen Ausgangslösung nach Matrixminimumverfahren $K_1 = 8.130$ Geldeinheiten (GE) betragen (vgl. Tabelle 71, S. 131), reduzieren sich diese nach der ersten Iteration auf:

$$K_2 = K_1 + oc_{31} \cdot \Delta = 8.130 - 250$$
$$\underline{K_2 = 7.880}$$

Die neue Transportmatrix nach der ersten Verbesserung (Iteration) lautet:

Tabelle 77: Matrix der Transportmethode nach der ersten Iteration (mit Potenzialen u_i, v_j und Opportunitätskosten oc_{ij})

von i \ nach j	u_i \ v_j	1	2	3	4	a_i
		29	23	30	22	
1	0	34 +5	23 30	30 60	22 60	150
2	11	−Δ 40 30	41 +7	47 +6	+Δ 28 −5	30
3	−1	+Δ 28 50	26 +4	38 +9	−Δ 21 70	120
b_j		80	30	60	130	300

Die Transportkosten dieser zulässigen Lösung nach der ersten Iteration betragen:

$$K_2 = 30 \cdot 23 + 60 \cdot 30 + 60 \cdot 22 + 30 \cdot 40 + 50 \cdot 28 + 70 \cdot 21$$
$$\underline{K_2 = 7.880}$$

Da ein oc-Wert noch negativ ist ($oc_{24} = -5$), liegt die optimale Lösung noch nicht vor (Transportkriterium). Das freie Element x_{24} ist zu belegen, um eine weitere Verbesserung zu erreichen. Der geschlossene Zyklus ist in der obigen Matrix (Tabelle 77) markiert (+Δ bzw. −Δ). Δ ist 30 ME. Die seitherige Nichtbasisvariable x_{24} wird mit 30 ME in die Lösung eingeführt und dafür wird x_{21} aus der Lösung herausgenommen (Variablentausch). Folgende Mengenänderungen haben in der zweiten Iteration zu erfolgen:

$$x_{24} = +30, \quad x_{21} = 30 - 30, \quad x_{31} = 50 + 30, \quad x_{34} = 70 - 30$$

Die Transportkostenminderung der zweiten Iteration beläuft sich auf $oc_{24} \cdot \Delta = (-5) \cdot 30 = -150$. Die Transportkosten nach der zweiten Iteration betragen:

$$K_3 = K_2 + oc_{24} \cdot \Delta = 7.880 - 150$$
$$\underline{K_3 = 7.730}$$

Die neue Transportmatrix nach der zweiten Verbesserung (Iteration) lautet:

Tabelle 78: Matrix der Transportmethode nach der zweiten Iteration (mit Potenzialen u_i, v_j und Opportunitätskosten oc_{ij}) - Optimallösung

von i \ nach j	u_i \ v_j	1	2	3	4	a_i
		29	23	30	22	
1	0	34 +5	23 30	30 60	22 60	150
2	6	40 +5	41 +12	47 +11	28 30	30
3	−1	28 80	26 +4	38 +9	21 40	120
b_j		80	30	60	130	300

Da alle Opportunitätskosten nichtnegativ sind ($oc_{ij} \geq 0$), ist die **optimale (transportkostenminimale)** Lösung erreicht. Die **minimalen Transportkosten** betragen:

$$K_3 = 30 \cdot 23 + 60 \cdot 30 + 60 \cdot 22 + 30 \cdot 28 + 80 \cdot 28 + 40 \cdot 21$$
$$\underline{K_3 = 7.730}$$

Der optimale Transportplan lautet:

Fabrik 1 liefert an Auslieferungslager 2	30 ME	($x_{12} = 30$)
an Auslieferungslager 3	60 ME	($x_{13} = 60$)
an Auslieferungslager 4	60 ME	($x_{14} = 60$)
Fabrik 2 liefert an Auslieferungslager 4	30 ME	($x_{24} = 30$)
Fabrik 3 liefert an Auslieferungslager 1	80 ME	($x_{31} = 80$)
an Auslieferungslager 4	40 ME	($x_{34} = 40$)

Die übrigen x_{ij}-Elemente (der L-Felder) haben als Nichtbasisvariablen den Wert Null.

b) Stepping-Stone-Methode

Zur Erläuterung der **Stepping-Stone-Methode** - sie ähnelt in wesentlichen Punkten der MODI-Methode - gehen wir wieder von der nach **Matrixminimumverfahren** gefundenen zulässigen Basislösung aus (vgl. Tabelle 71, S. 131). Zunächst werden für alle **nicht**

besetzten Felder (L-Felder) der zulässigen Basislösung **Kostendifferenzen** d_{ij} gebildet. Diese Kostendifferenzen werden über **Rundwege (Austauschpfade, Stepping-Stone-Pfade, Zick-Zack-Kurse)**, die ausschließlich über **besetzte Felder** (Basisvariablen) führen, berechnet. Die Kostendifferenzen geben Auskunft darüber, ob ein bisher nicht belegtes Feld (Nichtbasisvariable) zu einer Verbesserung (Verminderung der Gesamttransportkosten) beitragen kann. Für negative Kostendifferenzen ($d_{ij} < 0$) sind Verbesserungen möglich. Sind alle Kostendifferenzen positiv ($d_{ij} > 0$), so liegt die optimale Lösung vor **(Transportkriterium)**. Ist $d_{ij} = 0$, so existieren mehrdeutige Lösungen **(Mehrfachlösungen)**. Nach der **„Steepest Unit Ascent“**-Version (entsprechend bei der Simplexmethode) wird die Nichtbasisvariable x_{ij} mit dem minimalen Betrag der negativen Kostendifferenzen d_{ij} in die Lösung eingeführt. Eine andere Variable (eine bisherige Basisvariable) muss dafür weichen (Variablentausch).
Die neu einzuführendeVariable x_{ij} wird mit der **größtmöglichen Menge** belegt. Aus der **Nichtnegativitätsbedingung** ($x_{ij} \geq 0$ für alle i und alle j) ergibt sich, wie groß die Mengenänderung höchstens sein kann und welche Variable aus der Lösung herauszunehmen ist. Dieses Verfahren wird solange wiederholt, bis alle Kostendifferenzen nichtnegativ sind (Iterationsverfahren).
Die für die L-Felder ermittelten Kostendifferenzen d_{ij} können links unten in die entsprechenden Felder der Nichtbasisvariablen eingetragen werden. Für die Berechnung der Kostendifferenz d_{31} ist der Austauschpfad in Tabelle 79 markiert:

Tabelle 79: Matrix der Transportmethode mit Kostendifferenzen d_{ij}

nach j / von i	1	2	3	4	a_i
1	34 50	23 30	30 60	22 10	150
2	40 30	41 +12	47 +11	28 0	30
3	28 −5	26 +4	38 +9	21 120	120
b_j	80	30	60	130	300

Die Belastung des Feldes i = 3, j = 1 mit einer Transportmengeneinheit führt zu Mehrkosten von 28 Geldeinheiten (GE). Damit die dritte Zeilengleichung erfüllt wird, ist das Mengenelement x_{34} um eine Transportmengeneinheit zu entlasten. Das führt zu einer Kostenersparnis von 21 GE. Damit die Gleichungen der Spalten j = 1 und j = 4 erfüllt werden, muss das Mengenelement x_{14} um eine Mengeneinheit erhöht - Transportkostenzu-

nahme 22 GE - und das Mengenelement x_{11} um eine ME vermindert werden - Transportkostenersparnis 34 GE.
Im Gesamtergebnis erhalten wir also durch den Austausch von einer Mengeneinheit auf diesem **Stepping-Stone-Pfad** die Kostendifferenz $d_{31} = 28 - 21 + 22 - 34 = -5$. Würde man also die Variable x_{31} in die Lösung aufnehmen, so würde das pro transportierte Mengeneinheit eine Kostenersparnis von 5 GE bedeuten. Maximal wären 50 ME auf diesem Pfad austauschbar (x_{31} würde mit 50 ME für x_{11} in die Lösung eingeführt). Die übrigen Kostendifferenzen setzen sich wie folgt zusammen:

$$d_{22} = 41 - 23 + 34 - 40 = 12$$
$$d_{23} = 47 - 30 + 34 - 40 = 11$$
$$d_{24} = 28 - 22 + 34 - 40 = 0$$
$$d_{32} = 26 - 23 + 22 - 21 = 4$$
$$d_{33} = 38 - 30 + 22 - 21 = 9$$

Die Lösung (gem. Tabelle 79) weist also noch eine negative Differenz ($d_{31} = -5$) auf, so dass noch Verbesserungsmöglichkeiten bestehen. In der ersten Iteration ist die Variable x_{31} mit 50 ME in die Lösung einzuführen und dafür x_{11} aus der Lösung herauszunehmen (Variablentausch).

Vergleicht man die Tabellen 79 und 76, so zeigt sich, dass die Kostendifferenzen d_{ij} der Stepping-Stone-Methode den Opportunitätskosten oc_{ij} der MODI-Methode entsprechen; lediglich die Berechnungsweise ist verschieden. Im Übrigen entspricht die Vorgehensweise nach der Stepping-Stone-Methode der nach der MODI-Methode. Im Vergleich zur Stepping-Stone-Methode ist die MODI-Methode die handlichere.

C. Mehrdeutige Lösungen

Ein Transportproblem muss nicht immer eine eindeutige Lösung haben. Es können **mehrere optimale Lösungen** existieren. Man spricht dann von **Mehrfachlösungen** oder von **mehrdeutigen Lösungen**. Eine Mehrfachlösung ist in der Matrix der Transportmethode dadurch gekennzeichnet, dass oc-Werte, die **Nichtbasisvariablen** zugeordnet sind, den Wert **Null** haben. (Die oc-Werte, die Basisvariablen zugeordnet sind, haben immer den Wert Null). Duch Hereinnahme einer Nichtbasisvariablen in die Lösung, deren zugeordneter oc-Wert Null ist, ändert sich das Kostenniveau nicht (Kostenänderung einer Iteration ist nämlich: $oc \cdot \Delta$; als Beispiel sei auf Tabelle 82 verwiesen: dort ist $oc_{22} = 0$). Sind hingegen die zu einem freien Element (einer Nichtbasisvariablen) gehörenden oc-Werte in einem Programm ausnahmslos positiv, so existiert nur eine einzige optimale Lösung.

D. Offene Transportprobleme (fiktive Anbieter und Nachfrager)

Die Anwendung der Transportmethode setzt ein geschlossenes Transportmodell voraus. Es muss also das Gesamtangebot $\sum_{i=1}^{m} a_i$ der Gesamtnachfrage (dem Gesamtbedarf) $\sum_{j=1}^{n} b_j$ entsprechen. Bei praktischen Problemen dürfte diese Prämisse wohl kaum erfüllt sein. Vielmehr herrschen in der Praxis die **offenen Transportprobleme** vor, bei denen **Gesamtnachfrage und Gesamtangebot nicht übereinstimmen**. Dabei sind die Fälle **Nachfrage größer als das Angebot** oder **Angebot größer als die Nachfrage** denkbar. Jedes offene Transportproblem lässt sich durch **Einfügen eines fiktiven Anbieters** bzw. **Nachfragers („Dummy - Angebot“** bzw. **„Dummy - Nachfrage“)** in ein geschlossenes Modell umwandeln.

1. Fall 1: Angebotsmenge größer als Bedarfsmenge

In diesem Fall wird eine **zusätzliche fiktive Bedarfsstelle** in das Modell aufgenommen, die genau die **überschüssige Angebotsmenge aufnimmt**. Man ergänzt also die Matrix der Transportmethode um eine Nachfragespalte, die den Überhang ausgleicht. Die Vorgehensweise soll demonstriert werden an einem Beispiel, in dem eine **Angebotsauswertung** vorgenommen wird. Dieses Beispiel verdeutlicht auch die Vielfalt der Anwendungsmöglichkeiten der Transportmethode.

Beispiel:

Ein Warenhaus wünscht folgende Posten an Damenkleidern einzukaufen:

Kleidergröße	34	36	38	40	42
Menge in Stück	75	100	250	350	200

Von drei verschiedenen Kleiderfabriken werden Angebote eingeholt. Die Hersteller bieten an, die nachstehenden Mengen an Kleidern liefern zu können:

Kleiderfabrik	A	B	C
Angebotsmenge in Stück	420	400	380

Die Angebotspreise je Kleidergröße und Hersteller sind (in GE je Kleid):

		Kleidergröße				
		34	36	38	40	42
	A	100	120	140	160	180
Hersteller	B	115	140	150	180	190
	C	165	180	185	190	195

Gesucht ist das **kostenminimale Einkaufsprogramm** für das Warenhaus!

Die Angebotsmenge $\sum_{i=1}^{3} a_i = 1.200$ Stück ist um 225 Stück größer als die Nachfragemenge mit $\sum_{j=1}^{5} b_j = 975$ Stück. Für diese Differenz wird eine **fiktive Nachfrage** über 225 Stück Kleider eingeführt. Da es für die fiktive Nachfrage gleichgültig ist, von welchem Hersteller sie gedeckt wird, können die Kostenelemente gleich Null gewählt werden. Dann bildet sich die optimale Lösung nur in Abhängigkeit der tatsächlichen Angebotspreise. Unter Verwendung des Matrixminimumverfahrens - dabei ist die Spalte der fiktiven Nachfrage erst zu belegen, wenn die anderen Spalten erfüllt sind - ergibt sich folgende zulässige **Ausgangslösung**:

Tabelle 80: Ausgangslösung des Einkaufsprogramms nach Matrixminimumverfahren (mit Potenzialen und Opportunitätskosten)

Hersteller	Kleidergröße	34	36	38	40	42	fiktive Nachfrage	
	u_i \ v_j	100	120	140	170	180	−15	a_i
A	0	[100] 75	[120] 100	−Δ [140] 245	+Δ [160] −10	[180] 0	[0] 15	420
B	10	[115] 5	[140] 10	+Δ [150] 5	−Δ [180] 350	[190] 45	[0] 5	400
C	15	[165] 50	[180] 45	[185] 30	[190] 5	[195] 155	[0] „225“	380
b_j		75	100	250	350	200	„225“	1.200

Diese Ausgangslösung hat folgende Einkaufskosten:

$$K_1 = 75 \cdot 100 + 100 \cdot 120 + 245 \cdot 140 + 5 \cdot 150 + 350 \cdot 180 + 45 \cdot 190 + 155 \cdot 195 + 225 \cdot 0$$

$$\underline{K_1 = 156.325 \text{ GE}}$$

Der negative Opportunitätskostenwert $oc_{14} = -10$ zeigt an, dass diese Ausgangslösung verbesserungsfähig ist (Transportkriterium). Das Feld i = 1, j = 4 wird mit der Menge Δ belegt. Entsprechend wird das Feld i = 1, j = 3 um die Menge Δ vermindert, das Feld i = 2, j = 3 um die Menge Δ erhöht und das Feld i = 2, j = 4 um die Menge Δ vermindert,

damit das Gleichungssystem wieder erfüllt ist. Da $x_{13} = 245$ der minimale Wert der im Zyklus zu vermindernden Variablenwerte ist, wird $\Delta = 245$ Stück gesetzt.
Für die Lösung nach der ersten Iteration reduzieren sich die Einkaufskosten auf:

$$K_2 = K_1 + oc_{14} \cdot \Delta = 156.325 - 10 \cdot 245$$
$$\underline{K_2 = 153.875 \text{ GE}}$$

Die neue Lösung nach der ersten Verbesserung lautet:

Tabelle 81: Matrix der Transportmethode nach der ersten Iteration (mit Potenzialen und Opportunitätskosten)

Hersteller	Kleidergröße	34	36	38	40	42	fiktive Nachfrage	a_i
	u_i \ v_j	100	120	130	160	170	–25	
A	0	–Δ [100] 75	[120] 100	[140] 10	+Δ [160] 245	[180] 10	[0] 25	420
B	20	+Δ [115] –5	[140] 0	[150] 250	–Δ [180] 105	[190] 45	[0] 5	400
C	25	[165] 40	[180] 35	[185] 30	[190] 5	[195] 155	[0] „225“	380
b_j		75	100	250	350	200	„225“	1.200

Die Einkaufskosten dieser Lösung betragen:

$$K_2 = 75 \cdot 100 + 100 \cdot 120 + 245 \cdot 160 + 250 \cdot 150 + 105 \cdot 180$$
$$+ 45 \cdot 190 + 155 \cdot 195 + 225 \cdot 0$$
$$\underline{K_2 = 153.875 \text{ GE}}$$

Auch diese Lösung ist wegen $oc_{21} = -5$ noch nicht optimal (Transportkriterium). x_{21} wird mit der Menge Δ in die Lösung aufgenommen. x_{11} wird entsprechend um Δ vermindert, x_{14} um Δ vermehrt und schließlich x_{24} um Δ verkleinert. Das Gleichungssystem ist dann wieder erfüllt. Da $x_{11} = 75$ der minimale Wert der im Zyklus zu vermindernden Variablenwerte ist, wird hier Δ mit 75 Stück ermittelt (x_{11} scheidet aus der Lösung aus). Für die Lösung nach der zweiten Iteration reduzieren sich die Einkaufskosten auf:

$$K_3 = K_2 + oc_{21} \cdot \Delta = 153.875 - 5 \cdot 75$$
$$\underline{K_3 = 153.500 \text{ GE}}$$

Die Lösung nach der zweiten Verbesserung lautet:

Tabelle 82: Matrix der Transportmethode nach der zweiten Iteration - Optimallösung

Hersteller	Kleidergröße v_j / u_i	34	36	38	40	42	fiktive Nachfrage	
		95	120	130	160	170	–25	a_i
A	0	100 5	–Δ 120 100	140 10	+Δ 160 320	180 10	0 25	420
B	20	115 75	+Δ 140 0	150 250	–Δ 180 30	190 45	0 5	400
C	25	165 40	180 35	185 30	190 5	195 155	0 „225“	380
b_j		75	100	250	350	200	„225“	1.200

Die Einkaufskosten dieser Lösung betragen:

$$K_3 = 100 \cdot 120 + 320 \cdot 160 + 75 \cdot 115 + 250 \cdot 150 + 30 \cdot 180 + 45 \cdot 190 + 155 \cdot 195 + 225 \cdot 0$$

$$\underline{K_3 = 153.500 \text{ GE}}$$

Da alle Opportunitätskosten (oc-Werte) nichtnegativ sind, handelt es sich um ein kostenminimales Einkaufsprogramm **(Optimallösung).**

Das optimale Einkaufsprogramm lautet (Liefermenge in Stück):

		Kleidergröße 34	36	38	40	42
Hersteller	A		100		320	
	B	75		250	30	45
	C					155

Die Angebotsmenge des Herstellers C von 380 Stück Damenkleidern wird also nur mit 155 Stück in Anspruch genommen. Der oc-Wert in dem freien Feld (L-Feld) der zweiten Zeile und zweiten Spalte ist Null ($oc_{22} = 0$). Dies deutet darauf hin, dass **mehrere optimale Lösungen** existieren **(Mehrfachlösungen).** x_{22} könnte mit einer Menge Δ ($0 \leq \Delta \leq 30$) in die Lösung aufgenommen werden. Entsprechend wäre x_{12} um die Menge Δ zu vermindern, x_{14} um die Menge Δ zu vergrößern und x_{24} um die Menge Δ zu verkleinern (vgl. Markierung in Tabelle 82). Das System der Nebenbedingungsgleichungen wäre dann wieder erfüllt.

2. Fall 2: Bedarfsmenge größer als Angebotsmenge

Es liegt auf der Hand, dass in diesem Fall der **Ausgleich** über ein **zusätzliches Angebot** in dem Modell erreicht wird. Es wird eine weitere Angebotszeile in die **Matrix** der Transportmethode aufgenommen, die die Übernachfrage ausgleicht. Dabei kann es sich um eine reale Vergrößerung des Angebotes (wie etwa Zukauf, Einführung von Überstunden) handeln oder auch nur um ein **fiktives Angebot**. Dem fiktiven Angebot wären als Einheitskosten Nullelemente zuzuordnen. Aus dem optimalen Programm geht dann auch hervor, für welchen Bedarfsort (oder welche Bedarfsart) der Bedarf nicht oder nicht voll gedeckt wird.

E. Transportprobleme mit zusätzlichen Kapazitätsbeschränkungen

Es kann sein, dass die zu transportierenden (zuzuordnenden) Mengen auf einigen Transportverbindungen (Zuordnungsmöglichkeiten) unterhalb gewisser Schranken bleiben müssen. Wir betrachten zunächst den einfachen Fall, dass bestimmte Transportverbindungen (Zuordnungsmöglichkeiten) nicht benutzt werden dürfen ($x_{ij} = 0$). Die Behandlung solcher zusätzlicher Kapazitätsbeschränkungen soll erörtert werden an einem Beispiel aus dem Bereich der Maschinenbelegungsplanung:
Ein Industriebetrieb fertigt vier Produktarten P_j ($j = 1, 2, 3, 4$). Diese vier Produktarten können auf drei Maschinentypen M_i ($i = 1, 2, 3$) sukzessiv hergestellt werden. Der Dekkungsbeitrag je Mengeneinheit (ME) ist je nach Typ der benutzten Maschinen verschieden. Die nachstehende Tabelle zeigt die wöchentlich zu deckende Nachfrage und die benötigten Fertigungszeiten je Mengeneinheit und Produktart:

Produktart	Nachfrage je Woche in ME	Erforderliche Maschinenzeit in Stunden je ME
P_1	40	40
P_2	100	15
P_3	80	20
P_4	180	10

Die Maschinen können 50 Stunden je Woche (Planperiode) eingesetzt werden. Vom Maschinentyp M_1 stehen 20 Maschinen, vom Typ M_2 stehen 80 Maschinen und vom Typ M_3 stehen 40 Maschinen zur Verfügung. Die geplanten Verkaufspreise für die einzelnen Produktarten sind:

P_1: 600 GE/ME

P_2: 200 GE/ME

P_3: 400 GE/ME

P_4: 100 GE/ME

Die proportionalen Kosten in Abhängigkeit vom Maschinentyp betragen:

Maschinentyp	Produktart	proportionale Kosten in GE/ME
M_1	P_1	440
	P_2	155
	P_3	360
	P_4	65
M_2	P_1	480
	P_2	170
	P_3	360
	P_4	60
M_3	P_1	500
	P_2	140
	P_3	360
	P_4	80

Gesucht ist das **optimale (deckungsbeitragsmaximale) Maschinenbelegungsprogramm!**

Zunächst wird die in einer Woche nachgefragte Menge an Maschinenstunden ermittelt (Nachfrage nach den verschiedenen Produktarten P_1 bis P_4 in ME je Woche multipliziert mit der erforderlichen Maschinenzeit in Stunden je ME):

für P_1: $b_1 = 40 \cdot 40 = 1.600$ Maschinenstunden
P_2: $b_2 = 100 \cdot 15 = 1.500$ Maschinenstunden
P_3: $b_3 = 80 \cdot 20 = 1.600$ Maschinenstunden
P_4: $b_4 = 180 \cdot 10 = 1.800$ Maschinenstunden

Das Angebot an Maschinenstunden je Woche ergibt sich aus 50 Stunden je Woche multipliziert mit der Anzahl an verfügbaren Maschinen:

M_1: $a_1 = 1.000$ Maschinenstunden
M_2: $a_2 = 4.000$ Maschinenstunden
M_3: $a_3 = 2.000$ Maschinenstunden

Die Deckungsbeiträge g_{ij} ($i = 1, 2, 3$; $j = 1, 2, 3, 4$) in GE je Maschinenstunde sind: (Preis in GE/ME minus proportionale Kosten in GE/ME) dividiert durch die erforderliche Maschinenzeit in Stunden je ME. Die Deckungsbeiträge sind rechts oben in den Feldern der nachstehenden **Matrix der Transportmethode** eingetragen. Die zulässige Ausgangslösung ist nach VAM ermittelt:

Tabelle 83: Matrix der Transportmethode – zulässige Ausgangslösung nach VAM, die zugleich Optimallösung ist

Maschinentyp \ Produktart		P_1	P_2	P_3	P_4	fiktive Nachfrage	a_i
	u_i \ v_j	4	5	3	5	1	
M_1	0	4 1.000	3 2	2 1	3,5 1,5	0 1	1.000
M_2	–1	3 600	2 2	–Δ 2 1.600	4 1.800	+Δ 0 0	4.000
M_3	–1	2,5 0,5	4 1.500	+Δ 2 B-Feld	2 2	–Δ 0 „500“	2.000
b_j		1.600	1.500	1.600	1.800	„500“	7.000

In der vorstehenden zulässigen Ausgangslösung (nach VAM ermittelt) ist das überschüssige Angebot an Maschinenstunden durch eine **fiktive Nachfrage** von 500 Maschinenstunden ausgeglichen. Da es sich um ein Maximierungsproblem handelt, ergeben sich die Opportunitätskosten als die Differenzen $z_{ij} - g_{ij}$ für alle L-Felder ($z_{ij} = u_i + v_j$).

Eine **Maximierungsaufgabe** kann auch dadurch gelöst werden, dass man sie in eine **Minimierungsaufgabe überführt.** Das kann erreicht werden durch die Bildung einer **Komplementärmatrix** mit den Elementen p_{ij} zur Matrix der Deckungsbeiträge mit den Elementen g_{ij}, d.h. durch die Ergänzung der Werte der Deckungsbeiträge auf einen entsprechend hoch gewählten Wert q. Es ist also: $p_{ij} = q - g_{ij}$.
Man hat es dann mit einer Minimierungsaufgabe, d.h. einer **dualen** Aufgabe zur Maximierungsaufgabe zu tun. Die duale Lösung (des Minimierungsproblems) gibt die deckungsbeitragsmaximale Lösung wieder:

$$G_{max} = \bar{x}_{ij} q - (x_{ij} p_{ij})$$
$$G_{max} = \bar{x}_{ij} \cdot g_{ij}$$

Dabei sind mit $\bar{x}_{ij}$ die Verteilungsmengen der Optimallösung bezeichnet (vgl. *Angermann, A.,* 1963, S. 184).
Das hier in Tabelle 83 dargestellte Problem ist **degeneriert**. Zur Behebung der **Degeneration** wurde das Feld i = 3, j = 3 mit einer Null als Basisvariablenwert ($x_{33} = 0$) belegt (gekennzeichnet als B-Feld). Da alle oc-Werte - die links unten in den Feldern der Matrix der Transportmethode angegeben sind - nichtnegativ sind (Transportkriterium), ist bereits eine Optimallösung erreicht. Ein oc-Wert ist Null ($oc_{25} = 0$). Dies zeigt an, dass alternative Optimallösungen **(Mehrfachlösungen)** existieren.

x_{25} könnte mit einer Menge Δ ($0 \leq \Delta \leq 500$) in die Lösung aufgenommen werden. Entsprechend wäre x_{35} um Δ zu vermindern, x_{33} um Δ zu vergrößern und schließlich x_{23} um Δ zu verkleinern. Das Gleichungssystem wäre dann wieder erfüllt. Der maximale Gesamtdeckungsbeitrag der Lösung beträgt:

$$G = 1.000 \cdot 4 + 600 \cdot 3 + 1.600 \cdot 2 + 1.800 \cdot 4 + 1.500 \cdot 4$$
$$\underline{G = 22.200 \text{ GE}}$$

Das **Optimalprogramm** lautet:

Tabelle 84: Ergebnisdarstellung

Maschinentyp	Produktart	eingesetzte Maschinenstunden	Mengeneinheiten der Produktarten	proportionale Kosten in GE	geplante Erlöse in GE	geplante Deckungsbeiträge in GE	Anzahl der eingesetzten Maschinen
M_1	P_1	1.000	25	11.000	15.000	4.000	20
M_2	P_1	600	15	7.200	9.000	1.800	12
	P_3	1.600	80	28.800	32.000	3.200	32
	P_4	1.800	180	10.800	18.000	7.200	36
M_3	P_2	1.500	100	14.000	20.000	6.000	30
	„fiktive Nachfrage“	„500“	–	–	–	–	10 Maschinen Überschusskapazität

Abwandlung des Beispiels: **Zusätzliche Kapazitätsbeschränkungen**

Es wird angenommen, dass Produktart P_1 nicht auf Maschinentyp M_2 gefertigt werden kann. Das bedeutet, dass nur solche Programme zulässig sind, bei denen $x_{21} = 0$ ist. Das Problem lässt sich auf einfache Weise lösen, indem wir den Deckungsbeitrag g_{21} verändern, und zwar ersetzen wir den ursprünglichen Wert 3 durch einen sehr kleinen Wert. Da die Transportmethode hier zum Ziele hat, das Programm mit dem maximalen Deckungsbeitrag zu bestimmen, bedeutet dieser Schritt einen „automatischen Anreiz“, einen positiven Wert für x_{21} zu vermeiden (*Krekó, B.,* 1973, S. 31 ff.). Der sehr kleine Wert als Deckungsbeitrag, der einfach mit $-\mathbf{M}$ bezeichnet wird, braucht numerisch nicht bestimmt zu werden. Wir sehen $-\mathbf{M}$ als eine Zahl an, die so klein ist, dass sie praktisch unverändert bleibt, wenn sie um eine endliche Zahl vergrößert oder verkleinert wird. Wird das uns bekannte VAM-Verfahren angewendet, so erhalten wir:

Tabelle 85: Matrix der Transportmethode - zulässige Ausgangslösung nach VAM mit **Kapazitätsbeschränkung** $x_{21} = 0$ - zugleich Optimallösung

Maschinentyp \ Produktart		P_1	P_2	P_3	P_4	fiktive Nachfrage	
	u_i \ v_j	4	5,5	5,5	7,5	3,5	a_i
M_1	0	4 1.000	3 2,5	2 3,5	3,5 4	0 3,5	1.000
M_2	−3,5	−M M	2 100	2 1.600	4 1.800	0 „500“	4.000
M_3	−1,5	2,5 600	4 1.400	2 2	2 4	0 2	2.000
b_j		1.600	1.500	1.600	1.800	„500“	7.000

Die zulässige Ausgangslösung nach VAM hat einen Gesamtdeckungsbeitrag von:

$$G = 1.000 \cdot 4 + 100 \cdot 2 + 1.600 \cdot 2 + 1.800 \cdot 4 + 600 \cdot 2{,}5 + 1.400 \cdot 4$$
$$\underline{G = 21.700 \text{ GE}}$$

Da keine negativen Opportunitätskosten vorhanden sind ($oc_{ij} \geq 0$), ist die Optimallösung erreicht, so dass der Deckungsbeitrag von 21.700 GE G_{max} ist. Die **zusätzliche Kapazitätsbeschränkung** ($x_{21} = 0$) hat mithin eine Verschlechterung des Ergebnisses um 500 GE bewirkt (vgl. Tabelle 84).

Es kann auch vorkommen, dass mehrere Verbindungen nicht besetzt werden dürfen. In diesem Fall müssen wir bei der Maximierungsaufgabe mehrere g_{ij} durch sehr kleine Werte (−M) und bei der Minimierungsaufgabe mehrere Kostenelemente c_{ij} durch sehr große Werte (M) ersetzen. Die Behandlungsweise entspricht der oben beschriebenen. Es kann dabei passieren, dass ein positives x_{ij} auf irgendein −M bzw. M programmiert wird. Dies würde dann bedeuten, dass die betreffende Einschränkung nicht erfüllt werden kann, die Aufgabe keine Lösung hat.

Schwieriger ist die Behandlung von **Kapazitätsbeschränkungen** mit "≤" oder "≥"**-Bedingungen**.

Nehmen wir in der obigen Aufgabenstellung (Tabelle 83) an, dass aus irgendwelchen Gründen für Produktart P_1 **höchstens** 400 Maschinenstunden des Maschinentyps M_2 eingesetzt werden dürfen, so lautet die **Kapazitätsbeschränkung:**

$$x_{21} \leq 400$$

Diese Aufgabe kann nicht mehr durch eine Veränderung des Deckungsbeitrages g_{21} gelöst werden.

Das zulässige Ausgangsprogramm konstruieren wir nach einem der besprochenen Verfahren, z.B. nach VAM. Doch sind dabei gewisse Abweichungen notwendig. Als Erstes beginnen wir bei dem Element x_{21}, dem die **gegebene obere Schranke zugeordnet** wird, d.h. $x_{21} = 400$. Dadurch ist dieses Element **gesättigt**. Dann modifiziert man die Aufgabe mit dieser Menge an Maschinenstunden, d.h. man setzt $a_2 = 4.000 - 400 = 3.600$ und $b_1 = 1.600 - 400 = 1.200$ und führt die weiteren Rechenoperationen durch. Der Deckungsbeitrag g_{21} wird dabei mit einem sehr kleinen Wert (–M) belegt, damit nicht weitere Maschinenstunden auf das Mengenelement x_{21} programmiert werden:

Tabelle 86: Matrix der Transportmethode - zulässige Ausgangslösung nach VAM mit **Kapazitätsbeschränkung** $x_{21} \leq 400$ - zugleich Optimallösung

Maschinentyp \ Produktart	u_i \ v_j	P_1	P_2	P_3	P_4	fiktive Nachfrage	a_i
		4	5,5	3,5	5,5	1,5	
M_1	0	4 1.000	3 2,5	2 1,5	3,5 2	0 1,5	1.000
M_2	–1,5	–M M	2 2	2 1.600	4 1.800	0 „200“	3.600
M_3	–1,5	2,5 200	4 1.500	2 0	2 2	0 „300“	2.000
b_j		1.200	1.500	1.600	1.800	„500“	6.600

In dieser Lösung ist der Deckungsbeitrag g_{21} gleich –M gesetzt. Damit ist sichergestellt, dass keine weiteren Maschinenstunden (x_{21} ist bereits mit 400 Maschinenstunden gesättigt) x_{21} zugeordnet werden. Da alle Opportunitätskosten nichtnegativ sind, ist die gefundene Lösung $x_{21} = 400$ **optimal** (wegen $oc_{33} = 0$ existieren mehrere optimale Lösungen). Der maximale Gesamtdeckungsbeitrag beträgt:

$$G = 1000 \cdot 4 + 1600 \cdot 2 + 1800 \cdot 4 + 200 \cdot 2{,}5 + 1500 \cdot 4 +$$
$$+ 400 \cdot 3 \text{ (das bereits vorweg belegte Element } x_{21} \text{ mal } g_{21}\text{)}$$
$$\underline{G = 22.100 \text{ GE}}$$

Es wäre nun zu prüfen, ob x_{21} die obere Schranke mit 400 Maschinenstunden oder aber weniger anzunehmen hat. Es handelt sich um eine **postoptimale Betrachtung** des Problems, so dass sich aus Tabelle 83 plausibel ableiten lässt, dass $x_{21} = 400$ zu sein hat, da die Optimallösung **ohne zusätzliche Kapazitätsbeschränkung** x_{21} mit 600 Maschinenstunden aufweist.

F. Mehrstufige Transportprobleme - Umladeprobleme

Eine wesentliche Annahme bei der Anwendung der Transportmethode ist, dass die Distributionswege der Gütermengen von den Anbieterorten (Lieferorten) i zu den Bedarfsorten j bekannt sind und mithin die jeweiligen Transportkosten pro Mengeneinheit (c_{ij}) ermittelt werden können. In einigen Fällen steht jedoch der beste Verteilungsweg nicht von Anfang an fest, da die Möglichkeit zum **Umladen** des Gutes besteht (die Transportmengen laufen dann über **zwischengeschaltete Umladeorte** - dies können weitere Lieferorte oder Bedarfsorte sein). So kann es kostengünstiger sein, ein bestimmtes Frachtgut mit den regulären Transporten von Hafen 1 nach Hafen 2 und von dort nach Hafen 3 zu verschiffen, anstatt einen Extra-Transport unmittelbar von Hafen 1 nach Hafen 3 zu realisieren. Wenn mehrere Umladeorte existieren, ist es sinnvoll, das Transport-/Umladeproblem simultan zu lösen, damit die Transportmengen von den Lieferorten zu den Bedarfsorten **und** die Routen für die Transportmengen so bestimmt werden, dass die Transportkosten minimiert werden. Diese Erweiterung des Transportproblems um die Routenwahl **nennt** man **Umladeproblem** (Transshipment Problem).

Beispiel:
(vgl. hierzu auch *Hillier, F.S., Lieberman, G.J.*, 1997, S. 200 ff.)

Der Hersteller eines bestimmten Lebensmittels gibt die eigene LKW-Flotte auf und überträgt die Distribution selbstständigen Spediteuren. Da keine Spedition allein die gesamte Vertriebsregion mit allen Fabriken (F_1, F_2, F_3) und Auslieferungslagern (Lagerhäuser L_1, L_2, L_3, L_4) des Lebensmittelherstellers abdecken kann, müssen eine Reihe von Ladungen auf ihrem Weg vom Hersteller zum Verbraucher mindestens einmal auf einen anderen LKW oder auf die Bahn **umgeladen** werden. Diese Umladungen können zum einen bei den auf den Strecken liegenden Fabriken und Lagerhäusern erfolgen, zum anderen stehen noch 5 weitere, spezielle Zwischenlager als **Umladeorte** (Z_1, Z_2, Z_3, Z_4, Z_5) zur Verfügung. Die nachstehende Tabelle gibt die Transportkosten pro LKW- bzw. Bahn-Ladung zwischen allen Orten wieder. Ist kein Direkttransport zwischen zwei Orten möglich, so ist kein Kostenbetrag in dem entsprechenden Feld vermerkt:

Tabelle 87: Matrix des Transport- und Umladeproblems (Transportkosten c_{ij} je Ladung in GE, Angebot a_i und Nachfrage b_j in Anzahl der Ladungen)

nach j / von i		Fabrik			Zwischenlager					Lagerhaus				Angebot
		1	2	3	1	2	3	4	5	1	2	3	4	
	1	0	146	–	324	286	–	–	–	652	805	–	921	75
Fabrik	2	146	0	–	373	212	570	609	–	355	407	688	884	125
	3	–	–	0	658	–	405	419	158	–	785	359	973	100
	1	322	371	656	0	262	398	430	–	503	234	329	–	
Zwi-	2	284	210	–	262	0	406	421	644	305	207	464	558	
schen-	3	–	569	403	398	406	0	81	272	597	253	171	282	
lager	4	–	608	418	431	422	81	0	287	613	280	236	229	
	5	–	–	158	–	647	274	288	0	831	501	293	482	
	1	453	336	–	505	307	599	615	831	0	359	706	587	
Lager-	2	505	407	683	235	208	254	281	500	357	0	362	341	
haus	3	–	687	357	329	464	171	236	290	705	362	0	457	
	4	868	781	670	–	558	282	229	480	587	340	457	0	
Bedarf										80	65	70	85	

Es kann beispielsweise der Direkttransport einer Ladung von Fabrik F_1 zum Lagerhaus L_4 erfolgen zu Kosten von 921 GE. Diese Ladung kann aber alternativ auch zuerst von F_1 zum Zwischenlager Z_2 und von dort aus mit einem anderen Spediteur zum Lagerhaus L_2 und nach erneuter Umladung zum Lagerhaus L_4 transportiert werden (Kosten = 286 + 207 + 341 = 834 GE).

Wie lässt sich nun dieses Transport-/Umladeproblem mit dem erörterten Transportalgorithmus lösen?

Die einzelnen Transportfahrten (im Gegensatz zu den kompletten Routen der LKW-/Bahnladungen) werden als Transporte von einem Lieferort zu einem Bedarfsort interpretiert. **Alle Orte** (Fabriken, Zwischenlager, Lagerhäuser) sind **gleichzeitig** mögliche **Liefer- und Bedarfsorte**. Wir haben mithin im Beispiel 12 Lieferorte und 12 Bedarfsorte. Für die gesperrten Routen - die also für einen Direkttransport nicht zur Verfügung stehen (in der Tabelle 87 mit einem Strich versehene Felder) wird ein sehr großer Kostenbetrag (höher als der maximale Kostenbetrag c_{ij} in der Matrix der Tabelle 87) „M“ (z.B. „M“ = 1.000 GE) angesetzt.

Tabelle 88: Tableau der Kosten-, Liefer- und Bedarfsdaten des Transport- und Umladeproblems

nach j / von i		Fabrik			Zwischenlager					Lagerhaus				Angebot
		1	2	3	1	2	3	4	5	1	2	3	4	
Fabrik	1	0	146	1.000	324	286	1.000	1.000	1.000	652	805	1.000	921	75
	2	146	0	1.000	373	212	570	609	1.000	335	407	688	884	125
	3	1.000	1.000	0	658	1.000	405	419	158	1.000	785	359	973	100
Zwischenlager	1	322	371	656	0	262	398	430	1.000	503	234	329	1.000	
	2	284	210	1.000	262	0	406	421	644	305	207	464	558	
	3	1.000	569	403	398	406	0	81	272	597	253	171	282	
	4	1.000	608	418	431	422	81	0	287	613	280	236	229	
	5	1.000	1.000	158	1.000	647	274	288	0	831	501	293	482	
Lagerhaus	1	453	336	1.000	505	307	599	615	831	0	359	706	587	
	2	505	407	683	235	208	254	281	500	357	0	362	341	
	3	1.000	687	357	329	464	171	236	290	705	362	0	457	
	4	868	781	670	1.000	558	282	229	480	587	340	457	0	
Bedarf										80	65	70	85	

Sämtliche über einen bestimmten Ort laufende Transporte müssen sowohl im Bedarf dieses Ortes als Empfänger wie auch im Angebot dieses Ortes als Lieferer enthalten sein. Da die konkrete Anzahl der umgeladenen Ladungen im Vorhinein unbekannt ist, addieren wir eine hinreichend große Anzahl Umladungen als oberen Grenzwert (z.B. 300) zum Bedarf **und** zum Angebot (Vorrat) dieses Ortes. Anschließend führen wir ein und dieselbe Schlupfvariable in die **Bedarfs- und Angebotsrestriktionen** des betreffenden Ortes ein, die die nicht durchgeführten Überschusstransporte aufnimmt (diese **Schlupfvariable** übernimmt also sowohl die Rolle eines „Dummy-Lieferortes" als auch die eines „Dummy-Angebotsortes").

Da eine Ladung nicht mehr als einmal am gleichen Ort umzuladen ist, können wir als nicht erreichbare Obergrenze für die Umladungen an jedem beliebigen Ort die gesamte Anzahl der Ladungen (im Beispiel 300) annehmen. Die Schlupfvariable für beide Restriktionen eines Ortes i bzw. j lautet y_{ij} (mit i = j). Sie gibt die fiktive Anzahl von Ladungen an, die von diesem Ort wieder zum gleichen Ort transportiert wird. Die tatsächlich in Ort i umgeladenen Güterladungen betragen damit $300 - y_{ij}$ (i = j).

Da es sich bei den y_{ij} (i = j) nur um fiktive Transporte handelt, setzen wir für die entsprechenden Transportkosten pro Ladung $c_{i=j} = 0$. Bei der Lösung ist zu beachten, dass (m + n − 1) Felder belegt werden müssen **(B-Felder)**; gegebenenfalls sind Felder mit Null-Mengen (als B-Felder) zu versehen.

Das vollständige Tableau der Kosten-, Liefer- und Bedarfsdaten für die Formulierung des Transport- und Umladeproblems lautet:

Tabelle 89: Tableau der ergänzten Kosten-, Liefer- und Bedarfsdaten des Transport- und Umladeproblems

nach j / von i		Fabrik			Zwischenlager					Lagerhaus				Angebot
		1	2	3	1	2	3	4	5	1	2	3	4	
	1	0	146	1.000	324	286	1.000	1.000	1.000	652	805	1.000	921	375
Fabrik	2	146	0	1.000	373	212	570	609	1.000	335	407	688	884	425
	3	1.000	1.000	0	658	1.000	405	419	158	1.000	785	359	973	400
	1	322	371	656	0	262	398	430	1.000	503	234	329	1.000	300
Zwi-	2	284	210	1.000	262	0	406	421	644	305	207	464	558	300
schen-	3	1.000	569	403	398	406	0	81	272	597	253	171	282	300
lager	4	1.000	608	418	431	422	81	0	287	613	280	236	229	300
	5	1.000	1.000	158	1.000	647	274	288	0	831	501	293	482	300
	1	453	336	1.000	505	307	599	615	831	0	359	706	587	300
Lager-	2	505	407	683	235	208	254	281	500	357	0	362	341	300
haus	3	1.000	687	357	329	464	171	236	290	705	362	0	457	300
	4	868	781	670	1.000	558	282	229	480	587	340	457	0	300
Bedarf		300	300	300	300	300	300	300	300	380	365	370	385	

Nach Anwendung des Transportalgorithmus ergibt sich folgender optimaler Distributionsplan:

Tabelle 90: Matrix der Optimallösung des Transport- und Umladeproblems

nach j / von i		Fabrik			Zwischenlager					Lagerhaus				Angebot
		1	2	3	1	2	3	4	5	1	2	3	4	
	1	300				75								375
Fabrik	2		300							80	45			425
	3			300					30			70		400
	1				300									300
Zwi-	2					225					75			300
schen-	3						300							300
lager	4							300						300
	5								270				30	300
	1									300				300
Lager-	2										245		55	300
haus	3											300		300
	4												300	300
Bedarf		300	300	300	300	300	300	300	300	380	365	370	385	

Vernachlässigt man die Schlupfvariable (fiktive Anzahl der Ladungen), so erhält man als **Optimallösung**:

			GE
(a)	F_1 liefert 75 Ladungen an Z_2 à 286 GE (Geldeinheiten)	=	21.450
(b)	F_2 liefert 80 Ladungen an L_1 à 335 GE	=	26.800
	liefert 45 Ladungen an L_2 à 407 GE	=	18.315
(c)	F_3 liefert 30 Ladungen an Z_5 à 158 GE	=	4.740
	liefert 70 Ladungen an L_3 à 359 GE	=	25.130

Bei Z_2 befinden sich 75 Ladungen zum Umladen:

(d) Z_2 liefert diese 75 Ladungen an L_2 à 207 GE = 15.525

Bei Z_5 befinden sich 30 Ladungen zum Umladen:

(e) Z_5 liefert diese 30 Ladungen an L_4 à 482 GE = 14.460

L_2 verfügt über 120 (45 + 75) Ladungen. Da L_2 nur 65 Ladungen nachfragt, sind mithin 55 Ladungen zum Umladen:

(f) L_2 liefert diese 55 Ladungen an L_4 à 341 GE = 18.755

K_{min} = 145.175

Ohne Umlademöglichkeiten lauten die Daten für dieses Beispiel:

Tabelle 91: Matrix der Daten des Transportproblems ohne Umlademöglichkeit

von i \ nach j		Lagerhaus 1	2	3	4	Angebot
Fabrik	1	652	805	1.000	921	75
	2	335	407	688	884	125
	3	1.000	785	359	973	100
Bedarf		80	65	70	85	300

Ohne Umlademöglichkeiten hat das Beispiel folgende **Optimallösung:**

Tabelle 92: Matrix der Optimallösung des Transportproblems ohne Umlademöglichkeit

von i \ nach j		Lagerhaus 1	2	3	4	Angebot
Fabrik	1	20			55	75
	2	60	65			125
	3			70	30	100
Bedarf		80	65	70	85	300

Diese Lösung hat Gesamtkosten von $\underline{K_{min} = 164.570 \text{ GE.}}$

Das Umladeproblem lässt sich allgemein beschreiben als Allokation und Transport von Gütermengen (im Beispiel „Ladungen“) von Vorratsorten (Fabriken) über zwischengeschaltete Umladeorte (Zwischenlager) an weitere Vorratsorte oder Bedarfsorte (Lagerhäuser). Neben der Umladung der Güter bieten die Vorratsorte einen vorgegebenen Nettoüberschuss an zu transportierenden Gütermengen, die Bedarfsorte absorbieren ein vorgegebenes Nettodefizit, während die Umladeorte (Zwischenlager) weder Gütermengen netto abgeben noch absorbieren. Es existiert nur dann eine zulässige Lösung des Transport-/Umladeproblems, wenn die Summe der an den Vorratsorten angebotenen Nettoüberschüssen der Summe der von den Bedarfsorten absorbierten Nettonachfrage entspricht. Mit jeder unmittelbar von Ort i (Vorratsort, Zwischenlager, Lagerhaus) zu Bedarfsort j transportierten Gütereinheit entstehen positive Kosten c_{ij}. Der Direkttransport kann für bestimmte Ortsverbindungen ausgeschlossen werden (c_{ij} = „M“).

IX. Zuordnungsproblem

A. Grundlegung

Das **Zuordnungsproblem** (Assignment Problem, **Ernennungsproblem**) ist ein Sonderfall des Transportproblems. Es unterscheidet sich vom Transportproblem dadurch, dass alle Angebots- und Bedarfsmengen gleich **Eins** sind und die Zahl der Anbieter gleich der Zahl der Nachfrager ist (quadratische Matrix). Bei dem Zuordnungsproblem handelt es sich um die **optimale Zuordnung von n Einsatzgrößen auf n Aufgaben** (z.B. Zuordnung von Personen zu Tätigkeiten, Maschinen zu Aufträgen, Flugzeugen zu Fluglinien, Reisenden zu Verkaufsbezirken, Personen zu Abteilungen, Fahrzeugen zu Garagen, Personen zu Personen).
Die Variablen x_{ij} können also nur die Werte Null oder Eins annehmen:
$x_{ij} = 1$ heißt: Zuordnung der i-ten Einsatzgröße zur j-ten Aufgabe;
$x_{ij} = 0$ heißt: keine Zuordnung.
Mit den Symbolen des Transportproblems ergibt sich folgender mathematischer Modellansatz:

Zielfunktion:

Minimiere bzw. maximiere K bzw. $G = \sum_{i=1}^{n} \sum_{j=1}^{n} c_{ij} \cdot x_{ij}$

unter den Nebenbedingungen

$$\sum_{i=1}^{n} x_{ij} = 1 \qquad (\text{für } j = 1, 2, ..., n)$$

$$\sum_{j=1}^{n} x_{ij} = 1 \qquad (\text{für } i = 1, 2, ..., n)$$

$$x_{ij} = 0 \text{ oder } 1 \qquad (\text{für } i, j = 1, 2, ..., n)$$

Je nachdem, ob es sich um eine Minimierungs- oder Maximierungsaufgabe handelt, bedeuten die Bewertungsfaktoren c_{ij} Kosten oder Deckungsbeiträge je Mengeneinheit.

Die Anwendung des sog. Transportalgorithmus auf das Zuordnungsproblem bereitet Schwierigkeiten. Da beim Zuordnungsproblem nur n Zuordnungen (n B-Felder) erlaubt sind, gegenüber 2 n – 1 erforderlichen bei der Transportmethode, liegt mehrfache Degeneration vor.
Zur Lösung des **Zuordnungsproblems** sind spezielle Lösungsansätze entwickelt worden.

B. Ungarische Methode

Die **Ungarische Methode** - auch **FLOOD'sche** Zurechnungstechnik genannt (*Churchman, C.W.* u.a., 1971, S. 319) -, die an einem Zahlenbeispiel erläutert werden soll, benutzt zur Bestimmung der Zuordnung mit minimalen Kosten lediglich die Matrix der Kostenkoeffizienten c_{ij} (Bewertungsmatrix).
Die Ungarische Methode geht in ihrem Rechenverfahren auf *H. Kuhn* zurück und beruht auf einem Satz, der von den ungarischen Mathematikern *D. König* und *E. Egerváry* formuliert wurde. Der Satz besagt: „Für jede beliebige quadratische Martix, deren Elemente teils Null, teils von Null verschiedene positive Zahlen sind, ist die minimale Anzahl der Decklinien gleich der maximalen Anzahl der unabhängigen Punkte“ (*Jándy, G.*, 1967, S. 74).

1. Beispiel: Schaufensterzuteilung

Ein Warenhaus sei nach Warengruppen in sieben Verkaufsabteilungen V_1, V_2, ..., V_7 gegliedert. Im Sinne der „pretialen Lenkung“ (*E. Schmalenbach*) erfolgt für die Verkaufsabteilungen eine Ergebnisrechnung mit Erfolgsbeteiligung der jeweiligen Belegschaftsmitglieder. Dem Warenhaus stehen nur fünf Schaufensteranlagen S_1, S_2, ..., S_5 zur Verfügung, die in ihrer Werbewirkung, bedingt durch die Lage, Größe etc., unterschiedlich eingeschätzt werden und sich für die Ausstellung der Waren der einzelnen Verkaufsabteilungen verschieden gut eignen. Den einzelnen Verkaufsabteilungen wurden die verfügbaren Schaufensteranlagen bisher von der Unternehmensleitung zugewiesen. Dies hatte zu Problemen zwischen den einzelnen Verkaufsabteilungen und der Unternehmensleitung geführt. Die Unternehmensleitung will nun die Schaufenster den Verkaufsabteilungen „vermieten“, d.h. die Verkaufsabteilungen sollen künftig eine kalkulatorische Miete für die Überlassung der Schaufensteranlagen angelastet bekommen (mit einer entsprechenden Wirkung auf das Abteilungsergebnis). Die Höhe der zu verrechnenden kalkulatorischen Miete wird jedoch nicht durch die Unternehmensleitung autoritär festgesetzt, sondern soll das Ergebnis von Angebot und Nachfrage sein. Dazu werden die Verkaufsabteilungen aufgefordert, entsprechende Angebote über die Schaufensteranlagen abzugeben. Für die Zuteilung der Schaufensteranlagen ist jedoch absprachegemäß Bedingung, dass jeder Abteilung nur eine Schaufensteranlage zugewiesen werden kann. Die für den Monat Z bei der Unternehmensleitung eingegangenen Angebote der Abteilungen ergeben sich aus nachstehender Preismatrix (in GE):

Tabelle 93: Angebotspreise g_{ij} der Verkaufsabteilungen i für die einzelnen Schaufensteranlagen j

		Schaufensteranlagen						
		S_1	S_2	S_3	S_4	S_5	„S_6“	„S_7“
	V_1	180	200	160	135	225	0	0
	V_2	170	180	165	150	230	0	0
Verkaufs-	V_3	200	185	150	165	195	0	0
abtei-	V_4	190	200	140	135	190	0	0
lungen	V_5	220	210	130	175	200	0	0
	V_6	195	215	145	180	175	0	0
	V_7	205	175	155	160	195	0	0

Da sich alle sieben Verkaufsabteilungen um die fünf Schaufensteranlagen bewerben, fügen wir zwei Spalten mit **fiktiven** Schaufensteranlagen „S_6“ und „S_7“ hinzu (damit ist die Zahl der Anbieter gleich der Zahl der Nachfrager). Da die Felder dieser fiktiven Spalten nicht für die Lösung in Frage kommen, sind Nullen als Angebotspreise g_{ij} eingetragen. Es ist die Zuweisung gesucht, die die insgesamt zu verrechnende kalkulatorische Miete **maximiert** (vgl. auch *Angermann, A.*, 1963, S. 159 f.). Ein Anwendungsbeispiel zur Ermittlung der kostenminimalen Maschinenbelegung bei Auftragsfertigung löst *P. Kralicek* (1995, S. 609 ff.) ebenfalls mit der Ungarischen Methode.

2. Rechentechnik

Da die **Ungarische Methode** das Minimierungsproblem zum Gegenstand hat, bilden wir zur gestellten Aufgabe das Dual und lösen damit eine Minimierungsaufgabe. Das erreicht man leicht durch die Bildung einer **Komplementärmatrix** zur Matrix der Angebotspreise. Die Komplementärmatrix mit den Elementen p_{ij} ist definiert als Differenz zwischen der Matrix Q und der Matrix der Angebotspreise mit den Elementen g_{ij} (i, j = 1, 2, ..., 7).

Die Matrix Q weist für alle Elemente den gleichen Wert q auf. Für q ist eine genügend große Zahl zu wählen, die größer oder gleich dem größten Angebotspreis g_{ij} ist, damit keine negativen Elemente in der Komplementärmatrix entstehen. In unserem Beispiel wählen wir q = 300. Die Komplementärmatrix hat dann folgende Elemente:
$p_{ij} = 300 - g_{ij}$.

Tabelle 94: Bewertungsmatrix (Komplementärmatrix mit den Elementen $p_{ij} = 300 - g_{ij}$) - mit Zeilenminima

		Schaufensteranlagen							Zeilen-
		S_1	S_2	S_3	S_4	S_5	„S_6“	„S_7“	minima
	V_1	120	100	140	165	75	300	300	75
	V_2	130	120	135	150	70	300	300	70
Verkaufs-	V_3	100	115	150	135	105	300	300	100
abtei-	V_4	110	100	160	165	110	300	300	100
lungen	V_5	80	90	170	125	100	300	300	80
	V_6	105	85	155	120	125	300	300	85
	V_7	95	125	145	140	105	300	300	95

Die Summe der Komplementärelemente p_{ij} ist zu minimieren:

Minimiere: $K = \sum_{i=1}^{n} \sum_{j=1}^{n} p_{ij}$ (im Beispiel ist $n = 7$)

Die Optimallösung wird iterativ erarbeitet. Es lässt sich zeigen, dass ein Zuordnungsproblem in ein äquivalentes Problem überführt wird, wenn eine Zeile oder eine Spalte der Bewertungsmatrix um eine Zahl additiv verändert wird. D.h., Probleme, die sich nur dadurch unterscheiden, dass die Elemente in irgendeiner Zeile oder Spalte der Bewertungsmatrix um die gleiche Größe vermehrt oder vermindert sind, besitzen das gleiche optimale Programm (*Krekó, B.*, 1973, S. 16 ff. und 378). Daraus resultiert als Erstes die **Reduktion der Bewertungsmatrix**. Der Grundgedanke der Reduktion einer Bewertungsmatrix (Kosten- oder Deckungsbeitragsmatrix) beruht also auf der Tatsache, dass nur die Differenzen der gegebenen Bewertungselemente (p_{ij} oder c_{ij}) für die Optimierung eine entscheidende Rolle spielen.

Dazu ein einfaches **Demonstrationsbeispiel** (Transportproblem):
Zwei Anbieter bieten je eine ME (Mengeneinheit) eines homogenen Gutes an. Zwei Nachfrager benötigen von diesem Gut je eine ME. Die Kostenmatrix sei (in Geldeinheiten/ME):

i \ j	1	2
1	7	5
2	6	8

Es existieren zwei mögliche Programme:

Lösung 1: $x_{11} = 1$; $x_{12} = 0$

$x_{21} = 0$ $x_{22} = 1$

mit $K_1 = 7 + 8 = 15$ GE (Geldeinheiten)

Lösung 2: $x_{11} = 0$; $x_{12} = 1$

$x_{21} = 1$; $x_{22} = 0$

mit $K_2 = 5 + 6 = 11$ GE

Unter der Zielsetzung Kostenminimierung ist Lösung 2 um 4 GE günstiger als Lösung 1:

$$K_1 - K_2 = 15 - 11 = 4 \text{ GE}$$

Vermindert man z.B. alle Kostenelemente der ersten Spalte um 3, so entsteht die reduzierte Kostenmatrix :

i \ j	1	2
1	4	5
2	3	8

mit $K_1 = 4 + 8 = 12$ GE und $K_2 = 3 + 5 = 8$ GE.

Auch in diesem Fall ist K_2 günstiger als K_1 mit der gleichen Differenz:

$$K_1 - K_2 = 12 - 8 = 4 \text{ GE}$$

Auf Grund dieses Sachverhaltes kann eine Bewertungsmatrix so umgeformt (reduziert) werden, dass sowohl in allen Spalten als auch in allen Zeilen die Null als das kleinste Element erscheint. Die einzelnen Rechenschritte der Ungarischen Methode zielen darauf ab, die Bewertungsmatrix auf eine Matrix zu reduzieren, in der **n unabhängige Nullelemente** auftreten. In Anlehnung an *B. Krekó* (1973, S. 379) werden die Nullen der reduzierten Matrix dann **unabhängig** genannt, wenn sie keine Zeile und Spalte gemeinsam haben. Dieses nicht immer eindeutige Schema der n unabhängigen Nullelemente ergibt die **Optimallösung des Zuordnungsproblems**.

Die Umformung der Bewertungsmatrix wird zunächst in zwei Schritten durchgeführt:

(1) In jeder Zeile wird das minimale Element ausgewählt (in Tabelle 94 bereits angegeben) und von allen Elementen der betreffenden Zeile subtrahiert. Die Reihenfolge der Subtraktion ist beliebig:

Tabelle 95: Reduzierte Bewertungsmatrix mit Spaltenminima

i \ j	S_1	S_2	S_3	S_4	S_5	„S_6“	„S_7“
V_1	45	25	65	90	0	225	225
V_2	60	50	65	80	0	230	230
V_3	0	15	50	35	5	200	200
V_4	10	0	60	65	10	200	200
V_5	0	10	90	45	20	220	220
V_6	20	0	70	35	40	215	215
V_7	0	30	50	45	10	205	205
Spalten-minima	0	0	50	35	0	200	200

(2) In jeder Spalte der neuen reduzierten Matrix wird das minimale Element ausgewählt (in Tabelle 95 bereits angegeben) und von allen Elementen der betreffenden Spalte subtrahiert.

Tabelle 96: Reduzierte Bewertungsmatrix mit Decklinien

i \ j	S_1	S_2	S_3	S_4	S_5	„S_6“	„S_7“
V_1	45	25	15	55	0	25	25
V_2	60	50	15	45	0	30	30
V_3	0	15	0	0	5	0	0
V_4	10	0	10	30	10	0	0
V_5	0	10	40	10	20	20	20
V_6	20	0	20	0	40	15	15
V_7	0	30	0	10	10	⑤	⑤

Wie man ohne weiteres erkennt, genügt die Tabelle 96 noch nicht den Lösungsbedingungen (7 unabhängige Nullelemente). Da sich diese Feststellung bei großen Matrizen u.U. als schwierig erweist, kann man sich eines einfachen Hilfsmittel bedienen: Man überzieht die reduzierte Matrix zeilen- und spaltenweise mit **Decklinien**, so dass alle Nullen durch mindestens eine Decklinie überdeckt werden. Es wird die minimale Zahl der Decklinien d ermittelt, die alle Nullen bedeckt.

Ist d = n, so ist die Zahl der Decklinien gleich der Zahl der Zeilen bzw. Spalten, d.h. es liegen genügend unabhängige Nullelemente für die n Zuordnungen vor (Bedingung für Optimallösung).

In der reduzierten Matrix der Tabelle ist die Zahl der Decklinien kleiner als die Zahl der Zuordnungen (d = 6 < n = 7). Die reduzierte Matrix weist also - wie oben bereits festgestellt - noch nicht n unabhängige Nullelemente auf. Ein weiterer 3. Rechenschritt ist erforderlich (weitere Umformung der Bewertungsmatrix).

(3) Man sucht das kleinste Element der Matrix (Tabelle 96) auf, welches nicht von einer Decklinie abgedeckt ist, subtrahiert es von allen nicht mit Decklinien abgedeckten Elementen und addiert es zu den Elementen, die im Schnittpunkt von zwei Decklinien liegen (*Churchman, C.W.* u.a., 1971, S. 314 ff.; *Krekó, B.,* 1973, S. 382 ff.).

Das kleinste - nicht überdeckte - Element der reduzierten Bewertungsmatrix (Tabelle 96) ist in Feld V_7/"S_6" bzw. V_7/"S_7" mit 5 GE (vgl. kreisförmige Markierung). Die neue Matrix nach der dritten Umformung lautet:

Tabelle 97: Reduzierte Bewertungsmatrix nach 3. Umformung mit Decklinien

i \ j	S_1	S_2	S_3	S_4	S_5	„S_6"	„S_7"
V_1	45	20	15	50	0	20	20
V_2	60	40	15	40	0	25	25
V_3	5	15	5	0	10	0	0
V_4	15	0	15	30	15	0	0
V_5	0	(5)	40	(5)	20	15	15
V_6	25	0	25	0	45	15	15
V_7	0	25	0	5	10	0	0

Da d = 6 < n = 7 weist die vorstehende reduzierte Matrix noch nicht n unabhängige Nullelemente auf. Der Rechenschritt 3 wird wiederholt, bis n unabhängige Nullelemente vorliegen.

Das kleinste - nicht überdeckte - Element der reduzierten Bewertungsmatrix (Tabelle 97) ist in Feld V_5/S_2 bzw. V_5/S_4 mit 5 GE (vgl. kreisförmige Markierung). Nach der vierten Umformung ergibt sich folgende Matrix:

Tabelle 98: Reduzierte Bewertungsmatrix nach 4. Umformung mit Decklinien

i \ j	S_1	S_2	S_3	S_4	S_5	„S_6"	„S_7"
V_1	45	15	(10)	45	0	15	15
V_2	60	40	(10)	35	0	20	20
V_3	10	15	5	0	15	0	0
V_4	20	0	15	30	20	0	0
V_5	0	0	35	0	20	10	10
V_6	30	0	25	0	50	15	15
V_7	5	25	0	5	15	0	0

Da d = 6 < n = 7 ist Schritt 3 nochmals zu wiederholen. Das kleinste - nicht überdeckte - Element der reduzierten Bewertungsmatrix (Tabelle 98) ist 10 GE in Feld V_1/S_3 bzw. V_2/S_3 (vgl. kreisförmige Markierung). Nach der fünften Umformung ergibt sich folgende Matrix:

Tabelle 99: Reduzierte Bewertungsmatrix nach 5. Umformung mit Decklinien

i \ j	S_1	S_2	S_3	S_4	S_5	„S_6"	„S_7"
V_1	35	5	0	35	(0)	5	5
V_2	50	30	(0)	25	0	10	10
V_3	10	15	5	0	25	0	(0)
V_4	20	(0)	15	30	30	0	0
V_5	(0)	0	35	0	30	10	10
V_6	30	0	25	(0)	60	15	15
V_7	5	25	0	5	25	(0)	0

Da die Zahl der Deckungslinien der Zahl der Zuordnungen entspricht (d = n = 7), ist das Rechenverfahren beendet. Die **Optimallösung** ist gefunden. Es liegen mithin genügend unabhängige Nullelemente vor. Sie sind zu bestimmen. Dazu werden zunächst die Nullelemente in der Matrix markiert, die allein in ihrer Zeile oder Spalte stehen (vgl. (0) im Feld V_5/S_1 in Tabelle 99). Im Beispiel ist dies nur das Nullelement im Feld V5/S1. Die übrigen Nullen in der Zeile oder Spalte der markierten Nullelemente werden gestrichen. Die nächsten Nullelemente werden markiert und so fort. Bilden vier Nullelemente ein Viereck in der Matrix (wie im Beispiel; vgl. Tabelle 99), so kann eine beliebige ausgewählt werden (Lösungsmannigfaltigkeit, Mehrfachlösung).

Die in Tabelle 99 markierten Nullelemente ergeben folgende optimale Zuordnung (Optimalzuordnung: 1. Alternative):

Schaufenster-anlagen	S_1	S_2	S_3	S_4	S_5	- fiktiv - „S_6“	„S_7“	
Verkaufsab-teilungen	V_5	V_4	V_2	V_6	V_1	V_7	V_3	
Angebotssumme in GE (vgl. Tabelle 93)	220	200	165	180	225	0	0	$\sum = 990$

Wegen der Lösungsmannigfaltigkeit existieren weitere optimale Zuordnungen:

Optimalzuordnung: 2. Alternative

Schaufenster-anlagen	S_1	S_2	S_3	S_4	S_5	- fiktiv - „S_6“	„S_7“	
Verkaufsab-teilungen	V_5	V_4	V_1	V_6	V_2	V_3	V_7	
Angebotssumme in GE	220	200	160	180	230	0	0	$\sum = 990$

Optimalzuordnung: 3. Alternative

Schaufenster-anlagen	S_1	S_2	S_3	S_4	S_5	- fiktiv - „S_6“	„S_7“	
Verkaufsab-teilungen	V_5	V_6	V_1	V_3	V_2	V_4	V_7	
Angebotssumme in GE	220	215	160	165	230	0	0	$\sum = 990$

Optimalzuordnung: 4. Alternative

Schaufenster-anlagen	S_1	S_2	S_3	S_4	S_5	- fiktiv - „S_6“	„S_7“	
Verkaufsab-teilungen	V_5	V_6	V_2	V_3	V_1	V_3	V_7	
Angebotssumme in GE	220	215	165	165	225	0	0	$\sum = 990$

Andere Methoden zur Lösung des Zuordnungsproblems sind insbesondere die auf *Ford* und *Fulkerson* zurückgehende **Netzwerk-Methode** (*Ford, L. R. jr., Fulkerson, D. R.*, 1956, S. 24 ff.; *Angermann, A.*, 1963, S. 159 ff.) und die von *Little* u.a. zur Lösung des Problems des Handlungsreisenden entwickelte Methode Branch-and-Bound (*Little, J.* u.a., 1963. S. 972 ff.; *Bloech, J.*, 1974, S. 163 ff.; *Zimmermann, W.*, 1997, S. 156 ff.; *Runzheimer, B.*, 1989, S. 205 ff.).

X. Beurteilung und Anwendungsmöglichkeiten der linearen Planungsrechnung

Bei betriebswirtschaftlichen Entscheidungen kommt es im Allgemeinen darauf an, aus einer Reihe von Alternativen die beste auszusuchen. Unter einer **„besten" Alternative** ist die zu verstehen, für die eine Zielgröße (z.B. Gewinn, Kosten) ihren **größten** bzw. **kleinsten** Wert annimmt. Die beschränkte Verfügbarkeit der Hilfsmittel spiegelt sich in den **Restriktionen** des Modells wieder **(Gleichungs- oder Ungleichungssystem).** Sind die Variablen in der Zielgröße und in den Restriktionen linear, so handelt es sich um eine **lineare Planungsrechnung**, ein lineares Modell. Damit ist das erste entscheidende Kriterium für die Anwendbarkeit der linearen Planungsrechnung auf betriebswirtschaftliche Entscheidungsprobleme angesprochen, nämlich der **Grad der Entsprechung (Isomorphie) von linear-mathematischem Modell und Realproblem** (Wirklichkeit). Das lineare Optimierungsmodell verlangt **quantitative Fakten und lineare Strukturen**.

In welchen Problemen können Betriebswirte ausreichend quantitative Daten und lineare Strukturen vorfinden? Abgesehen davon, dass man im Allgemeinen „in der Praxis sowieso zufrieden ist, wenn man nur eine Verbesserung der herrschenden Verhältnisse erzielen, d.h. sich irgendwie in Richtung eines Optimums bewegen kann" (*Stahlknecht, P.*, 1970, S. 79), müssen kausale Gesetzmäßigkeiten vorherrschend sein, um quantitative Beziehungen zwischen den Entscheidungsvariablen - z.B. auf Grund von technischen Verbrauchsfunktionen oder Verhaltensmustern - ausreichend genau ermitteln zu können. Je mehr aber das gestaltende und schöpferische Element des dispositiven Faktors wirksam und bestimmend wird, desto schwieriger wird es sein, realistische lineare Modelle zu konstruieren. Die Probleme des unteren und mittleren Managements lassen sich noch weitgehend durch Linear-Modelle approximieren. Top-Management-Aufgaben entziehen sich weitgehend einer solchen Modellanalyse, da der Abstraktionsgrad der Modelle zu groß wird. „Alles spricht dafür, dass sich der eigentliche Anwendungsbereich der Verfahrensforschung (und damit auch der linearen Planungsrechnung - d.V.) im Wesentlichen auf Einzeldispositionen in den Werkstätten, der Verkaufs- und Beschaffungsabteilungen beschränken wird, also auf Entscheidungen der unteren und mittleren Ebene, wo weniger weit reichende, weniger mit Unsicherheit behaftete und regelmäßig auch weniger komplexe Dispositionen zu treffen sind" (*Moxter, A.*, 1963, S. 200). Je größer also bei Entscheidungsproblemen der Anteil des schöpferischen Elementes ist, je mehr Interdependenzen zu anderen Bereichen bedeutsam werden, desto problematischer und weniger erfolgversprechend wird die Anwendung der linearen Planungsrechnung sein müssen. Die in der Literatur beschriebenen wichtigsten Anwendungsfälle zeigen diesen Tatbestand:

(1) Produktionsprobleme

Für die kurzfristige Planung des Produktionsprogramms, basierend auf konstanten Preisen, proportionalen Stückkosten, konstanten Produktionskoeffizienten, führt die lineare Optimierung zu brauchbaren Ergebnissen (*Bichler, K.*, 1970; *Kilger, W.*, 1973, S. 95 ff.; *Kilger, W.*, *Vikas, K.*, 1988, S. 830 ff.; *Vokuhl, P.*, 1965, S. 86 ff.; *Münstermann, H.*, 1969, S. 236 ff.; *Birman, I. J.*, 1971, S. 448 ff.; *Fischer, H.*, *Kluge, M.*, 1968, S. 87 ff.; *Jacob, H.*, 1990, S. 405 ff.; *Knolmayer, G.*, 1980; *Stahlknecht, P.*, 1970, S. 78 ff.; *Bussmann, K. F.*, *Mertens, P.*, 1968, I.; *Gutenberg, E.*, 1983, S. 211 ff.; *Bloech, J.*, 1974, S. 17 ff.; *Gaede, K.-W.*, *Heinhold, J.*, 1976; *Zimmermann, W.*, 1997; *Bol, G.*, 1980, S. 1 ff.; *Schmitz, P.*, *Schönlein, A.*, 1978, S. 6 ff.; *Hilke, W.*, 1988; *Adam, D.*, 1983, S. 140 ff.; *Inderfurth, K.*, 1982, S. 15 ff.; *Dinkelbach, W.*, *Lorschneider, U.*, 1994, S. 165 ff.; *Meyer, M.*, *Hansen, K.*, 1996; *Blohm, H.* u.a., 1997, S. 296 ff.; *Troßmann, E.*, 1983; *Zäpfel, G.*, 1989; *Stepan, A.*, *Fischer, E. O.*, 1998, S. 108 ff.; *Homburg, C.*, 1991, S. 205 ff.; *Homburg, C.*, *Sütterlin, S.*, 1992, S. 95 ff.; *Hoitsch, H.*, 1993; *Weber, H.*, 1985).

Die Planungen brauchen sich dabei nicht auf den Produktionsbereich zu beschränken. Die Einbeziehung des Absatz- und Beschaffungsmarktes ist leicht möglich. Einen guten Überblick über solche **simultane Modellansätze** gibt *W. Kilger* (1973).
Eine besonders günstige Situation für die Anwendung besteht bei Erdölraffinerien (*Garvin, W. W.* u.a., 1957, S. 407 ff.; *Köhler, R.*, 1967, S. 306 ff.). Die Betriebsabläufe lassen sich hier relativ gut durch ein mathematisches Modell abbilden.

(2) Investitions- und Finanzprobleme

In einem umfangreichen Ansatz kann die Investitions- und Finanzplanung und u.U. auch gleichzeitig die Produktionsplanung unter bestimmten Voraussetzungen durch lineare Optimierung erfolgen (*Albach, H.*, 1960 und 1962; *Jacob, H.*, 1964, S. 487 ff. und 551 ff. sowie 1984, S. 58 ff.; *Blohm, H.*, *Lüder, K.*, 1995, S. 247 ff.; *Seelbach, H.*, 1967; *Hax, H.*, 1993; *Domsch, M.*, 1970; *Münstermann, H.*, 1969, S. 256 ff.; *Gas, B.*, 1972, S. 126 ff.; *Swoboda, P.*, 1970, S. 1403 ff.; *Jaensch, G.*, 1969, S. 48 ff.; *Bloech, J.*, 1974, S. 11 f.; *Hanssmann, F.*, 1971, S. 58 ff. sowie 1990, S. 248 ff.; *Kruschwitz, L.*, 1995, S. 194 ff.; *ter Horst, K.W.*, 1980, S. 184 ff., *Perridon, L.*, *Steiner, M.*, 1997, S. 133 ff.; *Inderfurth, K.*, 1982, S. 15 ff.; *Pursch-Lee, K.D.*, 1983, S. 24 ff.; *Rhode, R.*, 1982; *Glaser, H.*, 1982; *Adam, D.*, 1997, S. 231 ff.).

(3) Mischungsprobleme

Geht aus der Mischung verschiedener Einsatzfaktoren die Leistung (ein Produkt oder Kuppelprodukte) hervor und haben die Einsatzfaktoren unterschiedliche Beschaffungspreise, so wird die optimale Mischung (kostenminimale Mischung) gesucht (*Sasieni, M.* u.a., 1969, S. 242 ff.; *Weber, H.H.*, 1978, S. 58 ff.; *Niemeyer, G.*, 1968, S. 40; *Stahlknecht, P.*, 1970, S. 80 ff.; *Müller-Merbach, H.*, 1973, S.165 ff.; *Churchman, C.W.* u.a.,

1971, S. 351 ff.; *Volkuhl, P.*, 1965, S.112 ff.; *Bol, G.*, 1980, S. 8 ff.; *Dürr, W., Kleibohm, K.*, 1992, S. 27 ff.; *Dinkelbach, W., Lorschneider, U.*, 1994, S. 170 ff.; *Ellinger, T.* u.a., 1998, S. 42 ff.; *Bartels, H.G.*, 1984, S. 56 ff., S. 61 f.; *Zimmermann, W.*, 1997, S. 77 ff.). Gibt es viele Einsatzfaktoren, die in einer Reihe von Faktormischungen zu der gewünschten Leistung führen, so kann ein solches Optimierungsproblem nur mit der Anwendung systematischer Methoden (wie z.B. linearer Planungsrechnung) gelöst werden. Am bekanntesten sind die Probleme der Öl-, Chemie-, Futtermittel- und Ernährungsindustrie.

(4) Zuordnungsprobleme

Bei den Zuordnungsproblemen geht es um die optimale Zuordnung der Elemente zweier Mengen (z.B. Personen und Aufgabenbereiche, Schaufenster und Verkaufsabteilungen, Aufträge und Maschinen). Mit Hilfe der linearen Planungsrechnung sucht man aus den vielfältigen Zuordnungsmöglichkeiten diejenige aus, die der betrieblichen Zielsetzung entspricht (*Churchman, C.W.* u.a., 1971, S. 314 ff.; *Bloech, J.*, 1974, S.157 ff.; *Krekó, B.*, 1973, S. 377 ff.; *Kern, W.*, 1967, S. 66 ff.; *Schettler, K.*, 1971, S. 52 ff.; *Zimmermann, W.*, 1997, S. 111 ff.; *Nieswandt, A.*, 1994, S. 77 ff.; *Schmitz, P., Schönlein, A.*, 1978, S. 210 ff.; *Dürr, W., Kleibohm, K.*, 1992, S. 102 ff.; *Meyer, M.*, 1996, S. 50 ff.; *Meißner, J.-D.*, 1978, S. 209 ff.; *Ellinger, T.* u.a, 1998, S. 75 ff.; *Bartels, H.G.*, 1984, S. 17 ff.; *Dinkelbach, W., Lorschneider, U.*, 1994, S. 162 ff.; *Meyer, M., Hansen, K.*, 1996, S. 63 ff.).

(5) Transportprobleme

Den wesentlichen Inhalt des sog. Transportproblems haben wir im Zusammenhang mit der Behandlung der Transportmethode wiedergegeben. Für die erfolgreiche Anwendung der linearen Planungsrechnung auf Transportprobleme in der Praxis sind einige Beispiele bekannt geworden (*Catchpole, A.R.*, 1962, S. 161 ff.; *Vokuhl, P.*, 1965, S. 126 ff.; *Schmitz, P., Schönlein, A.*, 1978, S. 136 ff.; *Meyer, M., Hansen, K.*, 1996, S. 63 ff.; *Dürr, W., Kleihbohm, K.*, 1992, S. 102 ff.; *Hanssmann, F.*, 1995; *Zimmermann, W.*, 1997, S. 90 ff.; *Ellinger, T.* u.a., 1998, S. 75 ff.).

(6) Standortprobleme

Was mit Hilfe der linearen Planungsrechnung im Hinblick auf eine optimale Standortwahl getan werden kann, ist zunächst die Behandlung eines Teilproblems, nämlich: Ermittlung des transportkostenminimalen Standorts (*Stahlknecht, P.*, 1970, S. 127 ff.; *Vokuhl, P.*, 1965, S. 137 ff.; *Lüder, K.*, 1986; *Steinmann, H., Meyer, M.*, 1963, S. 59 ff.; *Hanssmann, F.*, 1971, S. 33 ff., 49 ff.; *Homburg, C.*, 1991, S. 177 ff.; *Homburg, C., Sütterlin, S.*, 1992, S. 81 ff.; *Hansmann, K.W.*, 1974 und 1996; *Blohm, H.* u.a., 1997, S. 504 f.; *Tempelmeier, H.*, 1980).

(7) Mediaselektionsprobleme

Das Entscheidungsproblem besteht hier in der Frage der optimalen Kombination von Werbeträgern. Es existieren eine Reihe von Ansätzen, die optimale Auswahl der Medien mit Hilfe der mathematischen (und damit auch der linearen) Planungsrechnung zu ermitteln (*Miller, D.W.*, *Starr, M.K.*, 1969; *Tietz, B.*, 1969, S. 764 ff.; *Day, R.L.*, 1962, S. 40 ff.; *Harder, T.*, 1966, S. 12 ff.; *Schweiger, G.*, 1975, S. 205 ff.; *Salzinger, M.*, 1968, S. 52 ff.; *Meffert, H.*, 1971, S. 35 ff. und 1986; *Berndt, R.*, 1995, S. 362 ff.; *Korndörfer, W.*, 1966, S. 199 ff.; *Vokuhl, P.*, 1965, S. 148 ff.; *Kotler, P.*, *Bliemel, F.*, 1995; *Nieschlag, R.*, *Dichtl, E.*, *Hörschgen, H.*, 1997; *Tietz, B.*, *Zentes, J.*, 1980; *Buchmann, K.-H.*, 1973; *Dichtl, E.*, 1997, S. 133 - 146; *Dinkelbach, W.*, *Lorscheider, U.*, 1994, S. 212 ff.). In diesen Modellen ist auch versucht worden, „Überschneidungen" und „Kumulationen" durch Einführung von Restriktionen zu berücksichtigen (*Buzzel, R.D.*, 1964, S. 77f.). Ebenso wurden nichtlineare Wirkungskurven dadurch berücksichtigt, dass diese in lineare Abschnitte zerlegt wurden (*Brown, D.B.*, *Warshaw, M.R.*, 1965, S. 83 ff.; *Montgomery, D.B.*, *Urban, G.L.* (Hg.), 1970, S. 145; zur **Linearisierung** nichtlinearer Beziehungen s. *Henn, R.*, *Künzi, H.P.*, 1968, S. 32 ff.). Auch gibt es Ansätze zur Berücksichtigung des Timings (*Stasch, S. F.*, 1965, S. 40 ff.; *Charnes, A.* u.a., 1970, S. 190 ff.). Schließlich sei noch erwähnt, dass wegen der Mediarabatte die lineare Planungsrechnung nicht zu optimalen Streuplänen führt (*Kaplan, R. S.*, *Shocker, A.D.*, 1971, S. 37 ff.).

(8) Sonstige Planungsprobleme

Weiterhin sind von den Planungsproblemen, die durch lineare Planungsrechnung (approximativ) gelöst werden können, zu nennen (*Vokuhl, P.*, 1965, S. 122 ff.; *Berndt, R.*, 1995, S. 520 ff.; *Bloech, J.*, 1974, S. 15 f.; *Lutz, M.*, 1998, S. 85 ff.; *Dinkelbach, W.*, *Lorschneider, U.*, 1994, S. 44 ff. und S. 199 ff.):

Verschnittprobleme,
Reihenfolge- und Rundreiseprobleme,
Zeitplanungsprobleme,
Flussprobleme in Netzen,
Lagerhaltungsprobleme,
Probleme des Marketing-Mix

Ob die Formulierung eines linearen Programmansatzes möglich ist und damit dessen Lösung, ist eine reine Tatbestandsfrage. Die Tatsache, dass die lineare Planungsrechnung in der Praxis (neben der Netzplantechnik) am meisten angewendet wird, liegt daran, dass einerseits für viele praktische Aufgabenstellungen ein linearer Ansatz - zumindest im Rahmen der Genauigkeit der zur Verfügung stehenden Daten - gerechtfertigt ist und andererseits die Lösung auch sehr großer Optimierungsprobleme mit Hunderten oder Tausenden von Variablen und Nebenbedingungen auf leistungsfähigen Computern möglich ist (*Neumann, K.*, 1975, I, S. 18).
Genügt jedoch ein möglicher linearer Planungsansatz einem konkreten Problem ausreichend, so wäre noch die **Wirtschaftlichkeit der Anwendung der linearen Planungsrechnung** zu prüfen. Die Frage der Wirtschaftlichkeit in diesem Zusammenhang beinhaltet einen Vergleich der entstehenden Aufwendungen mit den entstehenden möglichen Erträgen, die sich z.B. in einer Kostensenkung oder Ausbringungssteigerung niederschlagen können. Die Abschätzung eines möglichen Ertrages ist ex ante sehr schwierig. Die Angaben in der Literatur beschränken sich auf Einzelfälle oder aber sie sind sehr global (*Shamir, R.*, 1987, S. 301 ff.; *Vokuhl, P.*, 1965, S. 88 ff., 158 ff.; *Zimmermann, H.-J.*, 1963, S. 127 ff.).

Übungsfragen zu den Abschnitten VIII bis X

1. Wie lässt sich das mathematische Modell eines geschlossenen Transportproblems formulieren?
2. Worin bestehen die besonders einfachen Eigenarten des Transportproblems, die die Anwendung der Transportmethode zur Optimierung erlauben?
3. Worin besteht das iterative Rechenverfahren der Transportmethode?
4. Wie viele von Null verschiedene Variablenwerte kann eine mit der Transportmethode bestimmte Basislösung höchstens umfassen? Wie lässt sich diese Anzahl begründen?
5. Welche Verfahren können bei der Transportmethode zur Bestimmung einer zulässigen Ausgangslösung (Basislösung) herangezogen werden?
6. Worin bestehen die Vor- und Nachteile der heuristischen Verfahren zur Bestimmung einer „guten" zulässigen Ausgangslösung bei der Transportmethode?
7. Wie erkennt man die Degeneration (Entartung) einer mit Hilfe der Transportmethode bestimmten zulässigen Lösung? Wie lässt sie sich erheben?
8. Wie lässt sich die Vorgehensweise der MODI-Methode beschreiben?
9. Wie lässt sich die Vorgehensweise der Stepping-Stone-Methode beschreiben?
10. Wie werden die Opportunitätskosten für die Nichtbasisvariablen einer mit Hilfe der Transportmethode bestimmten Basislösung ermittelt?
11. Was ist der Inhalt des Transportkriteriums und wie lässt es sich anwenden?
12. Woran erkennt man optimale Mehrfachlösungen bei der Transportmethode?
13. Wie lässt sich die Matrix der Transportmethode, die die Optimallösung beinhaltet, ökonomisch interpretieren?
14. Wie können offene Transportprobleme durch ein geschlossenes Transportmodell beschrieben werden?
15. Lässt sich die Transportmethode auch auf andere als Transportprobleme anwenden (Beispiele)?
16. Wie lassen sich „zusätzliche Kapazitätsbeschränkungen" in der Transportmethode berücksichtigen?
17. Was versteht man unter „mehrstufigen Transportproblemen"?
18. Wie lässt sich das „Umladeproblem" behandeln?
19. Wie lässt sich eine Maximierungsaufgabe, die mit der Transportmethode gelöst werden soll, in eine Minimierungsaufgabe überführen?
20. Was versteht man unter einem „Zuordnungsproblem"?
21. Wie lautet der mathematische Modellansatz (in allgemeiner Form) des Zuordnungsproblems?
22. Worin besteht das iterative Rechenverfahren der Ungarischen Methode zur Lösung des Zuordnungsproblems?
23. Woran erkennt man optimale Mehrfachlösungen bei der Ungarischen Methode?
24. Welche wesentlichen Voraussetzungen müssen für die Anwendbarkeit der linearen Planungsrechnung bei betriebswirtschaftlichen Entscheidungen gegeben sein und wo liegen die bedeutenden Grenzen der Anwendbarkeit der linearen Planungsrechnung?
25. Welches sind die Hauptanwendungsgebiete der linearen Planungsrechnung in der Betriebswirtschaft und wie ist ihre Leistungsfähigkeit als Methode der Entscheidungsvorbereitung zu beurteilen?

Literatur zum 2. Kapitel

Über die Methoden der linearen Planungsrechnung und ihre Anwendung existiert eine nahezu unübersehbare Menge an Veröffentlichungen.

Als mathematisch orientierte Standardwerke sind etwa zu nennen:

Caspary, W., Wichmann, K.: Lineare Modelle, München-Wien 1994.

Dantzig, G.B.: Lineare Programmierung und Erweiterung, in: *Beckmann, M.* u.a. (Hg.): Ökonometrie und Unternehmensforschung, Bd. II (deutsche Übersetzung), Berlin-Heidelberg-New York 1966.

Dorfman, R. u.a.: Linear Programming and Economic Analysis, New York-Toronto-London 1958.

Hadley, G.: Linear Programming, London 1962.

Kistner, K.-P.: Optimierungsmethoden, Einführung in die Unternehmensforschung für Wirtschaftswissenschaftler, 2.A., Heidelberg 1993.

Neumann, K.: Operations Research Verfahren, Bd. 1, München-Wien 1975.

Neumann, K., Morlock, M.: Operations Research, München-Wien 1993.

Zimmermann, H.-J.: Methoden und Modelle des Operations Research, 2.A., Braunschweig-Wiesbaden 1992.

Einfachere Einführungen in die lineare Planungsrechnung bieten:

Beisel, E.-P., Mendel, M.: Optimierungsmethoden des Operations Research, Bd. 1: Lineare und ganzzahlige Optimierung, Braunschweig-Wiesbaden 1987.

Bloech, J.: Lineare Optimierung für Wirtschaftswissenschaftler, Opladen 1974.

Bol, G.: Lineare Optimierung - Theorie und Anwendung, Königstein/Ts. 1980.

Dinkelbach, W.: Sensitivitätsanalyse und parametrische Programmierung, Berlin-Heidelberg-New York 1969.

Dinkelbach, W., Lorscheider, U.: Entscheidungsmodelle und lineare Programmierung, 3.A., München-Wien 1994, S. 161 ff. - Übungsbuch -.

Domschke, W., Drexl, A.: Einführung in Operations Research, 4.A., Berlin-Heidelberg-New York 1998.

Dürr, W., Kleibohm, K.: Operations Research, Lineare Modelle und ihre Anwendungen, 3.A., München-Wien 1992.

Ellinger, T. u.a.: Operations Research - Eine Einführung, 4.A., Berlin-Heidelberg-New York 1998.

Haupt, P. Lohse, D.: Grundlagen und Anwendungen der linearen Optimierung, Essen 1975.

Homburg, C.: Quantitative Betriebswirtschaftslehre - Entscheidungsunterstützung durch Modelle, 2.A., Wiesbaden 1998, S. 517 ff.

Horst, R.: Mathematik für Ökonomen: Lineare Algebra (mit linearer Planungsrechnung). 2.A., München-Wien 1989.

Ingelbrink, H., Rottmann, U.: Lineare Optimierung, Baden-Baden/Bad Homburg v.d.H. 1977.

Jaeger, A., Wäscher, G.: Mathematische Propädeutik für Wirtschaftswissenschaftler, Lineare Algebra und lineare Optimierung, München-Wien 1987.

Joksch, H.C.: Lineares Programmieren, 2.A, Tübingen 1965.

Krekó, B.: Lehrbuch der Linearen Optimierung (deutsche Übersetzung), 6.A., Berlin 1973.

Lutz, M.: Operations Research Verfahren - verstehen und anwenden, Köln 1998.

Niemeyer, G.: Einführung in die lineare Planungsrechnung, Berlin 1968.

Ohse, D.: Quantitative Methoden in der Betriebswirtschaftslehre, München 1998, S. 123-242.

Schick, K.: Lineares Optimieren, 2.A., Frankfurt/Main-Berlin-München 1975.

Schmitz, P. Schönlein, A.: Lineare und linearisierte Optimierungsmodelle sowie ihre ADV-gestützte Lösung, Braunschweig 1978.

Schwarze, J.: Mathematik für Wirtschaftswissenschaftler, Bd. 3: Lineare Algebra und Lineare Programmierung, 9.A., Herne-Berlin 1992.

Vokuhl, P.: Die Anwendung der linearen Programmierung in Industriebetrieben, Berlin 1965.

Wiedling, H.: Lineare Planungstechnik, Gernsbach 1981.

Zimmermann, H.-J., Zielinski, G.; Lineare Programmierung, Ein programmiertes Lehrbuch, Berlin-New York 1971.

Zimmermann, W.: Operations Research, Quantitative Methoden zur Entscheidungsvorbereitung, 8.A., München-Wien 1997.

Die Beziehungen zwischen linearer Planungsrechnung und Kostenrechnung beschreiben:

Böhm, H.H., Wille, F.: Deckungsbeitragsrechnung, Grenzpreisrechnung und Optimierung, 6.A., München 1977.

Däumler, K.-D., Grabe, J.: Kostenrechnung 2: Deckungsbeitragsrechnung, 6.A., Herne-Berlin 1997.

Däumler, K.-D.: Grundlagen der Investitions- und Wirtschaftlichkeitsrechnung, 9.A., Herne-Berlin 1998.

Ellinger, T., Haupt, R.: Produktions- und Kostentheorie, 3.A., Stuttgart 1996.

Schweitzer, M., Küpper, H.-U.: Systeme der Kostenrechnung, 7.A., München 1998.

Seicht, G.: Moderne Kosten- und Leistungsrechnung, 9.A., Wien 1997.

Woitschach, M., Wenzel, G.: Lineare Planungsrechnung in der Praxis, 2.A., Stuttgart 1962.

Anwendungsschwerpunkte der linearen Planungsrechnung behandeln:

Adam, D.: Kurzlehrbuch Planung, 2.A., Wiesbaden 1983.

Adam, D.: Investitionscontrolling, 2.A., München-Wien 1997, S. 238 ff. - Simultane Investitions-, Finanz- und Programmplanung -.

Adam, D.: Planung und Entscheidung, 4.A., Wiesbaden 1996.

Adelberger, O.L., Günther, H.H.: Fall- und Projektstudien zur Investitionsrechnung, München 1982.

Albach, H.: Investition und Liquidität, Wiesbaden 1962.

Bichler, K.: Verbesserungen der betrieblichen Produktionsplanung durch Lineare Programmierung, Hamburg-Berlin 1970 - Anwendung auf Produktionsplanung -.

Birman, J.J.: Lineare Optimierung in der Ökonomie (deutsche Übersetzung), Berlin 1971 - verschiedene Anwendungsbeispiele -.

Bleuel, B.: Untersuchungen des (kosten-)optimalen Anpassungsverhaltens in einem Hüttenwerk bei Veränderungen interner oder externer Einflußgrößen mit Hilfe linearer parametrischer Optimierung, in: *Bierich, M.* u.a. (Hg.): Betriebswirtschaftliches Kontaktstudium, Band III, Wiesbaden 1983, S. 250 ff.

Blohm, H., Lüder, K.: Investition, 8.A., München 1995, S. 296 ff. - Anwendung auf Investitions- und Finanzplanung -.

Brockhoff, K.: Produktpolitik, 3.A., Stuttgart 1993.

Buchmann, K.-H.: Quantitative Planung des Marketing-Mix auf der Grundlage der empirisch verfügbaren Informationen, Berlin 1973.

Busse von Colbe, W.: Bereitstellungsplanung - Einkaufs- und Lagerpolitik, in Jacob, H. (Hg.): Industriebetriebslehre, 4.A., Wiesbaden 1990, S. 591 ff.

Bussmann, K.F., Mertens, P. (Hrsg.): Operations Research und Datenverarbeitung bei der Produktionsplanung, Stuttgart 1968, I und bei der Instandhaltungsplanung, Stuttgart 1968, II.

Dichtl, E.: Marketing, in: *Bea, F.X., Dichtl, E., Schweitzer, M.* (Hg.): Allgemeine. Betriebswirtschaftslehre, Band 3: Leistungsprozeß, 7.A., Stuttgart 1997, S. 133-146.

Dinkelbach, W., Lorscheider, U.: Übungsbuch zu Betriebswirtschaftslehre, Entscheidungsmodelle und lineare Programmierung, 3.A., München-Wien 1994.

Dück, W., Blieferich, M.: Operationsforschung - Mathematische Grundlagen, Methoden und Modelle, Berlin 1973.

Fischer, H., Kluge, M.: Mathematische Methoden in der Planung (mit Beispielen aus der Grießereiindustrie), Leipzig 1968.

Franke, G., Hax, H.: Finanzwirtschaft des Unternehmens und Kapitalmarkt, 3.A., Berlin u.a. 1994, S. 227 ff.

Glaser, H.: Liquiditätsreserven und Zielfunktionen in der kurzfristigen Finanzplanung - Lineare Ansätze zur Finanzplanung, Wiesbaden 1982.

Hahn, D.: Planungs- und Kontrollrechnung -PUK, 5.A., Wiesbaden 1996, S. 369 ff. - Anwendung auf Produktprogrammplanung -.
Hanf, C.-H.: Entscheidungslehre, 2.A., München-Wien 1991, S. 148 ff. - Berücksichtigung unsicherer Entscheidungssituationen in LP-Modellen -.
Hax, H.: Investitions- und Finanzplanung mit Hilfe der linearen Programmierung, in: ZfbF 1964, S. 430-446.
Hax, H.: Investitionstheorie, 5.A., Würzburg 1993 (korrigierter Nachdruck der Ausgabe 1985).
Hilke, W.: Zielorientierte Produktions- und Programmplanung, 2.A., Neuwied 1988.
Hoitsch, H.: Produktionswirtschaft, 2.A., München 1993 - Anwendung auf Produktionsplanung -.
Hollnsteiner, K., Kopel, M.: Übungsbuch zur betriebswirtschaftlichen Optimierung, München-Wien 1993 - Übungsbeispiele -, S. 118 ff.
Homburg, C.: Modellgestütze Unternehmensplanung, Wiesbaden 1991 - verschiedene Anwendungen -.
Homburg, C., Sütterlin, S.: Modellgestütze Unternehmensplanung - Übungsbuch, Wiesbaden 1992.
Jacob, H.: Investitionsplanung und Investitionsentscheidung mit Hilfe der Linearprogrammierung, 3.A., Wiesbaden 1976.
Jacob, H.: Kurzlehrbuch Investitionsrechnung, 3.A., Wiesbaden 1984, S, 58 ff. - Investitionsmodelle -.
Jacob, H.: Die Planung des Produktions- und Absatzprogramms, in: *Jacob, H.* (Hg.): Industriebetriebslehre, 4.A., Wiesbaden 1990, S. 405 ff.
Jacob, H., Voigt, K.-I.: Investitionsrechnung, 5.A., Wiesbaden 1997, S, 147 ff.
Junk, H.: Optimale Werbeprogrammplanung - Grundlagen und Entscheidungsmodelle, 2.A., Essen 1973.
Kern, W.: Invesitionsrechnung, Stuttgart 1974, S. 268-296 - Anwendung auf Investitions-Programmermittlung -.
Kilger, W.: Optimale Produktions- und Absatzplanung, Opladen 1973, S. 95 ff.
Kilger, W.: Einführung in die Kostenrechnung, 3.A., Wiesbaden 1992, S. 404 ff. - Anwendung auf Planung optimaler Absatzmengen - (Nachdruck der Ausgabe 1987).
Kilger, W., Vikas, K.: Flexible Plankostenrechnung und Deckungsbeitragsrechnung, 10.A., Opladen 1993, S. 830 ff. - Anwendung auf Produktionsplanung -.
Knolmayer, G.: Programmierungsmodelle für die Produktionsplanung, Stuttgart 1980.
Kruschwitz, L.: Investitionsrechnung, 6.A., Berlin-New York 1995, S. 176-246 - Anwendung auf Investitions- und Finanz- und Produktionsplanung -.
Münstermann, H.: Unternehmensrechnung, Wiesbaden 1969 - verschiedene Anwendungsbeispiele -.
Perridon, L., Steiner, M.: Finanzwirtschaft der Unternehmung, 9.A., München 1997, S. 133 ff.
Rhode, R.: Kurzfristige Material- und Finanzplanung bei mehrfacher Zielsetzung, Würzburg 1982.
Rosenberg, O.: Investitionsplanung im Rahmen einer simultanen Gesamtplanung, Köln-Berlin-Bonn-München 1975 - Anwendung auf die Ermittlung von Investitionsprogrammen unter Berücksichtigung von Gewinnsteuern -.
Salkin, G., Kornbluth, J.: Linear programming in financial planning, London 1973.
Schmidt, R.H., Terberger, E.: Grundzüge der Investitions- und Finanzierungstheorie, 4.A., Wiesbaden 1997, S. 177 ff. - Anwendung auf Investitions- und Finanzierungsplanung -.
Seelbach, H.: Planungsmodelle in der Investitionsrechnung, Würzburg-Wien 1967, S. 3-54 - Anwendung auf Investitionsplanung -.
Seelbach, H.: Investition, in: *Bea, F.X., Dichtl, E., Schweitzer, M.* (Hg.): Allgemeine Betriebswirtschaftslehre, Band 3: Leistungsprozeß, 7.A., Stuttgart 1997.
Stahlknecht, P.: Operations Research, 2.A., Braunschweig 1970, S. 62 ff. - verschiedene Anwendungsbeispiele -.
Stepan, A., Fischer, E.O.: Betriebswirtschaftliche Optimierung, 6.A., München-Wien 1998 - verschiedene Anwendungsbeispiele -.
ter Horst, K.W.: Investitionsplanung, Stuttgart 1980, S. 184 ff. - Anwendung auf Investitions- und Finanzplanung-.
Troßmann, E.: Verschnittoptimierung, dargestellt an Beispielen aus der Textilindustrie, Berlin-München 1983.
Weber, H.: Industriebetriebslehre, 2.A., Berlin 1996 - Anwendung auf Produktionsplanung -.

Sonstige Literatur zum 2. Kapitel

Abel, P., Thiel, R.: Mehrstufige stochastische Produktionsmodelle, Eine praxisorientierte Darstellung mit programmierten Beispielen, Frankfurt/M. 1981.

Adam, D.: Kurzlehrbuch Planung, 2.A., Wiesbaden 1983.

Adam, D.: Ansätze zu einem intergrierten Konzept der Fertigungssteuerung bei Werkstattfertigung, in: *Adam, D.* (Hg.): Neuere Entwicklungen in der Produktions- und Investitionspolitik, Wiesbaden, 1987, S. 17-52.

Albach, H.: Lineare Programmierung als Hilfsmittel betrieblicher Investitionsplanung, in: ZfbF 1960, S. 526 ff.

Albach, H.: Investition und Finanzierung, Wiesbaden 1962.

Angermann, A.: Entscheidungsmodelle, Frankfurt/M. 1963.

Azpeitia, A.G., Dickinson, D.J.: A Decision Rule in the Simplex-Method that Avoids Cycling, in: Numerische Mathematik, 1964, S. 329-331.

Balas, E.A.: An Additive Algorithm for Solving Linear Programs with Zero-One Variables, in Operations Research 1968, S. 517 ff.

Barković, D.: Zur Planung von Investitionsprogrammen bei sicheren Erwartungen, in: *Runzheimer, B., Barković, D.* (Hg.): Investitionsentscheidungen in der Praxis - Quantitative Methoden als Entscheidungshilfen, Wiesbaden 1998, S. 1 - 22.

Bartels, H.G.: Übungen zur quantitativen Betriebswirtschaftslehre, München 1984.

Bazaraa, M.S., Jarvis, J.J., Sheraly, H.D.: Linear programming and network flows, 2.A., New York u.a. 1990.

Behrens, K.C.: Absatzwerbung, 2.A., Wiesbaden 1976.

Berndt, R.: Marketing 2, Marketing-Politik, 3.A., Berlin-Heidelberg-New York 1992.

Betge, P.: Investitionsplanung: Methoden - Modelle - Anwendungen, 2.A., Wiesbaden 1995, S. 133 ff.

Bichler, K.: Beschaffungs- und Lagerwirtschaft, 7.A. , Wiesbaden 1996.

Blohm, H. u.a.: Produktionswirtschaft, 3.A., Herne-Berlin 1997.

Brown, D.B., Warshaw, M.R.: Media Selection by Linear Programming, in: Journal of Marketing Research 1965, S. 83-88.

Bühler, W., Dick, R.: Stochastische lineare Optimierung, in: ZfB 1972, S. 677-692.

Burkard, R.E.: Methoden der Ganzzahligen Optimierung, Wien-New York 1972.

Burkard, R.E.: Ganzzahlige Optimierung, in: *Gal, T.* (Hg.): Grundlagen des Operations Research, Bd. 2, 3.A., Berlin-Heidelberg-New York 1992, S. 361-444.

Buzzel, R.D.: Mathematical Methods and Marketing Management, Boston 1964.

Catchpole, A.R.: The Application of Linear Programming to Integrated Supply Problems in the Oil Industry, in: Operations Research Quarterly 1962, S. 161-169.

Charnes, A., Cooper, W.W.: Chance-Constrained Programming, in: Management Science 1960, S. 73 ff.

Charnes, A. u.a.: A Goal Programming Model for Media Planning, in: *Montgomery, D.B., Urban, G.L.* (Hg.): Applications of Management Science in Marketing, Englewood Cliffs, N.J. 1970, S. 190 ff.

Churchman, C.W. u.a.: Operations Research, Eine Einführung in die Unternehmensforschung (deutsche Übersetzung), 5.A., Wien 1971.

Dakin, R.J.: A Tree-Search Algorithm for Mixed Integer Programming Problems, in: The Computer Journal 1965, S. 250-255.

Day, R.L.: On Methods: Linear Programming in Media Selections, in: Journal of Advertising Research 1962, S. 40-44.

Dinkelbach, W.: Zum Problem der Produktionsplanung in Ein- und Mehrproduktunternehmen, Würzburg 1964.

Dinkelbach, W.: Entscheidungsmodelle, Berlin 1982.

Dinkelbach, W.: Operations Research, Ein Kurzlehr- und Übungsbuch, Berlin-Heidelberg-New York 1992.

Domsch, M.: Simultane Personal- und Investitionsplanung im Produktionsbereich, Bielefeld 1970.

Domschke, W.: Logistik: Transport, 4.A., München-Wien 1995.

Emmert, D.: Planung von Investitionsprogrammen, Ludwigsburg-Berlin 1994.

Faber, M.M.: Stochastisches Programmieren, Würzburg-Wien 1970.

Ford, L.R., Fulkerson, D.R.: Solving the Transportation Problem, in Management Science, 1956, S. 24-32.

Gaede, K.-W., Heinhold, J.: Grundzüge des Operations Research, Teil 1, München-Wien 1976.

Garvin, W.W. u.a.: Applications of Linear Programming in the Oil Industry, in: Management Science 1957, S. 407-430.

Gas, B.: Wirtschaftlichkeitsrechnung bei immateriellen Investitionen, Frankfurt-Zürich 1972.

Gomory, R.A.: An Algorithm for Integer Solutions to Linear Programs, in: *Graves, R.L., Wolfe, P.* (Hg.): Recent Advances in Mathematical Programming, New York-San Francisco-Toronto 1963, I, S. 269 ff.

Gomory, R.A.: An All-Integer Programming Algortihm, in: *Muth, J.F., Thompson, G.L.*, (Hg.): Industrial Scheduling, Englewood Cliffs, N.J. 1963, II, S. 193 ff.

Gutenberg, E.: Grundlagen der Betriebswirtschaftslehre, Band 1, Die Produktion, 24.A., Berlin-Heidelberg-New York 1983.

Gutenberg, E.: Grundlagen der Betriebswirtschaftslehre, Band 2, Der Absatz, 17.A., Berlin-Heidelberg-New York 1984.

Habr, J.: Die Frequenzmethode zur Lösung des Transportproblems und linearer Programmierungsprobleme, in: Wissenschaftliche Zeitschrift der Universiät Dresden 1961, S. 1069-1071.

Hadley, G.: Nichtlineare und dynamische Programmierung (deutsche Übersetzung), Würzburg-Wien 1969.

Hansmann, K.-W.: Entscheidungsmodelle zur Standortplanung der Industrieunternehmen, Wiesbaden 1974.

Hansmann, K.-W.: Industrielles Management, 5.A., München-Wien 1996.

Hanssmann, F.: Unternehmensforschung - Hilfsmittel moderner Unternehmensführung, Wiesbaden 1971.

Hanssmann, F.: Quantitative Betriebswirtschaftslehre, 4.A., München-Wien 1995.

Harder, T.: Elementare mathematische Modelle in der Markt- und Absatzforschung, München-Wien 1966.

Haupt, P., Wegener, H.: Wirtschaftlicher Inhalt eines ausgewählten Optimierungsverfahrens, in: WIST 1973, S. 8-14.

Hax, H.: Entscheidungsmodelle in der Unternehmung/Einführung in Operations Research, Reinbek bei Hamburg 1974.

Heinrich, L., Lüder, K. (Hg.): Angewandte Betriebswirtschaftslehre und Unternehmensführung, Festschrift zum 65. Geburtstag von *Hans Blohm*, Herne-Berlin 1985.

Henn, R., Künzi, H.P.: Einführung in die Unternehmensforschung I, Berlin 1968.

Hillier, F.S., Lieberman, G.J.: Einführung in Operations Research, 5.A., München-Wien 1997 (unveränderter Nachdruck der vierten Auflage).

Huth, R., Pflaum, D.: Einführung in die Werbelehre, 6.A., Stuttgart 1996.

Inderfurth, K.: Starre und flexible Investitionsplanung, Wiesbaden 1982.

Jacob, H.: Neuere Entwicklungen in der Investitionsrechnung, in: ZfB 1964, S. 487-507; S. 551-594.

Jaensch, G.: Betriebswirtschaftliche Investitionsmodelle und praktische Investitionsrechnung, in: ZfbF 1969, S. 48-57.

Jándy, G.: Optimale Transport- und Verkehrsplanung, Würzburg 1967.

Kall, P.: Der gegenwärtige Stand der stochastischen Programmierung, in: Unternehmensforschung 1968, S. 81 ff.

Kall, P. u.a. (Hg.): Quantitative Methoden in den Wirtschaftswissenschaften, Berlin-Heidelberg-New York u.a. 1989.

Kaplan, R.S., Shocker, A.D.: Discount Effects on Media Plans, in: Journal of Advertising Research 1971, S. 37-44.

Karmarkar, N.: A new polynomial-time algorithm for linear programming, in: Combinatorica 4 (1984), S. 373-395.

Khachijan, L.G.: A polynomial algorithm in linear programming, in: Soviet Math. Doklady 20 (1979), S. 191-194

Kastner, G.: Operations Research mit BASIC auf den IBM PC, Wiesbaden 1985.

Kauffmann, A., Faure, R.: Methoden des Operations Research - Eine Einführung in Fallstudien (deutsche Übersetzung), Berlin-New York 1974.

Kern, W.: Optimierungsverfahren in der Ablauforganistation, Essen 1967.

Köhler, R.: Der Einsatz von Datenverarbeitungsanlagen für Optimierungsrechnungen bei Mineralölraffinerien, in: elektronische datenverarbeitung 1967, S. 306 ff.

Kolman, B., Beck, R.E.: Elementary linear programming with applications, New York 1980.

Korndörfer, W.: Die Aufstellung und Aufteilung von Werbebudgets, Stuttgart 1966.

Korndörfer, W.: Unternehmensführungslehre, 8.A., Wiesbaden 1995.

Korndörfer, W.: Allgemeine Betriebswirtschaftlehre, 11.A., Wiesbaden 1996.

Kotler, P. , Bliemel, F.: Marketing Management, 8.A., London u.a. 1995.
Kotler, P.: Marketing decision making - a model building approach, New York u.a. 1971.
Kralicek, P.: Kennzahlen für Geschäftsführer, 3.A., Wien 1995.
Krelle, W., Künzi, H.P.: Lineare Planungsrechnung, Zürich 1958.
Lachmann, M.: Entscheidungsunterstützung mit OR-Methoden, Ludwigsburg-Berlin 1995.
Land, A., Doig, A.G.: An Automatic Method of Solving Discrete Programming Problems, in: Econometrica 1960, S. 497 ff.
Laux, H.: Flexible Investitionsplanung, Opladen 1971.
Laux, H.: Entscheidungstheorie, 4.A., Berlin u.a. 1997.
Lazak, D.: Arbeitshandbuch zur Systemanalyse und exakten Unternehmensoptimierung, München 1973.
Little, J. u.a.: An Algorithm for the Travelling Salesman Problem, in: Operations Research 1963, S. 972-989.
Lüder, K.: Zur Anwendung neuerer Algorithmen der ganzzahligen linearen Programierung, in: ZfB 1969, S. 405-434.
Lüder, K.: Standortwahl, Verfahren zur Planung betrieblicher und innerbetrieblicher Standorte, in: *Jacob, H.* (Hg.): Industriebetriebslehre, Band 1: Grundlagen, 4.A., Wiesbaden 1990, S. 29 ff.
Lutz, M.: Operations Research Verfahren - verstehen und anwenden, Köln 1998.
Meffert, H.: Die Anwendung mathematischer Modelle im Marketing - Teil 2, Wiesbaden 1971.
Meffert, H.: Marketing, 8.A., Wiesbaden 1998.
Meißner, J.-D.: Heuristische Programmierung, Wiesbaden 1978.
Meyer, M.: Operations Research - Systemforschung, 4.A., Stuttgart 1996.
Meyer, M., Hansen, K.: Planungsverfahren des Operations Research, 4.A., München 1996.
Miller, D.W., Starr, M.K.: Executive Decisions and Operations Research, Englewood Cliffs 1969.
Montgomery, D.B., Urban, G.L. (Hg.): Applications of Management Science in Marketing, Englewood Cliffs, N.J. 1970.
Moxter, A.: Grenzen der Verfahrensforschung (Operations Research) im betriebswirtschaftlichen Bereich, in: Der österreichische Betriebswirt 1963, S. 181 ff.
Müller, O.: Lineare Programmierung unter Unsicherheit, in: *Henn, R.* (Hg.): Operations Research Verfahren III, Meisenheim 1967, S. 299 ff.
Müller-Merbach, H.: Lineare Planungsrechnung mit parametrisch veränderten Koeffizienten der Bedingungsmatrix, in: Ablauf- und Planungsforschung 1967, S. 341-354.
Müller-Merbach, H.: Operations Research, Methoden und Modelle der Optimalplanung, 3.A., München 1973.
Müller-Merbach, H.: Operations Research in der betrieblichen Bewähurng, in: VWI (Zeitschrift des Verbandes Deutscher Wirtschaftsingenieure e.V.), H. 1, Berlin 1976, S. 140-166.
Neumann, K.: Operations Research Verfahren, Bd. I, Lineare Optimierung, Spieltheorie, Nichtlineare Optimierung, Ganzzahlige Optimierung, München 1975.
Neumann, K., Morlock, M.: Operations Research, München-Wien 1993.
Nieschlag, R. u.a.: Marketing, 18.A., Berlin 1997.
Nieswandt, A.: Operations Research, 3.A., Berlin 1994.
Ohse, D.: Transportprobleme, in: *Gal, T.* (Hg.): Grundlagen des Operations Research, Bd. 2, 3.A., Berlin-Heidelberg-New York 1992, S. 261-360.
Piehler, J.: Ganzzahlige lineare Optimierung, Methoden und Probleme, Leipzig 1970.
Pursch-Lee, K.D.: Beitrag zur unternehmerischen Investitionspolitik unter besonderer Berücksichtigung des Strukturwandels, Frankfurt-Bern 1983.
Reinfeld, N.V., Vogel, W.R.: Mathematical Programming, Englewood Cilffs 1958.
Riebel, P.: Einzelkosten- und Deckungsbeitragrechnung, 7.A:, Wiesbaden 1994.
Runzheimer, B.: Das Experiment in der betriebswirtschaftlichen Forschung (Diss.), Karlsruhe 1966.
Runzheimer, B.: Die Situationskontrolle im Experiment, 1. Ergänzungsheft zur ZfB 1968, S. 59 ff.
Runzheimer, B.: Operations Research II: Methoden der Entscheidungsvorbereitung bei Risiko, 2.A., Wiesbaden 1989.
Runzheimer, B.: Berücksichtigung des Risikos in der Investitionsentscheidung - insbesondere Darstellung des substitutionalen Ansatzes, in: *Meler, M.* u.a. (Hg.): Beiträge zur Diskussion über die wirtschaftliche Entwicklung der Republik Kroatien und der Bundesrepublik Deutschland, Osijek 1998, S. 135 - 164.

Runzheimer, B.: Berücksichtigung des Risikos in der Investitionsentscheidung - insbesondere Darstellung des substitutionalen Ansatzes (multiple Zielsetzung) und des Entscheidungsbaumverfahrens, in: *Runzheimer, B., Barković, D.* (Hg.): Investitionsentscheidungen in der Praxis - Quantitative Methoden als Entscheidungshilfen, Wiesbaden 1998, S. 69 - 137.

Runzheimer, C.: Management komplexer Investitionsprojekte - klassische versus neugefaßte Managementkonzeption, in: *Runzheimer, B., Barković, D.* (Hg.): Investitionsentscheidungen in der Praxis - Quantitative Methoden als Entscheidungshilfen, Wiesbaden 1998, S. 151 - 165.

Saaty, T.L.: Coefficient Perturbation of a Constrained Extremum, in Operations Research 1959, S. 294-302.

Salzinger, M.: Mediaentscheidungen mit Hilfe linearer Planungsmodelle - Möglichkeiten und Grenzen, in: Der Markt 1968, S. 52-55.

Sasieni, M., Yaspan, F., Friedman, L.: Methoden und Probleme der Unternehmensforschung, Würzburg 1969.

Schettler, K.: Planung der Jahresabschlußprüfung, Wiesbaden 1971.

Schmidt, R.H., Terberger, E.: Grundzüge der Investitions- und Finanzierungstheorie, Wiesbaden 1997, S. 275-310.

Schweiger, G.: Mediaselektion - Daten und Modelle, Wiesbaden 1975.

Schweitzer, M.: Einführung in die Industriebetriebslehre, Berlin-New York 1973.

Shamir, R.: The Efficiency of the Simplex Method: A Survey, in: MS 1987, S. 301-334.

Shepard, R.W.: Linear Programming mit unbestimmten Werten, in: Ablauf- und Planungsforschung 1964, S. 68 ff.

Stasch, S.F.: Linear Programming and Space Time Considerations in Media Selection, in: Journal of Advertising Research 1965, S. 40-46.

Steinmann. H., Meyer, M.: Über ein spezielles Standortproblem, in: Industrielle Organisation 1963, S. 59 ff.

Stumpf, R.: Erstellung eines Windows-Programms zum Lösen von OR-Problemen, FH Augsburg 1996.

Sturm, S.: Operations Research, Stuttgart 1975.

Swoboda, P.: Investition und Finanzierung, 5.A., Göttingen-Zürich 1996.

Swoboda, P.: Simulante Planungsmodelle, in: *Kosiol, E.* (Hg.): Handwörterbuch des Rechnungswesens, Stuttgart 1970, S. 1403 ff.

Tempelmeier, H.: Standortoptimierung in der Marketing-Logistik, Königstein/Ts. 1980.

Tietz, *B.*: Grundlagen der Handelsforschung, Zürich 1969.

Tietz, B,. Zentes, J.: Die Werbung der Unternehmung, Reinbek bei Hamburg 1980.

Tinter, G.: Stochastic Linear Programming with Illustrations in: *Henn, R.* (Hg.): Operations Research Verfahren II, Meisenheim 1965, S. 108 ff.

Troßmann, E.: Investition, Stuttgart 1998.

Vazsonyi, A.: Die Planungsrechnung in Wirtschaft und Industrie (deutsche Übersetzung), Wien-München 1962.

Weber, H.H.: Einführung in Operations Research, 2.A., Wiesbaden 1978.

Witte, T.: Heuristisches Planen, Wiesbaden 1979.

Zäpfel, G.: Taktisches Produktions-Management, Berlin-New York 1989.

Zimmermann, H.-J.: Mathematische Entscheidungsforschung und ihre Anwendung auf die Produktionspolitik, Berlin 1963.

Zimmermann, H.-J.: Einführung in die Grundlagen des Operations Research, München 1971.

Zimmermann, W.: Operations Research, Quantitative Methoden zur Entscheidungsvorbereitung, 8.A., München-Wien 1997.

Drittes Kapitel: Netzplantechnik (NPT)

Es ist interessant, dass aus einer sehr anspruchsvollen Disziplin der Mathematik, nämlich der **Graphentheorie**, zwei bedeutende Verfahren des Operations Research entwikkelt wurden, die sehr anschaulich sind, und deren verfahrenstechnische Grundlagen leicht zu erlernen sind. Nicht zuletzt aus diesen Gründen handelt es sich dabei um OR-Verfahren, die in der Praxis neben der linearen Planungsrechnung am meisten angewendet werden. Es sind dies:

(1) die **Netzplantechnik** (NPT) zur Planung und Überwachung von Projekten;

(2) das Entscheidungsbaumverfahren zur Darstellung von Entscheidungsproblemen (vgl. *Runzheimer, B.*, 1989, S. 179 ff. und *Runzheimer, B.*, 1998, S 69. ff.).

I. Graphen als Hilfsmittel anschaulicher Darstellungen und Grundbegriffe der Graphentheorie

Unter einem **Graphen** versteht man eine (endliche oder unendliche) Menge von **Knoten**, die durch eine (endliche oder unendliche) Menge von Kanten einander zugeordnet sind. Es handelt sich dabei um ein bestimmtes Gebilde, das man durch eine Skizze **(grafisch)** in der Ebene oder im Raum gut veranschaulichen kann. Die **Kanten** oder Strekken können **gerichtet**, also mit einer Richtung versehen sein. Man nennt sie dann **Pfeile** und hat es mit einem **gerichteten Graphen** zu tun (Abb. 6b). Bei einem **ungerichteten Graphen** sind die Kanten in beiden Richtungen begehbar (Abb. 6a). Sind alle Knoten direkt oder indirekt durch Kanten miteinander verbunden, hat man es mit einem **zusammenhängenden Graphen** zu tun (Abb. 6a - 6d).
Eine Folge von Pfeilen, bei der keine Abzweigungen auftreten, wird als **Kette** bezeichnet. Die Knoten, die auf einer solchen Kette liegen, haben die Eigenschaft, dass bei ihnen immer nur **ein** einmündender und **ein** abgehender Pfeil vorkommt (Abb. 6c). Eine Folge von Pfeilen, bei denen der Endknoten des einen Pfeils der Anfangsknoten des folgenden Pfeiles ist, wird als **Weg** bezeichnet (Abb. 6b). Ein **Baum** ist ein zusammenhängender Graph, bei dem von jedem Knoten zu allen anderen Knoten nur **eine** Kantenfolge führt (Abb. 6d).

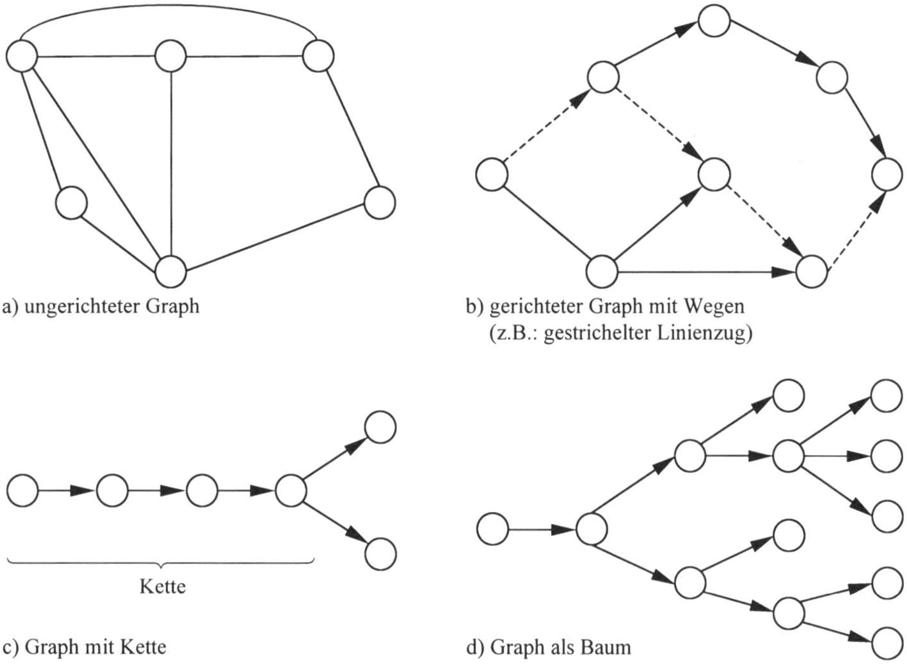

a) ungerichteter Graph

b) gerichteter Graph mit Wegen (z.B.: gestrichelter Linienzug)

c) Graph mit Kette

d) Graph als Baum

Abb. 6: Beispiele für Graphen

Eine **Schleife** ist ein Pfeil, der einen Knoten mit sich selbst verbindet. Von einem **Zyklus** spricht man, wenn ein Knoten über mehrere Pfeile mit sich selbst verbunden ist. Graphen werden in mannigfacher Weise als Darstellungsformen verwendet. So können Graphen Netze wie Wasserversorgungs- und -entsorgungssysteme, Verkehrssysteme, Fernsprech-, Strom- und Gasleitungen darstellen. Ebenso gut können durch Graphen Abläufe und Strukturen wie Organisationsstrukturen oder Kommunikationssysteme eines Unternehmens, Entscheidungsprozesse etc. dargestellt werden.

Im Rahmen der Graphentheorie sind für die Berechnung einiger Eigenschaften von Graphen besondere Algorithmen (Rechenverfahren) entwickelt worden - wie z.B. der *Fulkerson*-Algorithmus (*Müller-Merbach, H.*, 1973, S. 247 ff.) -. Mit diesen Algorithmen können beispielsweise optimale Wege in Graphen, maximale Flüsse (d.h. maximale Kapazitäten) von Netzwerken oder auch kostenminimale Flüsse bestimmt werden. Im Rahmen des OR spielen daher graphentheoretische Verfahren eine besondere Rolle bei:

(1) der anschaulichen grafischen Darstellung von Abläufen und Strukturen;

(2) der Berechnung von optimalen (längsten, kürzesten, kostenminimalen oder gewinnmaximalen) Wegen;

(3) der Berechnung maximaler Flüsse in Netzwerken.

Oft ist allein die Darstellung eines Sachverhaltes in Form eines Graphen schon von großem Wert. Als besonders wertvoll wird von Praktikern der Nutzen bezeichnet, der allein dadurch entsteht, dass es für die Aufstellung des Graphen erforderlich ist, das Problem bis in die Details zu durchdringen.

II. Grundlagen der Netzplantechnik

Die **Netzplantechnik (NPT)** stellt Methoden zur **Planung und Überwachung** von **Projekten** bereit. Die NPT hat mehrere voneinander unabhängige Wurzeln. 1957 wurde in USA bei Dupont de Nemours in Zusammenarbeit mit Ramington Rand die **„Critical Path Method“ (CPM)** entwickelt. Beim Bau der Polarisrakete wurde 1958 das Planungssystem **„Program Evaluation and Review Technique“ (PERT)** geschaffen. Gleichzeitig wurde von einer französischen Beratungsfirma, die zu einer internationalen Gruppe von Beratungsfirmen namens METRA gehört, die **Metra-Potential-Methode (MPM)** als Terminplanungsmethode für den Reaktorbau entwickelt. All diese Methoden besitzen ein gemeinsames Merkmal. Sie haben ein **grafisches Modell** des zeitlichen Ablaufs eines Projektes, das **Netzplan** genannt wird, zur Grundlage. Man fasst daher CPM, PERT, MPM und ihre zahlreichen Varianten und Weiterentwicklungen unter dem Begriff Netzplantechnik (auch Netzwerktechnik oder Netzwerkanalyse genannt) zusammen. Die mathematische Grundlage der NPT bildet die Graphentheorie.

Unter **NPT** versteht man alle Verfahren zur:
(1) Beschreibung,
(2) Planung,
(3) Steuerung,
(4) Überwachung
von Projektabläufen auf der Grundlage von **Netzplan-Modellen**.

Die vorstehende Definition entspricht DIN 69 900. Soweit die hier benötigten Begriffe vereinheitlicht sind, werden sie der genannten Norm bzw. den Empfehlungen der Deutschen Gesellschaft für Operations Research entnommen (vgl. *Häger, W.*, *Waschek, G.*, 1972, S. B. 1 ff.).
Die Ausführung von Projekten benötigt **Zeit**, verursacht **Kosten** und erfordert den Einsatz gewisser Hilfsmittel **(Einsatzmittel)**, worunter die sog. „Einsatzfaktoren“, also Betriebsmittel (Maschinen etc.), Arbeitskräfte und Werkstoffe, verstanden werden. Entsprechend werden in der **NPT** Methoden zur:
(1) Zeitplanung (Terminplanung),
(2) Kostenplanung,
(3) Kapazitätsplanung,
(4) Finanzplanung
bereitgestellt.

Kernstück der NPT ist die Zeitplanung. Auf den Ergebnissen der Zeitplanung bauen alle weiteren Anwendungen auf.
Als **Beispiele** für die Anwendung der NPT seien genannt:
Der Aufbau einer Fabrik, die Durchführung von Wartungsarbeiten, die Entwicklung eines Waffensystems und der Bau eines Atomkraftwerkes waren die ersten Anwendungen. In der Zwischenzeit wird die NPT in vielen Bereichen der Wirtschaft eingesetzt. Einige weitere Anwendungsbereiche sind (wegen der entsprechenden Literaturquellen siehe *Homburg, C.*, 1998, S. 475 ff.; *Wille, H.* u.a., 1972, S. 16):

(1) Entwicklung von Flugzeugen,
(2) Ausbau eines Hotels,
(3) Bau einer Universität,
(4) Planung der Herstellung von elektrischen Relais,
(5) Vorbereitung des Einsatzes eines Computers,
(6) Bau von Autobahnen,
(7) Entwicklung und Konstruktion eines Nachrichtensystems,
(8) Montage einer Telegraphie-Speichervermittlung,
(9) Bau von Wohnblocks,
(10) Durchführung eines Wahlkampfes.

Bei diesen Anwendungsbeispielen handelt es sich um Projekte. Der Begriff **Projekt** steht im Gegensatz zu sich dauernd wiederholenden Vorgängen. Er beinhaltet, dass eine Leistung einmalig in ganz bestimmter Art und Weise durchgeführt wird.

Da sich solche Projekte gewöhnlich nicht identisch wiederholen bzw. solche Projekte überhaupt noch nicht abgewickelt wurden, kann sich der Planer nicht allein auf seine Erfahrungen mit ähnlichen Projekten stützen. Er benötigt ein Hilfsmittel wie die NPT. Welche **Voraussetzungen** hat ein Projekt zu erfüllen, damit es mit einer NPT geplant und seine Abwicklung gesteuert und überwacht werden kann?

(1) Es geht um die Erreichung bestimmter **vorgegebener Ziele**. Dabei muss es sich um ein **abgeschlossenes Projekt** handeln, bei dem Anfangs- und Endpunkte definierbar sind.
(2) Das Projekt muss **in einzelne Vorgänge** (Aufgaben, Tätigkeiten, Aktivitäten, „jobs") **aufgegliedert** werden können. Alle Vorgänge, die zur Erreichung der Ziele erledigt sein müssen, bilden das Projekt.
(3) Diese Aufgaben unterliegen hinsichtlich ihrer Durchführung **Reihenfolgebedingungen**, die auf die **Projektlogik** zurückzuführen sind. Ein Vorgang kann z.B. erst nach Abschluss von anderen Vorgängen begonnen werden. Diese Vorgänge **beanspruchen Zeit, Einsatzmittel und verursachen damit Kosten.**
(4) Es muss sichergestellt werden können, dass die plangerechte Durchführung des Projektes **kontrolliert** werden kann, d.h. zu jedem Zeitpunkt der Projektrealisierung muss es möglich sein, **Soll-Ist-Vergleiche** durchzuführen, um ggf. **Anpassungsmaßnahmen** ergreifen zu können (Steuerungsmöglichkeit).

Ein großer **Vorteil der NPT** besteht darin, dass durch die **grafische Darstellung** ein Projekt **transparent** gemacht wird. Insbesondere können die **gegenseitigen Abhängigkeiten der Vorgänge** klar dargestellt werden.
Die von der Entwicklung der NPT häufig verwendeten Balkendiagramme (Gantt-Charts) sind im Bereich der Planung den Verfahren der NPT unterlegen, weil sie einerseits die Abhängigkeiten zwischen den Vorgängen nicht befriedigend aufzeigen und damit nur für die Planung kleiner, überschaubarer Projekte geeignet sind. Andererseits fällt es äußerst schwer, bei sich ändernden Reihenfolgebedingungen oder veränderlichen Vorgangsdauern die erforderlichen Anpassungen in den Diagrammen vorzunehmen (*Bergen, R., Bubolz, P.*, 1974, S. 2 f.).

Ein weiterer Vorteil der NPT ist es, dass sie ohne aufwändige zusätzliche Vorarbeiten durchgeführt werden kann. Darüber hinaus kann sie sich der Unterstützung durch DV (Netzplanprogramme wie z.B. TIME LINE mit CPM, PERT oder Microsoft Projekt - „MS Projeckt“ - bzw. Algorithmen der Graphentheorie, die man in LINGO findet; vgl. hierzu Lutz, M., 1998, S. 15 und S. 213) bedienen. Die NPT verlangt nicht zwangsläufig den Einsatz der DV. Kleinere Netzpläne bis zu etwa 100 Vorgängen können z.B. ohne weiteres manuell durchgerechnet werden.

Nach einer von verschiedenen Autoren vorgeschlagenen Gliederung zerfällt die NPT in die **Stufen**:

(1) Strukturanalyse - Strukturplanung,
(2) Zeitanalyse - Zeitplanung,
(3) Kostenanalyse - Kostenplanung,
(4) Kapazitätsanalyse - Kapazitätsplanung.

Die Stufen können jedoch nicht losgelöst voneinander und auch nicht für ein Projekt allein betrachtet werden. Vielmehr unterliegen die Ergebnisse jeder Planungsstufe starken Einflüssen aus anderen Stufen bzw. aus den Planungen für andere Projekte. Damit sind die eigentlichen **Probleme der NPT** angesprochen. Wenn nach einem ersten Planungsschritt (Strukturplanung, Ablaufplanung) mit einer gewissenhaften Erfassung und grafischen Darstellung des Ablaufs an die Zeitplanung als dem zweiten Schritt gegangen wird, so erscheint dies vom Standpunkt des Praktikers insofern als eine reichlich theoretische Angelegenheit, als die vorgenommenen Zeitplanungen unter einer Reihe von Abstraktionen erfolgen. Bei der Zeitplanung sind nicht nur die Struktur und die Zeit, sondern auch die Kosten und die Kapazitäten zu ermitteln und zu berücksichtigen. Die Projektplanung kann folglich erst als abgeschlossen gelten, wenn in allen Stufen des behandelten Projektes und unter Berücksichtigung der außerdem im Betrieb noch abzuwickelnden Projekte eine durchführbare Lösung gefunden ist, die darüber hinaus noch den betrieblichen Zielen möglichst nahe kommt.

III. Strukturplanung

Die Planung der **Ablaufstruktur** eines Projektes setzt detaillierte Informationen über die Struktur des Projektes voraus. Der eigentlichen **Strukturplanung** muss also eine **Analyse der Ablaufstruktur** des Projektes vorausgehen.

A. Strukturanalyse

Der **erste Schritt der Strukturanalyse** besteht darin, dass man **sämtliche Vorgänge** des Projektes **ermittelt**, d.h. das Gesamtprojekt in die erforderlichen Arbeitsgänge zerlegt. **Vorgänge** sind alle Aktivitäten, die **Zeit beanspruchen**, also auch Lieferzeiten, technisch bedingte Wartezeiten - z.B. Abbindezeit von Beton -, Liegezeiten etc. Sämtliche Vorgänge des Projektes werden in einer Liste **(Vorgangsliste)** zusammengestellt.

Es erhebt sich hier die Frage, wie detailliert, d.h. wie fein soll das Projekt im Netzplan dargestellt werden? Die Grundsatzentscheidung ist, was als Vorgang angesehen werden soll, d.h. vor allem wie „groß" die Vorgänge sein sollen. Der Begriff des Vorganges ist sehr weit gefasst. Man kann z.B. das Anbringen des Innenputzes in einem Gebäude als **einen** Vorgang betrachten. Es ist aber auch möglich, diese Arbeiten aufzuteilen und beispielsweise das Verputzen jeder Zimmerdecke, jeder Zimmerwand, das Einputzen der Fenster etc. jeweils als einen Vorgang aufzufassen. Wie **fein** man die Analyse und Planung der Ablaufstruktur eines Projektes zweckmäßigerweise vornehmen soll, kann nicht allgemein beantwortet werden. Die Gliederung eines Projektes in **Vorgänge** wird so fein vorgenommen, dass eine hinreichende Abgrenzung jedes Vorgangs gegenüber den anderen Vorgängen möglich ist und Informationen über Abhängigkeiten der Vorgänge nicht verloren gehen. Der Grad der Zerlegung des Projektes bzw. des Netzplans **(Detaillierungsgrad)** hängt in erster Linie davon ab, wie viel Informationen man dem Netzplan entnehmen will. Je nach Verwendungszweck - z.B. Information für die Geschäftsleitung oder für den Bauleiter - wird man häufig für **dasselbe Projekt verschiedene Netzpläne unterschiedlichen Detaillierungsgrades** erstellen. Bei größeren Projekten (insbesondere, wenn sie sich über einen längeren Zeitraum erstrecken) ist es zweckmäßig, so vorzugehen, dass man das Projekt zunächst nur sehr grob analysiert und einen **Übersichtsnetzplan** (Grob- oder Rahmenplan) erstellt. Die Vorgänge dieses Übersichtsplanes umfassen jeweils mehrere Aktivitäten („Sammelvorgänge"). Die möglichst geschlossenen und abgrenzbaren Teile des Übersichtsplanes können dann zerlegt werden. Jede Detaillierung (Verfeinerung) eines Netzplanes stellt eine Untergliederung in kleinere Vorgänge dar. Umgekehrt können Vorgänge eines **Detailnetzplanes** durch Zusammenfassung **verdichtet** werden; dies bedeutet dann einen Übergang vom Detailnetzplan zum Übersichtsnetzplan. Bei Projekten, die sich über einen längeren Zeitraum erstrecken, stellt der Übersichtsnetzplan zunächst nur grob den Ablauf des Projektes dar. Im Verlauf der Realisierung des Projektes wird dann schrittweise die Detailplanung vorgenommen. Diese schrittweise (z.B. in regelmäßigen Zeitabständen erfolgende) Verfeinerung des Netzplanes kann einmal angezeigt sein, um den Planungsaufwand zeitlich zu verteilen. Die mangelhafte Überschaubarkeit und große Unsicherheit über die Ablaufstruktur eines Projektes zu Beginn der Planung (z.B. bei Forschungs- und Entwicklungsprojekten) kann ebenfalls ausschlaggebend für eine schrittweise Verfeinerung des Netzplanes sein.

Hat man alle Vorgänge des Projektes zusammengestellt, dann werden im **zweiten Schritt der Strukturanalyse** die logisch bzw. technologisch und wirtschaftlich bedingten **Abhängigkeiten zwischen den Vorgängen ermittelt.** Hierbei geht es vor allem um die **Reihenfolge** der Vorgänge.

Dabei sind für jeden Vorgang folgende Fragen zu beantworten:

(1) Welche Vorgänge gehen dem in Frage stehenden Vorgang unmittelbar voraus; welche Vorgänge müssen beendet sein, damit der betreffende Vorgang beginnen kann? Das Ergebnis sind die **„Vorgänger"** des betrachteten Vorgangs (z.B. müssen die Fundamente ausgeschachtet sein, bevor sie betoniert werden können - „Ausschachten der Fundamente" ist Vorgänger für „Betonieren der Fundamente").

(2) Welche Vorgänge schließen sich unmittelbar an den betrachteten Vorgang an? Das Ergebnis sind die **„Nachfolger"** des betreffenden Vorgangs. Für die Strukturplanung ist es ausreichend, wenn man entweder die **Vorgänger oder die Nachfolger** für jeden Vorgang bestimmt.

(3) Welche Vorgänge können **parallel ausgeführt** werden?

Bei der Strukturanalyse eines Projektes wird man feststellen, dass ein großer Teil der **Abhängigkeiten nicht eindeutig** festliegt. Die Reihenfolge von Vorgängen kann also vertauscht werden. Vielfach können Vorgänge sowohl nacheinander als auch parallel durchgeführt werden. Hier entscheiden dann oft Fragen der Zweckmäßigkeit oder Kapazitätsüberlegungen. Bei der Projektplanung muss man sich jedoch für eine Abhängigkeit eindeutig entscheiden. Sind andere Abhängigkeiten möglich, so kann man diese festhalten (protokollieren), um darauf bei einer eventuell erforderlichen Planrevision zurückgreifen zu können.
In der **Vorgangsliste** können neben den Vorgängen des Projektes und den ermittelten Abhängigkeiten weitere wichtige Informationen zusammengestellt werden, wie z.B. die für die Ausführung verantwortlichen Stellen, Zeitbedarf, Kosten und differenzierter Kapazitätsbedarf der Vorgänge.
Für ein **Projektbeispiel** („Bau einer Fabrikationshalle") - das im Folgenden zur Veranschaulichung ständig herangezogen werden soll - ist das **Ergebnis der Strukturanalyse** in einer **Vorgangsliste** wiedergegeben (Tabelle 100).

Das Projekt umfasst den Bau einer Fabrikationshalle. Zu jedem Vorgang ist ein Buchstabe angegeben, der später als Abkürzung für den jeweiligen Vorgang benutzt werden soll.
Ein Projekt lässt sich leicht in **Teilprojekte** zerlegen, um die Übersichtlichkeit nicht zu stören. Im Beispiel bietet sich folgende Teilung z.B. an:

- Teilprojekt I: Rohbauerstellung,
- Teilprojekt II: Ausbau und Fertigstellung.

In den Teilnetzplänen sind die Übergänge zu anderen Teilnetzen („Anschlussereignisse") besonders zu kennzeichnen.

Im Gegensatz zu dem Projektbeispiel muss nicht immer der genaue Projektablauf im Planungsstadium bekannt sein. Bei so genannten **stochastischen Strukturen** (*Wegner, F.E.H.*, 1972, S. 39 ff.) ist der Projektablauf ungewiss, weil nicht von vornherein sicher ist, welche erfassten denkmöglichen Vorgänge tatsächlich realisiert werden. Das ergibt sich erst bei Realisierung des Projekts und ist abhängig von den vorher gewonnenen Ergebnissen (z.B. Forschungs- und Entwicklungsprojekte). Einzelne Vorgänge des Projekts werden dann nur mit einer gewissen Wahrscheinlichkeit realisiert, und es ist mit verschiedenen „Projektausgängen" zu rechnen. (Zur Behandlung der stochastischen Projektstrukturen wurde erst in den letzten Jahren ein Zweig der NPT entwickelt - **Entscheidungsnetzpläne** -; vgl. *Neumann, K.*, 1990; *Hennicke, L.*, 1991).

Tabelle 100: Vorgangsliste mit Abhängigkeiten und Ausführungsdauern für das Projekt: Bau einer Fabrikationshalle

Vorgang		Vorgänger	Ausführungs-dauer in Tagen
A	Fundamente ausschachten	–	4
B	Anschlüsse herstellen	–	5
C	Streifenfundamente betonieren	A	1
D	Maschinenfundamente betonieren	A, B	2
E	Fußboden betonieren	C, D	2
F	Abbindedauer des Fußbodenbetons	E	16
G	Außenwände hochziehen	C	20
H	Innenwände hochziehen	F	12
I	Großbehälter installieren	F	3
J	Dachdecke einschalen	G, H, I	4
K	Dachdecke betonieren	J	3
L	Abbindedauer des Deckenbetons	K	16
M	Dach abdichten	L	4
N	Dachdecke ausschalen	L	3
	(Rohbauabnahme)		
P	Elektro-, Wasser- und Heizungsinstallation	M, N	10
Q	Schwimmenden Zementestrich einbringen	P	2
R	Abbindedauer des Estrichs	Q	10
S	Abtrocknungsdauer des Estrichs	Q	40
T	Fenster einsetzen	M, N	2
U	Innenputz anbringen	R, T	5
V	Türen einsetzen	U	2
W	Außenputz anbringen	T	4
X	Anstreicherarbeiten (innen)	U	6
Y	Fußboden verlegen	S, V, X	3
Z	Gebrauchsabnahme für die Fabrikationshalle	W, Y	1

B. Darstellung der Ablaufstruktur

1. Formen der Netzplandarstellung

Die **Darstellungsform der NPT** ist der endliche **gerichtete Graph**. Jedes Netz besteht also aus einer Reihe von Knoten, die untereinander durch Pfeile (gerichtete Kanten) verbunden sind. Je nachdem, ob man bei der grafischen Darstellung die Vorgänge durch die Pfeile oder durch die Knoten des Netzes darstellt, unterscheidet man:

(1) kanten- oder pfeilorientierte und
(2) knotenorientierte Netzwerke:
(1a) Liegt das Schwergewicht der Projektplanung auf der Betrachtung der **Vorgänge**, so spricht man von **Vorgangspfeilnetz**, wenn die Vorgänge durch die **Pfeile** dargestellt werden. Vorgangspfeilnetze werden bei **CPM** verwendet.
(2a) Liegt das Schwergewicht der Projektplanung auf der Betrachtung der **Ereignisse**, so spricht man von **Ereignisknotennetz**, wenn die Ereignisse durch die **Knoten** dargestellt werden. Ereignisknotennetze werden bei **PERT** verwendet.
(2b) Liegt das Schwergewicht der Projektplanung auf der Betrachtung der Vorgänge, so spricht man von **Vorgangsknotennetz**, wenn die Vorgänge durch die **Knoten** dargestellt werden. Vorgangsknotennetze werden bei **MPM** verwendet.

In der praktischen Anwendung der Netzplantechnik findet man die Vorgangspfeilnetze nach CPM am meisten verbreitet (*Elsässer, F.*, 1973, S. 17). In der jüngeren Vergangenheit ist man zunehmend zu Vorgangsknotennetzen (nach MPM) übergegangen (*Schwarze, J.*, 1994, S. 44). Vorgangsknotennetze bieten eine Reihe von Vorzügen, auf die später eingegangen wird.

2. Critical Path Method - CPM

Die **„Methode des kritischen Weges“ (CPM)** arbeitet mit **Vorgangspfeilnetzen**. Die Abhängigkeiten zwischen den Vorgängen werden bei CPM durch Pfeile dargestellt, indem man die Knoten zweier unmittelbar aufeinander folgender Vorgänge durch Pfeile verbindet. Hierbei kommt der Länge und Form der Pfeile keine Bedeutung zu.

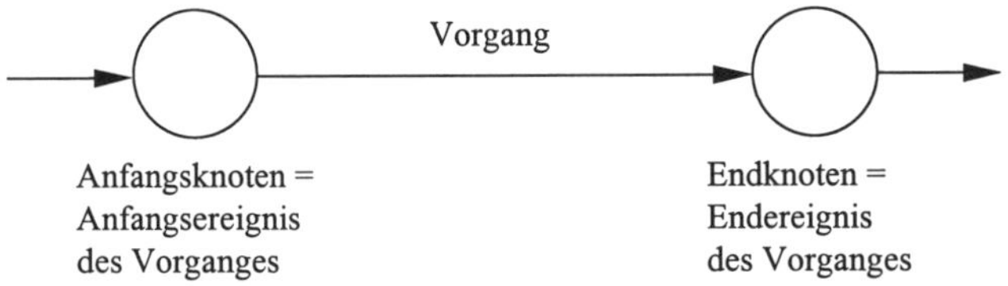

Abb. 7: Anordnungsbeziehung

Zu jedem Vorgang gehört ein **Anfangsereignis** und ein **Endereignis**. Die Ereignisse heißen auch **Zeitpunkte**. Z.B. sind der Beginn und das Ende des ersten oder n-ten Vor-

gangs Ereignisse. Besonders zu erwähnen sind das **Startereignis** (Beginn der Projektdurchführung - Beginn des ersten Vorgangs) und das **Zielereignis** (Endereignis = Fertigstellung des Projektes).
Ereignisse, denen bei der Projektrealisierung eine besondere Bedeutung beigemessen wird, heißen **Meilensteine** (z.B. Rohbaufertigstellung). Meilensteine werden in der Praxis besonders gekennzeichnet.
Die Anordnungsbeziehungen in diesem System setzen voraus, dass jeder dargestellte Vorgang (oder „Teil"-Vorgang) abgeschlossen sein muss, ehe nachfolgende Vorgänge beginnen können („Ende-Anfang-Beziehung" zweier aufeinander folgender Vorgänge). Durch diese eindeutige Regelung ist die manuelle Berechnung eines Netzplanes nach CPM relativ einfach. Jeder Knoten stellt - abgesehen von Start- und Zielereignis - zugleich Anfangs- und Endereignis für verschiedene Vorgänge dar. Anfang und Ende eines jeden Vorgangs werden durch je einen Knoten bezeichnet und eindeutig nummeriert. Dabei können die Knoten des Netzplanes mehrwertig sein, d.h. Ereignisse können mehrwertig sein:

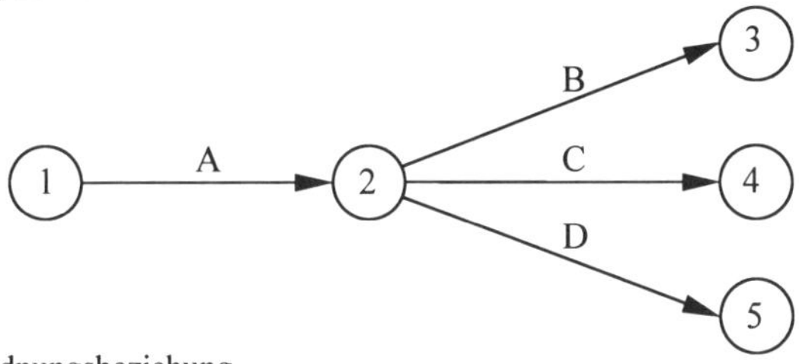

Abb. 8: Anordnungsbeziehung

Haben mehrere Vorgänge B, C, D einen gemeinsamen Vorgänger A (A hat dann B, C, D als Nachfolger), so ist Knoten 2 Endereignis von A und zugleich Anfangsereignis von B, C, D (also **aller** unmittelbar nachfolgenden Vorgänge). Auch der umgekehrte Fall ist denkbar:

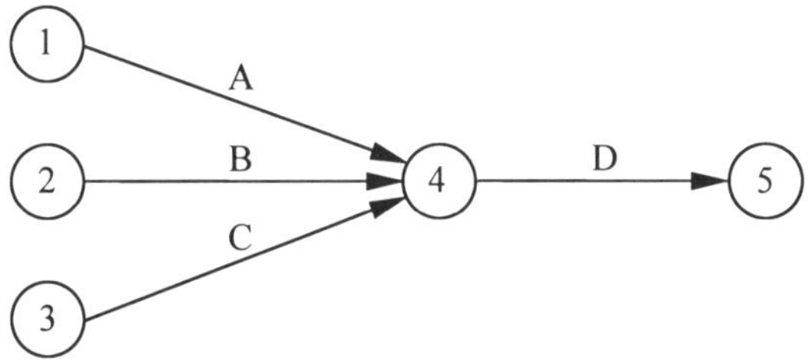

Abb. 9: Anordnungsbeziehung

Hier ist das Anfangsereignis von D (Knoten 4) das gemeinsame Endereignis von A, B, C. Solche mehrwertigen Ereignisse werden auch **Sammelereignisse** (Knoten 2 in Abb. 8 und Knoten 4 in Abb. 9) genannt.
Zwei Ereignisse (Knoten) dürfen nur durch **einen** Pfeil miteinander verbunden werden. Das bedeutet zunächst, dass es nicht möglich ist, parallel verlaufende Vorgänge im Netzplan darzustellen. Durch die Einführung von **Scheinvorgängen** lässt sich dieses Problem jedoch leicht lösen. Haben zwei Vorgänge A und B gemeinsame Anfangs- und

Endereignisse (d.h. können sie gleichzeitig beginnen und enden), so ist ein **Scheinvorgang S** erforderlich:

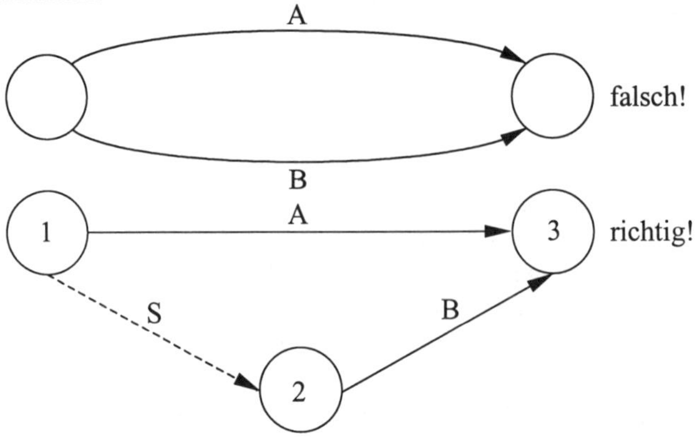

Abb. 10: Anordnungsbeziehung mit Scheinvorgang

Hängen zwei oder mehrere Vorgänge mit verschiedenen Anfangs- und Endereignissen zusammen (z.B. muss ein „Katalog konzipiert" und müssen die „Preise für die anzuliefernden Waren festgelegt" sein, bevor der Vorgang „Katalog drucken" beginnen kann), so ist ebenfalls ein Scheinvorgang S erforderlich.

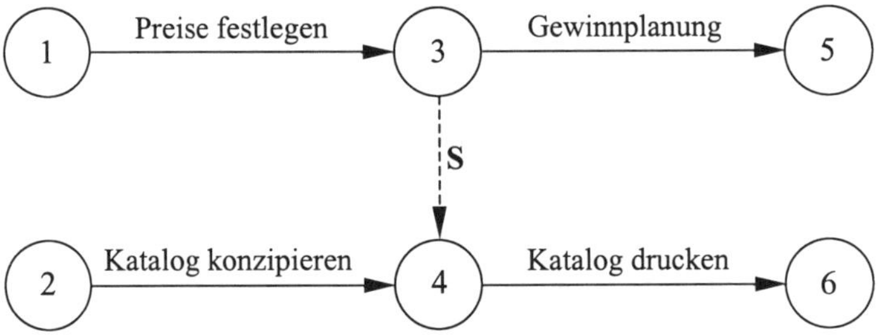

Abb. 11: Anordnungsbeziehung mit Scheinvorgang

Ein **Scheinvorgang** ist ein fiktiver Vorgang **ohne Zeitbedarf**; er wird durch einen **gestrichelten Pfeil** dargestellt.
Kann ein Vorgang B schon beginnen, bevor der vorhergehende Vorgang A ganz beendet ist **(überlappte Vorgänge)**, so ist der letztere zu unterteilen:

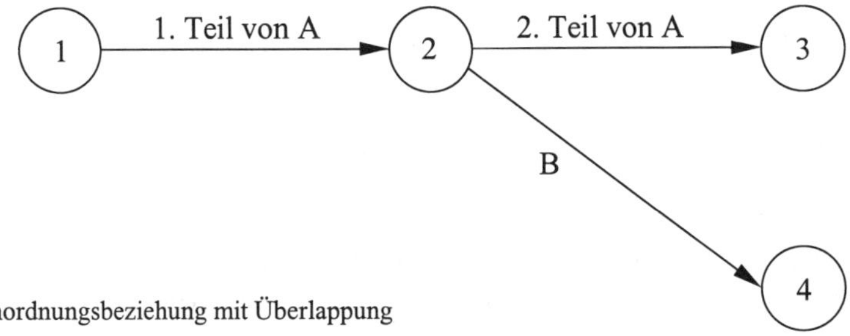

Abb. 12: Anordnungsbeziehung mit Überlappung

Für das Projektbeispiel (Tabelle 100) ergibt sich folgender **Strukturplan** (das „Anschlussereignis" - Übergang von Teilprojekt I zu Teilprojekt II - ist besonders gekennzeichnet: ◇):

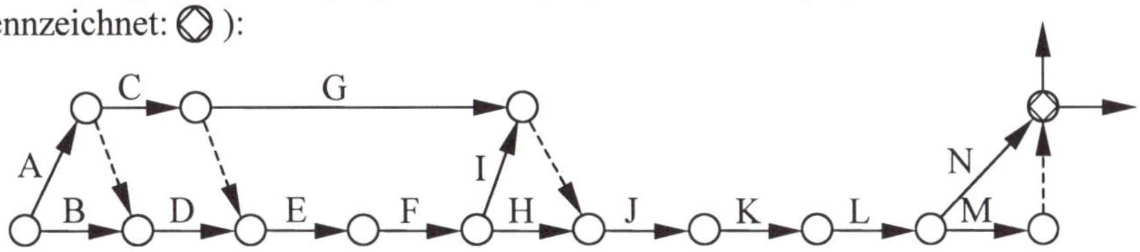

Teilprojekt I

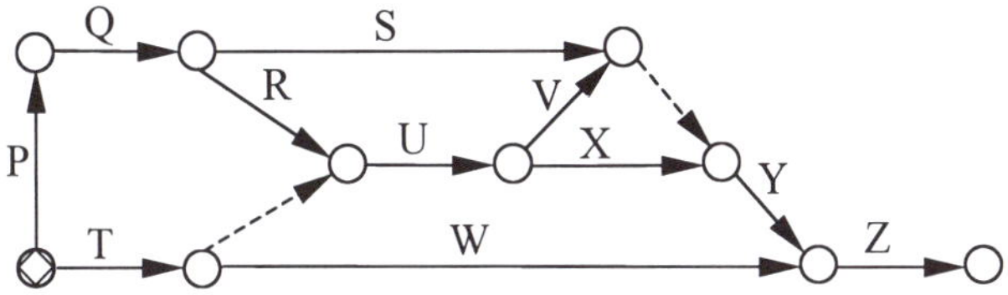

Teilprojekt II

Abb. 13: Netzplan des Beispiels aus Tabelle 100

3. Program Evaluation and Review Technique - PERT

Ebenso wie bei CPM stellen in einem Netzplan nach **PERT** die Pfeile Vorgänge und die Knoten Ereignisse dar. Im Gegensatz zu CPM liegt bei PERT das Schwergewicht auf den Ereignissen, weil bei PERT Wahrscheinlichkeiten für das Auftreten von Ereignissen angegeben werden.

Die Anordnungsbeziehungen des PERT-Planes entsprechen völlig den Anordnungsbeziehungen in einem CPM-Plan. Sie werden lediglich im Sinne der **Ereignisorientierung** anders ausgedrückt (Ereignisknotennetz).

Es gibt zwei prinzipielle Arten, wie man Ereignisse in einem PERT-Plan beschreiben kann:

→ [Tätigkeit A abgeschlossen]   oder   [Tätigkeit B begonnen] →

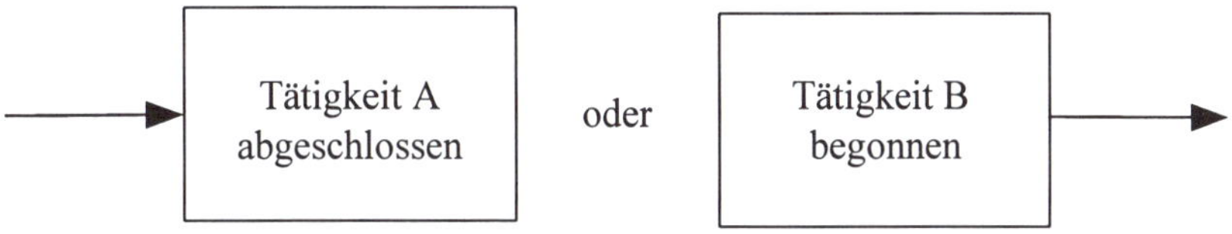

Ereignisknotennetze werden für spezielle Aufgaben aufgestellt; ihnen kommt in erster Linie für Übersichtsnetzpläne Bedeutung zu. In der Praxis werden nicht selten sowohl Vorgänge (Pfeile) als auch Ereignisse (Knoten) im Netzplan dargestellt (gemischtorientierte Netzpläne). CPM und PERT gestatten die Berechnung solcher gemischtorientierten Netzpläne ohne besondere Schwierigkeiten.

4. Metra-Potential-Methode - MPM

Die **„Metra-Potential-Methode“ (MPM)** arbeitet mit Vorgangsknotennetzen, d.h. die Vorgänge werden durch Knoten - bei MPM als Rechtecke gezeichnet - dargestellt. MPM ist ebenso wie CPM vorgangsorientiert. Im Gegensatz zu CPM werden die Vorgänge bei MPM jedoch nicht durch Pfeile symbolisiert, sondern durch Knoten. Bei CPM wird davon ausgegangen, dass alle Vorgänge im Netzplan erst beginnen können, wenn ihre Vorgänger beendet sind. MPM hingegen geht davon aus, dass eine Reihe von Vorgängen bereits beginnen kann, bevor ihre Vorgänger beendet sind; es genügt ein bestimmter Fertigstellungsgrad der Vorgänger.

Bei MPM geben die Pfeile lediglich die Abhängigkeitsbeziehungen der Vorgänge (Reihenfolgebedingungen) an. Im Gegensatz zu CPM und PERT handelt es sich bei MPM um eine **Anfang-Anfang-Beziehung**, d.h. zwei aufeinander folgende Vorgänge werden nach der Start-Startkopplung verknüpft. Danach muss ein Vorgang lediglich begonnen sein, bevor der Nächste beginnen (starten) kann. Aus einem Strukturplan nach MPM kann der Abschluss von Vorgängen nicht entnommen werden; diese Informationen erhält man erst im Zusammenhang mit der Zeitplanung. Im Übrigen stimmen die Darstellungsregeln von MPM mit denen von CPM und PERT überein. So sind beispielsweise auch bei MPM keine Schleifen möglich.

Abweichungen in den Darstellungsformen ergeben sich aus den speziellen Möglichkeiten von Vorgangsknotennetzen. Bei MPM stellt man all den Vorgängen, die nicht innerhalb des untersuchten Projektes vom Beginn weiterer Vorgänger abhängig sind, einen Scheinvorgang „Start“ voran; analog wird den Vorgängen ohne weitere Nachfolger ein Scheinvorgang „Ende“ nachgeordnet (vgl. Abb. 14, S. 194). Diese beiden Scheinvorgänge haben jedoch nicht etwas mit der Projektlogik zu tun, wie es bei den Scheinvorgängen nach CPM der Fall ist, sondern sie ergeben sich allein aus einer rechentechnischen Vereinfachung. Sie sind auch nur dann notwendig, wenn sonst mehrere Vorgänge am Anfang oder am Ende des Netzplanes isoliert würden.

5. Gegenüberstellung der Netzplantypen Vorgangspfeilnetz (CPM) und Vorgangsknotennetz (MPM)

Die Vorgangsknotennetze haben gegenüber den Vorgangspfeilnetzen folgende Vorzüge:

(1) Bei einem Vorgangsknotennetz können in einem Knoten **alle wichtigen Informationen, die den Vorgang betreffen, aufgenommen werden** (z.B. Beschreibung des Vorgangs, Vorgangsnummer, Dauer des Vorgangs, frühester und spätester Anfang bzw. Ende des Vorgangs, Pufferzeiten des Vorgangs, kostenrechnerische und kapazitätsbezogene Angaben). Diese Angaben lassen sich in einem Vorgangsknotennetz noch unterbringen, ohne dass der Netzplan unübersichtlich (und damit unlesbar) wird. In einem Vorgangspfeilnetz ist dies kaum realisierbar.

(2) Abgesehen von „Start“ und „Ende“ kommt das Vorgangsknotennetz vollkommen ohne Scheinvorgänge aus, während die Vorgangspfeilnetze aus Gründen der Projektlogik mit **Scheinvorgängen** arbeiten müssen. Dieser Umstand kann bei umfangreichen Projekten mit komplexen Ablaufstrukturen die Übersichtlichkeit des Netzplanes beeinträchtigen.

(3) **Änderungen im Netzplan** lassen sich in einem Vorgangsknotennetz einfach und schnell durchführen. Sind z.B. in einem bereits gezeichneten Netzplan Fehler aufgetaucht oder haben sich nachträglich andere Reihenfolgebeziehungen herausgestellt, so ist es in einem Vorgangsknotennetz ohne weiteres möglich, durch Wegnahme bzw. Hinzufügen von Pfeilen den Netzplan zu berichtigen. Bei Vorgangspfeilnetzen ist eine derartige Anpassung sehr aufwändig. Gewöhnlich wird es sich bei einer derartigen Änderung in einem Netzplan nach CPM nicht vermeiden lassen, dass Teile des Netzplans neu gezeichnet werden müssen.

(4) Vorgangsknotennetze lassen sich **einfacher und schneller zeichnen** als Vorgangspfeilnetze. Beim Zeichnen von Vorgangsknotennetzen können leicht einige Organisationsmittel (wie Magnettafeln mit magnetisch haftenden Vorgangsknoten, selbstklebende Etiketten, die man als Vorgangsknoten mit geeigneter Knotenaufteilung drucken lassen kann bzw. Verwendung von Stempeln für die Vorgangsknoten) eingesetzt werden. Um den Zeichenaufwand gering zu halten, lassen sich „Entwurfsbogen“ verwenden, die mit einer größeren Zahl von Knoten („Vorgangsknoten“) bedruckt sind. Beim ersten Entwurf des Netzplans werden dann geeignete Knoten benutzt und durch die die Abhängigkeiten darstellenden Pfeile verbunden:

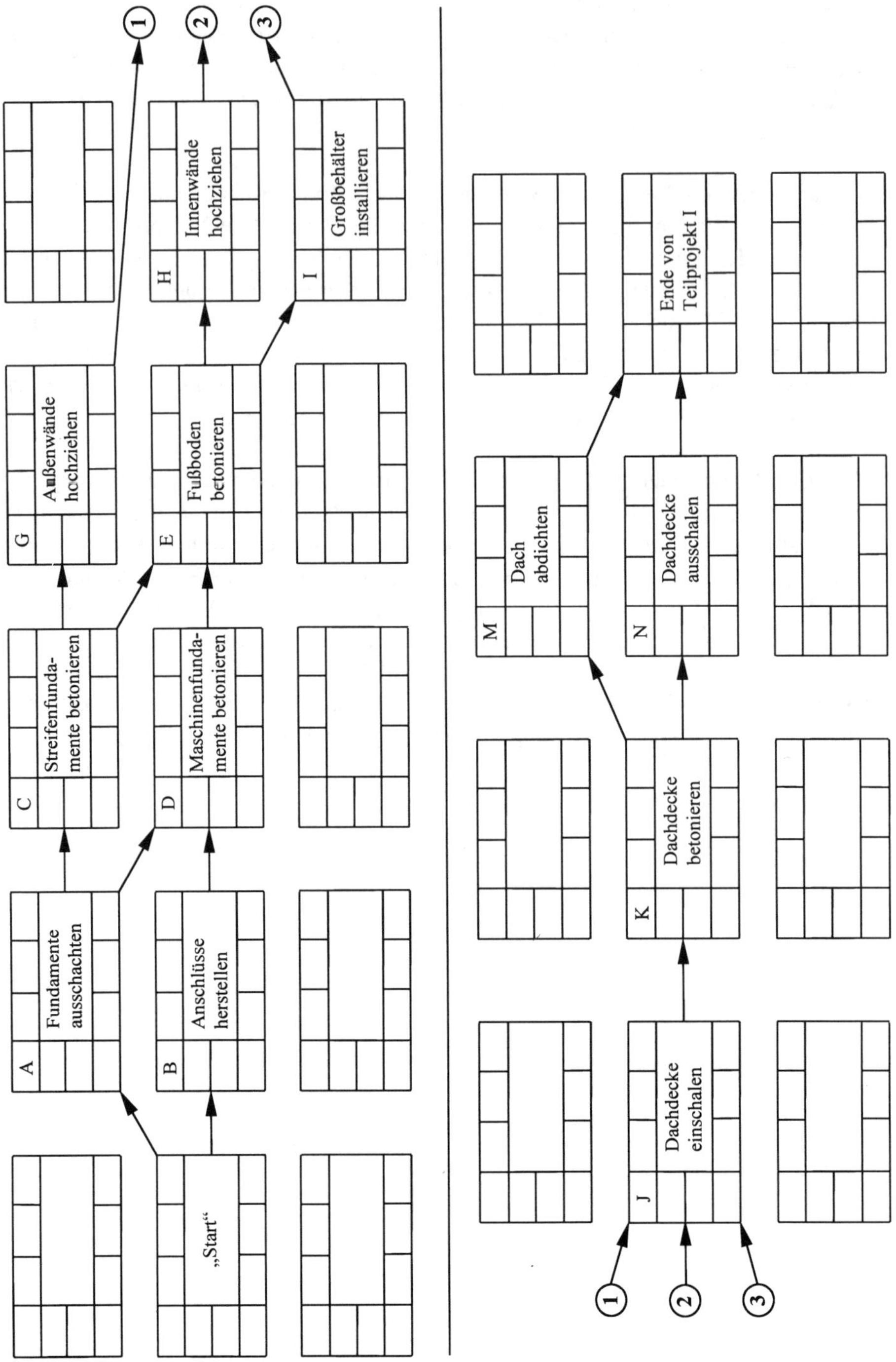

Abb. 14: Entwurfsbogen mit Vorgangsknotennetz für Teilprojekt I des Projektbeispiels (Tab. 100, S. 187)

Als Vorteil der Vorgangspfeilnetze wird angeführt, dass der Pfeil eine anschaulichere Abbildung der Zeit beanspruchenden Abwicklung eines Vorgangs erlaubt.

C. Nummerierung der Knoten

Die **Knoten** bzw. Ereignisse sind in den CPM-Netzplänen (mit natürlichen) Zahlen zu **nummerieren**. Bei der Nummerierung darf keine Zahl doppelt vorkommen, d.h. alle Knoten müssen verschiedene Zahlen zugewiesen bekommen. Einige Methoden der Knotennummerierung sollen kurz vorgeführt werden.

1. Willkürliche Nummerierung

Den **Knoten** werden **beliebige Zahlen zugeordnet**. Dabei kann eine Zahl nur einmal vergeben werden. Diese Möglichkeit der Nummerierung ist sehr einfach, aber unsystematisch; sie bietet wenig Kontrollmöglichkeiten.

2. Aufsteigende (systematische) Nummerierung

Bei der **aufsteigenden (systematischen) Nummerierung** erhält das **Anfangsereignis** jedes Vorgangs eine **niedrigere** Zahl zugeordnet als das Endereignis. Bezeichnet man - wie allgemein üblich - die Nummer des Anfangsereignisses eines Vorgangs mit i und die Nummer des Endereignisses mit j, so gilt $i < j$.

3. Lückenlos aufsteigende Nummerierung

Sie verlangt über die aufsteigende Nummerierung hinaus, dass mit der Zahl „1“ beginnend, genau so viel **fortlaufende** natürliche Zahlen (lückenlos) als Knotennummern vergeben werden, wie der Netzplan Knoten hat. Bei n Knoten eines Netzplans hat das Startereignis die Nummer „1“ und das Zielereignis die Nummer „n“. Für die aufsteigende oder lückenlos aufsteigende Nummerierung gibt es mehrere Verfahren.
Ein Verfahren, bei dem die lückenlos aufsteigende Nummerierung im Netzplan vorgenommen wird und das auf FULKERSON zurückgeht (*Wegner, F. E. H.,* 1972, S. 8 f.), soll anhand des Beispiels (Teilprojekt I) erörtert werden (vgl. Abb. 13):

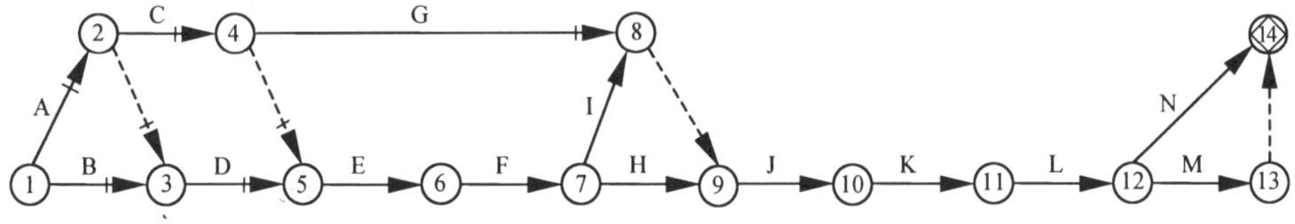

Abb. 15: Lückenlos aufsteigende Nummerierung der Ereignisse von Teilprojekt I

Das Startereignis erhält Nummer „1“. „Entfernt“ man nun durch Durchstreichen alle Vorgänge, die vom Startereignis ausgehen, dann bleibt ein „Restnetzplan“ übrig.

Der „Restnetzplan“, den man durch Streichen von A und B erhält, hat nun wieder ein „Startereignis“. Dieses neue „Startereignis“ erhält die nächstfolgende Knotennummer, also „2“. Jetzt werden alle Vorgänge, die von Knoten 2 ausgehen, gestrichen (C und Scheinvorgang). Es ergeben sich für den neuen „Restnetzplan“ zwei Ereignisse, von denen nur Vorgänge abgehen (Abb 15). Die beiden nächstfolgenden Nummern „3“ und „4“ können beliebig für diese beiden neuen „Startereignisse“ gewählt werden.
Als Nächstes wären wieder die von Ereignis 3 und 4 ausgehenden Vorgänge zu streichen und das neue „Startereignis“ des neuen „Restnetzplanes“ zu bestimmen (im Beispiel 5) usw. bis das Zielereignis erreicht ist.
Dieses Nummerierungsverfahren der Knoten des Netzplans hat u.a. den wesentlichen Vorteil, dass es eine sichere Kontrolle darüber enthält, ob Schleifen bzw. Zyklen im Netzplan enthalten sind.
Durch die Nummerierung der Knoten des Netzplans ist es möglich, jeden Vorgang durch das geordnete Zahlenpaar „i, j“ (Nummer des Anfangs- und Endereignisses des Vorgangs) zu kennzeichnen. Allgemein spricht man vom Vorgang „(i, j)“ und meint damit den Vorgang der in i beginnt und in j endet.
Ohne Probleme kann der Algorithmus zur Nummerierung der Knoten auch auf PERT- und MPM-Netzpläne übertragen werden.

IV. Zeitplanung

Bei der **Zeit- oder Terminplanung** eines Projektes geht es vor allem um die Beantwortung folgender Fragen:

(1) In welcher Zeit ist das Projekt realisierbar - **minimale Projektdauer** - (oder: kann für die Fertigstellung des Projektes ein vorgegebener Termin eingehalten werden)?

(2) Im Netzplan existieren Vorgänge (bzw. Wege), die parallel, also gleichzeitig, durchgeführt werden können. Diese parallelen Vorgänge (bzw. Wege) müssen nun aber nicht die gleiche Ausführungsdauer haben. Dann hängt aber auch die minimale Projektdauer nicht von allen Vorgängen (bzw. Wegen) ab. Die zweite Frage lautet: Von welchen Vorgängen hängt die minimale Projektdauer ab, und zu welchen Zeitpunkten müssen diese bei der errechneten oder vorgegebenen Projektdauer beginnen? Dies ist zugleich die Frage nach dem **kritischen Weg durch einen Netzplan** (hiervon leitet sich auch die Bezeichnung „CPM“ ab). Als kritischen Weg durch einen Netzplan bezeichnet man diejenige Folge von Vorgängen, von denen die minimale Projektdauer abhängt **(kritische Vorgänge)**. Nicht immer gibt es nur einen kritischen Weg in einem Netzplan.

(3) Alle Vorgänge im Netzplan, die nicht auf einem kritischen Weg liegen, sind in ihrer Durchführung nicht streng termingebunden. Sie können zeitlich verschoben oder ihre Ausführungsdauer ausgedehnt werden, ohne dass dadurch die errechnete oder vorgegebene minimale Projektdauer tangiert wird. Die dritte Frage lautet: Welche Vorgänge sind nicht streng termingebunden **(nichtkritische Vorgänge)**, sondern können zeitlich verschoben oder ausgedehnt werden und wie weit? (Frage nach den **Pufferzeiten**).

Für die Beantwortung dieser und weiterer Fragen ist es notwendig, zunächst die für die einzelnen Vorgänge erforderlichen Ausführungszeiten zu ermitteln. Der eigentlichen Zeitplanung muss also eine **Zeitanalyse** vorausgehen. Durch die Zeitanalyse mit Zuordnung von Ausführungszeiten zu den Vorgängen erfolgt (graphentheoretisch) eine **Bewertung** des Netzplanes (Graphen).

A. Zeitanalyse

Die **Ermittlung bzw. Schätzung der Vorgangsdauern** ist ein schwieriges Problem. Für jeden Vorgang wird eine Dauer bestimmt, die gemessen, geschätzt oder auf Grund vorhandener Erfahrungen als realistisch vorgegeben wird. Bei Fremdleistungen können verbindliche Zusagen über Liefer- oder Ausführungszeiten von Vorgängen durch Dritte vorliegen, die dann als Vorgangsdauern verwendet werden können. Da die Brauchbarkeit der Ergebnisse aus der Zeitplanung in hohem Maße von der Qualität der Eingabedaten abhängt, kommt der Zeitanalyse eine große Bedeutung zu.
Bei der Ermittlung der Vorgangsdauern sollte auf das Wissen und die Erfahrungen der mit der Projektdurchführung betrauten Mitarbeiter zurückgegriffen werden. Dabei ist aber insofern Vorsicht geboten, als von dieser Seite her oft zu großzügige Schätzungen erfolgen. Die Betroffenen wollen sich auf diese Weise eine **Zeitreserve** verschaffen. Es herrscht daher weitgehend Übereinstimmung, dass innerhalb eines Unternehmens die Abteilung Arbeitsvorbereitung für die Zeitermittlung mit heranzuziehen ist.
Die Vorgangsdauer ist oft von Qualität und Umfang der eingesetzten Kapazitäten (Arbeitskräfte, Betriebsmittel) abhängig. Deshalb erfolgt z.B. vielfach die Schätzung des Zeitbedarfs, den **eine** Person (oder Maschine etc.) für die Ausführung des Vorgangs benötigen würde. Das Ergebnis sind dann beispielsweise „Mann-Stunden", „Maschinen-Stunden" u.ä.
Die Ermittlung von Vorgangszeiten durch Mitarbeiter führt zu subjektiven Einflüssen auf die Ergebnisse. Das **Unsicherheitsproblem** wird bei vielen Verfahren der NPT nicht berücksichtigt. Man arbeitet dann mit **einem Zeitwert** für jeden Vorgang **(Einzeitenschätzung**). CPM und MPM sowie die darauf basierenden Verfahren verwenden Einzeitenschätzungen.
Bei PERT wird berücksichtigt, dass die Ausführungsdauer eines Vorgangs (i, j) nicht eindeutig ist, sondern dass dafür eine **Wahrscheinlichkeitsverteilung** existiert. Zur Ermittlung der Wahrscheinlichkeitsverteilung bedient man sich bei PERT des **Drei-Werte-Verfahrens** (*Hillier, F.S., Lieberman, G.J.,* 1997, S. 298 ff.):

(1) Die **wahrscheinlichste Vorgangsdauer** - ND(i,j) - ist die Zeit, die unter normalen Bedingungen für die Ausführung eines Vorgangs benötigt wird (häufigster Wert der Verteilung bei Wiederholungen).

(2) Die **pessimistische Vorgangsdauer** - PD(i,j) - ist die Zeit, die unter schlechtesten Bedingungen benötigt wird (1 % Eintrittswahrscheinlichkeit).

(3) Die optimistische Vorgangsdauer - OD(i,j) - ist die kürzestmögliche Ausführungszeit (ebenfalls 1 % Eintrittswahrscheinlichkeit).

Aus den drei Zeitschätzwerten errechnet man nach einer aus der Betaverteilung abgeleiteten Formel für jeden Vorgang (i,j) die erwartete Zeitdauer - ED(i,j) - und aus den Differenzen zwischen PD (i,j) und OD (i,j) Varianzen - VAR D(i,j) - der erwarteten Vorgangszeiten:

Ausführungsdauer eines Vorgangs (i,j) (Erwartungswert bzw. gewogenes arithmetisches Mittel):

$$\text{ED(i,j)} = \frac{\text{OD}(i,j) + 4\text{ND}(i,j) + \text{PD}(i,j)}{6}$$

Varianz der Wahrscheinlichkeitsverteilung der Ausführungsdauer eines Vorgangs (i,j) (Streuungsmaß):

$$\text{VAR D(i,j)} = \left(\frac{\text{PD}(i,j) - \text{OD}(i,j)}{6}\right)^2$$

Die Beziehungen zwischen ED(i,j) bzw. VAR D(i,j) und OD(i,j), ND(i,j), PD(i,j) ergeben sich aus den Eigenschaften der unterstellten Betaverteilung; diese Verteilung ist als die am besten geeignete für die Wahrscheinlichkeitsverteilung der Vorgangsdauern ausgewählt worden. Dabei muss festgestellt werden, dass bisher weder ein empirischer Nachweis dieser Verteilungsfunktion gelungen ist, noch eine theoretische Ableitung hierfür erfolgte. Daher wurde versucht, durch möglichst genaue Beschreibung der besonderen Eigenschaften der Vorgangsdauerverteilung eine adäquate bekannte Funktion zu finden. Zum einen ist jede Vorgangsdauer zunächst dadurch beschrieben, dass sie keine negativen Werte annehmen kann und mithin die Verteilungsfunktion nur für ein abgeschlossenes, nichtnegatives Intervall erklärt sein darf. Zum anderen wird unterstellt, dass Vorgangsdauern nur um einen Wert - ND(i,j) - streuen, die Wahrscheinlichkeitsverteilung also eingipflig ist. Drittens ist für die Zeit (als einem stetigen Merkmal) von einer stetigen Verteilung auszugehen (*Bergen, R., Bubolz, P.*, 1974, S. 92 f.).
Schließlich lassen sich - bei Unterstellung einer Normalverteilung für die Termine der Ereignisse - Wahrscheinlichkeiten für das Einhalten vorgegebener Termine berechnen (vgl. *Wille, H.* u.a., 1972, S. 51 ff.; *Al-Ani, A.*, 1971, S. 22 ff.; *Dathe, H. M.*, 1971, S. 144; *Bergen, R., Bubolz, P.*, 1974, S. 92 ff.; *Runzheimer, B.*, 1979, S. 755 ff.; *Wegner, F.E.H.*, 1972, S. 39 ff.; *Hässig, K.*, 1979, S. 45 ff.; *Schwarze, J.*, 1994, S. 138 ff.).

Die **Mehrzeitenschätzung** erfordert naturgemäß einen größeren Aufwand als die Einzeitenschätzung. Diese Schätzwerte des **Drei-Werte-Verfahrens** müssen jedoch nicht notwendig den Werten entsprechen, mit denen sie nach den wahrscheinlichkeitstheoretischen Grundlagen übereinstimmen sollten. Das Unsicherheitsproblem wird durch die Mehrzeitenschätzung nicht ausgeschaltet, wohl aber offen gelegt.

B. Zeitplanung mit CPM

Sind die für die Zeitplanung erforderlichen Daten verfügbar, kann die Zeitberechnung beginnen.

1. Ermittlung des kritischen Weges

Da ein Projekt erst dann abgeschlossen ist, wenn alle Vorgänge realisiert sind, wird die minimale **Projektdauer** durch den **zeitlich gesehen längsten Weg durch den Netzplan (= kritischer Weg)** bestimmt. Dabei wird nicht jeder Weg im Einzelnen betrachtet, denn bei großen Projekten gibt es so viele Wege, dass man auch beim Einsatz von DV nicht sämtliche Wege vom Startereignis bis zum Zielereignis durchlaufen und jeweils die Weglänge (Gesamtdauer) berechnen sollte. Man hat daher ein zweckmäßigeres Verfahren entwickelt, bei dem man für jeden **Vorgang** (i,j) seinen **frühestmöglichen Anfang** FA (i,j) sowie seinen **spätestzulässigen Anfang** SA (i,j), sein **spätestzulässiges Ende** SE (i,j) und sein **frühestmögliches Ende** FE (i,j) berechnet. Zugleich ergibt sich für **jedes Ereignis** (j) der **frühestmögliche Zeitpunkt seines Eintretens** (kurz: frühester Ereignis-Zeitpunkt) FZ(j) und der **spätestzulässige Zeitpunkt seines Eintretens** (kurz: spätester Ereignis-Zeitpunkt) SZ(j).

Wird die **Dauer eines Vorgangs** (i,j) mit D(i,j) bezeichnet, so lassen sich FA(i,j) bzw. FZ(j) und damit die minimale Projektdauer formal nach der folgenden Rekursionsbeziehung - die sich auch unter Anwendung der dynamischen Planungsrechnung herleiten lässt (vgl. *Gaede, K.-W., Heinbold, J.*, 1976, S. 15 f.; *Lutz, M.*, 1998, S. 213 ff.; *Wasielewski, E.v.*, 1975, S. 67 ff.) - errechnen **(Vorwärtsrechnung):**

$$FZ(1) = 0$$

$$FZ(j) = \max_i \, [FZ(i) + D(i,j)] \qquad i = 1, 2, ..., n-1$$

$$j = 2, 3, ..., n$$

Als Projektbeginn FZ(1) wird üblicherweise der Zeitpunkt 0 vorgegeben. Man kann aber auch jeden beliebigen anderen Wert wählen. Bei **lückenlos aufsteigender Nummerierung der Ereignisse** erfolgt die Bestimmung des **frühestmöglichen Ereignis-Zeitpunktes** FZ(j) wie folgt:

(1) Man bestimmt alle Vorgänge (i,j), die in Ereignis (j) einmünden.

(2) Für jeden einmündenden Vorgang wird das frühestmögliche Ende FE(i,j) berechnet: FE(i,j) = FA(i,j) + D(i,j).
Der frühestmögliche Anfang des Vorgangs (i,j) stimmt mit dem frühestmöglichen Ereignis-Zeitpunkt des Ereignisses (i) - des Anfangsereignisses - überein: FA(i,j) = FZ(i).
Mithin gilt auch: FE(i,j) = FZ(i,j) + D(i,j).
Um die Berechnungen im Netzplan übersichtlich zu halten, können die FE(i,j) an den Pfeilspitzen im Netzplan vermerkt werden (vgl. Abb. 17).

(3) Von den unter (2) bestimmten FE(i,j) aller einmündenden Vorgänge ist der größte Wert der gesuchte früheste Ereignis-Zeitpunkt FZ(j) für das Ereignis (j). Das ergibt sich daraus, dass ein Ereignis erst eintritt, wenn **alle** einmündenden Vorgänge abgeschlossen sind.

Der früheste Ereignis-Zeitpunkt für das Zielereignis FZ(n) entspricht für den gegebenen Netzplan der **minimalen Projektdauer**.
Solange Netzpläne manuell bearbeitet werden, erfolgen die Berechnungen am Netz. Deshalb werden an jeden Pfeil die entsprechenden Vorgangsdauern D(i,j) und in jeden Knoten die Ereigniszeitpunkte geschrieben. Dazu werden die Knoten entsprechend unterteilt:

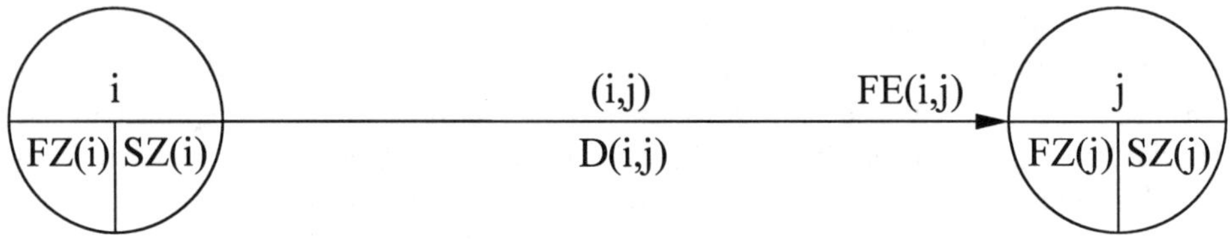

Abb. 16: Angaben im Netzplan bei manueller Bearbeitung

Für das Teilprojekt I des Projektbeispiels (vgl. Abb. 15, S. 195 und Tabelle 100, S. 187) ergeben sich durch **Vorwärtsrechnung** folgende Zeitwerte:

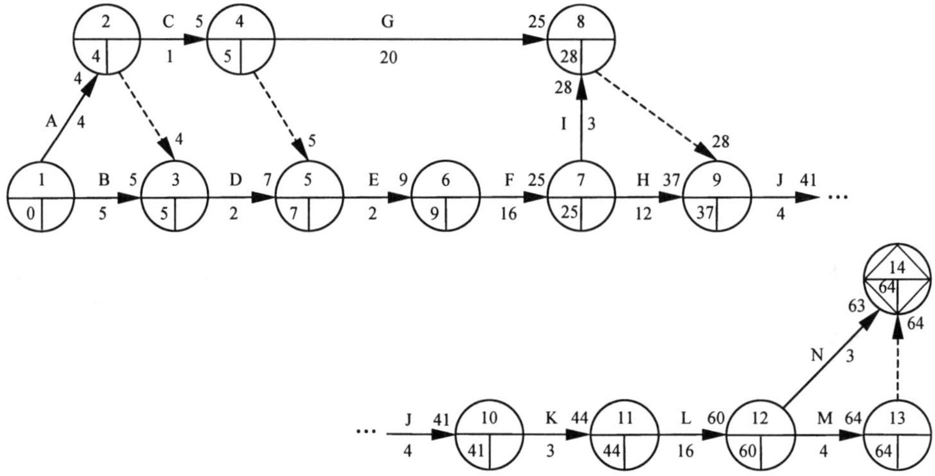

Abb. 17: Bestimmung der frühesten Ereignis-Zeitpunkte

Mit der unter den gegebenen Voraussetzungen errechneten **minimalen Projektdauer** FZ(14) von 64 Arbeitstagen für das Teilprojekt I (Rohbauerstellung) liegt eine erste wichtige Information für die Zeitplanung vor. Ist die **erwünschte Projektdauer** kürzer als die **errechnete**, sind sicherlich Anpassungen erforderlich. Im umgekehrten Fall kann

eventuell durch Verlängerung dieses Projektes die Beseitigung einer Engpasssituation bei anderen Vorhaben erreicht werden. Dies alles sind Betrachtungen über die höchstens zulässige Projektdauer bzw. über den spätestzulässigen Zeitpunkt des Zielereignisses. Hat man über diesen Zeitpunkt keine Vorgabe, dann wird man in der Regel das Projekt in der kürzestmöglichen Zeit realisieren wollen. Das bedeutet, dass der spätestzulässige Zeitpunkt des Zielereignisses SZ(n) mit dem frühestmöglichen Zeitpunkt des Zielereignisses FZ(n) gleichgesetzt wird - FZ(n) = SZ(n) -.
Hiernach sind für alle übrigen Ereignisse (i) innerhalb des Netzplanes die spätestzulässigen Ereignis-Zeitpunkte SZ(i) zu bestimmen. Dies ist gleichbedeutend mit der Beantwortung der Frage: Wann muss das Ereignis (i) spätestens eingetreten sein, wenn bei planmäßiger Projektdurchführung die errechnete (oder vorgegebene) minimale Projektdauer eingehalten werden soll? Dabei ist zu beachten: Ein Vorgang (i,j) kann erst dann beginnen, wenn sein Anfangsereignis eingetreten ist.
Diese Berechnung entspricht derjenigen bei der Ermittlung der frühestmöglichen Ereigniszeitpunkte mit dem Unterschied, dass nunmehr vom Zielereignis ausgehend die Berechnungen rückwärts im Netzplan erfolgen **(Rückwärtsrechnung)**.
Denn ein beliebiges Ereignis tritt nur dann so spät wie möglich ein, sofern sämtliche ihm unmittelbar und mittelbar vorangehenden Vorgänge zum spätestzulässigen Zeitpunkt realisiert werden. Formal ergeben sich die wiederum rekursiven Beziehungen:

$$SZ(n) = FZ(n)$$

$$SZ(i) = \min_j \, [SZ(j) - D(i,j)] \qquad i = 1, 2, ..., n-1$$

$$j = 2, 3, ..., n$$

Hat man die Ereignisse lückenlos aufsteigend nummeriert und den spätestzulässigen Zeitpunkt für das Eintreten des Zielereignisses vorgegeben, so erfolgt die Bestimmung des **spätestzulässigen Ereignis-Zeitpunktes** SZ(i) wie folgt:

(1) Es werden alle Vorgänge (i,j) bestimmt, die von dem Ereignis (i) abgehen.

(2) Für jeden abgehenden Vorgang wird der spätestzulässige Anfang SA(i,j) berechnet:

$$SA(i,j) = SE(i,j) - D(i,j)$$

Das spätestzulässige Ende des Vorgangs (i,j) stimmt mit dem spätestzulässigen Zeitpunkt für das Endereignis dieses Vorgangs SZ(j) überein:

$$SE(i,j) = SZ(j)$$

Mithin gilt auch:

$$SA(i,j) = SZ(j) - D(i,j)$$

Um die Berechnungen im Netzplan übersichtlich zu halten, können die SA(i,j) an den Pfeilschäften im Netzplan vermerkt werden (vgl. Abb. 18, S. 203).

(3) Von den unter (2) bestimmten Werten SA(i,j) aller abgehenden Vorgänge ist der kleinste der gesuchte spätestzulässige Ereignis-Zeitpunkt SZ(i) für das Ereignis (i). Das ergibt sich daraus, dass ein Vorgang erst dann beginnen kann, wenn sein Anfangsereignis eingetreten ist.

Für das Projekt (vgl. Tabelle 100, S. 187 und Abb. 13, S. 191) ergeben sich folgende Ereigniszeitpunkte: (s. Abb. 18 nächste Seite)

Die Berechnung der spätestzulässigen Ereigniszeitpunkte beginnt mit dem Zielereignis und richtet sich in der Reihenfolge nach abnehmenden Ereignisnummern. Es ist zu beachten, dass mit der Ermittlung der Ereigniszeitpunkte im Netzplan gleichzeitig auch die für die Vorgänge zu bestimmenden Zeitpunkte berechnet wurden.

Vergleicht man die frühestmöglichen und die spätestzulässigen Ereignis-Zeipunkte, so stellt man fest, dass außer für das Start- und Zielereignis auch noch für weitere Ereignisse hier Übereinstimmung besteht. Diese **Ereignisse** müssen also zu **genau festgelegten Zeitpunkten eintreten (kritische Ereignisse).** Sie sind „kritisch" in dem Sinne, dass jede Überschreitung des errechneten Zeitpunktes zu einer Verlängerung der minimalen Projektdauer führt. Bei einigen anderen Ereignissen (in realistischen Projekten sind es die meisten) stimmen FZ(j) und SZ(j) nicht überein, d.h. die Eintrittszeitpunkte sind hier verschieden. Der **Zeitpunkt** für das **Eintreten** dieser **Ereignisse** ist dann **nicht genau festgelegt**. Er kann mit FZ(j) oder mit SZ(j) übereinstimmen oder irgendwo dazwischen liegen. Die **Differenz** zwischen spätestzulässigem und frühestmöglichem Zeitpunkt für den Eintritt eines Ereignisses gibt den **zeitlichen Spielraum** an, in dem dieses Ereignis eintreten muss, wenn die geplante minimale Projektdauer eingehalten werden soll. Diese Differenz wird **gesamte Pufferzeit eines Ereignisses** GPE(j) genannt:

$$GPE(j) = SZ(j) - FZ(j) \qquad j = 1, 2, ..., n$$

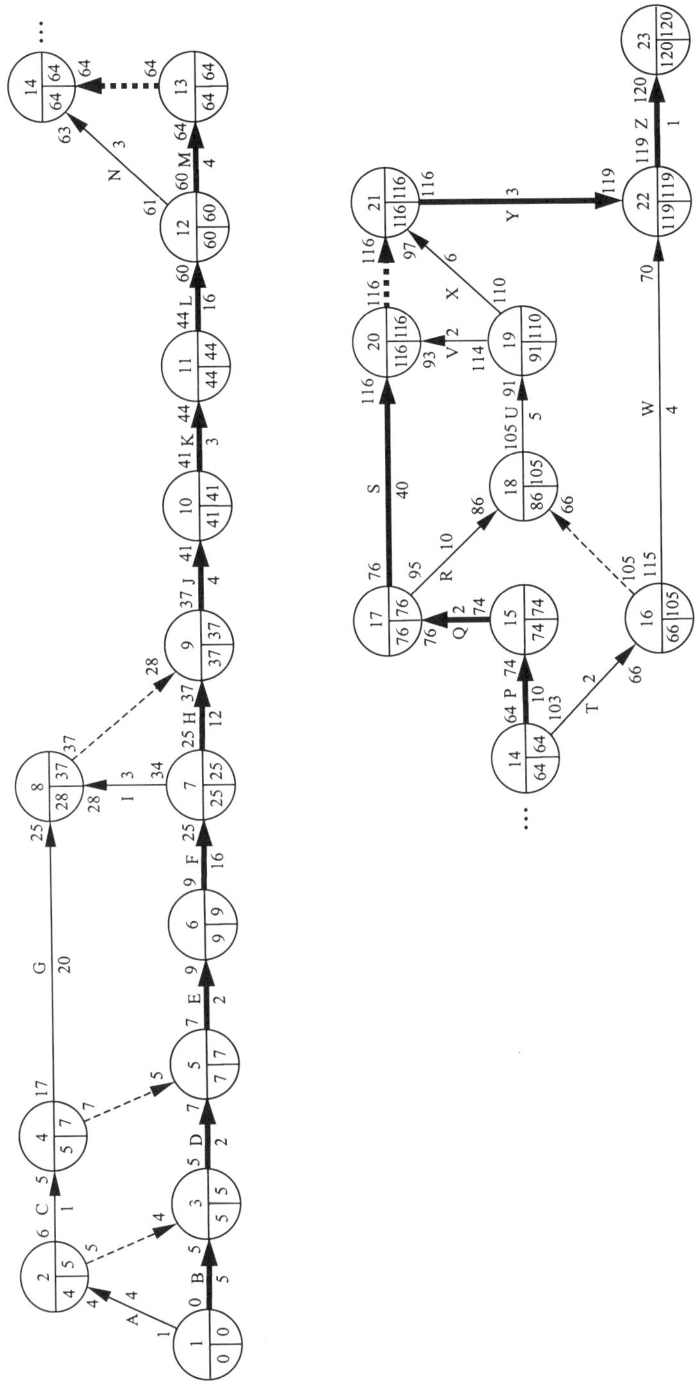

Abb. 18: Bestimmung der Ereigniszeitpunkte für das Projektbeispiel

Je geringer diese Differenz ist, um so mehr Bedeutung kommt dem entsprechenden Ereignis im Rahmen der **Projektüberwachung** zu. Bei kritischen Ereignissen ist der gesamte Ereignispuffer GPE(j) = 0.
Im Beispiel von Abb. 18 wurde das Zielereignis dadurch kritisch gemacht, dass der Zeitpunkt für das frühestmögliche Eintreten mit dem für das spätestzulässige Eintreten gleichgesetzt wurde - FZ(n) = SZ(n) -.
Nach diesem üblichen Vorgehen muss daher in dem Netzplan eine **Folge** (oder auch mehrere Folgen) von **kritischen Ereignissen** entstehen. In dem verwendeten Beispiel gehören 17 Ereignisse zu dieser Folge: 1, 3, 5, 6, 7, 9, 10, 11, 12, 13, 14, 15, 17, 20, 21, 22, 23.
Da CPM eine vorgangsorientierte Methode ist, interessiert man sich vor allem für die **Vorgänge**. Für jeden Vorgang möchte man wissen, wann er frühestens beginnen bzw. enden kann und wann er spätestens beginnen bzw. enden muss. Insbesondere werden auch die **kritischen Vorgänge** innerhalb eines **Projektes** bestimmt. Notwendige Bedingung für einen kritischen Vorgang ist, dass sowohl sein Anfangs- als auch sein Endereignis kritisch sind. Hinreichende Bedingung ist jedoch erst, wenn auch die Differenz zwischen den Zeitpunkten des Eintretens von End- und Anfangsereignis gleich der Dauer des entsprechenden Vorgangs ist. Für den kritischen Vorgang gilt also:

$$FZ(j) - FZ(i) = D(i,j)$$
$$FZ(j) = SZ(j); \quad FZ(i) = SZ(i)$$

(Diese Definition gilt auch für die Scheinvorgänge).

Wie für die Ereignisse, so muss es in jedem Netzplan auch mindestens eine **Folge** von **kritischen Vorgängen** geben (Verbindung von Start- und Zielereignis). Diese Folge wird **kritischer Weg** genannt. Sie stellt den **zeitlich längsten** Weg im Netz dar und bestimmt damit die **minimale Projektdauer**.
In dem Beispiel (Abb. 18, S. 203) ist der kritische Weg durch stark ausgezogene Pfeile besonders hervorgehoben.
Da der kritische Weg die Projektdauer bestimmt, eine Verzögerung bei kritischen Vorgängen sich unmittelbar in einer Verlängerung der Projektdauer niederschlägt - sofern nicht eine anderweitige Beschleunigung von kritischen Vorgängen diesen Zeitverlust kompensiert -, muss dem kritischen Weg bei der Projektrealisierung besondere Bedeutung zukommen. Den kritischen Vorgängen ist daher auch im Rahmen der **Kapazitätsplanung** - zumal wenn bei Engpassfaktoren Prioritäten zu setzen sind - besondere Aufmerksamkeit zu schenken. Voraussetzung dafür ist allerdings die Kenntnis des kritischen Weges. Das Problem der **Zeit-Kostenplanung** deutet sich hier an. Eine Beschleunigung der Projektrealisierung lässt sich im Allgemeinen nur mit erhöhten („Beschleunigungs-") Kosten erreichen.
Berechnet man die Ereigniszeitpunkte im Netzplan und trägt die Zwischenrechnungen in der angegebenen Form an der Pfeilspitze bzw. am Pfeilschaft ein, so können die **Vorgangszeitpunkte** wie folgt aus dem Netzplan abgelesen werden:

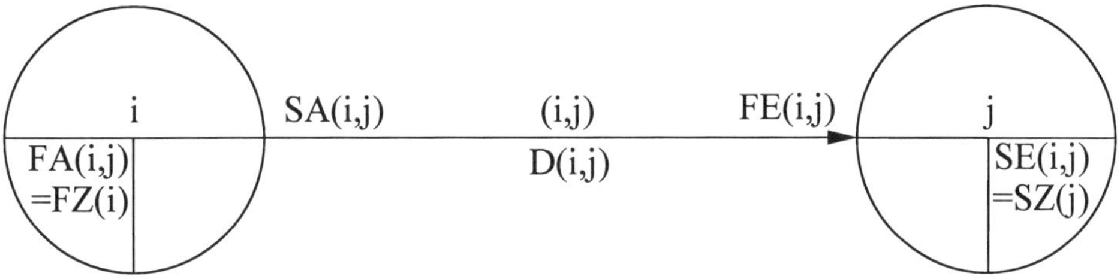

Abb. 19: Vorgangszeitpunkte im Netzplan

Es bestehen nämlich folgende Beziehungen:

$$FA(i,j) = FZ(i) \qquad (i = 1, 2, ..., n-1; \quad j = 2, 3, ..., n)$$

$$FE(i,j) = FZ(i) + D(i,j)$$

$$SA(i,j) = SZ(j) - D(i,j)$$

$$SE(i,j) = SZ(j)$$

Gesonderte Berechnungen entfallen damit.
Die Differenz zwischen spätestzulässigem Ende SE(i,j) und dem frühestmöglichen Anfang eines Vorgangs FA(i,j) ist die Zeit, die für die Durchführung eines Vorgangs (i,j) maximal zur Verfügung steht:

$$MZ(i,j) = SE(i,j) - FA(i,j) = SZ(j) - FZ(i)$$

Für kritische Vorgänge ist MZ(i,j) = D(i,j), d.h. die **maximal verfügbare Ausführungszeit** entspricht der Vorgangsdauer (gem. Vorgangsliste). Die Kenntnis von MZ(i,j) kann von Bedeutung sein, wenn man aus irgendwelchen Gründen die Ausführungsdauer eines Vorgangs ausdehnen will. Soll die minimale Projektdauer eingehalten werden, dann kann die Ausführungsdauer maximal bis MZ(i,j) ausgedehnt werden.

2. Ermittlung und Interpretation der Pufferzeiten

Bei **den nichtkritischen Vorgängen** steht ein **zeitlicher Spielraum** zur Verfügung, um den die Vorgänge hinsichtlich Anfang und Ende verschoben werden können oder um den ihre Ausführungsdauer ausgedehnt werden kann, ohne dass die minimale Projektdauer tangiert wird. Diesen zeitlichen Spielraum nennt man **Puffer** bzw. **Pufferzeit** (oder auch **Schlupf**). Ein Vorgang besitzt immer dann einen Puffer, wenn MZ(i,j) > D(i,j).
In der NPT werden im Wesentlichen vier verschiedene Arten von Puffer unterschieden (*Bergen, R., Bubolz, P.*, 1974, S. 59 ff.):

(1) Gesamte Pufferzeit eines Vorgangs GP(i,j)

$$GP(i,j) = MZ(i,j) - D(i,j) \qquad (i = 1, 2, ..., n-1; \quad j = 2, 3, ..., n)$$

$$= SE(i,j) - FE(i,j)$$

$$= SZ(j) - FE(i,j)$$

$$= SA(i,j) - FA(i,j)$$
$$= SZ(j) - D(i,j) - FZ(i)$$

Diese Größe gibt die Zeitspanne an, die für die Verschiebung oder Ausdehnung des Vorgangs maximal verfügbar ist, ohne dass der minimale Projektabschluss beeinträchtigt wird. Rein rechnerisch besitzt jeder nichtkritische Vorgang einen gesamten Puffer. Liegen mehrere nichtkritische Vorgänge hintereinander, dann sind die „gesamten Pufferzeiten" der auf diesem nichtkritischen Teilweg liegenden Vorgänge **nicht** mehr **unabhängig voneinander**. (Eine Folge von Vorgängen wird dann **Teilweg** genannt, wenn mit Ausnahme des zugehörigen Anfangs- und Endereignisses in jedem seiner übrigen Ereignisse nur jeweils ein Vorgang beginnt bzw. endet). Der gesamte Puffer kann auf diesem nichtkritischen Teilweg **nur einmal** in Anspruch genommen werden. Er ist gewissermaßen der Puffer des jeweiligen nichtkritischen Teilweges. Wird bei einem Vorgang die gesamte Pufferzeit verbraucht, dann entsteht dadurch ein neuer kritischer Weg. Man betrachtet daher die gesamte Pufferzeit besser als einem Teilweg zugehörig, anstatt sie einzelnen Vorgängen zuzuordnen.

(2) Freie Pufferzeit eines Vorgangs FP(i,j)

$$FP(i,j) = FZ(j) - FE(i,j) \qquad (i = 1, 2, ..., n-1; \quad j = 2, 3, ..., n)$$
$$= FZ(j) - D(i,j) - FZ(i)$$
$$= GP(i,j) - GPE(j)$$

Eine freie Pufferzeit eines Vorgangs kann nur auftreten, wenn in das Endereignis des Vorgangs noch andere Vorgänge einmünden und FZ(j) nicht durch den betrachteten Vorgang bestimmt wird. Betrachtet man nur die in ein gemeinsames Endereignis einmündenden Teilwege, so bedeuten unterschiedliche gesamte Pufferzeiten auf den Teilwegen, dass für die Realisierung der Vorgänge auf einem Teilweg mit größerer gesamter Pufferzeit mehr Zeit zur Verfügung steht als auf einem Teilweg mit geringerer gesamter Pufferzeit. Wird diese mehr verfügbare Zeit beansprucht, so beeinträchtigt das nicht das Eintreffen des Endereignisses dieses Teilweges zum frühestmöglichen Zeitpunkt und auch nicht die gesamte Pufferzeit der anderen Teilwege. Das besagt, dass der zeitliche Ablauf aller nachfolgenden Vorgänge in keiner Weise beeinflusst wird, wenn die freie Pufferzeit durch Ausdehnung der Vorgangsdauer oder durch Verzögerung der Ausführung verbraucht wird. Darin liegt die Bedeutung des freien Puffers. Er kann in Anspruch genommen werden, ohne dass dadurch die FA(i,j) der nachfolgenden Vorgänge verschoben werden, und damit die Zeitplanung des restlichen Projektes tangiert wird. Obwohl auch die freie Pufferzeit sämtlichen Vorgängen des entsprechenden Teilweges zur Verfügung steht, teilt die Berechnung sie nur einzelnen Vorgängen zu, und zwar nur dem letzten Vorgang des Teilweges.

(3) Unabhängige Pufferzeit eines Vorgangs UP(i,j)

Es liegt nahe, auch eine Pufferzeit für einen Vorgang zu definieren, die auch unabhängig davon ist, zu welchem Zeitpunkt die Vorgänger dieses Vorgangs begonnen werden. Die unabhängige Pufferzeit tritt immer dann auf, wenn die Differenz zwischen frühestmöglichem Eintreten des Endereignisses FZ(j) und spätestzulässigem Eintreten des Anfangsereignisses SZ(i) größer als die Dauer des Vorgangs D(i,j) ist.

$$UP(i,j) = \max \begin{cases} 0 \\ FZ(j) - SZ(i) - D(i,j) \end{cases}$$

$(i = 1, 2, ..., n-1; \quad j = 2, 3, ..., n)$

Die Bestimmungsgleichung für UP(i,j) bedeutet, dass UP(i,j) = 0 ist, falls $FZ(j) - SZ(i) - D(i,j) \leq 0$; sonst ist $UP(i,j) = FZ(j) - SZ(i) - D(i,j)$.
Die Differenz $FZ(j) - SZ(i) - D(i,j)$ kann also durchaus negativ sein, nur existiert dann keine unabhängige Pufferzeit (UP(i,j) = 0).
Die unabhängige Pufferzeit ist die Zeitdauer, um den ein Vorgang auch dann noch ausgedehnt oder verschoben werden kann, wenn alle Vorgänger zum spätestzulässigen Zeitpunkt beendet werden und alle Nachfolger frühestmöglich beginnen. Durch seine Inanspruchnahme bleibt der übrige Zeitplan unberührt.

(4) Bedingte Pufferzeit eines Vorgangs BP(i,j)

Um diese Zeitspanne kann ein Vorgang ausgedehnt oder verschoben werden zu Lasten der nachfolgenden nichtkritischen Vorgänge:

$$\begin{aligned} BP(i,j) &= SZ(j) - FZ(j) \\ &= GPE(j) \qquad (i = 1, 2, ..., n-1; \quad j = 2, 3, ..., n) \end{aligned}$$

Die Summe aus freier und bedingter Pufferzeit eines Vorgangs entspricht seiner gesamten Pufferzeit:

$$GP(i,j) = FP(i,j) + BP(i,j)$$

Die Berechnung der Pufferzeiten kann in einer Tabelle erfolgen. Das Ergebnis für das Projektbeispiel (vgl. Tab.101, S. 208 und Abb. 18, S. 203) lautet: (s. nächste Seite).

In eine solche Tabelle trägt man alle bereits bekannten Zeitangaben ein, also Vorgangsdauer und Ereigniszeitpunkte - Spalten (1), (2), (3), (4) und (7) -. Die Ausführungsdauern der Vorgänge werden der Zeitanalyse, die Ereigniszeitpunkte dem Netzplan (vgl. Abb. 18, S. 203) entnommen. Abschließend sei noch darauf hingewiesen, dass die häufig vertretene Ansicht, die NPT minimiere die Projektdauer, nicht zutreffend ist. Die Zeitplanung baut nämlich auf einer festen Projektstruktur auf. Für genau diese feste Projektstruktur wird ein detaillierter Zeitplan erarbeitet. Das schließt aber nicht aus, dass es andere Ablaufstrukturen desselben Projektes gibt, die zu einer kürzeren Projektdauer führen können. Um die absolut kleinste Projektdauer zu finden, müsste man alle denkbaren Projektabläufe untersuchen. Mit der NPT kann man also immer nur eine **minimale Projektdauer für eine gegebene Projektstruktur** ermitteln.

Tabelle 101: Ergebnis der manuellen Zeitplanung des Projektbeispiels

Vorgang		D(i,j)	SZ(i)	FZ(j)	FA(i,j) =FZ(i)	SA(i,j)	FE(i,j)	SE(i,j) =SZ(j)	GP(i,j)	FP(i,j)	UP(i,j)	BP(i,j)	MZ(i,j)
Kurzbezeichnung (*)	(i,j)	(1) (*)	(2) (*)	(3) (*)	(4) (*)	(5) = (7) – (1)	(6) = (4) + (1)	(7) (*)	(8) = (7) – (6)	(9) = (3) – (6)	(10) = (3) – (2) – (1)	(11) = (7) – (3)	(12) = (7) – (4)
A	(1,2)	4	0	4	0	1	4	5	1	0	0	1	5
B	(1,3)	5	0	5	0	0	5	5	kritisch	0	0	0	5
C	(2,4)	1	5	5	4	6	5	7	2	0	0	2	3
D	(3,5)	2	5	7	5	5	7	7	kritisch	0	0	0	2
E	(5,6)	2	7	9	7	7	9	9	kririsch	0	0	0	2
F	(6,7)	16	9	25	9	9	25	25	kritisch	0	0	0	16
G	(4,8)	20	7	28	5	17	25	37	12	3	1	9	32
H	(7,9)	12	25	37	25	25	37	37	kritisch	0	0	0	12
I	(7,8)	3	25	28	25	34	28	37	9	0	0	9	12
J	(9,10)	4	37	41	37	37	41	41	kritisch	0	0	0	4
K	(10,11)	3	41	44	41	41	44	44	kritisch	0	0	0	3
L	(11,12)	16	44	60	44	44	60	60	kritisch	0	0	0	16
M	(12,13)	4	60	64	60	60	64	64	kritisch	0	0	0	4
N	(12,14)	3	60	64	60	61	63	64	1	1	1	0	4
P	(14,15)	10	64	74	64	64	74	74	kritisch	0	0	0	10
Q	(15,17)	2	74	76	74	74	76	76	kritisch	0	0	0	2
R	(17,18)	10	76	86	76	95	86	105	19	0	0	19	29
S	(17,20)	40	76	116	76	76	116	116	kritisch	0	0	0	40
T	(14,16)	2	64	66	64	103	66	105	39	0	0	39	41
U	(18,19)	5	105	91	86	105	91	110	19	0	0	19	24
V	(19,20)	2	110	116	91	114	93	116	23	23	4	0	25
W	(16,22)	4	105	119	66	115	70	119	49	49	10	0	53
X	(19,21)	6	110	116	91	110	97	116	19	19	0	0	25
Y	(21,22)	3	116	119	116	116	119	119	kritisch	0	0	0	3
Z	(22,23)	1	119	120	119	119	120	120	kritisch	0	0	0	1

(*) Die Angaben dieser Spalten müssen vorab eingetragen werden

C. Zeitplanung mit Vorgangsknotennetzen

1. Grundlagen und Begriffsbestimmungen

Vorgangsknotennetze gestatten in ihrer allgemeinen Struktur die Darstellung verschiedener **Anordnungsbeziehungen** zwischen den Vorgängen. Abbildung 20 zeigt die vier zulässigen Arten von Anordnungsbeziehungen zwischen einem Vorgänger i und einem Nachfolger j:

a)

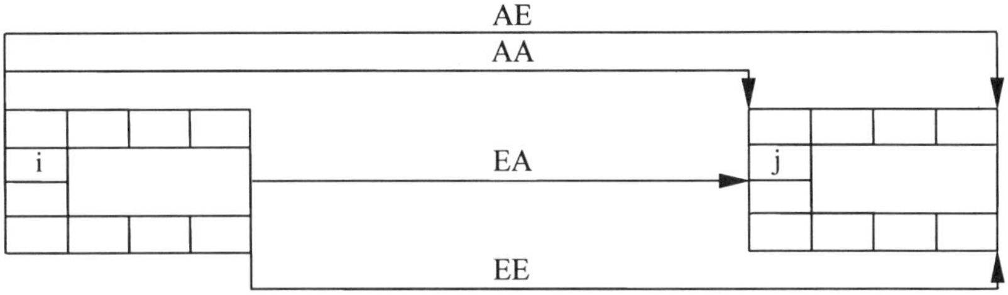

b)

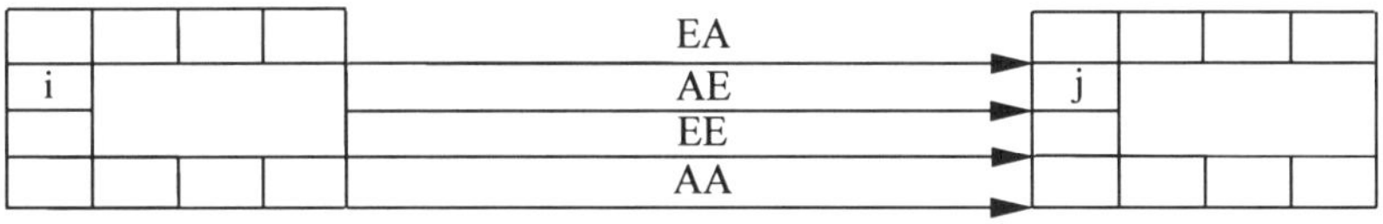

Abb. 20: Zulässige Anordnungsbeziehungen bei einem Vorgangsknotennetz

Die vier zulässigen Anordnungsbeziehungen können sein:

- Ende-Anfang-Beziehung (EA)
- Anfang-Ende-Beziehung (AE)
- Ende-Ende-Beziehung (EE)
- Anfang-Anfang-Beziehung (AA)

Alle vier dargestellten Beziehungen stellen Mindestabstände zwischen dem Vorgänger i und dem Nachfolger j dar. Bei der Darstellung in Abbildung 20 a repräsentieren die linke Seite des Knotenrechtecks den Vorgangsanfang und die rechte Seite des Knotenrechtecks das Vorgangsende.
In Abbildung 20 b wird die weniger anschauliche Darstellungsform der vier möglichen Anordnungsbeziehungen gezeigt, die auch in der Praxis anzutreffen ist. Bei dieser Darstellungsform repräsentieren die Seiten der Knotenrechtecke keine Vorgangsereignisse. Die Art der Anordnungsbeziehungen wird hier durch die Buchstaben A und E an den Pfeilen symbolisiert.

a) Ende-Anfang-Beziehung

Die einfachste Beziehung zwischen Vorgängen ist die **„Ende-Anfang-Beziehung" (EA)**. Ist i Vorgänger von j, so kann j erst beginnen, wenn i abgeschlossen ist. Diese Ende-Anfang-Beziehung wird (nach DIN 69900) „Normalfolge (NF)" genannt. Diese Abhängigkeit gibt einmal die Reihenfolge der Vorgänge an, zum anderen beinhaltet sie eine Aussage hinsichtlich der zeitlichen Reihenfolge. Die übliche Ende-Anfang-Beziehung drückt einen **zeitlichen Mindestabstand** zwischen dem Ende des Vorgängers i und dem Anfang des Nachfolgers j aus. Vorgang j kann zwar erst beginnen, wenn Vorgang i beendet ist, das Ende von i muss aber nicht mit dem Anfang von j zusammenfallen; j kann demnach auch später als das Ende von i beginnen. Diese Ende-Anfang-Beziehung mit zeitlichem Mindestabstand - kurz: MINEA - ist die häufigste Anordnungsbeziehung zwischen Vorgängen. Vorgangsknotennetze, die nur Abhängigkeiten in dieser Form berücksichtigen, heißen „einfache Vorgangsknotennetze".

In einem Vorgangsknotennetz ist es nun möglich, einen zwei Knoten verbindenden Pfeil, der die Abhängigkeit der den Knoten zugeordneten Vorgänge darstellt, mit dem **zeitlichen Mindestabstand** MINEA zu bewerten. Dieser Zeitabstand a(i,j) gibt an, wie viel Zeit bei einer Abhängigkeit der Form MINEA mindestens zwischen dem Ende des Vorgängers (Vorgang i) und dem Anfang des Nachfolgers (Vorgang j) liegen muss. Die zeitlichen Abstände a(i,j) zwischen den Vorgängen i und j werden allgemein **„Potenziale"** genannt.

Soll z.B. in unserem Projektbeispiel (vgl. Tabelle 100, S. 187) auf den Vorgang „Fußboden betonieren" (i) der Vorgang „Innenwände hochziehen" (j) folgen, so kann die dazwischen notwendige „Abbindedauer des Fußbodenbetons" mit 16 Tagen Zeitbedarf durch a(i,j) = 16 berücksichtigt werden (Abb. 21a):

a) positives Potenzial

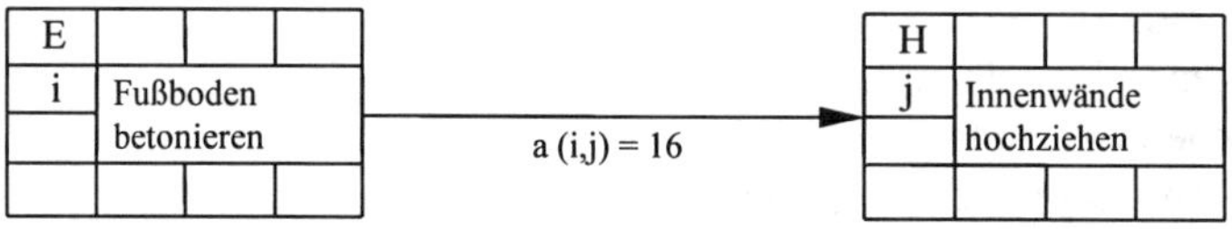

b) negatives Potenzial

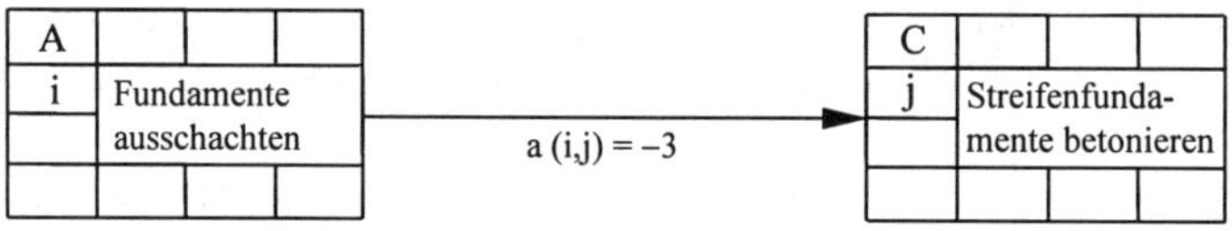

Abb. 21: Zeitabstände zwischen Vorgängen bei einem Vorgangsknotennetz mit Ende-Anfang-Beziehung

Bei einem Vorgangspfeilnetz (CPM) muss die „Abbindedauer des Fußbodenbetons" durch einen besonderen Vorgang (Pfeil F) berücksichtigt werden (vgl. Abb. 18, S. 203).

In einer Reihe von Fällen kann es sinnvoll sein, auch mit einem negativen Zeitabstand im Vorgangsknotennetz zu arbeiten (a(i,j) < 0). Soll es z.B. in unserem Projektbeispiel (vgl. Tabelle 100, S. 187) möglich sein, dass mit dem Vorgang „Streifenfundamente betonieren" (j) bereits begonnen werden kann, bevor der Vorgang „Fundamente ausschachten" (i) vollständig beendet ist, so hängt der Nachfolger „Streifenfundamente betonieren" (j) zwar von dem Ende des Vorgänger „Fundamente ausschachten" (i) ab, der Beginn des Vorgangs j kann aber früher liegen. Kann mit Vorgang j beispielsweise schon drei Tage vor dem Ende des Vorgängers i begonnen werden, so kann dies durch den negativen Zeitabstand a(i,j) = –3 an dem entsprechenden Pfeil kenntlich gemacht werden (vgl. Abb. 21 b). Während ein positives Potenzial einen zeitlichen Mindestabstand (MINEA: minimale Wartezeit zwischen dem Ende des Vorgängers i und dem Anfang des Nachfolgers j) bedeutet, gibt ein negatives Potenzial die **maximale Überlappungszeit** der beiden aufeinander folgenden Vorgänge an. Die maximale Überlappungszeit ist die Zeit, in der die beiden betreffenden Vorgänge längstens (zeitlich) parallel laufen dürfen.

Ist an einem Pfeil kein Zeitabstand angegeben, so bedeutet dies formal a(i,j) = 0.
Besteht die Bedingung, dass bei zwei aufeinander folgenden Vorgängen zwischen dem Ende des Vorgängers i und dem Anfang des Nachfolgers j nur ein maximaler Zeitabstand liegen darf, so besagt dies, dass der Nachfolger j spätestens a(i,j) Zeiteinheiten nach dem Ende von Vorgang i beginnen muss. Dieser **zeitliche Maximalabstand** wird durch MAXEA symbolisiert und wie folgt im Netzplan durch einen **Pfeil in entgegengesetzter Richtung mit einem negativen Potenzial** dargestellt:

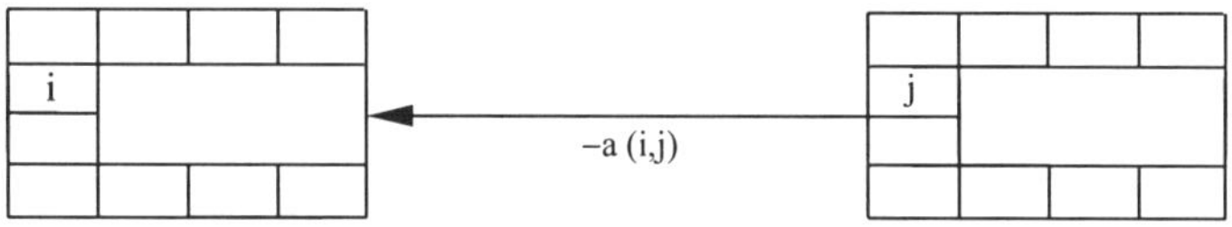

Abb. 22: Darstellung eines maximalen Zeitabstandes zwischen aufeinander folgenden Vorgängen bei einem Vorgangsknotennetz

In unserem Projektbeispiel müsste beispielsweise zwischen den Vorgängen „Beton für Fußboden anfahren" (i) und „Verteilen und Glätten des Fußbodenbetons" (j) ein MAXEA vorgegeben werden. Würde der vorgegebene maximale Zeitabstand zwischen dem Ende des Vorgängers i und dem Anfang des Nachfolgers j überschritten, so würde der Beton schon so weit abgehärtet sein, dass man ihn nicht mehr genügend gut verteilen und glätten könnte.
Ein maximaler zeitlicher Abstand MAXEA zwischen dem Ende des Vorgangs i und dem Anfang von Vorgang j mit dem Potenzial a(i,j) bedeutet, dass der früheste Anfang von Vorgang j (FA(j)) maximal a(i,j) Zeiteinheiten nach dem frühesten Ende des Vorgangs i (FE(i)) liegen darf:

$FA(j) \leq FE(i) + a(i,j)$
oder (umgeformt)
$FE(i) \geq FA(j) - a(i,j)$

Diese Bedingung entspricht also dem Minimalabstand zwischen dem Anfang von Vorgang j und dem Ende von Vorgang i mit dem zeitlichen Abstand –a(i,j). Diese Darstellungsart zeigt, dass die Maximalbedingung in eine Minimalbedingung überführt werden kann. Dadurch brauchen bei der Durchführung der Zeitplanung nur Minimalbedingungen berücksichtigt werden.

b) Anfang-Ende-Beziehung

Die „**Anfang-Ende-Beziehung**" **(AE)** wird (nach DIN 69900) „Sprungfolge (SF)" genannt. MINAE bzw. MAXAE gibt den zeitlichen Mindest- bzw. Höchstabstand an, der zwischen dem Anfang des Vorgängers i und dem Ende des Nachfolgers j liegt. Diese Abhängigkeit kommt selten vor, so dass Netzpläne auf der Basis der Anfang-Ende-Beziehung nicht üblich sind.

c) Ende-Ende-Beziehung

Die „**Ende-Ende-Beziehung**" **(EE)** beinhaltet, dass ein unmittelbar nachfolgender Vorgang j erst beendet werden kann, wenn der vorausgehende Vorgang i abgeschlossen ist. Diese Beziehung wird (nach DIN 69900) „Endfolge (EF)" genannt. Die Zeitabstände werden analog mit MINEE bzw. MAXEE symbolisiert. Die Potenziale a(i,j) können positiv, Null oder negativ sein.
Ein besonderes Vorgangsknotennetz mit Ende-Ende-Beziehung, in dem durch die Knoten die Vorgangsenden dargestellt werden, verwendet die „**Hamburger Methode der Netzplantechnik** (HMN)", eine deutsche Entwicklung, die 1966 für den Schiffsbau erfolgte (*Häger, W., Tschiersch, H.-G.*, 1976).

d) Anfang-Anfang-Beziehung

Eine andere Beziehung zwischen Vorgängen ist die **„Anfang-Anfang-Beziehung" (AA)**. Diese Beziehung wird (nach DIN 69900) „Anfangsfolge (AF)" genannt. Die NPT-Methode **MPM** arbeitet mit dieser Anfang-Anfang-Beziehung. Aus diesem Grunde sollen die Möglichkeiten dieser Darstellungsform etwas eingehender erörtert werden. MINAA bedeutet, dass Vorgang j **frühestens** eine bestimmte Zeit a(i,j) nach dem Anfang des Vorgangs i beginnen kann. MAXAA gibt an, um wie viel Zeiteinheiten a(i,j) ein Vorgang j **spätestens** nach dem Anfang des vorangehenden Vorgangs i beginnen muss. Dabei können die Zeitabstände (die Potenziale) größer oder gleich Null sein.
Kann im obigen Projektbeispiel (Tabelle 100, S. 187) mit dem Vorgang j „Streifenfundamente betonieren" schon ein Tag nach dem Anfang des vorangehenden Vorgangs i „Fundamente ausschachten" begonnen werden, so kann MINAA im Netzplan wie folgt dargestellt werden (a(i,j) = 1):

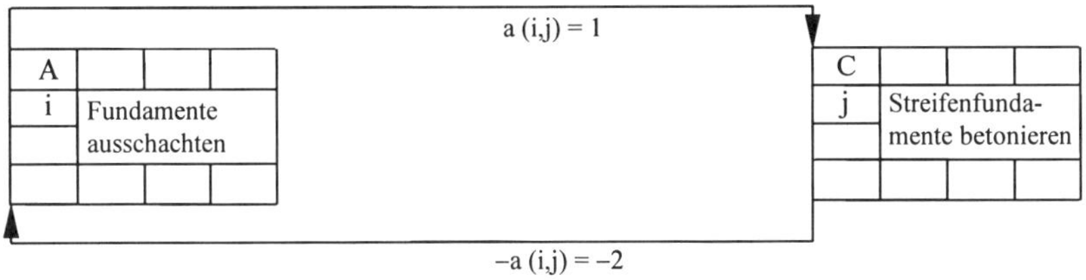

Abb. 23: Positive und negative Potenziale zwischen Vorgängen bei einem MPM-Netzplan

Soll sichergestellt werden, dass die ausgeschachteten Fundamente unverzüglich ausbetoniert werden, um zu verhindern, dass sie eventuell teilweise wieder zerstört werden (z.B. durch Witterungseinflüsse), so müsste ein maximaler Zeitabstand MAXAA zwischen dem Anfang des Vorgangs i „Fundamente ausschachten" und dem Anfang des Vorgangs j „Streifenfundamente betonieren" festgelegt werden.
In Abb. 23 ist MAXAA mit –a(i,j) = –2 an **dem Pfeil in entgegengesetzter Richtung** dargestellt, d.h. der Vorgang j muss spätestens zwei Tage nach dem Anfang des Vorgängers i beginnen.

Ein spezieller Fall wird beschrieben, wenn das positive Potenzial a(i,j) und das negative Potenzial –a(i,j) an einem Pfeil in entgegengesetzter Richtung absolut den gleichen Wert annehmen:

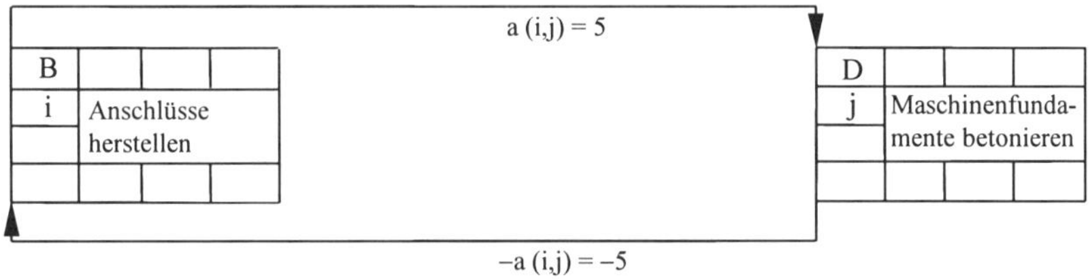

Abb. 24: Positive und negative Potenziale mit absolut gleichen Werten zwischen Vorgängen bei einem MPM-Netzplan

Dies bedeutet, dass mit dem Vorgang j unmittelbar im Anschluss an das Ende des Vorgangs i begonnen werden muss. Der Pfeil mit positivem Potenzial allein kann diesen Sachverhalt nicht richtig wiedergeben, da er lediglich den zeitlichen Minimal-Abstand MINAA markiert. Abgesehen von dem Tatbestand, dass sich dieser Sachverhalt stets für die kritischen Vorgänge im Netzplan ergibt, wird diese Darstellungsform immer dann nötig sein, wenn technische oder organisatorische Umstände eine derart enge Verknüpfung von Vorgängen bedingen.
Da es bei dieser zeitlichen Bedingung durchaus nicht notwendig ist, dass der Vorgang j unmittelbar Nachfolger des Vorgangs i ist, lässt sich diese Bedingung auch für andere Sachverhalte verwenden, wie beispielsweise die zeitliche Abstimmung parallel verlaufender, sich aber später vereinigender Abläufe:

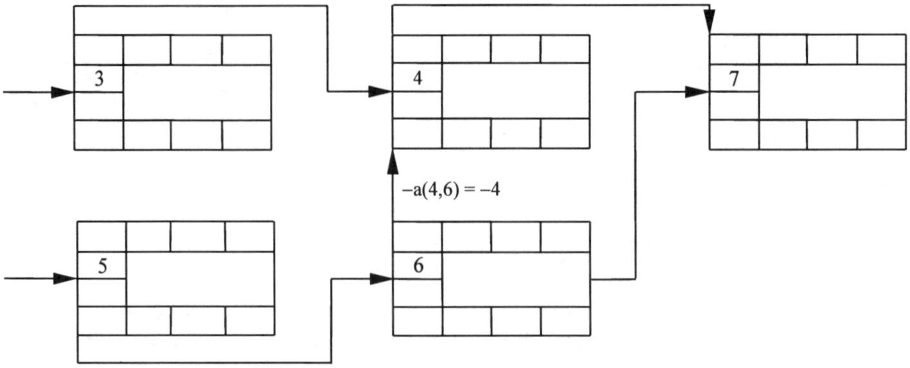

Abb. 25: Zeitliche Abstimmung parallel verlaufender Vorgänge mit Hilfe negativer Potenziale bei einem MPM-Netzplan

In dem vorstehenden Netzplanausschnitt (Abb. 25) stellt das negative Potenzial –a(4,6) = –4 an dem Pfeil zwischen den Vorgängen i = 4 und j = 6 sicher, dass der Vorgang 6 spätestens 4 Zeiteinheiten nach dem Anfang des Vorgangs 4 begonnen werden muss.

Schließlich kann bei einem Vorgangsknotennetz nach MPM eine Beziehung zwischen dem spätestzulässigen Anfang eines Vorgangs j und dem „Projektstart" hergestellt werden:

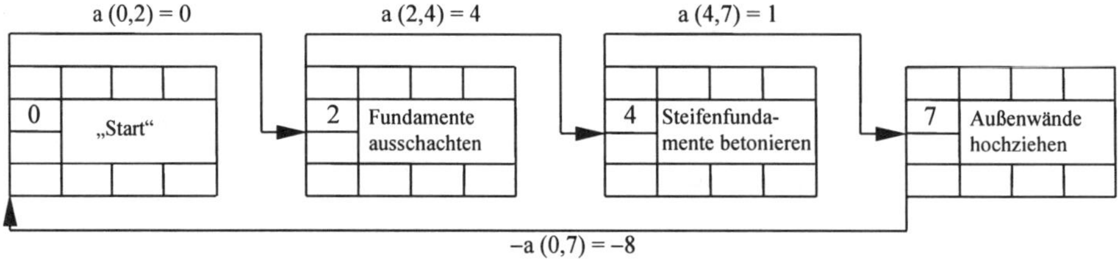

Abb. 26: Beziehung zwischen Projektstart und spätestzulässigem Anfang eines beliebigen Vorgangs

Eine solche Beziehung ist sinnvoll, wenn z.B. in unserem Projektbeispiel ein bestimmter Bautenstand vor dem Einsetzen des Winters (Frost) erreicht werden soll. So gibt das negative Potenzial –a(0,7) = –8 an dem Pfeil in entgegengesetzter Richtung an, dass der Vorgang „Außenwände hochziehen" (j = 7) spätestens 8 Tage nach dem Projektstart (i = 0) begonnen werden muss.

Bei Berücksichtigung einer solchen zeitlichen Nebenbedingung fällt auf, dass Zyklen (vgl. S. 181) in den Netzplan eingeführt werden. Dabei handelt es sich jedoch nicht um einen Widerspruch zu der allgemeinen Forderung der NPT, dass ein Netzplan zyklen- und schleifenfrei sein muss. Diese Forderung bezieht sich nämlich ausschließlich auf die **Strukturplanung**. Die Einführung derartiger zeitlicher Nebenbedingungen ist grundsätzlich zulässig; allerdings gilt dies nur insoweit, als die zeitlichen Nebenbedingungen, die zu Zyklen geführt haben, mit den übrigen Bedingungen verträglich sind. Dies ist also jeweils zu überprüfen. Die Verträglichkeit eines solchen Zyklus ist gegeben, wenn die Summe aller Potenziale an den Pfeilen, die zu einem Zyklus führen, einen nichtpositiven Wert ergibt:

$$\sum_{i,j} a(i,j) \leq 0 \qquad \text{(für alle (i,j), die die Pfeile im Zyklus kennzeichnen)}$$

In Abb. 26 ist die Verträglichkeit gegeben, da

$$\sum_{i,j} a(i,j) = a(0,2) + a(2,4) + a(4,7) - a(0,7) \leq 0$$

$$0 + 4 + 1 - 8 = -3$$

Wäre die Verträglichkeit nicht gegeben, so würde dies anzeigen, dass der entsprechende Projektausschnitt nicht realisierbar ist.

e) Kombination von Anordnungsbeziehungen

Begrifflich und zeichnerisch ist es möglich, zwischen den Vorgängen mehrere Anordnungsbeziehungen mit minimalen und maximalen Zeitabständen und Pfeilen in beiden Richtungen zu verwenden. Voraussetzung ist jedoch, dass die Beziehungen untereinander und mit den vorgegebenen Vorgangsdauern nicht in Widerspruch geraten.
Sollen verschiedene Anordnungsbeziehungen in einem Netzplan verwendet werden, so müsste die Vorgangsliste bei jedem Vorgang um die Angabe der Art der Abhängigkeit und die zugehörigen Zeitabstände ergänzt werden. Zur Demonstration soll unser Projektbeispiel (Tab. 100, S. 187) als Ergebnis der Strukturplanung im ersten Teil erweitert werden (Tabelle 102):

Tabelle 102: Vorgangsliste mit Abhängigkeitsbeziehungen, Ausführungsdauern und Zeitabständen als Ergebnis der Strukturanalyse

Vorgang	Ausführungsdauer in Tagen	Vorgänger	Anordnungsbeziehung	Zeitabstand in Tagen
A Fundamente ausschachten	4	–		
B Anschlüsse herstellen	5	–		
C Streifenfundamente betonieren	1	A A	MINEA MAXEA	– 3 + 2
D Maschinenfundamente betonieren	2	A A B	MINAA MAXEA MINEE	+ 2 + 1 + 2
E Fußboden betonieren	2	C D	MINAA MINAA	+ 1 + 2
F Abbindedauer des Fußbodenbetons	16	E		
G Außenwände hochziehen	20	C C	MINAA MAXEA	+ 1 + 5
H Innenwände hochziehen	12	E E G	MINEA MAXEA MAXAA	+ 16 + 19 + 2
I Großbehälter installieren	3	E E	MINEA MAXEA	+ 16 + 17
J Dachdecke einschalen	4	G G H I	MINAA MAXEE MINAA MINAA	+ 20 + 26 + 12 + 3
⋮				

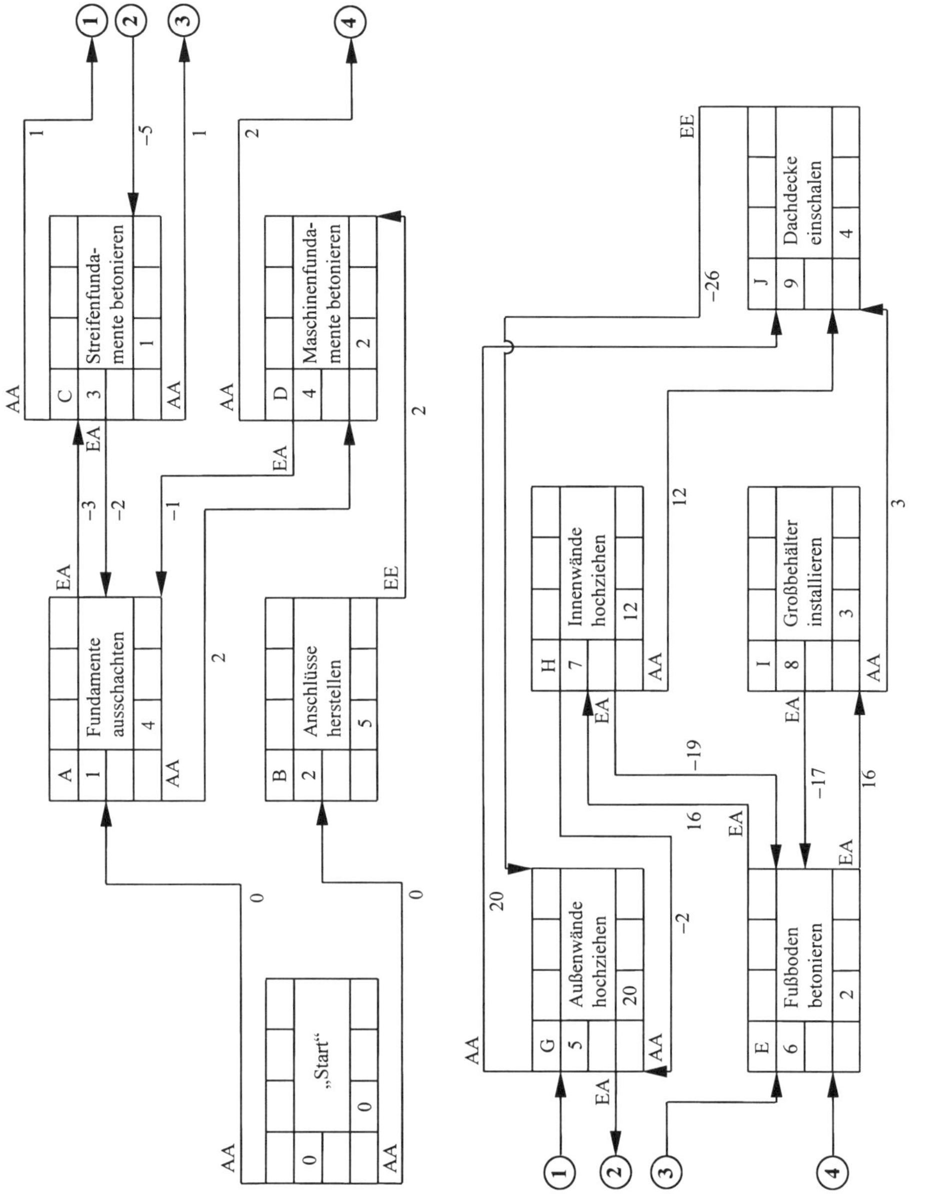

Abb. 27: Kombination von Anordnungsbeziehungen in einem Vorgangsknotennetz (Netzplan zum Beispiel aus Tabelle 102)

2. Ermittlung der Vorgangszeitpunkte in einem MPM-Netzplan

In einem MPM-Netzplan können die Knoten die wichtigen Informationen aufnehmen, die den jeweiligen Vorgang betreffen. Die Pfeile hingegen werden nur mit den Potenzialen versehen:

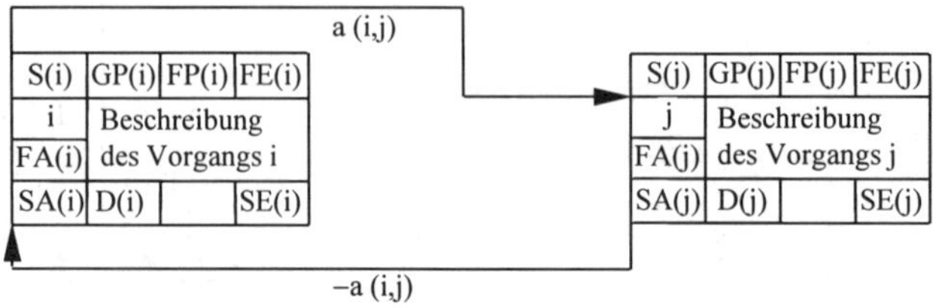

S(i) bzw. S(j):	Symbol für Kurzbezeichnung des Vorgangs i bzw. j (z.B. A, B, C, ...)
i:	Nr. des vorangehenden Vorgangs
j:	Nr. des folgenden Vorgangs (i < j)
FA(i) bzw. FA(j):	Frühestmöglicher Anfang des Vorgangs i bzw. j
SA(i) bzw. SA(j):	Spätestzulässiger Anfang des Vorgangs i bzw. j
D(i) bzw. D(j):	Ausführungsdauer des Vorgangs i bzw. j
SE(i) bzw. SE(j):	Spätestzulässiges Ende des Vorgangs i bzw. j
FE(i) bzw. FE(j):	Frühestmögliches Ende des Vorgangs i bzw. j
a (i,j):	Positives Potenzial (MINAA: minimaler zeitlicher Abstand zwischen Anfang des Vorgangs i und Anfang des Vorgangs j)
–a (i,j):	Negatives Potenzial (MAXAA: maximaler zeitlicher Abstand zwischen Anfang des Vorgangs i und Anfang des Vorgangs j); es befindet sich jeweils an einem Pfeil in entgegengesetzter Richtung
GP(i) bzw. GP(j):	Gesamte Pufferzeit des Vorgangs i bzw. j
FP(i) bzw. FP(j):	Freie Pufferzeit des Vorgangs i bzw. j

Abb. 28: Gestaltung der Knoten mit Anfang-Anfang-Beziehung bei MPM

Die Zeitplanung für ein Projekt erfolgt in mehreren Schritten:

Schritt 1:

Für jeden Vorgang j des Projektes wird der **frühestmögliche Anfang** (frühestmöglicher Beginnzeitpunkt) FA(j) ermittelt. Der letzte Vorgang j = n im MPM-Netzplan ist der Scheinvorgang „Ende“ des Projektes. FA(n) entspricht der **minimalen Projektdauer**, die wiederum durch den **zeitlich längsten Weg** durch den Netzplan bestimmt wird. Bleiben zunächst die Beziehungen mit negativen Potenzialen unberücksichtigt, so ergeben sich die frühestmöglichen Anfangszeitpunkte im Wege der **Vorwärtsrechnung** wie folgt:

$$FA(0) = 0$$

$$FA(j) = \max_{i} \left[FA(i) + a(i, j) \right] \qquad i = 0, 1, ..., n-1$$

$$j = 1, 2, ..., n$$

Als Projektbeginn FA(0) wird üblicherweise der Zeitpunkt 0 vorgegeben. Man könnte aber auch jeden beliebigen anderen Wert wählen.
Um die Vergleichbarkeit mit den Ergebnissen der Zeitplanung nach CPM (vgl. Abb. 18, S. 203 und Tab. 101, S. 208) zu erreichen, wird die Vorgehensweise der Zeitplanung

nach MPM an dem obigen Projektbeispiel: „Bau einer Fabrikationshalle“ (vgl. Vorgangsliste in Tab. 100, S. 187) demonstriert: (Abb. 29 siehe S. 220-221)

In Abb. 29 sind die FA(j) jeweils an den vorgesehenen Stellen in den Knoten angegeben. Der Scheinvorgang „Ende“ des Projektes wird frühestmöglich nach 120 Tagen - FA(22) = 120 - erreicht (minimale Projektdauer). **Der längste Weg durch des Projekt** wurde also mit der Dauer von 120 Tagen ermittelt. Das **frühestmögliche Ende** eines jeden Vorgangs i lässt sich leicht ermitteln:

$$FE(i) = FA(i) + D(i) \qquad i = 0, 1, ..., n-1$$

Die entsprechenden Werte sind ebenfalls an den vorgesehenen Stellen in den Knoten (Abb. 29) eingetragen.
Sind im Netzplan Pfeile mit entgegengesetzter Richtung und negativen Potenzialen vorhanden, so ist zu überprüfen, ob diese die errechneten FA(j) und damit möglicherweise auch die ermittelte minimale Projektdauer beeinflussen. Dabei kann sich ein negatives Potenzial nur auf den Vorgang, in den der Pfeil mit entgegengesetzter Richtung einmündet, sowie auf die Nachfolger dieses Vorgangs auswirken; dem Vorgang vorausgehende Vorgänge bleiben unberührt.

Schritt 2:

Durch **Rückwärtsrechnung** kann für jeden Vorgang der **spätestzulässige Anfang** SA(i) ermittelt werden. Geht man wieder davon aus, dass die minimale Projektdauer nicht überschritten werden soll, dann entspricht der **frühestmögliche Anfang** des Scheinvorgangs „Ende“ das Projektes zugleich dem **spätestzulässigen Anfang** dieses Scheinvorgangs:

$$FA(n) = SA(n)$$

Der **spätestzulässige Anfang** eines Vorgangs i wird durch den **zeitlich längsten Weg** vom Zielvorgang n (hier: „Ende“ des Projektes) bis zu dem Vorgang i bestimmt. Bleiben zunächst wieder die Beziehungen mit negativen Potenzialen unberücksichtigt, dann gilt:

$$SA(n) = FA(n)$$

$$SA(i) = \min_{j} \left[SA(j) - a(i, j)\right] \qquad (i = 0, 1, ..., n-1; \qquad j = 1, 2, ..., n)$$

Das **spätestzulässige Ende** eines jeden Vorgangs i lässt sich wiederum leicht berechnen:

$$SE(i) = SA(i) + D(i) \qquad i = 0, 1, ..., n-1$$

In Abb. 29 sind die Werte für SA(i) sowie die für SE(i) jeweils an den vorgesehenen Stellen in den Knoten angegeben.
Sind im Netzplan Pfeile mit entgegengesetzter Richtung und negativen Potenzialen vorhanden, so ist ihr möglicher Einfluss zu berücksichtigen. In Umkehrung der Betrachtung bei der Ermittlung der FA(j) ist hier zu beachten, dass nur der spätestzulässige Anfang eines Vorgangs beeinträchtigt werden kann, von dem der Pfeil (in entgegengesetzter Richtung) mit negativem Potenzial ausgeht. Darüber hinaus kann ein solcher Einfluss nur noch auf die Vorgänger dieses Vorgangs, nicht auf seine Nachfolger ausgehen.

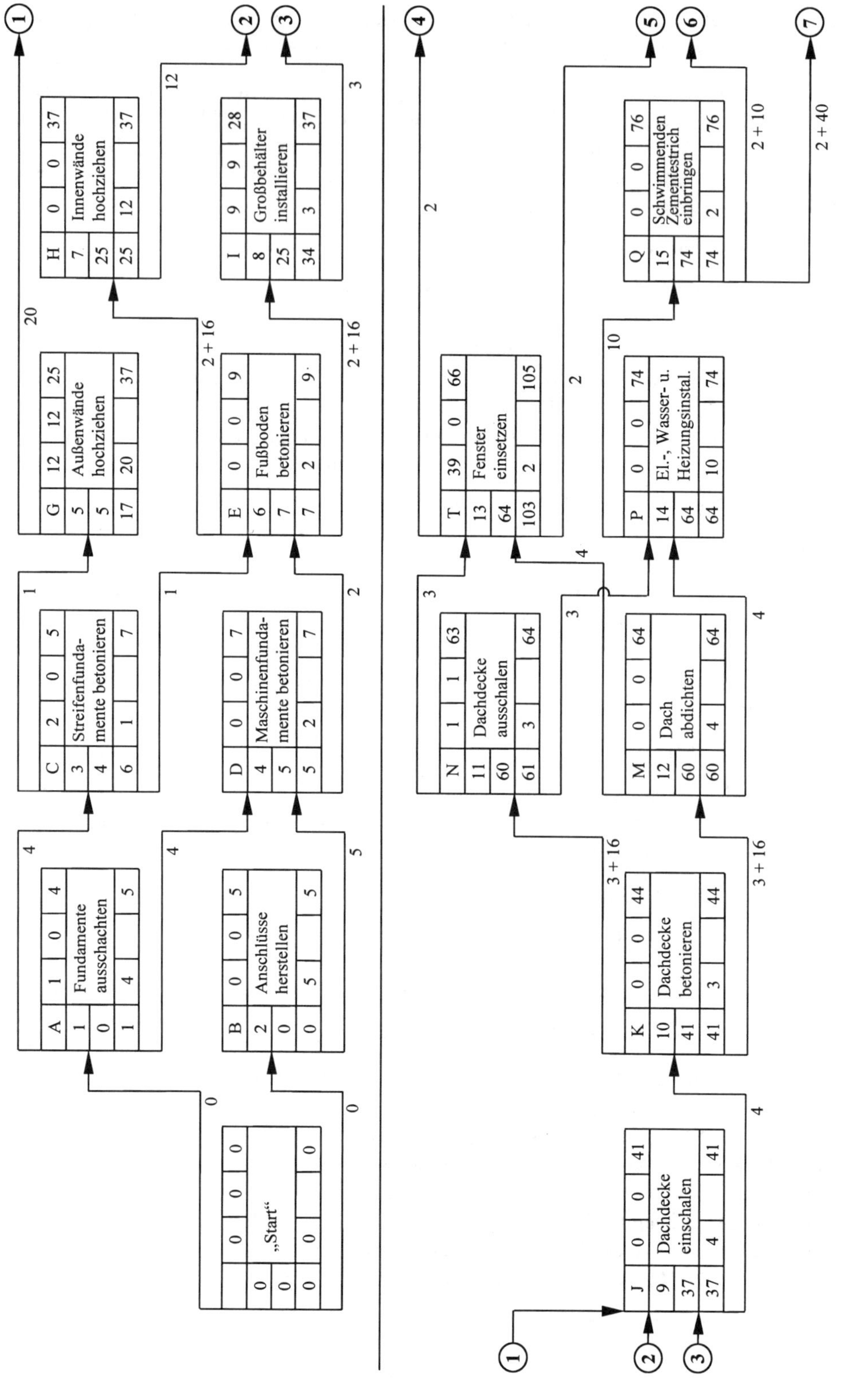
„Start“
A Fundamente ausschachten
B Anschlüsse herstellen
C Streifenfundamente betonieren
D Maschinenfundamente betonieren
G Außenwände hochziehen
E Fußboden betonieren
H Innenwände hochziehen
I Großbehälter installieren
J Dachdecke einschalen
K Dachdecke betonieren
N Dachdecke ausschalen
M Dach abdichten
T Fenster einsetzen
P El.-, Wasser- u. Heizungsinstal.
Q Schwimmenden Zementestrich einbringen
1
2
3
4
5
6
7

Abb. 29: Zeitplanung des Projektbeispiels nach MPM

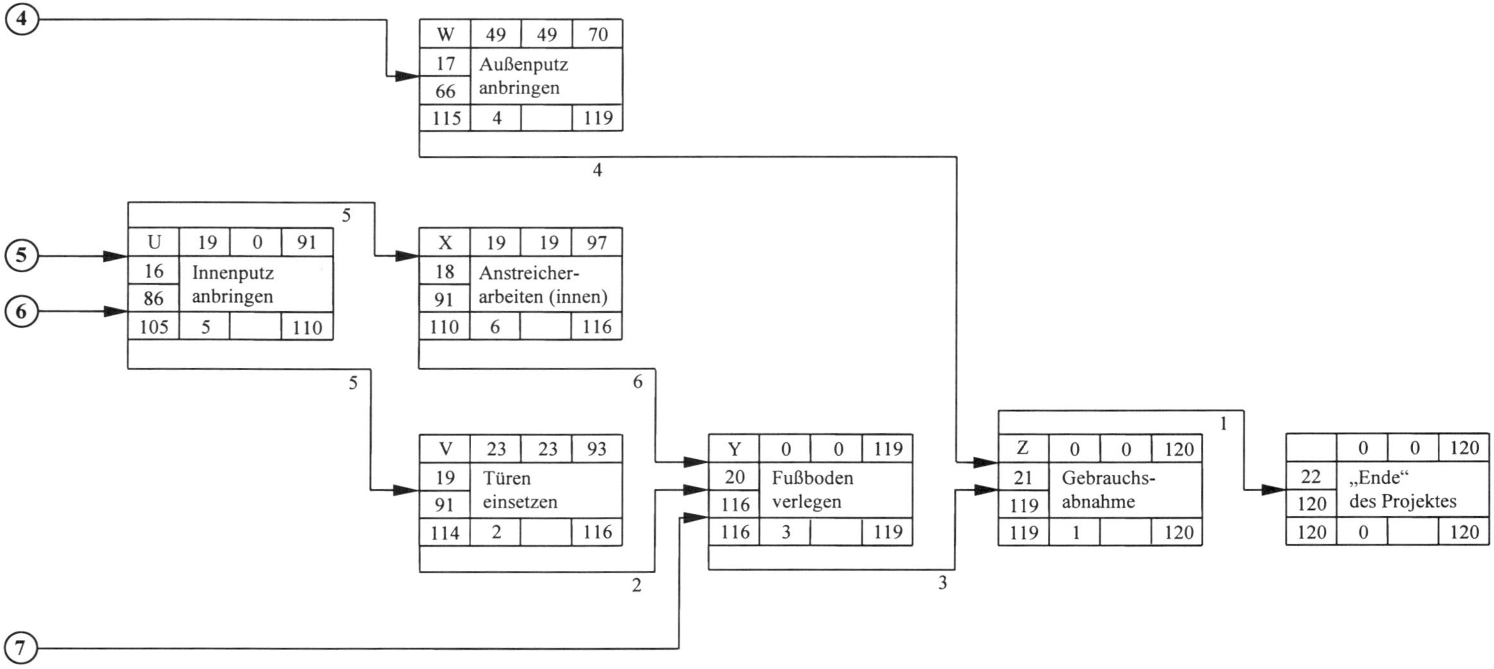

3. Ermittlung und Interpretation der Pufferzeiten

Eine Erörterung der Pufferzeiten führt zu ähnlichen Betrachtungen wie sie schon im Zusammenhang mit der CPM-Zeitplanung angestellt wurden (vgl. S. 205 ff.). Da für den Zielvorgang „Ende“ des Projektes die Gleichung FA(n) = SA(n) vorgegeben wurde, sind die **kritischen Vorgänge** im Netzplan wie folgt definiert:

$$FE(i) - FA(i) = D(i)$$
bzw.
$$SE(i) - SA(i) = D(i)$$
und
$$FA(i) = SA(i) \; ; \quad FE(i) = SE(i) \qquad i = 1, 2, \ldots, n$$

Die kritischen Vorgänge sind in ihrer Ausführung streng an Termine gebunden; sie haben keine **Pufferzeiten.**

Bei den **nichtkritischen Vorgängen** steht ein **zeitlicher Spielraum** (Puffer, Pufferzeit, Schlupf) zur Verfügung, d.h. bei diesen Vorgängen liegt der spätestzulässige Anfang später als der frühestmögliche. Welchen Umfang die Pufferzeit annimmt und welche Auswirkungen ihre Nutzung haben kann, wird wiederum an den Arten von Pufferzeiten im MPM-Netzplan gezeigt. In der Praxis haben bei MPM nur zwei Arten von Pufferzeiten Bedeutung erlangt (*Bergen, R., Bubholz, P.*, 1974, S. 89), und zwar:

(1) Gesamte Pufferzeit eines Vorgangs GP(i)

$$GP(i) = SA(i) - FA(i) \qquad i = 0, 1, \ldots, n$$

Die **gesamte Pufferzeit GP(i)** eines Vorgangs i gibt die Zeitspanne an, die für eine Verschiebung oder Ausdehnung des Vorgangs maximal zur Verfügung steht, ohne dass die zeitminimale Projektdauer beeinträchtigt wird (vgl. S. 205 f.).

(2) Freie Pufferzeit eines Vorgangs FP(i)

$$FP(i) = \min \left\{ \min_{j} \left[FA(j) - a(i,j) - FA(i) \right] ; \; \min_{l > i} \left[FA(l) - a(l,i) - FA(i) \right] \right\} \qquad i = 0, 1, \ldots, n$$

Die **freie Pufferzeit** bedarf zu ihrer Bestimmung einer vergleichenden Rechnung unter Einbeziehung mehrerer Vorgänge und insbesondere unter Beachtung der Pfeile in entgegengesetzter Richtung mit den negativen Potenzialen (–a(l,i)). Soll also die freie Pufferzeit bestimmt werden, die zur Ausführung oder Verschiebung eines Vorgangs zur Verfügung steht und darf eine Nutzung dieser freien Pufferzeit den frühestmöglichen Anfang der Nachfolger dieses Vorgangs nicht beeinträchtigen, dann sind - wie bei CPM - Vergleiche mit dem frühestmöglichen Anfang aller Nachfolger sowie der Potenziale an ihren Verknüpfungen anzustellen. Freie Pufferzeiten können nur bei Vorgängen vorkommen, die vor der Vereinigung von Teilwegen und auf dem zeitlich kürzesten Weg durch den Netzplan liegen. Die freie Pufferzeit entspricht dem Unterschied der Gesamtpufferzeiten der zusammengeführten Wege.

In Abb. 29 (S. 220 f.) sind die „gesamte Pufferzeit" und die „freie Pufferzeit" eines jeden Vorgangs für das obige Projektbeispiel „Bau einer Fabrikationshalle" (vgl. Tab. 100, S. 187) an den vorgesehenen Stellen in den Knoten jeweils angegeben.

D. Übungsbeispiel: Produkt-Neueinführung mit Hilfe eines MPM-Netzplanes

1. Aufgabenstellung

Eine Produkt-Neueinführung erfordert in der Regel eine Vielzahl miteinander verflochtener Aktivitäten (Vorgänge), die im Sinne des Projektablaufs in einer zweckmäßigen Reihenfolge ablaufen müssen. Dabei können die Vorgänge teils nur nacheinander, teils aber auch parallel durchgeführt werden. Die Erfahrung zeigt, dass selbst routinierte Praktiker Schwierigkeiten haben, wenn sie für ein genau definiertes Projekt eine vollständige **Liste der Vorgänge** (einschließlich Verknüpfungen) aufstellen sollen. Für das Projekt der „Einführung eines neuen Produktes im Konsumgüterbereich" sei folgende **Liste der Sammelvorgänge** aufgestellt (in Anlehnung an ein Beispiel von *Haedrich, G.*, 1971, S. 23 ff.):

Tabelle 103: Liste der Sammelvorgänge mit Zuständigkeiten, Abhängigkeiten, Ausführungdauern

	Vorgang	Zuständigkeit	Ausführungsdauer in Tagen	Abhängigkeit	
				Vorgänger	Zeitabstand MINAA in Tagen
1	Sekundärst. Marktanalyse	U, A	9	–	–
2	Entscheidung für neues Produkt	U	1	1	9
3	Primärstat. Marktanalyse	U, A, M	14	2	1
4	Analyse der Produktionsmöglichkeiten	U	7	2	1
5	Produktforschung	U, A, M	10	4	4
6	Studie über Erweiterung der Produktionsmöglichkeiten	U	5	4	7
7	Analyse der primärstat. Marktanalyse und der Produktforschung	U, A, M	4	3 5	14 10
8	Entwicklung und Herstellung testreifer Produkte	U, A, M	15	7	4
9	Planung einer 1. Testmarktaktion	U, A, M	11	7	4
10	Durchführung und Auswertung eines 1. Tests am Markt	U, A, M	24	8 9	15 11
11	Festlegung der Marketingstrategie	U, A	3	10	24

Vorgang	Zuständigkeit	Ausführungsdauer in Tagen	Abhängigkeit Vorgänger	Abhängigkeit Zeitabstand MINAA in Tagen
12 Endgültige Produktentwicklung	U, A, M	4	10	24
13 Vertriebsplanung	U	13	11 12	3 1
14 Personalplanung und -beschaffung	U	18	6 11	5 3
15 Produktionsvorbereitung	U	20	6 11	5 3
16 Auftrag an Werbeagentur	U	1	6 11 12	5 3 4
17 1. Probelauf der Produktionsanlage	U	1	15	20
18 Beschaffungs- und Lagerplanung	U	4	15	20
19 Konzeption der Produktausstattung	A	6	16	1
20 Entwicklung der Werbekonzeption	A	7	16	1
21 Produktion einer Nullserie	U	1	12 14 17	4 14 1
22 Test der Produktaustattung	U, A, M	14	19	6
23 Bereitstellung der Verpackung	U, D	7	22	14
24 Entwicklung einer Konzeption für verkaufsförderndes Material	A	20	16	1
25 Vorbereitung der Gesamt-Markteinführung	U	14	13	13
26 Vorbereitung der Test-Markteinführung	U, A, M	14	13	13
27 Normalproduktion für Testmarkteinführung	U	5	18 21 22 23	4 1 14 7
28 Vorbereitung des verkaufsfördernden Materials für den Testmarkt	A	5	24	20
29 Test der Werbekonzentration	A,M	9	20	7
30 Ausarbeitung von Werbemethoden	A, M	8	20	7
31 Vorbereitung der Testmarkt-Werbung	A	4	29 30	9 8

Vorgang	Zuständigkeit	Ausführungsdauer in Tagen	Abhängigkeit Vorgänger	Zeitabstand MINAA in Tagen
32 Vorbereitung des verkaufsfördernden Materials für den Gesamtmarkt	A	5	24	20
33 Vorbereitung der Werbung für Gesamtmarkteinführung	A	20	29	9
34 Durchführung der Testmarkt-Einfühurng	U, A, M	28	26 27 28 31	14 5 5 4
35 Auswertung der Testmarkteinführung und Entscheidung über Gesamt-Markteinführung	U, A, M	4	34	28
36 Gesamt-Markteinführung	U	. . .	25 32 33 35	14 5 20 4

Zeichenerklärung: U = Unternehmen A = Werbeagentur
M = Marktforschungsinstitut D = Druckerei

Aufgabe:

Für das vorstehende Projekt ist nach MPM ein Struktur- und Zeitplan aufzustellen. Dabei sind die minimale Projektdauer, der frühestmögliche Anfang, das frühestmögliche Ende, der spätestzulässige Anfang, das spätestzulässige Ende eines jeden Vorgangs zu ermitteln; die Pufferzeiten - GP(i) und FP(i) - sind anzugeben und die kritischen Vorgänge zu kennzeichnen.
Im vorliegenden Beispiel handelt es sich um eine Grobplanung (mit Sammelvorgängen). Jeder Sammelvorgang kann dabei eine Reihe von „Detail"-Vorgängen beinhalten. So umfasst z.B. der Sammelvorgang Nr. 3: „Primärstatistische Marktanalyse" folgende „Detail"-Vorgänge: „Vorbereitung der Studie", „Angebote von Marktforschungsinstituten einholen", „Angebote auswerten", „Entscheidung über Durchführung der Analyse", „Auftrag an Marktforschungsinstitut", „Durchführung der Untersuchung im Feld".

2. Lösungsvorschlag

MPM-Netzplan für das Projekt „Produkt-Neueinführung":
(siehe Abb. 30 auf den nächsten beiden Seiten)

①

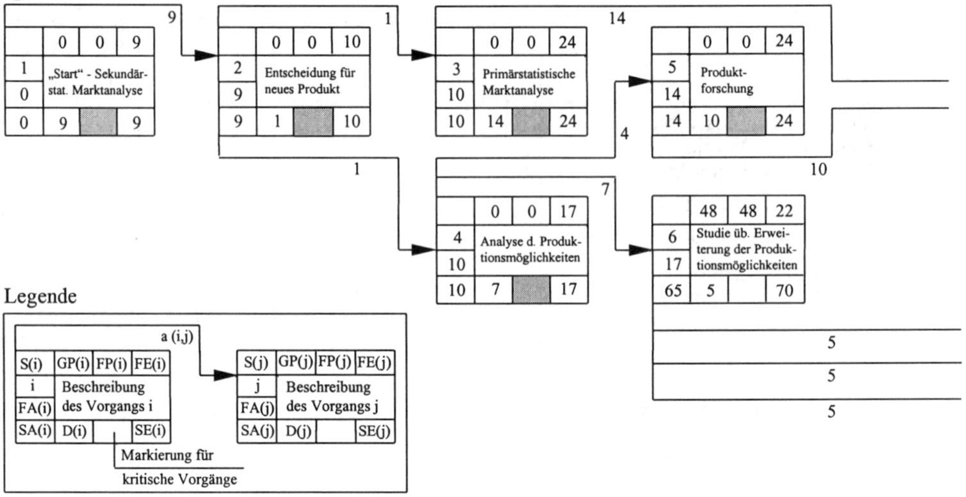
„Start" - Sekundär-stat. Marktanalyse
Entscheidung für neues Produkt
Primärstatistische Marktanalyse
Produkt-forschung
Analyse d. Produktionsmöglichkeiten
Studie üb. Erweiterung der Produktionsmöglichkeiten
Legende
a (i,j)
S(i) GP(i) FP(i) FE(i)
i Beschreibung des Vorgangs i
FA(i)
SA(i) D(i) SE(i)
S(j) GP(j) FP(j) FE(j)
j Beschreibung des Vorgangs j
FA(j)
SA(j) D(j) SE(j)
Markierung für kritische Vorgänge

③

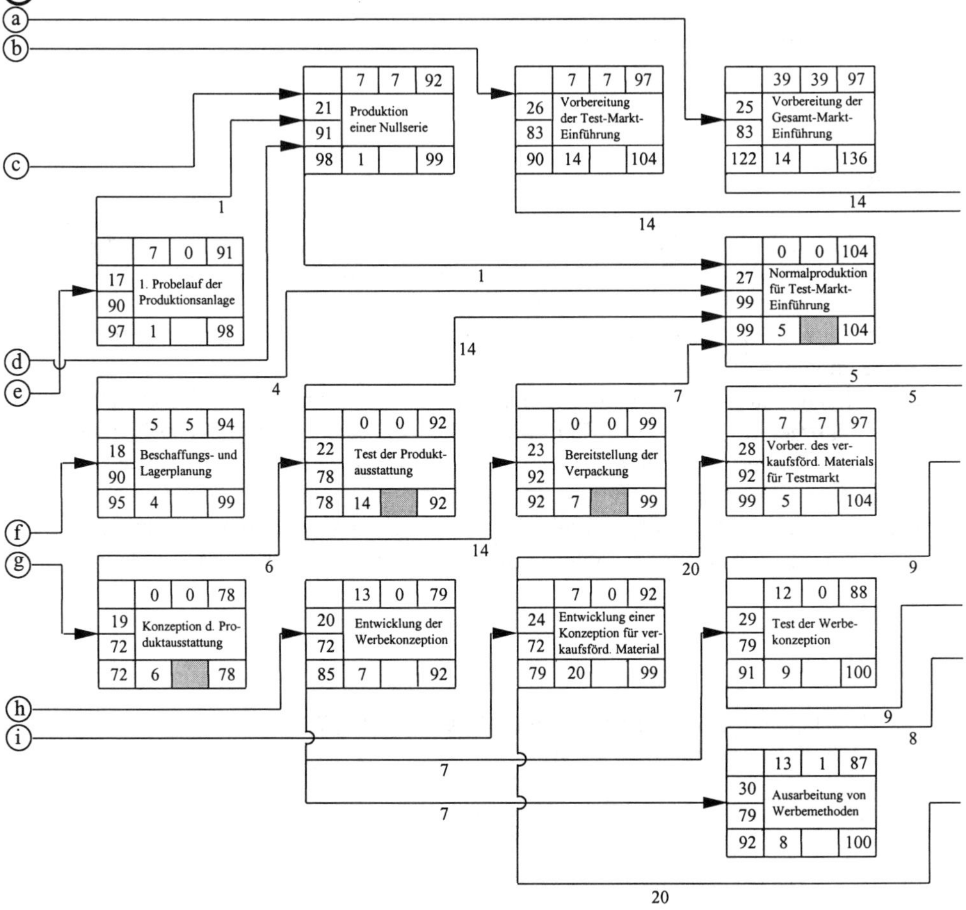
Produktion einer Nullserie
Vorbereitung der Test-Markt-Einführung
Vorbereitung der Gesamt-Markt-Einführung
1. Probelauf der Produktionsanlage
Normalproduktion für Test-Markt-Einführung
Beschaffungs- und Lagerplanung
Test der Produktausstattung
Bereitstellung der Verpackung
Vorber. des verkaufsförd. Materials für Testmarkt
Konzeption d. Produktausstattung
Entwicklung der Werbekonzeption
Entwicklung einer Konzeption für verkaufsförd. Material
Test der Werbekonzeption
Ausarbeitung von Werbemethoden

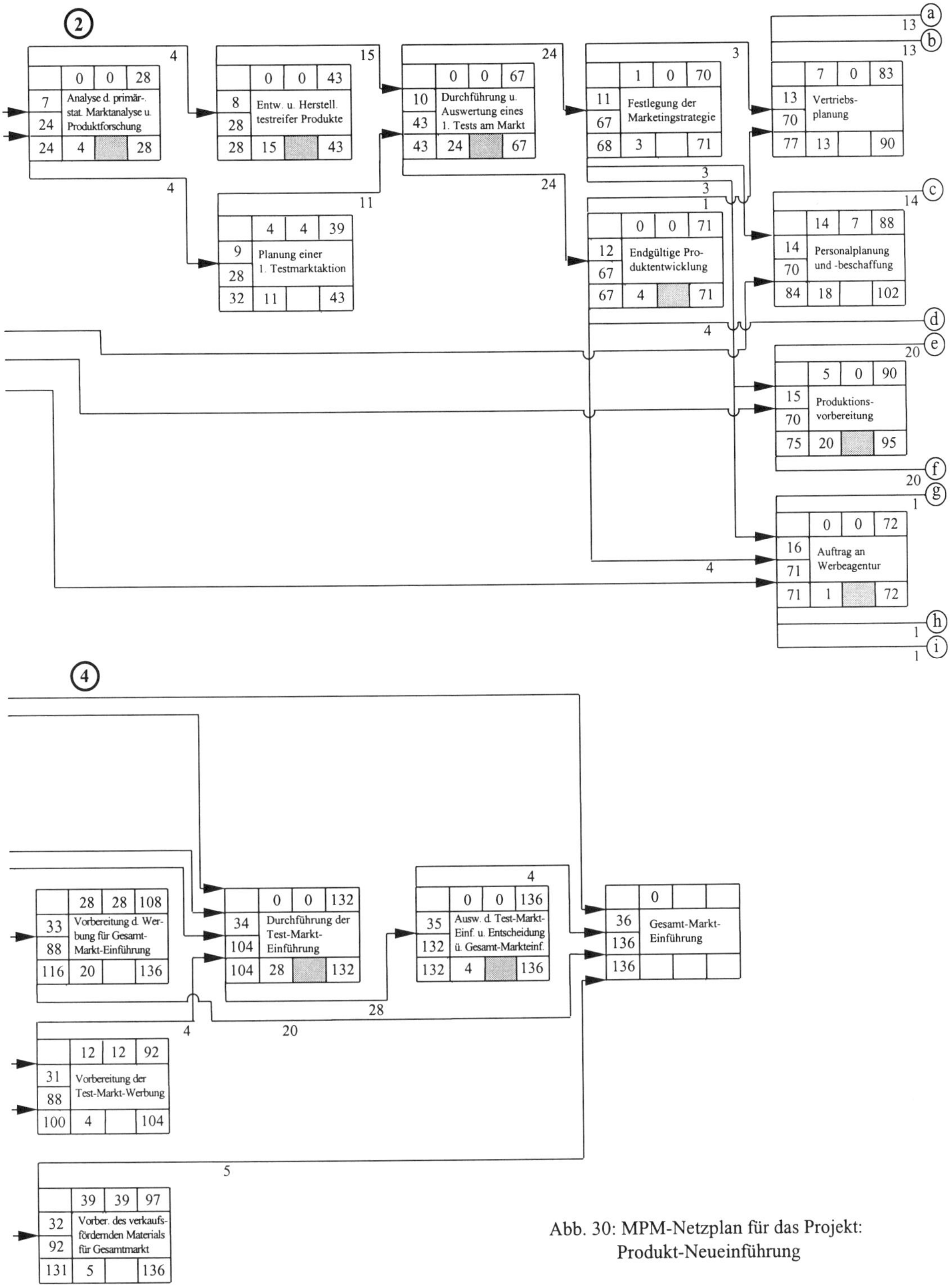

Abb. 30: MPM-Netzplan für das Projekt: Produkt-Neueinführung

V. Zeit-Kosten-Planung

Bisher wurden neben den Grundlagen der NPT nur die Planung der Ablaufstruktur von Projekten und die Zeitplanung behandelt. Für eine betriebswirtschaftlich aussagefähige Projektplanung wäre es notwendig, neben der Zeit auch die entstehenden Kosten und die verfügbaren Kapazitäten der einzusetzenden Produktionsmittel sowie die finanziellen Möglichkeiten und Auswirkungen in die Überlegungen einzubeziehen.
Darüber hinaus ist das Zusammenspiel mehrerer Projekte zu berücksichtigen. In dieser Einführung kann auf dieses Interdependenzproblem nicht im Einzelnen eingegangen werden. Zur Illustration dieser Problematik sollen lediglich die **Abhängigkeiten von Zeit und Kosten** (unter Verwendung von CPM) erörtert werden und im Übrigen auf die weiterführende Literatur verwiesen werden (vgl. z.B. *Bergen, R., Bubolz, P.*, 1974, S. 237 ff.; *Gewald, K.* u.a., 1972; *Wasielewski, E. v.*, 1975, S. 138 ff.; *Elsässer, F.*, 1973, S. 86 ff.; *Al-Ani, A.*, 1971, S. 61 ff.; *Trauth, P. J.*, 1970, S. 104 ff.; *Schwarze, J.*, 1994, S. 185 ff.; *Stommel, H. J.*, 1976, S. 71 ff.; *Sobotta, K.*, 1978, S. 95 ff.; *Scheer, A. W.*, 1978; *Kompenhans, K.*, 1977, S. 87 ff.; *Altrogge, G.*, 1996, S. 215 ff.; *Weinberg, F.* u.a., 1981; *Hässig, K.*, 1979, S. 88 ff.; *Reichert, O.*, 1977, S. 47 ff.; *Hahn, D.*, 1996, S. 599 ff.; *Dürr, W., Kleibohm, K.*, 1992, S. 208 ff.; *Hillier, F. S., Lieberman, G. J.*, 1997, S. 301 ff.; *Zimmermann, W.*, 1989, S. 27 ff.). Es gibt inzwischen eine Reihe von neuen oder weiterentwickelten Verfahren der NPT, die über die Struktur- und Zeitplanung hinausgehen.

A. Zeitabhängige Vorgangskosten

Da man bei der Planung eines Projektes in aller Regel nicht von einer beliebigen, von der Länge des kritischen Weges abhängigen Projektdauer ausgehen kann, sondern fest vorgegebene Termine einzuhalten hat, muss u.U. versucht werden, die beanspruchte Vorgangsdauer einzelner Vorgänge zu reduzieren. Die **Kürzung der Vorgangsdauer** kann durch **zeitliche** (Überstunden, Zusatzschichten), **quantitative** (zusätzliche Arbeitskräfte, Betriebsmittel), **intensitätsmäßige** (Erhöhung der Prozessgeschwindigkeit) oder **qualitative** (andere Verfahren) **Anpassung** erfolgen. Diese Anpassung wird **Einfluss** auf die **Höhe der Kosten** haben. Wie hängen die **Vorgangskosten** von der **Vorgangsdauer** ab?

Zentraler Orientierungspunkt für die Zeit-Kosten-Planung ist die sog**. Normaldauer eines Vorgangs** ND(i,j). Sie umfasst die Zeit, bei der üblicherweise die Kosten des Vorgangs am geringsten sind. Abweichungen von der Normaldauer, wie sie bei Anpassungsmaßnahmen eintreten, führen zu einem Anwachsen der Vorgangskosten. Variiert die Vorgangsdauer nicht (auch nicht annähernd) stetig, so kann es nur einzelne Kostenpunkte für die Beziehung zwischen Vorgangsdauer und Vorgangskosten geben (z.B. Übergang vom Landweg zum Luftweg beim Transport).
Tendenziell wird die Kurve der Vorgangskosten - bei wenigstens näherungsweise stetig variierender Vorgangsdauer - folgenden Verlauf haben:

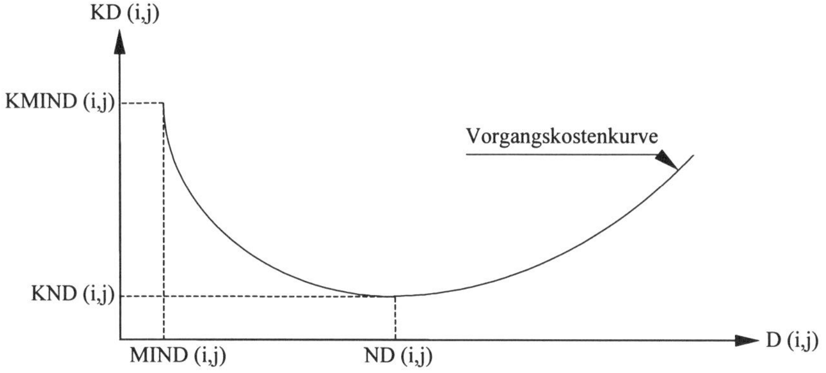

Abb. 31: Vorgangskostenkurve

Die Symbole in Abb. 31 bedeuten:

D(i,j)	:	Dauer des Vorgangs (i,j);
KD(i,j)	:	Kosten des Vorgangs (i,j) in Abhängigkeit von D(i,j)
MIND(i,j)	:	Minimaldauer des Vorgangs (i,j), für die sich auch die Bezeichnung „Zusammenbruchspunkt" (crash-point) findet (*Schwarze, J.*, 1994, S. 198). Die Minimaldauer kann auch bei noch so großem Faktoreinsatz nicht unterschritten werden;
KMIND(i,j)	:	Vorgangskosten bei MIND(i,j);
ND(i,j)	:	Normaldauer des Vorgangs (i,j);
KND(i,j)	:	Vorgangskosten bei ND(i,j) - sie sind minimal.

Der rechts von ND(i,j) aufsteigende Ast der Vorgangskostenkurve ist ineffizient und bleibt außer Betracht. Eine exakte Beschreibung der Vorgangskostenkurve (links von ND(i,j)) wird in praktischen Problemen auf erhebliche Schwierigkeiten stoßen. Für KMIND(i,j) bzw. KND(i,j) sind auch oft nur Schätzwerte bekannt. Man hilft sich hier, indem man die Kostenkurve linear approximiert. Die Vorgangskosten bei Minimaldauer MIND(i,j) und bei Normaldauer ND(i,j) werden durch eine Gerade verbunden:

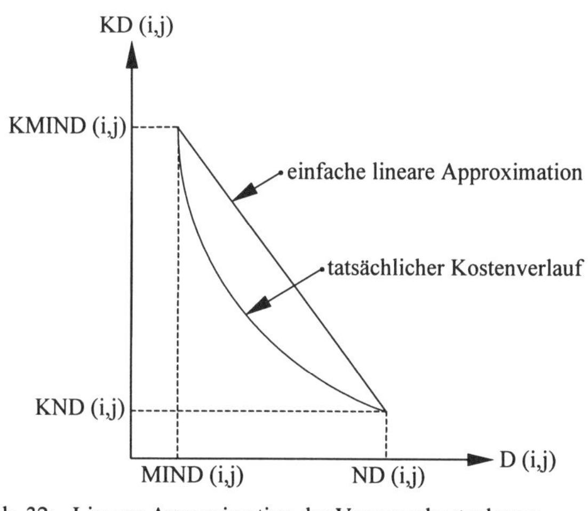

Abb. 32: Lineare Approximation der Vorgangskostenkurve

Es ist auch eine stückweise lineare Approximation möglich:

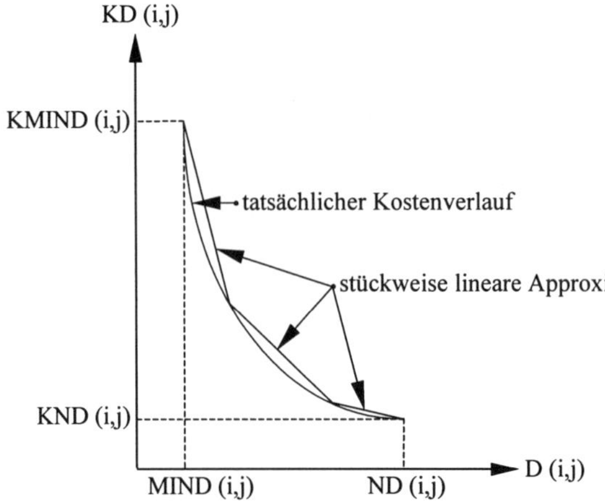

Abb. 33: Stückweise lineare Approximation der Vorgangskostenkurve

Die linearen Kostenfunktionen lauten (für ND(i,j) ≠ MIND(i,j)):

$$KD(i,j) = KND(i,j) + \frac{KMIND(i,j) - KND(i,j)}{ND(i,j) - MIND(i,j)} \cdot ND(i,j) - \frac{KMIND(i,j) - KND(i,j)}{ND(i,j) - MIND(i,j)} \cdot D(i,j)$$

$$= a(i,j) - b(i,j) \cdot D(i,j)$$

$$MIND(i,j) \leq D(i,j) \leq ND(i,j)$$

$$b(i,j) > 0$$

Ist ND(i,j) = MIND(i,j), so ist KD(i,j) = KND(i,j)

Besonders wichtig ist dabei die Steigungskonstante b(i,j). Sie gibt an, um wie viel sich die Kosten des Vorgangs erhöhen, wenn man die Vorgangsdauer um eine Zeiteinheit verkürzt (**Beschleunigungskosten**).

Nach Ableitung der Vorgangskostenfunktion für einen einzelnen Vorgang können nun auch die gesamten **Vorgangskosten des Projektes** KG definiert werden. Sie ergeben sich durch Summation aller KD(i,j) über alle Vorgänge (i,j) des Netzplans.

Die lineare Approximation hat den Vorteil, dass sich auf diese Weise die Kostenfunktion bei Berechnung von Optimalpunkten relativ leicht handhaben lässt.

Zur Demonstration greifen wir auf Teilprojekt I des Beispiels (vgl. Tabelle 100, S. 187 und Abb. 15, S. 195) zurück. In der Tabelle 104 sind die normale und die minimale Dauer eines jeden Vorgangs und die dazugehörigen Kostenwerte angegeben. In der letzten Spalte ist die jeweilige Vorgangskostenfunktion eingetragen.

Tabelle 104: Vorgangskosten und Vorgangskostenfunktion des Beispiels (Teilprojekt I)

Vorgang		ND(i,j)	MND(i,j)	KND(i,j)	KMIND(i,j)	**Vorgangskostenfunktion**
Kurzbezeichnung	(i,j)	(1)	(2)	(3)	(4)	KD(i,j) = a(i,j) – b(i,j) · D(i,j) $(5) = (3) + \frac{(4)-(3)}{(1)-(2)} \cdot (1) - \frac{(4)-(3)}{(1)-(2)} \cdot D(i,j)$
A	(1,2)	4	1	2	4	KD (1,2) = 4,67 – 0,67 D(1,2)
B	(1,3)	5	2	3	5	KD (1,3) = 6,33 – 0,67 D(1,3)
C	(2,4)	1	1	1	1	KD (2,4) = 1 – 0 D(2,4)
D	(3,5)	2	1	1	2	KD (3,5) = 3 – 1 D(3,5)
E	(5,6)	2	1	2	3	KD (5,6) = 4 – 1 D(5,6)
F	(6,7)	16	12	0	2	KD (6,7) = 8 – 0,5 D(6,7)
G	(4,8)	20	16	10	12	KD (4,8) = 20 – 0,5 D(4,8)
H	(7,9)	12	6	12	15	KD (7,9) = 18 – 0,5 D(7,9)
I	(7,8)	3	2	1	2	KD (7,8) = 4 – 1 D(7,8)
J	(9,10)	4	2	4	5	KD (9,10) = 6 – 0,5 D(9,10)
K	(10,11)	3	2	3	4	KD (10,11) = 6 – 1 D(10,11)
L	(11,12)	16	12	0	2	KD (11,12) = 8 – 0,5 D(11,12)
M	(12,13)	4	2	3	5	KD (12,13) = 7 – 1 D(12,13)
N	(12,14)	3	1	1	3	KD (12,14) = 4 – 1 D(12,14)
				Σ 43		

Auf die besonderen Schwierigkeiten bei der Ermittlung der Abhängigkeit der Vorgangskosten von der Vorgangsdauer, die sich daraus ergeben, dass man in der Praxis die dazu notwendigen Informationen nicht immer beschaffen kann, sei hier lediglich hingewiesen. Es dürfte nur selten vorkommen, dass die Kostenrechnung der Betriebe so tief gegliedert ist wie der Projektablauf im Netzplan, so dass man sich bei der Zeit-Kosten-Ermittlung in der Mehrzahl der Fälle mit Schätzungen und Expertenbefragungen begnügen muss.

B. Bestimmung der vorgangskostenminimalen Projektrealisierung bei gegebener Projektdauer

In der Regel wird man anstreben, eine **feste vorgegebene Projektdauer** mit **minimalen Kosten** zu realisieren. Die Vorgangsdauern der einzelnen Vorgänge sind so einzurichten, dass die gesamten Vorgangskosten KG ein Minimum werden. Es müssen also die **Vorgangsdauern so verkürzt** werden, dass der dadurch hervorgerufene **Kostenanstieg am kleinsten** ist. Bei unserem Beispiel (Tabelle 104) ist der Kostenanstieg durch eine Verringerung der Vorgangsdauer z.B. bei Vorgang (6,7) geringer als bei Vorgang (5,6).

Eine Verringerung der Projektdauer wird man also so vornehmen, dass man zunächst den **kritischen Vorgang** mit dem **kleinsten Kostenanstieg je Zeiteinheit** verkürzt.

Im Teilprojekt I des Beispiels erhält man eine Projektdauer T von 64 Tagen bei minimalen Kosten KG in Höhe von 43 GE (Geldeinheiten), wenn jeder Vorgang in der normalen Dauer ND(i,j) ausgeführt wird.

Soll die Projektdauer T verkürzt werden, so verringert man dazu zunächst die kritischen Vorgänge (6,7), (7,9), (9,10) oder (11,12). Alle diese Vorgänge sind **kritisch** und haben die gleiche **Kostensteigerungskonstante** b(i,j) = 0,5; d.h. 0,5 GE/Tag. Da durch die Verkürzung der Vorgänge (9,10) und (11,12) kein anderer Vorgang kritisch werden kann (vgl. Netzplan Abb. 18, S. 203), ist es zweckmäßig, diese zunächst zu verkürzen: Vorgang (9,10) auf 2 Tage und Vorgang (11,12) auf 12 Tage. Die Kosten betragen dann 43 + 1 = 44 bzw. 44 + 2 = 46 GE. Als Nächstes sind die Vorgänge (6,7) oder (7,9) zu verkürzen. Beginnt man mit Vorgang (6,7), so ergibt sich aus dem Netzplan (Abb. 18 in Verbindung mit Tabelle 104), dass eine Verkürzung um 4 Tage möglich ist. Die Projektdauer beträgt jetzt 54 Tage mit Kosten von 48 GE. Vorgang (7,9) kann um 6 Tage auf 6 Tage verkürzt werden, ohne dass ein anderer Vorgang kritisch wird. Die Kostensteigerung dieser Verkürzung beträgt 3 GE. Als Nächstes kann die Dauer des Vorgangs (1,3) um einen Tag (anstatt 3 Tage gem. Tabelle 104) mit einer Kostenzunahme von 0,67 GE verkürzt werden. Durch eine Reduzierung der Vorgangsdauer D (1,3) auf 4 Tage wird nämlich der bisher nichtkritische Vorgang (1,2) kritisch (vgl. Netzplan Abb. 18). Um eine weitere Verkürzung der Dauer von Vorgang (1,3) zu erreichen, müsste die Dauer des Vorgangs (1,2) gleichzeitig mitgekürzt werden; die Beschleunigungskosten würden sich entsprechend addieren. Dann lassen sich die kritischen Vorgänge (3,5), (5,6), (10,11) bzw. (12,13) verkürzen, und zwar mit jeweils einer Kostensteigerung von einer GE/Tag. Während die Vorgangsdauer D (10,11) ohne weiteres um einen Tag verkürzt werden kann, lässt sich D (12,13) nicht um 2, sondern nur um einen Tag verkürzen, da bereits bei D (12,13) = 3 der Vorgang (12,14) kritisch wird (vgl. Netzplan Abb. 18, S. 203). Ebenso kann nur D (3,5) **oder** D (5,6) um einen Tag verkürzt werden, da bei einer Verkürzung um einen Tag der Teilweg mit den Vorgängen (2,4), (4,8) und (8,9) kritisch wird. Wir wollen zunächst D (3,5) um einen Tag reduzieren.
Weitere Verkürzungen sind nur noch möglich, indem **zwei** Vorgänge in ihren Ausführungszeiten zugleich gekürzt werden. Es sind diejenigen Vorgangspaare zunächst auszuwählen, die zusammen die kleinste Kostensteigerung je Tag verursachen. Im Beispiel sind dies die Vorgänge (1,2) **und** (1,3) mit einer Kostensteigerung von (0,67 GE + 0,67 GE)/Tag. Sie können um zwei Tage verkürzt werden, da Vorgang (1,3) bereits um 1 Tag verkürzt wurde. Dann kann D (5,6) zusammen mit D (4,8) um einen Tag reduziert werden.

Als Letztes lassen sich noch die Vorgangsdauern D (12,13) und D(12,14) um einen Tag mit einer Kostenzunahme von (1 GE + 1 GE)/Tag verkürzen (vgl. Abb. 34).

So lässt sich **schrittweise** die **Projektdauer minimieren** (im Beispiel lässt sich die Projektdauer für Teilprojekt I auf T = 40 Tage verkürzen mit Gesamtkosten KG = 60,9 GE).

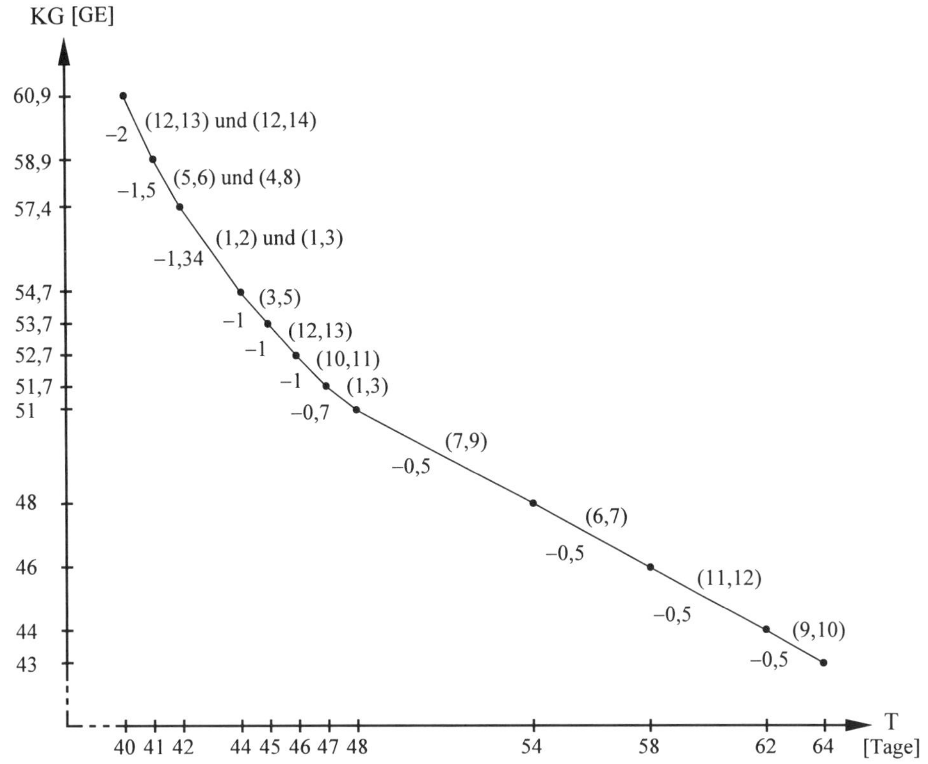

Abb. 34: Abhängigkeit der Vorgangskosten von der Projektdauer (Teilprojekt I des Beispiels gemäß Tab. 104) - Minimalkostenkurve für die gesamten Vorgangskosten bei vorgegebenen Projektdauern

In Abb. 34 können die minimalen Vorgangskosten des Teilprojekts I für alternativ vorgegebene Projektdauern abgelesen werden. An den Abschnitten dieser Kurve sind unterhalb jeweils die Steigung und oberhalb die Vorgänge vermerkt, durch deren Zeitreduktion jeweils die Projektdauerveränderung erreicht wird.

C. Bestimmung der kostenminimalen Projektdauer für einen gegebenen Netzplan

Bisher wurden die Vorgangskosten eines Projektes, d.h. die den Vorgängen zurechenbaren Kosten behandelt. Bezieht man die „übrigen“ Projektkosten (Einzel- und Gemeinkosten des **gesamten** Projekts und nicht einzelner Vorgänge) in die Überlegungen ein, so lässt sich eine **kostenminimale Projektdauer** bestimmen, wenn sich unter diesen „übrigen“ Projektkosten fixe Kosten, d.h. **zeitproportionale Kosten** befinden. Voraussetzung ist natürlich, dass die notwendigen Informationen über diese Kosten vorliegen.

Nehmen wir in unserem Beispiel für Teilprojekt I an, dass diese „übrigen“ Kosten KP, die nur dem Projekt zurechenbar sind, folgender Funktion:

$$KP = 40 + 1{,}1\ T \quad (T = \text{Projektzeit in Tagen})$$

folgen, so setzen sich die Gesamtkosten K des Projekts aus den gesamten Vorgangskosten KG und den „übrigen" Kosten des Projektes KP zusammen:

$$K = KG + KP$$

Für die einzelnen Projektdauern T lassen sich die Gesamtkosten K leicht errechnen:

Tabelle 105: Gesamtkosten des Teilprojekts I in Abhängigkeit von der Projektdauer

Projekt-dauer T [Tage]	KG [GE] vgl. Abb. 34 (1)	$KP = 40 + 1{,}1 \cdot T$ (2)	K (3) = (1) + (2)
40	60,9	84,0	144,9
41	58,9	85,1	144,0
42	57,4	86,2	143,6
43	56,0	87,3	143,3
44	54,7	88,4	143,1 = K_{min} !
45	53,7	89,5	143,2
46	52,7	90,6	143,3
47	51,7	91,7	143,4
48	51,0	92,8	143,8
⋮	⋮	⋮	⋮
54	48,0	99,4	147,4
⋮	⋮	⋮	⋮
58	46,0	103,8	149,8
⋮	⋮	⋮	⋮
62	44,0	108,2	152,2
⋮	⋮	⋮	⋮
64	43,0	110,4	153,4

Aus Tabelle 105 ergibt sich, dass - unter den genannten Annahmen - die kostenminimale Projektdauer des Teilprojekts I bei T = 44 Tagen mit K = 143,1 GE liegt. Für die einzelnen Vorgänge ergeben sich folgende Vorgangszeiten für die **gesamtkostenminimale Projektdauer** des Teilprojekts I:

Tabelle 106: Vorgangszeiten bei kostenminimaler Projektdurchführung

Vorgang	Gesamtkostenminimale Vorgangszeiten der Vorgänge (i,j)	
(1,2)	4 Tage	kritisch
(1,3)	4 Tage	kritisch
(2,4)	1 Tag	kritisch
(3,5)	1 Tag	kritisch
(5,6)	2 Tage	kritisch
(6,7)	12 Tage	kritisch
(4,8)	20 Tage	kritisch
(7,9)	6 Tage	kritisch
(7,8)	3 Tage	nicht kritisch
(9,10)	2 Tage	kritisch
(10,11)	2 Tage	kritisch
(11,12)	12 Tage	kritisch
(12,13)	3 Tage	kritisch
(12,14)	3 Tage	kritisch

Bei der Bestimmung der kostenminimalen Projektdurchführungsdauer nach der beschriebenen Methode ist der Netzplan ständig den neuen Gegebenheiten anzupassen (Iterationsverfahren). Wegen weiterer Optimierungsalgorithmen wird auf die weiterführende Literatur verwiesen (z.B. *Bergen, R.*, *Bubholz, P.*, 1974, S. 181 ff.; *Gewald, K.* u.a., 1972; *Reichert, O.*, 1977, S. 13 ff.; *Schwarze, J.*, 1994, S. 197 ff.).

VI. Kapazitätsplanung

Die Kapazitätsplanung soll die Voraussetzungen für einen reibungslosen Projektablauf liefern. Das ökonomische Prinzip verlangt dabei, dass die verfügbaren Ressourcen (Einsatzmittel) möglichst hoch und gleichmäßig ausgelastet werden (um Leerkosten zu vermeiden). Kapazitätsüberschreitungen sind jedoch nicht zulässig (Restriktionen). Sind bereits im Voraus (bei Projektplanung) Kapazitätsüberschreitungen erkennbar, so muss durch entsprechende Maßnahmen auf einen Kapazitätsausgleich hingewirkt werden.

Bei der Kapazitätsplanung geht man in zwei Schritten vor:

(1) Der Kapazitätsbedarf wird für jeden Vorgang dargestellt und nachfolgend unter Berücksichtigung der Zeitplanung für die verschiedenen Projektstadien berechnet. Dazu ist es notwendig, dass man für jeden Vorgang möglichst genau angeben kann, welche Ressourcen (qualitativ differenziert) benötigt werden und in welchen Mengen. Aus dem Zeitplan für das Projekt lässt sich dann in einfacher Weise ein Kapazitätsbedarfsplan (Einsatzplan für Arbeitskräfte, Betriebsmittel, Stoffe) ableiten. Dieser Kapazitätsbedarfsplan (Einsatzplan) gibt an, **welche Produktionsmittel zu welchen Zeitpunkten in welchen Mengen bereitgestellt werden müssen** (*Schwarze, J.*, 1994,

S. 202 ff.). Gegebenenfalls sind diese Angaben um die Bereitstellungsorte zu ergänzen. In verfahrensmäßiger Hinsicht bestehen kaum Probleme, da der Zeitplan bereits aufgestellt ist und dieser nur Erweiterungen erfährt, nämlich die zeitabhängige Angabe der einzusetzenden Produktionsmittel. Dabei ist in vielen Fällen noch eine (kapazitätsorientierte) **Zerlegung von Vorgängen** erforderlich, um den Bedarf an Ressourcen gleichmäßiger zu gestalten. So tritt der Bedarf an Arbeitskräften nicht immer zu Beginn eines Vorgangs auf; auch muss er nicht für die gesamte Ausführungsdauer eines Vorgangs gelten. Z.B. werden bestimmte Arbeitskräfte nur während eines Teils der Ausführung eines Vorgangs benötigt, so ist der Vorgang so zu zerlegen, dass sich innerhalb eines Vorgangs eine möglichst gleichmäßige Beanspruchung aller benötigten Ressourcen ergibt. Ein weiteres Problem in diesem Zusammenhang kann die Ermittlung der gegebenenfalls bereitzustellenden **Kapazitätsreserven** sein.

(2) Soll-Ist-Vergleich von ermitteltem Kapazitätsbedarf und tatsächlich verfügbaren Ressourcen. Bei Abweichungen wird ein Kapazitätsausgleich angestrebt (Kapazitätsüberschreitung unterbinden und Beschäftigungsschwankungen durch Beschäftigungsplanung unter Berücksichtigung der Kapazitätsgrenzen vermeiden). Dazu stehen grundsätzlich folgende Möglichkeiten zur Verfügung (*Zimmermann, W.*, 1989, S. 31):

- reine Verschiebung einzelner Vorgänge,
- Unterbrechung einzelner Vorgänge, soweit dies technologisch möglich ist,
- zeitliche Ausdehnung oder Komprimierung eines Vorgangs durch Änderung der Einsatzmenge oder der Qualität der Produktionsfaktoren, soweit dies technologisch möglich ist.

Soweit solche kapazitätsbedingten Anpassungen nicht im Rahmen der ermittelten Pufferzeiten bleiben, können sie zu einer Verlängerung der Projektdauer führen. Von Vorteil ist jedoch, dass dies bereits im Planungsstadium erkannt wird.

Eine systematische Darstellung der exakten Lösungsverfahren soll hier unterbleiben; sie haben für die Praxis nur beschränkt Bedeutung, da der Aufwand bei umfangreichen Projekten zu groß wird. Es handelt sich im Allgemeinen um Ansätze der ganzzahligen Optimierung (*Dürr, W., Kleibohm, K.*, 1992, S. 209). In der Praxis erfolgt der Kapazitätsausgleich (Glättung des Kapazitätsbedarfs) mit Hilfe **heuristischer Verfahren** (Zuhilfenahme von systematischen Probiermethoden). Es wird schrittweise geprüft, ob durch zulässige Verschiebung/Unterbrechung/Ausdehnung oder Komprimierung von Vorgängen eine gleichmäßige Kapazitätsauslastung erreicht werden kann (vgl. *Schwarze, J.*, 1994, S. 203 ff.).

Multiprojektplanung

Die netzplantechnische Koordinierung mehrerer Projekte, die um vorgegebene Kapazitäten konkurrieren, nennt man **Multiprojektplanung**. Die Multiprojektplanung ist zwar theoretisch durchdacht und mathematisch analysiert worden, aber die praktische Anwendung ist bisher nur für wenige Fälle bekannt geworden; die hierzu erforderliche

Speicherkapazität kann auch nur von Computern bereitgestellt werden (vgl. *Zimmermann, W.*, 1989, S. 35f.).
Grundsätzlich ist es jedoch möglich, mehrere Projekte manuell gleichzeitig zu planen. Unter Berücksichtigung von Prioritätsregeln lassen sich die Netzpläne, die zunächst unabhängig voneinander aufgestellt werden, mit Hilfe heuristischer Methoden koordinieren.

VII. Verarbeitung von Netzplänen mit DV

Die DV ist ein vorzügliches Hilfsmittel für eine schnelle Auswertung großer Datenmengen und für eine häufige Wiederholung gleicher Rechenoperationen. Aus diesem Grund bietet die DV für ihren Einsatz in der NPT erhebliche Vorteile. Seitdem die DV zum Erstellen, Verarbeiten und Auswerten von Netzplänen eingesetzt wird, erfährt die NPT eine immer stärkere Verbreitung. Der Prozess der Entwicklung der Datenverarbeitung (einschließlich der Datenfernverarbeitung) hat schnelle Zugriffsmöglichkeiten zur Datenverarbeitungsanlage - auch von fern - in erheblichem Umfang ermöglicht. Die Computer mit ihren

- sehr kurzen internen Verarbeitungszeiten,
- leistungsfähigen Programmunterbrechungssystemen,
- erheblichen Arbeitsspeicherkapazitäten,
- Einsatzmöglichkeiten von Massenspeichern mit direktem Zugriff als peripherer Großspeicher

ermöglicht den Einsatz komfortabler Betriebssysteme und entsprechender Programmierhilfen.

Bei größeren Projekten kann man nicht umhin, für die **Projektplanung, -steuerung und -überwachung** einen Computer einzusetzen. Auch bei kleineren Projekten wird Computerunterstützung erwünscht sein, wenn außer Struktur- und Zeitplanung noch andere Berechnungen - etwa Kosten- und Kapazitätsplanung - erforderlich sind. Zum Computereinsatz im Rahmen der NPT vgl. *Dworatschek, S., Hayek, A.*, 1992; *De Wit, J., Herroelen, W.*, 1990, S. 102-139; *Lutz, M.,* 1998, S. 213; *Schwarze, J.*, 1994, S. 231 ff. und die dort aufgeführte Spezialliteratur.

Zur Lösung von Projekt-Planungsaufgaben mit Hilfe der NPT bieten sich für den Einsatz der DV folgende Möglichkeiten an:
(1) dem Unternehmen selbst steht ein Computer zur Verfügung;
(2) eine Service-Firma führt die Aufgabe aus;
(3) ein Rechenzentrum wird über das Time-Sharing-System benutzt.

Steht dem Unternehmen selbst ein Computer zur Verfügung, so kann es ein eigenes Netzplanprogramm entwickeln oder ein Lizenzprogramm benutzen.
Das Time-Sharing-System bietet in Form der Datenfernverarbeitung nicht zuletzt auch kleineren und mittelgroßen Unternehmen die Möglichkeit, die Leistungsfähigkeit von Großrechnern (relativ preiswert) in Anspruch zu nehmen. *O. Reichert* hat die Verarbeitung eines Netzplanes im Time-Sharing-System an einem Beispiel erläutert und Com-

puter-Programme zur Erstellung, Berechnung und Auswertung von Netzplänen vergleichend dargestellt (*Reichert, O.*, 1977, S. 95 ff. bzw. S. 113 ff.).
Stehen zur Netzplanberechnung große Computer zur Verfügung, so kann auf Standardprogramme wie z.B. CIPREC (IBM), SINET (Siemens), PPS/GRANEDA (CDC), 2900 PERT (ICL) oder OPTIMA 1100 (Sperry Rand/Univac) zurückgegriffen werden (weitere Programme erwähnt *Zimmermann, W.*, 1989, S. 36 f.).
Die prinzipielle Vorgehensweise der computergestützten Bearbeitung von Netzplänen zeigen *Meyer/Hansen* beispielhaft am Softwaresystem SINET (von Siemens) an einem MPM-Netzplan, und zwar als Zeit-Kosten-Einsatzmittelplanung (*Meyer, M., Hansen, K.*, 1996, S. 133 ff.).

Aber auch für den **Personal Computer** (PC) stehen Projektmanagementprogramme (auch Projektsteuerungs- und -planungssysteme genannt) inzwischen zur Verfügung. Zur Durchführung der Struktur-, Zeit-, Kosten- und Kapazitätsanalyse bzw. -planung enthalten die Projektmanagementprogramme gewöhnlich folgende Funktionen (*Curth, M. A., Weiß, B.*, 1989, S. 39):

(1) Kalenderfunktion (zur Definition von Feier- und Urlaubstagen, Anzahl der Arbeitsstunden pro Tag, Projektbeginn und -dauer);
(2) Editier- bzw. Pflegefunktion (zur Strukturierung der Aktivitäten, Fixierung der Startzeitpunkte und Ausführungsdauer, zur Zuordnung von Kosten und Ressourcen auf Aktivitäten);
(3) Berichts- und Grafikfunktionen (zur Beschreibung und Veranschaulichung der Strukturen, Abhängigkeiten und Ergebnisse);
(4) Simulationsfunktion (zur Berechnung von Ergebnissen als Folge der Editier- / Pflegefunktion spezifizierter Neueingaben bzw. Änderungen einschließlich eventueller Sensitivitätsanalysen);
(5) Helpfunktion (zur Präsentation eines systemzustandsabhängig angezeigten Hilfetextes oder eines Glossars; nicht selten sind auch Tutorials zur Absolvierung eines kleineren Übungsprojektes enthalten).

In der Literatur werden beispielhaft folgende PC-Projektmanagementprogramme angeführt (vgl. z.B. *Dürr, W., Kleibohm, K.*, 1992, S. 251 f.: *Curth, M. A., Weiß, B.*, 1989, S. 39 ff.; *Lutz, M.*, 1998, S. 213):
(1) Super Projekt Plus
(2) TNETZ
(3) Harvard Total Project Manager II
(4) MS-Project von Microsoft
(5) PERTMASTER
(6) PMW (Project Manager Workbench)
(7) Quicknet
(8) TIME LINE von Symantec

In der Spezialliteratur befinden sich **Kriterien für die Auswahl einer Netzplan-Software** (*Schwarze, J.*, 1994, S. 233 ff.; *Curth, M. A., Weiß, B.*, 1989, S. 40). Auf jeden Fall ist es wichtig, bei der Netzplan-Software auf die Möglichkeiten der Projekt-

steuerung und -überwachung, d.h. auf die Möglichkeit der Berücksichtigung von Änderungen zu achten.
Curth/Weiß zeigen detailliert die Vorgehensweise einer PC-gestützten Projektplanung nach PERT mit Hilfe der PC-Netzplan-Software **„Harvard Total Projekt Manager II"** (*Curth, M. A., Weiß, B.*, 1989, S. 43-68).

Bei einer integrierten Netzplanung (Zeit-Kosten-Kapazitätsplanung) sind sehr viele Daten zu verarbeiten. Eine manuelle Berechnung (ohne DV-Unterstützung) ist in solchen Fällen nur für relativ kleine Netzpläne wirtschaftlich durchführbar.

VIII. Beurteilung der Anwendungsmöglichkeiten der NPT

Es bestehen heute kaum noch Zweifel an der hervorragenden Eignung der NPT zur Lösung von Planungsproblemen bei Projekten. Mit keiner anderen Methode ist es möglich, ein Projekt mit nahezu beliebigem Detaillierungsgrad grafisch darzustellen und seinen Ablauf zu planen und zu kontrollieren. Als **Vorteile der NPT** lassen sich herausstellen (vgl. auch *Zimmermann, W.*, 1989, S. 37 f.; *Schwarze, J.*, 1994, S. 236 f.):

(1) Die Aufstellung eines Netzplans erzwingt ein frühzeitiges detailliertes Vorausdenken des Ablaufs eines Projektes. Dies ist nicht zuletzt eine Hilfestellung für die notwendige Koordination des Zusammenspiels verschiedener Abteilungen bzw. Firmen bei der Projektdurchführung.

(2) Die grafische Darstellung im Netz gibt allen Beteiligten eine sehr gute Übersicht über den Projektablauf und die vielfältigen Abhängigkeiten der Vorgänge. Die Transparenz ist eine notwendige Voraussetzung für eine kritische Beurteilung und Diskussion der Zweckmäßigkeit eines Projektplans.

(3) Die NPT liefert u.a. einen übersichtlichen und aussagefähigen Terminplan mit Angabe der frühestmöglichen und spätestzulässigen Zeitpunkte. Dies ist eine entscheidende Basis für die wirtschaftliche Steuerung des Projektablaufs und eine ausgewogene Kapazitätsauslastung.

(4) Die Kenntnis des **kritischen Weges** lenkt die Aufmerksamkeit bei der Projektsteuerung und -kontrolle auf die Engpässe. Die Gewichtung der Vorgänge nach ihren Pufferzeiten ermöglicht eine gezielte Konzentration der Steuerungsaktivitäten. Wird eine Verkürzung der Projektdauer verlangt, so zeigt der kritische Weg die Vorgänge, die durch den gezielten Einsatz zusätzlicher Mittel beschleunigt werden müssen.

(5) Maßnahmen zur Engpassbeseitigung bzw. zur Verkürzung der Projektdauer können bereits im Planungsstadium überlegt und untersucht werden. Soll-Ist-Abweichungen, also Abweichungen vom Netzplan (Störungen) und deren Auswirkungen werden bei der Projektüberwachung durch die NPT frühzeitig erkannt; je früher Soll-Ist-Abweichungen zur Kenntnis genommen werden, um so größer (und damit wirtschaftlicher) sind generell die Möglichkeiten der Anpassung.

(6) Die für nichtkritische Vorgänge ermittelten **Pufferzeiten** decken die Zeitreserven auf. Reserven sind die wesentlichen Elemente der Elastizität. Informationen über vorhandene Reserven erhöhen die Flexibilität der Planung und Steuerung.

(7) Die Möglichkeit der Einbeziehung von Kosten- und Kapazitätsgesichtspunkten macht die NPT zu einem umfassenden Planungs-, Steuerungs- und Überwachungsinstrument für Projekte.
(8) Die Grundlagen und Verfahren der Struktur- und Zeitplanungen der NPT sind einfach, leicht verständlich und schnell erlernbar.

Als **Nachteile oder Mängel der NPT** - die z.T. auch andere Planungstechniken aufweisen - sind zu nennen:
(1) Die Minimierung der Projektdauer sowie die Zeit-Kosten-Kapazitätsplanung beziehen sich auf einen gegebenen Netzplan. Der Projektablauf ist aber - wie oben erörtert - in vielen Fällen mehrdeutig.
(2) Die detaillierten, übersichtlichen und aussagefähigen Netzpläne können bei weniger Routinierten leicht zu dem Missverständnis führen, dass sie vergessen, dass die Planung immer die **Zukunft** zum Gegenstand hat und die Unsicherheit der Zukunft ein Wesensmerkmal der Planung ist. Soll-Ist-Abweichungen können auch mit NPT nicht ausgeschlossen werden.
(3) Der Planungsaufwand ist gegenüber den herkömmlichen Verfahren - z.B. mit Balkendiagrammen (GANTT-Diagrammen) - größer.

Die NPT ist ein Verfahren zur Verarbeitung und Aufbereitung von Informationen. Sind diese Informationen ungenau oder unvollständig, dann müssen es auch die Ergebnisse der NPT sein.
Der große Erfolg der NPT - wie auch der Linearen Planungsrechnung - beruht jedoch auf der Möglichkeit, für die verschiedenen erforderlichen Berechnungen die Computerunterstützung heranzuziehen.

Übungsfragen zum 3. Kapitel

1. Was versteht man unter Netzplantechnik (NPT) und welche Planungs- und Kontrollaufgaben können mit ihr wahrgenommen werden?
2. Welche Voraussetzungen hat ein Projekt zu erfüllen, damit es mit Hilfe der NPT geplant und seine Abwicklung gesteuert und überwacht werden kann?
3. Worin liegen die Vorteile der NPT im Vergleich zu anderen Planungs- und Kontrollverfahren und worin ihre Probleme?
4. Wie lassen sich die einzelnen Schritte der Strukturanalyse eines Projektes beschreiben?
5. Welche Formen der Netzplantechnik unterscheidet man und worin liegen deren Unterschiede?
6. Welche Verfahren der Nummerierung von Knoten in CPM-Netzplänen gibt es und worin liegen deren Vor- und Nachteile?
7. Welche Ziele verfolgt die Zeit- oder Terminplanung von Projekten mit NPT?
8. Was versteht man unter Zeitanalyse bei der NPT und welche Probleme treten dabei auf?
9. Wie lässt sich die Zeitplanung mit CPM beschreiben?

10. Wie lässt sich die Zeitplanung mit Vorgangsknotennetzen beschreiben?
11. Wodurch ist ein MPM-Netzplan gekennzeichnet?
12. Welche Pufferzeiten unterscheidet man? Wie lassen sie sich ermitteln und interpretieren?
13. Wie lässt sich die Zeit-Kosten-Planung eines Projektes mit NPT druchführen? Welche Analysen hat sie zur Voraussetzung?
14. Was sind zeitabhängige Vorgangskosten und wie lassen sie sich ermitteln?
15. Wie lässt sich die vorgangskostenminimale Projektrealisierung bei gegebener Projektdauer mit Hilfe der NPT bestimmen?
16. Wie lässt sich die kostenminimale Projektdauer für einen gegebenen Netzplan bestimmen?
17. Wie lässt sich die Kapazitätsplanung in die NPT integrieren und welche Probleme treten dabei auf?
18. Wie ist die Anwendungsmöglichkeit und die Leistungsfähigkeit der NPT als Planungs- und Kontrollmethode in der Betriebswirtschaft zu beurteilen?

Literatur zum 3. Kapitel

Grundlagen der NPT - Allgemeine Überblicke

Altrogge, G.: Netzplantechnik, 3.A., München-Wien 1996.
Behnke, H.: Netzplantechnik und operative Planung in der Industrie, München 1970.
Balakrishnan, V.: Network Optimization, London 1995.
Berg, R. u.a.: Netzplantechnik, Zürich 1973.
Bergen, R., Bubolz, P.: Netzplantechnik, Frankfurt/M. 1974.
Daskin, M.: Network and Discrete Location: Models, Algorithms, and Applications, New York 1995.
Dinkelbach, W.: Operations Research, Berlin-Heidelberg-New York 1992, S. 209-260.
Domschke, W., Drexl, A.: Einführung in Operations Research, 4.A., Berlin-Heidelberg-New York 1998.
Dürr, W., Kleibohm, K.: Operations Research, Lineare Modelle und ihre Anwendungen, 3.A., München-Wien 1992, S. 184 ff.
Elsässer, F.: Einführung in die Netzplantechnik, München 1973.
Hässig, K.: Graphentheoretische Methoden des Operations Research, Stuttgart 1979 - Grundlagen -.
Heigenhauser, B., Schub, A.: Grundlagen der Netzplantechnik, Essen 1975
Heigenhauser, B.: Netzplantechnik, Würzburg 1976 - Einführung -.
Hennicke, L.: Wissenbasierte Erweiterung der Netzplantechnik, Heidelberg 1991.
Hillier, F.S., Lieberman G.J.: Einführung in Operations Research, 5.A., München-Wien 1997 (unveränderter Nachdruck der vierten Auflage).
Jacob, H. (Hg.): Anwendung der Netzplantechnik im Betrieb, Wiesbaden 1969.
Johnson, K. C.: Grundlagen der Netzplantechnik, Düsseldorf 1974.
Kern, W.: Die Netzplantechnik als ein Instrument betrieblicher Ablaufplanung, Wiesbaden 1969.
Kompenhans K.: Netzplantechnik und Transplantechnik, Anwendung im Betrieb, Köln-Offenbach 1977.
Küpper, W., Lüder, K., Streitferdt, L.: Netzplantechnik, Würzburg-Wien 1975.
Meyer, M., Hansen, K.: Planungsverfahren des Operations Research für Wirtschaftswissenschaftler, Informatiker und Ingenieure, 4.A., München 1996, S. 78-142.
Moder, J. J., Phillips, C. R.: Project Management With CPM and PERT, 2.A., New York 1970 - Grundlagen -.
Neumann, K.: Operations Research Verfahren, Band III: Graphentheorie und Netzplantechnik, München 1975 - Grundlagen -.
Neumann, K., Morlock, M.: Operations Research, München 1993.
Nieswandt, A.: Operations Research, 2.A., Herne-Berlin 1984, S. 195 ff.
Reichert, O.: Integrierte Netzplantechnik, Weinheim-New York 1977 - Grundlagen mit Übungen -.

Scheer, A. W.: Projektsteuerung, Wiesbaden 1978.
Schwarze, J.: Netzplantechnik, 7.A., Herne-Berlin 1994 - Einführung für Praktiker -.
Schwarze, J.: Übungen zur Netzplantechnik, 2.A., Herne-Berlin 1992.
Sobotta, K.: Planung und Überwachung von Projekten (Netzplantechnik), Heidelberg 1978.
Stommel, H. J.: Betriebliche Terminplanung, Berlin-New York 1976.
Thumb, N.: Grundlagen und Praxis der Netzplantechnik, 3.A., München 1975 - Grundlagen -.
Wasielewski, E. v.: Praktische Netzplantechnik mit Vorgangsknotennetzen, Wiesbaden 1975 - Grundlagen und Übungen -.
Weinberg, F., u a.: Optimierungsprobleme bei Netzwerken, Grundlagen der Graphentheorie - Modelle und Methoden zur Netzwerkflußoptimierung - Praktische Anwendungen in vier Fallstudien, Bern-Stuttgart 1981.
Wille, H., u.a.: Netzplantechnik, Band 1: Zeitplanung, 3.A., München-Wien 1972.
Zimmermann, H.-J.: Methoden und Modelle des Operations Research, Braunschweig-Wiesbaden 1987.

Spezielle Anwendungen der NPT

Adam, D., Wellensiek, H.-K.: Kapitalbedarfsrechnung bei Einführung eines neuen Produktes, in: *Jacob, H. (Hg.)*: Betriebswirtschaftliche Fallstudien mit Lösungen, Wiesbaden 1976, S. 255 ff. - Anwendung der Netzplantechnik auf eine reale Produkteinführung -.
Blohm, H. u.a.: Produktionswirtschaft, 3.A., Herne-Berlin 1997, S. 339 ff.
Böcker, F. u.a.: Netzplantechnik und Jahresabschlußprüfung, Frankfurt/M. 1970.
Böhm, F. u.a.: Eine Anwendung des Projekt-Management-Systems im Industrieanlagenbau, in: IBM-Nachrichten 1971, S. 931-938.
Carre, D.: Netzplantechnik für Instandhaltungsarbeiten in einer Raffinerie, in: *Roy, B.*: Ablaufplanung, Anwendungen und Methoden, München-Wien 1968, S. 97-122.
Disch, W. K. A.: Netzplantechnik im Marketing, Hamburg 1968.
Dodin, B. M., Elmaghraby, S. E.: Approximating the Critical Indices of the Activities in PERT Networks, in: Management Science 31 (1985), S. 207 ff.
Dornier (Hg.): Netzplantechnik, PPS - System, Ein Mittel zur Planung, Steuerung und Überwachung von Projekten, Köln-Frankfurt (M.) 1974.
Dusenberg, W.: CPM for New Product Introductions, in: Business Review 1967, S. 124-139 - Produkteinführungsplanung -.
Engel, P., Riedmann, W.: Die neuen Managementtechniken in Fällen, Band 1, München 1982, S. 63 ff. - Fallstudien -.
Gewald, K. u.a.: Netzplantechnik, Band 2: Kapazitätsoptimierung, München-Wien 1972.
Gierl, L.: Partialmodelle der Ablaufplanung im Krankenhaus auf empirischer Grundlage, Diss. Nürnberg 1976.
Haedrich, G.: So bleiben Flops im Netz hängen, in: Absatzwirtschaft, Heft 20, Düsseldorf 1971, S. 23 ff.
Häger, W., Tschiersch, H.-G.: Hamburger Methode der Netzplantechnik, *Blohm & Voss*, Technische Berichte 1., Hamburg 1976.
Hahn, D.: Planungs- und Kontrollrechnung - PuK, 5.A., Wiesbaden 1996, S. 599 ff.
Hastings, N. A. J.: On Resource Allocation in Project Networks, in: Operational Research Quarterly 1972, S. 217 ff. - Einsatzmittelplanung -.
Jurecka, W.: Netzwerkplanung im Baubetrieb, Wiesbaden-Berlin 1967.
Kompenhans, K.: Kostenplanung mittels Netzplantechnik und Transplantechnik, in: DBw 1975, II, S. 103-107.
Kompenhans, K.: Die Kapazitätsplanung mittels Netzplantechnik, in: DBw 1976, S. 1-3
Nagtegaal, H.: Grundlagen des Marketings: Ein Handbuch für Marketingfachleute mit zahlreichen Aufgaben und Fallstudien, Wiesbaden 1972, S. 253 ff. - Produktentwicklung und -einführung mit Hilfe der Netzplantechnik -.
Ohmstedt, H.: Netzplantechnik bei Emissionsgeschäften, Stuttgart 1974.
Ohse, D.: Quantitative Methoden in der Betriebswirtschaftslehre, München 1998, S. 9-37.
Schelle, H.: Kosten- und Finanzplanung mit Methoden der Netzplantechnik, in: *Jacob, H. (Hg.)*: Anwendung der Netzplantechnik im Betrieb, Wiesbaden 1969.
Selowsky, R.: Finanzplanung, in: ZfB, Ergänzungsheft 1/79, Wiesbaden 1979, S. 125-143 - Anwendung der Netzplantechnik als Mittel der Koordination der unternehmerischen Teilpläne -.

Spickhoff, F.: Anwendung der Netzplantechnik bei der langfristigen Finanzplanung, in: ZfB 1966, S. 592-604.
Trauth, P. J.: Netzplantechnik - CPM - und ihre Anwendung im Marketingbereich, Nürnberg 1970.
Wagner, G.: Netzplantechnik in der Fertigung, München 1968.
Werner, M.: Zweistufige stochastische Zeit-Kosten-Planung und Netzplantechnik, Frankfurt 1974.

Sonstige Literatur zum 3. Kapitel

Al-Ani, A.: Praxis der Projektplanung mit der Netzplantechnik, Köln-Marienburg 1971.
Assad, A. A., Wasil, E. A.: Project management using a microcomputer, in: Operations Research 1986, S. 231-260.
Bestmann, U. (Hg.): Kompendium der Betriebswirtschaftslehre, 4.A., München-Wien 1988.
Bronner, R.: Planung und Entscheidung, Grundlagen - Methoden - Fallstudien, 2.A., München-Wien 1989, S. 55 ff.
Burwick, H.: Computergestütztes Projektmanagement, in: *Grochla, E. (Hg.)*: Handwörterbuch der Organisation, 2.A., Stuttgart 1980, Sp. 1953 ff.
Curth, M. A., Weiß, B.: PC-gestützte Managementtechniken, 2.A., München-Wien 1989.
Dathe, H. M.: Moderne Projektplanung in Technik und Wissenschaft, München 1971.
De Wit, J., Herroelen, W.: An evaluation of microcomputer-based software packages for project management, in: European J. of Operational Research 1990, S. 102-139.
Dworatschek, S., Hayek, A.: Marktspiegel Projektmanagement-Software, 3.A., Köln 1992.
Gaede, K.-W., Heinhold, J.: Grundzüge des Operations Research Teil 1, München-Wien 1976.
Groh, H., Gutsch, R. W. (Hg.): Netzplantechnik, Eine Anleitung zum Projektmanagement für Studium und Praxis, 3.A., Düsseldorf 1982.
Häger, W., Waschek, G.: Einheitliche Bezeichnungen in der Netzplantechnik, in: Zeitschrift für Operations Research 1972, S. B 1 ff.
Hanssmann, F.: Quantitative Betriebswirtschaftslehre, 3.A., München-Wien 1989, S. 40 ff.
Hennicke, L.: Wissensbasierte Erweiterung der Netzplantechnik, Heidelberg 1991.
Kompenhans, K.: Netzplantechnik und Transplantechnik als moderne Planungsinstrumente, in: DBw 1975, I, S. 29-32.
Korndörfer, W.: Allgemeine Betriebswirtschaftslehre, 9.A., Wiesbaden 1989.
Korndörfer, W.: Unternehmensführungslehre, 7.A., Wiesbaden 1989.
Litke, H.-D.: Projektmanagement - Methoden, Techniken, Verhaltensweisen, München 1991.
Lutz, M.: Operations Research Verfahren - verstehen und anwenden, Köln 1998.
Müller-Merbach. H.: Operations Research, Methoden und Modelle der Optimalplanung, 3.A., München 1973.
Neumann, K.: Stochastic Project Networks, Berlin-Heidelberg-New York 1990.
Rinza, P.: Projektmanagement, 3.A., Düsseldorf 1993.
Runzheimer, B.: Risiko-Analyse in der Investitionsplanung, in: *Frantz, U.*(Hg.): Gestaltungsfragen von Informationssystemen in der Unternehmung, Lemgo 1979, S. 755 ff.
Runzheimer, B.: Operations Research II: Methoden der Entscheidungsvorbereitung bei Risiko, 2.A., Wiesbaden 1989.
Runzheimer, B.: Berücksichtigung des Risikos in der Investitionsentscheidung - insbesondere Darstellung des substitutionalen Ansatzes (multiple Zielsetzung) und des Entscheidungsbaumverfahrens, in: *Runzheimer, B., Barković, D.* (Hg.): Investitionsentscheidungen in der Praxis - Quantitative Methoden als Entscheidungshilfen, Wiesbaden 1998, S. 69 - 137.
Schröder, H. J.: Project Management, Wiesbaden 1970.
Schwarze, J.: Netzplantheorie, Herne-Berlin 1983.
Völzgen, H.: Stochastische Netzwerkverfahren und deren Anwendungen, Berlin-New York 1971.
Wegner, F. E. H.: Projektzeitplanung bei Unsicherheit (Diss.), Regensburg 1972.
Weisser, J.: Probleme lösen - Entscheidungen vorbereiten, 2.A., Heidelberg-Hamburg 1979, S. 128 ff.
Wischnewski, E.: Modernes Projektmanagement, 4.A., Braunschweig 1993.
Zimmermann, H.-J.: Netzplantechnik, Berlin 1971.
Zimmermann, W.: Operations Research, Quantitative Methoden zur Entscheidungsvorbereitung, 4.A., München-Wien 1989.

Viertes Kapitel: Simulation

I. Allgemeines, Begriff, Abgrenzungen

A. Allgemeines

Wirtschaftswissenschaftler beklagen, dass die **experimentelle Methode** in den Wirtschaftswissenschaften in viel geringerem Umfange und weniger erfolgreich als in den Naturwissenschaften zur Anwendung gelangt. Es gibt viele Versuche, das in der Naturwissenschaft so bewährte Forschungsinstrument **Experiment** auch in der betriebswirtschaftlichen Forschung auf breiter Basis einzusetzen. Im **Realexperiment** werden Phänomene real manipuliert (i.S.v. verändern, behandeln, eingreifen) und kontrolliert; die Sicherstellung der notwendigen **Situationskontrolle** ist dabei unabdingbar. Die bisher entwickelten **Kontrolltechniken** (Isolierung, Standardisierung, Bildung von experimentellen und Kontrollgruppen, Experimentwiederholung) reichen nicht aus, um dem Realexperiment in der betriebswirtschaftlichen Forschung eine erheblich größere Rolle einzuräumen (*Runzheimer, B.*, 1968, S. 59 ff.). Da der **Mensch und seine Verhaltensweisen** bei wirtschaftswissenschaftlichen Experimenten die Untersuchungsgegenstände sind, bestehen aus ethischen Gründen deutliche und unüberschreitbare Grenzen für die Anwendung des Realexperiments. Eine sehr bedeutsame Frage für die Beurteilung der Aussagefähigkeit von realexperimentellen Ergebnissen ist, ob und inwieweit das Experiment als solches die zu untersuchenden Zusammenhänge selbst verändert. Bewusste und unbewusste Veränderung in den Verhaltensweisen (Lerneffekte u.ä.) der Teilnehmer an Realexperimenten (oder auch nur diese Möglichkeit) können die gesuchten Ergebnisse erheblich in Frage stellen (Störfaktoren). Die in Zusammenhang mit dem sog. „Hawthorne-Experiment“ (*Roethlisberger, F. J., Dickson, W. J.,* 1949) gemachten Erfahrungen haben dies bestätigt. Dieser Sachverhalt ist als **Hawthorne-Effekt** bekannt, der besagt: Sobald eine Person (oder eine Gruppe von Personen) merkt, dass sie beobachtet wird oder gar einem Experiment ausgesetzt ist, kann sie (oder wird sie) aus diesem Grunde ihr Verhalten ändern.

Die Rückwirkung des Forschers auf den Prozess selbst, das so genannte **„feed-back“**, ist übrigens „ein Punkt ... , an dem sich Sozialforschung und moderne Physik begegnen, wo diese Frage unter der Bezeichnung der Unbestimmtheits- oder Unsicherheitsrelation eine wichtige Rolle in der Theorie der Beobachtung spielt. Der teilnehmende (oft auch der nichtteilnehmende) Beobachter entwickelt unter Umständen einen ganz ähnlichen Einfluss auf das Beobachtete, wie der Physiker mit seinen Beobachtungstechniken die beobachteten Partikel beeinflusst, da ja auch sein Beobachtungsapparat aus Atomen aufgebaut ist“ (*König, R.*, 1972, S. 38).

Die Frage, inwieweit sich die Teilnehmer der Teilnahme an einem Experiment bewusst sein dürfen, stellt ein echtes Problem für die Anwendung der realexperimentellen Methode dar. Die - durch das bloße Wissen, an einem Experiment beteiligt zu sein - bewirkte Künstlichkeit, wird von einigen Forschern - m.E. zurecht - als ein hauptsächliches Hindernis für eine erfolgreiche Verwendung der experimentellen Methode in der betriebswirtschaftlichen Forschung angesehen.

Eine Methode, den „Hawthorne-Effekt" durch Maskieren der experimentellen Situation zu eliminieren (quasibiotische Situation), stößt auf ethische Probleme und findet hier ihre Schranken.

Um trotzdem den methodischen Ansatz des Experiments in der Wirtschaftswissenschaft in größerem Umfange nutzbar zu machen, **ersetzt** man weitgehend das **Realexperiment** durch ein **Gedankenexperiment**. Beim Gedankenexperiment handelt es sich nicht um eine physische, sondern um eine symbolische Manipulation; daher auch die Bezeichnung **Symbolexperiment**. Das Denkschema des Gedankenexperiments ist jedoch identisch mit dem des Realexperiments. Der entscheidende Unterschied zwischen Real- und Gedankenexperiment liegt in der grundverschiedenen Aussage der durch die beiden Methoden erarbeiteten Ergebnisse. Das Realexperiment führt zu empirischen Aussagen. Das Gedankenexperiment führt zu Aussagen über gesetzmäßige Beziehungen, die sich unter bestimmten Voraussetzungen rein gedanklich ergeben. Im Gedankenexperiment werden konstruierte Vorstellungen über einen Untersuchungsgegenstand entsprechend den Grundsätzen der experimentellen Methode systematisch variiert und die Konsequenzen dieser Manipulation abgeleitet (*Mach, E.*, 1926, S. 184 ff.; *Runzheimer, B.*, 1996, S. 3 ff.). Wird dieses Verfahren auf ein formuliertes, **mathematisches Modell** angewendet, so kann man von **Berechnungsexperimenten** - im Sinne von *O. Morgenstern* (1956, S. 179 ff.) - , also einer präziseren Form der Gedankenexperimente, sprechen. Bei der **Simulation** in der Wirtschaftswissenschaft handelt es sich um Berechnungsexperimente (experimentelle Mathematik), um sog. „rechnerische Simulation" („Simulation by Computation").

M. R. Lehmann (1956, S. 9 f.) hebt hervor, „daß alles **spezifisch Wirtschaftliche**, das in einer ganz bestimmten Art des Planens, des Wählens und des Vergleichens zum Ausdruck kommt (...), **rein geistiger Natur** ist. Das bedeutet, daß das Wirtschaftliche im Leben als solches für unsere Sinne nicht wahrnehmbar ist, oder daß es sich der Anschauung in der eigentlichen Bedeutung des Wortes entzieht. Und daraus folgt gleichzeitig, daß alles das, was wir von der sogenannten Wirtschaft (Landwirtschaft, Industrie, Handel, Verkehr usw.) mit unseren Sinnen wahrnehmen, in Wirklichkeit anderen Lebensgebieten angehört". „Zwar sieht das leibliche Auge die Sägemühle, den Kalkofen, den Steinbruch oder eine Ziegelei, einen Hochofen oder ein Bürohaus, aber den Betrieb generell, die Betriebsfunktionen, den Zusammenhang bis zum Eintritt des Sinnvollen kann man nicht sehen. ... Die sichtbare Stoffumformung ist Technik, nicht Wirtschaft, die Technik aber zeigt dem Auge keinen Zusammenhang zwischen dem Kapitaleinsatz und dem Kapitalertrag. Der Wert, um den es dabei geht, ist ein Attribut der Dinge. Dinge kann man sehen. Attribute kann man nicht sehen. Wirtschaften ist ein geistiges Bemühen, und der Geist ist unsichtbar" (*Linhardt, H.*, 1963, S. 107).

Die Betriebswirtschaftslehre, die die **wirtschaftliche Seite** des Betriebsprozesses zum Gegenstand hat, befasst sich also mit der **„rein geistigen Seite"** dieses Prozesses. Dies dürfte auch der Grund dafür sein, dass **physische Simulationsmodelle** im Bereich der Wirtschaft kaum bekannt geworden sind, sondern **Symbolmodelle** hier Gegenstand der **Simulation** sind. Das Schwergewicht der Simulation in der Betriebswirtschaft liegt zweifellos in der so genannten „rechnerischen Simulation", d.h. in der rechnergestützten Simulation.

B. Begriff Simulation

Zielgerichtetes Experimentieren an Modellen kann als **Simulation** bezeichnet werden.[1] Ein großer Teil der Simulationstechniken stimmt daher mit dem Methodenarsenal der experimentellen Methode überein: Versuchsplanung, Fehlertheorie, statistische Versuchsauswertung mit Varianz- und Kovarianzanalyse und Kosten-Nutzenanalyse der Experimente selbst. Ein **Modell** ist eine durch Abstraktion gewonnene, vereinfachte Nachbildung der Wirklichkeit. Die Abstraktion gliedert dabei aus der Totalinterdependenz der Wirklichkeit abgegrenzte und übersehbare Teilzusammenhänge aus, um die bestehenden Abhängigkeiten zu untersuchen (näherungsweise). In einem **Simulationsmodell** wird nicht nur die Struktur der Realität nachgeahmt, sondern das Verhalten (Aktionen und Reaktionen) der Wirklichkeit. Ein Simulationsmodell kann auch als eine „Was-Wenn-Maschine" bezeichnet werden. In der **Simulation** kommen **Rückkopplungen** zur Anwendung, da die in einem Simulationsdurchlauf gewonnenen Einsichten Informationen liefern, die ihrerseits die Ausgangsdaten wieder ändern (Abb. 35).

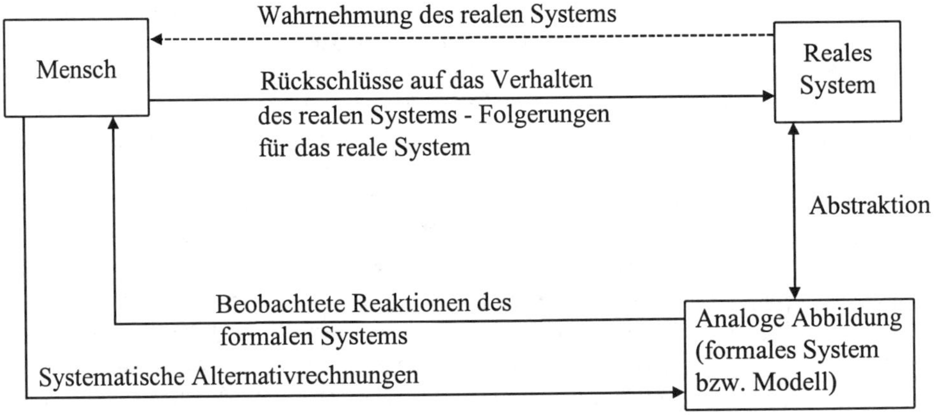

Abb. 35: Simulation - Benutzung eines formalen Systems als Modell eines realen Systems

Da in der Betriebswirtschaftslehre - im Gegensatz zu den Naturwissenschaften und der Technik - praktisch keine physischen, sondern symbolische Modelle zur Anwendung gelangen, ist die **Simulation** in diesem Bereich auf **Symbolmodelle** begrenzt. Die meisten Probleme der Planungsrechnung - und insbesonderc bei Einsatz der Simulation -

[1] Ganz allgemein ist die „Simulation" durch zwei Wesensmerkmale gekennzeichnet: „Künstlichkeit" und „Vortäuschung", d.h. ein realer Sachverhalt wird künstlich möglichst wirklichkeitsnah nachgeahmt und vorgetäuscht (durch künstliche Hilfsmittel möglichst gut repräsentiert).

verursachen bei ihrer rechnerischen Behandlung einen solchen Rechenaufwand, dass sie ohne Rechnerunterstützung nicht mehr wirtschaftlich lösbar sind. Voraussetzung bei der Computerunterstützung in der Planung ist aber, dass die Modelle die notwendige **Logik**, **Klarheit** und **Präzision** aufweisen. Die **Formalsprache der Mathematik** hilft bei der Schaffung dieser Voraussetzung.
Im Bereich der **Betriebswirtschaft** erfolgt mithin die **Simulation** ganz überwiegend in der Form **mathematischer Modelle** (als **Berechnungsexperimente**). Ein **Beispiel** für ein physisches Simulationsmodell im Bereich der Technik ist der Windkanal. Hier werden allerlei mögliche Luftströmungen erzeugt (simuliert), so wie sie ein Flugkörper beim wirklichen Flug antreffen kann. Die äußere Form des Flugkörpers wird solange variiert und sein Verhalten beobachtet, bis eine möglichst optimale (oder genauer: suboptimale) Form gefunden ist. Der Flugkörper selbst wird dabei in der Regel nicht wirklich, sondern ebenfalls als physisches Modell in den Windkanal gebracht.

C. Abgrenzungen

Man unterscheidet zwischen **Unterrichtssimulation** (z.B. mit Flug-, oder Fahrsimulatoren, Planspiele) und **Simulationen zum Zwecke der Forschung**. Die Simulationen zum Zwecke des Unterrichts gehören nicht in den Bereich des Operations Research; hier sind nur solche Simulationen von Interesse, bei denen neue Erkenntnisse und Erfahrungen angestrebt werden, die direkt der **Entscheidungsvorbereitung** dienen können. Von determinierter oder **deterministischer Simulation** wird gesprochen, wenn alle Daten und Entscheidungsregeln, die in das Simulationsmodell eingehen, determiniert sind (einwertige Größen). Gehen Daten und Variablen in das Modell ein, die mehrwertig (unsicher oder ungenau) sind, über die nur eine **Wahrscheinlichkeitsverteilung** bekannt ist, so handelt es sich um **stochastische Simulation**. Bei **stochastischen Prozessen** werden **„Zufallsgrößen"** berücksichtigt, die außer vom Zufall von einer oder mehreren Veränderlichen abhängen. Eine spezielle Methode für die Simulation stochastischer Prozesse ist die **Monte-Carlo-Methode**.
Der Unterschied zwischen stochastischer und deterministischer Simulation liegt formal in der Andersartigkeit der vorgegebenen Daten (Vorgabe von Datenintervallen bei stochastischer Simulation) und in den erarbeiteten Resultaten (kein eindeutiges Ergebnis, sondern Erwartungswerte und Verteilungsfunktionen bei stochastischer Simulation), nicht dagegen im strukturellen Aufbau der Modelle. Die deterministische Simulation findet ihre vielleicht wichtigste Anwendung bei der Fertigungsplanung. Es kommt hier im Wesentlichen darauf an, die nach einer bestimmten Zielsetzung (z.B. maximale Kapazitätsauslastung) beste Reihenfolge zu finden, in der die auszuführenden Aufträge die verschiedenen Fertigungsstationen durchlaufen sollen. Da die Zahl der möglichen Reihenfolgekombinationen im Allgemeinen so groß ist, dass eine enummerative Berechnung ausscheidet, wird der Fertigungsprozess unter Zugrundelegung bestimmter Entscheidungsregeln simuliert. Da das Schwergewicht der Simulation in der Betriebswirtschaft jedoch eindeutig bei der **stochastischen Simulation**, der Monte-Carlo-Methode liegt, soll diese hier erörtert werden. Die deterministische Simulation kann auch als Spezialfall der stochastischen Simulation aufgefasst werden.

II. Monte-Carlo-Methode

A. Überblick

„Monte-Carlo" ist ursprünglich ein Name, den *von Neumann* und *Ulam* für bestimmte statistische Techniken prägten. Zur **experimentellen Überprüfung** sehr umfangreicher Ergebnismengen bedienten sie sich künstlich erzeugter Stichproben - **Zufallsstichproben** - (*Tochter. K. D.*, 1963, S. 1).
Unter dem Sammelbegriff „**Monte-Carlo-Methode**" werden Methoden aus unterschiedlichen Aufgabenbereichen erfasst (*Koxholt, R.* 1967, S. 34; *Sobol, I. M.*, 1991, S. 9 ff.), und zwar:

1) Methoden, die es mit Hilfe stochastischer Simulationsexperimente erlauben, komplizierte Differenzial- bzw. Integralgleichungen zu lösen;
2) Methoden zur Vermeidung des notwendigen Umfangs von Zufallsprozessen für eine vorgegebene statistische Auswertungsgenauigkeit (Methods of reduce Sample Size) bzw. Methoden zur Erhöhung der Aussagefähigkeit von Auswertungen bei gegebenem Umfang (Variance-Reducing-Techniques);
3) Methoden zur künstlichen Erzeugung von Stichproben einer vorgegebenen Zufallsgröße oder eines vorgegebenen stochastischen Prozesses.

Im Rahmen des Operations Research wird die **Monte-Carlo-Methode** bei einer **Simulation** immer dann verwandt, wenn Struktur oder Verhalten von Systemelementen repräsentiert werden müssen, von denen nicht die genauen, tatsächlichen Ausprägungen, sondern nur ihre statistischen Gesetzmäßigkeiten (Wahrscheinlichkeitsverteilungen) bekannt sind. Da Simulationen stochastischer Prozesse solche Elemente enthalten, wird der Ausdruck Monte-Carlo-Methode manchmal synonym mit Simulation gebraucht. Die Monte-Carlo-Methode ist aber nur als Hilfsmittel bei der Simulation stochastischer Prozesse anzusehen, nämlich die Generierung von Zufallszahlen zur **künstlichen Erzeugung von Stichproben**, um den Prozess in der Weise abzubilden, dass er dem gewünschten Verteilungsgesetz genügt.

B. Simulation von Stichproben

1. Exkurs: Allgemeines zur Stichprobentheorie

Mit Hilfe einer **Stichprobe** (Teil- oder Repräsentativerhebung) sollen Aussagen über eine Gesamtheit (auch Grundgesamtheit, statistische Masse, Kollektiv, Masse, Untersuchungsgesamtheit genannt) ermöglicht werden, ohne dass alle zu dieser Gesamtheit gehörenden Einheiten tatsächlich untersucht werden. Vielmehr wird ein Teil der Einheiten, der so ausgewählt wird, dass er möglichst repräsentativ für die Gesamtheit der Einheiten ist, untersucht. Von den Untersuchungsergebnissen, d.h. von den charakteristischen Werten (Parametern) der Stichprobe wird dann auf die Gesamtmasse geschlossen. Es handelt sich dabei um einen **statistischen Schluss**, und zwar um den **Repräsentationsschluss** (auch indirekter Schluss, Rückschluss genannt; wird hingegen von der Gesamt-

masse auf eine Teilmasse geschlossen, so handelt es sich um den **Inklusionsschluss** [direkter Schluss, Erfahrungsschluss]).
Die besondere Urteilsform in der Statistik ist das **Wahrscheinlichkeitsurteil**.
Durch die Erfassung (Erhebung) aller vorhandenen Elemente einer Masse kann man sich das bestmögliche Bild machen. Bei einer **Teilerhebung mit Repräsentationsschluss** wird dagegen nicht der gleiche Genauigkeitsgrad erzielt. Das **Risiko**, das dadurch entsteht, dass nicht die Grundgesamtheit, sondern nur eine Teilmasse erhoben wird und damit eine Übereinstimmung der charakteristischen Werte (Parameter) - z.B. arithmetisches Mittel - in der Teil- und Gesamtmasse nicht gegeben sein muss, lässt sich nicht ausschalten. **Teilerhebungen** sind mit einem „**Auswahlfehler**" behaftet. Will man trotzdem mit **Stichproben** arbeiten, so muss man Vorstellungen über das mögliche Ausmaß dieses Fehlers entwickeln. Das Verfahren hierzu ist, den **Auswahlfehler** mit Hilfe der **Wahrscheinlichkeitsrechnung zu berechnen**. Dies ist aber nur möglich, wenn die Ziehung der Stichprobe, d.h. die Auswahl der einzelnen Elemente frei von subjektiven und sonstigen Einflüssen ist. Die Auswahl darf **nicht bewusst**, sondern muss **zufällig** erfolgen. Bei der **Zufallsstichprobe** (zufallsgesteuerte Stichprobe) hat jede Stichprobe die **gleiche Chance** ausgewählt zu werden. Ist dies der Fall, so kann über die Wahrscheinlichkeitsrechnung der Bereich abgegrenzt werden, in dem der wahre (tatsächliche) Wert (Parameter) der Grundgesamtheit mit einer vorgegebenen Wahrscheinlichkeit liegt. In der Literatur wird der Begriff „Stichprobe" vielfach mit „Zufallsstichprobe" gleichgesetzt. Als **Stichprobe** bezeichnet man dort also nicht eine Teilerhebung schlechthin, sondern nur eine solche auf **Zufallsbasis**. **Stichprobenverfahren** sind dementsprechend „Teilerhebungen, bei denen der Fehler, der durch die Beschränkung auf einen Teil der Gesamtheit entsteht, berechenbar ist" (*Kellerer, H.*, 1963, S. 14). Bei der Berechnung dieses Fehlers geht man von der Überlegung aus, dass die Abweichungen der Stichprobenwerte (Parameter der Stichprobe) vom wahren Wert (Parameter der Grundgesamtheit) umso seltener werden, je größer die Stichproben sind, und dass demgemäß die Stichprobenwerte (von Stichproben, die den Voraussetzungen des „Gesetzes der großen Zahlen" genügen) **zufallsverteilt**, annähernd glockenförmig (normalverteilt) um den wahren Wert der Grundgesamtheit **streuen** („in sehr guter Annäherung nach einer Gaußschen Normalverteilung") (*Kellerer, H.*, 1963, S. 27).
Für die Anwendung der **Streuungsmaße** ist die Unterscheidung in **homograde und heterograde Fälle** wesentlich, da die anzuwendenden Formeln verschieden sind. Die Kriterien für die Bildung statistischer Massen sind die **Merkmale**. Dabei ist zwischen **qualitativen und quantitativen Merkmalen** zu unterscheiden:

(1) **qualitative Merkmale (homograder Fall)**
  - sie geben nicht zählbare Eigenschaften an (z.B. Familienstand, Stellung im Beruf, Konfession, Geschlecht, Warenart, Güteklasse),
  - sie lassen die Bildung von **relativen Häufigkeiten** zu (Bildung von Anteilswerten), nicht dagegen die Bildung von Durchschnitten;

(2) **quantitative Merkmale (heterograder Fall)**
  - sie geben mess- oder zählbare Eigenschaften an (z.B. Einkommen, Krankheitsdauer, Alter, Betriebsgröße, Kinderzahl, Zahl der Konkurse, Zahl der Belegschaftsmitglieder),
  - sie lassen die Bildung von **Durchschnitten** zu.

Quantitative Merkmale können jedoch u.U. im Bedarfsfalle in qualitative umgewandelt werden, und zwar durch Einteilung in Kategorien (z.B. die Einteilung einer Intervallskala für Körpergröße - mm-Skala - in 3 Kategorien: „groß", „mittelgroß", „klein").

a) Homograder Fall

Die **Standardabweichung** σ ist das gebräuchlichste **Streuungsmaß** in der Statistik; sie gilt zugleich als das leistungsfähigste Streuungsmaß überhaupt (*O. Anderson*). Der Begriff der Standardabweichung taucht in der von *J. Bernoulli* (1654-1705) entwickelten Formel, der sog. **Binomialverteilung** (gelegentlich auch als *Bernoulli*-Verteilung bezeichnet) auf. *Bernoulli* hatte herausgefunden, dass bei einer größeren Anzahl von Zufallsexperimenten die Häufigkeit der Ergebnisse symmetrisch nach rechts und links in Form einer **Glocke** um den Mittelwert streuen (**Normalverteilung**). Der Mittelwert einer Wahrscheinlichkeitsverteilung - homograder Fall - ist die „erwartete Häufgkeit".
Bezeichnen wir die Wahrscheinlichkeit (erwartete Häufigkeit) für ein bestimmtes Ergebnis mit P und mit n den Umfang der Erhebungen (Anzahl der durchgeführten Experimente), so ist der Mittelwert einer Wahrscheinlichkeitsverteilung (arithmetisches Mittel bei der Binomialverteilung) gegeben durch: $\bar{x} = n \cdot P$.
$n \cdot P$ ist ein absoluter Wert. Dividieren wir $\bar{x}_{(absolut)}$ durch n, so erhalten wir:

$$\bar{x}_{(relativ)} = \frac{n \cdot P}{n} = P$$

Die **Standardabweichung** als Maß für die **Streuung** der Zufallsereignisse um den Mittelwert ist definiert als:

$$\sigma_P = \sqrt{n \cdot P \cdot Q}$$

Es bedeuten:

σ_p	=	Standardabweichung einer Relativzahl (Prozentzahl)
n	=	Anzahl der Versuchswiederholungen (Erhebungsumfang, Teilgesamtheit, Umfang der Stichprobe)
N	=	Umfang der Gesamtheit
M	=	Anzahl der Elemente in N, die die Eigenschaft A aufweisen (qualitatives Merkmal)
$N - M$	=	Anzahl der Elemente in N, die die Eigenschaft „nicht A" (qualitatives Merkmal) aufweisen
$P = \frac{M}{N}$	=	Anteil der Elemente mit der Eigenschaft A in der Grundgesamtheit (erwartete Wahrscheinlichkeit für das Auftreten von Elementen mit der Eigenschaft A)
$Q = \frac{N-M}{N}$	=	Anteil der Elemente mit der Eigenschaft „nicht A" in der Grundgesamtheit N (Gegenwahrscheinlichkeit $Q = 1 - P$)

An Stelle der Standardabweichung wird als Maß für die Streuung auch gerne die **Varianz** verwendet. Sie ist das Quadrat der Standardabweichung:

$$\sigma_p^2 = n \cdot P \cdot Q$$

Dividiert man den absoluten Wert für die Varianz ($n \cdot P \cdot Q$) durch n^2, so ergibt sich:

$$\sigma^2_{p(relativ)} = \frac{n \cdot P \cdot Q}{n^2} = \frac{P \cdot Q}{n}$$

bzw. als **relative Standardabweichung**:

$$\sigma_{p(relativ)} = \sqrt{\frac{P \cdot Q}{n}}$$

Wenn P nicht bekannt ist, kann auch σ_p nicht berechnet werden. Es liegt nahe, dass man dann für P als besten Schätzwert p (Anteil der Elemente mit der Eigenschaft A in der Stichprobe) einsetzt. Die so gewonnene Schätzfunktion

$s_{p(relativ)} = \sqrt{\frac{p(1-p)}{n}}$ ist jedoch nicht erwartungstreu. Es lässt sich zeigen, dass

$s_{p(relativ)} = \sqrt{\frac{p(1-p)}{n-1}}$ eine erwartungstreue Schätzfunktion für die Standardabweichung darstellt (*Rasch, D.*, 1995).

Die Binomialverteilung ist nur dann **genau symmetrisch**, wenn P = Q = 0,5 ist. Sie ist aber auch dann annähernd symmetrisch, wenn P nicht genau gleich Q, dafür aber n sehr groß ist. Die Erklärung beruht auf einem rein mathematisch-statistischen Phänomen, das für die Statistik von großer Bedeutung ist und deshalb die Bezeichnung **Zentraler Grenzwertsatz der Wahrscheinlichkeiten** trägt (*Kritz, J.*, 1983, S. 97 f.). Dieser zentrale Grenzwertsatz besagt (etwas vereinfacht):
Es besteht die Tendenz, dass die Mittelwerte von Zufallsstichproben bei Vergrößerung des Stichprobenumfangs n sich der Normalverteilung **annähern**, einerlei wie die Grundgesamtheit aussieht.
Diese Näherung an eine Norm tritt in der Stichproben-Verteilung vieler statistischer Messzahlen von praktischer Bedeutung (z.B. Mittelwerte und Varianzen) auf. Es besteht also eine allgemeine Tendenz, nach der - nahezu ohne Rücksicht auf die Gestalt der ursprünglichen Grundgesamtheit - die Gestalt der aus einer Grundgesamtheit stammenden Stichproben-Verteilungen (bei Betrachtung der Maßzahlen, die aus den Stichproben errechnet worden sind) annähernd „**normal**“ ist; dabei nimmt die Annäherung mit zunehmendem Stichprobenumfang zu. Der zentrale Grenzwertsatz ist ein sehr allgemein gültiger Satz, und das erklärt auch, warum die **Normalverteilung** bei so zahlreichen Problemen eine Rolle spielt. Die Tatsache, dass die Stichproben-Verteilung gewöhnlicher Maßzahlen nahezu ohne jede Rücksicht auf die Gestalt der ursprünglichen Grundgesamtheit zu einer Normalverteilung tendiert, führt zu sehr großen **Vereinfachungen**. Sie bedeutet, dass eine umfangreiche Gruppe praktischer Probleme durch das Modell

der Normalverteilung hinreichend genau gelöst werden kann (*Wallis, W. A., Roberts, H. V.*, 1960, S. 296 f.).
Es ist also nicht verwunderlich, dass auch die **Binomialverteilung** für große n zur **Normalverteilung** hin tendiert und durch diese beschrieben werden kann.

b) Heterograder Fall

Beim heterograden Fall ist jedem Element der Grundgesamtheit ein **quantitatives Merkmal** zugeordnet.
Die Summe der Merkmalswerte (X_i) dividiert durch die Anzahl der Elemente (N) ergibt das **arithmetische Mittel** μ (Durchschnittswert). An Stelle von μ kann auch das Symbol $\overline{X}$ zur Kennzeichnung des arithmetischen Mittels einer Gesamtmasse verwendet werden:

$$\mu = \frac{X_1 + X_2 + X_3 + \ldots + X_i + \ldots + X_n}{N} = \frac{\sum_{i=1}^{N} X_i}{N}$$

Die **Standardabweichung** σ als Maß für die Streuung der Reihenwerte X_i um den Mittelwert (im Allgemeinen wird als Mittelwert das arithmetische Mittel μ verwendet) wird ermittelt, indem die Summe der quadrierten Abweichungen durch die Anzahl der Beobachtungen (N) dividiert und aus diesem Quotienten die Quadratwurzel gezogen wird:

$$\sigma = \sqrt{\frac{\sum_{i=1}^{N} (X_i - \mu)^2}{N}}$$

In der induktiven Statistik wird bei der **Standardabweichung der Stichprobe** s im Nenner die Zahl der Beobachtungen aus Genauigkeitsgründen um Eins verkleinert (n – 1) - vgl. dazu *Rasch, D.*, 1995, S. 37 ff. -. In der deskriptiven Statistik haben wir es jedoch mit Streuungen der Reihenwerte von Grundgesamtheiten zu tun, also mit σ (vgl. *Wagenführ, R.*, 1967, S. 112 ff.).

c) Normalverteilung

Die **Normalverteilung** hat die äußere Form einer **Glocke**, sie ist **eingipflig** und **symmetrisch**. Neben der Symmetrie hat die Normalverteilung die Eigenschaft, dass sie durch zwei Parameter vollständig beschrieben werden kann, nämlich den Mittelwert μ und die Standardabweichung σ. Sie ist also nur durch diese beiden Parameter charakterisiert.

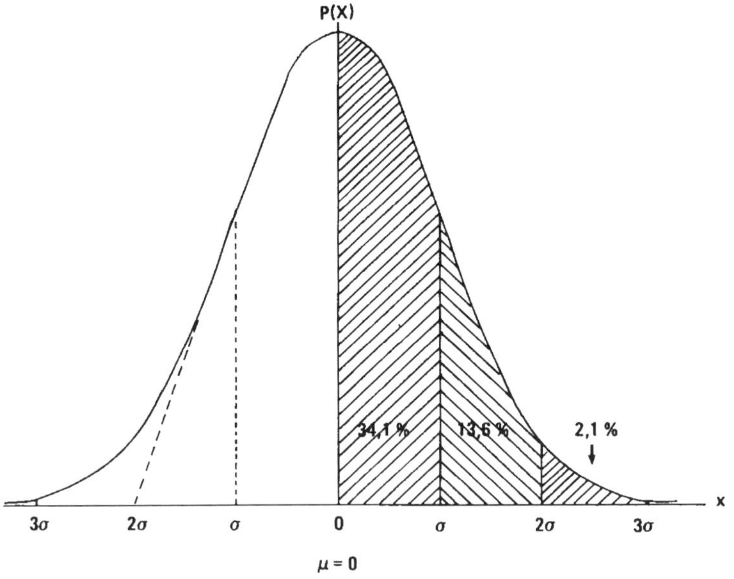

Abb. 36: Normalverteilungskurve

Die in μ errichtete Senkrechte ist die Symmetrieachse und es gilt μ = Z = D (arithmetisches Mittel = Zentralwert = dichtester Wert). Die Schnittpunkte der in μ ± 1σ errichteten Senkrechten mit der Kurve sind ihre Wendepunkte. Die Kurve ist stetig und nähert sich beidseitig asymptotisch der Abszisse.

In der Abb. 36 wird ihre Dichtefunktion für σ = 0 abgebildet. Die in den schraffierten Spalten eingesetzten Prozentzahlen geben die Fläche der Spalten in Bezug auf die Normalverteilungskurve und der Abszisse eingeschlossenen Fläche (100% gesetzt) an.

Wird μ größer, dann verschiebt sich die ganze Kurve nach rechts, wird μ kleiner, dann verschiebt sie sich entsprechend nach links. Wenn die Standardabweichung σ vergrößert wird, z.B. um das k-fache, wird die gesamte Normalverteilungskurve um das k-fache nach beiden Seiten „verbreitert" und die Höhe um das k-fache verringert (weil die Fläche unter der Dichtefunktion immer Eins ist).

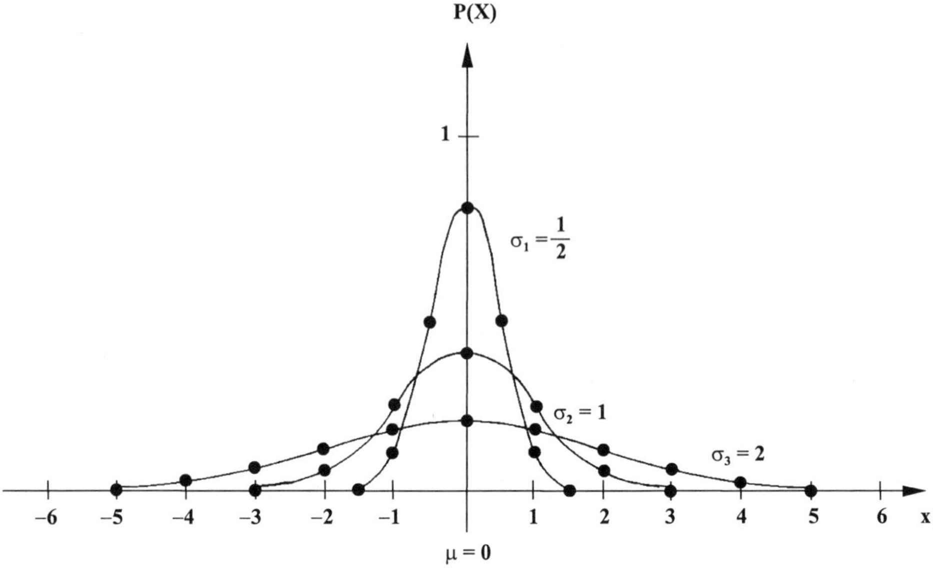

Abb. 37: Normalverteilungskurven mit drei verschiedenen Streuungen: $\sigma_1 = 0{,}5$; $\sigma_2 = 1$; $\sigma_3 = 2$

Hieraus lässt sich folgende wichtige Überlegung ableiten. Setzt man die gesamte von der Normalverteilungskurve und der Abszisse eingeschlossene Fläche gleich Eins oder 100 %, so lässt sich jeder Flächenanteil, der von Senkrechten eingeschlossen wird, berechnen. Betrachten wir z.B. den Teil der Flächen, der zwischen der Symmetrieachse und der Senkrechten im Abstand $t \cdot \sigma$ von der Symmetrieachse entfernt liegt. Auch diese Flächen würden bei einer k-fachen Vergrößerung von σ um den Faktor k verbreitert werden, während alle Ordinaten durch k zu dividieren wären. Der Flächenanteil bleibt also konstant (wie auch die Gesamtfläche).

Wenn eine Variable X **normalverteilt** ist, mit dem Mittelwert μ und der Standardabweichung σ, so lässt sich daraus die neue Variable $t = \frac{X - \mu}{\sigma}$ berechnen. Die so **normierte Variable** hat immer die gleiche Verteilung, nämlich die Normalverteilung mit $\mu = 0$ und $\sigma = 1$. Diese Verteilung heißt **Standardnormalverteilung**, die man auch mit N (0,1) bezeichnet (in Klammern stehen die beiden Parameter). Die Standardisierung erfolgt mit Hilfe einer **linearen Transformation** (wir setzen $\mu = 0$, indem wir μ vom Merkmalswert subtrahieren). Die Strecke $(X - \mu)$ drücken wir in σ-Einheiten aus, indem wir $(X - \mu)$ durch σ dividieren.

Allgemein gilt: $t = \frac{X - \mu}{\sigma}$ für den **heterograden Fall** und entsprechend $t = \frac{p - P}{\sigma}$ für den **homograden Fall** (hier entspricht P ja μ und p ist ein Anteilswert aus einer Stichprobe).

Beispiel: für eine t-Transformation, und zwar für $\mu = 100$ und $\sigma = 6$:

X	82	88	91	94	102	106	109	114	120
$X - \mu$	−18	−12	−9	−6	2	6	9	14	20
$t = \frac{X - \mu}{\sigma}$	−3	−2	−1,5	−1	0,33	1	1,5	2,33	3,33

Da negative Werte von t vermieden werden sollen, wird nur mit absoluten Werten $|X - \mu|$ und $|p - P|$ gerechnet.
Um die Fläche (Wahrscheinlichkeit) eines bestimmten Intervalls (auf der X-Achse) zu berechnen, müsste man eigentlich das Integral bestimmen. Dies wäre sehr umständlich. Da sich alle **Normalverteilungen** nur durch μ und σ unterscheiden können, lassen sich diese Integrale in Abhängigkeit von X für eine ganz bestimmte Verteilung tabellieren und jede beliebige Normalverteilung kann so transformiert werden, dass sie das betreffende μ und σ aufweist. Diese bestimmte Verteilung ist die **Standardnormalverteilung** mit $\mu = 0$ und $\sigma = 1$; sie ist in Tabelle 107 („t-Tabelle") tabelliert:

Tabelle 107: **„t-Tabelle"**
Fläche F (t) der Normalverteilung, die zwischen μ und $\mu \pm t \cdot \sigma_p$ bzw. zwischen P und $P \pm t \cdot \sigma_p$ liegt (zweiseitiges Problem).- Quelle: *Fischer, R. A., Yates, F.*, 1949, S. 33 -

t	F(t)	t	F(t)	t	F(t)
0,0	0,00000	1,3	0,80640	2,6	0,99068
0,1	0,07966	1,4	0,83849	2,7	0,99307
0,2	0,15852	1,5	0,86639	2,8	0,99489
0,3	0,23582	1,6	0,89040	2,9	0,99627
0,4	0,31084	1,7	0,91087	3,0	0,99730
0,5	0,38292	1,8	0,92814	3,1	0,99806
0,6	0,45149	1,9	0,94257		
0,7	0,51607	2,0	0,95450	3,5	0,99953
0,8	0,57629	2,1	0,96427	4,0	0,9999366
0,9	0,63188	2,2	0,97219	4,5	0,9999932
1,0	0,68269	2,3	0,97855	5,0	0,99999942
1,1	0,72867	2,4	0,98360	5,5	0,99999996
1,2	0,76986	2,5	0,98758	6,0	0,999999998

Dieser Tabelle kann man entnehmen, dass 68,27 % der Verteilung zwischen einem t-Wert von −1 bis +1 liegen. Das bedeutet, dass bei jeder beliebigen Normalverteilung diese 68,27 % im Intervall $\mu - \sigma$ bis $\mu + \sigma$ liegen („1σ-Regel"). Im Intervall $\mu - 2\sigma$ bis $\mu + 2\sigma$ liegen 95,45 % der Verteilung („2σ-Regel"). Im Bereich $\mu \pm 3\sigma$ wird sogar eine Fläche von 99,73 % umschlossen („3σ-Regel").
Bei einer Normalverteilung mit z.B. $\mu = 2,0$ und $\sigma = 1,5$ liegen mithin 95,45 % (t = 2) der Verteilung zwischen −1,0 und 5,0 (vgl. Abbildung 38).

Die einmalige Tabellierung der **Standardnormalverteilung** ermöglicht es mithin, auf einfache Weise über jede beliebige Normalverteilung solch wichtige Aussagen zu treffen.

Die **Stichprobentheorie** ist ein **wesentliches Anwendungsgebiet der Wahrscheinlichkeitstheorie**.

Beim Repräsentationsschluss (indirekter Schluss) wird von dem Ergebnis der Stichprobenuntersuchung auf die Grundgesamtheit geschlossen.

Handelt es sich um den **homograden Fall** (qualitatives Merkmal), so ist der Anteilswert ($P = M/N$) der Elemente mit der Eigenschaft A in der Grundgesamtheit N unbekannt. Auf Grund des durch die Stichprobe gewonnenen Anteilswertes $p = \frac{m}{n}$ (mit m als Anzahl der Elemente, die die Eigenschaft A aufweisen und mit n als Stichprobenumfang) wird nun versucht, P abzuschätzen. Dazu bestimmen wir mit Hilfe der Standardnormalverteilung einen **Vertrauensbereich**, in dem der wahre Wert P (der Grundgesamtheit) mit vorgegebener Wahrscheinlichkeit liegt. Für das unbekannte $\sigma_p = \sqrt{\frac{P \cdot Q}{n}}$ verwenden wir als besten Schätzwert (Präsumtivwert) die Standardabweichung der Stichprobe $s_p = \sqrt{\frac{p \cdot q}{n}}$.

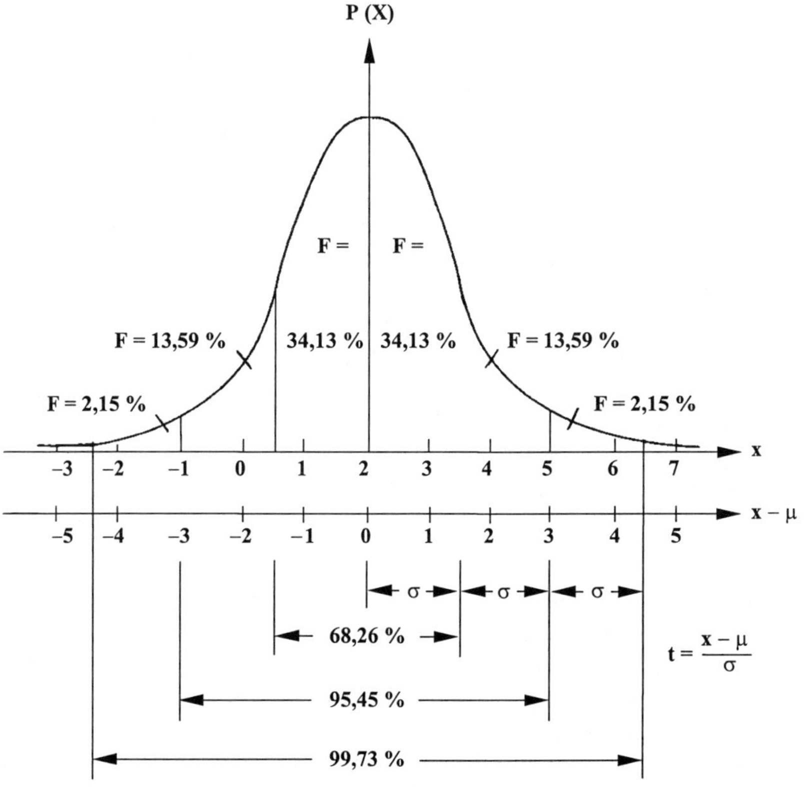

Abb. 38: Normalverteilung mit $\mu = 2$ und $\sigma = 1,5$

Der **Vertrauensbereich** (Konfidenzintervall) ist dann:

$$p - t \cdot s_p \leq P \leq p + t \cdot s_p$$

bzw.

$$p - t \cdot \sqrt{\frac{p \cdot q}{n}} \leq P \leq p + t \cdot \sqrt{\frac{p \cdot q}{n}}$$

Dies ist die Formel für „mit Zurücklegen". Für den Fall „ohne Zurücklegen" müsste die Formel durch den **Korrekturfaktor** $\sqrt{\frac{N-n}{N-1}}$ ergänzt werden:

$$\sigma_p = \sqrt{\frac{P \cdot Q}{n}} \cdot \sqrt{\frac{N-n}{N-1}} \text{ bzw. } s_p = \sqrt{\frac{p \cdot q}{n}} \cdot \sqrt{\frac{N-n}{N-1}}$$

Wenn $\frac{n}{N} \geq 0{,}05$ und N sehr groß ist, strebt der Korrekturfaktor gegen Eins und kann weggelassen werden, denn

$$\sqrt{\frac{N-n}{N-1}} \approx \sqrt{\frac{N-n}{N}} = \sqrt{1 - \frac{n}{N}}\text{; für } N \to \infty \text{ strebt } \frac{n}{N} \text{ gegen Null.}$$

Da der Korrekturfaktor immer einen Wert < 1 ergibt, wird durch ihn σ - und damit der Vertrauensbereich - etwas verkleinert. „**mit Zurücklegen**" kennzeichnet eine Zufallsstichprobe, bei der eine gezogene Einheit jeweils wieder in die Grundgesamtheit zurückgelegt wird, so dass durch die Bildung einer Stichprobe die Grundgesamtheit nicht verändert wird. Die Bezeichnung „**ohne Zurücklegen**" bedeutet, dass die der Grundgesamtheit entnommenen Einheiten nicht in die Grundgesamtheit zurückkehren.

Beispiel (homograder Fall):

Aus der Produktion eines Massenartikels im Umfang N = 10.000 Einheiten wird eine Zufallsstichprobe im Umfang n = 600 entnommen. Dabei ergibt sich, dass 60 Einheiten zum Ausschuss gehören. Wie hoch wird der Anteil P der Einheiten in der gesamten Produktion der 10.000 Einheiten sein, die zum Ausschuss gehören, wenn ein Sicherheitsgrad von 95,45 % zu Grunde gelegt wird ?
Der „t-Tabelle" (vgl. Tabelle 107) entnehmen wir, dass dem Sicherheitsgrad von 95,45 % ein t von 2 entspricht.

$$p = \frac{m}{n} = \frac{60}{600} = 0{,}1 \quad ; \quad q = 1 - p = 0{,}9.$$

$$P = p \pm t \cdot \sqrt{\frac{p \cdot q}{n}} = 0{,}1 \pm 2 \cdot \sqrt{\frac{0{,}1 \cdot 0{,}9}{600}} = 0{,}1 \pm 0{,}02449; \qquad 0{,}07551 \leq P \leq 0{,}12449$$

Der wahre Anteilswert P der Grundgesamtheit liegt also mit 95,45 % Wahrscheinlichkeit zwischen 7,551 % und 12,449 %, d.h. in der Grundgesamtheit von 10.000 Einheiten dürften mit großer Sicherheit mindestens 755 und höchstens 1.245 Einheiten enthalten sein, die zum Ausschuss gehören.

Beim **heterograden Fall** (quantitatives Merkmal) versucht man, anhand der Stichprobenergebnisse einen **Vertrauensbereich** für das gesuchte μ (arithmetischer Mittelwert der Grundgesamtheit) anzugeben. Bekannt ist das arithmetische Mittel der Stichprobe $\bar{x}$. An Stelle der unbekannten Standardabweichung der Grundgesamtheit

$\sigma = \sqrt{\frac{\sum_{i=1}^{N}(X_i - \mu)^2}{N}}$ empfiehlt die Theorie (*Kellerer, H.,* 1963, S. 48 f.)

als besten Schätzwert die **Standardabweichung der Stichprobe** $s = \sqrt{\frac{\sum_{i=1}^{n}(x_i - \bar{x})^2}{n}}$

multipliziert mit dem Ausdruck $\sqrt{\frac{n}{n-1}}$ zu verwenden. Als besten Schätzwert erhält man damit den Ausdruck:

$$s = \sqrt{\frac{n}{n-1} \cdot \frac{\sum_{i=1}^{n}(x_i - \bar{x})^2}{n}} = \sqrt{\frac{\sum_{i=1}^{n}(x_i - \bar{x})^2}{n-1}}$$

Das arithmetische Mittel $\bar{x}$ einer speziellen Stichprobe hat für einen durch t bestimmten Sicherheitsgrad folgenden **Vertrauensbereich** (Inklusionsschluss):

$$\mu - t \cdot \sigma_{\bar{x}} \leq \bar{x} \leq \mu + t \cdot \sigma_{\bar{x}}$$

Dabei ist σ die „Urstreuung“, d.h. die Streuung der Grundgesamtheit. Sie ist aber größer als die Streuung der $\bar{x}$-Werte ($\sigma_{\bar{x}}$), da diese schon zusammengefasste Werte sind. Deshalb muss die „Urstreuung“ noch durch den Umfang der Stichprobe dividiert werden:

$$\sigma_{\bar{x}}^2 = \frac{\sigma^2}{n} \quad ; \quad \sigma_{\bar{x}} = \frac{\sigma}{\sqrt{n}}$$

Der Vertrauensbereich für μ ist dann:

$$\bar{x} - t \cdot \frac{\sigma}{\sqrt{n}} \leq \mu \leq \bar{x} + t \cdot \frac{\sigma}{\sqrt{n}}$$

(Dies ist wiederum die Formel für „mit Zurücklegen“. Für den Fall „ohne Zurücklegen“ müsste die Formel für s um den Korrekturfaktor $\sqrt{\frac{N-n}{N-1}}$ ergänzt werden.)

An Stelle des unbekannten σ der Grundgesamtheit verwenden wir s in der Stichprobe:

$$\bar{x} - t \cdot \frac{s}{\sqrt{n}} \leq \mu \leq \bar{x} + t \cdot \frac{s}{\sqrt{n}}$$

Je größer der Stichprobenumfang n gewählt wird, desto enger wird der Vertrauensbereich bei vorgegebenem Sicherheitsgrad (t). Die Güte einer Stichprobe nimmt aber nicht proportional zum Umfang n zu, sondern nur mit der Quadratwurzel aus n.

Beispiel (heterograder Fall):

Aus einer Produktionsserie im Umfang N = 3.000 Mengeneinheiten eines pharmazeutischen Betriebes wird eine Stichprobe von 200 Mengeneinheiten gezogen und auf ihr Gewicht x_i hin untersucht (k = 7 Klassen):

x_i (mg) (Klassenmitten)	f_i (Häufigkeit)	$x_i \cdot f_i$	$(x_i - \bar{x})^2 \cdot f_i$
400	10	4 000	9 000
410	20	8 200	8 000
420	35	14 700	3 500
430	70	30 100	–
440	35	15 400	3 500
450	20	9 000	8 000
460	10	4 600	9 000
Σ	200	86 000	41 000

Gesucht ist das wahre μ (in mg) der Grundgesamtheit von 3000 Mengeneinheiten mit einem Sicherheitsgrad von 95,45 % (t = 2).

$$\bar{x} = \frac{\sum_{i=1}^{7} x_i \cdot f_i}{\sum_{i=1}^{7} f_i} = \frac{86000}{200} = 430$$

Da die Verteilung der x_i-Werte symmetrisch ist, kann $\bar{x}$ sofort erkannt werden.
σ ist unbekannt. Als besten Schätzwert (plausibelsten Wert) verwenden wir die Standardabweichung s aus der Stichprobe:

$$s = \sqrt{\frac{\sum_{i=1}^{k} (x_i - \bar{x})^2 \cdot f_i}{\sum_{i=1}^{k} f_i}} = \sqrt{\frac{41000}{200}} = 14{,}32$$

$$\mu = \bar{x} \pm t \cdot \frac{s}{\sqrt{n}} = 430 \pm 2 \cdot \frac{14{,}32}{\sqrt{200}} = 430 \pm 2{,}025$$

Mit einer Wahrscheinlichkeit von 95,45 % liegt μ innerhalb der Grenze 427,975 und 432,025 mg. Der Korrekturfaktor $\sqrt{\frac{N-n}{N-1}}$ kann hier weggelassen werden, da N sehr groß und $\frac{n}{N} \geq 0{,}05$ ist.

Übersicht über die anzuwendenden Formeln:

Homo - grader Fall

Inklusionsschluss

$$P - t \cdot \sigma_p \leq p \leq P + t \cdot \sigma_p$$

wobei $\sigma_p = \sqrt{\frac{P \cdot Q}{n} \cdot \frac{N-n}{N-1}}$

gesetzt wird im Falle **„ohne Zurücklegen“**

und $\sigma_p = \sqrt{\frac{P \cdot Q}{n}}$

im Falle **„mit Zurücklegen“**

Repräsentationsschluss

$$p - t \cdot s_p \leq P \leq p + t \cdot s_p$$

wobei $s_p = \sqrt{\frac{p \cdot q}{n} \cdot \frac{N-n}{N-1}}$

gesetzt wird im Falle **„ohne Zurücklegen“**
und

$$s_p = \sqrt{\frac{p \cdot q}{n}}$$

im Falle **„mit Zurücklegen“**

Hetero - grader Fall

Inklusionsschluss

$$\mu - t \cdot \frac{\sigma}{\sqrt{n}} \leq \bar{x} \leq \mu + t \cdot \frac{\sigma}{\sqrt{n}}$$

wobei $\frac{\sigma}{\sqrt{n}} = \sqrt{\frac{1}{n} \cdot \frac{\sum (x_i - \mu)^2}{N} \cdot \frac{N-n}{N-1}}$

gesetzt wird im Falle **„ohne Zurücklegen“**
und

$$\frac{\sigma}{\sqrt{n}} = \sqrt{\frac{1}{n} \cdot \frac{\sum (x_i - \mu)^2}{N}}$$

im Falle **„mit Zurücklegen“**

Repräsentationsschluss

$$\bar{x} - t \cdot \frac{s}{\sqrt{n}} \leq \mu \leq \bar{x} + t \cdot \frac{s}{\sqrt{n}}$$

wobei $\frac{s}{\sqrt{n}} = \sqrt{\frac{1}{n} \cdot \frac{\sum (x_i - \bar{x})^2}{n-1} \cdot \frac{N-n}{N-1}}$

gesetzt wird im Falle **„ohne Zurücklegen“**
und

$$\frac{s}{\sqrt{n}} = \sqrt{\frac{1}{n} \cdot \frac{\sum (x_i - \bar{x})^2}{n-1}}$$

im Falle **„mit Zurücklegen“**

2. Zur Notwendigkeit der Simulation von Stichproben

Vollerhebungen und deren Auswertung verursachen u.U. hohe Kosten, sie sind in der Regel langwierig und damit die Untersuchungsergebnisse nicht mehr aktuell. Im praktischen Wirtschaftsprozess besteht aber ein dringendes Bedürfnis nach **aktuellen Informationen**. Deshalb bedarf es der **Stichprobenerhebung** und **-auswertung**, die schneller und billiger ist als die Vollerhebung und -auswertung. In vielen Fällen ist die Vollerhebung überhaupt undurchführbar, z.B. wenn Erzeugnisse auf ihre Tauglichkeit geprüft werden sollen (Qualitätskontrolle) und dabei zerstört werden müssen (z.B. Blitzlämpchen).
Es gibt aber Situationen, in denen ein Stichprobenverfahren aus bestimmten Gründen nicht durchführbar oder zu aufwändig wäre. Man kann dann in vielen Fällen eine **Stichprobe simulieren** und den **simulierten Stichproben** wertvolle Aufschlüsse entnehmen. Allein der Zeitfaktor kann das Ausweichen auf die Simulation unumgänglich machen. Untersucht man ein komplexes System (z.B. einen Fertigungsablauf oder eine Lagerhaltungsstrategie), so erfordert dies im Allgemeinen einen längeren Beobachtungszeitraum. Wegen der Gefahr, dass sich inzwischen das System oder seine Umwelt wesentlich geändert haben, können die gewonnenen Ergebnisse überholt sein. Simulierte Experimente können dagegen in sehr viel kürzerer Zeit durchgeführt werden, so dass die gewonnenen **Ergebnisse noch aktuell** sind. In der **simulierten Stichprobe** sollen die tatsächlichen Gegebenheiten eines **stochastischen Prozesses** durch ein theoretisches Abbild, und zwar beschrieben in Form von **Wahrscheinlichkeitsverteilungen** (Häufigkeitsverteilungen), ersetzt werden. Der theoretischen Grundgesamtheit werden dann Stichproben (in Form von Zufallsauswahl, Random-Auswahl) mit Hilfe von Zufallszahlen entnommen (Monte-Carlo-Methode). Da die Aussagen der Wahrscheinlichkeitstheorie sich nur auf solche Stichproben anwenden lassen, die als **Zufallsstichprobe** gelten, kommt der **Zufallsauswahl** eine große Bedeutung zu.

3. Zufallszahlengeneratoren

Jede Realisierung eines zufälligen Prozesses erfordert die Erzeugung einer großen Menge von **Zufallszahlen**, die einer entsprechenden statistischen Verteilung genügen. Dabei repräsentiert jede erzeugte Zufallszahl ein zufälliges Ereignis.
Die gleichförmig verteilten **Zufallszahlen** (rechteckige Verteilung) sind der „Rohstoff" der **Monte-Carlo-Methode**. Ein Herzstück der Monte-Carlo-Methode ist daher der **Zufallszahlengenerator** (kurz: Zufallsgenerator), der sehr schnell beliebig viele Zufallszahlen produziert und diese für die **Transformation von Verteilungen** dem Simulationsprozess zur Verfügung stellt. Jedes Verfahren, das durch einen Zufallsmechanismus oder eine Rechenvorschrift Zufallszahlen/Pseudozahlen erzeugt, nennt man **Zufallszahlengenerator**. Die meisten Zufallszahlengeneratoren generieren Zufallszahlen oder Pseudozufallszahlen Z, die im Einheitsintervall ($0 \leq Z < 1$) gleichförmig verteilt sind. Aus ihnen lassen sich mit Hilfe der **Transformationsmethode** (*Köcher, D.*, u.a. 1972, S. 123 ff.) Zufallszahlen beliebig vorgegebener Wahrscheinlichkeitsverteilungen ableiten.

a) Echte Zufallszahlen

Jeder beliebige **Zufallsmechanismus** mit genau bekannten Wahrscheinlichkeiten (z.B. Roulette, Würfel, Münze, Lottozahlen-Ziehungsgeräte) kann im Prinzip zur Erzeugung (Generierung) von Zufallszahlen (worunter wir grundsätzlich über dem Einheitsintervall gleichförmig verteilte Zufallszahlen verstehen wollen) benutzt werden. So können beispielsweise mit einem regelmäßigen 10-seitigen Prisma beim Ausrollen sofort dezimale Zufallszahlen gewonnen werden. Tafeln mit Zufallsziffern (Zufallszahlen-Tabelle - vgl. Tabelle 109, S. 272 f.) findet man in vielen Lehrbüchern der Statistik. Die Zufallsziffern der *Rand Corporation* (A million random digits with 100 000 normal deviates, New York 1966) sind auch auf Datenträgern erhältlich. Doch es gibt gerade für elektronische Rechner andere Verfahren, um **Pseudozufallszahlen** zu erzeugen. Z.B. verwendet das Programm *Pretty Good Privacy* zur Verschlüsselung von E-mails eine Zufallszahl, die von der Tipp-Geschwindigkeit des Benutzers abhängt (*Lutz, M.*, 1998, S. 176).

b) Pseudozufallszahlen

Die Ermittlung echter Zufallszahlen und/oder die Eingabe in einen Rechner ist zu aufwändig. Man hat daher nach Möglichkeiten gesucht, die es erlauben, Zufallszahlen mit beliebiger, vorgegebener statistischer Verteilung rechnerisch während des Simulationsablaufs zu erzeugen. Da der Computer nur eindeutige Verfahren befolgen kann, müssen die Zufallszahlen über ein Programm berechnet werden. Diese Absicht, in einer digitalen Rechenanlage **Zufallszahlen zu berechnen**, erscheint zunächst absurd, da in einem Digitalrechner alles determiniert abläuft. Solange aber die **berechneten Zufallszahlen** in hohem Maße die Eigenschaft von echten Zufallszahlen haben, also das gleiche Verhalten zeigen wie Stichproben, die zufällig aus einer Rechteckverteilung gezogen wurden, sind sie für die Simulation geeignet. Denn nicht der Entstehungsprozess, sondern die Eigenschaften von Ziffernfolgen sind für die Simulation ausschlaggebend.
Natürlich kann eine berechnete (also periodische) Zahlenfolge niemals eine Zufallszahlenfolge sein. Es wurden jedoch mathematische Iterationsverfahren entwickelt, die in fast endloser Folge Zahlen Z berechnen, die nahezu wie echte Zufallszahlen völlig **unregelmäßig**, aber **gleichförmig verteilt**, aufeinander folgen. Die so berechneten Zahlen werden gelegentlich, da sie nicht durch einen Zufallsmechanismus, sondern durch eine Rechenvorschrift bestimmt sind, als **Pseudozufallszahlen** bezeichnet.
Gegenüber der mechanischen Erzeugung echter Zufallszahlen hat die mathematische Ermittlung von Pseudozufallszahlen den großen Vorzug, dass sie mit Hilfe von Digitalrechnern sehr schnell bewältigt wird. Dies ist besonders dann von Interesse, wenn die Simulation ohnehin auf einem Computer erfolgt, was schlechthin in der Praxis zutreffen dürfte.
In der Literatur werden folgende Abkürzungen benutzt (*Lutz, M.*, 1998, S. 176 ff.):

- RNG (Random Number Generator)
- PRNG (Pseudo Random Number Generator)
- LCG (Linear Congruent Generator / Kongruenzmethode)
- GFSR (Generalized Feedback Schift-Register Generator)

Die Forderungen an einen Pseudozufallszahlengenerator sind unter dem Aspekt des Computereinsatzes (*Krüger, S.*, 1975, S. 107):

(1) geringer Rechenaufwand und Rechenzeitbedarf (Effizienz);

(2) Reproduzierbarkeit der Zahlenfolgen;

(3) gute statistische Eigenschaften der erzeugten Pseudozufallszahlen.

Die zweite, zunächst etwas überraschende Forderung, bedeutet, dass die gleiche Folge von Pseudozufallszahlen beliebig oft produziert werden kann. Diese Eigenschaft ist für Kontrollrechnungen und für die Durchführung von Alternativsimulationen (Reduzierung der Varianz oder des Stichprobenumfangs) wichtig. Reproduzierbarkeit kann natürlich auch bei echten Zufallszahlen gegeben sein, wenn diese gespeichert sind. Doch ist die Zugriffszeit bedeutend größer als die Zeit, die zur Berechnung von Pseudozufallszahlen benötigt wird (*Köcher, D.,* u.a., 1972, S. 100).

Die dritte Forderung bedeutet, das die Pseudozufallszahlen sich aus statistischer Sicht nicht von echten Zufallszahlen unterscheiden dürfen. Die Statistik hat eine Reihe von Tests entwickelt, mit deren Hilfe geprüft werden kann, ob eine Pseudozufallszahlenreihenfolge in ihren statistischen Eigenschaften mit denen von echten Zufallszahlen übereinstimmen oder signifikant von ihnen abweichen. Zu prüfen ist dabei die Hypothese der **Gleichverteilung** und vor allem die **stochastische Unabhängigkeit** der Folgeglieder, also deren Regellosigkeit (Zufälligkeit).

Umstritten ist die Qualität der **Mid-Square-Methode** (Mittquadratmethode) zur Erzeugung von Pseudozufallszahlen. Diese älteste und sehr bekannte Methode, die auf *von Neumann* zurückgeht, wird heute kaum noch benutzt. Eine Anfangszahl, bestehend aus n ($n \geq 4$) Ziffern (in irgendeinem Zahlensystem), wird quadriert. Aus dem 2n-ziffrigen Ergebnis (notfalls ist eine Null voranzustellen, um 2n Ziffern des Quadrates zu erhalten) wird die Mitte (werden die mittleren n Ziffern des Quadrats) herausgenommen und als Pseudozufallszahl definiert. Die so gewonnene Pseudozufallszahl wird wiederum quadriert usf.

Beispiel: $n = 4$; $Z_0 = 4026$ (Anfangszahl)

$Z_0^2 = 4026^2 = 16|2086|76$. Die mittleren 4 Ziffern ergeben die Pseudozufallszahl $Z_1 = 2086$.

$Z_1^2 = 2086^2 = 04|3513|96$. Die mittleren 4 Ziffern ergeben die Pseudozufallszahl $Z_2 = 3513$.

$Z_2^2 = 3513^2 = 12|3411|69$. Die mittleren 4 Ziffern ergeben die Pseudozufallszahl $Z_3 = 3411$.

$Z_3^2 = 3411^2 = 11|6349|21$. Die mittleren 4 Ziffern ergeben die Pseudozufallszahl $Z_4 = 6349$.

$\vdots$

Dieses Iterationsverfahren liefert eine periodische Folge von Zahlen. Die Periodenlänge ist abhängig von der gewählten Anfangszahl. Der Grund für die relativ schlechte Qualität - der mit der Mid-Square-Methode erzeugten Pseudozufallszahlen - liegt in einer sich im Laufe des Berechnungsprozesses möglicherweise verstärkenden Verzerrung der

Verteilung der Pseudozufallszahlen in Richtung zu kleineren Werten. Diese Verzerrung kann im Extremfall so weit gehen, dass nur noch der Wert Null erzeugt wird.
Etwas erfolgversprechender ist eine Variante der Mid-Square-Methode, die **Mittproduktmethode**. Hierbei werden zwei verschiedene n-ziffrige Zahlen miteinander multipliziert und wie bei der Mittquadratmethode werden die mittleren n Ziffern des Produktes als nächstfolgende Pseudozufallszahl verwendet.
Die oben genannten drei Forderungen erfüllen heute in zufrieden stellender Weise **gute** Zufallszahlengeneratoren, die auf der **multiplikativen Kongruenzmethode** basieren. Dieses von *Lehmer* vorgeschlagene Verfahren wird häufig auch als **Lehmer-Generator** bezeichnet. Wir beschränken uns auf die Darstellung dieser Methode.
Mit Hilfe der **multiplikativen Kongruenzmethode** entsteht die neue Pseudozufallszahl Z_{i+1} durch Multiplikation der alten Pseudozufallszahl Z_i mit einer Konstanten a und der Division durch eine andere Konstante m, wobei der Divisionsrest gleich der neuen Pseudozufallszahl Z_{i+1} ist. Die multiplikative Kongruenzmethode lässt sich mit einer von *Gauss* entwickelten Symbolik auf folgende kurze Formel bringen:

$$Z_{i+1} = a \cdot Z_i \pmod m$$
$$0 \le Z_{i+1} < m$$

wobei mod m (gesprochen modulo m) die Bildung des Divisionsrestes bedeutet, d.h. dass aus dem Produkt $a \cdot Z_i$ der Divisionsrest von m gebildet und der Variablen Z_{i+1} zugewiesen wird.

Beispiel: Mit $Z_0 = 15$ (Anfangswert), a = 5 (Multiplikator), m = 16 (Divisor) erhält man folgende Zahlenfolge:

$Z_1 = 5 \cdot 15 \pmod{16} = 75 : 16 = 4$ Rest	**11**	$Z_1 = 11$
$Z_2 = 5 \cdot 11 \pmod{16} = 55 : 16 = 3$ Rest	**7**	$Z_2 = 7$
$Z_3 = 5 \cdot 7 \pmod{16} = 35 : 16 = 2$ Rest	**3**	$Z_3 = 3$
$Z_4 = 5 \cdot 3 \pmod{16} = 15 : 16 = 0$ Rest	**15**	$Z_4 = 15$
$Z_5 = 5 \cdot 15 \pmod{16} = 75 : 16 = 4$ Rest	**11**	$Z_5 = 11$
	⋮	

Sind die Größen a, m, und Z_0 geeignet gewählt, so generiert das Verfahren zwischen 0 und m (m nicht eingeschlossen) gleichverteilte Zahlen, die zumindest eine Anwartschaft auf das Prädikat „Zufallszahlen" zu sein haben. Ob dies tatsächlich der Fall ist, muss freilich erst in jedem Einzelfall überprüft werden. Je nach der Wahl der Zahlen a, m und Z_0 entstehen durchaus sehr verschiedene Zahlenfolgen Z_i. Zunächst ist festzustellen, dass die Zahlenfolge Z_i periodisch ist. Spätestens nach m-maliger Anwendung der Berechnungsformel (oft schon wesentlich früher) taucht bei der Division durch m ein Rest Z_i auf, der mit einem früher in der Folge vorkommenden Wert Z_j ($j < i$) übereinstimmt. Von da ab sind aber alle späteren Folgeglieder Z_{i+1}, Z_{i+2}, ... nur eine Wiederholung der früheren Folgeglieder Z_{j+1}, Z_{j+2}, ...
Im obigen Beispiel tritt dieser unerwünschte Zyklus nach 5 Schritten auf. Ist die Periodenlänge jedoch sehr groß, so arbeitet die Methode recht gut und erzeugt Zahlenfolgen, die die statistischen Eigenschaften von Zufallszahlen haben. Zahlentheoretische Überle-

gungen führen zu Auswahlkriterien für eine geschickte Wahl der Größen a, m, und Z_0. Nach *Müller-Merbach* wurden mit a = 3125, m = 1024 und Z_0 = 133 gute Ergebnisse erzielt (1973, S. 461 f.).
Werden die nach der multiplikativen Kongruenzmethode konstruierten Pseudozufallszahlen Z_i noch durch m dividiert, entsteht eine Pseudozufallszahlenfolge $Y_i = \frac{Z_i}{m}$ aus dem Einheitsintervall ($0 \leq Y_i < 1$). Ist m sehr groß, so nähert sich die Zahlenfolge Y_i recht gut einer Rechteckverteilung über dem Einheitsintervall (0,1).

c) Statistische Tests für den Zufallscharakter der Zufallszahlen

Pseudozufallszahlen sind nur dann für die **Monte-Carlo-Methode** geeignet, wenn sie aus statistischer Sicht echten Zufallszahlen entsprechen. Die **statistischen Tests** bilden den Maßstab für die Beurteilung eines Zufallszahlengenerators. Es lassen sich zwei Gruppen von Tests unterscheiden, und zwar die theoretischen und die empirischen Tests. Da die theoretischen Tests - wie etwa der Spectral-Test (*Knuth, D. E.*, 1969) - zu umfangreiche mathematische und statistische Voraussetzungen erfordern, begnügt man sich gewöhnlich mit einigen **empirischen Standardtests** (*Krüger, S.*, 1975, S. 109 f.; *Mertens, P.*, 1982, S. 10 ff.; *Langendörfer, H.*, 1992). Manche Programme zur Erzeugung von Pseudozufallszahlen auf Computern sind unmittelbar gekoppelt mit statistischen Testprogrammen. Sie laufen simultan neben einer Simulation mit Hilfe der Monte-Carlo-Methode einher und geben (hinterher) an, wie der verwendete Zufallszahlengenerator im Hinblick auf den Zufallscharakter der erzeugten Zahlen gearbeitet hat.

aa) Test auf Gleichverteilung

Als Erstes wäre die Hypothese der **Gleichverteilung (Rechteckverteilung)** zu testen. Ein **Standardtest** ist der χ^2-Test (**Chi-Quadrat-Test**). Hierbei wird zunächst das Einheitsintervall in k Klassen mit einer Breite 1/k eingeteilt, d.h. das Intervall (0,1) wird in gleiche Teile aufgeteilt, z.B. in k = 10 Teilintervalle (0 bis unter 0,1), (0,1 bis unter 0,2), ... , (0,9 bis unter 1). Die generierten Zufallszahlen (z.B. n = 1000 Zahlen) werden jeweils in die entsprechenden Klassen eingeordnet und die Häufigkeit ausgezählt. Der Erwartungswert für jede Klasse ist bei einer Stichprobe von n Zahlen n/k (z.B. 1000/10 = 100). Werden beispielsweise bei n = 1000 Zahlen und k = 10 Teilintervallen folgende Häufigkeiten ausgezählt: 98, 96, 104, 98, 92, 104, 94, 101, 106, 107, so müsste theoretisch jede Klasse genau 100-mal besetzt sein. Es werden die Abweichungen der empirisch gefundenen Häufigkeiten von der theoretisch zu erwartenden Häufigkeit je Teilintervall (100) festgestellt und zwar im Beispiel: 2, 4, 4, 2, 8, 4, 6, 1, 6, 7. Man ermittelt die Prüfgröße

$$\chi^2 = \frac{(98-100)^2}{100} + \frac{(96-100)^2}{100} + \ldots + \frac{(107-100)^2}{100} = 2{,}42.$$

$$\text{Allgemein: } \chi^2 = \sum_{i=1}^{k} \frac{(m_i - nP_i)^2}{nP_i}$$

Diese Gleichung heißt auch **Pearsonsche χ^2-Funktion**. Hierbei bedeuten i = 1, 2, ... , k die Klassen, m_i die beobachteten (empirisch gefundenen) Zahlen (Werte) in den Klassen i = 1, 2, ... , k (im Beispiel also 98, 96, 104, ... , 107), $n \cdot P_i$ stellen die sogenannten theoretischen (erwarteten) Werte dar, die entweder vorgegeben sind oder erst aus einer so genannten Kontingenz-Tabelle errechnet werden müssen (P_i = Wahrscheinlichkeit dafür, dass ein Element der Stichprobe im Umfang n in die Klasse i fällt). Im Falle diskreter Verteilungen (wie im Beispiel) sind die Wahrscheinlichkeiten P_i und damit die erwarteten Werte unmittelbar gegeben (im Beispiel 1000/10 = 100).

Ferner benötigt man die Zahl der so genannten **Freiheitsgrade** k'. Als die Zahl der Freiheitsgrade eines Systems von Variablen bezeichnet man die Höchstzahl der unter ihnen frei wählbaren Variablen. In der **Pearsonschen χ^2-Funktion** können nicht alle m_i-Werte völlig unabhängig voneinander variieren, denn es gilt ja stets die Beziehung:
$n = m_1 + m_2 + ... + m_k$. Durch diese Bedingung könnte man praktisch m_1 durch die übrigen $m_2, m_3, ... , m_k$ ausdrücken. Ebenso muss gelten: $p_1 + p_2 + ... + p_k = 1$. Daher spricht man von k – 1 Freiheitsgraden in der χ^2-Funktion.

Liegt dem χ^2-Test nur eine Stichprobe zugrunde (wie im Beispiel), dann entspricht die Zahl der Freiheitsgrade der Zahl der Kategorien (Klassen) minus Eins; k' = k – 1. Im Beispiel ist k' = 10 – 1 = 9.

In einer **Tafel der χ^2-Verteilung** (vgl. Tabelle 108) findet man zu einer vorgegebenen Irrtumswahrscheinlichkeit Signifikanzschranken, die mit einer geringeren, eben der vorgegebenen Wahrscheinlichkeit (z.B. P = 0,05) von echten gleichförmig verteilten Zufallszahlen überschritten werden. Wird diese Schranke von einer errechneten χ^2-Prüfgröße überschritten, dann wird man sich nur in (wie im Beispiel) 5 % aller Fälle irren, wenn man behauptet, die vorliegende Zahlenfolge stamme nicht aus einer gleichförmigen Wahrscheinlichkeitsverteilung (die **Nullhypothese** besagt, dass sich die beobachtete Verteilung von einer Gleichverteilung nicht unterscheidet). Eine Tafel der χ^2-Verteilung zeigt also die **kritischen Werte von χ^2.** Sie enthält die Wahrscheinlichkeit (P), mit der man ein χ^2 erhält, das größer oder gleich dem numerischen Wert der Tafel ist, wenn die Nullhypothese zutrifft. Da in unserem Beispiel k = 10 Klassenintervalle gebildet wurden, ist der Tafelwert für k' = 9 Freiheitsgrade nachzusehen. Man findet für P = 0,05 einen Tafelwert von 16,92. Er liegt erheblich oberhalb der im Beispiel errechneten χ^2-Prüfgröße von 2,42. Dies deutet in unserem Beispiel auf eine ausgezeichnete Anpassung an die Gleichverteilung hin; die Nullhypothese wird durch den Test gestützt. Die Wahrscheinlichkeit für eine χ^2-Prüfgröße kleiner als 2,53 bei 9 Freiheitsgraden bei unterstellter Nullhypothese beträgt 98 %, die Irrtumswahrscheinlichkeit mithin nur 2 % (vgl. Tabelle 108).

Der χ^2-Test ist zur Überprüfung jeder anderen Wahrscheinlichkeitsverteilung, nicht nur der Rechteckverteilung, geeignet (*Rasch, D.*, 1995, S. 160 ff.).

Es ist in der Praxis nicht immer einfach, eine gute Kombination zwischen dem Stichprobenumfang n und der **Anzahl der Klassen (Teilintervalle) k** zu finden. Eine Faustregel besagt, dass in keiner Klasse die Zahl der Elemente kleiner als 5, insbesondere der

Erwartungswert $n \cdot P_i$ für jede Klasse größer als 5 sein sollte. Auch die Entscheidung, bei welcher Wahrscheinlichkeitsschranke im Test die zu Grunde gelegte Hypothese zu verwerfen ist, kann nur selten eindeutig gefällt werden.

Tabelle 108: Kritische Werte des χ^2-Tests (in Abhängigkeit von k' Freiheitsgraden)

k' \ P	0,99	0,98	0,95	0,90	0,80	0,70	0,50	0,30	0,20	0,10	0,05	0,02	0,01	0,001
1	0.00016	0.00063	0.0039	0.016	0.064	0.15	0.46	1.07	1.64	2.71	3.84	5.41	6.64	10.83
2	0.02	0.04	0.10	0.21	0.45	0.71	1.39	2.41	3.22	4.60	5.99	7.82	9.21	13.82
3	0.12	0.18	0.35	0.58	1.00	1.42	2.37	3.66	4.64	6.25	7.82	9.84	11.34	16.27
4	0.30	0.43	0.71	1.06	1.65	2.20	3.36	4.88	5.99	7.78	9.49	11.67	13.24	18.26
5	0.55	0.75	1.14	1.61	2.34	3.00	4.35	6.06	7.29	9.24	11.07	13.39	15.09	20.62
6	0.87	1.13	1.64	2.20	3.07	3.83	5.35	7.23	8.56	10.64	12.59	15.03	16.81	22.46
7	1.24	1.56	2.17	2.83	3.82	4.67	6.35	8.38	9.80	12.02	14.07	16.62	18.48	24.32
8	1.65	2.03	2.73	3.49	4.59	5.53	7.34	9.52	11.03	13.36	15.51	18.17	20.09	26.12
9	2.09	2.53	3.32	4.17	5.38	6.39	8.34	10.66	12.24	14.68	16.92	19.68	21.67	27.88
10	2.56	3.06	3.94	4.86	6.18	7.27	9.34	11.78	13.44	15.99	18.31	21.16	23.21	29.59
11	3.05	3.61	4.58	5.58	6.99	8.15	10.34	12.90	14.63	17.28	19.68	22.62	24.72	31.26
12	3.75	4.18	5.23	6.30	7.81	9.03	11.34	10.04	15.81	18.55	21.03	24.05	26.22	32.91
13	4.11	4.76	5.89	7.04	8.63	9.93	12.34	15.12	16.98	19.81	22.36	25.47	27.69	34.53
14	4.66	5.37	6.57	7.79	9.47	10.82	13.34	16.22	18.15	21.06	23.68	26.87	29.14	36.12
15	5.23	5.98	7.26	8.55	10.31	11.72	14.34	17.32	19.31	22.31	25.00	28.26	30.58	37.70
16	5.81	6.61	7.96	9.31	11.15	12.62	15.34	18.42	20.46	23.54	26.30	29.63	32.00	39.29
17	6.41	7.26	8.67	10.08	12.00	13.53	16.34	19.51	21.62	24.77	27.59	31.00	33.41	40.75
18	7.02	7.91	9.39	10.86	12.86	14.44	17.34	20.60	22.76	25.99	28.87	32.35	34.80	42.31
19	7.63	8.57	10.12	11.65	13.72	15.35	18.34	21.69	23.90	27.20	30.14	33.69	36.19	43.82
20	8.26	9.24	10.85	12.44	14.58	16.27	19.34	22.78	25.04	28.41	31.41	35.02	37.57	45.32
21	8.90	9.92	11.59	13.24	15.44	17.18	20.34	23.86	26.17	29.62	32.67	36.34	38.93	46.80
22	9.54	10.60	12.34	14.04	16.31	18.10	21.34	24.94	27.30	30.81	33.92	37.66	40.29	48.27
23	10.20	11.29	13.09	14.85	17.19	19.02	22.34	26.02	28.43	32.01	35.17	38.97	41.64	49.73
24	10.86	11.99	13.85	15.66	18.06	19.94	23.34	27.10	29.55	33.20	36.42	40.27	42.98	51.18
25	11.52	12.70	14.61	16.47	18.94	20.87	24.34	28.17	30.68	34.38	37.65	41.57	44.31	52.62
26	12.20	13.41	15.38	17.29	19.82	21.79	25.34	29.25	31.80	35.56	38.88	42.86	45.64	54.05
27	12.88	14.12	16.15	18.11	20.70	22.72	26.34	30.32	32.91	36.74	40.11	44.14	46.96	55.48
28	13.56	14.85	16.93	18.94	21.59	23.65	27.34	31.39	34.03	37.92	41.34	45.52	48.28	56.89
29	14.26	15.57	17.71	19.77	22.48	24.58	28.34	32.46	35.14	39.09	42.56	46.69	49.59	58.30
30	14.95	16.31	18.49	20.60	23.36	25.51	29.34	33.53	36.25	40.26	43.77	47.96	50.89	59.70

P = Wahrscheinlichkeit, bei Gültigkeit der Nullhypothese ein χ^2 zu erhalten, das größer oder gleich dem entsprechenden Tafelwert ist
k' = Freiheitsgrade
Quelle: *Fisher, R. A., Yates, F.*, 1949

Will man eine sehr lange Serie von z.B. 10 000 Zufallszahlen auf ihre Gleichverteilung testen, so empfiehlt es sich, den χ^2-Test nicht auf eine ganze Serie auf einmal anzuwenden. Es könnte sich nämlich beispielsweise eine signifikante Abweichung von der Gleichverteilung in der ersten Hälfte der Serie und eine ebenso signifikante, aber entgegengesetzt wirkende Abweichung in der zweiten Hälfte aufheben, so dass der χ^2-Test insgesamt keine signifikante Abweichung nachweist. Es ist dann also besser, man zerlegt die Serie in kleinere Teilserien und testet jede einzeln.

bb) Test auf stochastische Unabhängigkeit

Neben der Gleichverteilung ist vor allem die **stochastische Unabhängigkeit der Folgeglieder**, also deren **Regellosigkeit (Zufälligkeit)**, zu testen. Die stochastische Unabhängigkeit kommt beispielsweise darin zum Ausdruck, dass die Gleichförmigkeit der Verteilung der Zufallszahlen auch dann erhalten bleiben muss, wenn man nur jede zweite oder dritte, vierte usw. Zufallszahl bei der Berechnung des χ^2-Wertes zulässt. Ähnlich muss eine gleichförmige Verteilung über die Menge der Paare (x_i, x_{i+1}) aufeinander folgender Zufallszahlen bestehen. Eine Abweichung von der Gleichförmigkeit würde auf eine unzulässige Verbundenheit zwischen aufeinander folgenden Zufallszahlen hindeuten.
Die stochastische Unabhängigkeit kann durch gewisse Maßzahlen überprüft werden. Ausgangspunkt sei folgende Überlegung (vgl. *Krüger, S.*, 1975, S. 96 ff.; *Reichardt, H.*, 1976, S. 87 ff.): In einer Ereignismasse können zwei Eigenschaften (Merkmale) beobachtet werden. Die Eigenschaften werden durch zwei Zufallsvariablen X und Y beschrieben. Eine Stichprobe im Umfange n aus dieser Ereignismasse liefert dann zwei Verteilungen, eine für X und eine für Y. Ein möglicher Zusammenhang zwischen X und Y wird nun mit Hilfe des **Korrelationskoeffizienten r** (nach *Bravais-Pearson*) abgeschätzt. Wenn x_i und y_i die Werte aus der Stichprobe (das zur i-ten Beobachtung gehörende Wertepaar) und $\bar{x}$ bzw. $\bar{y}$ deren arithmetische Mittelwerte sind, dann gilt:

$$r = \frac{\sum_{i=1}^{n}(x_i - \bar{x}) \cdot (y_i - \bar{y})}{\sqrt{\sum_{i=1}^{n}(x_i - \bar{x})^2 \cdot \sum_{i=1}^{n}(y_i - \bar{y})^2}}$$

$$= \frac{\sum_{i=1}^{n}(x_i - \bar{x}) \cdot (y_i - \bar{y})}{n \cdot \sigma_x \cdot \sigma_y}$$

σ_x bzw. σ_y bedeutet die Standardabweichung der x_i- bzw. der y_i-Werte. Die Wurzel der ersten Formel ist positiv zu nehmen, so dass über das Vorzeichen von r nur der Zähler entscheidet. Es gilt:

$$-1 \leq r \leq +1$$

X und Y sind stochastisch (statistisch) unabhängig, wenn r = 0 oder nahe bei Null liegt. Ist r >> 0, so liegt eine **positive Korrelation** vor, entsprechend für r << 0 eine **negative**. Ist r = +1 oder r = –1, so besteht zwischen den Variablen X und Y eine lineare Abhängigkeit, d.h. X und Y verhalten sich direkt oder indirekt proportional zueinander.
Bei der Untersuchung von **Zeitreihen** interessiert u.a. auch, wie stark die Werte zu einem Zeitpunkt t + k von einem früheren Zeitpunkt t statistisch abhängen. Dazu berechnet man die Korrelation zwischen den Zufallsvariablen X_t zum Zeitpunkt t und X_{t+k} zum Zeitpunkt t + k. Da beide Zufallsvariablen zum gleichen Prozess gehören, wird von **Au-**

tokorrelation gesprochen und entsprechend von Autokorrelationskoeffizienten r_k zwischen den Stufen t und t + k des Prozesses. Die Formel für die **Autokorrelationskoeffizienten** k-ter Ordnung (k = 1, 2, 3, ...) lautet (*Köcher, D.* u.a., 1972, S. 113 f.):

$$r_k = \frac{1}{n-k} \cdot \sum_{i=1}^{n-k} (x_i - \frac{1}{2}) \cdot (x_{i+k} - \frac{1}{2}) / \sigma^2$$

mit $\sigma^2 = \frac{1}{12}$ und n gleich der Länge der zu prüfenden Zahlenfolge. Die stochastische Unabhängigkeit ist gegeben, wenn für großes n r_k sehr nahe bei Null liegt. (Wegen der Testverfahren vgl. *Buslenko, N. P.*, 1971, S. 156 ff.).

4. Transformation der rechteckverteilten Zufallszahlen

Ausgehend von rechteckverteilten (gleichverteilten) Zufallszahlen - die in ausreichendem Umfang mit guten statistischen Eigenschaften nun vorausgesetzt werden können - sind für die stochastische Simulation Zufallszahlen notwendig, deren Verteilungen den angetroffenen Verhältnissen in der Realität entsprechen. Die **gleichförmig verteilten Zufallszahlen** lassen sich **in andere Zufallszahlen mit beliebig vorgegebener Wahrscheinlichkeit transformieren.**

Transformationsmethode

Um beliebig verteilte Zufallszahlen zu erzeugen, geht man im Allgemeinen so vor, dass man zunächst im Einheitsintervall ($0 \leq z < 1$) rechteckverteilte Zufallszahlen z erzeugt und dann mit Hilfe der kumulativen Verteilungsfunktion der gewünschten Wahrscheinlichkeitsverteilung eine Merkmalstransformation vornimmt.

a) Kontinuierliche Verteilung

Die **Zufallsvariable** X sei stetig verteilt und besitze eine überall positive Dichtefunktion (Wahrscheinlichkeitsdichte) f(x). Um einer solchen, durch die Wahrscheinlichkeitsdichte f(x) bestimmten Gesamtheit, eine Einheit rein nach Zufallsgesichtspunkten zu entnehmen, kann man wie folgt vorgehen:

(1) Man bildet die kumulative Wahrscheinlichkeitsfunktion

$$F(x) = P(X \leq x) = \int_{-\infty}^{x} f(t) \cdot dt.$$

Sie ist eine streng monoton ansteigende stetige Funktion, die mit $x \to -\infty$ gegen Null und mit $x \to +\infty$ gegen Eins konvergiert.

In der Verteilungsfunktion ist t lediglich eine Integrationsvariable. Definitionsgemäß gibt das Integral die Wahrscheinlichkeit dafür an, dass X im Integral $(-\infty, x)$ liegt ($f[t] \cdot dt$ liefert die Wahrscheinlichkeit dafür, dass X in t + dt liegt; das Integral „summiert“ alle diese Wahrscheinlichkeiten auf).

(2) Man wählt eine Zufallszahl z ($0 \leq z < 1$) - z.B. mit Hilfe einer **Tabelle von Zufallszahlen** (vgl. Tabelle 109, S. 272 f.) (die Zufallszahl mit so viel Stellen wie gewünscht) - und trägt sie auf der Ordinate (Einzelintervall) ab:

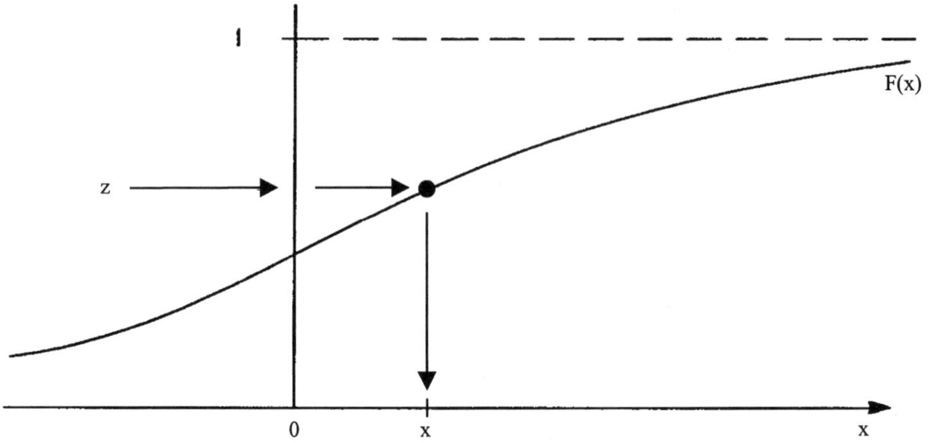

Abb. 39: Zufällige Auswahl einer Stichprobeneinheit aus einer Gesamtheit mit kumulativer stetiger Verteilungsfunktion F(x)

(3) Man projiziert den Punkt, der dieser Zufallsdezimalen auf der Ordinate entspricht, horizontal, bis die Projektionslinie die Kurve F(x) schneidet.

(4) Im Schnittpunkt wird das Lot auf die x-Achse gefällt; der so gefundene Wert der x-Achse gilt als Stichprobenwert. Rechnerisch kann die Zuordnung nach der Formel $z = F(x)$ bzw. $x = F^{-1}(z)$ durchgeführt werden.

Um dieses Verfahren zu rechtfertigen, lässt sich zeigen, dass irgendeine Einheit in der Gesamtheit dieselbe Chance hat, gewählt (gezogen) zu werden, wie jede andere (*Sasieni, M.* u.a., 1969, S. 62).

b) Diskrete Verteilung

Bei der **diskreten Verteilung** ist $p(x_i)$ die Wahrscheinlichkeit dafür, dass die Zufallsvariable X den Wert x_i annimmt, also $p(x_i) = P(X = x_i)$. Dabei gilt $p(x_i) > 0$ und $\sum_{i=1}^{n} p(x_i) = 1$. Insbesondere ist $F(x) = \sum_{x_i \leq x} p(x_i)$.

Diese Verteilungsfunktion einer diskreten Zufallsvariablen X gibt für jedes x die Wahrscheinlichkeit dafür an, dass die Zufallsvariable X nicht größer als x wird; also $F(x) = P(X \leq x)$. Sie erscheint in nachfolgender Abbildung 40 als Treppenkurve (Stufenfunktion), die an den Stellen x_i jeweils um den Wert $p(x_i)$ springt. Werden die Stufen auf die Ordinatenachse projiziert, so erhält man die Aufteilung des Einheitsintervalls $\sum_{i=1}^{n} p(x_i) = 1$ in n Teilintervalle mit den Längen $p(x_1)$, $p(x_2)$, ... , $p(x_i)$, ... , $p(x_n)$. Das i-te Teilintervall hat die Länge $p(x_i)$.

Verschafft man sich aus einer Zufallszahlentabelle eine Zufallsdezimale z, trägt sie auf der Ordinate ab und bewegt sich von dort horizontal fort, bis man eine Stufe der Verteilungsfunktion (Treppenkurve) trifft und geht schließlich an dieser Stelle senkrecht nach unten zur Abszisse, so findet man auf dieser Achse das gesuchte x als Stichprobenwert.

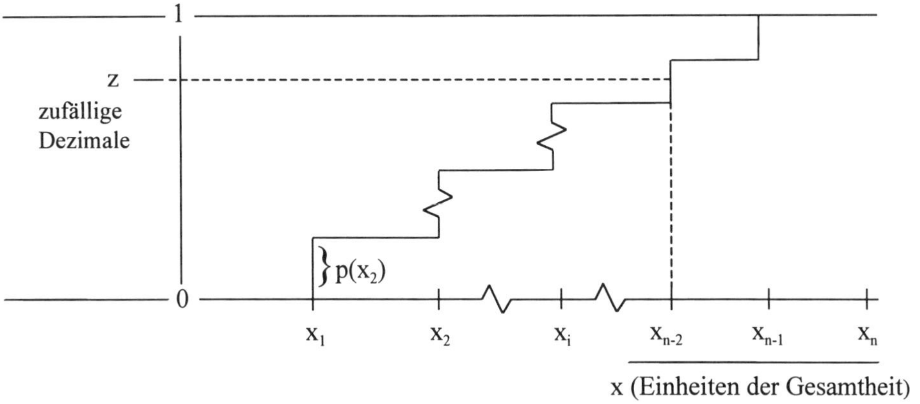

Abb. 40: Zufällige Auswahl einer Stichprobeneinheit aus einer Gesamtheit mit kumulativer diskreter Verteilungsfunktion F (x)

Beispiel:

Für die wöchentliche Nachfrage x_i nach Fahrrädern (i = 1, 2, ..., 7) hat ein Kaufhaus folgende Wahrscheinlichkeitsverteilung statistisch ermittelt:

x_i	0	1	2	3	4	5	6	Stück / Woche
p (x_i)	5	10	19	29	20	14	3	Eintrittswahrscheinlichkeit in %

Zum Zwecke einer Bestell- und Lagerhaltungsstudie mit Hilfe von Monte-Carlo-Experimenten soll die Nachfrage simuliert werden.

Durch sukzessives Aufsummieren der Wahrscheinlichkeitswerte bildet man zunächst die (kumulative) Verteilungsfunktion. Die Teilsummen geben die Randpunkte der Teilintervalle für die Zufallszahlen z an:

x_i	p (x_i) in %	$\sum p(x_i)$ in %	Teilintervall für z
0	5	5	0,00 - 0,04
1	10	15	0,05 - 0,14
2	19	34	0,15 - 0,33
3	29	63	0,34 - 0,62
4	20	83	0,63 - 0,82
5	14	97	0,83 - 0,96
6	3	100	0,97 - 0,99

Nun erzeugt man eine Folge von Zufallszahlen z_1, z_2, z_3, ... (vgl. z.B. Tabelle 109). Jede liegt in einem der Teilintervalle und bestimmt damit den dazugehörigen Wert für x. Die so gewonnenen x_i werden als simulierte Folge der Nachfrage nach Fahrrädern je Woche interpretiert. Beginnt beispielsweise die Zufallszahlenfolge mit (vgl. Zeile 1 der Tabelle 109: Gleichverteilte Zufallszahlen): 0,76807 0,70806 0,18633 0,92825 0,30776 0,35006 0,12584, so wird festgestellt, in welches „Teilintervall für z" die jeweilige Zufallszahl fällt, z.B. die Zufallszahl 0,76807 fällt in das Teilintervall 0,63 bis 0,82 und signalisiert damit die Nachfragemenge 4 pro Woche usf. Damit erhält man folgende künstlich erzeugte (simulierte) Nachfragemengen: 4, 4, 2, 5, 2, 3, 1

Die Durchführung der Transformationsmethode - die im Prinzip universell anwendbar ist - kann u.U. zu erheblichen Rechenschwierigkeiten führen - immerhin ist eine eventuell recht komplizierte Gleichung z = F (x) nach x aufzulösen -. Aus diesem Grunde wurden weitere Verfahren zur Gewinnung von Zufallszahlen für vorgegebene Wahrscheinlichkeitsverteilungen entwickelt (*Buslenko, N. P.*, 1971, S. 168 ff. sowie *Köcher, D.* u.a., 1972, S. 124 ff.).

Tabelle 109: Gleichverteilte Zufallszahlen

76807	70806	18633	92825	30776	35006	12584	29302	45594	66189
27867	87806	18493	55579	25762	08232	35772	55014	85298	96631
83488	82752	31530	50156	27680	89441	27088	10925	01630	71738
64512	36276	37644	21091	96869	72947	80873	95177	44147	22614
22662	99488	12933	86529	90934	66582	66874	76104	35096	20490
85415	78012	42988	13772	48323	60230	27354	24735	83486	07184
19350	02308	15500	71259	06582	46070	52535	28219	53169	08935
48977	24034	39350	09994	81361	00612	58108	45015	75077	87938
06338	82095	19359	50119	08036	29969	08061	72834	04027	66484
43706	79692	66716	14712	42319	64998	14381	54237	76549	30418
67489	55087	94556	13062	79542	21829	52195	92458	42965	35311
95976	63948	86510	79573	34297	65980	04708	41404	34475	48808
56836	70059	83040	72101	72926	84633	46825	18958	04305	16588
72329	13823	56156	74943	60862	31818	39627	21612	56978	86969
80953	44403	87676	86849	25125	15172	89898	41122	71577	20634
63794	11493	79418	53332	89281	90564	79680	50254	43372	97104
32113	66621	55792	75210	63996	72312	40378	84891	28491	58467
39752	71547	20023	41725	20784	01856	84193	53637	58329	53573
09718	02719	44751	46728	89909	96673	62723	03733	41178	12261
58816	25900	66068	00330	55357	73856	48331	13502	38083	39373
67520	44013	57061	96095	20623	59211	78404	16684	38226	22215
24258	43860	32704	85216	38574	02853	15948	42954	16159	42760
24118	33835	32513	94313	86932	76212	11943	31540	78987	27321
71457	24851	90601	52371	77946	73015	55702	91295	56142	01547
74236	10651	84854	15010	66610	28184	18995	90708	97669	97545
74881	01298	07699	40661	16319	53805	87967	15264	78966	32538
38287	05078	70481	33417	44122	20164	83953	77209	10711	94909
62103	89161	91735	71191	49784	32550	50011	54183	72243	83632
87710	28319	76682	35499	83621	20922	74587	18344	74934	00980
22344	23628	21056	00583	77637	19661	86968	46511	69122	46080
83597	89488	16894	74740	02735	18583	41216	24508	83980	48270
97050	17466	51280	65645	71856	64015	56084	25302	84175	64392

66094	79358	20497	14086	34618	30142	47903	00671	90526	93034
39998	79529	84810	56965	53618	15999	31747	30071	93818	81412
82091	58004	04646	90550	65799	02395	23195	67999	41785	66984
34438	30915	92210	58893	64341	75692	98798	72565	48761	56038
38684	83854	15624	39960	37300	41774	17883	33153	15783	45403
14758	56288	70419	93443	18761	63723	21620	93941	05993	91103
69926	21653	27231	19378	96544	10582	57295	42720	45918	69161
60191	27851	27828	05592	27541	52275	76515	50848	67792	08916
04355	66823	83705	64664	87539	27148	75626	60325	21308	58152
08041	39480	82203	27491	76909	93746	34857	67921	15276	11950
20805	23738	74673	20702	66844	07370	19794	03876	50406	53620
73953	88504	59473	59078	52826	84567	84523	94174	23971	66196
79999	75401	29634	81781	32818	85182	10328	80484	75410	26905
66703	42659	80781	02605	97189	01678	77119	00807	48925	44665
19420	82026	19470	79632	55652	49415	46788	56525	24947	92083
25027	29676	25330	88558	83564	49159	88469	57910	66844	68555
98966	46030	52493	56623	95672	34570	45218	00371	92541	60027
83977	87045	56507	30497	99948	52514	79900	27579	27761	83565
84885	80932	52524	61604	97439	02994	95124	35266	13356	71358
98311	09426	98786	46294	26065	38120	47800	10942	62740	08870
59495	21648	06494	05919	47117	55968	23494	39865	28732	45816
10412	31214	52911	83279	92693	35321	48961	86581	48107	96255
44177	13710	69086	17061	80631	11191	53337	33928	31992	85529
50238	81765	36869	84793	10517	38687	89199	77872	10712	36901
23158	18873	11909	27500	30099	84183	44264	86666	45033	69690
54807	50779	40132	35650	56024	67925	62765	86719	12726	53323
55570	74640	04690	36145	96048	11083	02591	85253	98202	78143
94708	01335	78689	23995	01919	62949	30023	31204	18467	13980

5. Statistische Auswertung der Ergebnisse einer Simulation

Der Ablauf eines stochastischen Prozesses oder mehrerer **stochastischer Prozesse** lässt sich mit Hilfe von Zufallszahlen über eine gewisse Zeit hinweg **simulieren**. Eine Möglichkeit, die stochastischen Eigenschaften eines solchen Prozesses zu studieren, ist, den Prozessablauf bis zu einem bestimmten Zeitpunkt zu simulieren und das dann sich einstellende Ergebnis statistisch zu analysieren. Erfolgen in gewissen zeitlichen Abständen solche Momentaufnahmen, so bekommt man ein Bild von dem zeitlichen Ablauf des Prozesses (Zeitreihen). Zu den schwierigsten und zugleich wichtigsten Aufgaben der Simulation zählt die **Auswertung der simulierten Ergebnisse**, um auf diese Weise Aufschlüsse über die Eigenschaften des Prozesses zu erhalten. Man bedient sich dabei der üblichen statistischen Analyse- und Testmethoden, die auch für die Auswertung von Realexperimenten verwendet werden (*Runzheimer, B.*, 1966, S. 66 ff.).

a) Wiederholung von Simulationsexperimenten

X_t sei ein zu simulierender **stochastischer Prozess** (z.B. der Lagerbestand eines Produktes im Zeitpunkt t). Jede Simulation des Prozesses liefert einen Wert für X. Da das Ergebnis bei der Anwendung der **Monte-Carlo-Methode** von den verwendeten Zufallszahlen abhängig ist, hängt auch X vom Zufall ab; X ist eine **Zufallsvariable**. Da eine einzige Simulation mit Hilfe der Monte-Carlo-Methode kaum eine Aussage haben kann, setzt eine fundierte Simulationsstudie **unabhängige Wiederholungen** des einzelnen „**Simulationsexperimentes**“ voraus, und zwar möglichst eine Vielzahl von Experimenten.

Durch eine große Zahl von **Experimentwiederholungen** lässt sich die ganze Breite der Wahrscheinlichkeitsverteilung der Zufallsvariablen X angenähert ermitteln. Einfacher und mit geringerem Rechenaufwand lassen sich Schätzungen einzelner repräsentativer (charakteristischer) Größen (wie Mittelwerte und Streuungsmaße) der Wahrscheinlichkeitsverteilungen von X durchführen. Aber auch dafür sind unabhängige Simulationswiederholungen erforderlich.

b) Schätzungen von Parametern

Den Mittelwert $\overline{X}$ der zur Untersuchung vorliegenden Variablen X schätzt man, indem der Prozess n-mal in der Simulation nachgebildet und jeweils der Wert für X festgestellt wird. Die Ergebnisse $x_1, x_2, ..., x_n$ (der Stichprobe) werden arithmetisch gemittelt:

$$\overline{x} = \frac{1}{n}\sum_{i=1}^{n} x_i$$

Dies ist eine plausible Schätzung für $\overline{X}$, da mit zunehmendem n der Wert für $\overline{x}$ gegen $\overline{X}$ konvergiert. Analog verfährt man bei der Abschätzung der Standardabweichung und anderer gefragter Parameter der Wahrscheinlichkeitsverteilung von X.

c) Sonstige statistische Analysen

Das Schätzen von Parametern einer stochastischen Variablen mag das Hauptziel einer Simulation sein. Je nach dem Ziel der Simulation kommen darüber hinaus verschiedene andere statistische Auswertungsmethoden zur Anwendung. Soll lediglich die Tendenz der Veränderung einer Variablen (z.B. durchschnittlicher Lagerbestand) in Abhängigkeit von der Veränderung einer anderen Variablen (z.B. durchschnittliche Ausnutzung der Produktionskapazität) analysiert werden, wird man die **Korrelationsrechnung** oder die **Regressionsrechnung** einsetzen.

Soll der Einfluss einzelner Faktoren festgestellt werden, dürfte die **Varianzanalyse** zum Zuge kommen. Da die Resultate von Simulationsabläufen, mit denen das Verhalten eines Systems im Zeitablauf untersucht werden soll, oft sehr starke Abhängigkeiten besitzen, kann sich der Einsatz der **Spektralanalyse** empfehlen. Dieses Verfahren wurde in der Naturwissenschaft entwickelt und findet in der Simulation zunehmend Eingang (vgl. *Emshoff, J., Sisson, R.*, 1972, S. 237 f.; *Fishman, G., S., Kiviat, P. J.*, 1967, S. 525 ff.; *Fishman, G. S.*, 1972, S. 786-790; *Köcher, D.* u.a., 1972, S. 148 ff. und 165 ff.; *Brockhoff, K.*, 1973, S. 117 f.; *Leiner, B.*, 1978; *Bamberg, G., Baur, F.*, 1985, S. 223 ff.). Im Wesentlichen versucht man bei der Spektralanalyse eine Zeitreihe in Grundelemente zu zerlegen, die als Sinus- und Cosinusfunktionen dargestellt werden können. Lassen sich diese periodischen Effekte so herausstellen, kann der Prozess leichter interpretiert werden.

C. Durchführung und Anwendungsgebiete der Simulation

Die **Simulation** kann in allen Bereichen eingesetzt werden, die die Formulierung quantitativer Modelle erlauben. Damit ist ihr **Anwendungsgebiet** relativ weit und vielfältig. Sie wird überwiegend dort eingesetzt, wo analytische und numerische Methoden versagen. Das Hauptanwendungsgebiet ist die **Simulation stochastischer Prozesse**, auf die durch Steuerungsmaßnahmen Einfluss genommen werden kann. Gesucht sind dabei **optimale Steuerungsstrategien.** Es geht hier also nicht um die Bestimmung optimaler Einzelentscheidungen (wie bei der Ermittlung optimaler Losgrößen, deckungsbeitragsmaximaler Produktionsprogramme etc.), sondern um die Vorbereitung **optimaler Entscheidungsregeln** (und Organisationsregelungen).

1. Ermittlung optimaler Entscheidungsregeln

In einer Unternehmung gibt es viele Entscheidungen, die **laufend** gefällt werden müssen. Zum Beispiel: Wie groß soll die Bestellmenge von einem Lagerartikel sein; welche Werbemittel sollen im nächsten Monat eingesetzt werden; was, wie viel und wie soll im nächsten Monat produziert werden? Als Hilfsmittel für solche Entscheidungen benutzen wir bewusst oder unbewusst **Entscheidungsregeln**. Im Allgemeinen werden die Entscheidungsregeln durch die Erfahrung geprägt und auch verändert. Das Gedächtnis des Menschen hat aber die Eigenschaft, extreme Ereignisse länger zu behalten als normale. Dies führt dann oft zu dem nicht wünschenswerten Zustand, dass die Entscheidungsregeln von extremen Erfahrungen geprägt werden, die vielfach gar nicht zutreffen.
Auch in Unternehmen werden Entscheidungsregeln, die sich in der Vergangenheit gut bewährt haben, oft zu lange beibehalten, obwohl sich die Voraussetzungen erheblich verändert haben. Unternehmen, die schnell gewachsen sind, kommen oft in Schwierigkeiten, wenn sie eine bestimmte Größe überschreiten, da die für einen Kleinbetrieb erfolgreichen Entscheidungsregeln sich eben auf einen Großbetrieb nicht einfach übertragen lassen.
Sehr viele Entscheidungen können optimal für das Gesamtunternehmen nur gefällt werden, wenn sie das Zusammenspiel mehrerer Bereiche berücksichtigen. Werden optimale Entscheidungen isoliert für einen Bereich gefunden, so handelt es sich um **Teiloptima**. Die Summe der Teiloptima stellt aber (nahezu) nie das **Gesamtoptimum** dar. Der Einkauf wird z.B. große Bestellmengen anstreben, um die Einkaufspreise und die Beschaffungskosten zu minimieren. Die Lagerleitung wird kleine Bestellmengen mit niedrigen Lagerbeständen ansteuern, um die Gesamtkosten des Lagers klein zu halten. Die Fertigungsabteilung wiederum wird auf eine hohe Lieferbereitschaft der Läger drängen, damit die Produktion jederzeit genügend mit Materialien versorgt werden kann. Die Finanzierungsabteilung hingegen wird sich für niedrige Lagerbestände einsetzen, um den Kapitalbedarf und die Finanzierungskosten niedrig halten zu können. Die **gegenseitige Abhängigkeit** mehrerer Bereiche zeigt, wie schwer es ist, **optimale Entscheidungsregeln** für einen Teilbereich, wie z.B. die Lagerhaltung zu finden. Speziell dann, wenn es keine allgemeinen Lösungsmethoden für solche Probleme gibt oder wenn entwickelte Lösungsverfahren erst in der Praxis getestet werden müssten, bietet sich die Simulation

als Hilfsmittel an. Genauso, wie der Konstrukteur das Verhalten eines Flugkörpers im Windkanal studiert und durch Variation seiner äußeren Form eine optimale Gestalt sucht, ermöglicht es die Simulation dem Kaufmann, **Entscheidungen und Entscheidungsregeln** zu **testen**, bevor sie in die Praxis umgesetzt werden. Ein **Simulationsmodell** verwendet **Rückkopplungsschleifen**, da die in einem Simulationsablauf gewonnenen Einsichten neue Informationen liefern, die ihrerseits die Ausgangsannahmen und -urteile verbessern können. Durch die hohe Durchlaufgeschwindigkeit im Computer können die **Auswirkungen alternativer Entscheidungen bzw. Entscheidungsregeln** anhand eines Simulationsmodells studiert werden. Dabei können Daten aus der Vergangenheit verwendet werden, um zu testen, wie die alternativen Entscheidungsregeln sich in der Vergangenheit bewährt hätten. Es können aber auch Zukunftsdaten (geplante und prognostizierte) in das Modell eingegeben werden, wenn abgeschätzt werden soll, wie sich die alternativen Entscheidungsregeln auf die angenommene zukünftige Entwicklung auswirken würde. Und das kann ständig geschehen, ohne dass der laufende Betrieb gestört wird.

Die **Simulation** ist mithin eine **Technik der experimentellen Unternehmensführung** ohne die Kosten eines Realexperiments (der wirklichen Durchführung). Sie führt nicht zwingend zur besten Handlungsalternative (dies wäre übrigens beim Realexperiment auch nicht der Fall). Aber sie wird sicher viele oder alle schlechten Alternativen ausscheiden und ermöglicht die Wahl zwischen einigen guten.

a) Im Bereich der Lagerhaltung

Obwohl gerade für die **Lagerhaltung** eine ganze Menge analytischer Lösungsverfahren entwickelt wurde (*Naddor, E.*, 1971), die eine Reihe grundlegender Erkenntnisse gebracht hat, ist die Lagerhaltung heute eines der wichtigsten Einsatzgebiete der Simulation. In realitätsnahen Lagermodellen ist eine Vielzahl stochastischer Einflüsse zu berücksichtigen, die sich nur schwer und meist nur in ganz speziellen Fällen analytisch fassen lassen.

Lagerhaltungssysteme lassen sich grundsätzlich durch **Warteschlangenmodelle** beschreiben.

Lager dienen als Puffer zur Ausgleichung. Die Hauptziele der Lagerhaltung sind:

(1) möglichst sofortige Deckung der Nachfrage (Sofortlieferfähigkeit)
(2) geringer Kapitaleinsatz (für Lagerbestand und Anlageinvestitionen für das Lager)
(3) niedrige Gesamtkosten für das Lager (Beschaffungskosten, Lagerhaltungskosten, Wagniskosten, Zinskosten).

Diese Ziele stehen zum Teil im Widerstreit; sie müssen deshalb bewertet und abgestimmt werden.

Die nachstehende Abbildung 41 zeigt beispielhaft, wie die Kosten und die mengenmäßige Deckung der Nachfrage vom Kapitaleinsatz (Lagerbestand als indirektes Maß für die Bestellmenge) abhängen. Bei den Gesamtkosten ist die Deckung der Nachfrage durch entgangene Nutzen (Opportunitätskosten) bewertet worden:

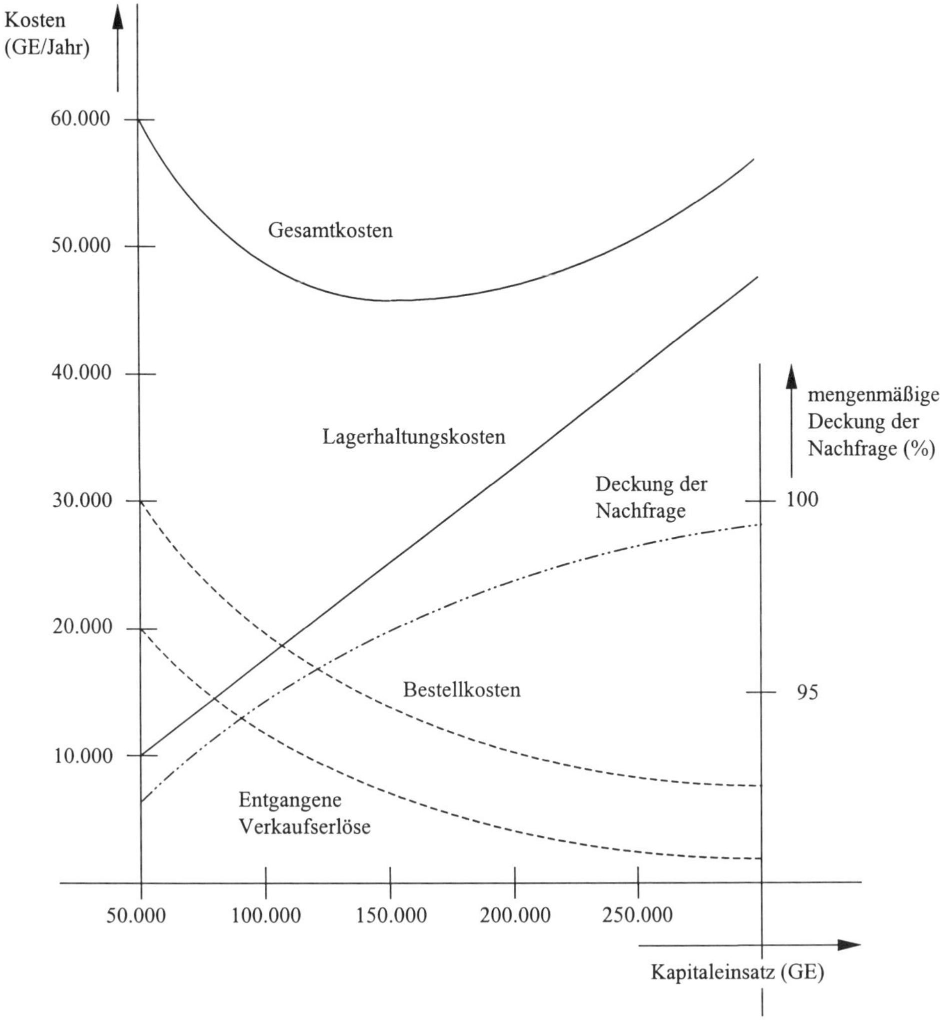

Abb. 41: Abhängigkeit der Kosten und der mengenmäßigen Deckung der Nachfrage vom Kapitaleinsatz

Zur Durchführung der Simulation ist folgende Vorgehensweise zweckmäßig:

(1) Die Einflussfaktoren in einem gegebenen Lagerhaltungsproblem sind zu bestimmen.
(2) Die bei diesem Problem praktizierbaren Lagerhaltungspolitiken sind auszuwählen.
(3) Für jede ausgewählte Lagerhaltungspolitik sind Simulationsdurchläufe unter Variation der Entscheidungsvariablen (z.B. Bestellmenge, Bestellzeitpunkt, Bestellpunkt) durchzuführen und die entstehenden Kosten zu ermitteln.
(4) Die Politik mit dem ermittelten Gesamtkostenminimum ist auszuwählen.

b) Demonstrationsbeispiel (eine stochastische Größe)

Zur Demonstration ein einfaches **Lagerhaltungsproblem**: Ein Unternehmen verfolgt bei der Lagerhaltung eines einzelnen Gutes eine **Lagerhaltungspolitik**, die durch eine Mindestbestandsmenge (oder Meldemenge) und Wiederauffüllungsmenge (Bestellmenge) charakterisiert ist. Beide Größen werden als konstant angenommen. Zur Beurteilung dieser Politik werden die Bestellkosten (Beschaffungskosten), Lagerkosten (einschließlich Wagnis- und Zinskosten) und Fehlmengenkosten herangezogen. Fehlmengen können nachgeliefert werden.
Die tägliche Nachfrage des Unternehmens (durch die Produktion oder den Verkauf) nach diesem Gut schwankt nach folgender Verteilung:

Nachfrage in Mengeneinheiten / Tag	0	1	2	3	4	5	6	7
relative Häufigkeit (Wahrscheinlichkeit)	0,08	0,13	0,16	0,20	0,17	0,11	0,09	0,06

Am Beginn eines jeden Tages kann ein Auftrag über eine beliebige Menge des Gutes erteilt werden. Die Bestellkosten betragen 2,00 GE (Geldeinheiten) unabhängig von der Bestellmenge. Die bestellten Güter haben eine Lieferdauer von 3 Tagen und sind am 3. Tag nach Auftragserteilung verfügbar (deterministische Größe). Die Lagerkosten betragen 0,20 GE je Mengeneinheit und Tag (proportionale Kosten). Übersteigt die Nachfrage die vorhandenen Bestände, so entsteht eine Fehlmenge („negativer Bestand"). Die Fehlmengenkosten infolge verspäteter Bedienung (Goodwill-Einbuße, Gewinnentgang infolge verlorener Absatzmöglichkeiten - d.h. „Verkaufs- und Sympathieverluste" - sind nur schwer zu quantifizieren) betragen 1,50 GE je ME (Mengeneinheit) und Tag. Sobald durch das Unternehmen bestellte Güter eintreffen, werden diese dazu benutzt, die eventuell vorhandenen Fehlmengen zu verkleinern, um dann die laufende Nachfrage zu bedienen. Der Rest geht dann auf Lager. Werden den Fehlmengen negative Zahlen zugeordnet, so kann eine eintreffende Lieferung einfach zu den (negativen oder positiven) Beständen hinzugezählt werden.

Beispiele für mögliche **Entscheidungsregeln** (Steuerungsstrategien) sind:
(1) Bestelle jeweils dann 5 Mengeneinheiten, wenn die mit den letzten beiden Aufträgen bestellten und am Lager befindlichen Mengeneinheiten weniger als 10 Einheiten betragen
(2) Bestelle jeweils dann 10 Einheiten, wenn die mit vorausgehenden (noch nicht gelieferten) Aufträgen bestellten und die am Lager befindlichen Einheiten weniger als 18 betragen.
(3) Bestelle jeden 3. Tag 9 Mengeneinheiten und beginne heute.
(4) Bestelle jeden Tag so viel, dass die Gesamtzahl der bestellten (noch nicht gelieferten) Mengeneinheiten zuzüglich der am Lager befindlichen immer 17 beträgt.

Die beiden ersten Regeln bezeichnet man als „Mindestbestandsregeln" oder Bestellpunktverfahren (*Blohm, H,* u.a., 1997, S. 283 ff.), während die Regeln 3 und 4 zur Gruppe der „zyklischen Bestellregeln" gehören.

Problem: Simuliere den Fall einer Entscheidungsregel, wenn die Werte für $a_1, a_2, \ldots a_5$ gegeben sind.

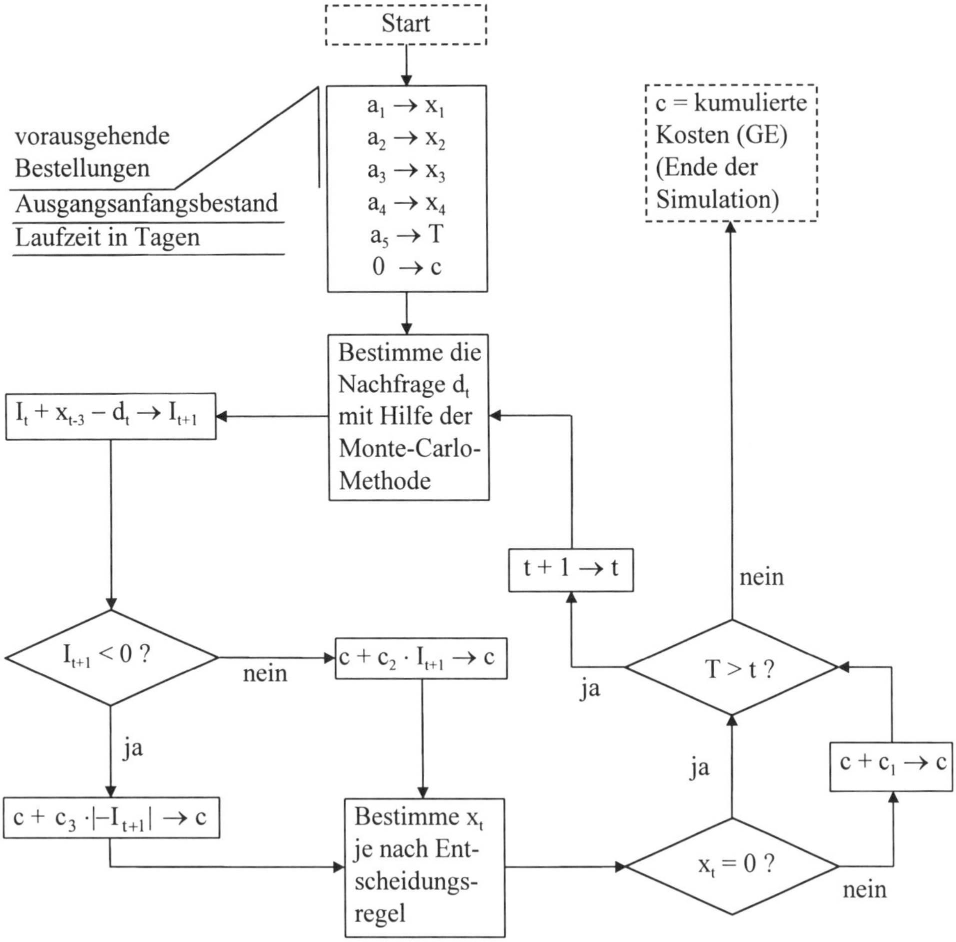

Abb. 42: Flussdiagramm zur Simulation einer Entscheidungsregel

Durchführung einer Simulation

I_t gibt den Lagerbestand in ME zu Beginn eines Tages t an. Als Anfangszeit wird t = 4 gewählt (dies deshalb, weil die Lieferdauer im vorliegenden Fall 3 Tage beträgt). Mit d_t wird die Nachfrage in ME während des Tages t bezeichnet. x_t ist die Bestellmenge des Unternehmens bei seinem Lieferanten am Tage t. Die Laufzeit in Tagen (Umfang der Stichprobe) der Simulation wird mit T symbolisiert. Die Bestellkosten je Bestellung sind durch c_1, die Lagerkosten pro ME und Tag durch c_2 und die Fehlmengenkosten pro nicht lieferbarer ME und Tag durch c_3 gekennzeichnet. Die kumulierten Gesamtkosten werden durch c dargestellt.

Die Vorgehensweise lässt sich durch folgendes **Flussdiagramm** darstellen. Die durch Pfeile in den Rechtecken gekennzeichneten Setzungen sind im Sinne von FORTRAN-Anweisungen zu lesen (vgl. Abb. 42).

Zunächst wollen wir die **1. Entscheidungsregel** (*Bestelle jeweils dann 5 Mengeneinheiten, wenn die mit den letzten beiden Aufträgen bestellten und am Lager befindlichen Mengeneinheiten weniger als 10 Einheiten betragen*) simulieren. Mit folgenden Ausgangsdaten (welche Ausgangsdaten man wählt, ist für das Ergebnis der Simulation unerheblich, solange die Stichprobe hinreichend groß gewählt wird) soll dies geschehen:

a_1 = 5 (Bestellmenge am Tage 1 = x_1)
a_2 = 0 (Bestellmenge am Tage 2 = x_2)
a_3 = 0 (Bestellmenge am Tage 3 = x_3)
a_4 = 10 (Ausgangslagerbestand in ME zu Beginn des Tages 4 = I_4)
a_5 = 1000 (Anzahl der Durchläufe in Tagen = Umfang der Stichprobe T)
t = 4 (Beginn der Simulation am 4. Tag - Anfangszeit 4 Tage -)
c = 0 (kumulierte Gesamtkosten zu Beginn der Simulation = 0)

Das formale System (als Modell des realen Systems) wird nun in eine **Folge von Rechenschritten** umgesetzt. Um Aussagen über das **Verhalten** des realen Systems zu gewinnen, muss „die Bestimmung der Nachfrage d_t mit Hilfe der Monte-Carlo-Methode“ so erfolgen, dass sie einer tatsächlichen oder wahrscheinlich eintreffenden Nachfragesituation während des betrachteten Zeitraumes entspricht. Da die Nachfrage im vorliegenden Fall nur in einem statistischen Sinne bekannt ist, muss die Nachfragefolge als Realisierung eines stochastischen Prozesses angesehen werden.

Mit Hilfe der **Transformationsmethode bei diskreter Verteilung** lässt sich die im Beispiel angegebene Wahrscheinlichkeitsverteilung der täglichen Nachfrage durch **Zufallszahlen** abbilden. Dazu wird folgende **Normierung** (Festlegung des „Codes“) vereinbart, die in Form von Rechenvorschriften in das Modell einzubauen ist:

Nachfrage in ME / Tag (x_i)	0	1	2	3	4	5	6	7
relative Häufigkeit (Wahrscheinlichkeit) p (x_i) in %	8	13	16	20	17	11	9	6
zugeordnete zweiziffrige Zufallszahlen (Teilintervalle für die Zufallszahlen $z \cdot 100$)	01-08	09-21	22-37	38-57	58-74	75-85	86-94	95-00

Es ergibt sich nachstehendes **Flussdiagramm** zur Simulation der **Entscheidungsregel 1** des Problems:

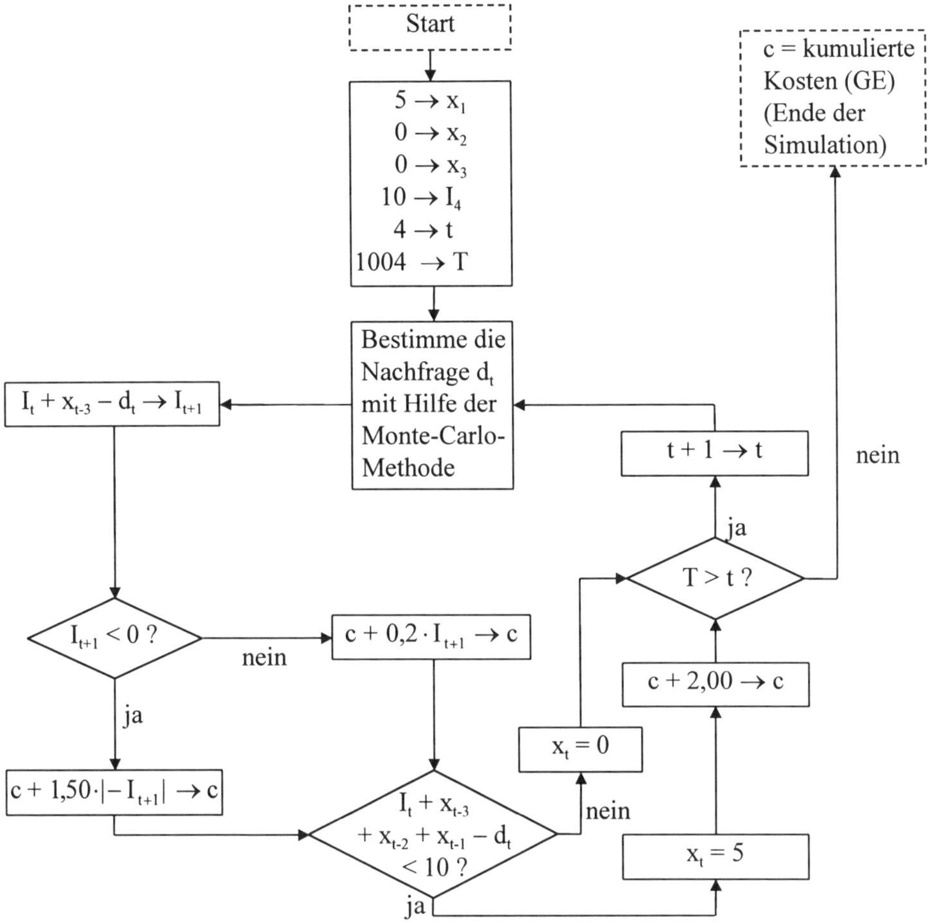

Abb. 43: Flussdiagramm zur Simulation der „Entscheidungsregel 1“

Zunächst wird - zur Demonstration - der Ablauf der Simulation gemäß „Entscheidungsregel 1“ für 20 Tage durchgeführt und tabellarisch dargestellt (vgl. Tabelle 110).

Tabelle 110: **Simulation** der **Entscheidungsregel 1** stellt sich für 20 Tage wie folgt dar:

Tag t	Zufalls-zahl	simu-lierte Nach-frage d_t	I_t (Lagerbe-stand zu Beginn des Tages t)	ausstehende Liefermengen x_{t-3}	x_{t-2}	x_{t-1}	Lager-bestand I_{t+1}	x_t (Bestell-menge am Tage t)	c (kumulierte Kosten in GE)
4	92	6	10	5	0	0	9	5	3,80
5	49	3	9	0	0	5	6	0	5,00
6	71	4	6	0	5	0	2	5	7,40
7	92	6	2	5	0	5	1	5	9,60
8	45	3	1	0	5	5	–2	5	14,60
9	59	4	–2	5	5	5	–1	5	18,10
10	81	5	–1	5	5	5	–1	5	21,60
11	84	5	–1	5	5	5	–1	5	25,10
12	11	1	–1	5	5	5	3	0	25,70
13	79	5	3	5	5	0	3	5	28,30
14	50	3	3	5	0	5	5	0	29,30
15	67	4	5	0	5	0	1	5	31,50
16	17	1	1	5	0	5	5	0	32,50
17	76	5	5	0	5	0	0	5	34,50
18	74	4	0	5	0	5	1	5	36,70
19	84	5	1	0	5	5	–4	5	44,70
20	53	3	–4	5	5	5	–2	5	49,70
21	19	1	–2	5	5	5	2	0	50,10
22	08	0	2	5	5	0	7	0	51,50
23	21	1	7	5	0	0	11	0	53,70

Eine Laufzeit von 20 Tagen (als Stichprobenumfang) ist natürlich viel zu wenig, um eine brauchbare Schätzung vornehmen zu können. Auf einem Computer wurde daher ein Lauf über 1000 Tage durchgeführt. Dabei ergaben sich durchschnittliche Kosten von 2,79 GE / Tag, und zwar kumulierte Bestellkosten 1 268,00 GE, Fehlmengenkosten 957,00 GE und Lagerkosten 565,00 GE (vgl. unten - Zeile 2 in Tabelle 111).

Bis jetzt handelt es sich lediglich um eine **Beschreibung** und kostenmäßige **Analyse** der **Entscheidungsregel 1**. Das Hauptanwendungsgebiet der **Simulation** liegt jedoch im **zielgerichteten Experimentieren am Modell**.

Unter Beibehaltung der Mindestbestandsregel werden nun die **beiden Entscheidungsvariablen** (Bestellmenge q und Bestellzeitpunkt bzw. Mindestbestand s) variiert (im Sinne von experimenteller „kontrollierter" Manipulation) und jeweils 1000 Durchläufe für die vorgegebenen Wertepaare ermittelt. (Es handelt sich um die sog. (t, s, q)-Lagerhaltungspolitik, d.h. in konstanten Zeitintervallen t wird der Lagerbestand überprüft. Ergibt sich, dass die Grenze s unterschritten ist, wird die konstante Menge q bestellt).

Tabelle 111: Simulationsergebnis verschiedener „Mindestbestandsregeln“ des Demonstrationsbeispiels

Variiert wurde:		Durch-schnitt-liche Gesamtkosten je Tag	Kosten für 1 000 Tage in Geldeinheiten (GE)			
Mindest-bestand s ME	Bestell-menge q ME/Bestellung	GE/Tag	Gesamt-kosten	Bestell-kosten bei 2,00 GE je Bestellung	Lager-kosten bei 0,20 GE je ME und Tag	Fehlmen-genkosten bei 1,50 GE je ME und Tag
10	4	4,01	4 006,50	1 590.00	387.00	2 029.50
10	5	2,79	2 790,00	1 268.00	565.00	957.00
10	6	2,44	2 436,10	1 056.00	679.60	700.50
10	7	2,27	2 271,90	904.00	775.40	592.50
10	8	2,19	2 190,60	794.00	868.60	528.00
10	9	2,12	2 124,00	702,00	966,00	456,00
10	**10**	**2,10**	**2 101,50**	**632,00**	**1 057,00**	**412,50**
10	**11**	**2,10**	**2 101,60**	**574,00**	**1 152,60**	**375,00**
10	12	2,12	2 120,00	524,00	1 260,00	336,00
10	13	2,15	2 154,70	488,00	1 344,00	322,50
10	14	2,19	2 189,60	454,00	1 438,60	297,00
10	15	2,24	2 241,40	422,00	1 540,40	279,00
10	16	2,30	2 294,70	396,00	1 633,00	265,50
10	17	2,35	2 348,20	374,00	1 725,20	249,00
10	18	2,41	2 406,80	350,00	1 831,80	225,00
5	5	6,30	6 296,90	1 272,00	88,40	4 936,50
7	5	4,29	4 290,00	1 266,00	219,00	2 805,00
9	5	3,12	3 114,80	1 268,00	427,80	1 419,00
11	5	2,60	2 595,60	1 268,00	718,60	609,00
12	5	2,52	2 517,70	1 268,00	888,20	361,50
13	5	2,53	2 526,30	1 272,00	1 060,80	193,50
14	5	2,64	2 633,70	1 270,00	1 248,20	115,50
15	5	2,77	2 765,00	1 268,00	1 446,00	51,00
16	5	2,94	2 937,40	1 268,00	1 642,40	27,00
8	11	2,29	2 291,60	574,00	823,60	894,00
9	11	2,14	2 140,80	576,00	976,80	588,00
10	**11**	**2,10**	**2 099,50**	**574,00**	**1 152,00**	**373,50**
11	11	2,14	2 144,80	576,00	1 331,80	237,00
12	11	2,22	2 117,40	578,00	1 513,40	126,00
14	11	2,52	2 517,20	576,00	1 908,20	33,00
16	11	2,88	2 877,60	578,00	2 293,60	6,00
11	7	2,22	2 213,40	904,00	946,40	363,00
11	8	2,16	2 154,80	794,00	1 036,80	324,00
11	9	2,13	2 127,90	706,00	1 135,40	286,50
11	10	2,12	2 122,20	634,00	1 230,20	258,00
11	11	2,14	2 141,00	578,00	1 326,00	237,00
11	12	2,17	2 165,90	528,00	1 429,40	208,50
11	13	2,21	2 211,30	486,00	1 528,80	196,50
11	14	2,25	2 246,10	452,00	1 621,60	172,50
11	15	2,32	2 321,20	422,00	1 731,20	168,00

Einige Durchlaufergebnisse sind in vorstehender Tabelle 111 festgehalten.
Für die wiedergegebenen Ergebnisse der Wertepaare Mindestbestand s und Bestellmenge q liegt das Gesamtkostenminimum:

(1) bei 2.10 GE / Tag mit einer Mindestbestandsmenge s = 10 ME und einer Bestellmenge q = 10 ME oder
(2) bei 2.10 GE / Tag mit einer Mindestbestandsmenge s = 10 ME und einer Bestellmenge q = 11 ME.

Da die (s, q)-Kombination unter (1) zu höheren Fehlmengenkosten führt als unter (2), ist der Sevicegrad hier etwas niedriger.

$$(\text{Sevicegrad} = \frac{\text{bediente Nachfrage / Zeiteinheit}}{\text{Gesamtnachfrage / Zeiteinheit}} \cdot 100).$$

Für die Kombination unter (1): s = 10 und q = 10 ergibt sich ein Servicegrad von etwa 91,30 % (Gesamtnachfrage = 632 / 2.00] · 10 = 3160 ME in 1000 Tagen; bediente Nachfrage = Gesamtnachfrage minus Fehlmengen = 3160 – 412,50/1,50 = 2.885 ME in 1000 Tagen). Für die Kombination unter (2): s = 10 und q = 11 hingegen ist der Servicegrad 92,08 %. Mithin wäre die (s, q)-Kombination unter (2) die bessere.

Damit sind eine Reihe von (Mindestbestandsregeln) am Simulationsmodell mit Hilfe der Simulation **experimentell analysiert** und ein „Sub“-Optimum ist ermittelt. Weitere Lagerhaltungsstrategien können auf diese Weise **experimentell** am Simulationsmodell geprüft werden.
Das Simulationsmodell könnte gegebenenfalls der Realität noch angenähert werden. So könnte z.B. an Stelle der **bekannten Lieferfrist** (im Beispiel 3 Tage) eine **stochastische** treten (vergleiche das nachfolgende Übungsbeispiel). An Stelle der Annahme, dass keine Kunden abwandern (auch wenn das Lager geräumt ist), könnte mit einer „Abwanderungsrate“, die von den Fehlmengen abhängig wäre, gearbeitet werden. Darüber hinaus könnten Rabattsysteme für die Kunden berücksichtigt werden, und es könnte geprüft werden, ob und wann es sich lohnt, Lieferantenrabatte auszunutzen. Auch könnten die Bedingungen geprüft werden, die zu bestimmten Servicegraden führen, und zwar u.U. unter Berücksichtigung von Prioritäten unter den Abnehmern. Weitere praxisnahe Beispiele für die Simulation von Lagerhaltungssystemen findet man bei *Naddor, E.* (1979); *Meyer, M., Hansen, K.* (1983), S. 213 ff. und *Kralicek, P.* (1995), S. 492 ff.

c) Übungsbeispiel (zwei stochastische Größen)

Das eben behandelte **Lagerhaltunssystem** wird wie folgt **abgewandelt**:
Die Annahme, dass „die bestellten Güter eine Lieferdauer von 3 Tagen haben und am 3. Tag nach Auftragserteilung bereitstehen und verfügbar sind“ (determinierte Lieferfrist), wird fallen gelassen. Sie wird ersetzt durch eine **stochastische** Lieferfrist, die zwischen 1 bis 5 Tagen nach folgender Wahrscheinlichkeitsverteilung (relative Häufigkeit) schwankt (ermittelt auf Grund einer längeren Beobachtung der Lieferfristen):

Lieferfrist in Tagen	1	2	3	4	5
relative Häufigkeit (Wahrscheinlichkeit)	0,10	0,15	0,55	0,12	0,08

Im übrigen soll zunächst wieder die **Entscheidungsregel 1**: „Bestelle jeweils dann 5 Mengeneinheiten, wenn die bereits bestellten, aber noch nicht gelieferten Aufträge und die am Lager befindlichen Einheiten weniger als 10 Mengeneinheiten ausmachen", simuliert werden.

Als Ausgangsdaten seien gegeben:
(1) Lagerbestand: 10 Mengeneinheiten am Beginn des ersten Tages;
(2) eine Bestellung über 5 ME ist zu Beginn des ersten Tages verfügbar, weitere Bestellungen bestehen nicht;
(3) im Übrigen alle Daten des behandelten Beispiels.

Lösungshinweise:

Nach Vornahme einer Normierung der Wahrscheinlichkeitsverteilung der Lieferfristen mit Hilfe der Transformationsmethode:

Lieferfristen in Tagen	1	2	3	4	5
relative Häufigkeit in %	10	15	55	12	8
zugeordnete Zufallszahlen (zweiziffrige)	01-10	11-25	26-80	81-92	93-00

lässt sich die Simulation z.B. über 25 Tage wie folgt darstellen (vgl. Tab. 112).

Bei Variation der Entscheidungsvariablen (Bestellmenge q und Mindestbestand s) und jeweils 1.000 Durchläufen auf einem Computer für die jeweiligen Wertepaare (s, q) ergibt sich folgendes Bild (vgl. Tab. 113):

Tabelle 112: Darstellung der Simulation für zwei stochastische Größen über 25 Tage (Übungsbeispiel)

Tag t	Zufallszahl (zur Simulation der Nachfrage am Tage t)	simulierte Nachfrage am Tage t d_t	Bestand zu Beginn von t I_t	ausstehende Lieferungen x Auslieferung erfolgt am Tage: t	 t+1	 t+2	 t+3	 t+4	Bestand am Ende des Tages t I_{t+1}	Bestellmenge am Tage t x_t	Zufallszahl (zur Simulation der Lieferfrist)	Lieferdauer der Bestellung vom Tage t	Kosten in GE (kumuliert) c
1	45	3	10	5	0	0	0	0	12	0	–	–	2,40
2	32	2	12	0	0	0	0	0	10	0	–	–	4,40
3	07	0	10	0	0	0	0	0	10	0	–	–	6,40
4	52	3	10	0	0	0	0	0	7	5	08	1	9,80
5	59	4	7	5	0	0	0	0	8	5	58	3	13,40
6	33	2	8	0	0	5	0	0	6	0	–	–	14,60
7	23	2	6	0	5	0	0	0	4	5	79	3	17,40
8	92	6	4	5	0	5	0	0	3	5	64	3	20,00
9	70	4	3	0	5	5	0	0	–1	5	98	5	23,50
10	80	5	–1	5	5	0	0	5	–1	5	80	3	27,00
11	85	5	–1	5	0	5	5	0	–1	5	62	3	30,50
12	38	3	–1	0	5	10	0	0	–4	0	–	–	36,50
13	63	4	–4	5	10	0	0	0	–3	5	01	1	43,00
14	59	4	–3	15	0	0	0	0	8	5	07	1	46,60
15	06	0	8	5	0	0	0	0	13	0	–	–	49,20
16	29	2	13	0	0	0	0	0	11	0	–	–	51,40
17	07	0	11	0	0	0	0	0	11	0	–	–	53,60
18	01	0	11	0	0	0	0	0	11	0	–	–	55,80
19	62	4	11	0	0	0	0	0	7	5	29	3	59,20
20	80	5	7	0	0	5	0	0	2	5	06	1	61,60
21	98	7	2	5	5	0	0	0	0	5	59	3	63,60
22	64	4	0	5	0	5	0	0	1	5	63	3	65,80
23	79	5	1	0	5	5	0	0	–4	5	38	3	73,80
24	58	4	–4	5	5	5	0	0	–3	5	85	4	80,30
25	08	0	–3	5	5	0	5	0	2	0	–	–	80,70

Tabelle 113: Simulationsergebnis des Übungsbeispiels mit zwei stochastischen Größen und einer Reihe von Mindestbestandsregeln bei jeweils 1 000 Durchläufen

Variiert wurde:			Kosten für 1 000 Tage in Geldeinheiten (GE)			
Mindestbestand s in ME	Bestellmenge q in ME	Durchschnittliche Gesamtkosten je Tag GE/Tag	Gesamtkosten GE	Bestellkosten bei 2,00 GE je Bestellung	Lagerkosten bei 0,20 GE/ME und Tag	Fehlmengenkosten bei 1,50 GE/ME und Tag
10	4	4,15	4 145,00	1 580,00	486,00	2 079,00
10	5	3,12	3 121,60	1266,00	670,60	1 185,00
10	7	2,68	2 684,90	912,00	862,40	910,50
10	8	2,54	2 537,70	790,00	978,20	769,50
10	9	2,51	2 510,40	712,00	1 057,40	741,00
10	10	2,44	2 440,30	634,00	1 162,80	643,50
10	11	2,46	2 463,20	576,00	1 266,20	621,00
10	12	2,47	2 474,60	530,00	1 338,60	606,00
10	13	2,48	2 483,00	484,00	1 459,00	540,00
10	15	2,55	2 554,40	420,00	1 642,40	492,00
10	17	2,61	2 612,60	370,00	1 822,60	420,00
10	19	2,75	2 747,40	334,00	2 032,40	381,00
10	20	2,83	2 827,30	316,00	2 158,80	352,50
11	5	2,89	2 889,40	1 260,00	831,40	798,00
11	7	2,53	2 528,50	904,00	1 056,00	568,50
11	8	2,48	2 477,80	796,00	1 129,80	552,00
11	9	2,42	2 420,60	706,00	1 231,60	483,00
11	10	2,43	2 430,70	632,00	1 341,20	457,50

Fortsetzung Tabelle 113:

Variiert wurde:		Durchschnittliche Gesamtkosten je Tag GE/Tag	Kosten für 1 000 Tage in Geldeinheiten (GE)			
Mindestbestand s in ME	Bestellmenge q in ME		Gesamtkosten	Bestellkosten bei 2,00 GE je Bestellung	Lagerkosten bei 0,20 GE/ME und Tag	Fehlmengenkosten bei 1,50 GE/ME und Tag
5	5	6,28	6 282,40	1 274,00	136,40	4 872,00
7	5	4,38	4 381,50	1 266,00	297,00	2 818,50
9	5	3,38	3 383,30	1 264,00	529,80	1 590,00
11	5	2,86	2 858,10	1 259,00	826,60	772,50
12	5	2,79	2 791,20	1 264,00	978,20	549,00
13	5	2,78	2 780,20	1 262,00	1 155,20	363,00
14	5	2,84	2 839,10	1 270,00	1 351,60	217,50
15	5	2,94	2 935,50	1 266,00	1 533,00	136,50
16	5	3,09	3 086,60	1 270,00	1 729,60	87,00
18	5	3,41	3 410,30	1 268,00	2 110,80	31,50
20	5	3,79	3 793,90	1 266,00	2 520,40	7,50
7	11	3,01	3 012,30	582,00	775,80	1 654,50
8	11	2,72	2 715,70	578,00	927,20	1 210,50
9	11	2,54	2 541,10	574,00	1 083,60	883,50
10	11	2,46	2 463,40	576,00	1 266,40	621,00
11	**11**	**2,41**	**2 411,70**	**574,00**	**1 446,20**	**391,50**
12	11	2,49	2 494,60	574,00	1 629,60	291,00
9	8	2,67	2 670,70	788,00	813,20	1 069,50
9	9	2,62	2 618,60	706,00	910,60	1 002,00
9	10	2,60	2 598,70	632,00	1 014,20	952,50
9	11	2,55	2 549,30	576,00	1 083,80	889,50
9	12	2,53	2 532,40	528,00	1 176,40	828,00
9	13	2,57	2 572,60	486,00	1 273,60	813,00

Von den experimentell am Simulationsmodell untersuchten (s, q)-Kombinationen der Mindestbestandsregeln liegt das Kostenminimum bei 2,41 GE/Tag mit einer Mindestmenge s = 11 ME und einer Bestellmenge q = 11 ME.

2. Risiko-Analyse

- dargestellt am Beispiel einer Gewinnprognose -

Die von *David B. Hertz* (1964 und 1969) entwickelte **Risiko-Analyse** bedient sich sehr häufig der **Simulation**. Sie dient der **Planung bei Erwartungen unter Risiko**. Alle längerfristigen Planungen sind in Bezug auf die Erwartungen durch die Risiko- oder gar Unsicherheitssituation geprägt (*Runzheimer, B.,* 1998, S. 72 f.). Das Risiko lässt sich auch durch die raffiniertesten Planungsmethoden nicht aus dem Weg räumen. Es hat sich daher immer mehr die Erkenntnis durchgesetzt, dass das Risiko **sichtbar** gemacht und nach Möglichkeit **quantifiziert** werden sollte. Die **Wahrscheinlichkeitsrechnung** liefert ein Mittel, um das Maß des Risikos mathematisch auszudrücken. In der Praxis spielt die Risiko-Analyse zur Vorbereitung von Langfristentscheidungen eine ständig zunehmende Rolle.

Die Risiko-Analyse läuft im Wesentlichen in folgenden Schritten ab:

(1) Problemformulierung und Aufstellen des mathematischen Modells;

(2) Beschaffung der Daten mit ihren Eintrittswahrscheinlichkeiten;

(3) Berechnung der Ergebnisse und deren tabellarische oder grafische Darstellung.

a) Problemformulierung und Aufstellung des Modells

Im Modell wird die gefragte Zielgröße als Funktion ihrer Komponenten (Parameter) definiert. Beispielsweise kann bei einer **Gewinnprognose** das Betriebsergebnis als Periodenergebnis G (Differenz zwischen Umsatzerlösen und zugehörigen Kosten der Periode) dargestellt werden:

$$G = \sum_{i=1}^{n} (p_i - s_i - l_i - m_i - k_i) \cdot x_i - K^f$$

mit G = Periodenergebnis (Umsatzgewinn) in GE/Jahr
p_i = Verkaufspreis der Produktart i in GE/Stück
s_i = proportionale Stoffekosten für Produktart i in GE/Stück
l_i = proportionale Lohnkosten für Produktart i in GE/Stück
m_i = proportionale Maschinenkosten für Produktart i in GE/Stück
k_i = sonstige proportionale Kosten für Produktart i in GE/Stück
x_i = verkaufte Menge der Produktart i in Stück/Jahr
n = Anzahl der Produktarten
K^f = beschäftigungsfixe Kosten in GE/Jahr

b) Beschaffung der Daten mit ihren Eintrittswahrscheinlichkeiten

In der **Beschaffung der Daten für das Modell** liegt der erste wesentliche Teil des Besonderen der **Risiko-Analyse**. Teilweise lassen sich die Daten mit Hilfe statistischer Methoden aus Vergangenheitswerten extrapolieren. Auch hierbei sind Annahmen - wie z.B. über die Art des Trendverlaufs - notwendig, die auf **subjektiven Einschätzungen** basieren. Fehlt eine solche auswertbare statistische Basis, versucht man das "Know-how" der betreffenden Fachleute auszuwerten **(Expertenbefragung)**. Für die verschiedenen Schätzungen können die Mitarbeiter einzelner betrieblicher Funktionsbereiche, aber auch betriebsfremde Experten - z.B. aus verschiedenen Konzerngesellschaften eines Konzerns - herangezogen werden. Je mehr kompetente Schätzer eingesetzt werden, um so zuverlässiger werden die Schätzergebnisse. Dieser Sachverhalt ist u.a. ein Ergebnis der experimentellen Überprüfung der Delphi-Methode (vgl. dazu *Albach, H.,* 1970, S. 11 ff.). Viele Anregungen für das Zusammenwirken von mehreren Fachleuten beim Schätzen von zukünftigen Daten gibt die **Delphi-Methode** *(Helmer, O.,*1967).
Die Fachleute können jeweils entweder eine einzige erwartete Größe oder besser mehrere mögliche Größen mit Eintrittwahrscheinlichkeiten schätzen. Bewährt hat sich dabei die Methode, die mit je drei Schätzwerten arbeitet (Konzept des **„Drei-Werte-Verfahren“**), und zwar in Anlehnung an die **Netzplantechnikmethode PERT** (Program Evalution and Review Technique) mit einem **optimistischen**, einem **normalen, wahrscheinlichen** (Modalwert) und einem **pessimistischen** (*Runzheimer, B.*, 1978, S. 44 ff.). Der normale (wahrscheinliche) Schätzwert berücksichtigt die normalen Bedingungen, der pessimistische die schlechteren und der optimistische die günstigeren Bedingungen.

Bevor die drei Schätzwerte erarbeitet werden, müsste eine **Gewichtung** erfolgen.
Würde man z.B. festlegen, dass der normale Schätzwert dreimal so stark gewichtet wird, wie der optimistische und der pessimistische (optimistischer : normaler : pessimistischer Schätzwert wie 1 : 3 : 1), so bedeutet dies, dass damit definiert wäre, was **optimistischer, normaler und pessimistischer Schätzwert** bedeutet. Im vorliegenden Beispiel würden die optimistischen und pessimistischen Schätzwerte noch mit je 1/5 und der normale (wahrscheinliche) Schätzwert mit 3/5 **Eintritttswahrscheinlichkeit** erwartet.
Wäre die festgelegte Gewichtung anstatt 1 : 3 : 1 für die drei Werte z.B. 1 : 8 : 1, so würde dies bedeuten, dass der optimistische und der pessimistische Schätzwert mit je 10 % und der normale (wahrscheinliche) Schätzwert mit den verbleibenden 80 % **Eintrittswahrscheinlichkeit** erwartet werden würde. Dies hätte zur Folge, dass der optimistische und der pessimistische Schätzwert vom normalen Schätzwert weiter entfernt liegen müsste als bei einer Gewichtung von 1 : 3 : 1.

Auf das oben genannte **Beispiel einer Gewinnprognose** angewandt, könnten beispielsweise 10 Experten für das Schätzen der in das Modell eingehenden Daten herangezogen werden. Jeder der 10 Schätzer hätte dann einen Einfluss von 10 % auf das Ergebnis. Da vereinbarungsgemäß die normale (wahrscheinliche) Schätzung dreimal so hoch gewichtet werden soll wie die optimistische und die pessimistische, ergibt sich folgende prozentuale Gewichtsverteilung für die einzelne Schätzung:

optimistische Schätzung (O) 2 %
normale Schätzung (N) 6 %
pessimistische Schätzung (P) 2 %

Im vorliegenden **Beispiel** handle es sich um einen Zweiproduktbetrieb mit den Produktarten A und B. Jeder der 10 Schätzer möge seine drei Schätzwerte jeweils notieren und abgeben.

aa) Schätzen der Absatzmengen

Für die **Absatzmengen** ergebe sich folgendes Bild:

Tabelle 114: Absatzmenge x_1

Schätz Nr.	**Absatzmenge** x_1 von Produkt A in 1000 Stück/Jahr						
	70	80	90	100	110	120	130
1		P		N		O	
2			P	N	O		
3	P	N	O				
4	P		N			O	
5			P		N		O
6		P		N	O		
7				P	N	O	
8		P	N	O			
9			P	N	O		
10			P		N	O	
subjektive Eintrittswahrscheinlichkeit (in %)	4	12	22	28	24	8	2

Die Hauptaufgabe bei der Risiko-Analyse besteht in der Aufstellung von **Wahrscheinlichkeitsverteilungen** (Häufigkeitswerten) für die einzelnen zu berücksichtigenden Komponenten. In der vorstehenden Tabelle 114 ist in der letzten Zeile eine (subjektive) Wahrscheinlichkeitsverteilung für die Absatzmenge x_1 erarbeitet.

Nach der gleichen Methode ermittelt, ergebe sich für die Absatzmenge x_2 von Produkt B folgende Auswertung der Schätzungen der 10 Schätzer:

Tabelle 115: Absatzmenge x_2

	Absatzmenge x_2 von Produkt B in 1000 Stück/Jahr					
	120	130	140	150	160	170
subjektive Eintrittswahrscheinlichkeit (in %)	6	16	24	32	18	4

Die realisierbaren Absatzmengen und Verkaufspreise sind in der Praxis sicherlich nie ganz unabhängig. Nur können in den allerseltensten Fällen die Preis-Nachfrage-Funktionen quantitativ angegeben werden. Im vorliegenden Beispiel seien Preis-Nachfrage-Funktionen nicht ermittelt. Die Schätzungen der Absatzmengen mögen von den nachstehenden Verkaufspreistoleranzen ausgehen. Das heißt, die für möglich gehaltene Variationsbreite der erwarteten Verkaufspreise sei so klein, dass sie keinen zu berücksichtigenden Einfluss auf die Absatzmengen auszuüben vermöge. Wäre diese Unterstellung im konkreten Fall nicht möglich, so müsste zu jeder Verkaufspreisalternative eine entsprechende Absatzmengenschätzung erfolgen.

bb) Schätzen der Verkaufspreise

Die **Verkaufspreise** der beiden Produkte mögen von der Unternehmung nur unwesentlich beeinflusst werden können. Die Schätzer gehen deshalb von den heutigen Preisen aus und schätzen die begrenzten Abweichungen d_i (in GE/Stück), die nach oben und unten zu erwarten sind. Für das Produkt A sei vom heutigen Preis von GE 15,00 je Stück auszugehen, so dass $p_1 = 15 + d_1$ ist:

Tabelle 116: Preise p_1

Schätz Nr.	Änderung d_1 des **Marktpreises** p_1 für Produkt A in GE/Stück						
	d_1	−0,30	−0,15	±0	+0,15	+0,30	+0,45
	p_1	14,70	14,85	15,00	15,15	15,30	15,45
1			P	N	O		
2		P		N		O	
3			P		N		O
4		P	N	O			
5			P	N		O	
6				P	N	O	
7					P	N	O
8			P	N	O		
9		P	N		O		
10			P	N	O		
subjektive Eintrittswahrscheinlichkeit (in %)		6	22	34	22	12	4

Nach der gleichen Methode ermittelt und ausgehend von einem heutigen Verkaufspreis von GE 20,00 je Stück für Produkt B, ergebe sich folgende Auswertung der Schätzungen der 10 Schätzer:

Tabelle 117: Preise p_2

	Änderung d_2 des **Marktpreises** p_2 für Produkt B in GE/Stück							
d_2	−0,60	−0,40	−0,20	±0	+0,20	+0,40	+0,60	+0,80
p_2	19,40	19,60	19,80	20,00	20,20	20,40	20,60	20,80
subjektive Eintrittswahrscheinlichkeit (in %)	2	6	10	12	32	20	12	6

cc) Schätzen der Kostenarten

Liegen die Schätzungen der Absatzmengen und Verkaufspreise vor, so können die **Umsatzerlöse** in GE/Jahr errechnet werden. Als Nächstes wären dann die beschaffungsmarktabhängigen proportionalen **Stoffekosten** s_i zu ermitteln. Die vorgenommenen 10 Schätzungen seien:[1]

Tabelle 118: Stoffekosten s_1

Schätz Nr.	**Proportionale Stoffekosten** s_1 in GE/Stück für Produkt A				
	4,50	4,60	4,70	4,80	4,90
1		O	N	P	
2	O	N	P		
3		O	N	P	
4		O	N		P
5	O		N		P
6	O	N		P	
7		O	N	P	
8		O	N	P	
9	O		N		P
10			O	N	P
subjektive Eintrittswahrscheinlichkeit (in %)	8	22	46	16	8

Tabelle 119: Stoffekosten s_2

Schätz Nr.	**Proportionale Stoffekosten** s_2 in GE/Stück für Produkt B				
	8,00	8,20	8,40	8,60	8,80
subjektive Eintrittswahrscheinlichkeit (in %)	8	12	48	26	6

[1] Die geringe Toleranz der Schätzungen bei den proportionalen Stoffekosten s_1 und s_2 im Vergleich zu der großen Toleranz der Schätzungen bei den Absatzmengen x_1 und x_2 (vgl. Tab. 114 u. 115) deutet darauf hin, daß die Schätzer bei der Schätzung der Stoffekosten wesentlich sicherer sind als bei der Schätzung der Absatzmengen; dies wiederum zeigt, daß der **Informationsstand** der Schätzer im Hinblick auf die beiden Schätzprobleme sehr unterschiedlich ist.

Die Schätzung der **proportionalen Lohnkosten** l_i erfolge ausgehend von GE 3,00/Stück für Produkt A und GE 5,20/Stück für B und ergebe folgende Wahrscheinlichkeitsverteilung für die relative Veränderung q, und zwar einheitlich für die beiden Produkte:

Tabelle 120: Relative Veränderung q der Lohnkosten

Schätz Nr.	Relative Erhöhung q der **Lohnkosten** in % für die beiden Produkte A und B				
	–2	0	2	4	6
1	O		N	P	
2		O	N	P	
3			O	N	P
4	O	N		P	
5		O	N		P
6		O	N	P	
7		O		N	P
8	O		N		P
9		O	N	P	
10			O	N	P
subjektive Eintrittswahrscheinlichkeit (in %)	6	16	40	28	10

Mithin ist l_1 = GE 3,00 (1 + q) und l_2 = GE 5,20 (1 + q)

Die proportionalen **Maschinenkosten** m_i in GE/Stück seien wie folgt geschätzt:

Tabelle 121: Maschinenkosten m_1

Schätz Nr.	**Proportionale Maschinenkosten** m_1 für Produkt A in GE/Stück			
	1,60	1,65	1,70	1,75
1	O	N	P	
2	O		N	P
3		O	N	P
4	O	N		P
5	O	N	P	
6	O	N	P	
7		O	N	P
8	O	N		P
9	O		N	P
10		O	N	P
subjektive Eintrittswahrscheinlichkeit (in %)	14	36	36	14

Tabelle 122: Maschinenkosten m_2

	Proportionale Maschinenkosten m_2 für Produkt B in GE/Stück				
	2,10	2,15	2,20	2,25	2,30
subjektive Eintrittswahrscheinlichkeit (in %)	10	22	42	18	8

Für die sonstigen **proportionalen Kosten** k_i seien folgende Schätzungen erfolgt:

Tabelle 123: Sonstige proportionale Kosten k_1

Schätzer Nr.	**Sonstige proportionale Kosten** k_1 für Produkt A in GE/Stück				
	1,10	1,20	1,30	1,40	1,50
1		O	N	P	
2	O		N		P
3	O	N	P		
4		O	N		P
5			O	N	P
6		O	N	P	
7	O	N		P	
8		O	N		P
9	O	N			P
10		O		N	P
subjektive Eintrittswahrscheinlichkeit (in %)	8	28	34	18	12

Tabelle 124: Sonstige proportionale Kosten k_2

	Sonstige proportionale Kosten k_2 für Produkt B in GE/Stück					
	1,50	1,60	1,70	1,80	1,90	2,00
subjektive Eintrittswahrscheinlichkeit (in %)	4	8	32	36	16	4

Die fixen Kosten K^f in GE/Jahr seien relativ genau kalkulierbar und weitgehend gut vorhersagbar. Sie liegen zwischen GE 460.000 und 490.000 mit folgender geschätzter Wahrscheinlichkeitsverteilung:

Tabelle 125: Fixe Kosten K^f

	Fixe Kosten K^f in GE/Jahr			
	460.000	470.000	480.000	490.000
subjektive Eintrittswahrscheinlichkeit (in %)	8	44	42	6

c) Berechnung der Ergebnisse und deren tabellarische oder grafische Darstellung

Wenn für alle in das aufgestellte mathematische Modell eingehenden Größen die erwarteten möglichen Werte und ihre subjektiven Eintrittswahrscheinlichkeiten erarbeitet sind, kann die **Berechnung** der gefragten **Zielgröße** (Ergebnisvariablen) erfolgen. Zunächst bietet sich die Möglichkeit an, die mittlere Gewinnhöhe aus den geschätzten Daten zu errechnen. Multipliziert man die geschätzten Werte mit ihren (subjektiven) Eintrittswahrscheinlichkeiten, so erhält man sog. **Erwartungswerte**, die in das Modell eingesetzt werden können. Der Erwartungswert der Absatzmenge x_1 von Produkt A ($x_1 = 0{,}04 \cdot 70.000 + 0{,}12 \cdot 80.000 + ... + 0{,}02 \cdot 130.000$; vgl. Tabelle 114) ist 98.800 Stück/Jahr. Mit den entsprechenden Mittelwerten der anderen Daten erhält man für die beiden Produkte einen **mittleren Gewinn** G von rd. GE 313.000 im folgenden Jahr. Mit der Berechnung dieses Mittelwertes, also einer einzigen Größe, sind die gesammelten Informationen durchaus nicht voll genutzt. Zumindest könnte man zusätzlich den Gewinn für den ungünstigsten und den günstigsten Fall berechnen, d.h. jeweils in der Gewinnformel die unteren bzw. oberen Toleranzgrenzwerte der Schätzungen kombinieren. Werden jeweils die **ungünstigen Schätzwerte** verwendet, ergibt sich ein Verlust im Jahr von GE 159.540. Wenn dagegen jeweils die **günstigsten Schätzwerte** eingesetzt werden, ergibt sich ein Gewinn von GE 927.980 im Jahr.

Zwischen diesen beiden Toleranzgrenzen liegt ein breites Feld, in dem der Gewinn tatsächlich liegen wird. Die Wahrscheinlichkeit, dass einer der beiden Extremwerte (GE –159.540 bzw. GE 927.980/Jahr) eintritt, ist äußerst gering (Multiplikationssatz der Wahrscheinlichkeitsrechnung: die Wahrscheinlichkeiten, die zu den in der Gewinnformel kombinierten Schätzwerten gehören, sind zu multiplizieren, wenn stochastische Unabhängigkeit der einzelnen Zufallsgrößen wie Verkaufspreis, Absatzmenge, Maschinenkosten etc. unterstellt wird).

Um realistische Zahlen für die Gewinnhöhe des nächsten Jahres zu erhalten, müssten noch weitere Kombinationen der Schätzwerte in der Gewinnformel erfolgen. Die Zahl der möglichen Kombinationen ist im vorliegenden Beispiel nahezu unendlich groß. So viele Kombinationen könnten und sollen wohl kaum durchgerechnet werden. Es ist deshalb notwendig, mit einer **Stichprobe** zu arbeiten, d.h. die Rechnung auf eine **repräsentative Teilmasse**, die aus der Gesamtmasse der sehr vielen Möglichkeiten gezogen wird, zu beschränken. Es handelt sich hierbei aber um eine Situation, in der das übliche **Stichprobenverfahren** nicht durchführbar ist, da die möglichen Gewinngrößen nicht bekannt sind. Daher muss hier eine Simulationslösung angestrebt werden, d.h. eine **Stichprobe** ist zu **simulieren**, um die tatsächlichen Gegebenheiten durch ein theoretisches Abbild zu ersetzen.

Der Grundgesamtheit können in Form der **Zufallsauswahl** Stichproben entnommen werden. Wendet man die **Monte-Carlo-Methode** an, so erfolgt die Auswahl der in die Stichprobe eingehenden Kombinationen unter Verwendung von **Zufallszahlen**. Im vorliegenden Beispiel könnte man wie folgt vorgehen:
Da die (subjektiven) Wahrscheinlichkeitsverteilungen der geschätzten Größen in Prozent angegeben sind, wären **zweistellige Zufallszahlen**, die man z.B. einer **Zufallszahlentabelle** entnehmen könnte (vgl. Tabelle 109, S. 272 f.), zu verwenden. Bei zweistelligen Zufallszahlen gibt es genau 100 Möglichkeiten (00, 01, 02, ... , 98, 99). Da es sich um Zufallszahlen handelt, hat jede zweistellige Zahl die **gleiche Wahrscheinlichkeit**, und zwar 1/100. Jede zweistellige Zufallszahl ist somit in der Lage, eine Eintitts-wahrscheinlichkeit von 1 % zu **repräsentieren** (vorzutäuschen).

aa) Normierung der Wahrscheinlichkeitsverteilungen

Im ersten Schritt wird eine **Normierung der Wahrscheinlichkeitsverteilungen** der verschiedenen Schätzgrößen mit Hilfe der **Transformationsmethode** vorgenommen (vgl. die Tabellen 114 bis 125):

(a) Für **Produkt A**:

(1)	**Absatzmenge** x_1 in 1000 Stück/Jahr						
	70	80	90	100	110	120	130
Wahrscheinlichkeits-verteilung in %	4	12	22	28	24	8	2
zugeordnete Zufalls-zahlen (zweistellig)	01 - 04	05 - 16	17 - 38	39 - 66	67 - 90	91 - 98	99 - 00

(2)	**Verkaufspreis** p_1 in GE/Stück					
	14,70	14,85	15,00	15,15	15,30	15,45
Wahrscheinlichkeits-verteilung in %	6	22	34	22	12	4
zugeordnete Zufalls-zahlen (zweistellig)	01 - 06	07 - 28	29 - 62	63 - 84	85 - 96	97 - 00

(3)	**Proportionale Stoffekosten** s_1 in GE/Stück				
	4,50	4,60	4,70	4,80	4,90
Wahrscheinlichkeitsverteilung in %	8	22	46	16	8
zugeordnete Zufallszahlen (zweistellig)	01 - 08	09 - 30	31 - 76	77 - 92	93 - 00

(4)	Proportionale Lohnkosten l_1 in GE/Stück				
	2,94	3,00	3,06	3,12	3,18
Wahrscheinlichkeitsverteilung in %	6	16	40	28	10
zugeordnete Zufallszahlen (zweistellig)	01- 06	07 - 22	23 - 62	63 - 90	91 - 00

(5)	Proportionale Maschinenkosten m_1 in GE/Stück			
	1,60	1,65	1,70	1,75
Wahrscheinlichkeitsverteilung in %	14	36	36	14
zugeordnete Zufallszahlen (zweistellig)	01 - 14	15 - 50	51 - 86	87 - 00

(6)	Sonstige proportionale Kosten k_1 in GE/Stück				
	1,10	1,20	1,30	1,40	1,50
Wahrscheinlichkeitsverteilung in %	8	28	34	18	12
zugeordnete Zufallszahlen (zweistellig)	01- 08	09 - 36	37 - 70	71 - 88	89 - 00

(b) Für **Produkt B**:

(1)	Absatzmenge x_2 in 1000 Stück/Jahr					
	120	130	140	150	160	170
Wahrscheinlichkeitsverteilung in %	6	16	24	32	18	4
zugeordnete Zufallszahlen (zweistellig)	01 - 06	07 - 22	23 - 46	47 - 78	79 - 96	97 - 00

(2)	Verkaufspreis p_2 in GE/Stück							
	19,40	19,60	19,80	20,00	20,20	20,40	20,60	20,80
Wahrscheinlichkeits-verteilung in %	2	6	10	12	32	20	12	6
zugeordnete Zufalls-zahlen (zweistellig)	01 - 02	03-08	09 - 18	19 - 30	31 - 62	63 - 82	83 - 94	95 - 00

(3)	Proportionale Stoffekosten s_2 in GE/Stück				
	8,00	8,20	8,40	8,60	8,80
Wahrscheinlichkeitsverteilung in %	8	12	48	26	6
zugeordnete Zufallszahlen (zweistellig)	01 - 08	09- 20	21 - 68	69 - 94	95 - 00

(4)	Proportionale Lohnkosten l_2 in GE/Stück				
	5,096	5,20	5,304	5,408	5,512
Wahrscheinlichkeitsverteilung in %	6	16	40	28	10
zugeordnete Zufallszahlen (zweistellig)	01 - 06	07 - 22	23 - 62	63 - 90	91 - 00

(5)	**Proportionale Maschinenkosten** m_2 in GE/Stück				
	2,10	2,15	2,20	2,30	2,40
Wahrscheinlichkeitsverteilung in %	10	22	42	18	8
zugeordnete Zufallszahlen (zweistellig)	01 - 10	11 - 32	33 - 74	75 - 92	93 - 00

(6)	**Sonstige proportionale Kosten** k_2 in GE/Stück					
	1,50	1,60	1,70	1,80	1,90	2,00
Wahrscheinlichkeitsverteilung in %	4	8	32	36	16	4
zugeordnete Zufallszahlen (zweistellig)	01 - 04	05 - 12	13 - 44	45 - 80	81 - 96	97 - 00

(c) Für die **fixen Kosten**:

	Fixe Kosten K^f in GE/Jahr			
	460.000	470.000	480.000	490.000
Wahrscheinlichkeitsverteilung in %	8	44	42	6
zugeordnete Zufallszahlen (zweistellig)	01 - 08	09 - 52	53 - 94	95 - 00

Im zweiten Schritt wird eine Folge von zweistelligen Zufallszahlen Z_1, Z_2, Z_3, ... erzeugt oder einer Zufallszahlentabelle entnommen. Mit jeder Zufallszahl lässt sich je ein Wert für x_1, p_l, s_1, l_1, m_l, k_l, x_2 usw. simulieren; diese Werte können dann in die Gewinnformel eingesetzt werden. Die Folge der so gewonnenen „Gewinne" ist eine **simulierte** (repräsentative) **Stichprobe** aus der Gesamtmasse der sehr vielen - auf Grund der differenzierten Angaben der 10 Experten errechenbaren - möglichen Werte für den Gewinn.

bb) Rechenbeispiel für eine erste Stichprobe

Für jede Stichprobe werden 13 zweistellige Zufallszahlen verwendet, und zwar für jedes Produkt je 6 und eine für die fixen Kosten. Dabei ist festzulegen, in welcher Reihenfolge die Zufallszahlen die einzelnen Simulationswerte bestimmen sollen. Wir wollen hier vereinbaren, dass die ersten 6 Zufallszahlen die Werte für Produkt A, und zwar in der Reihenfolge x_l, p_1, s_l, l_1, m_l, k_l bestimmen sollen.
Entsprechend werden die nächsten 6 Zufallszahlen in der gleichen Reihenfolge für die Werte von Produkt B verwendet. Die 13. Zufallszahl wird schließlich für die Bestimmung der fixen Kosten K^f eingesetzt.
Für die **erste Stichprobe** seien beispielsweise folgende 13 zweistellige Zufallszahlen aus einer Zufallszahlentabelle gezogen worden (vgl. Tabelle 109, S. 273 - die letzte Spalte von unten nach oben gelesen!):

80, 43, 23, 90, 01, 29, 55, 16, 70, 58, 65, 27, 55

Diesen Zufallszahlen entsprechen gemäß der vorgenommenen **Normierung** (des festgelegten „Codes") folgende Simulationswerte:

Für Produkt A:

1. Zufallszahl 80 bedeutet x_1 = 110.000 Stück/Jahr
2. Zufallszahl 43 bedeutet p_1 = 15,00 GE/Stück
3. Zufallszahl 23 bedeutet s_1 = 4,60 GE/Stück
4. Zufallszahl 90 bedeutet l_1 = 3,12 GE/Stück
5. Zufallszahl 01 bedeutet m_1 = 1,60 GE/Stück
6. Zufallszahl 29 bedeutet k_1 = 1,20 GE/Stück

Für Produkt B:

7. Zufallszahl 55 bedeutet x_2 = 150.000 Stück/Jahr
8. Zufallszahl 16 bedeutet p_2 = 19,80 GE/Stück
9. Zufallszahl 70 bedeutet s_2 = 8,60 GE/Stück
10. Zufallszahl 58 bedeutet l_2 = 5,304 GE/Stück
11. Zufallszahl 65 bedeutet m_2 = 2,20 GE/Stück
12. Zufallszahl 27 bedeutet k_2 = 1,70 GE/Stück

Für die fixen Kosten:

13. Zufallszahl 55 bedeutet K^f = 480.000 GE/Jahr

Setzt man diese Werte in die Gewinnformel

$$G = \sum_{i=1}^{2} \left(p_i - s_i - l_i - m_i - k_i\right) \cdot x_i - K^f$$

ein, so erhält man als ersten simulierten Jahresgewinn:

A: $G_1 = (p_1 - s_1 - l_1 - m_1 - k_1) \cdot x_1$

$= (15{,}00 - 4{,}60 - 3{,}12 - 1{,}60 - 1{,}20) \cdot 110.000 = 492.800$ GE

B: $G_2 = (p_2 - s_2 - l_2 - m_2 - k_2) \cdot x_2$

$= (19{,}80 - 8{,}60 - 5{,}304 - 2{,}20 - 1{,}70) \cdot 150.000 = \underline{299.400}$ GE

792.200 GE

abzüglich der fixen Kosten K^f 480.000 GE

G = 312.200 GE

cc) Tabellarische oder grafische Darstellung der Rechenergebnisse

Führt man mit Hilfe der **Monte-Carlo-Methode** die Berechnung der Gewinne einer repräsentativen **Stichprobe** mit hinreichend großem Stichprobenumfang n durch, so lassen sich die ermittelten Ergebnisse darstellen und auswerten.

Im vorliegenden Beispiel wurde ein Stichprobenumfang von n = 1.000 gewählt. Die auf einem Computer durchgeführte **Simulation** führte zu folgenden nach Größenklassen ausgezählten **Ergebnissen** (Gewinnen) - vgl. Tab. 126 -.

Diese **Verteilungsfunktion** wird in der **Risiko-Analyse Sicherheits- bzw. Risikoprofil** genannt. Das Risikoprofil des Erfolges gibt jeweils die Wahrscheinlichkeiten dafür an, bestimmte Höchsterfolge zu erzielen. Öfter benutzt man die komplementäre Darstellung der Verteilungsfunktion und nennt sie Sicherheitsprofil. Das Sicherheitsprofil gibt die Wahrscheinlichkeiten dafür an, bestimmte Mindesterfolge (kumulierte Wahrscheinlichkeitsverteilung) zu erzielen. Die gezeichnete Kurve (Sicherheitsprofil) gibt an, mit welchen Wahrscheinlichkeiten welche Werte der Ergebnisvariablen **erreicht und überschritten** werden (vgl. Abb. 44).

Tabelle 126: Ergebnisdarstellung (Verteilungsfunktion der Ergebnisvariablen „Erfolg“)

Erfolg G in 1.000 GE/Jahr (Minusbeträge = Verlust)				Absolute Häufigkeit	Wahrscheinlichkeit in %	kumulierte Wahrscheinlichkeit in %
unter	600	bis	550	4	0,40	0,40
“	550	bis	500	19	1,90	2,30
“	500	bis	450	40	4,00	6,30
“	450	bis	400	100	10,00	16,30
“	400	bis	350	161	16,10	32,40
“	350	bis	300	208	20,80	53,20
“	300	bis	250	207	20,70	73,90
“	250	bis	200	143	14,30	88,20
“	200	bis	150	82	8,20	96,40
“	150	bis	100	28	2,80	99,20
“	100	bis	50	6	0,60	99,80
“	50	bis	0	1	0,10	99,90
“	0	bis	–50	1	0,10	100,00
				1.000		

Im Beispiel kann beispielsweise der Erfolg von mindestens GE 300.000 p.a. mit einer Wahrscheinlichkeit von 53,20 % oder ein Mindesterfolg von beispielsweise GE 150.000 p.a. mit einer Wahrscheinlichkeit von 96,40 % erwartet werden. Dieses Ergebnis dürfte einer Unternehmensleitung bessere Anhaltspunkte über den zu erwartenden Gewinn des nächsten Jahres geben, als lediglich die Angabe des Mittelwertes G von rd. GE 313.000 und der beiden Toleranzgrenzen mit einem Verlust von GE 159.540 bzw. einem Gewinn von GE 927.980 p.a., zumal die Eintrittswahrscheinlichkeit für die beiden Grenzwerte vernachlässigbar gering ist (gemäß Multiplikationssatz der Wahrscheinlichkeit). Es sei hier nochmals betont, dass sich das **Risiko einer Fehlbeurteilung** der Zukunftsentwicklungen nicht aus dem Weg räumen lässt. Die **Risiko-Analyse**

kann demnach nicht das Ziel haben, das Risiko auszuschalten oder herabzusetzen; sie will vielmehr das **Risiko analysieren**, d.h. es **quantifizieren** und **sichtbar machen**.
Dieses Verfahren der Risiko-Analyse setzt voraus, dass die einzelnen Faktoren (Modellvariablen) voneinander unabhängig sind. Ist dies nicht der Fall, müssen die entsprechenden Wahrscheinlichkeitsverteilungen aufeinander abgestimmt werden. Mit der Risiko-Analyse kann insbesondere auch festgestellt werden, welche Faktoren einen stärkeren bzw. einen geringeren Einfluss auf die Zielgröße (Ergebnisvariable) haben.
Die **grafische Darstellung** der Ergebnisse der Risiko-Analyse zeigt üblicherweise auf der Abszisse die Werte der Ergebnisvariablen (Zielgröße) des Modells und auf der Ordinate die Eintrittswahrscheinlichkeiten (vgl. Abb. 44). Die Summenkurve (Kurve der kumulierten Wahrscheinlichkeiten bzw. Häufigkeiten = Sicherheitsprofil) gibt an, mit welchen Wahrscheinlichkeiten

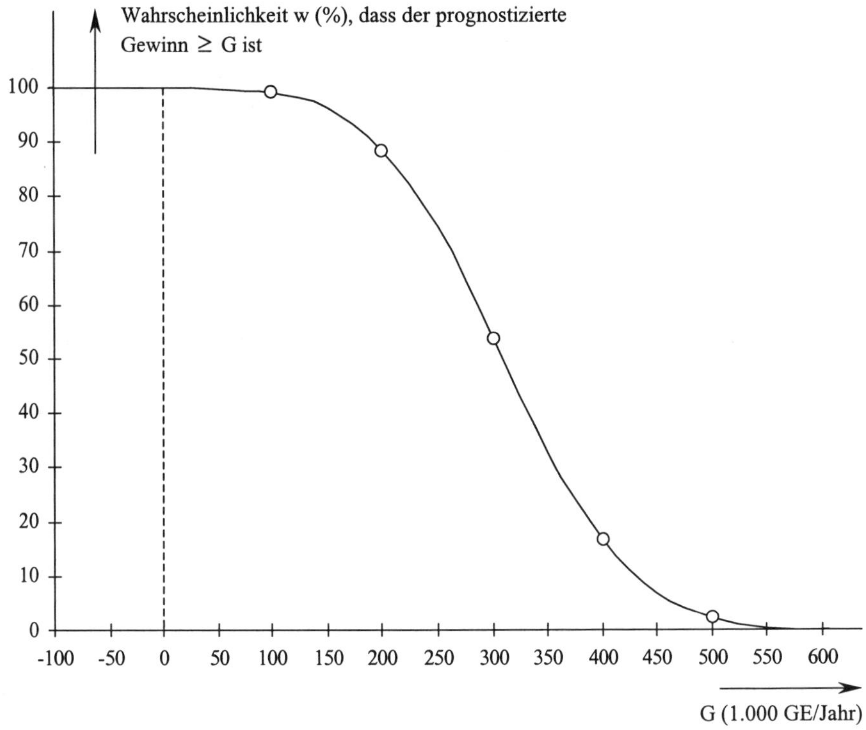

Abb. 44: Ergebnis der Risiko-Analyse (Sicherheitsprofil des Erfolges) - kumulierte Wahrscheinlichkeit

welche Werte der Ergebnisvariablen erreicht und überschritten werden (wie viel Prozent der Elemente haben einen Merkmalswert ≥ G?). Je stärker die Schätzungen der Einzeldaten streuen, je **größer** also das **Risiko** einer Fehlschätzung ist, desto flacher verläuft die **Kurve** der kumulierten Wahrscheinlichkeiten.
[Die experimentelle Überprüfung der Delphi-Methode hat u.a. gezeigt, dass „der durchschnittliche Fehler des unabhängigen Gruppenurteils eine lineare Funktion der Streuung der Einzelurteile ist“ *(Albach, H.,* 1970,S. 20)].Dagegen deutet ein **steiler Kurvenver-**

lauf auf dicht beieinander liegende Schätzungen (geringe Streuung der Schätzwerte) und damit auf ein **geringeres Risiko** hin. Der **Verlauf der Kurve** beinhaltet mithin eine **Information über das Risiko einer Fehlschätzung**.

Die **„Prognose des Gewinns** (Erfolges) des kommenden Jahres“ ist für die Praxis eines Unternehmens in dieser Form wenig relevant. Der **Gewinn** in GE für das kommende Jahr müsste nämlich das Ergebnis eines **umfangreichen Planungsprozesses** im Unternehmen sein. In die **Planung** gehen zwar Prognosedaten (vorhergesagte Daten, die nicht das „Wollen“ des Unternehmens enthalten) ein, insbesondere aber auch **geplante (gewollte) Daten**. Der **Gewinn** sollte also eine **geplante** und nicht eine prognostizierte Größe sein. Am **einfachen** Beispiel der „Gewinnprognose“ sollte lediglich die Vorgehensweise der Risiko-Analyse mit Hilfe der Simulation demonstriert werden.
Für die unternehmerische Planungspraxis wesentlich relevanter ist hingegen die Beurteilung von **Investitionsmöglichkeiten**.

3. Risiko-Analyse mit Hilfe der Simulation in Zusammenhang mit der Beurteilung von Investitionsalternativen

Zur Lösung des Auswahlproblems bei **Erweiterungsinvestitionen** eines Industriebetriebes könnte das **Return on Investment (ROI)** von alternativen Investitionsprojekten zu bestimmen und die **Sicherheitsprofile** zu vergleichen sein (*Runzheimer, B.*,1978, S. 44-50).
Die Vorgehensweise entspricht grundsätzlich derjenigen des behandelten Beispiels „Risiko-Analyse einer Gewinnprognose“.

a) Problemformulierung und Aufstellung des Modells

Das ROI ergibt sich für die verschiedenen Alternativen jeweils aus Umsatzgewinnrate (Umsatzrentabilität) mal Kapitalumschlagshäufigkeit (bei Anwendung einer statischen Investitionsrechnungsmethode):

$$\mathrm{ROI} = \frac{G}{U} \cdot \frac{U}{I} \cdot 100 = \frac{\sum_{i=1}^{n} (p_i - k_i) \cdot x_i - K^f}{I} \cdot 100$$

mit ROI = Rentabilität in % je Jahr

G = Gewinn, der durch die Realisierung des Investitionsprojektes erwartet wird in GE/Jahr

U = Umsatzerlöse in GE/Jahr, die durch die Realisierung des Investitionsprojektes erwartet werden

I = Investitionssumme in GE

p_i = Verkaufspreis der Produktart i, deren Herstellung durch das Investitionsprojekt ermöglicht werden soll in GE/Stück

k_i = proportionale Kosten für Produktart i in GE/Stück
x_i = verkaufte Menge der Produktart i in Stück/Jahr
K^f = beschäftigungsfixe Kosten in GE/Jahr
n = Anzahl der Produktarten, deren Herstellung durch das Investitionsprojekt ermöglicht werden soll

Oder es könnte nach dem Kapitalwert, dem internen Zinsfuss, der Wiedergewinnungszeit etc. der Investitionsprojekte gefragt sein.

b) Beschaffung der Daten mit ihren Eintrittwahrscheinlichkeiten

Durch **Expertenbefragung** unter Anwendung des „Drei-Werte-Verfahrens" werden jeweils ein **optimistischer**, ein **normaler** und ein **pessimistischer** Schätzwert erarbeitet. Würde man z.B. festlegen, dass der „normale" Schätzwert (Modalwert) doppelt so stark gewichtet wird, wie der optimistische und der pessimistische **(optimistischer : normaler : pessimistischer** Schätzwert wie 1: 2 :1), so bedeutet dies, dass damit definiert wäre, was **optimistischer, normaler und pessimistischer Schätzwert** bedeutet. Im vorliegenden Beispiel würden die optimistischen und pessimistischen Schätzwerte noch mit je 1/4 und der normale (wahrscheinliche) Schätzwert mit 1/2 **Eintrittswahrscheinlichkeit** erwartet werden. Es könnten beispielsweise wiederum 10 Experten (vgl. auch das Beispiel auf S. 290-303) für das Schätzen der in das Modell eingehenden Daten engagiert werden. Jeder der 10 Schätzer hätte einen Einfluss von 10 % auf das Ergebnis. Da vereinbarungsgemäß die normale Schätzung doppelt so hoch gewichtet werden soll wie die optimistische und pessimistische, ergibt sich folgende prozentuale Gewichtsverteilung für die einzelne Schätzung:

optimistische Schätzung (O)	2,5 %
normale (wahrscheinliche) Schätzung (N)	5,0 %
pessimistische Schätzung (P)	2,5 %

Im vorliegenden **Beispiel** möge es sich um einen Industriebetrieb handeln, der zur Herstellung eines Produktes zwischen zwei Verfahren zu wählen hat (Auswahlproblem). Für die geplante Erweiterungsinvestition stehen der Unternehmung also die Projekte (Verfahren) I und II zur Auswahl. Jeder der 10 Schätzer möge seine drei Schätzwerte jeweils auf einem Zettel notieren. Dabei sei unterstellt, dass zwischen den einzelnen Inputgrößen (Daten), die in das Modell (ROI-Formel) eingehen, keine Abhängigkeiten bestehen (wären abhängige Inputgrößen vorhanden, so müssten die abhängigen als Funktion der unabhängigen Inputgrößen - in Form einer Verteilung der **bedingten Wahrscheinlichkeiten** - dargestellt werden).

aa) Schätzen der durchschnittlichen Absatzmengen

Die Absatzmengen seien in erheblichem Umfange von der Art des realisierten Produktionsverfahrens (Projekt I oder II) abhängig, d.h. die Qualität des Produktes sei vom Produktionsverfahren entscheidend mitbestimmt. Für die **Absatzmengen** ergebe sich im Jahresdurchschnitt während der Nutzungsdauer folgendes Bild (vgl. Tab. 127).

Tabelle 127: Absatzmenge x_1 bei Projekt I

Schätzer	**Absatzmenge** x_1 bei Projekt I in 1000 Stück/Jahr						
Nr.	70	80	90	100	110	120	130
1		P		N		O	
2			P	N	O		
3	P	N	O				
4	P		N			O	
5			P		N		O
6		P		N	O		
7				P	N	O	
8		P	N	O			
9			P	N	O		
10			P		N	O	
subjektive Eintritts-wahrschein-lichkeit (in %)	5	12,5	22,5	25	22,5	10	2,5

Eine Hauptaufgabe bei der Risiko-Analyse besteht in der Aufstellung von **Wahrscheinlichkeitsverteilungen** (Häufigkeitsverteilungen) für die einzelnen zu berücksichtigenden Komponenten. In Tabelle 127 ist in der letzten Zeile eine Häufigkeitsverteilung für die Absatzmenge x_1 erarbeitet.

Nach der gleichen Methode ermittelt, ergebe sich für die Absatzmenge x_2 bei Projekt II folgende Auswertung der Schätzungen der 10 Schätzer:

Tabelle 128: Absatzmenge x_2 bei Projekt II

	Absatzmenge x_2 bei Projekt II in 1000 Stück/Jahr					
	80	100	120	140	160	180
subjektive Eintrittswahr-scheinlichkeit (in %)	7,5	15	22,5	32,5	17,5	5

Die realisierbaren Absatzmengen und Verkaufspreise sind in der Praxis sicherlich nie ganz unabhängig. Nur können in den allerseltensten Fällen die Preis-Nachfrage-Funktionen quantitativ nachgewiesen werden. Im vorliegenden Beispiel seien Preis-Nachfrage-Funktionen nicht ermittelt (vgl. die obige Unterstellung, dass zwischen den Inputgrößen **keine** Abhängigkeiten bestehen mögen). Die Schätzungen der Absatzmengen basieren mithin auf den nachstehenden Toleranzen der Verkaufspreise. D.h., die für möglich gehaltene Variationsbreite der erwarteten Verkaufspreise sei so klein, dass sie keinen zu berücksichtigenden Einfluss auf die Absatzmengen auszuüben vermöge.

bb) Schätzen der durchschnittlichen Verkaufspreise

Die **Verkaufspreise** des Produktes mögen sich geringfügig unterscheiden, je nachdem, welches Produktionsverfahren (Projekt I oder II) zur Anwendung gelangt. Im Übrigen könne das Unternehmen die Verkaufspreise nur unwesentlich beeinflussen (Mengenanpasser). Die Schätzer gehen deshalb von den momentanen Preisen des Produktes aus und schätzen die begrenzten Abweichungen d_i, die nach oben und unten zu erwarten sind. Für das Projekt I sei vom heutigen Preis von GE 15,00 je Stück auszugehen, so dass $p_I = 15 + d_I$ ist:

Tabelle 129: Preise p_I bei Projekt I

Schätzer	Änderung d_I des **Marktpreises** p_I bei Produkt I in GE/Stück						
Nr.	d_I	−0,30	−0,15	±0	+0,15	+0,30	+0,45
	p_I	14,70	14,85	15,00	15,15	15,30	15,45
1			P	N	O		
2		P		N		O	
3			P		N		O
4		P	N	O			
5			P	N		O	
6				P	N	O	
7					P	N	O
8			P	N	O		
9		P	N		O		
10			P	N	O		
subjektive Eintritts-wahrscheinlichkeit (in %)		7,5	22,5	30	22,5	12,5	5

Nach der gleichen Methode ermittelt und ausgehend von einem heutigen Verkaufspreis von GE 16,00 je Stück bei Realisierung des Projektes II ergebe sich folgende Auswertung der Schätzungen der 10 Schätzer:

Tabelle 130: Preise p_2 bei Projekt II

	Änderung d_2 des **Marktpreises** p_2 bei Projekt II in GE/Stück								
	d_2	−0,60	−0,40	−0,20	±0	+0,20	+0,40	+0,60	+0,80
	p_2	15,40	15,60	15,80	16,00	16,20	16,40	16,60	16,80
subjektive Eintrittswahrscheinlichkeit (in %)		5	7,5	10	12,5	30	20	10	5

cc) Schätzen der Kostenarten

Als Nächstes wären dann die durchschnittlichen proportionalen Kosten k_i zu ermitteln. Die vorgenommenen 10 Schätzungen ergeben:

Tabelle 131: Proportionale Kosten k_1 bei Projekt I

Schätzer Nr.	**proportionale Kosten** k_1 in GE/Stück bei Projekt I 10,50	10,60	10,70	10,80	10,90
1		P	N	O	
2	P	N	O		
3		P	N	O	
4		P	N		O
5	P		N		O
6	P	N		O	
7		P	N	O	
8		P	N	O	
9	P		N		O
10			P	N	O
subjektive Eintrittswahrscheinlichkeit (in %)	10	22,5	40	17,5	10

Tabelle 132: Proportionale Kosten k_2 bei Projekt II

	proportionale Kosten k_2 in GE/Stück bei Projekt II 11,00	11,20	11,40	11,60	11,80
subjektive Eintrittswahrscheinlichkeit (in %)	8	12	48	26	6

Die durchschnittlichen **fixen Kosten** K^f in GE/Jahr seien relativ genau kalkulierbar und weitgehend gut vorhersagbar. Sie liegen bei Realisierung von Projekt I zwischen GE 260.000 und GE 300.000 mit folgender geschätzter Wahrscheinlichkeitsverteilung:

Tabelle 133: Fixe Kosten K_1^f bei Projekt I

Schätzer Nr.	**fixe Kosten** K_1^f in GE/Jahr bei Projekt I 260.000	270.000	280.000	290.000	300.000
1		O	N	P	
2	O		N		P
3	O	N	P		
4		O	N		P
5			O	N	P
6		O	N	P	
7	O	N		P	
8		O	N		P
9	O	N			P
10		O		N	P
subjektive Eintrittswahrscheinlichkeit (in %)	10	27,5	30	17,5	15

Für Projekt II seien folgende Schätzungen erfolgt:

Tabelle 134: Fixe Kosten K_2^f bei Projekt II

	fixe Kosten K_2^f in GE/Jahr bei Projekt II					
	430.000	440.000	450.000	460.000	470.000	480.000
subjektive Eintrittswahrscheinlichkeit (in %)	5	7,5	30	37,5	15	5

Die Investitionssumme für die beiden Projekte seien hinreichend genau bekannt und mögen betragen: I_1 = GE 900.000 für Projekt I und I_2 = GE 1.300.000 für Projekt II.

c) Berechnung der Ergebnisse und deren tabellarische oder grafische Darstellung

Die in den Tabellen 127 - 134 erarbeiteten Schätzwerte sind in das aufgestellte ROI-Modell einzusetzen, um die gefragte Zielgröße (ROI_1 für Projekt I und ROI_2 für Projekt II) zu berechnen. Dabei sind die einzelnen Schätzwerte entsprechend ihren (geschätzten) Eintrittswahrscheinlichkeiten zu berücksichtigen. Um dies sicherzustellen, soll für Projekt I und II je eine **Stichprobe** im Umfang von n = 1.000 ROI-Werten simuliert werden. Durch Verwendung der **Monte-Carlo-Methode** wird erreicht, dass die Stichproben **repräsentativ** sind.
Da die (subjektiven) Wahrscheinlichkeitsverteilungen der geschätzten Größen in Prozent mit einer Kommastelle angegeben sind (vgl. Tabellen 127 - 134), wären **dreistellige Zufallszahlen**, die man z.B. einer Zufallszahlentabelle (vgl. Tab. 109, S. 272 f.) entnehmen könnte, zu verwenden. Bei dreistelligen Zufallszahlen gibt es genau 1000 Möglichkeiten (000, 001, 002, ... , 998, 999). Da es sich um Zufallszahlen handelt, hat jede dreistellige Zahl die **gleiche Wahrscheinlichkeit**, und zwar 1/1000. Jede dreistellige Zufallszahl ist somit in der Lage, eine Eintrittswahrscheinlichkeit von 0,1 % **zu repräsentieren**.

aa) Normierung der Wahrscheinlichkeitsverteilungen

Der erste Schritt der Simulation besteht in der **Normierung der Wahrscheinlichkeitsverteilungen** der verschiedenen Schätzgrößen:

(a) Für **Projekt I**:

(1)	**Absatzmenge** x_1 in 1000 Stück/Jahr						
	70	80	90	100	110	120	130
Wahrscheinlichkeitsverteilung in %	5	12,5	22,5	25	22,5	10	2,5
zugeordnete Zufallszahlen (dreistellig)	001-050	051-175	176-400	401-650	651-875	876-975	976-000

(2)	Verkaufspreis p_1 in GE/Stück					
	14,70	14,85	15,00	15,15	15,30	15,45
Wahrscheinlichkeits-verteilung in %	7,5	22,5	30	22,5	12,5	5
zugeordnete Zufalls-zahlen (dreistellig)	001-075	076-300	301-600	601-825	826-950	951-000

(3)	Proportionale Kosten k_1 in GE/Jahr				
	10,50	10,60	10,70	10,80	10,90
Wahrscheinlichkeits-verteilung in %	10	22,5	40	17,5	10
zugeordnete Zufalls-zahlen (dreistellig)	001-100	101-325	326-725	726-900	901-000

(4)	Fixe Kosten K_1^f in GE/Jahr				
	260.000	270.000	280.000	290.000	300.000
Wahrscheinlichkeits-verteilung in %	10	27,5	30	17,5	15
zugeordnete Zufalls-zahlen (dreistellig)	001-100	101-375	376-675	676-850	851-000

(b) **Für Projekt II**:

(1)	Absatzmenge x_2 in 1000 Stück/Jahr					
	80	100	120	140	160	180
Wahrscheinlichkeits-verteilung in %	7,5	15	22,5	32,5	17,5	5
zugeordnete Zufalls-zahlen (dreistellig)	001-075	076-225	226-450	451-775	776-950	951-000

(2)	Verkaufspreis p_2 in GE/Stück							
	15,40	15,60	15,80	16,00	16,20	16,40	16,60	16,80
Wahrschein-lichkeitsver-teilung in %	5	7,5	10	12,5	30	20	10	5
zugeordnete Zufallszahlen (dreistellig)	001-050	051-125	126-225	226-350	351-650	651-850	851-950	951-000

(3)	Proportionale Kosten k_2 in GE/Jahr				
	11,00	11,20	11,40	11,60	11,80
Wahrscheinlichkeits-verteilung in %	8	12	48	26	6
zugeordnete Zufalls-zahlen (dreistellig)	001-080	081-200	201-680	681-940	941-000

(4)	Fixe Kosten K_2^f in GE/Jahr					
	430.000	440.000	450.000	460.000	470.000	480.000
Wahrscheinlichkeits-verteilung in %	5	7,5	30	37,5	15	5
zugeordnete Zufalls-zahlen (dreistellig)	001-050	051-125	126-425	426-800	801-950	951-000

Entsprechend dem zu wählenden Stichprobenumfang (z.B. n = 1.000) ist im zweiten Schritt eine Folge von dreistelligen Zufallszahlen Z_1, Z_2, Z_3, ... zu erzeugen oder einer Zufallszahlentabelle zu entnehmen. Mit jeder Zufallszahl lässt sich der dazugehörige Schätzwert (x_1, p_1, k_1, K_1^f, x_2 usw.) unter Verwendung der vorgenommenen Normierungen simulieren; diese können dann in die ROI-Formel einsetzt werden. Die Folge der so gewonnenen ROI-Werte ist jeweils eine **simulierte** (repräsentative) **Stichprobe**.

bb) Rechenbeispiel für eine erste Stichprobe

Mit je 4 dreistelligen Zufallszahlen, und zwar für Projekt I und Projekt II, kann je ein Stichprobenwert ermittelt werden. Wir wollen hier festlegen, dass die ersten 4 Zufallszahlen die Werte für Projekt I, und zwar in der Reihenfolge x_1, p_1, k_1, K_1^f verwendet werden sollen. Entsprechend werden die nächsten 4 Zufallszahlen in der gleichen Reihenfolge für die Werte von Projekt II herangezogen usw.
Für die **ersten beiden Stichprobenwerte** seien beispielsweise folgende je 4 dreistellige Zufallszahlen aus einer Zufallszahlentabelle gezogen worden:

für Projekt I: 805, 431, 230, 902
für Projekt II: 319, 294, 551, 167

Gemäß der vorgenommenen Normierung ergibt sich:

für Projekt I:

1. Zufallszahl 805 bedeutet x_1 = 110.000 Stück/Jahr
2. Zufallszahl 431 bedeutet p_1 = 15,00 GE/Stück
3. Zufallszahl 230 bedeutet k_1 = 10,60 GE/Stück
4. Zufallszahl 902 bedeutet K_1^f = 300.000 GE/Jahr

für Projekt II:

5. Zufallszahl 319 bedeutet x_2 = 120.000 Stück/Jahr
6. Zufallszahl 294 bedeutet p_2 = 16,00 GE/Stück
7. Zufallszahl 551 bedeutet k_2 = 11,40 GE/Stück
8. Zufallszahl 167 bedeutet K_2^f = 450.000 GE/Jahr

Setzt man diese Werte in die ROI-Formel ein, so erhält man die beiden **ersten simulierten ROI[1]-Werte**:

Projekt I: $$ROI_1^1 = \frac{(p_1 - k_1) \cdot x_1 - K_1^f}{I_1}$$

$$= \frac{(15{,}00 - 10{,}60) \cdot 110.000 - 300.000}{900.000} =$$

$$= \underline{\underline{0{,}2044 \, / \, \text{Jahr}}}$$

Projekt II: $$ROI_2^1 = \frac{(p_2 - k_2) \cdot x_2 - K_2^f}{I_2}$$

$$= \frac{(16{,}00 - 11{,}40) \cdot 120.000 - 450.000}{1.300.000} =$$

$$= \underline{\underline{0{,}0785 \, / \, \text{Jahr}}}$$

Führt man die Berechnung der simulierten ROI-Werte für je eine repräsentative Stichprobe mit hinreichend großem Stichprobenumfang n durch (z.B. für n = 1.000), so lassen sich die ermittelten Ergebnisse tabellarisch und grafisch darstellen.

cc) Tabellarische und grafische Darstellung der Rechenergebnisse

Im vorliegenden Beispiel wurde für die Simulation ein Stichprobenumfang von je n = 1.000 gewählt. Die auf einem Computer durchgeführte Simulation führte zu folgenden, nach Größenklassen ausgezählten **Ergebnissen** (ROI-Werte mit Wahrscheinlichkeiten) - vgl. Tabellen 135 und 136 -.
Diese **Verteilungsfunktionen** werden wiederum **Sicherheits- bzw. Risikoprofile** genannt. Das Sicherheitsprofil gibt die Wahrscheinlichkeiten dafür an, bestimmte Mindestrenditen (ROI-Mindestwerte) zu erzielen.
Die in Abbildung 45 gezeichneten Kurven (Sicherheitsprofile) geben an, mit welchen Wahrscheinlichkeiten welche Werte der Ergebnisvariablen (ROI_1 bzw. ROI_2) erreicht und überschritten werden. Im Beispiel kann bei Projekt I ein ROI_1 von mindestens 15 % p.a. mit einer Wahrscheinlichkeit von 57,20 % oder eine Mindestrendite von beispielsweise 6 % p.a. mit einer Wahrscheinlichkeit von 92,20 % erwartet werden.

Tabelle 135: Ergebnisdarstellung: ROI-Werte bei Projekt I (Verteilungsfunktion der Ergebnisvariablen ROI_1)

ROI_1 in % p.a. (für **Projekt I**)				absolute Häufigkeit	Wahrschein-lichkeit	kumulierte Wahrschein-lichkeit
unter	39	bis	36	2	0,20%	0,20%
"	36	bis	33	8	0,80%	1,00%
"	33	bis	30	19	1,90%	2,90%
"	30	bis	27	40	4,00%	6,90%
"	27	bis	24	89	8,90%	15,80%
"	24	bis	21	117	11,70%	27,50%
"	21	bis	18	147	14,70%	42,20%
"	18	bis	15	150	15,00%	57,20%
"	15	bis	12	157	15,70%	72,90%
"	12	bis	9	117	11,70%	84,60%
"	9	bis	6	76	7,60%	92,20%
"	6	bis	3	49	4,90%	97,10%
"	3	bis	0	24	2,40%	99,50%
"	0	bis	–3	5	0,50%	100,00%
				1.000		

Tabelle 136: Ergebnisdarstellung: ROI-Werte bei Projekt II (Verteilungsfunktion der Ergebnisvariablen ROI_2)

ROI_2 in % p.a. (für **Projekt II**)				absolute Häufigkeit	Wahrschein-lichkeit	kumulierte Wahrschein-lichkeit
unter	45	bis	42	1	0,10%	0,10%
"	42	bis	39	3	0,30%	0,40%
"	39	bis	36	10	1,00%	1,40%
"	36	bis	33	12	1,20%	2,60%
"	33	bis	30	25	2,50%	5,10%
"	30	bis	27	31	3,10%	8,20%
"	27	bis	24	45	4,50%	12,70%
"	24	bis	21	79	7,90%	20,60%
"	21	bis	18	102	10,20%	30,80%
"	18	bis	15	114	11,40%	42,20%
"	15	bis	12	104	10,40%	52,60%
"	12	bis	9	113	11,30%	63,90%
"	9	bis	6	101	10,10%	74,00%
"	6	bis	3	78	7,80%	81,80%
"	3	bis	0	68	6,80%	88,60%
"	0	bis	–3	42	4,20%	92,80%
"	–3	bis	–6	43	4,30%	97,10%
"	–6	bis	–9	22	2,20%	99,30%
"	–9	bis	–12	6	0,60%	99,90%
unter	–12	bis	–14,77*	1	0,10%	100,00%
				1.000		

* Rechnerisch minimal möglicher ROI-Wert

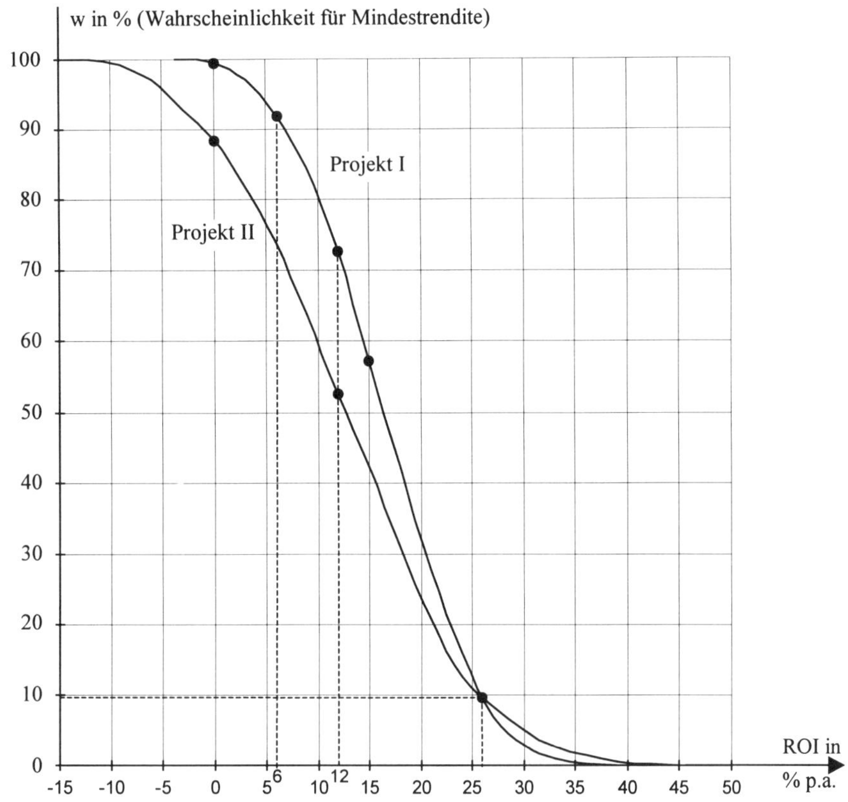

Abb. 45: Vergleich von Sicherheitsprofilen - Ergebnisauswertung einer Risikoanalyse für ein Auswahlproblem (Projekt I oder Projekt II)

Dieses Ergebnis dürfte einer Unternehmensleitung wiederum bessere Anhaltspunkte über die erwartenden ROI-Werte der beiden Projekte geben, als lediglich die Angabe einer mittleren Rentabilität. Es sei hier nochmals betont, dass sich das **Risiko einer Fehlbeurteilung** der Zukunftsentwicklungen nicht aus dem Weg räumen lässt. Die **Risiko-Analyse** kann demnach nicht das Ziel haben, das Risiko auszuschalten oder herabzusetzen; sie will vielmehr das **Risiko** analysieren, d.h. es quantifizieren und **sichtbar machen**.

d) Interpretation und Auswertung der Ergebnisse

Die **grafische Darstellung** der Risiko-Analyse zeigt auf der Abszisse die Werte der Ergebnisvariablen (Zielgröße) des Modells und auf der Ordinate die zugehörigen Eintrittswahrscheinlichkeiten. Die Kurve der kumulierten Wahrscheinlichkeiten gibt an, mit welchen Wahrscheinlichkeiten die Werte der Ergebnisvariablen erreicht und überschritten werden. Je stärker die Schätzungen der Einzeldaten **streuen**, je größer als das **Risiko** einer Fehlschätzung ist, desto **flacher** verläuft die **Kurve** der kumulierten Wahrscheinlichkeiten. Dagegen deutet ein **steiler Kurvenverlauf** auf dicht beieinander lie-

gende Schätzungen (**geringe Streuung** der Schätzwerte) und damit auf ein **geringes Risiko** hin.
Überschneiden sich die Sicherheitsprofile (ROI-Verteilungen) der beiden Projekte I und II (vgl. Abb. 45), so sind im Schnittpunkt die Chancen für eine Mindestrendite gleich - $ROI_1 = ROI_2$ - (Schnittpunkt der beiden Verteilungskurven = kritischer ROI-Wert = ROI^k). Im Beispiel ist der **kritische** Mindest-ROI-Wert für Projekt I und II etwa 26 % p.a. mit einer Wahrscheinlichkeit von ca. 9,7 %. Für kleinere Renditen als ROI^k ist Projekt I überlegen, für größere Renditen als ROI^k hingegen Projekt II.
Projekt I hat einen **steileren Verlauf** der ROI-Verteilung als Projekt II. Dies deutet auf dichter beieinander liegende Schätzungen (geringere Streuung der Schätzwerte) der Daten für die ROI-Ermittlung bei Projekt I hin und damit auf ein **geringeres Risiko** einer Fehlschätzung bei diesem Projekt. Das heisst, die Daten für Projekt I sind genauer bekannt als die für Projekt II.
Man erkennt weiter an Abb. 45, dass bei Projekt II mit einer 11,4 %igen gegenüber dem Projekt I mit einer 0,5 %igen Wahrscheinlichkeit mit einem Verlust gerechnet werden muss. Eine Rendite von mindestens 12 % p.a. kann bei Projekt I mit 72,9 % und bei Projekt II mit 52,6 % Wahrscheinlichkeit erwartet werden. Für eine Mindestrendite von 30 % und 35 % p.a. sind die Unterschiede - mit entgegengesetztem Vorzeichen - in den Eintrittswahrscheinlichkeiten nicht so groß.

Ist der ROI-Wert die maßgebende Zielgröße, so wird sich im relativen Vorteilhaftigkeitsvergleich ein vorsichtiger Investor im Fall des Beispiels Abb. 45 eher für Projekt I entscheiden. (In diesem Zusammenhang wäre noch das Problem des **Risikoverhaltens** der Entscheidungsträger zu diskutieren - vgl. *Runzheimer B.,* 1998, S. 80 ff.).

Für den Fall, dass die Sicherheitsprofile (ROI-Verteilungen) für zwei Projekte **A** und **B** den in Abb. 46 gezeigten Verlauf haben, ist A auf jeden Fall B vorzuziehen. Für jeden Wert von ROI ist die Wahrscheinlichkeit (w), eine bestimmte Mindestrendite zu erzielen, bei Projekt A größer als bei B. A dominiert also für jeden Wert von ROI über die Alternative B (vgl. Abb. 46).

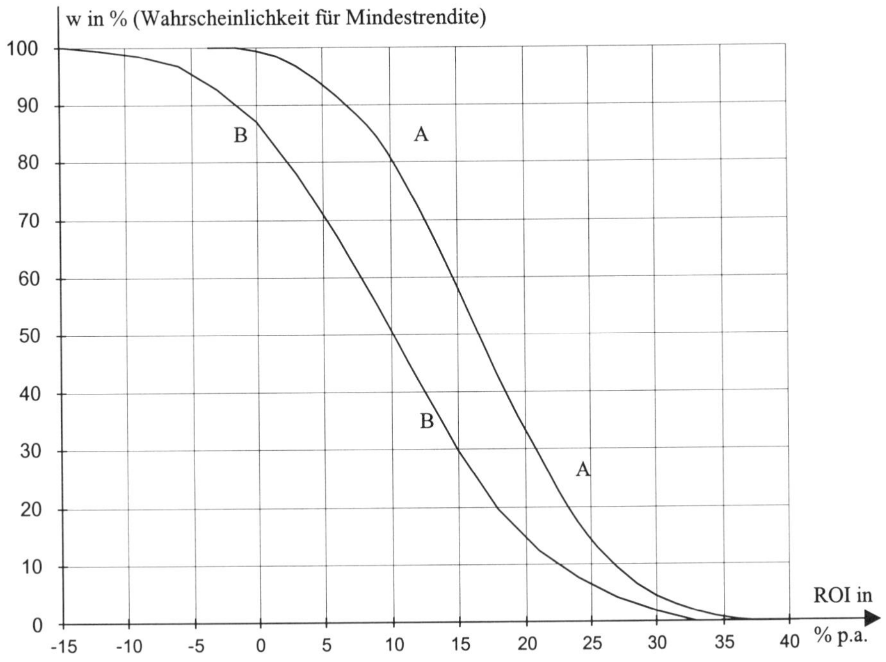

Abb. 46: Vergleich von Sicherheitsprofilen

Überschneiden sich hingegen die Sicherheitsprofile wie z.B. in Abb. 47 (und in Abb. 45), sind die Chancen für eine Mindestrendite ROI^k im Schnittpunkt gleich (Schnittpunkt der beiden Verteilungskurven = kritischer ROI-Wert), und zwar ist im Beispiel Abb. 47 der kritische Mindest-ROI-Wert etwa 15,5 % p.a. mit einer Wahrscheinlichkeit von ca. 56 %. Für kleinere Renditen als ROI^k ist Projekt A überlegen, bei größeren Renditen als ROI^k hingegen Projekt B.

Projekt A hat gem. Abb. 47 einen **steileren** Verlauf der ROI-Verteilung als Projekt B. Man erkennt weiter an Abb. 47, dass bei Projekt B mit einer 10 %igen gegenüber dem Projekt A mit einer 2 %igen Wahrscheinlichkeit mit einem Verlust gerechnet werden muss. Die Wahrscheinlichkeit, dass das ROI sogar bei –5 % p.a. liegt, beträgt bei Projekt B noch etwa 4 %, bei Projekt A dagegen 0 %. Eine Rendite von mindestens 10 % p.a. kann bei Projekt A mit 79 % und bei Projekt B mit etwa 70 % Wahrscheinlichkeit erwartet werden. Für eine Mindestrendite von 25 % und 35 % p.a. sind die Unterschiede - mit entgegengesetztem Vorzeichen - in den Eintrittswahrscheinlichkeiten ebenfalls beachtlich. Ist der ROI-Wert die maßgebende Zielgröße, so wird sich im Vorteilhaftigkeitsvergleich ein vorsichtiger Investor im Fall des Beispiels Abb. 47 eindeutig für Projekt A entscheiden, ein risikofreudiger Investor dagegen eher für Projekt B. Eine etwa 10 %ige Wahrscheinlichkeit für einen möglichen Verlust bei Projekt B mag jedoch auch einen risikofreudigen (risikozugeneigten) Unternehmer von einer Entscheidung für B abhalten, selbst wenn mit ebenfalls 10 % Wahrscheinlichkeit eine Rendite von mindestens 32 % p.a. bei diesem Projekt erwartet werden kann.

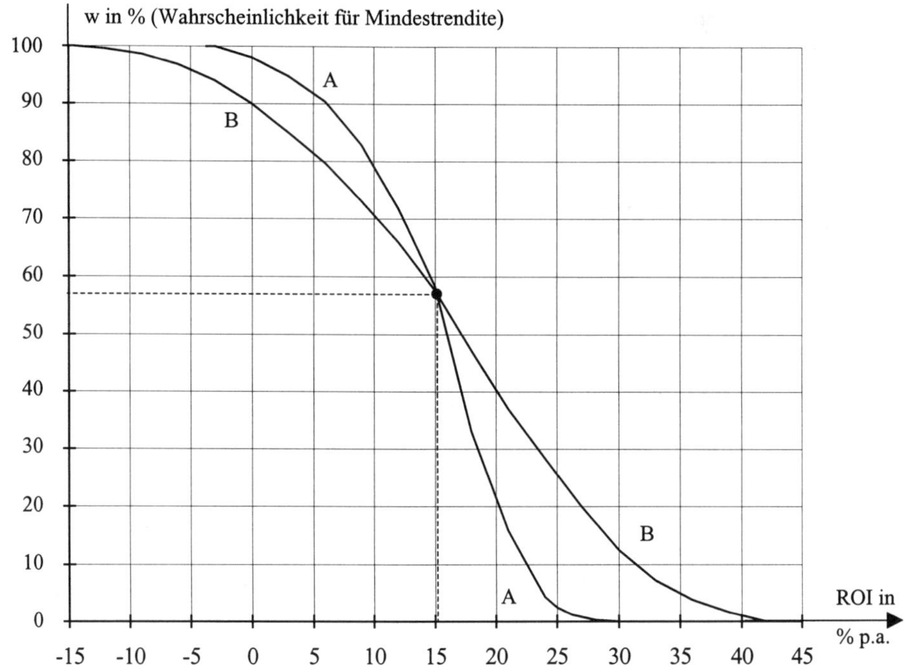

Abb. 47: Vergleich von Sicherheitsprofilen - Ergebnisauswertung einer Risikoanalyse für ein Auswahlproblem

e) Anwendungsmöglichkeiten der Risiko-Analyse

Die Risiko-Analyse hat in der Praxis der Planung bei unsicheren Erwartungen bereits eine vielseitige Anerkennung erhalten. Ihre Hauptanwendungsgebiete liegen bisher vor allem in der **Investitionsplanung** (*Kern, W.*, 1974, S. 338 f.; *Blohm, H.*, *Lüder, K.*, 1995, S. 256 ff.; *Perridon, L.*, *Steiner, M.*, 1997, S. 120 ff.; *ter Horst, K. W.*, 1980, S.137 ff.; *Kruschwitz, L.*,1995, S. 277 ff.), Lagerhaltungsplanung *(Meyer, M., Hansen, K.*, 1996, S.143 ff.; *Neubürger, K. W.*, 1980, S. 80 ff.), Gewinnprognose, Untersuchung der Vorteilhaftigkeit einer Fusion von Unternehmen, praktische Anwendung mikroökonomischer Preismodelle *(Müller-Merbach, H.*, 1972 S. 244 f.), Werbeplanung (*Hanssmann, F.*, 1993, S. 199 ff.) sowie der Wirtschaftichkeitsprognose für neue Produkte (Lazak, *D.*, 1973, S. 296 ff.). „Die Anwendungsgebiete der Risiko-Analyse sind fast unbegrenzt. Sie ist überall dort einsetzbar, wo ein quantitativ formulierbares Entscheidungsproblem vorliegt, bei dem die Werte der Einflussgrößen - zumindest teilweise - nicht exakt bekannt, sondern nur schätzbar sind“ *(Müller-Merbach, H.*, 1973, S. 469).

III. Simulationssprachen

A. Grundsätzliches zur Simulation mit DV

Ein wesentlicher Schritt der **Simulation** ist die Vornahme von **Berechnungsexperimenten**, d.h. die Berechnung **alternativer** Einzelfälle. Grundsätzlich lässt sich diese Aufgabe mit Papier und Bleistift lösen. In den allermeisten Fällen nimmt jedoch die Anzahl der notwendigen Rechenschritte einen solchen Umfang an, dass sie sich ohne Computerunterstützung nicht (wirtschaftlich) bewältigen lassen. Erst die sehr hohe Rechengeschwindigkeit eines Computers ermöglicht die wirtschaftliche Bearbeitung von komplizierteren Fragestellungen mit Hilfe der Simulation.
Durch die Verwendung von Computern wird die Schnelligkeit und u.U. die Genauigkeit der Berechnung erheblich gesteigert. Voraussetzung ist jedoch ein zusätzlicher Arbeitsschritt, nämlich die **Übertragung des Simulationsmodells in ein Computerprogramm**.
Beim **Digitalrechner** werden alle Rechengrößen ziffernmäßig (mit einer begrenzten Stellenzahl) dargestellt. Den Benutzer braucht hier nicht zu interessieren, wie und in welcher physikalischen Form dies geschieht. Die Operationen mit den Variablen eines Modells erfolgen über ein einziges Rechenwerk, das über eine bestimmte Fülle möglicher Operationen verfügt und von einem Steuerwerk gesteuert wird. Dieses Steuerwerk bezieht seine Anweisungen in Form von Befehlen aus einem Programm (Computerprogramm), das selbst ebenso wie die Rechengrößen (Daten) in einem Speicher steht und von dort nach Bedarf vom Steuerwerk abgerufen wird. Der **Digitalrechner** ist - im Gegensatz zum **Analogrechner** - primär auf **diskrete Probleme** ausgerichtet. Stetige Abläufe (Variablen) werden durch diskrete Abläufe (Variablen) approximiert. Der breite Einsatz des **Digitalrechners** für betriebs- und verwaltungswirtschaftliche Aufgaben und seine hervorragende Eignung zur Aufnahme von diskreten Modellen prädestinieren ihn für den Einsatz in der (rechnerischen) Simulation. Modelle wie Systeme lassen sich je nach Art der betrachteten Variablen u.a. nach „zeitstetig", „zeitdiskret", „strukturstetig" und „strukturdiskret" klassifizieren *(Niemeyer, G.,*1972, S. 10 f.). Simulationsmodelle, die mit Digitalrechnern bearbeitet werden, müssen wegen der **begrenzten Stellenzahl** des Rechners stets zeit- und strukturdiskret sein. Die zugrundeliegenden Realsysteme können durchaus zeit- und strukturstetige Variablen beinhalten. Kontinuierliche Prozesse und Variablen lassen sich also auf **Digitalrechnern** nur - allerdings sehr gut - approximativ darstellen. Diese Approximation erfolgt durch Definition hinreichend kleiner Zeit- und Maßeinheiten.

Die **Programmierung von Digitalrechnern** kann auf unterschiedlichen sprachlichen Ebenen erfolgen. Bei der Entwicklung von Simulationssprachen lassen sich vier Konzepte unterscheiden (*Lutz, M.* 1998, S. 193 ff.):

(1) Entwicklung neuer Sprachen mit Simulationselementen (SIMULA - die Basis der objektbezogenen Sprachen);
(2) Entwicklung spezieller Sprachen (GPSS, SIMSCRIPT-Programme);

(3) Fortentwicklung und Erweiterung bestehender Sprachen (GPSS-FORTRAN, SIM PL/1, Pascal Plus);
(4) Entwicklung von komplexen Simulationspaketen für Spezialanwendungen, die auf anderen Sprachen basieren (NETSIM).

Dabei ist die Entwicklung durch folgende Generationen gekennzeichnet:

1. Generation: Modellaufbau mit höheren Programmiersprachen wie ALGOL, FORTRAN, PL/1
2. Generation: Unterstützung in Ablaufkontrolle, Generierung von Zufallszahlen, Präsentation wie SIMSCRIPT, GPSS, SIMULA, GPSS-FORTRAN 3
3. Generation: Spezielle Anwendungsorientierung durch Simulatoren mit Animation wie SIMFACTORY, NETSIM, GPSS/H mit Proof Animation
4. Generation: Modellspezifikation, Experimentumgebung und Grafik wie SIMPLE++ und Simulink

In der ersten Generation erfolgte die Programmierung von **Simulationsmodellen** noch mit höheren Programmiersprachen. Das Schwergewicht des zeitlichen Aufwandes bei der Simulation lag auf der Programmierung des Simulationsmodells. Bei den **mathematisch-analytischen Methoden des Operations Research** kommt den **Standardprogrammen (Bibliotheksprogrammen)** eine große Bedeutung zu. Solche Programme auf dem Softwaremarkt sind für Probleme entwickelt worden, die häufig vorkommen und eine relativ starre Form haben, so dass der gleiche Algorithmus verwendet oder zumindest ein großer Teil der notwendigen Berechnungsschritte standardisiert werden kann. Bei dem Einsatz für ein bestimmtes Problem bedürfen solche Standardprogramme nur einiger, relativ geringfügiger Modifikationen und Ergänzungen. Der Benutzer von Standardprogrammen braucht also im Wesentlichen nur die Daten seines Problems in der vorgeschriebenen Weise zusammenzustellen und in den Computer einzugeben. Der **Programmieraufwand** kann also nahezu ganz oder zu erheblichen Teilen entfallen, wenn Standardprogramme verfügbar sind.
Die Möglichkeiten zur Entwicklung von **Standardprogrammen für die Simulation** sind jedoch **sehr begrenzt.** Dies liegt daran, dass die Simulationsmodelle eben keine Algorithmen mit starren, formalen Strukturen darstellen. So unterschiedlich wie die Problemstellungen sind, so vielfältig sind die entwickelten Simulations-Programmiersysteme. Jedes System beruht auf einer speziellen „Modellphilosophie" und eignet sich besonders für bestimmte Problemtypen. Im Allgemeinen muss jedoch für **jedes Simulationsmodell ein eigenes** - gewissermaßen handgestricktes - **Programm erstellt** werden. Zudem ist es nicht selten notwendig, die ursprüngliche Modellformulierung noch öfters zu ändern, ehe ein Simulationsmodell ein bestimmtes Problem hinreichend gut abbildet. Aus diesen Gründen wurde an der Entwicklung von **speziellen Programmiersprachen für die Simulation** gearbeitet. Solche **Simulationssprachen** bestehen im Wesentlichen aus **Makrobefehlen**, die symbolisch für eine ganze Kette von Einzelbefehlen stehen. Mit Hilfe der Makrobefehle ist es möglich, ein Simulationsmodell durch relativ wenige Befehle zu verschlüsseln. Die **Simulationssprachen** enthalten z.B. Routinen zur Generierung von Zufallszahlen, die den gebräuchlichen Wahrscheinlichkeitsverteilungen unterliegen (Gleich-, Normal-, Poisson-, Binomialverteilung etc.), zur Bestimmung statis-

tischer Maßzahlen (Mittelwerte, Streuungsmaße etc.) sowie für normale Auswertungen (wie Wartezeiten, durchschnittliche und maximale Längen der Warteschlangen, mittlere Durchlaufzeiten usw.).
Die heute verfügbaren speziellen Programmiersysteme für die Simulation sind auch für einen Laien auf dem DV-Gebiet leicht und schnell anwendbar. Sie erlauben einen hohen Grad an Flexibilität bei der Formulierung von Simulationsmodellen. Erst die erhebliche Vereinfachung der Programmierung von Simulationsmodellen - verbunden mit einer beachtlichen Verminderung des Programmieraufwandes - haben den breiteren Einsatz der Simulation in der Betriebswirtschaft ermöglicht.

B. Die bekanntesten Simulationssprachen

Jeder **Simulationssprache** liegt ein bestimmtes Modellkonzept („Modellphilosophie") zu Grunde. Obwohl diese Konzeptionen recht allgemein und oft nahe verwandt sind, bedeutet dies eine Einschränkung für die Einsatzbreite einer jeden Simulationssprache.

Die **bekanntesten Simulationssprachen** sind etwa:
(1) GPSS (General Purpose Simulation System) bei IBM 1961 entwickelt und seitdem ständig angepasst und verbessert (z.B. GPSS-FORTRAN 3).
(2) SIMULA (Simulation Language) in Norwegen etwa 1965 entwickelt und u.a. auf den Erfahrungen mit SIMSCRIPT und CSL aufbauend (SIMULA ist die Basis der objektbezogenen Sprachen).
(3) CSL (Control and Simulations Language) von der IBM United Kingdom ca. 1962 für die Esso entwickelt (Esso Petroleum Co. Ltd. u. IBM United Kingdom Ltd., 1963; *Koxholt, R.*, 1967, S. 66-71) - Nachfolgeversion ACSL.
(4) SIMSCRIPT entwickelt etwa 1962 von der RAND-Corporation und seitdem ständig angepasst und verbessert (*Markowitz, H.* u.a, 1963; *Koxholt, R.*, 1967, S. 64-66); eine Einführung in SIMSCRIPT $II._5$ mit Beispielprogramm findet sich z.B. in *Lutz, M.*, 1998, S. 193-204).
(5) GSP (General Simulation Program) von *K. D. Tocher* u.a. bei der United Steel Companies Ltd. in England etwa 1959 entwickelt (*Koxhold, R.*, 1967, S. 57-59).
(6) DYNAMO (Dynamic Model von *A. L. Pugh* etwa 1961 im Rahmen des „Industrial Dynamics Project" entwickelt (*Pugh, A. L.*, 1963; *Koxholt, R.*, 1967 S. 88-91; *Forrester, J. W.*, 1968).
(7) SLAM (Simulation Language for Alternative Modeling) von Pritsker & Associates, Inc. 1979 und in Nachfolgeversionen (z.B. SLAM II) 1981 entwickelt (*Weber, K.* u.a., 1983, S. 63).
(8) Simulatoren mit Animation wie SIMFACTORY, NETSIM, GPSS/H mit Proof Animation (vgl. *Lutz, M.*, 1998, S. 193).
(9) SIMPLE++ oder Simulink als Sprachen der 4. Generation (http://www.scientific.de und http://www.mathworks.com).

IV. Vor- und Nachteile der Simulation im Vergleich zu den mathematisch-analytischen Methoden

Als **Vorteile** der **digitalen Simulation** sind zu nennen:

(1) Die Fähigkeit, die Strukturen beliebiger realer Systeme abzubilden, und zwar mit einem Grad von Komplexität und Wirklichkeitsnähe wie er bei mathematisch-analytischen Modellen nicht erreichbar ist.
Auf Grund dieser Tatsache können Simulationsmodelle eine Forderung erfüllen, die in der Literatur immer wieder mit Recht erhoben wird, nämlich die **Realität** möglichst isomorph (strukturgleich), d.h. **wirklichkeitsnah im Modell abzubilden**. Insbesondere gestatten die Simulationsmodelle die gleichzeitige Einbeziehung deterministischer und stochastischer Variablen, wodurch eine gute Approximation der simulierten Experimente an die entsprechenden Realexperimente erreicht werden kann. „Das bedeutet, dass man an einem Simulationsmodell dieselben Versuche, Messungen und Beobachtungen vornehmen kann wie am wirklichen System" (*Niemeyer, G.*, 1972, 15). „Immerhin spricht es für die Leistungsfähigkeit der Simulationstechnik, dass offenbar die Tendenz besteht, die Simulationsmodelle eher zu realistisch und kompliziert zu gestalten, als sie übermäßig zu vereinfachen" (*Müller, W.*, 1969, S. 135). *P. Rivett* bezeichnet die Simulation als die „wohl leistungsfähigste aller Lösungstechniken" (1974, S. 137).

(2) **Simulationsmodelle sind** in aller Regel wesentlich **anschaulicher als mathematisch-analytische Modelle**; sie lassen sich leichter durchschauen, da das **Systemverhalten im Zeitablauf direkt beobachtet werden kann**. Das hat den Vorteil, dass die Auftraggeber auch ohne qualifizierte mathematische Kenntnisse das Systemverhalten oder einen Lösungsgang bequemer nachvollziehen können. In der Praxis ist man sogar häufig gezwungen, „die Richtigkeit einer mathematischen Lösung mit Hilfe eines simulierten Experimentes zusätzlich unter Beweis zu stellen, ehe sie vom Auftraggeber akzeptiert wird" (*Koxholt, R.*, 1967, S. 104).

(3) Die **Simulation** kommt durchweg **ohne großen mathematischen Aufwand** aus, da sich das Verhalten der einzelnen Komponenten und ihre Abhängigkeiten im Allgemeinen aus dem Systemaufbau ergeben. Nur bei besonders komplexen Abläufen müssen einzelne Abhängigkeiten und Verhaltensweisen durch mathematische Funktionen dargestellt werden. „Die Abwesenheit oder sparsame Verwendung von Mathematik macht die Systemsimulation einem großen Kreis von Anwendern zugänglich" (*Niemeyer, G.*, 1972, S. 15 f.).

(4) Mathematisch-analytische Modelle müssen sehr oft auf bestimmte Datenkonstellationen, z.B. bestimmte statistische Verteilungen ausgerichtet sein. Änderungen in den Datenkonstellationen können dann das gesamte Modell stark beeinträchtigen oder gar wertlos machen. **Simulationsmodelle** dagegen können sehr viel **flexibler angepasst** werden. Sie haben mithin ein **kleineres Entwicklungsrisiko**.

Als **Nachteile** der **digitalen Simulation** sind zu nennen:

(1) Für die **Simulation** existieren **keine spezifischen Lösungsalgorithmen**, die zu einem Optimum führen. Ein Optimum, sofern es definierbar ist, kann durch Simulationen mit Sicherheit nur dann gefunden werden, wenn alle möglichen Varianten

durchgerechnet werden. Die Kombinatorik lehrt uns aber, dass dies ab einer gewissen Zahl von Varianten zu einer so großen Zahl von Möglichkeiten führt, dass sie praktisch nicht alle durchgerechnet werden können. Man ist also bei der Suche nach dem Optimum auf ein **systematisches Probieren (heurstische Verfahren)** angewiesen (vgl. *Emshoff, J., Sisson, R.*, 1972, S. 251-262). Eine begrenzte Anzahl von Modellrechnungen (eine Stichprobe) muss genügen, um diejenige mit dem besten Resultat (als **Suboptimum**) auszuwählen. Das tatsächliche Optimum wird im Zweifel unentdeckt bleiben.

(2) Da für die **Simulation** im Gegensatz zu den mathematisch-analytischen Methoden nur sehr begrenzte Standardprogramme entwickelt werden können, ist der **Programmieraufwand der Simulation** - trotz der Entwicklung spezieller Simulationssprachen und komplexer Simulationspakete - bei umfangreichen Simulationsstudien nicht zu vernachlässigen.

Übungsfragen zum 4. Kapitel

1. Was versteht man unter Simulation?
2. Welche Probleme bestehen hinsichtlich der Anwendung des Realexperimentes in der Betriebswirtschaft? Wie ist die Anwendungsmöglichkeit des Realexperimentes in der Betriebswirtschaft zu beurteilen?
3. Welche Arten der Simulation lassen sich unterscheiden?
4. Wie lässt sich eine Simulation mit Hilfe der Monte-Carlo-Methode beschreiben?
5. Was versteht man unter Zufallszahlengeneratoren?
6. Wie lassen sich Pseudozufallszahlen generieren?
7. Wie können Zufallszahlen auf ihren Zufallscharakter hin statitstisch getestet werden?
8. Wie lässt sich eine Zufallszahlentransformation mit Hilfe der Transformationsmethode durchführen?
9. Wie lassen sich Ergebnisse einer Simulation statistisch auswerten?
10. Wie lassen sich optimale Entscheidungsregeln mit Hilfe der Simulation ermitteln? Warum handelt es sich bei den simulierten Ergebnissen jeweils um sog. Suboptima?
11. Wie lässt sich die Vorgehensweise der Simulation zur Bestimmung optimaler Entscheidungsregeln im Bereich der Lagerhaltung beschreiben?
12. Was versteht man unter Risiko-Analyse?
13. In welchen Schritten kann eine Risiko-Analyse im Wesentlichen ablaufen?
14. Welche Möglichkeiten und Probleme bestehen bei der Beschaffung der notwendigen Daten für ein mathematisches Modell, das zur Risiko-Analye verwendet werden soll?
15. Wie lässt sich eine Stichprobe mit Hilfe der Monte-Carlo-Methode simulieren?
16. Wie lassen sich Simulationsergebnisse im Zusammenhang mit der Risiko-Analyse darstellen und auswerten?
17. Was versteht man unter Sicherheits- und Risikoprofil? Wie lassen sich solche Profile interpretieren?

18. Welche Anwendungsmöglichkeiten bestehen für die Risiko-Analyse und wie lässt sich der Wert der durch die Risiko-Analyse gewonnenen Informationen beurteilen?
19. Was versteht man unter Simulationssprachen? Welche Vor- und Nachteile haben sie im Vergleich zu den höheren Programmiersprachen?
20. Wie lassen sich die Vor- und Nachteile der Simulation im Vergleich zu den mathematisch-analytischen Methoden beschreiben?

Literatur zum 4. Kapitel

Einführungen und Gesamtdarstellungen:

Bauknecht, K., Kohlas, J., Zehnder, C. A.: Simulationstechnik, Entwurf und Simulation von Systemen auf digitalen Rechenautomaten, Berlin - Heidelberg - New York 1976.

Bea, F. X.: Simulation, Stuttgart - New York 1983.

Bossel, H.: Modellbildung und Simulation, 2.A., Wiesbaden 1994.

Breitenecker, F., u.a. (Hg.): Simulationstechnik: Tagungsband, Wiesbaden 1990.

Emshoff, J. R., Sisson, R. L.: Simulation mit dem Computer (deutsche Übersetzung), München 1972 - ausführliche Gesamtdarstellung.

Fishman, G.S.: Monte Carlo Concepts, Algorithms and Applications, New York u.a. 1996.

Fricke, T.: Neue Algorithmen zur Simulation von Zufallsprozessen, Aachen 1994

Gehring, H.: Simulation, in: *Gal, T.* (Hg.): Grundlagen des Operations Research, Band 3, 3.A., Berlin - Heidelberg - New York 1992, S. 290 - 339.

Grams, T.: Simulation - Strukturiert und objektorientiert programmiert - , Heidelberg 1992.

Köcher, D. u.a.: Einführung in die Simulationstechnik, Deutsche Gesellschaft für Operations Research (Hg.), Frankfurt/M. 1972 - ausführliche Gesamtdarstellung mit Lagerhaltungssimulation.

Komarnicki, J. (Hg.): Simulationstechnik, Düsseldorf 1980.

Koxholt, R.: Die Simulation - ein Hilfsmittel der Unternehmensforschung, München - Wien 1967 - Gesamtdarstellung.

Krüger, S.: Simulation. Grundlagen, Techniken, Anwendungen, Berlin - New York 1975 - Gesamtdarstellung mit Anwendungsbeispielen.

Liebl, F.: Simulation - Problemorientierte Einführung -, 2.A., Oldenburg 1995.

Lutz, M.: Operations Research Verfahren - verstehen und anwenden, Köln 1998.

Mertens, P.: Simulation, 2.A., Stuttgart 1982 - einführende Gesamtdarstellung.

Müller, W.: Die Simulation betriebswirtschaftlicher Informationssysteme, Wiesbaden 1969 - einführende Darstellung mit Anwendungsbeispielen.

Neumann, K.: Operations Research Verfahren, Band 2: Dynamische Optimierung, Simulation, Lagerhaltung, Warteschlangen, München 1976 - Gesamtdarstellung mit Anwendung auf Warteschlangenprobleme.

Niemeyer, G.: Systemsimulation, Frankfurt/M. 1973.

Piefke, F.: Simulation mit dem Personalcomputer, Heidelberg 1991.

Piehler, J., Zschiesche, H.-U.: Simulationsmethoden, 4.A., Thun und Frankfurt/M. 1990.

Salzmann, M.: Genetische Algorithmen in diskreten Simulationen, ARGESIM - Arbeitsgemeinschaft in der Gesellschaft für Informatik - Report, Wien 1996.

Sobol, J. M.: Die Monte-Carlo-Methode, 4.A., Berlin 1991.

Spaniol, O., Hoff, S.: Ereignisorientierte Simulation, Bonn u.a. 1995.

Witte, T.: Simulationstheorie und ihre Anwendung auf betriebliche Systeme, Wiesbaden 1973 - Simulationstheorie mit Anwendungsbeispielen.

Witte, T.: Simulation von Produktionssystemen mit SLAM – Eine praxisorientierte Einführung, Bonn-Paris 1994.

Zühlke, D., Küster, J.: Die Simulation als Planungshilfsmittel, in: VDI-Z 136 (1994), Nr. 5 - Mai, S. 33-37.

Anwendungsschwerpunkte der Simulation behandeln:

Adam, D.: Ansätze zu einem integrierten Konzept der Fertigungssteuerung bei Werkstattfertigung, in: *Adam, D.* (Hg.): Neuere Entwicklungen in der Produktions- und Investitionspolitik, Wiesbaden 1987, S. 17 ff. - Simulationsstudien zur belastungsorientierten Auftragsfreigabe - S. 27-44.

Adelberger, O. L., Günther, H. N.: Fall- und Projektstudien zur Investitionsrechnung, München 1982 - Fallstudien zur Risikoanalyse -.

Adelberger, O. L.: SIMULFIN - Die Finanzwirtschaft der Unternehmung als Simulationsexperiment, Darmstadt 1976.

Andres, C., Freundl, M.: Ein Simulationsmodell zur Optimierung des Produktionsablaufes, in: *Fleischmann, B.* u.a. (Hg.): Operations Research Proceedings 1981, Berlin - Heidelberg - New York 1982, S. 551 ff.

Biethan, J.: Optimierung und Simulation - Anwendung verschiedener Optimierungsverfahren auf ein stochastisches Lagerhaltungsproblem, Wiesbaden 1978.

Blohm, H., Lüder, K.: Investition, 8.A., München 1995, S. 256 ff.

Blohm, H.: Methoden zur Prognose technischer Entwicklungen; in WISU 3/1979, S. 115 ff. und 4/1979, S. 167 ff.

Brunnberg, J.: Optimale Lagerhaltung bei ungenauen Daten, Wiesbaden 1970, S. 71 ff. und 39 ff. - Anwendung auf Lagerhaltungsplanung.

Buslenko, N. P.: Simulation von Produktionsprozessen (deutsche Übersetzung), Leipzig 1971 - Spezialwerk über die Simulation von Produktionsprozessen für mathematisch Interessierte.

Busse von Colbe, W.: Bereitstellungsplanung - Einkaufs- und Lagerpolitik, in: *Jacob, H.:* Industriebetriebslehre, 4.A., Wiesbaden 1990, S. 595 ff., hier S. 639 ff.

Chamoni, P.: Simulation störanfälliger Systeme, Wiesbaden 1986.

Coenenberg, A. G.: Unternehmensbewertung mit Hilfe der Monte-Carlo-Simulation, in: ZfB 1970, S. 793-804.

Detlefson, K.: Computerunterstützte kurzfristige Finanzplanung in Industriebetrieben, München 1979, S. 31 ff.

Diruf, G.: Die quantitative Risikoanalyse. Ein OR-Verfahren zur Beurteilung von Investitionsprojekten, in: ZfB 1972, S. 821 ff.

Dübbers, K.: Simulation neuer Nahtransportsysteme, in: *Fandel, G.* u.a. (Hg.): Operations Research Proceedings 1980, Berlin - Heidelberg - New York 1981, S. 49 ff.

Feldmann, L., Prüssel, M.: Logiksimulation mit dem PC, Poing 1997.

Friederich, D. Simulation in der Fertigungssteuerung, Wiesbaden 1998.

Geitner, U. W.: Integrierte Unternehmensplanung durch Simulation - Verkaufs-, Produktions-, Personal-, Kosten- und Investitionsplanung, Wiesbaden 1984.

Geitner, U. W.: Mittel- und langfristige Kapazitätsplanung mit Simulation, in *Bea, F. X.* u.a. (Hg.): Investition, München/Wien 1981, S. 264-282.

Geitner, U. W.: Simulationsmodell für die Auftragsplanung, Krefeld 1983.

Grob, H.: Einführung in die Investitionsrechnung – Eine Fallstudiengeschichte, 2.A., Hamburg 1994.

Hahn, D.: Planungs- und Kontrollrechnung - PuK, 5.A., Wiesbaden 1996, S. 385 ff. - Simulation zur Bestimmung deckungsbeitragsoptimaler Produktionsprogramme -.

Hansmann, K.-W.: PC-gestützte Produktionssteuerung bei Gruppen- oder Gemischtfertigung, in: *Adam, D.* (Hg.): Neuere Entwicklungen in der Produktions- und Investitionspolitik, Wiesbaden 1987, S. 79 ff. - Simulationsmodell zur Produktionssteuerung - S. 85-95.

Haun, M.: Simulation Neuronaler Netze, Renningen-Malmsheim 1998.

Hildenbrand, K.: Systemorientierte Risikoanalyse in der Investitionsplanung auf empirischer Grundlage, in: *Bea, F. X.* u.a. (Hg.): Investition, München - Wien 1981, S. 283-313.

Hoch, P.: Betriebswirtschaftliche Methoden und Zielkriterien der Reihenfolgeplanung bei Werkstatt- und Gruppenfertigung, Frankfurt/M. - Zürich 1973, S. 105 ff.

Hoffmann, J.: MATLAB und SIMULINK – Beispielorientierte Einführung in die Simulation dynamischer Systeme, Bonn 1997.

Kersten, F.: Simulation in der Investitionsplanung, Wiesbaden 1996.

Klenger, F., Krautter, J.: Simulation des Käuferverhaltens, Teil 1-3, Wiesbaden 1972.

Konrad, P.: Geschäftsprozess-orientierte Simulation der Informationssicherheit, Lohmar 1998.
Kralicek, P.: Kennzahlen für Geschäftsführer, 3.A., Wien 1995.
Kuhn, A., Rabe, M. (Hg.): Simulation in Produktion und Logistik. Berlin-Heidelberg-New York 1998.
Ludewig, J.: Simulationsmodelle ganzer Unternehmungen, Wiesbaden 1975 - Anwendungsbeispiele mit Computerprogrammen.
Mader, A., Allmer, H.: Computersimulation, St. Agustin 1996.
Mager, R.: Investitions- und Steuerplanung mit Systemsimulation, Frankfurt - Bern - New York 1984.
Marchal, G.: Die Simulation als Instrument der Fertigungsplanung, -steuerung und Prozeßoptimierung - dargestellt am Modell der Feuerverzinkung, Berlin 1982.
Meyer, M.: Operations Rresearch - Systemforschung, 4.A., Stuttgart 1996, S. 117-143 - Simulation des Fertigungsablaufes in einer industriellen Gießharzanlage.
Naddor, E.: Lagerhaltungssysteme (deutsche Übersetzung), Frankfurt/M. - Zürich 1971 – Lagerhaltungsplanung.
Neidhart, F.: Simulation eines Produktions-, Verteilungs- und Vertriebssystems, (Diss.), Zürich 1974.
Niemeyer, G.: Die Simulation von Systemabläufen mit Hilfe von FORTRAN IV, Berlin - New York 1972 - Anwendungsbeispiele mit Computerprogrammen.
Ordelheide, D.: Instandhaltungsplanung - Simulationsmodelle für Instandhaltungsentscheidungen (Diss.), Bochum 1971 sowie Wiesbaden 1973.
Panhölzl, G.: Simulaitonmanagement, Wien 1997.
Pidd, M.: Computer Simulation in Management Science, 4.A., GB-Chichester (West Sussex) 1998.
PROGNOS AG (Hg.): Simulation als Instrument der Planung in Wirtschaft und Verwaltung, München 1973 - Anwendungsbeispiele.
Schäfer, V.: Struktur und Probleme eines Simulationsmodells zur Bestimmung eines Werbeträgerplanes, Frankfurt/M. - Zürich 1971 - Werbeträgerplanung.
Swart, W., Donno, L.: Simulation Modeling Improves Operations, Planning, and Productivity of Fast Food Restaurants, in: Interfaces 1981, 35 ff.
Wagener, F.: Die partielle Risikoanalyse als Instrument der integrierten Unternehmensplanung, München 1978.
Wegner, F. E. H.: Projektplanung bei Unsicherheit (Diss.), Regensburg 1972, S. 109 ff. - Anwendung auf Netzplantechnik.
Welscheid, M.: Investitionsplanung und Risikoanalyse, Berlin - New York 1987.

Sonstige Literatur zum 4. Kapitel

Albach, H.: Informationsgewinnung durch strukturierte Gruppenbefragung - Die DelphiMethode - in: ZfB Ergänzungsheft 1970, S. 11-26.
Bamberg, G., Baur, F.: Statistik, 4.A., München - Wien 1985.
Bamberg, G., Coenenberg, A. G.: Betriebswirtschaftliche Entscheidungslehre, 9.A., München 1996.
Bea, F. X.: Simulation, in: WiSt Witschaftswissenschaftliches Studium 1977, S. 201-207.
Bea, F. X.: Theoretische Fundierung einer simulativen Investitionsplanung, in: *Bea, F. X.* u.a. (Hg.): Investition, München - Wien 1981, S. 342-369.
Bichler, K.: Beschaffungs- und Lagerwirtschaft, 7.A., Wiesbaden 1996.
Blohm, H. u.a.: Produktionswirtschaft, 3.A., Herne - Berlin 1997.
Brockhoff, K.: Unternehmensforschung - Eine Einführung, Berlin - New York 1973.
Busse von Colbe, W.: Bereitstellungsplanung - Einkaufs- und Lagerpolitik, in: *Jacob, H.* (Hg.): Industriebetriebslehre,, 4.A., Wiesbaden 1990, S. 591 ff.
Diruf, G., Schönbauer, J.: Operations Research Verfahren, 3.A., München 1993.
Fisher, R. A., Yates, F.: Statistical Tables, 3.A., London 1949.
Fishman, G. S., Kiviat, P. J.: The Analysis of Simulation Operated Time Series, in: Management Science 1967, S. 525 ff.
Fishman, G. S.: Bias Consideration in Simulation Experiments, in: Operations Research 1972, S. 786-790.
Forrester, J. W.: Industrial Dynamics, 8.A., Cambridge (Mass.) 1968.

Hanf, C.-H.: Entscheidungslehre, 2.A., München - Wien 1991.

Hanssmann, F.: Einführung in die Systemforschung, 4.A., München 1993.

Hanssmann, F.: Quantitative Betriebswirtschaftslehre, 4.A., München - Wien 1995.

Heinrich, L., Lüder, K. (Hg.): Angewandte Betriebswirtschaftslehre und Unternehmensführung, Festschrift zum 65. Geburtstag von Hans Blohm, Herne - Berlin 1985.

Helmer, O.: 50 Jahre Zukunft, Hamburg 1967.

Hertz, D. B.: New Power for Management, New York 1969.

Hertz, D. B.: Risk Analysis in Capital Investment, in: Harvard Business Review 1964, H. 1, S. 95 ff.

ter Horst, K. W.: Investitionsplanung, Stuttgart - Berlin - Köln - Mainz 1980.

Kellerer, H.: Theorie und Technik des Stichprobenverfahrens, 3.A., München 1963.

Kemeny, J. G. u.a.: Mathematik für die Wirtschaftspraxis, 2.A., Berlin - New York 1972, S. 202 ff.

Kern, W.: Investitionsrechnung, Stuttgart 1974.

Knuth, D. E.: The Art of Computer Programming, Vol. 2., Reading, Mass. 1969.

Kormarnicki, J. (Hg.): Simulationstechnik, Eine Einführung im Medienverbund, Düsseldorf 1980.

Korndörfer, W.: Allgemeine Betriebswirtschaftslehre, 11.A., Wiesbaden 1996.

Korndörfer, W.: Unternehmensführungslehre, 8.A., Wiesbaden 1995.

Kriz, J.: Statistik in den Sozialwissenschaften 4.A., Reinbek 1983.

Kruschwitz, L.: Investitionsrechnung, 6.A., Berlin - New York 1995.

Langendörfer, H.: Leistungsanalyse von Rechnersystemen, Messen, Modellieren, Simulation, Berlin-New York 1992.

Laux, H.: Entscheidungstheorie, 4.A., Berlin-Heidelberg-New York 1997.

Lazak, D.: Arbeitshandbuch zur Systemanalyse und exakten Unternehmensoptimierung, München 1973.

Lehmann, M. R.: Allgemeine Betriebswirtschaftslehre, 3.A., Wiesbaden 1956.

Leiner, B.: Spektralanalyse ökonomischer Zeitreihen, Wiesbaden 1978.

Linhardt, H.: Angriff und Abwehr im Kampf um die Betriebswirtschaftslehre, Berlin 1963.

Lorscheider, U.: Dialogorientierte Verfahren zur kurzfristigen Unternehmensplanung unter Unsicherheit, Heidelberg - Wien 1986.

Mach, E.: Erkenntnis und Irrtum, 5.A., Leipzig 1926.

Markowitz, H. u.a.: SIMSCRIPT - A Simulation Programming Language, Englewood Cliffs (N. J.) 1963.

Mc Call, M., Lombardo, M.: Using simulation for leadership and management research; Through the looking glass, in: OR 1982, pp. 533-549.

Meyer, M., Hansen, K.: Planungsverfahren des Operations Research, 4.A., München 1996.

Morgenstern, O.: Experiment und Berechnung großen Umfangs in der Wirtschaftswissenschaft, in: Weltwirtschaftliches Archiv 1956, S. 179 ff.

Müller, G.: Job-Shop-Simulation auf dem Minicomputer: Ein Instrument zur Reihenfolge- und Terminplanung in der Textilindustrie, (Diss.), Zürich 1978.

Müller-Merbach, H.: Operations Research, Methoden und Modelle zur Optimalplanung, 3.A., München 1973.

Müller-Merbach, H.: Risiko-Analyse, in: *Tumm, G. W.* (Hg.): Die neuen Methoden der Entscheidungsfindung, München 1972, S. 234 ff.

Müller-Merbach, H.: Risikoanalyse, in: Management - Enzyklopädie, Band 5, München 1971, S. 176-183.

Neubürger, K. W.: Risikobeurteilung bei strategischen Unternehmensentscheidungen, Stuttgart 1980, S. 80 ff.

Nieswandt, A.: Operations Research, 3.A., Herne - Berlin 1994.

Perridon, L., Steiner, M.: Finanzwirtschaft der Unternehmung, 9.A., München 1997.

Pflug, G.: Stochastische Modelle in der Informatik, Mit einem Anhang über Simulation, Stuttgart 1986.

Pugh, A. L.: DYNAMO User's Manual, The M. I. T. Press (Hg.), Cambridge (Mass.) 1963.

Rasch, D.: Mathematische Statistik, Heidelberg-Leipzig 1995.

Reichardt, H.: Statistische Methodenlehre für Wirtschaftswissenschaftler, 6.A., Opladen 1976.

Rivett, P.: Entscheidungsmodelle in Wirtschaft und Verwaltung (deutsche Übersetzung), Frankfurt/M. - New York 1974.

Roethlisberger, F. J., Dickson, W. J.: Management and the Worker, Cambridge (Mass.) 1949.

Runzheimer, B.: Das Experiment in der betriebswirtschaftlichen Forschung, (Diss.), Karlsruhe 1966.

Runzheimer, B.: Die Situationskontrolle im Experiment, 1. Ergänzungsheft zur ZfB 1968, S. 59 ff.

Runzheimer, B.: Risiko-Analyse in der Investitionsplanung, in: Der Betriebswirt 1978, S. 44-50.

Runzheimer, B.: Risiko-Analyse in der Investitionsplanung, in: *Frantz, U.* (Hg.): Gestaltungsformen von Informationssystemen in der Unternehmung, Lemgo, 1979, S. 755-776.

Runzheimer, B.: Operations Research II, Methoden der Entscheidungsvorbereitung bei Risiko, 2.A., Wiesbaden 1989.

Runzheimer, B.: Berücksichtigung des Risikos in der Investitionsentscheidung - insbesondere Darstellung des substitutionalen Ansatzes (multiple Zielsetzung) und des Entscheidungsbaumverfahrens, in: *Runzheimer, B., Barković, D.* (Hg.): Investitionsentscheidungen in der Praxis - Quantitative Methoden als Entscheidungshilfen, Wiesbaden 1998, S. 69 - 137.

Runzheimer, C.: Management komplexer Investitionsprojekte - klassische versus neugefaßte Managementkonzeption, in: *Runzheimer, B., Barković, D.* (Hg.): Investitionsentscheidungen in der Praxis - Quantitative Methoden als Entscheidungshilfen, Wiesbaden 1998, S. 151 - 165.

Sasieni, M., Yaspan, F., Friedman, L.: Methoden und Probleme der Unternehmensforschung (deutsche Übersetzung), Würzburg 1969.

Schaich, E., Köhle, D., Schweitzer, W., Wegner, F.: Statistik I, 3.A. München 1987, Statistik II, 2.A., München 1982.

Scheifele, M., Warschat, J.: Ereignisorientierte Simulationssprachen - Ein Überblick, in: Applied Systems Analysis 1983, pp. 125-133.

Schuppisser, H. R.: Die Gestaltung der Investitionsentscheidung unter Berücksichtigung des Risikos, Bern - Stuttgart 1978.

Schütt, K.-P.: Wahrscheinlichkeitsschätzungen im Computer-Dialog - Theorie, Methoden und eine experimentelle Studie zur Schätzung von subjektiven Wahrscheinlichkeiten, 2.A., Stuttgart 1981.

Schweitzer, M., Küpper, H. U.: Systeme der Kosten- und Erlösrechnung, 7.A., Landsberg - Lech 1998.

Stahlknecht, P.: Operations Research, 2.A., Braunschweig 1970.

Tocher, K. D.: The Art of Simulation, London 1963.

Wagenführ, R.: Statistik leicht gemacht, Köln 1967.

Wallis, W. A., Roberts, H. V.: Methoden der Statistik, Reinbek 1960.

Weber, K. u.a.: Simulation mit GPSS, Lehr- und Handbuch zu GPSS mit wirtschaftswissenschaftlichen Anwendungsbeispielen, Bern - Stuttgart 1983.

Zwicker, E.: Simulation und Analyse dynamischer Systeme in den Wirtschafts- und Sozialwissenschaften, Berlin - New York 1981.

Fünftes Kapitel: Warteschlangentheorie – Grundbegriffe und Anwendungsmöglichkeiten

I. Einleitung und Grundbegriffe

Warteschlangen oder Wartezeitprobleme treten immer dann auf, wenn entweder Einheiten, die bedient werden sollen bzw. wollen oder die Einrichtungen, die diese Bedienung durchführen sollen, „warten“, d.h. Leerzeiten (Wartezeiten) durchmachen. Warteschlangenprobleme entstehen in vielfältiger Weise im täglichen Leben. Da viele Personen einen beträchtlichen Teil ihrer Zeit in Warteschlangen verbringen, um zu bedienen oder bedient zu werden, sind **Warteschlangenprobleme** gut bekannt:

Tabelle 137: Beispiele für Wartesysteme

Nr.	ankommende Einheiten - Input -	Bedienungspunkt oder Bedienungsreihe	Zugangswarteschlange
1	Kraftwagen	Tankstelle, Parkplätze, Zollabfertigung, Engpass (Baustelle)	Fahrzeugschlangen
2	Kunden	Supermarktkassen, Bedienungsstände	wartende Kunden
3	Lieferaufträge	Verkaufsabteilung, Versand	Auftragsbestand
4	Güter	Transportsystem	Zwischenlager
5	Verkaufsware	Verkaufsstand	Lagerbestand
6	Entleiher	Bücherei	Vormerkungen
7	Flugzeuge	Landebahn	Flugzeuge im „Warteraum“
8	Ereignisse	Nachrichtenredaktion	Tagesereignisse, über die berichtet werden soll
9	Werkstücke	Fertigungsstellen	Zwischenlager
10	Schiffe	Docks	Schiffe auf Reede
11	Maschinenausfälle	Reparaturkolonne	Maschinenstillstände
12	Güter	Qualitätskontrollstellen	auszuliefernde Güter

Die adäquate (effiziente) Gestaltung dieser Systeme kann einen bedeutenden Effekt auf die Lebensqualität und die Produktivität haben. Die **Theorie der Warteschlangen** befasst sich nicht mit Einzelvorgängen, sondern mit **Massenerscheinungen**. **Warteschlangen**, und zwar **Zugangswarteschlangen** entstehen, wenn die Zahl der Einheiten

(Kunden, Lieferaufträge, Gäste, Flugzeuge, Maschinenstörungen, Werkstücke etc.), die in einem Zeitabschnitt an einer oder mehreren Abfertigungsstellen (Schalter, Auslieferungswagen, Kellner, Landebahnen, Reparaturmechaniker, Maschinen etc.) ankommen, vorübergehend oder ständig **größer** sind als die im gleichen Zeitabschnitt verfügbare Abfertigungs- oder Bedienungskapazität. Das heißt, bei Engpässen in der Abfertigungskapazität (periodenbezogen) entstehen **Zugangswarteschlangen**. Sind umgekehrt Bedienungsstationen frei und warten auf Einheiten, die bedient werden wollen (z.B. Warteschlangen von Taxis, die auf Fahrgäste warten), so entstehen **Abgangswarteschlangen**. Damit ist der **duale Charakter** des Warteschlangenproblems angedeutet.

Die ersten systematischen Arbeiten zur Behandlung der Warteschlangenprobleme hat der Däne *A. K. Erlang* 1909 veröffentlicht. In dieser und in späteren Arbeiten blieb die Anwendung der Theorie der Warteschlangen zunächst im Wesentlichen auf Telefonnetze beschränkt. Die breiten Anwendungsmöglichkeiten der Warteschlangentheorie wurden erst während und nach dem Zweiten Weltkrieg erkannt.

Im zweiten Weltkrieg wurden z.B. Flugzeuge, die vom Einsatz wohlbehalten zurückgekehrt waren, teilweise abgeschossen, weil sie auf Landeerlaubnis wartend im „Warteraum" über dem heimatlichen Flughafen „Schleifen ziehen" mussten. Man kann sich vorstellen, dass die Militärs angesichts dieses Sachverhalts nach Lösungen gesucht haben, die es erlaubten, solch folgenschwere **Wartezeiten** der Flugzeuge über dem heimatlichen Flughafen zu minimieren. Dabei kam u.a. die Warteschlangentheorie zur Anwendung.

In den letzten Jahren wurde die Warteschlangentheorie wahrscheinlich am häufigsten auf **interne Servicesysteme in Handels- und Industrieunternehmen** angewendet. Beispiele bilden Materialtransportsysteme, Instandhaltungssysteme, Qualitätskontrollstellen. (vgl. *Hillier, F.S., Lieberman, G.J.,* 1997, S. 509 f.)

Zurzeit kommt man zu der Erkenntnis, dass die Warteschlangentheorie auch auf **soziale Servicesysteme** angewendet werden kann (z.B. **Gerichtswesen** als Warteschlangennetzwerk, bei dem die Gerichte die Serviceeinrichtungen sind, die Richter - oder Gruppen von Richtern - die Bedienerstellen bilden, und die anstehenden Fälle, die verhandelt werden sollen, die Kunden darstellen. Ähnlich verhält es sich mit Gesetzgebungssystemen, verschiedenen Gesundheitsvorsorgesystemen, Zuteilungssysteme in Bezug auf Sozialwohnungen oder andere soziale Leistungen).

Ziel der systematischen Behandlung von Warteschlangenproblemen ist zunächst deren **Beschreibung**, um die **Probleme transparent** zu machen. Darüber hinaus kann die Theorie der Warteschlangen u.U. auch zur **Errechnung optimaler Lösungen** benutzt werden. Warten verursacht in der Regel Kosten oder hat sonstige Nachteile. Andererseits ist die Einrichtung und Unterhaltung zusätzlicher Bedienungsstellen ebenfalls mit Kapitaleinsatz und Kosten verbunden. Bei Entscheidungen über derartige Wartesysteme ist zwischen den Kosten für die Erweiterung der Bedienungskapazitäten und den Nachteilen aus Wartezeiten der auf Bedienung wartenden Einheiten abzuwägen. Unter Umständen ist die **Summe aus Warte- und Bedienungskosten zu minimieren**. Zu den Wartekosten gehören z.B. auch entgangene Gewinne durch vorzeitiges Ausscheiden von Kunden aus der Schlange (verlorene Aufträge).

Wenn man Wartesysteme entsprechend einer Zielfunktion (z.B. Lage aller Beteiligten verbessern, Gesamtkosten oder Gesamtzeiten - Leerzeiten - minimieren, Stauungen vermeiden) steuern will, sind Aussagen über die Wartezeiten, die Anzahl der Wartenden, die Anzahl der Bedienungsstationen, die Auslastung der Bedienungsstationen etc. notwendig. Ein Hilfsmittel zur Entscheidungsvorbereitung sind **Warteschlangenmodelle** erst dann, wenn diese charakteristischen Größen hinreichend realistisch erfasst werden können und mehrere alternative Lösungen möglich sind.

A. Schematisierung der Warteschlangensysteme

Warteschlangensyteme können wie folgt **schematisiert** werden:

(1) Einheiten kommen aus einem **Reservoir** (**Inputquelle** oder „**Calling Population**" wie z.B. Schiffe zum Entladen, zu bearbeitende Aufträge oder Werkstücke, Fahrzeuge eines Fahrzeugparks, die repariert werden müssen, Maschinen eines Maschinenparks, die gewartet werden müssen, Telefonteilnehmer eines Ortsnetzes) in ein Wartesystem, um bedient oder abgefertigt zu werden (**Inputprozess**). Der **Zugang** kann aus **deterministischen** (genau vorhersagbaren) oder aus **stochastischen** (mit zufälligen Schwankungen) **zeitlichen Abstandsfolgen** bestehen. Auch die Bedienungszeiten können in deterministischen oder in stochastischen Abständen erfolgen. Dabei muss jedoch der Zugang und/oder die Bedienung stochastischen Charakter haben.

Von **Warteschlangensystemen** spricht man dann, wenn **Zugang** (Ankunft) und/oder **Abgang** (Abfertigung) der Einheiten im System **stochastisch** verteilt sind. Prozesse, bei denen Zugang und Abgang streng determiniert sind - z.B. wie bei Fließbandfertigung - stellen keine Warteschlangensysteme dar.

(2) Das **Wartesystem** besteht aus einem
- Wartezentrum (z.B. Wartezimmer eines Arztes, Zwischenlager für unfertige Erzeugnisse in der Fertigung),
- Bedienungszentrum oder Servicesystem (z.B. Sprechzimmer des Arztes, Fertigungsanlage).

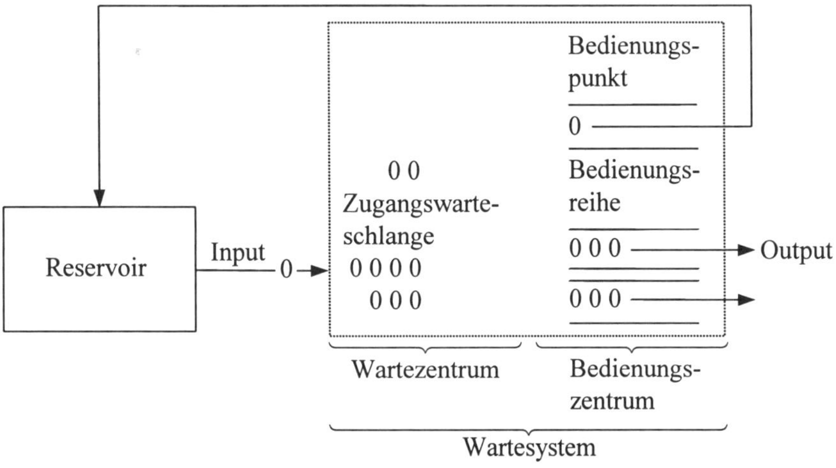

Abb. 48: Schematisierung eines Warteschlangensystems

Das **Reservoir** ist die Gesamtheit von Einheiten, die in das Wartesystem eintreten können. Ein solches Reservoir kann aus **endlich vielen** Einheiten (z.B. Maschinenpark) - **geschlossene Systeme** - oder aus potenziell **„unendlich" vielen** Einheiten (z.B. Nachfrage nach einem neu eingeführten Produkt) - **offene Systeme** - bestehen. Die in das Wartesystem eintretenden Einheiten sind der **Input** (z.B. Kunden) des Systems.
Warteschlangen nennt man **zyklisch**, wenn die abgefertigten Einheiten, die das Wartesystem verlassen, in das Reservoir zurückkehren. So bilden die von einer Reparaturkolonne reparierten Maschinen eine **zyklische Warteschlange**, da sie nach der Reparatur wieder reparaturbedürftig werden können. In **linearen Warteschlangen** kehren abgefertigte Einheiten nicht für eine weitere Bedienung in das Reservoir zurück (z.B. in der Fertigung verbrauchte Rohstoffe). Ist das Reservoir sehr groß (potenziell unendlich viele Einheiten), so verhalten sich zyklische Warteschlangen wie lineare.

Im **Wartezentrum** befinden sich eine oder mehrere Zugangswarteschlangen in **geordneter Reihe** oder als **ungeordnete Ansammlung.** Zur Charakterisierung der Warteschlange gehört auch die sog. **Schlangendisziplin**, d.h. die Formation, in welcher sich die ankommenden Einheiten einreihen und wie die wartenden Einheiten zur Bedienung ausgewählt werden. Es können dabei etwa folgende **Auswahlprinzipien (Abfertigungs- oder Prioritätsregeln)** und Verhaltensweisen gelten:

(1) Wer zuerst kommt, wird zuerst bedient - **FIFO-Auswahl** (first in first out) oder **FCFS-Regel** (first come first served); - nächster Auftrag ist der mit der längsten Wartezeit;
(2) Wer zuletzt kommt, wird zuerst bedient - **LIFO-Auswahl** (last in first out);
(3) **LO-Auswahl** (longest operation) - nächster Auftrag ist der mit der längsten zu erwartenden Bearbeitungszeit auf der Fertigungsstufe;
(4) **Wert-Regel** - nächster Auftrag ist der mit dem höchsten Wert (Produktwert vor Bearbeitung oder alternativ Produktendwert bzw. Deckungsbeitrag);
(5) **WAA-Regel** - wenigste noch auszuführende Arbeitsvorgänge - nächster Auftrag ist der mit den wenigsten noch auszuführenden Arbeitsvorgängen;
(6) **Zahl der noch ausstehenden Arbeitsvorgänge** - nächster Auftrag ist der mit den meisten noch ausstehenden Bearbeitungsgängen oder Bearbeitungszeiten;
(7) Zufallsauswahl - **SIRO-Auswahl** (selection in random order);
(8) Wer die kürzeste Bedienungszeit auf der Fertigungsstufe hat, wird zuerst bedient - **SO-Auswahl** (shortest operation);
(9) Auswahl nach Liefertermin - **FLT-Auswahl** (frühester Liefertermin bestimmt die Priorität);
(10) Sonstige Prioritäten; z.B. wer mit einer blutenden Schlagader in das Wartezimmer des Arztes kommt, hat Vorzug; Aufträge von Stammkunden werden vorgezogen

Im **Bedienungszentrum** interessiert zunächst die **Anzahl** und **Anordnung** der **Bedienungseinrichtungen**. Kann eine Einrichtung zu einem Zeitpunkt nur eine Einheit abfertigen, so heißt sie **Bedienungspunkt**. Wenn die Bedienung **stufenweise** durch eine Anzahl von Bedienungspunkten erfolgt, nennt man dies eine **Bedienungsreihe** (z.B. Kasse - Packtisch). Demgemäß spricht man von **einstufigen** und **mehrstufigen** Schlangen. Falls bei Bedienungsreihen zwischen den Bedienungspunkten Warteschlangen auftreten können, ist die gesamte Abfertigungskapazität der Bedienungsreihe durch die Kapazität des **Engpass**-Bedienungspunktes gegeben. Können die Einheiten **gleichzeitig** durch mehrere Bedienungspunkte oder -reihen abgefertigt werden, handelt es sich um **Kanäle**. Entsprechend unterscheidet man zwischen **Einkanal- und Mehrkanalproblemen**. Die Kanäle (beim Mehrkanalproblem) können spezialisiert sein, sie können aber auch alle die gleiche Bedienungsfunktion haben. Die abgefertigten Einheiten (z.B. bediente Kunden) sind der **Output des Systems**.

Klassifikationsschema der Warteschlangenmodelle nach *D. G. Kendall* und *A. M. Lee*:

In der Reihenfolge **Ankunftsprozess, Bedienungsprozess, Anzahl der Kanäle, Größe des Warteraumes und Abfertigungsregel** haben *D. G. Kendall* und *A. M. Lee* eine Schematisierung der Eigenschaften eines Wartezeitsystems in **Kurzschreibweise** gegeben:

A/B/s: (∞/FIFO)

A bzw. **B** kennzeichnen die Wahrscheinlichkeitsverteilungen des Inputprozesses bzw. der Abfertigungszeiten. **s** gibt die Anzahl der Kanäle an. Falls weiter nichts angegeben ist, wird unbeschränkter Warteraum bzw. eine unbegrenzte Anzahl potenziell in das Wartesystem eintretender Einheiten und FIFO-Auswahl unterstellt.
Für **A** und **B** können folgende spezifische Symbole verwendet werden:

M = POISSON-Verteilung (M als Symbol für Markovprozess)
E = ERLANG-Verteilung
D = äquidistante Ankunft (D von „deterministic“)
G = beliebige Abfertigungszeitverteilung bzw. beliebige Ankunftszeitverteilung (G von „general“)

Beispiel: E/M/3: (∞/FIFO)
= Warteschlangenmodell mit den beiden speziellen Wahrscheinlichkeitsverteilungen **ERLANG-Verteilung (E)** für den Zugang und **POISSON-Verteilung (M)** für die Abfertigung. Das System weist **drei Kanäle** auf und hat einen **unbegrenzten** Warteraum. Die Abfertigung erfolgt in der Reihe der Ankünfte (FIFO).

In der Praxis werden sehr häufig „M/M/-“ -Systeme beobachtet, d.h. sowohl der Ankunfts- als auch der Abfertigungsprozess sind POISSON-verteilt.

B. Grundbegriffe der Warteschlangentheorie

Wenn man ein **Warteschlangenproblem quantitativ analysieren** will, müssen Angaben mindestens über Ankunft der Einheiten, Charakter der Schlange und Bedienung der Einheiten möglich sein. Mit diesen Begriffen sind dann z.B. Aussagen über die mittlere Auslastung der Bedienungseinrichtungen, die mittlere Schlangenlänge und mittlere Wartezeit der einzelnen Einheiten sowie deren Zusammenhänge möglich.

1. Ankunftsrate und durchschnittlicher zeitlicher Abstand der Ankünfte

Die **durchschnittliche Ankunftsrate (Zugangsrate)** λ sagt aus, wie groß die Zahl der Zugänge (Auftragseingänge) im Durchschnitt je Zeiteinheit (Woche, Tag, Stunde, Minute etc.) ist:

λ = durchschnittliche Anzahl der zugehenden Einheiten/Zeiteinheit

Um diese **statistische Kenngröße** λ zu erhalten, ist eine **empirische Erhebung** notwendig.
Ist die durchschnittliche Ankunftsrate nicht konstant, d.h. z.B. nicht unabhängig von der Zeit und/oder Länge der Warteschlange, so ist die mathematische Behandlung der Warteschlangenprobleme wesentlich komplizierter.

Bezeichnet man die Zeit, die durchschnittlich zwischen der Ankunft einer Einheit und der Ankunft der nächstfolgenden Einheit vergeht, mit t_a, so ist die durchschnittliche Ankunftsrate $\lambda = \frac{1}{\overline{t_a}}$, bzw. der **durchschnittliche zeitliche Abstand** zweier aufeinander folgender Einheiten gleich dem Kehrwert der durchschnittlichen Ankunftsrate $\overline{t_a} = \frac{1}{\lambda}$.

2. Abfertigungsrate und durchschnittliche Bedienungszeit

Die **durchschnittliche Abfertigungsrate (Bedienungs-, Abgangsrate)** μ gibt an, wieviel Einheiten je Periode (Woche, Tag, Stunde, Minute etc.) bei voller Kapazitätsauslastung des Bedieungszentrums abgefertigt werden können (**Kann**abfertigung):

μ = durchschnittliche Anzahl von Einheiten, die abgefertigt werden können/ Zeiteinheit

Auch diese **statistische Kenngröße** μ muss **empirisch ermittelt** werden.

Die Anzahl der tatsächlich bedienten Einheiten je Periode (Istabfertigung) ist - je nach Art und Umfang der Ankünfte - kleiner als μ. Bei mehreren Kanälen kann die Abfertigungsrate von Kanal zu Kanal verschieden sein (z.B. verschieden von Schalter zu Schalter).
Ebenso wie die Ankunftsrate kann auch die Abfertigungsrate abhängig sein von z.B. der Zeit („Mittagsträgheit“) und/oder der Schlangenlänge (Beschleunigung der Bedienung angesichts langer Warteschlangen).

Die **durchschnittliche Bedienungszeit $\overline{t_b}$**, d.h. die Zeit, die im Mittel für die Abfertigung einer Einheit vergeht, ist analog $\overline{t_b} = \frac{1}{\mu}$; die durchschnittliche Bedienungszeit verhält sich also zur durchschnittlichen Abfertigungsrate reziprok.

Durch entsprechende Kombination der Ankunfts- und Abfertigungsrate kann eine Reihe wichtiger Größen ermittelt werden, die eine Interpretation von Warteschlangenproblemen nach der **Durchschnittsmethode** erlauben. Dabei wird stets unterstellt, dass $\lambda < \mu$ ist, da andernfalls die Zugangswarteschlange gegen unendlich strebt (auch $\lambda = \mu$ ist unzulässig, da Leerzeiten im Bedienungsraum nicht mehr ausgeglichen werden können).

3. Verkehrsdichte und Leerzeit

Ökonomisch von besonderem Interesse ist die Auslastung einer Station. Die **Verkehrsdichte (Verkehrsintensität)** ρ ist ein abgeleiteter Begriff und stellt ein Maß für die **durchschnittliche Auslastung des Bedienungszentrums (Ausnutzungsgrad)** dar:

$$\rho = \frac{\text{durchschnittliche Ankunftsrate}}{\text{durchschnittliche Abfertigungsrate}} = \frac{\lambda}{\mu}$$

Der Wert $\rho = 1$ wird mit **einer „ERLANG“** - *A. K. Erlang* zu Ehren - bezeichnet.

Es muss dabei sichergestellt werden, dass die Verkehrsdichte nicht größer als Eins ist. Auch für $\rho = 1$ ERLANG lassen sich Leerzeiten, die im Bedienungszentrum auftreten können, nie wieder aufholen. Unterstellt man, dass der Prozess sich ohne Ende fortsetzt, würden sich die Wartezeiten allmählich „hochschaukeln“. Die Tatsache, dass die Warteschlangen, denen wir im Alltag begegnen, nicht unendlich lang werden, liegt - abgesehen von der endlichen Dauer der Prozesse - meist daran, dass die Ankunftsrate und/oder die Abfertigungsrate zeit- oder schlangenabhängig sind (z.B. Schalterschluss oder Umleitung bei Verkehrsstau).
Die **durchschnittliche Leerzeit eines Bedienungszentrums je Zeiteinheit** τ ist:

$$\tau = 1 - \rho = 1 - \frac{\lambda}{\mu} = \frac{\mu - \lambda}{\mu}$$

Leerzeiten treten nur auf, wenn $\rho < 1$ bzw. $\lambda < \mu$ ist. Sie stellen eine **Abgangswarteschlange** dar.

4. Schlangenlänge und Wartezeit

Die **durchschnittliche Länge einer Zugangswarteschlange $\bar{n}$** (einschließlich derjenigen Einheit, die gerade abgefertigt wird) ist :

$$\bar{n} = \frac{\lambda}{\mu - \lambda} = \rho \cdot \frac{1}{\tau}$$

Die Länge der Schlange wächst stark an, wenn sich die Verkehrsdichte dem Wert Eins nähert, und sie nimmt entsprechend stark ab, wenn die Verkehrsdichte gegen Null strebt. Die **durchschnittliche Wartezeit $\overline{t_w}$** ist die Zeit, die eine Einheit im Wartesystem (vom Eintritt in das Wartesystem bis zur durchgeführten Abfertigung) im Durchschnitt verbringt (durchschnittliche Aufenthaltszeit der Einheiten im Wartesystem):

$$\overline{t_w} = \frac{\bar{n}}{\mu} = \rho \cdot \frac{1}{\mu - \lambda}$$

Mit Zunahme (Abnahme) der Verkehrsdichte nimmt die durchschnittliche Wartezeit linear zu (ab).

II. Analytische Lösungsmethoden

Für einfache Warteschlangenmodelle liegen **analytische Lösungsansätze** vor. Die interessierenden **Kenngrößen** einer Warteschlange, wie **Schlangenlänge, Wartezeiten, Leerzeiten** u.a. lassen sich durch geschlossene mathematische Ausdrücke darstellen. Ein Wartesystem ist „einfach" zu nennen, wenn z. T. sehr einschneidende Voraussetzungen erfüllt sind (vgl. *Adam, D.*, 1990, S. 673 ff.; *Ackhoff, R. L., Sasieni, M. W.*, 1970 S. 269 ff; *Churchman, C. W.* u.a. 1971, S. 359 ff.; *Cooper, R. B.*, 1981; *Kaufmann, A., Faure, R.*, 1974, S. 51 ff.; *Hillier, F.S., Lieberman, G.L.*, 1997, S .503 ff.; *Sasieni, M.* u.a., 1969, S.135 ff.; *Kern, W.*, 1967, S. 88 ff.; *Kistner, K.- P.*, 1992, S. 253 ff.; *Newell, G.F.*, 1982; *Stahlknecht, P.*, 1970, S. 255 ff.; *Zimmermann, H. J.*, 1992, S. 229 ff.; *Zimmermann, W.*, 1997, S. 361 ff.).

So müssen sich beispielsweise die Ankünfte durch handliche Wahrscheinlichkeitsverteilungen beschreiben lassen. Über die Abfertigung wird vorausgesetzt, dass sie „der Reihe nach" erfolgt (FIFO bzw. FCFS) und dass Einheiten, die in das Wartesystem eingetreten sind, auch abgefertigt werden, also nicht vorher ausscheiden. Zumindest müsste sich das vorzeitige Ausscheiden wiederum durch eine handliche Wahrscheinlichkeitsverteilung beschreiben lassen. Die Abfertigungszeit müsste ebenfalls regelmäßig streuen, und zwar unabhängig davon, wann die vorausgegangenen Einheiten abgefertigt worden sind und wie die Zugangswarteschlange aussieht. Bei komplexen Systemen mit vielen Parallel- und Hintereinanderschaltungen der Bedienungspunkte reichen analytische Lösungsverfahren im Allgemeinen nicht aus. In solchen Fällen wird mit gutem Erfolg die **Simulation** eingesetzt (vgl. *Biethahn, J., Schmidt, B.* (Hg.), 1987, S. 70 ff.; *Buslenko, N. P.*, 1971, S.104 ff. sowie 192 ff.; *Bussmann, K. F., Mertens, P.*, 1968, I; *Chamoni, P.*, 1986, S. 64 ff.; *Enrick, N. L.*, 1970, S. 229 ff.; *Frotscher, J.*, 1968, S. 95 ff.; *Gehring, H.*, 1992, S. 290 ff.; *Hansmann, K.-W.*, 1987, S. 79 ff.; *Krüger, S.*, 1975, S.155 ff.; Mertens, P., 1983, S. 181 ff.; *Müller, E.*, 1972, S. 87 ff.; *Schubert, D., Schwetlick, S.* 1968, S. 159 ff.; *Wiendahl, H.P.*, 1987, S. 233 ff.).

A. Wahrscheinlichkeitsverteilungen für die Ankünfte und Abfertigungszeiten

Bei der Berechnung eines Wartezeitmodells nach der **Exponentialmethode** wird von der Annahme bestimmter Wahrscheinlichkeitsverteilungen für die Ankünfte und Abfertigungszeiten ausgegangen. Mit Hilfe der Exponentialmethode ist es daher u.a. möglich, neben der durchschnittlichen Länge $\bar{n}$ der Zugangsschlange und der durchschnittlichen Wartezeit $\overline{t_w}$ auch die Wahrscheinlichkeitsverteilungen für die Warteschlangenlänge und die Wartezeiten anzugeben.
Für die **Ankünfte** wird - für den Fall, dass sie nicht geplant worden sind - ein bestimmtes Verhalten unterstellt. Aus mathematischen Gründen ist es bequem, anzunehmen, dass sie **zufällig erfolgen**, das soll bedeuten, dass sich für jedes Zeitintervall t die **gleiche Wahrscheinlichkeit** für die Ankunft eines Elementes ergibt. Mit anderen Worten: es wird eine konstante mittlere Ankunftsrate unterstellt, die also **unabhängig** von der Zeitspanne, die seit der letzten Ankunft vergangen ist und mithin **unabhängig** von der Schlangenlänge ist.

B. Ein-Kanal-Modell (Beispiel)

Die Aufgabe, die man bei **Ein-Kanal-Modellen** zu lösen hat, besteht in der Berechnung der sich bildenden Zugangs- und/oder Abgangswarteschlangen. Zum Beispiel wäre bei einer Zugangswarteschlange zu ermitteln, wie lange die Schlange ist (wie viel Aufträge auf Abfertigung warten) und wie groß die Wartezeiten für die einzelnen Einheiten sind. Bei einer Abgangswarteschlange sind insbesondere die Leerzeiten im Bedienungszentrum festzustellen.

Wir unterstellen ein Wartemodell M/M/1: (∞/FIFO):
(1) die Ankünfte sind POISSON-verteilt mit der mittleren Ankunftsrate λ,
(2) die Abfertigungszeiten t_b sind exponentiell verteilt mit der mittleren Abfertigungsrate μ,
(3) Ein-Kanal-Modell,
(4) offenes System,
(5) alle Einheiten in der Zugangswarteschlange werden nach der FIFO-Auswahl abgefertigt.

Unter Verwendung der elementaren Eigenschaften von Wahrscheinlichkeiten lässt sich ein System von Differenzialgleichungen formulieren, aus dem
(1) die Anzahl der Einheiten im System,
(2) die Warteschlangenlänge,
(3) die Verweilzeit
und andere Systemgrößen abgeleitet werden können.

Zusammenstellung der Symbole und Formeln (vgl. *Churchman, C. W.* u.a., 1971, S. 359 ff.):

Symbol	Bedeutung
λ	durchschnittliche Ankunftsrate
μ	durchschnittliche Abfertigungsrate
$\rho = \frac{\lambda}{\mu}$	Verkehrsdichte (Ausnutzungsgrad des Bedienungszentrums)
$\tau = \frac{\mu - \lambda}{\mu}$	durchschnittliche Leerzeit des Bedienungszentrums
n	Anzahl der Einheiten im Wartesystem = Anzahl in der Zugangswarteschlange + Anzahl im Bedienungszentrum
n_q	Anzahl der Einheiten in der Zugangswarteschlange
n_b	Anzahl der Einheiten im Bedienungszentrum
t_a	gesamte Verweilzeit einer Einheit im Wartesystem
t_q	Wartezeit einer Einheit in der Zugangswarteschlange
t_b	Abfertigungszeit einer Einheit (im Bedienungszentrum)

Dabei gilt: $n = n_q + n_b$; $t_a = t_q + t_b$.

Das **Wartesystem M/M/1** kann nur dann einen **stationären Zustand** erreichen, wenn $\lambda < \mu$. Unter der Voraussetzung $\lambda < \mu$ gelten für ein stationäres System folgende Formeln :

Formel	Bedeutung
$P_n = (1 - \rho) \cdot \rho^n$ $(\rho < 1)$ für $n = 0, 1, 2, \ldots$	Wahrscheinlichkeit, dass sich n Einheiten im Wartesystem befinden (einschließlich Be-dienung)
$E(n) = \bar{n} = \frac{\rho}{1-\rho} = \frac{\lambda}{\mu-\lambda}$ $(\rho < 1)$	mittlere Anzahl der Einheiten im Wartesystem (Erwartungswert)
$P_{n_q} = \begin{cases} 1-\rho^2 \text{ für } n_q = 0 \\ (1-\rho)\cdot\rho^{n+1} \text{ für } n = 1, 2, 3, \ldots \end{cases}$	Wahrscheinlichkeit, dass sich n Einheiten in der Zugangswarteschlange befinden

Formel	Bedeutung
$E(n_q) = \bar{n}_q = \frac{\rho^2}{1-\rho} = \frac{\lambda^2}{\mu(\mu-\lambda)}$ $\sigma^2_{n_q} = \rho^2 \cdot \frac{(1+\rho-\rho^2)}{(1-\rho)^2}$	Mittelwert und Varianz der Zugangswarteschlangenlänge (einschließlich Bedienung)
$P_{t_a} = 1 - e^{-(\mu-\lambda)t_a}$	kumulierte Verteilungsfunktion der Verweilzeit
$E(t_a) = \bar{t}_a = \frac{\bar{n}}{\lambda} = \frac{1}{\mu-\lambda}$ $\sigma^2_{t_a} = \frac{1}{(\mu-\lambda)^2}$	Mittelwert und Varianz der Verweilzeit im Wartesystem
$P(t_q \leq t_a) = 1 - \rho \cdot e^{-(\mu-\lambda)t_a}$	kumulierte Verteilungsfunktion der Verweilzeit in der Warteschlange
$E(t_q) = \bar{t}_q = \frac{\bar{n}}{\mu} = \frac{\lambda}{\mu(\mu-\lambda)}$ $\sigma^2_{t_q} = \frac{1}{(\mu-\lambda)^2} - \frac{1}{\mu^2}$	Mittelwert und Varianz der Verweilzeit in der Zugangswarteschlange
$E(n_q \mid n_q > 0) = \bar{n}_q\,(n_q > 0) = \frac{\mu}{\mu-\lambda}$	durchschnittliche Länge der nicht-leeren Zugangsschlange (ausschließlich der Länge Null)
$\bar{t}_q\,(t_q > 0) = \rho \frac{1}{\mu-\lambda}$	durchschnittliche Wartezeit in der Zugangsschlange (ausschließlich der Null-Wartezeiten)
$E(n_b) = \bar{n}_b = \frac{\rho}{1-\rho} - \frac{\rho^2}{1-\rho} = \rho$	durchschnittliche Anzahl der in Bedienung befindlichen Einheiten

Rechenbeispiel:
Das genannte M/M/1-Wartemodell könnte die **Werkzeugausgabe** in einer Werkstatt mit **einer** Bedienungsperson beschreiben. Die Beobachtung der Werkzeugausgabe über einen längeren Zeitraum ergab für die pro Minute ankommenden Monteure (Einheiten) n_i ($i = 1, 2, ..., 7$) folgende Häufigkeitsverteilung f_i (**empirische Ankünfte-Verteilung**):

n_i	0	1	2	3	4	5	6
f_i	0,12	0,28	0,25	0,20	0,10	0,04	0,01

Dies bedeutet, in 12% der Ein-Minuten-Intervalle gab es keine, in 28% der Ein-Minuten-Intervalle gab es jeweils eine Ankunft usw., in 1% der Fälle kamen gar 6 Monteure an den Werkzeugausgabeschalter.

Das arithmetische Mittel dieser Verteilung ist die **durchschnittliche Ankunftsrate**:

$$\lambda = \sum_{i=1}^{7} n_i f_i = 0 \cdot 0{,}12 + 1 \cdot 0{,}28 + 2 \cdot 0{,}25 + \ldots + 6 \cdot 0{,}01$$

$$= \mathbf{2{,}04\ [Monteure/Minute]}$$

Bei der Untersuchung der **Abfertigung** können die Abfertigungszeiten je Abfertigung über einen längeren Zeitraum ermittelt werden. Es sei folgende **empirisch ermittelte Verteilung der Abfertigungszeiten** gegeben:

Bedienungszeiten in Sekunden	relative Häufigkeit f_k
0 bis unter 10	0,40
10 bis unter 20	0,30
20 bis unter 30	0,15
30 bis unter 40	0,09
40 bis unter 50	0,05
50 bis unter 60	0,01

Daraus lässt sich die **mittlere Abfertigungsrate** und die **durchschnittliche Bedienungsdauer**, unter Verwendung der jeweiligen Klassenmitten der Klassen k = 1, 2, ..., 6, wie folgt ermitteln:

Durchschnittliche Bedienungsdauer

$$\overline{t_b} = 5 \cdot 0{,}40 + 15 \cdot 0{,}30 + 25 \cdot 0{,}15 + \ldots + 55 \cdot 0{,}01$$
$$= 16{,}2\ [Sekunden/Abfertigung]$$
$$= 0{,}27\ [Minuten/Abfertigung]$$

Die **durchschnittliche** Anzahl **von Monteuren, die je Minute abgefertigt werden kann, beträgt:**

$$\mu = \frac{1}{\overline{t_b}} = \frac{1}{0{,}27} \cong \mathbf{3{,}70\ [Einheiten/Minute]}$$

In unserem Modell ist der **Ankunftsprozess POISSON-verteilt**. Das Verteilungsgesetz der POISSON-Verteilung gibt die Wahrscheinlichkeit dafür an, dass 0, 1, 2, ... Ankünfte pro Zeiteinheit t vorkommen. Zu jedem speziellen λt gehört eine spezielle POISSON-Verteilung. Für den Erwartungswert einer POISSON-Verteilung gilt:

$$\overline{t_a} = \frac{1}{\lambda}$$

als **durchschnittlicher Abstand zwischen zwei Ankünften**; im Beispiel 1/2,04 ≅ **0,5 Minuten**. Die **Verkehrsdichte** ist eine dimensionslose Größe und gibt die **Auslastung des Bedienungssystems** an:

$$\rho = \frac{\lambda}{\mu} = \frac{2,04}{3,70} \cong 0,55 \,\text{ERLANG}$$

Die Bedienungsperson am Schalter ist also mit 55 % ihrer Zeit beschäftigt (Kapazitätsauslastung von 55 %).
Wie lange muss ein Monteur durchschnittlich warten, bis er bedient wird (**Leerzeit**)?

$$E(t_q) = \overline{t_q} = \frac{\lambda}{\mu(\mu-\lambda)} = \frac{2,04}{3,70(3,70-2,04)} \cong 0,33 \,\text{Minuten}$$

Wie lange braucht ein Monteur im Durchschnitt insgesamt, bis er mit einem Werkzeug bedient ist (**Verweilzeit im Wartesystem**)?

$$E(t_a) = \overline{t_a} = \frac{1}{\mu-\lambda} = \frac{1}{3,70-2,04} \cong 0,60 \,\text{Minuten}$$

Wie viel Monteure stehen im Durchschnitt vor dem Schalter, wobei der gerade Bediente mitgerechnet werden soll (**Anzahl der Einheiten im Wartesystem**)?

$$E(n) = \overline{n} = \frac{\lambda}{\mu-\lambda} = \frac{2,04}{3,70-2,04} \cong 1,23 \,\text{Arbeiter}$$

Wie lange ist die **durchschnittliche Schlangenlänge im Wartezentrum** (in Bedienung stehende also nicht mitgerechnet)?

$$E(n_q) = \overline{n_q} = \frac{\lambda^2}{\mu(\mu-\lambda)} = \overline{t_q} \cdot \lambda = 0,33 \cdot 2,04 \cong \mathbf{0,67\,Monteure}$$

Wie groß ist die **Wahrscheinlichkeit**, dass **mehr als zwei Monteure sich im Wartesystem befinden** (einschließlich Bedienung)?

$$\begin{aligned} P\,\{\text{mehr als 2 Monteure}\} &= 1 - [P(n=0) + P(n=1) + P(n=2)] = \\ &= 1 - [(1-\rho) + (1-\rho)\cdot\rho + (1-\rho)\,\rho^2] = \\ &= 1 - (1-\rho)\cdot(1+\rho+\rho^2) = \\ &= 1 - 0,45 \cdot (1 + 0,55 + 0,3025) = \\ &= 1 - 0,833625 \\ &\cong 17\,\% \end{aligned}$$

Wie groß ist die **Wahrscheinlichkeit**, dass **ein Monteur länger als 0,8 Minuten in der Warteschlange auf Bedienung warten** muss?

$$\begin{aligned} P\,(t_q > 0,8) &= 1 - P(t_q \le 0,8) = 1 - (1 - \rho \cdot e^{-(\mu-\lambda)\cdot 0.8}) = \\ &= \rho \cdot e^{-(\mu-\lambda)\cdot 0.8} \\ &= 0,55 \cdot e^{-1,328} = 0,55 \cdot 0,265 \cong 14,6\,\% \end{aligned}$$

C. Mehr-Kanal-Modell

Ist eine endliche Zahl von s Abfertigungsstationen vorhanden, die aus einer gemeinsamen Warteschlange gespeist werden, dann handelt es sich um ein **Mehr-Kanal-Modell**, z.B. vom Typ M/M/s : ∞/FIFO. Bei **Mehr-Kanal-Modellen** ist vor allem die Aufgabe zu lösen, wie viel Kanäle einzurichten oder auch zu besetzen sind, damit z.B. die Gesamtkosten oder die Wartezeiten insgesamt minimiert werden. Das gilt grundsätzlich unabhängig davon, ob es sich um örtlich gebundene Bedienungsstationen (z.B. Materialausgabestellen) oder um bewegliche Abfertigungseinrichtungen (z.B. Instandhaltungskolonnen) handelt. Die **Anzahl der Kanäle** ist dann **Optimierungsparameter (Kapazitätsplanung)**:

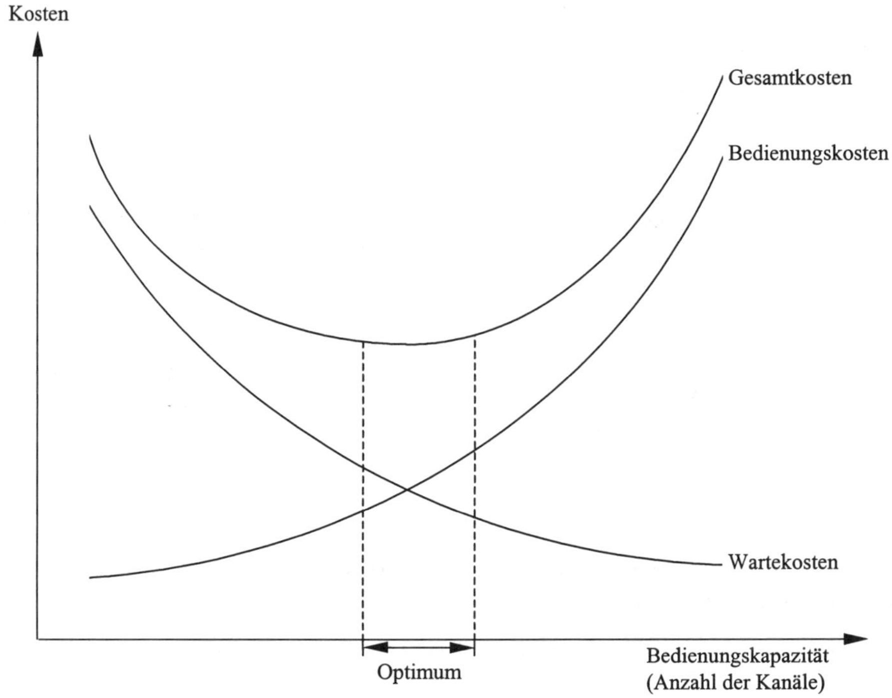

Abb. 49: Gesamtkostenfunktion eines Wartesystems

Unter den bereits genannten Voraussetzungen (zufällige Ankünfte, Bedienung der Reihe nach, exponentiell verteilte Abfertigungszeiten) lassen sich auch für das **Mehr-Kanal-Modell** geschlossene mathematische Ausdrücke für die durchschnittliche Schlangenlänge und die durchschnittliche Wartezeit angeben. Wegen der z. T. komplizierten Formeln wird auf die einschlägige Literatur verwiesen (vgl. z.B. *Churchman, C. W.* u.a., 1971, S. 368 ff.; *Ackhoff, R. L., Sasieni, M. W.,* 1970, S. 274 f.; *Sasieni, M.* u.a., 1969, S.146-155).

Mit Hilfe solcher Formeln lassen sich oft grundsätzliche Fragen klären, etwa wie groß die optimale Anzahl von Schaltern sein muss, wenn man den durch das Warten verur-

sachten Kosten die Kosten der Einrichtung und Unterhaltung von Schaltern gegenübergestellt. Stehen statistische Unterlagen z.B. über die Ausfallhäufigkeit von Maschinen zur Verfügung, kann mit solchen Formeln untersucht werden, aus wie viel Personen die Reparaturkolonne zu bestehen hat, wenn ein optimales Verhältnis zwischen den Leerlaufzeiten der Maschinen und den Aufwendungen für das Reparaturpersonal angestrebt werden soll. Ein bekanntes Warteschlangenbeispiel ist von *G. Brigham* (vgl. *Churchman, C. W.* u.a., 1971, S. 375-377) analytisch behandelt worden. Hier war nach der optimalen Besetzung von Schaltern der Werkzeugausgabe bei der Boeing Aircraft gefragt. Für einige weitere, praktisch interessante Sonderfälle sind auf analytischem Wege Lösungen hergeleitet worden (vgl. insbesondere *Saaty, T. L.*, 1961; *Bussmann, K. F., Mertens, P.*, 1968, II, S. 110 ff., 126 ff.). Es sind dies z.B. die Fälle der in Reihe angeordneten Bedienungspunkte mit Warteschlangen dazwischen (vgl. *Stange, K.*, 1962, S. 45-66 und S. 101-124), ein Wartesystem vom Typ M/M/1 bei ungeduldigen Kunden und bei unterschiedlichen Prioritäten (vgl. *Jackson, J. R.*, 1961, S. 18-34).
Bei sehr vielen praktischen Problemen treffen die genannten Voraussetzungen der **analytischen Lösungsmethoden** nicht zu. „Trotz großem Scharfsinn und der Anwendung wirksamer mathematischer Verfahren bei der Untersuchung von Warteschlangen hat man explizite Lösungen nur für relativ einfache Situationen erhalten“ (vgl. *Ackhoff. R. L., Sasieni, M. W.*, 1970, S. 279). Die **Simulation** kann zur Lösung jedes beliebigen Warteschlangen-Problems herangezogen werden, wenn die notwendigen empirischen Angaben beschafft werden können. In den Fällen, in denen die analytisch-mathematische Behandlung eines Warteschlangenproblems unmöglich ist, bleibt die Simulation der einzige Ausweg. Oft lässt sich aber auch durch eine **Kombination** der **analytisch-mathematischen Verfahren mit der Monte-Carlo-Methode** eine Lösung finden, wobei u.U. die zu leistende Arbeit stark abgekürzt werden kann.

III. Simulation von Warteschlangenproblemen

Die im Vierten Kapitel behandelte **Monte-Carlo-Methode** kann bei der Behandlung von **Warteschlangenproblemen** sehr nützlich sein. Bei sehr vielen Warteschlangenproblemen ist die **Zahl der Abfertigungseinrichtungen Optimierunsparameter**. Da man im Allgemeinen relativ gut den Toleranzbereich abschätzen kann, in dem das Optimum liegen dürfte, ist es nur selten notwendig, die **Simulation** für sehr viele alternative Anzahlen von Abfertigungseinrichtungen durchzuführen.
Die **Benutzung der Simulation bei Warteschlangenproblemen** ist besonders dann wertvoll, wenn der Prozess **keinen stationären** Zustand erreicht (das Bedienungszentrum ist z.B. jeweils nur für kurze Zeit geöffnet oder die Ankunfts- und/oder Abfertigungsrate ist **zeitabhängig**, wie etwa bei Öffnung eines Kaufhauses zum Schlussverkauf). Es können auch **Stichproben simuliert** werden, wenn man beispielsweise die Annahme der FIFO-Auswahl („wer zuerst kommt, wird zuerst bedient - **FCFS-Regel)** durch **andere Arten der Schlangendisziplin** ersetzt. **Mehrstufige Schlangen**, bei denen die Einheiten nach Verlassen des einen Bedienungspunktes bei einem folgenden Bedienungspunkt warten müssen, liefern ein weiteres schwieriges Problem, das mit Hilfe der Simulation verhältnismäßig leicht behandelt werden könnte.

Die **Simulation von Stichproben** hat gegenüber dem realen Experiment eine Reihe von Vorteilen. Zum einen können die mit einem digitalen Rechner simulierten Stichproben „Daten" von Wochen und Monaten in wenigen Minuten liefern. Zum anderen können bei der Simulation (als Berechnungsexperiment) kontrollierbare Einflussgrößen (Optimierungsparameter) variiert und die Auswirkungen der Variation sofort ermittelt werden (Untersuchung von Kausalbeziehungen).

Beispielsweise könnte man mit Hilfe der **Simulation** sofort die Auswirkungen abschätzen, die mit dem Aufbau zusätzlicher Bedienungseinrichtungen verbunden wären, und dies ohne die kostspielige reale Variation der Abfertigungskapazität (also ohne die Nachteile eines Realexperimentes).
Ebenso können Veränderungen in der Schlangendisziplin mit ihren Auswirkungen versuchsweise simuliert und errechnet werden, ohne eine Störung an Ort und Stelle im realen System zu verursachen. Die Erkenntnisse, die durch Simulationen (Berechnungsexperimente) gewonnen werden können, sind auf jeden Fall dazu geeignet, eine ggf. gemäß „Trial-and-Error-Prinzip" angestrebte Optimierung eines Systems bemerkenswert zu verkürzen und wirtschaftlicher zu gestalten. Auch die grundsätzlich unbegrenzte Möglichkeit der „Experimentwiederholung" ist bei der Simulation vorteilhaft (vgl. *Chen, B.*, 1990, S. 73 ff.).
Der Programmieraufwand beim Einsatz von DV-Anlagen kann durch die Verwendung spezieller Simulationssprachen relativ klein gehalten werden. Die Simulationssprachen GPSS, SLAM und SIMAM (vgl. S. 317 ff.) sind besonders für die Konstruktion von Warteschlangenmodellen geeignet.
Die **Simulation von Warteschlangenproblemen** entspricht im Wesentlichen der **Simulation eines Lagerhaltungsproblems.** Lagerhaltungsprobleme lassen sich grundsätzlich durch Warteschlangenmodelle beschreiben:

Simulation eines Lagerhaltungsproblems	Simulation von Warteschlangen
Wahrscheinlichkeitsverteilung der Nachfrage und Lieferzeiten	Wahrscheinlichkeitsverteilung der Ankunftsraten und Abfertigungszeiten
Lagerhaltungskosten, Bestellkosten, Fehlmengenkosten	Wartekosten, Bedienungskosten, Leerlaufkosten, entgangene Gewinne („ungeduldige Kunden")
Ziel: Gesamtkostenminimierung, Gewinnmaximierung	Ziel: Gesamtkostenminimierung, Gewinnmaximierung

A. Beispiel einer Simulation von Fertigungsabläufen

Die **Fertigungsplanung** ist eine sehr umfassende und vielschichtige Aufgabe mit spezifischen Warteschlangenproblemen. Sie hat eine optimale Steuerung des Zusammenwirkens der Produktionsfaktoren in einem Fertigungsbetrieb zum Ziel. Entsprechend der Vielfalt der existierenden verschiedenartigen Produktionsprozesse ist auch die Struktur der entwickelten Planungsmodelle sehr unterschiedlich. Die Palette reicht von den **einfachsten Modellen** für die Untersuchung der Arbeiten an **einer** Fertigungsstelle für die

Fertigung **eines** Produktes bis zu sehr **komplexen Modellen** für die Planung und Fertigung Tausender Teile in mehrstufigen und verzweigten Fertigungsprozessen auf diffizilen, störanfälligen Fertigungsanlagen. Eine gute Übersicht vermitteln *Bussmann und Mertens* (1968, I).

Das Problem der **Fertigungsablaufplanung** stellt sich in allgemeiner Form etwa wie folgt (vgl. *Müller, E.*, 1972, S. 75 ff.):

Ankunftsprozess
Die Ankunft von Aufträgen in einer Maschinengruppe erfolgt entweder von außerhalb der Werkstatt oder von einer anderen Maschinengruppe aus. Die Verteilung der Zeiten zwischen zwei Ankünften kann **stochastisch** (stochastische Ankunftsrate) oder **determiniert** sein. Die Aufträge können unterschiedliche Produkte betreffen.

Fertigungsstufen
Die Aufträge sind durch ein vorgegebenes Potenzial (Arbeitskräfte, Maschinen-, Montagegruppen, etc.) abzuwickeln. Jede Fertigungsstufe besteht aus einer oder mehreren gleichartigen Maschinen, die gegebenenfalls nach dem **Werkstattprinzip** zu einer Maschinengruppe zusammengefasst sind. In warteschlangentheoretischer Sicht bildet jede Stufe ein System von Bedienungskanälen (Grenzfall: Ein-Kanal-System) mit einer gemeinsamen Zugangswarteschlange.

Abfertigungsprozess
Der Abfertigungsprozess einer Maschinengruppe ist durch die Operationszeitverteilung (Abfertigungszeitverteilung - stochastisch oder determiniert) der die Gruppe durchlaufenden Aufträge bzw. Lose bestimmt. Die Operationszeiten setzen sich aus Rüst- und Ausführungszeiten zusammen.

Zielsetzung
Die Abwicklung der Aufträge soll entsprechend vorgegebener Zielkriterien optimal erfolgen. Solche Zielkriterien können z.B. sein:
(1) hohe Kapazitätsauslastung (geringe Leerzeiten),
(2) gleichmäßige Kapazitätsauslastung,
(3) geringe Fertigungskosten,
(4) geringe Zwischenlagerkosten,
(5) kurze Durchlaufzeiten,
(6) hohe Liefertermintreue.
Wie bei jedem Zielsystem konkurrieren einige Teilziele miteinander (**Zielkonflikt**). Das gilt z.B. für das Teilziel Termintreue einschließlich kurzer Durchlaufzeiten einerseits und Kapazitätsauslastung andererseits - „Dilemma der Produktion“: die mittlere Wartezeit in einem Wartesystem wächst mit der Auslastung des Bedienungszentrums.

Bei der **Maschinenbelegungs-/Ablaufplanung** sind folgende Prämissen zu beachten:

- jeder Auftrag durchläuft eine vorgegebene Auftragsfolge (Maschinenfolge, Reihenfolge), die technologisch bestimmt ist, die aber für jeden Auftrag unterschiedlich sein kann
- ein Auftrag kann einen anderen überholen

- die einzelnen Arbeitsvorgänge werden jeweils auf einer anderen Fertigungsstufe (Maschine, Maschinengruppe, Arbeitsplatz, Bearbeitungsstelle) ausgeführt
- Rüst-, Bearbeitungs- und Transportzeiten sind bekannt und konstant oder stochastisch verteilt, wobei Rüstzeiten (Rüstkosten) reihenfolgeunabhängig oder reihenfolgeabhängig sind
- die in einer Planungsperiode zu erfüllenden Aufträge liegen aus der Programmplanung fest (vgl. *Hoitsch, H.-J.*, 1993, S. 478 f.)

Obwohl das Angebot an Lösungsverfahren des **„job-shop-Modells“** als allgemeiner Fall auf dem Gebiet des Operations Research sehr zahlreich ist, sind nur wenige Ansätze für eine praktische Anwendung geeignet. Dies liegt im Wesentlichen daran, dass der Rechenaufwand mit dem Problemumfang exponentiell anwächst. Aus diesem Grund werden zur Lösung von **Maschinenbelegungsproblemen** in der **Werkstattfertigung** heuristische Verfahren (unter Anwendung der Warteschlangentheorie) herangezogen, die mit **Prioritätsregeln** arbeiten.

Im folgenden **Beispiel** sollen **Prioritätsregeln** bei der Festlegung der **Auftragsfolge** mit Hilfe der **Simulation** verglichen werden. Das heißt, wenn sich im Warteraum vor einer Maschine oder einer Maschinengruppe mehr als eine Einheit (Los) befindet (Warteschlangensituation), so wird die Reihenfolge der Bearbeitung mit Hilfe einer Prioritätsregel bestimmt. Die **Wahl der Prioritätsregel** soll also die **Variable des Fertigungsprozesses** sein. Die Festlegung der Auftragsfolge (einige Autoren sprechen von „Modellfolge“) wird im Folgenden auch als **Reihenfolgeplanung** bezeichnet. Die hierbei auftretenden Probleme sollen am Beispiel eines **„job-shop“-Modells** als gebräuchlicher Anordnung analysiert werden (vgl. auch *Krüger, S.*, 1975, S. 185 ff.):

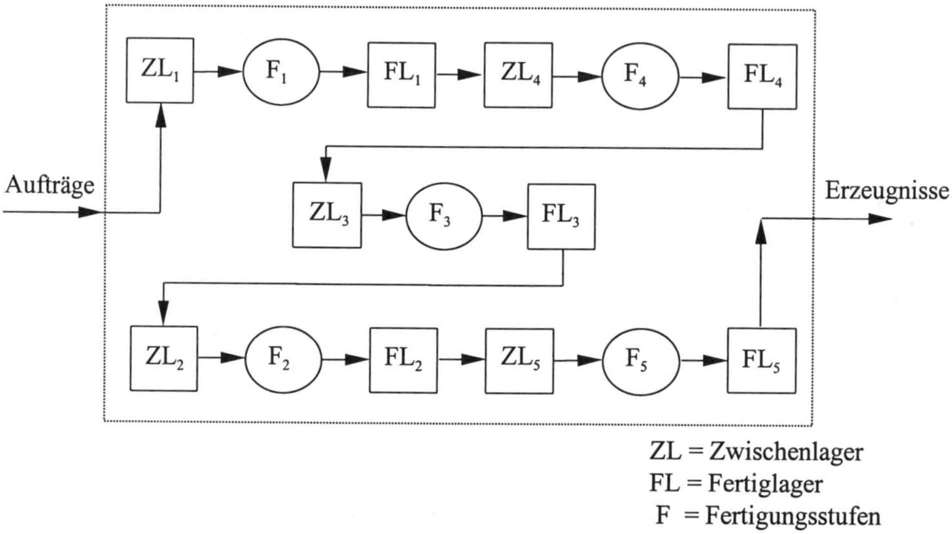

Abb. 50: „job-shop“-Modell

Es sind in diesem „job-shop“ fünf Fertigungsstufen (Maschinen oder Maschinengruppen) F_1, F_2, ..., F_5 angenommen. Die Aufträge (jobs), die in determinierten oder stochastisch verteilten Zeitabständen eintreffen, müssen die Fertigungsstufen in vorgegebener Folge (die sog. **Fertigungs- oder Maschinenfolge** ist zumeist durch technologische Bedingungen festgelegt) durchlaufen. Kann hierbei prinzipiell jede **beliebige Fertigungsfolge** vorkommen, handelt es sich um **Werkstattfertigung**. Der Sonderfall der **Fließfertigung** liegt vor, wenn **nur eine Fertigungsfolge** für alle Aufträge möglich ist.

Als Beispiel seien sechs Aufträge (A_1, A_2, ..., A_6) mit z.T. unterschiedlicher Fertigungsfolge gegeben (Werkstattfertigung):

Tabelle 138: Fertigungsfolge der sechs Aufträge

A_1,	A_3	:	F_1,	F_4,	F_3,	F_2,	F_5	(vgl. Abb. 50)
A_2,	A_6	:	F_2,	F_5,	F_3,	F_1,	F_4	
A_4		:	F_3,	F_4,	F_5,	F_2,	F_1	
A_5		:	F_1,	F_2,	F_3,	F_4,	F_5	

Für jeden Auftrag ist die **Bearbeitungszeit** in allen Fertigungsstufen vorgegeben (bekannt). Dabei kann die Bearbeitungszeit determiniert oder auch stochastisch verteilt sein.

Der Einfachheit halber sei in unserem Beispiel die **Bearbeitungszeit** für die sechs Aufträge als **determiniert** unterstellt. Der Simulationsablauf ließe sich natürlich auch für stochastisch verteilte Bearbeitungszeiten durchführen. Die Bearbeitungszeit je Auftrag sei (in Stunden) durch folgende Zeitmatrix (Matrix der technischen Koeffizienten a_{ij}) gegeben (**ohne** Rüstzeiten):

Tabelle 139: Bearbeitungszeit a_{ij} für Auftrag j (j = 1, 2, ..., 6) in Fertigungsstufe i (i = 1, 2, ..., 5) je Auftrag [in Stunden]

i \ j	A_1	A_2	A_3	A_4	A_5	A_6
F_1	2	2	2	1	4	1
F_2	2	2	3	3	4	4
F_3	1	1	4	1	3	4
F_4	2	4	2	2	2	3
F_5	1	4	2	1	4	3

Rüstzeiten würden z.B. entstehen durch Umbau bzw. Neueinrichtung der Fertigungsanlagen zwischen zwei verschiedenartigen aufeinander folgenden Aufträgen. Die Rüstzeiten können also von der **Auftragsfolge abhängig** sein. Als Beispiel seien die Rüstzeiten für eine Umrüstung der Fertigungsanlage F_1 in Abhängigkeit von den sechs Aufträgen (als determinierte Zeiten) gegeben:

Tabelle 140: Rüstzeiten für F_1 [in Stunden] bei Übergang von Auftrag j nach Auftrag k

Nachfolgerauftrag k	Vorgängerauftrag j					
	A_1	A_2	A_3	A_4	A_5	A_6
A_1	–	0,3	0,4	0,7	0,2	0,1
A_2	0,2	–	0,2	0,9	0,2	0,6
A_3	0,5	0,2	–	0,6	0,9	0,2
A_4	0,3	0,1	0,8	–	0,8	0,5
A_5	0,3	0,6	0,7	0,8	–	0,1
A_6	0,2	0,3	0,2	0,1	0,2	–

Diese Matrix gibt z.B. an, dass die Rüstzeit für Anlage F_1 0,2 Stunden beträgt, wenn Auftrag A_2 auf A_1 folgt. Eine solche Matrix der Rüstzeiten wäre für jede Fertigungsanlage aufzustellen.

Vor jeder Fertigungsstufe ist ein **Zwischenlager** erforderlich, in dem ankommende Aufträge als unfertige Erzeugnisse abgelegt werden können, wenn die Fertigungsanlage noch belegt ist oder umgerüstet werden muss. Das Zwischenlager stellt jeweils eine **Zugangswarteschlage** dar. Die Verbindung zwischen den Fertigungsstufen kann verschieden organisiert sein. Es kann sein, dass hinter jeder Fertigungsstufe ein Zwischenlager (FL_1, FL_2, ...) eingerichtet ist, aus dem die bearbeiteten Werkstücke nach bestimmten organisatorischen Regelungen zur nachfolgenden Fertigungsstufe abtransportiert werden. Es kann aber auch sein, dass die Werkstücke sofort nach der Bearbeitung in einer Stufe in das Zwischenlager (ZL_1, ZL_2, ...) der nächsten Fertigungsstufe gelangen.

Über die **Variation der Auftragsfolge** kann nun versucht werden, einige der oben bereits aufgeführten Ziele (Minimierung von Leer- und Durchlaufzeiten, maximale Kapazitätsauslastung etc.) zu erreichen.

Dazu ist es notwendig, einen **Zusammenhang zwischen Auftragsfolge und Zielkriterien** herzustellen. Da hierzu nur wenige analytische Verfahren existieren, soll diese Aufgabe durch **Simulation** gelöst werden.

Zwei Möglichkeiten bieten sich an:

(1) Formulierung des Modells als kombinatorisches Problem und jeweils Auswertung einer simulierten Stichprobe;

(2) Formulierung von **Prioritätsregeln** und Simulation der Abläufe bei alternativen Prioritätsregeln.

Die erste Möglichkeit sei kurz skizziert, die Zweite an dem Beispiel demonstriert.

Zu Möglichkeit (1)
Im Beispiel mit sechs Aufträgen gibt es 720 Möglichkeiten der Bearbeitungsreihenfolge vor **einer** Fertigungsstufe ($6! = 6 \cdot 5 \cdot 4 \cdot 3 \cdot 2 \cdot 1 = 720$). Kommt eine **zweite** Fertigungsstufe hinzu, so gibt es an dieser wieder $6! = 720$ Möglichkeiten, insgesamt also $(6!) \cdot (6!) = (6!)^2$ Möglichkeiten für die Gestaltung der Reihenfolge. Für - wie im Beispiel - fünf Fertigungsstufen existieren theoretisch $(6!)^5$ Möglichkeiten. Die Zahl der Möglichkeiten nimmt also bereits für bescheidene Werte von m Aufträgen und n Fertigungsstufen gigantische Ausmaße in Höhe von $(m!)^n$ an, so daß ein Durchspielen aller Möglichkeiten von vornherein als wirtschaftlicher Weg ausscheidet.

Mit Hilfe der **Monte-Carlo-Methode** müsste eine **repräsentative Stichprobe** aus allen Kombinationsmöglichkeiten gezogen und für diese der Fertigungsablauf **simuliert** werden. Aus den Folgen der simulierten Stichprobe würde im Hinblick auf die vorgegebenen Zielkriterien (z.B. minimale Durchlaufzeiten) die beste herausgesucht. Sie müsste als näherungsweise beste Lösung aus der Gesamtheit der Möglichkeiten akzeptiert werden (zum Verfahren, Stichprobenumfang, Sicherheit etc.).

Zu Möglichkeit (2)
Bei dem unter (1) erörterten Vorgehen treten viele Reihenfolgen auf, die praktisch nicht realisierbar sind oder von vornherein als schlechte Lösungen ausgesondert werden könnten. Dieser Tatbestand kann durch das Testen plausibler, in der Praxis vielfach bewährter Prioritätsregeln umgangen werden. Eine **Prioritäts- oder Auswahlregel** gibt an, nach welchen Kriterien der nächste aus allen vor einer Fertigungsstufe wartenden Aufträge für die Bearbeitung auszuwählen ist (vgl. S. 330). **Prioritätsregel** bedeutet, dass jedem Arbeitsgang (Fertigungsstufe) ein **Zahlenwert** zugeordnet wird; entsprechend den zugeordneten Zahlenwerten erfolgt eine Auswahl aus den um die Bearbeitung konkurrierenden Aufträgen.

Über die wartenden Aufträge müsste eine Reihe von Informationen vorliegen z.B.:
(1) die zu erwartende Bearbeitungszeit für den einzelnen Auftrag in der Fertigungsstufe (determiniert oder stochastisch);
(2) Werte der Aufträge;
(3) vorgegebene Liefertermine;
(4) jeweils bisherige Wartedauer vor der Fertigungsstufe;
(5) Summe der noch jeweils ausstehenden Bearbeitungszeiten;
(6) Zahl der noch ausstehenden Bearbeitungsgänge.

Diese Informationen können unmittelbar für die Formulierung von **alternativen Prioritätsregeln** verwendet werden. Zum Beispiel Abfertigung nach
(1) **SO-Auswahl** (shortest operation) - nächster Auftrag ist der mit der kürzesten zu erwartenden Bearbeitungszeit auf der Fertigungsstufe;
oder
(2) **FIFO-Auswahl** (first in first out) oder **FCFS-Regel** (first come first served) - nächster Auftrag ist der mit der längsten Wartezeit.

Darüber hinaus sind auch kombinierte Prioritätsregeln gebräuchlich. Hierbei werden mehrere Prioritästregeln so verknüpft, dass mehrere Kriterien berücksichtigt werden. Die Verknüpfung kann additiv, multiplikativ oder durch die Vorgabe alternativer Auswahlkriterien erfolgen. Bei der additiven Verknüpfung erfolgt eine einfache Addition der Zahlenwerte. Sollen die Bewertungskriterien einen unterschiedlichen Stellenwert haben, so kann dies durch eine entsprechende Gewichtung berücksichtigt werden. Bei der multiplikativen Verknüpfung werden die Zahlenwerte multipliziert und es erfolgt eine Gewichtung über Exponenten. Bei der alternativen Verknüpfung sind die Bedingungen zu definieren, die jeweils nur eine bestimmte elementare Prioritätsregel gelten lassen. So könnte beispielsweise die Verknüpfung alternativ so erfolgen, dass die **SZ-Auswahl** (SZ-Auswahl - **S**chlupf-**Z**eit: das ist die Zeit, die bis zum Liefertermin abzüglich aller noch ausstehenden Bearbeitungszeiten (Schlupf) zur Verfügungs steht) bei Terminüberschreitungen und ansonsten die **SO-Auswahl** zum Zuge kommt. Prioritätsregeln können für den gesamten Fertigungsdurchlauf oder nur für einzelne Fertigungseinrichtungen gelten (vgl. *Blohm, H.* u.a., 1997, S. 363 ff).

In den allgemeinen Modellen wird von der Prämisse ausgegangen, dass alle zu bearbeitenden Aufträge zu Beginn der Planungsperiode zur Bearbeitung bereitstehen und die zu belegenden Fertigungsstufen (Maschinen, Maschinengruppen, Arbeitsplätze, Bearbeitungsstellen) frei sind. Diese Situation beschreibt die etwas praxisferne **statische Maschinenbelegungsplanung**. In der Realität stellt sich in erster Linie das **dynamische Problem der Maschinenbelegung**. Hierbei treffen die Aufträge während der Planungsperiode sukzessiv vor den zu belegenden Fertigungsstellen ein und diese sind meist schon belegt. Die Produktions-Prozessplanung - hier speziell die Maschinenbelegungsplanung - hat zu prüfen, wie das Produktionsprogramm zeitlich in Form eines realisierbaren Ablaufs (Reihenfolgeplans) möglichst optimal in der Planungsperiode umgesetzt werden kann.

Prioritätsregeln setzt man sowohl zur Lösung statischer als auch dynamischer Probleme der Maschinenbelegungsplanung ein (vgl. *Hoitsch, H.-J.,* 1993, S. 482). Dabei bewähren sich insbesondere **Simulationsstudien**, d.h. zielgerichtetes Experimentieren an Modellen. Ein **Modell** ist eine durch Abstraktion gewonnene, vereinfachte Nachbildung eines Realproblems. In einem **Simulationsmodell** wird nicht nur die Struktur eines Ausschnitts aus der Realität nachgeahmt, sondern das Verhalten (Aktionen und Reaktionen) im Sinne einer „Was-wenn-Maschine". In der Simulation kommen Rückkopplungen zur Anwendung, indem in einem Simulationsdurchlauf gewonnene Einsichten Informationen liefern, die ihrerseits die Ausgangsdaten wieder ändern.
Die Simulation ist heute mit Hilfe der Digitalrechner ein sehr leistungsfähiges und weit verbreitetes Instrument zur Lösung der verschiedensten Managementaufgaben. Warteschlangenorientierte Modelle werden insbesondere dann eingesetzt, wenn Bewegungen einzelner Individuen Gegenstand von Untersuchungen sind, so z.B. bei der Materialflusssimulation.
Für die Umsetzung eines abstrakten warteschlangenorientierten Modells in ein **Computerprogramm** gibt es zahlreiche Sprachen und Programmpakete, die die Abbildung er-

leichtern (z.B. SLAM/1/, SIMAN/2/, GPSS/3/ GPSS-Fortran/4/)[1] - vgl. *Schmidt, B.*, 1984; *Eschenbach, P.*, 1985; *Nagel, S.*, 1985; *Witte, T.*, u.a. 1994.
Simulationssprachen versetzen den Benutzer in die Lage, Simulationsmodelle ohne detaillierte Programmierkenntnisse leicht und effizient zu implementieren. Außerdem lassen sich Programme von Simulationsmodellen, die in einer speziellen Simulaions-sprache geschrieben sind, vergleichsweise einfach ändern (vgl. *Domschke, W., Drexl, A.*, 1998, S. 222 ff.).
Jeder Betrieb kann in der Art eines **„job-shop"-Modells** als ein **System von Warteschlangen** abgebildet und hinsichtlich der typisch vorliegenden Fertigungsauftragsstruktur mit Hilfe verschiedener Prioritätsregeln **durchsimuliert** werden. Je nach Betriebstyp und Auftragsstruktur können jeweils andere Prioritätsregeln sich als vorteilhaft erweisen. Untersuchungen dieser Art sind in großem Umfang durchgeführt worden (vgl. z.B. *Adam, D.*, 1987, S. 29 ff.; *Aczel, M. A.*, 1960; *Bulkin, M.* u.a.,1966; *Bussmann, K. F., Mertens, P.*, 1968, I, S. 230 - 251 - mit Literaturübersicht; Conway, R. W. u.a.,1964, S. 219 ff.; *Falkenhausen, H.v.*, 1966; *Gräßler, D.*, 1968; *Hansmann, K.-W.*, 1987, S. 79 ff.; *Hansmann, K.-W.*, 1984, S. 198 ff.; *Hoss, K.*, 1965, S. 137 ff.; *Müller, E.*, 1972).
So hat *R. W. Conway* (1964) z.B. 130 Simulationen mit 92 verschiedenen Prioritätsregeln durchgeführt. Bei jedem Simulationslauf wurde eine Stichprobe von 10.000 Aufträgen gewählt.

Mit mehreren solcher Prioritätsregeln wird jeweils ein Simulationslauf durchgeführt; dabei werden die wichtigsten Zeitgrößen festgehalten. Mit Hilfe der Zielkriterien lässt sich dann die "beste" (unter den getesteten) Prioritätsregel auswählen.
Die Simulation des Fertigungsablaufs mit verschiedenen Prioritätsregeln wird an dem durch die Tabellen 138 und 139 gegebenen Beispiel demonstriert. Der Einfachheit halber wird auf die Berücksichtigung von Rüstzeiten verzichtet und die Fertigungszeiten werden als **determinierte** Größen behandelt. (Wie bereits ausgeführt, ließe sich der Simulationslauf auch für stochastisch verteilte Bearbeitungszeiten und/oder Auftragsankunftszeiten mit Hilfe der **Monte-Carlo-Methode** durchführen. In solchen Fällen wird die Unsicherheit über die Ausführungszeiten in der Reihenfolgeplanung berücksichtigt, d.h. in die stochastischen Größen fließen z.B. unvorhersehbare Betriebsstörungen, die Verwendung inhomogener Roh- und Hilfsstoffe oder veränderliche Leistungen der Fertigungsstellen ein).

[1] SLAM (Simulation Language Alernative Modelling)
SIMAN (SIMulations ANalysis language) basiert auf FORTRAN
GPSS (General Purpose Simulation System)

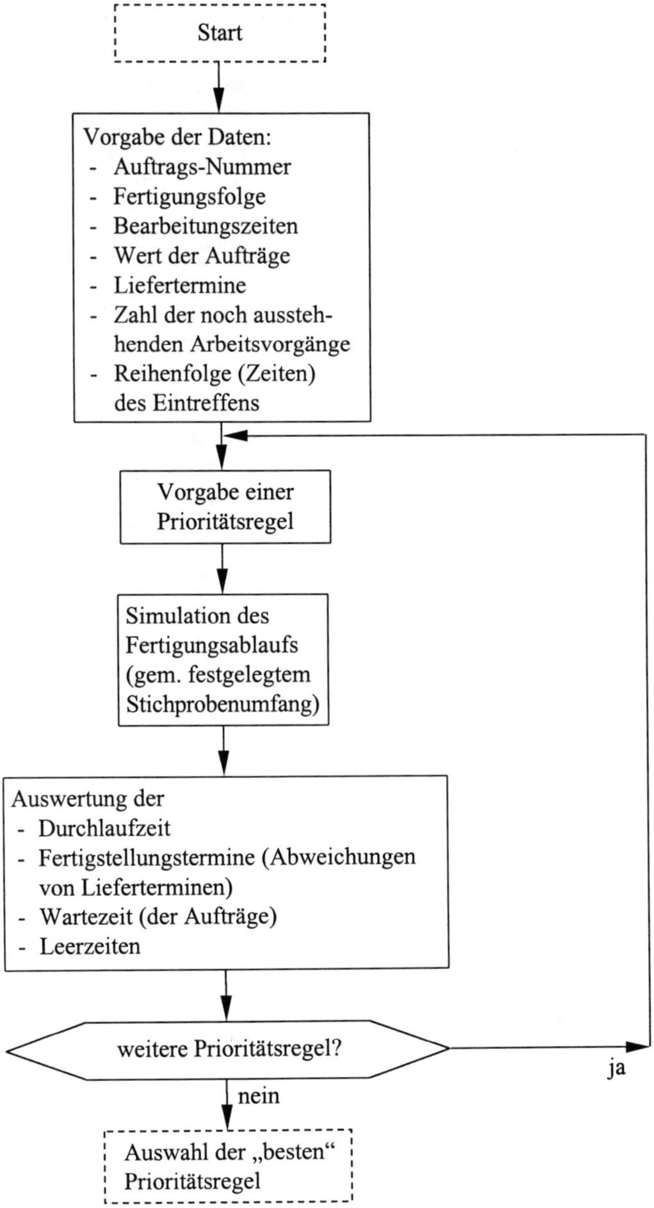

Abb.51: Beispielhafte Vorgehensweise für die Simulation von Auftragsreihenfolgen unter Verwendung von unterschiedlichen Prioritätsregeln

Das Ergebnis einer manuellen Simulation für die **SO-Auswahl** der vorgegebenen sechs Aufträge ist in nachstehender Tabelle 141 wiedergegeben:

Tabelle 141: Ablauf einer Simulation von sechs Aufträgen mit SO-Auswahl

t in Stunden	ZL_1	F_1	ZL_2	F_2	ZL_3	F_3	ZL_4	F_4	ZL_5	F_5
1	A_5,A_3	A_1	A_6	A_2		A_4				
2	A_5,A_3	A_1	A_6	A_2				A_4		
3	A_5	A_3		A_6			A_1	A_4		A_2
4	A_5	A_3		A_6				A_1	A_4	A_2
5		A_5		A_6			A_3	A_1	A_4	A_2
6		A_5		A_6		A_1		A_3	A_4	A_2
7		A_5		A_1		A_2		A_3	A_6	A_4
8	A_2	A_5	A_4	A_1		A_3				A_6
9		A_2	A_5	A_4		A_3			A_1	A_6
10		A_2	A_5	A_4		A_3			A_1	A_6
11			A_5	A_4	A_6	A_3		A_2		$\underline{\mathbf{A}_1}$
12		$\underline{\mathbf{A}_4}$	A_5	A_3		A_6		A_2		
13			A_5	A_3		A_6		A_2		
14			A_5	A_3		A_6		$\underline{\mathbf{A}_2}$		
15				A_5		A_6				A_3
16		A_6		A_5						$\underline{\mathbf{A}_3}$
17				A_5				A_6		
18				A_5				A_6		
19						A_5		$\underline{\mathbf{A}_6}$		
20						A_5				
21						A_5				
22								A_5		
23								A_5		
24										A_5
25										A_5
26										A_5
27										$\underline{\mathbf{A}_5}$

Aus Tabelle 141 ergeben sich folgende Ergebnisse: Auftrag A_1 ist nach $t_{a1} = 11$ Stunden, A_2 nach $t_{a2} = 14$, A_3 nach $t_{a3} = 16$, A_4 nach $t_{a4} = 12$, A_5 nach $t_{a5} = 27$ und Auftrag A_6 nach $t_{a6} = 19$ Stunden Durchlaufzeit beendet. Die mittlere Durchlaufzeit $\overline{t_a}$ beträgt:

$$\overline{t_a} = \frac{\sum_{j=1}^{6} t_{a_j}}{6} = \frac{11+14+16+12+27+19}{6} = 16{,}5 \text{ Stunden}$$

mit einer Standardabweichung σ_{t_a} von:

$$\sigma_{t_a} = \sqrt{\frac{\sum_{j=1}^{6} (t_{a_j} - \overline{t}_a)^2}{6}} = \sqrt{\frac{173{,}50}{6}} = 5{,}4 \text{ Stunden}$$

Die Leerzeiten der Fertigungsanlagen innerhalb der 27 Stunden betragen 15 Stunden für F_1, 9 Stunden für F_2, 13 Stunden für F_3 und jeweils 12 Stunden für F_4 und F_5. Daraus ergibt sich eine mittlere Leerzeit der Fertigungsanlagen von 12,2 Stunden. Die Wartezeit der sechs Aufträge A_j ($j = 1, 2, ..., 6$) in den fünf Zwischenlagern ZL_i ($i = 1, 2, ..., 5$) (Wartezeiten in den fünf Zugangswarteschlangen) beträgt insgesamt 25 Stunden. Daraus ergibt sich (für die Aufträge insgesamt) eine durchschnittliche Wartezeit vor den Fertigungsstufen (d.h. in den Zwischenlagern) von 5 Stunden und eine mittlere Wartezeit je Auftrag und Bearbeitungsgang von $\frac{5}{6} = 0{,}83$ Stunden.

Die Ergebnisse einer Simulation der sechs Aufträge zusammen mit denen für drei weitere Prioritätsregeln sind in der nachstehenden Tabelle zusammengestellt (vgl. *Krüger, S.*, 1975, S. 193):

Tabelle 142: Ergebnis der Simulation von Prioritätsregeln

Durchlaufzeit in Stunden		Prioritäts-regel	Mittlere Durchlauf-zeit in Stunden	Standard-abweichung der Durch-laufzeiten in Stunden	Mittlere Leerzeiten der Ferti-gungsan-lagen in Stunden	Mittlere Warte-zeiten (pro Bearbei-tungsgang) in Stunden
kürzeste	längste					
11	27	(1) SO-Auswahl	16,5	5,4	12,2	0,83
12	25	(2) LO-Auswahl	20,3	4,9	10,2	1,60
11	25	(3) FIFO-Auswahl	16,8	4,9	10,2	0,90
14	25	(4) Größte Zahl der noch aus-stehenden Aufträge	20,3	4,3	10,2	1,60

Bei (3) FIFO-Auswahl ist der Einfachheit halber unterstellt, dass alle Aufträge zum Zeitpunkt Null bereits eingetroffen sind, und zwar in der Reihenfolge ihrer Nummerierung.

Eine Simulation von sechs Aufträgen ist vom Umfang her absolut zu klein, um verallgemeinerungsfähige Ergebnisse zu erzielen. In umfangreichen Simulationsexperimenten zeigte sich, dass die SO-Auswahl der LO-Auswahl tatsächlich überlegen ist (vgl. *Gräßler, D.*, 1968).[1] Die SO-Auswahl liefert häufig die kürzesten mittleren Durchlaufzeiten, hat jedoch auch meist eine sehr weite Streuung der Durchlaufzeiten. Bei längerer mittlerer Durchlaufzeit reduziert sich im Allgemeinen die Standardabweichung. Zwangsläufig erhöhen sich auch die mittleren Wartezeiten vor den Fertigungsstufen.

In der Praxis dürfte bei Werkstattfertigung die Fertigungsfolge (Maschinenfolge) der auftretenden Aufträge vielfach stochastisch verteilt schwanken. In einem solchen Fall müsste die Häufigkeitsverteilung der Fertigungsfolge empirisch erhoben werden. Sie könnte dann mit Hilfe der **Monte-Carlo-Methode** in einem **Simulationsmodell** berücksichtigt werden.

Welche Auswahlregel wäre nun unter den im Beispiel gegebenen Daten die beste? Zur Beantwortung dieser Frage sind zunächst die Zielkriterien anzugeben. Zwei typische könnten sein:

(1) Minimierung der Fertigungskosten;

(2) Möglichst hohe Liefertermintreue.

Von den variablen Fertigungskosten ist jedoch der allergrößte Teil (wie Stoffkosten, Bearbeitungskosten) von der Auftragsfolge unabhängig. Sind auch die Rüstkosten unabhängig von der Reihenfolge, so bleiben im Wesentlichen nur die Kosten der Kapitalbindung als veränderbar durch die Auftragsfolge. Nach einer Untersuchung von *E. Müller* (1972, S. 70) lassen sich hierüber aber nur etwa 0,5 % der variablen Fertigungskosten beeinflussen. Unter pragmatischen Gesichtspunkten wäre dann die Auswahlregel auszuwählen, durch die die kleinste Streuung der Fertigungszeiten zu erwarten ist. Im Beispiel (vgl. Tab. 142) wäre dann Regel (4) von den vier behandelten die beste (dabei sei unterstellt, dass die Ergebnisse auf einer verallgemeinerungsfähigen Unter-suchung basieren).

Ergiebiger für die Erforschung mit Hilfe der Simulation sind integrierte Lagerhaltungs- und Fertigungssysteme, in denen Lagerdispositionen und Fertigungsablaufplanung verknüpft sind (vgl. *Mertens, P.*, 1983, S. 171 ff.).

Jüngere Arbeiten zu diesem Problemkreis versuchen mit Hilfe komplexer Simulationsmodelle, reale Strukturen nachzubilden und die Wirkungen unterschiedlicher Prioritätsregeln auf die Höhe der Kosten festzustellen. Dabei hat sich ergeben, dass keine der untersuchten Prioritätsregeln in Bezug auf die ermittelte wichtigste Kenngröße (Zielgröße) mit Sicherheit die besten Ergebnisse liefert (vgl. *Wiendahl, H.-P.*, 1987, S. 257 ff.). „Aufgrund dieser Ergebnisse der Simulation von Prioritätsregeln kann abschließend festgestellt werden, dass eine kritiklose Übernahme von Prioritätsregeln in einem Produktionsbetrieb ohne Prüfung der eigenen Betriebsbedingungen der Maschinenbelegung nicht empfehlenswert ist" (vgl. *Hoitsch, H.-J.*, 1993, S. 488).

Die Konsequenz aus dieser Feststellung ist, dass der einzelne Betrieb durch **eigene Simulationsstudien** ermitteln sollte, welche Verhaltensweise (Prioritätsregel) für seine Maschinenbelegungsplanung die geeignetere ist.

---

[1] Andere Untersuchungen zeigen, daß grundsätzlich nach der FIFO-Regel abgefertigt werden sollte, und nur in begründeten Einzelfällen davon abgewichen werden sollte - vgl. *Wiendahl, H.-P.*, 1987, S. 261.

B. Übungsbeispiel: Simulation einer Werkzeugausgabe

1. Problemstellung

In einem Betrieb sei folgendes **Mehrkanalproblem** vom Typ M/M/s gegeben:
In einer Maschinenfabrik werden in Einzel- und Kleinserienfertigung Maschinen hergestellt. Dies bedingt ein häufiges Umrüsten der Werkzeugmaschinen. Außerdem unterliegen viele Teile der Werkzeuge einem hohen Verschleiß. Die Maschinenschlosser der Fabrik haben die neuen Werkzeuge aus dem zentralen Werkzeugmagazin abzuholen. Dort werden sie durch Magazinarbeiter bedient. Es ist folgendes Problem zu lösen: **Wie viel Magazinarbeiter** sollen in der **Werkzeugausgabe** beschäftigt werden, damit die **Gesamtkosten ein Minimum** annehmen?

Nehmen wir an, eine empirische Untersuchung habe folgende Verteilung der Abfertigungszeiten (d.h. der Zeit, die ein Magazinarbeiter benötigt, um jeweils den Anforderungen eines Maschinenschlossers zu entsprechen) ergeben:

Tabelle 143: Häufigkeitsverteilung der Abfertigungszeiten (mit „Normierung")

Abfertigungszeit in Minuten (x_i)	1/2	1	1 1/2	2	2 1/2	3	3 1/2
relative Häufigkeit $p(x_i)$ in %	5	8	19	34	20	10	4
zugeordnete Zufallszahlen [1]	00 - 04	05 - 12	13 - 31	32 - 65	66 - 85	86 - 95	96 - 99

Ein Magazinarbeiter verursache Personalkosten von brutto 80 GE (Geldeinheiten) je Stunde. Die Kosten der Wartezeit einer Maschine (Leerzeit) einschließlich der Personalkosten des nach Werkzeug anstehenden Maschinenschlossers seien im Durchschnitt 240 GE/Stunde.
20 Maschinenschlosser seien in der Fabrik dauernd eingesetzt, um die Umstellungs- und Instandhaltungsarbeiten an den Maschinen vorzunehmen; sie stellen also das **Reservoir des geschlossenen Warteschlangensystems** dar. Da es sich um ein **zyklisches Warteschlangensystem** handelt, ist die **Wahrscheinlichkeit für den Eintritt** von Maschinenschlossern in das Wartesystem **nicht** unabhängig von der Anzahl der Schlosser n, die am Werkzeugausgabeschalter warten oder gerade bedient werden. Allgemein gilt für die Wahrscheinlichkeit, dass ein Schlosser in das Wartesystem eintritt:

$$W = w \cdot \frac{r - n'}{r}$$

[1] Diese „Normierung" wird vorgenommen, um die Häufigkeitsverteilung mit Hilfe der **Monte-Carlo-Methode** (vgl. 248 ff.) in der Simulation zur künstlichen Erzeugung von Stichproben (als stochastischen Prozeß) über zweistellige Zufallszahlen einzuspielen.

W = Wahrscheinlichkeit, dass ein weiterer Schlosser am Werkzeugausgabeschalter während eines vorgegebenen Zeitintervalls eintrifft

w = empirisch ermittelte Häufigkeit je Zeiteinheit des Eintreffens eines Schlossers am Schalter, wenn sich alle Schlosser außerhalb des Wartesystems (also im Reservoir) befinden (Zahl zwischen 0 und 1). Im Beispiel sei w = 0,4 je 1/2-Minuten-Intervall, d.h. die relative Häufigkeit sei 40% für **ein** Eintreffen und 60 % für **kein** Eintreffen eines Schlossers

r = Anzahl der Schlosser, also Umfang des Reservoirs. Im Beispiel sei r = 20 Personen

n' = Anzahl der Schlosser, die sich im vorangehenden Zeitintervall im Wartesystem befinden

Im Beispiel ist die Ankunftswahrscheinlichkeit demnach:

$$W = 0{,}4 \cdot \frac{20 - n'}{20}$$

Als Auswahlregel gelte die **FIFO-Auswahl**, d.h. die Schlosser mit der längsten Wartezeit werden zuerst bedient.
Die **Anzahl der Magazinarbeiter** (der gleichartigen parallelen Bedienungspunkte) s sei **Optimierungsparameter** (Kapazitätsplanung); es sei also nach der **kostenminimalen Anzahl der Magazinarbeiter** gefragt!

2. Lösungshinweise

Zusammenstellung der verwendeten Symbole:

Symbol	Bedeutung
n	Anzahl der Schlosser im Wartesystem (Zugangswarteschlange und Bedienung)
n'	Anzahl der Schlosser, die sich im vorausgehenden Zeitintervall im Wartesystem befinden
n_{q_a}	Anzahl der Schlosser in der Zugangswarteschlange am Anfang von t (einschließlich eventueller Neuankunft in t)
n_{q_e}	Anzahl der Schlosser in der Zugangswarteschlange am Ende von t
r	Umfang des Reservoirs; Gesamtzahl der vorhandenen Schlosser
W	Wahrscheinlichkeit für den Eintritt eines weiteren Schlossers in das Wartesystem
s	Anzahl der Magazinarbeiter (Anzahl der gleichartigen Kanäle)
u_{0_a}	Anzahl der unbeschäftigten Magazinarbeiter am Anfang von t
u_{0_e}	Anzahl der unbeschäftigten Magazinarbeiter am Ende von t
u_1	Anzahl der Magazinarbeiter, die ½ Minute lang beschäftigt ist
u_2	Anzahl der Magazinarbeiter, die 1 Minute lang beschäftigt ist
u_3	Anzahl der Magazinarbeiter, die 1 ½ Minuten lang beschäftigt ist
u_4	Anzahl der Magazinarbeiter, die 2 Minuten lang beschäftigt ist
u_5	Anzahl der Magazinarbeiter, die 2 ½ Minuten lang beschäftigt ist
u_6	Anzahl der Magazinarbeiter, die 3 Minuten lang beschäftigt ist
u_7	Anzahl der Magazinarbeiter, die 3 ½ Minuten lang beschäftigt ist
x_i	Abfertigungszeiten (Bedienungsdauer) in i/2 Minuten (i = 1, 2, ..., 7)
t	Zeit, gemessen in ½-Minuten-Abständen
T	Anzahl der Stunden, die simuliert werden soll
c	kumulierte Gesamtkosten in GE (Geldeinheiten)
v	Zahl der simulierten Ankünfte je ½-Minuten-Intervall (0 oder 1). Es ist also unterstellt, dass in einem ½-Minuten-Intervall nicht mehr als ein Schlosser eintreffen kann
z_1	dreistellige Zufallszahl (zur Simulation der Ankünfte)
z_2	zweistellige Zufallszahl (zur Simulation der Bedienungsdauer)
y	rechnerische Hilfsgröße

Ein erster Schritt bei der **Simulation** eines solchen Warteschlangenproblems ist die Entscheidung über das **kleinste Zeitintervall**, das betrachtet wird; hier soll ein **½-Minuten-Intervall** benutzt werden. Wir tun also so, als ob alle Ereignisse am Ende eines solchen unteilbaren **½-Minuten-Intervalls** stattfinden würden. Die Vorgehensweise der Simulation des Problems lässt sich durch das nachstehende **Flussdiagramm** darstellen:

Problem: Simuliere den Fall einer gemeinsamen Warteschlange vor einem Werkzeugmagazin, wenn $a_1, a_2, ..., a_{13}$ gegeben sind.

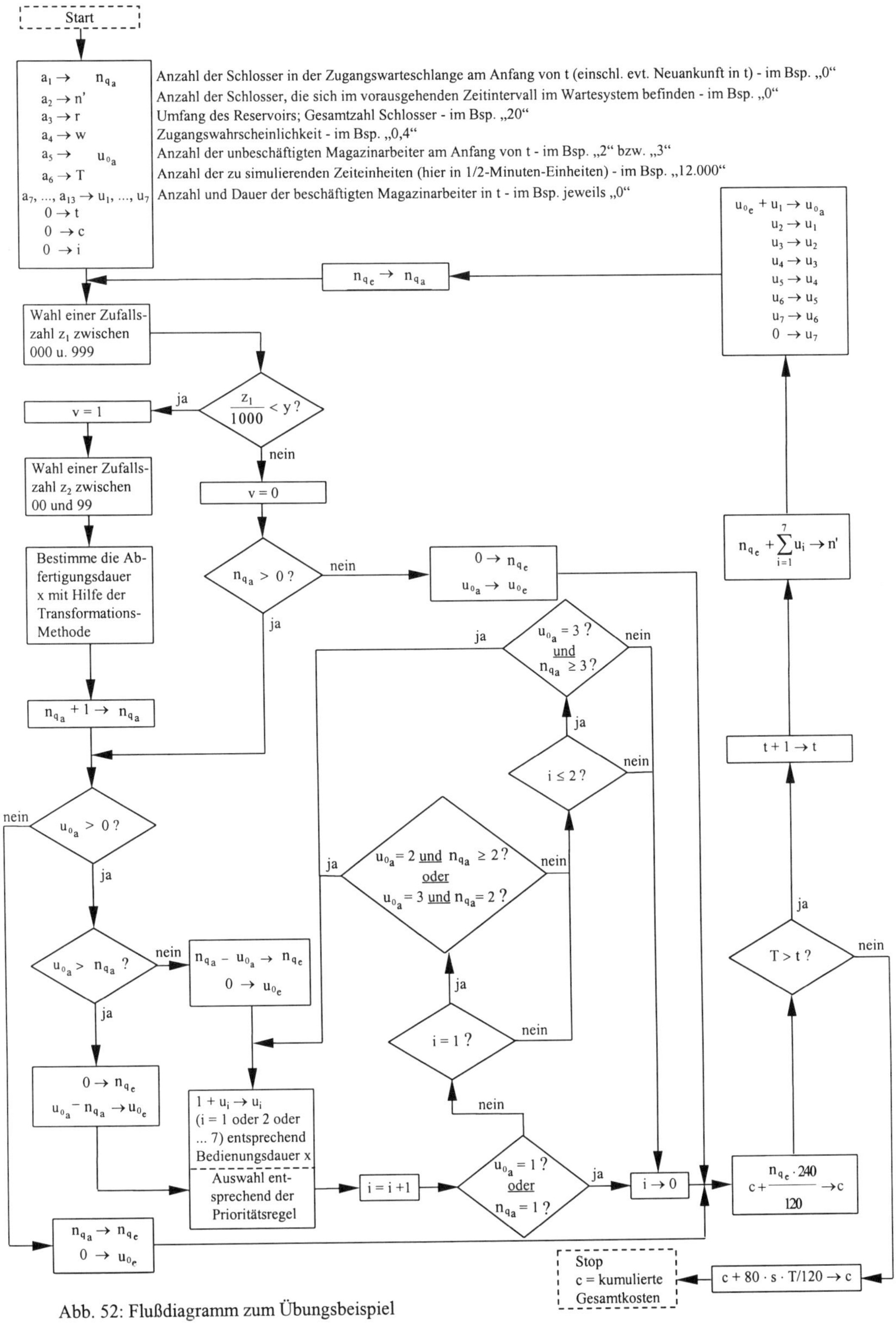
Start
$a_1 \rightarrow n_{q_a}$
$a_2 \rightarrow n'$
$a_3 \rightarrow r$
$a_4 \rightarrow w$
$a_5 \rightarrow u_{0_a}$
$a_6 \rightarrow T$
$a_7, ..., a_{13} \rightarrow u_1, ..., u_7$
$0 \rightarrow t$
$0 \rightarrow c$
$0 \rightarrow i$
Anzahl der Schlosser in der Zugangswarteschlange am Anfang von t (einschl. evt. Neuankunft in t) - im Bsp. „0"
Anzahl der Schlosser, die sich im vorausgehenden Zeitintervall im Wartesystem befinden - im Bsp. „0"
Umfang des Reservoirs; Gesamtzahl Schlosser - im Bsp. „20"
Zugangswahrscheinlichkeit - im Bsp. „0,4"
Anzahl der unbeschäftigten Magazinarbeiter am Anfang von t - im Bsp. „2" bzw. „3"
Anzahl der zu simulierenden Zeiteinheiten (hier in 1/2-Minuten-Einheiten) - im Bsp. „12.000"
Anzahl und Dauer der beschäftigten Magazinarbeiter in t - im Bsp. jeweils „0"
$u_{0_e} + u_1 \rightarrow u_{0_a}$
$u_2 \rightarrow u_1$
$u_3 \rightarrow u_2$
$u_4 \rightarrow u_3$
$u_5 \rightarrow u_4$
$u_6 \rightarrow u_5$
$u_7 \rightarrow u_6$
$0 \rightarrow u_7$
$n_{q_e} \rightarrow n_{q_a}$
Wahl einer Zufallszahl z_1 zwischen 000 u. 999
$\frac{z_1}{1000} < y$?
ja
nein
$v = 1$
$v = 0$
Wahl einer Zufallszahl z_2 zwischen 00 und 99
Bestimme die Abfertigungsdauer x mit Hilfe der Transformations-Methode
$n_{q_a} > 0$?
nein
ja
$0 \rightarrow n_{q_e}$
$u_{0_a} \rightarrow u_{0_e}$
$n_{q_e} + \sum_{i=1}^{7} u_i \rightarrow n'$
$n_{q_a} + 1 \rightarrow n_{q_a}$
$u_{0_a} = 3$? und $n_{q_a} \geq 3$?
ja
nein
$i \leq 2$?
ja
nein
$t + 1 \rightarrow t$
nein
$u_{0_a} > 0$?
ja
$u_{0_a} = 2$ und $n_{q_a} \geq 2$? oder $u_{0_a} = 3$ und $n_{q_a} = 2$?
ja
nein
ja
$T > t$?
nein
$u_{0_a} > n_{q_a}$?
nein
$n_{q_a} - u_{0_a} \rightarrow n_{q_e}$
$0 \rightarrow u_{0_e}$
ja
$i = 1$?
ja
nein
ja
$0 \rightarrow n_{q_e}$
$u_{0_a} - n_{q_a} \rightarrow u_{0_e}$
$1 + u_i \rightarrow u_i$
(i = 1 oder 2 oder ... 7) entsprechend Bedienungsdauer x
Auswahl entsprechend der Prioritätsregel
$i = i + 1$
nein
$u_{0_a} = 1$? oder $n_{q_a} = 1$?
ja
$i \rightarrow 0$
$c + \frac{n_{q_e} \cdot 240}{120} \rightarrow c$
$n_{q_a} \rightarrow n_{q_e}$
$0 \rightarrow u_{0_e}$
Stop
c = kumulierte Gesamtkosten
$c + 80 \cdot s \cdot T/120 \rightarrow c$

Abb. 52: Flußdiagramm zum Übungsbeispiel

Simulation I für s = 2 Magazinarbeiter über die ersten 10 Minuten des Gesamtablaufes auf einem Digitalrechner über 100 Stunden. Es wird unterstellt, daß zu Beginn der Simulation noch keine Warteschlange existiert ($a_2 = 0$) und die beiden Magazinarbeiter frei sind ($a_5 = 2$) - Anfangswerte:

Tabelle 144: Ergebnis der **Simulation I** über die ersten 10 Minuten für **s = 2 Magazinarbeiter (zur Demonstration der Funktionsweise)**

Zeit in 1/2-Minutenzeiteinheiten	Anzahl d. im vorausgehenden Zeitintervall im Wartesystem befindlichen Schlosser	Hilfswert $y = 0{,}4 \cdot \frac{20 - n'}{20}$	Zufallszahlen (zur Simulation der Ankunft im Zeitintervall)[1]	simulierte Zahl der Ankünfte	Zufallszahlen (zur Simulation der Bedienungsdauer)[1]	simulierte Bedienungsdauer in Minuten (vgl. Tab. 143)	Zugangswarteschlange am Anfang von t	Zugangswarteschlange am Ende von t	Anzahl der freien Magazinarbeiter am Anfang von t	Anzahl der freien Magazinarbeiter am Ende von t	Anzahl und Dauer der beschäftigten Magazinarbeiter bei 2 vorhandenen gleichartigen Kanälen (2 Magazinarbeiter)							kumulierte Kosten in GE
t	n'	1000 y	z_1	v	z_2	x_i	n_{qa}	n_{qe}	u_{0a}	u_{0e}	u_1	u_2	u_3	u_4	u_5	u_6	u_7	c
0	0	400	530	0	–	–	0	0	2	2	0	0	0	0	0	0	0	0
1	0	400	474	0	–	–	0	0	2	2	2	0	0	0	0	0	0	0
2	0	400	389	1	96	3,5	1	0	2	1	0	0	0	0	0	0	1	0
3	1	380	042	1	89	3	1	0	1	0	0	0	0	0	0	2	0	0
4	2	360	073	1	23	1,5	1	1	0	0	0	0	0	0	2	0	0	2
5	3	340	156	1	63	2	2	2	0	0	0	0	0	2	0	0	0	6
6	4	320	662	0	–	–	2	2	0	0	0	0	2	0	0	0	0	10
7	4	320	110	1	61	2	3	3	0	0	0	2	0	0	0	0	0	16
8	5	300	242	1	14	1,5	4	4	0	0	2	0	0	0	0	0	0	24
9	6	280	915	0	–	–	4	2	2	0	0	0	1	1	0	0	0	28
10	4	320	018	1	83	2,5	3	3	0	0	0	1	1	0	0	0	0	34
11	5	300	307	0	–	–	3	3	0	0	1	1	0	0	0	0	0	40
12	5	300	409	0	–	–	3	2	1	0	1	0	0	1	0	0	0	44
13	4	320	322	0	–	–	2	1	1	0	0	0	2	0	0	0	0	46
14	3	340	612	0	–	–	1	1	0	0	0	2	0	0	0	0	0	48
15	3	340	667	0	–	–	1	1	0	0	2	0	0	0	0	0	0	50
16	3	340	452	0	–	–	1	0	2	1	0	0	0	0	1	0	0	50
17	1	380	964	0	–	–	0	0	1	1	0	0	0	1	0	0	0	50
18	1	380	120	1	71	2,5	1	0	1	0	0	0	1	0	1	0	0	50
19	2	360	510	0	–	–	0	0	0	0	0	1	0	1	0	0	0	50
20	2	360	085	1	16	1,5	1	1	0	0	1	0	1	0	0	0	0	52

[1] Zufallszahlen wurden auf Digitalrechner generiert

Fortsetzung der Simulation I für s = 2 Magazinarbeiter über die letzten 10 Minuten des Gesamtablaufes - zur **Demonstration** des Ablaufs - auf einem Digitalrechner über 100 Stunden und Gesamtergebnis.

Tabelle 145: Ergebnis der **Simulation I** über 6.000 Minuten (12.000 Durchläufe) für **s = 2 Magazinarbeiter**

Zeit in 1/2-Minutenzeiteinheiten	Anzahl d. im vorausgehenden Zeitintervall im Wartesystem befindlichen Schlosser	Hilfswert $y = 0{,}4 \cdot \frac{20 - n'}{20}$	Zufallszahlen (zur Simulation der Ankunft im Zeitintervall)[1]	simulierte Zahl der Ankünfte	Zufallszahlen (zur Simulation der Bedienungsdauer)[1]	simulierte Bedienungsdauer in Minuten (vgl. Tab. 143)	Zugangswarteschlange am Anfang von t	Zugangswarteschlange am Ende von t	Anzahl der freien Magazinarbeiter am Anfang von t	Anzahl der freien Magazinarbeiter am Ende von t	Anzahl und Dauer der beschäftigten Magazinarbeiter bei 2 vorhandenen gleichartigen Kanälen (2 Magazinarbeiter)							kumulierte Kosten in GE
t	n'	$1000\,y$	z_1	v	z_2	x_i	n_{qa}	n_{qe}	u_{0a}	u_{0e}	u_1	u_2	u_3	u_4	u_5	u_6	u_7	c
11.980	1	380	110	1	08	1	1	0	1	0	0	2	0	0	0	0	0	9.918
11.981	2	360	049	1	75	2,5	1	1	0	0	2	0	0	0	0	0	0	9.920
11.982	3	340	916	0	–	–	1	0	2	1	0	0	0	0	1	0	0	9.920
11.983	1	380	675	0	–	–	0	0	1	1	0	0	0	1	0	0	0	9.920
11.984	1	380	834	0	–	–	0	0	1	1	0	0	1	0	0	0	0	9.920
11.985	1	380	083	1	24	1,5	1	0	1	0	0	1	1	0	0	0	0	9.920
11.986	2	360	807	0	–	–	0	0	0	0	1	1	0	0	0	0	0	9.920
11.987	2	360	809	0	–	–	0	0	1	1	1	0	0	0	0	0	0	9.920
11.988	1	380	786	0	–	–	0	0	2	2	0	0	0	0	0	0	0	9.920
11.989	0	400	917	0	–	–	0	0	2	2	0	0	0	0	0	0	0	9.920
11.990	0	400	172	1	81	2,5	1	0	2	1	0	0	0	0	1	0	0	9.920
11.991	1	380	289	1	52	2	1	0	1	0	0	0	0	2	0	0	0	9.920
11.992	2	360	676	0	–	–	0	0	0	0	0	0	2	0	0	0	0	9.920
11.993	2	360	506	0	–	–	0	0	0	0	0	2	0	0	0	0	0	9.920
11.994	2	360	208	1	39	2	1	1	0	0	2	0	0	0	0	0	0	9.922
11.995	3	340	559	0	–	–	1	0	2	1	0	0	0	1	0	0	0	9.922
11.996	1	380	439	0	–	–	0	0	1	1	0	0	1	0	0	0	0	9.922
11.997	1	380	965	0	–	–	0	0	1	1	0	1	0	0	0	0	0	9.922
11.998	1	380	885	0	–	–	0	0	1	1	1	0	0	0	0	0	0	9.922
11.999	1	380	881	0	–	–	0	0	2	2	0	0	0	0	0	0	0	9.922
12.000	0	400	655	0	–	–	0	0	2	2	0	0	0	0	0	0	0	9.922
					+ Kosten für 2 Magazinarbeiter während 100 Stunden in GE													16.000
					Gesamtkosten für 100 Stunden in GE													25.922

[1] Zufallszahlen wurden auf Digitalrechner generiert

Simulation II für s = 3 Magazinarbeiter über die ersten 10 Minuten des Gesamtablaufes auf einem Digitlarechner über 100 Stunden. Es wird wiederum unterstellt, daß zu Beginn der Simulation noch keine Warteschlange existiert ($a_2 = 0$) und die drei Magazinarbeiter frei sind ($a_5 = 3$) - Anfangswerte:

Tabelle 146: Ergebnis der **Simulation II** über die ersten 10 Minuten für **s = 3 Magazinarbeiter** (zur Demonstration der Funktionsweise)

Zeit in 1/2-Minutenzeit-einheiten	Anzahl d. im vorausgehenden Zeitintervall im Wartesystem befindlichen Schlosser	Hilfswert $y = 0{,}4 \cdot \frac{20 - n'}{20}$	Zufallszahlen (zur Simulation der Ankunft im Zeitintervall)[1]	simulierte Zahl der Ankünfte	Zufallszahlen (zur Simulation der Bedienungsdauer)[1]	simulierte Bedienungsdauer in Minuten (vgl. Tab. 143)	Zugangswarteschlange am Anfang von t	Zugangswarteschlange am Ende von t	Anzahl der freien Magazinarbeiter am Anfang von t	Anzahl der freien Magazinarbeiter am Ende von t	Anzahl und Dauer der beschäftigten Magazinarbeiter bei 3 vorhandenen gleichartigen Kanälen (3 Magazinarbeiter)							kumulierte Kosten in GE
t	n'	1000 y	z_1	v	z_2	x_i	n_{q_a}	n_{q_e}	u_{0_a}	u_{0_e}	u_1	u_2	u_3	u_4	u_5	u_6	u_7	c
0	0	400	456	0	–	0	0	0	3	3	0	0	0	0	0	0	0	0
1	1	380	211	1	98	3,5	1	0	3	2	0	0	0	0	0	0	1	0
2	2	360	037	1	70	2,5	1	0	2	1	0	0	0	0	1	1	0	0
3	3	340	455	0	–	–	0	0	1	0	0	0	0	1	1	0	0	0
4	3	340	267	1	75	2,5	1	0	1	0	0	0	1	1	1	0	0	0
5	3	340	323	1	42	2	1	1	0	0	0	1	1	1	0	0	0	2
6	4	320	240	1	48	2	2	2	0	0	1	1	1	0	0	0	0	6
7	5	300	664	0	–	–	2	1	1	0	1	1	0	1	0	0	0	8
8	4	320	228	1	88	3	2	1	1	0	1	0	1	1	0	0	0	10
9	4	320	107	1	85	2,5	2	1	1	0	0	1	1	0	0	1	0	12
10	4	320	269	1	45	2	2	2	0	0	1	1	0	0	1	0	0	16
11	5	300	363	0	–	–	2	1	1	0	1	0	0	1	1	0	0	18
12	4	320	104	1	81	2,5	2	1	1	0	0	0	1	2	0	0	0	20
13	4	320	009	1	01	0,5	2	2	0	0	0	1	2	0	0	0	0	24
14	5	300	066	1	33	2	3	3	0	0	1	2	0	0	0	0	0	30
15	6	280	332	0	–	–	3	2	1	0	2	0	0	0	1	0	0	34
16	5	300	891	0	–	–	2	0	2	0	1	0	0	2	0	0	0	34
17	3	340	799	0	–	–	0	0	1	1	0	0	2	0	0	0	0	34
18	2	360	997	0	–	–	0	0	1	1	0	2	0	0	0	0	0	34
19	2	360	107	1	49	2	1	0	1	0	2	0	0	1	0	0	0	34
20	3	340	061	1	24	1,5	1	0	2	1	0	0	2	0	0	0	0	34

[1] Zufallszahlen wurden auf Digitalrechner generiert

Fortsetzung der Simulation II für s = 3 Magazinarbeiter über die letzten 10 Minuten des Gesamtablaufes auf einem Digitalrechner über 100 Stunden und Gesamtergebnis.

Tabelle 147: Ergebnis der **Simulation I** nach 6.000 Minuten (12.000 Durchläufe) für **s = 3 Magazinarbeiter**

Zeit in 1/2-Minutenzeiteinheiten	Anzahl d. im vorausgehenden Zeitintervall im Wartesystem befindlichen Schlosser	Hilfswert $y = 0{,}4 \cdot \frac{20 - n'}{20}$	Zufallszahlen (zur Simulation der Ankunft im Zeitintervall)[1]	simulierte Zahl der Ankünfte	Zufallszahlen (zur Simulation der Bedienungsdauer)[1]	simulierte Bedienungsdauer in Minuten (vgl. Tab. 143)	Zugangswarteschlange am Anfang von t	Zugangswarteschlange am Ende von t	Anzahl der freien Magazinarbeiter am Anfang von t	Anzahl der freien Magazinarbeiter am Ende von t	Anzahl und Dauer der beschäftigten Magazinarbeiter bei 3 vorhandenen gleichartigen Kanälen (3 Magazinarbeiter)							kumulierte Kosten in GE
t	n'	$1000\,y$	z_1	v	z_2	x_i	n_{q_a}	n_{q_e}	u_{0_a}	u_{0_e}	u_1	u_2	u_3	u_4	u_5	u_6	u_7	c
11.980	2	360	364	0	–	–	0	0	1	1	1	0	1	0	0	0	0	852
11.981	2	360	525	0	–	–	0	0	2	2	0	1	0	0	0	0	0	852
11.982	1	380	439	0	–	–	0	0	2	2	1	0	0	0	0	0	0	852
11.983	1	380	536	0	–	–	0	0	3	3	0	0	0	0	0	0	0	852
11.984	0	400	344	1	32	2	1	0	3	2	0	0	0	1	0	0	0	852
11.985	1	380	732	0	–	–	0	0	2	2	0	0	1	0	0	0	0	852
11.986	1	380	915	0	–	–	0	0	2	2	0	1	0	0	0	0	0	852
11.987	1	380	732	0	–	–	0	0	2	2	1	0	0	0	0	0	0	852
11.988	1	380	020	1	83	2,5	1	0	3	2	0	0	0	0	1	0	0	852
11.989	1	380	542	0	–	–	0	0	2	2	0	0	0	1	0	0	0	852
11.990	1	380	447	0	–	–	0	0	2	2	0	0	1	0	0	0	0	852
11.991	1	380	363	1	32	2	1	0	2	1	0	1	0	1	0	0	0	852
11.992	2	360	189	1	87	3	1	0	1	0	1	0	1	0	0	1	0	852
11.993	3	340	728	0	–	–	0	0	1	1	0	1	0	0	1	0	0	852
11.994	2	360	828	0	–	–	0	0	1	1	1	0	0	1	0	0	0	852
11.995	2	360	773	0	–	–	0	0	2	2	0	0	1	0	0	0	0	852
11.996	1	380	016	1	12	1	1	0	2	1	0	2	0	0	0	0	0	852
11.997	2	360	448	0	–	–	0	0	1	1	2	0	0	0	0	0	0	852
11.998	2	360	083	1	83	2,5	1	0	3	2	0	0	0	0	1	0	0	852
11.999	1	380	186	1	39	2	1	0	2	1	0	0	0	2	0	0	0	852
12.000	2	360	034	1	36	2	1	0	1	0	0	0	2	1	0	0	0	852
					+ Kosten für 3 Magazinarbeiter während 100 Stunden in GE													24.000
					Gesamtkosten für 100 Stunden in GE													24.852

[1] Zufallszahlen wurden auf Digitalrechner generiert

Die Gesamtkosten sind bei zwei Magazinarbeitern wesentlich höher als bei drei. Es wäre also zweckmäßig, die Kapazität der Werkzeugausgabe auf drei (vgl. **Simulation II** für s = 3 Magazinarbeiter - Tabelle 147) Magazinarbeiter zu erhöhen. Dieses Ergebnis bestätigt sich auch bei einer hinreichend großen Zahl von Durchläufen mit einem Digitalrechner. Eine über jeweils 12.000 Durchläufe (= 6.000 Minuten - um den Voraussetzungen des „Gesetzes der großen Zahlen" zu genügen) durchgeführte Simulation führt bei **2 Magazinarbeitern** zu Gesamtkosten von 9.922 GE (Geldeinheiten) und bei **3 Magazinarbeitern** zu solchen von nur 852 GE (vgl. Tabellen 145 und 147). Lässt man den Stundensatz von 80 GE (s. S. 354) für den dritten Magazinarbeiter als verursachte Personalkosten offen, ergibt sich ein kritischer Stundensatz von 90,70 GE (Marginalbetrachtung) für den dritten Magazinarbeiter [(9.922 – 852)/100h]. Das Hauptproblem bei solchen Studien ist, sicherzustellen, dass im Simulationsmodell die Struktur des Realproblems richtig abgebildet wird.

IV. Fazit: Warteschlangenmodelle als Entscheidungshilfe

Warteschlangemodelle sind zunächst primär beschreibende und erklärende Modelle. Dies besagt jedoch nicht, dass sie nicht auch zur Unterstützung und Qualitätssteigerung von Entscheidungen eingesetzt werden können. Im Gegenteil: In der Praxis wird man wohl kaum Warteschlangenmodelle entwickeln, ohne dabei zu fällende Entscheidungen im Hintergrund als Motive zu haben.
Folgende Entscheidungsunterstützung ist grundsätzlich möglich (vgl. *auch Zimmermann, H.-J.*, 1992, S. 252 ff.):

- das Modell dient dazu, eine Anzahl von Fragen einer „Was-wenn-Maschine" durchzuspielen und die Fragen im Sinne des „Wenn-dann" zu beantworten. Der Entscheidungsträger tastet sich auf diese Weise an das Systemkonzept heran, das seinen Vorstellungen nahe kommt
- die Auswirkungen von Systemänderungen auf die Zielkriterien lassen sich bewerten. Hierbei handelt es sich primär um Kosten, Wartezeiten, Kapazitäten und Servicegrade
- komplexe Systeme sollten mit heuristischen Methoden bearbeitet werden. Durch Anwendung von Simulationsmodellen lassen sich Ergebnisse erzielen, die geeignet sind, die Systemstruktur oder die Verhaltensweise von Systemen zu verbessern
- da es keine **verallgemeinerungsfähigen** Ergebnisse zur Optimierung komplexer Warteschlangenprobleme gibt - vielmehr jeweils die eigenen Betriebsbedingungen berücksichtigt werden müssen -, ist den einzelnen Betrieben zu empfehlen, gute oder sehr gute Verhaltensweisen durch **eigene Simulationsstudien** zu ermitteln

Übungsfragen zum 5. Kapitel

1. Welche Ziele verfolgt man mit der systematischen Behandlung von Warteschlangenproblemen?
2. Wie lassen sich Warteschlangenprobleme schematisieren?
3. Was versteht man unter „Schlangendisziplin"? Welche wichtigen Auswahlprinzipien und Verhaltensweisen lassen sich unterscheiden?
4. Wie lassen sich Warteschlangenprobleme klassifizieren?
5. Worin besteht der duale Charakter eines Warteschlangenproblems?
6. Welches sind die wesentlichen stochastischen Kenngrößen für ein Warteschlangenproblem? Wie lassen sich diese ermitteln und auswerten?
7. Was versteht man unter analytischen Lösungsmethoden zur Behandlung von Warteschlangenproblemen? Wie ist deren Anwendungsmöglichkeit und Leistungsfähigkeit zu beurteilen?
8. Von welchen Annahmen geht die Exponentialmethode zur Behandlung von Warteschlangenproblemen aus?
9. Was ist bei Mehr-Kanal-Modellen Optimierungsparameter und wie lassen sich solche Modelle sachgerecht behandeln?
10. Wie lässt sich die Simulation von Warteschlangenproblemen beschreiben?
11. Inwiefern lassen sich Lagerhaltungsprobleme im Wesentlichen als Warteschlangenprobleme beschreiben?
12. Wie ist die Leistungsfähigkeit der Simulation als Hilfsmittel bei der Behandlung von Warteschlangen zu beurteilen?

Literatur zum 5. Kapitel

Einführungen und Gesamtdarstellungen

Ackoff, R. L., Sasieni, M. W.: Operations Research, Grundzüge der Operationsforschung (deutsche Übersetzung), Stuttgart 1970 - OR-Lehrbuch mit einführendem Kapitel über Warteschlangenprobleme, S. 264-291.

Angermann, A.: Entscheidungsmodelle, Frankfurt/M. 1963 - OR-Lehrbuch mit einführendem Kapitel über Wartezeitmodelle mit geringen mathematischen Ansprüchen, S. 241-280.

Churchman, C. W. u.a.: Operations Research, Eine Einführung in die Unternehmensforschung (deutsche Übersetzung), 5.A., Wien 1971 - OR-Lehrbuch mit einführendem Kapitel über Wartezeit-Modelle, S. 355-378.

Cohen, J. W.: The Single Server Queue, New York 1969.

Cooper, R. B.: Introduction to queuing theory, 2.A., London 1981.

Diruf, G., Schönbauer, J.: Operations Research Verfahren, 3.A., München 1993 - OR-Lehrbuch mit einführendem Kapitel über Warteschlangen.

Gross, D., Harris, C.: Fundamentals of QueuingTheory, New York 1973.

Hillier, F.S., Lieberman, G.J.: Operations Research - Einführung, 5.A., München-Wien 1997, S. 502-600.

Kendall, D. G.: Stochastic Process Occurring in the Theory of Queues and Their Analysis by the Method of Imbedded Markov Chains, in: Annuals of Math. Statistics 1953, S. 338-354.

Kistner, K.-P.: Warteschlangentheorie, in: *Gal, T.* (Hg.): Grundlagen des Operations Research, Band 3, 3.A., Berlin/Heidelberg - New York 1992, S. 253-289.

Kleinrock, L.: Queuing Systems, Band 1 und 2, New York 1975/1976.

König, D., Stoyan, D.: Methoden der Bedienungstheorie, Berlin 1976.

Krampe, H. u.a.: Bedienungsmodelle, Ein Leitfaden für die praktische Anwendung, Berlin 1974.

Langer, D.: Warteschlangenmodelle, in: *Biethahn, J., Schmidt, B.* (Hg.): Simulation als betriebliche Entscheidungshilfe, Berlin u.a. 1987, S. 70 ff.

Morse, P. M.: Queues Inventories and Maintenance, 3.A., New York 1962 - Spezialwerk mit geringen mathematischen Ansprüchen.

Neumann, K.: Operations Research Verfahren, Band 2: Dynamische Optimierung, Simulation, Lagerhaltung, Warteschlangen, München - Wien 1977.

Panico, J. A.: Queuing Theory, Englewood Cliffs 1969 - anschauliche, einführende Darstellung.

Saaty, T. L.: Elements of Queuing Theory, New York 1961 - umfangreiches, mathematisch anspruchsvolles Spezialwerk mit zahlreichen Literaturhinweisen.

Sasieni, M., Yaspan, F., Firedman, L.: Methoden und Probleme der Unternehmensforschung (deutsche Übersetzung), Würzburg 1969 - OR-Lehrbuch mit einführendem Kapitel über Warteschlangen mit Übungen, S. 134-163.

Schassberger, R.: Warteschlangen, Wien 1973.

Zimmermann, W.: Operations Research - Quantitative Methoden zur Entscheidungsvorbereitung, 8.A., München-Wien 1997, S. 361-385.

Anwendungsschwerpunkte der Warteschlangentheorie behandeln

Bechte, W.: Steuerung der Durchlaufzeit durch belastungsorientierte Auftragsfreigabe bei Werkstattfertigung, in: VDI (Hg.): Fortschritt-Berichte, Reihe 2, Nr. 70, Düsseldorf 1984.

Gehring, H.: Simulation, in: *Gal, T.* (Hg.): Grundlagen des Operations Research, Band 3, 3.A., Berlin-Heidelberg-New York 1992, S. 290-339 - Anwendungsbeispiele für Simulation von Warteschlangenproblemen aus dem Bereich der Materialwirtschaft.

Kistner, K.-P.: Betriebsstörungen und Warteschlangen, Opladen 1974.

Köhler-Sagerer, U.: Optimale Standorte und Fahrzeugzahlen für den Rettungsdienst, Materialien und Berichte der Robert Bosch Stiftung GmbH, Stuttgart 1983.

Küpper, W.: Planung der Instandhaltung, Wiesbaden 1974.

Mertens, P.: Industrielle Datenverarbeitung, Band 1, Wiesbaden 1983, S. 171 ff. - Warte-, Reihenfolge- und Fertigungsablaufplanung.

Schneeweiß, C.: Lagerhaltung, in: *Gal, T.* (Hg.): Grundlagen des Operations Research, Band 3, 3.A., Berlin-Heidelberg-New York 1992, S. 220-252.

Schneeweiß, C.: Modellierung industrieller Lagerhaltungssysteme, Berlin-Heidelberg-New York 1981.

Sonstige Literatur zum 5. Kapitel

Aczel, M. A.: The Effect of Introducing Priorities, in: Operations Research 1960, S. 730 ff.

Adam, D.: Ansätze zu einem intergrierten Konzept der Fertigungssteuerung bei Werkstattfertigung, in: *Adam, D.* (Hg.): Neuere Entwicklungen in der Produktions- und Investitionspolitik, Wiesbaden 1987, S. 17-52.

Adam, D.: Produktionsdurchführungsplanung, in: *Jacob, H.* (Hg.): Industriebetriebslehre, 4.A., Wiesbaden 1990, S. 673 ff.

Biethahn, J., Schmidt, B. (Hg.): Simulation als betriebliche Entscheidungshilfe, Berlin u.a. 1987.

Blohm, H. u.a.: Produktionswirtschaft, 3.A:, Herne-Berlin 1997, S. 363 ff.

Bulkin, M. u.a.: Load Forecasting, Priority Sequencing, and Simulation in a Job Shop Control System, in: Management Science, Serie B 1966, S. B-29 ff.

Buslenko, N. P.: Simulation von Produktionsprozessen (deutsche Übersetzung), Leipzig 1971.

Bussmann, K. F., Mertens, P. (Hg.): Operations Research und Datenverarbeitung bei der Produktionsplanung, Stuttgart 1968, I.

Bussmann, K. F., Mertens, P. (Hg.): Operations Research und Datenverarbeitung bei der Instandhaltung, Stuttgart 1968, II.

Chamoni, P.: Simulation störanfälliger Systeme, Wiesbaden 1986, S. 64 ff.

Chen, B.: Experimentelle Optimum-Suchstrategien auf der Basis der Computersimulation zur Unterstützung betriebswirtschaftlicher Entscheidungsfindung, Frankfurt/M. u.a. 1990.

Conway, R. W.: An Experimental Investigation of Priority Assignment in Job Shop, The RAND Corporation, Santa Monica, Cal., Memorandum RM-3789 Pr. 1964.

Domschke, W., Drexl, A.: Einführung in Operations Research, 4.A., Berlin u.a. 1998, S. 200 ff.

Enrick, N. L.: Operations Research für Manager, München und Wien 1970.

Eschenbach, P.: Entwurf einer Allgemeinen Modellbeschreibungssprache, in: Informatik – Fachberichte Nr. 109, Berlin u.a. 1985.

Falkenhausen, H. v.: Arbeitsverteilung mit Vorrangregeln, Düsseldorf 1966.

Fahrmeir, L. u.a.: Stochastische Prozesse, München - Wien 1981, S. 77-127.

Frotscher, J.: Einige Arbeitsergebnisse der Untersuchung spezieller Bedienungsprobleme mittels eines Simulationsmodells, in: *Angermann, D. u.a.*: Mathematische Modelle und Verfahren der Operationsforschung für die Lösung ökonomischer Probleme, Köln-Opladen 1968, S. 95-158.

Gal, T., Gehring, H.: Betriebswirtschaftliche Planungs- und Entscheidungstechniken, Berlin-New York 1981, S. 173 ff.

Hackstein, R.: Produktionsplanung und -steuerung, Düsseldorf 1984.

Hanf, C.-H.: Entscheidungslehre, 2.A., München 1990.

Hansmann, K.-W.: Industriebetriebslehre, München-Wien 1984.

Hansmann, K.-W.: PC-gestützte Produktionssteuerung bei Gruppen- oder Gemischtfertigung, in: *Adam, D.* (Hg.): Neuere Entwicklungen in der Produktions- und Investitionspolitik, Wiesbaden 1987, S. 79 ff.

Heller, W.-D. u.a.: Stochastische Systeme, Berlin 1978.

Hoitsch, H.-J.: Produktionswirtschaft, 2.A., München 1993.

Hoss, K.: Fertigungsablaufplanung mittels operations-analytischer Methoden, Würzburg 1965.

Jackson, J. R.: Queus with Dynamic Priority Disciplines, in: Management Science 1961, S. 18-34.

Kaufmann, A., Faure, R.: Methoden des Operations Research - Eine Einführung in Fallstudien (deutsche Übersetzung), Berlin-New York 1973.

Kern, W.: Optimierungsverfahren in der Ablauforganisation, Essen 1967.

Knolmeyer, G.: Ein Vergleich von 30 „praxisnahen“ Lagerhaltungsheuristiken, Operations Research Proceedings, Berlin - Heidelberg - New York 1985, S. 223-230.

Krüger, S.: Simulation. Grundlagen, Techniken, Anwendungen, Berlin-New York 1975.

Mertens, P.: Industrielle Datenverarbeitung 1, 4.A., Wiesbaden 1982.

Meyer, M., Hansen, K.: Planungsverfahren des Operations Research, 4.A., München 1996.

Nagel, D.: Transactionsorientierte Modelle mit beschränkten Warteräumen in Gpss-Fortran, in: Informatik - Fachberichte, Nr. 109, Berlin u.a. 1985.

Newell, G. E.: Applications of Queuing Theory , 2.A., London 1982.

Runzheimer, B.: Operations Research II, Methoden der Entscheidungsvorbereitung bei Risiko, 2.A., Wiesbaden 1989.

Saaty, T. L.: Elements of Queuing Theory, New York 1961 - umfangreiches, mathematisch anspruchsvolles Spezialwerk mit zahlreichen Literaturhinweisen.

Sasieni, M., Yaspan, F., Firedman, L.: Methoden und Probleme der Unternehmensforschung (deutsche Übersetzung), Würzburg 1969 - OR-Lehrbuch mit einführendem Kapitel über Warteschlangen mit Übungen, S. 134-163.

Scheer, A.-W.: Stand und Trends der computergestützten Produktionsplanung und -steuerung (PPS) in der Bundesrepublik Deutschland, in: ZfB 1983, S. 138 ff.

Schmidt, B.: Der Simulator GPPS-Fortran Version 3, Berlin u.a. 1984.

Schubert, D., Schwetlick, S.: Ein heuristisches Simulationsverfahren für die zeitliche Verteilung mittelfristiger Produktionsprogramme, in: *Angermann, D. u.a.*: Mathematische Modelle und Verfahren der Operationsforschung für die Lösung ökonomischer Probleme, Köln-Opladen 1968, S. 159-184.

Schweitzer, M (Hg.): Industriebetriebslehre, 2.A., München 1994.

Taha, H.A.: Operations Research - an introduction, 5.A., New York - London 1992.

Tempelmeier, H.: Simulation mit SIMAN, Heidelberg 1991.

Wiendahl, H.-P., Buchmann, W.: Realisierung alternativer Fertigungssteuerungsstrategien, in: VDI-Zeitschrift 1984, S. 327 ff.

Wiendahl, H.-P.: Grundlagen und Anwendungsbeispiel eines statisch orientierten neuen Verfahrens der Fertigungssteuerung, in: Fertigungstechnik und Betrieb 1985, S. 291 ff.

Wissenbach, B.: OR mit Taschenrechnern, München 1981, S. 96 ff.

Verzeichnis der Abbildungen

Verzeichnis der Tabellen

Stichwortverzeichnis